W0337644

LES GRANDS LIVRES
DU ZODIAQUE
Collection dirigée par Joanne Esner

LE GRAND LIVRE DE LA VIERGE

© Tchou, éditeur, 1979

BEATRICE GUENIN
née sous le signe de la Vierge

FRANÇOISE HARDY
ascendant Vierge

Le Grand Livre de la Vierge

avec la participation technique de
ROBERT MALZAC

TCHOU
6, rue du Mail, 75002 - PARIS

Cet ouvrage comporte des tableaux vous permettant de saisir immédiatement :

N.B. Les parties respectivement intitulées « Comment interpréter les Planètes dans les Signes » et « Comment interpréter les Signes dans les Maisons » sont extraites des onze autres Grands Livres du Zodiaque, *sauf les passages concernant la Vierge, rédigés par Béatrice Guénin.*

SOMMAIRE

Comment passer de votre heure solaire de naissance à l'heure universelle de Greenwich

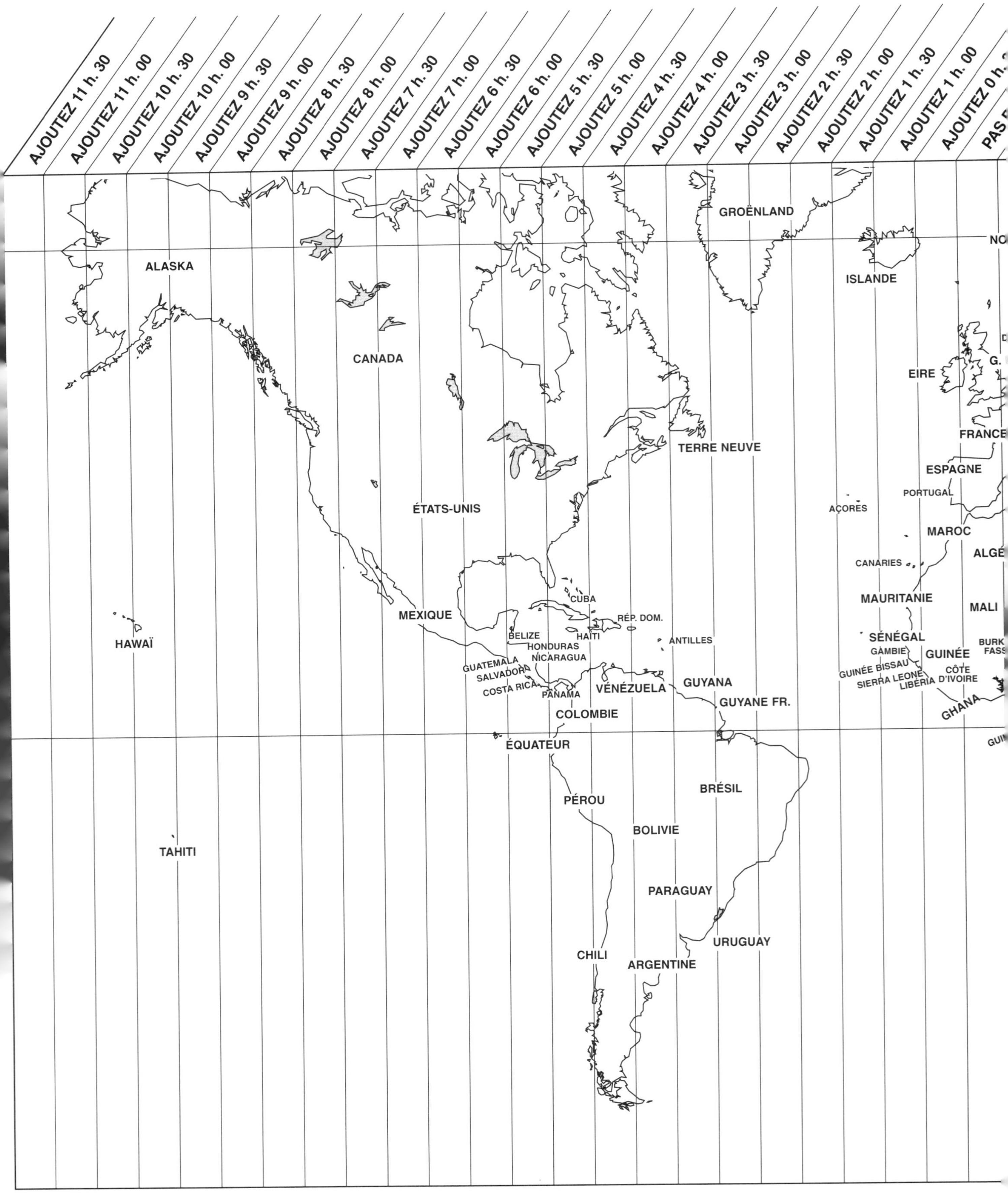

Comment passer de votre heure solaire de naissance à l'heure universelle de Greenwich

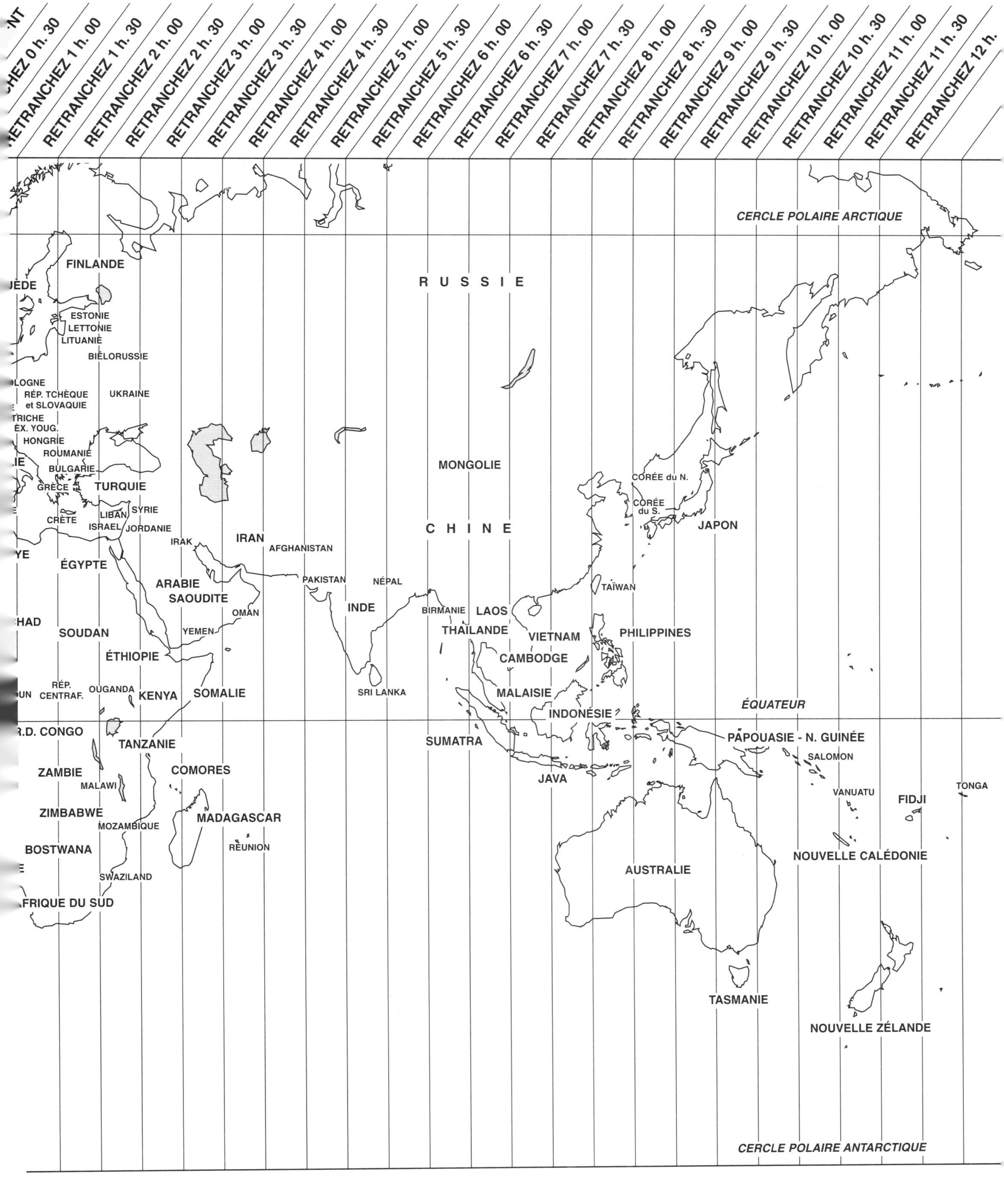

Introduction

Apprendre...

Apprendre à mieux connaître, à mieux comprendre les autres exige d'abord de mieux se connaître soi-même. Qu'il l'admette ouvertement ou non, le natif de la Vierge ne se lasse pas de se livrer à l'excitant plaisir de l'introspection : dans un souci louable de perfectionnement constant, pour vérifier que sa lucidité n'a rien perdu de son implacabilité, mais aussi pour la satisfaction égocentrique que procure toute forme d'auto-analyse et d'autocritique.

Travail doublement passionnant donc, pour un astrologue du signe de la Vierge, que d'écrire ce livre pour lequel il fallait puiser en soi-même afin de détecter, dans l'éventail des comportements personnels, lesquels étaient d'« essence purement virginienne », puis restituer objectivement les constantes d'un signe à travers une expérience forcément teintée de subjectivité.

Mais la complexe alchimie d'un être ne saurait se réduire aux seules tendances (essentielles, il est vrai) de son signe de naissance. Vouloir s'en tenir là serait une impardonnable simplification. Pis encore, aux yeux d'un Virginien, un manque de réalisme. Et comme la Vierge travaille toujours dans le concret, nous avons accordé une place prépondérante au chapitre consacré aux personnalités du signe. Il représente en quelque sorte les « travaux pratiques » de cet ouvrage. Comment Jean-Louis Barrault, Madame Carven ou Félicien Marceau vivent-ils leur « condition Vierge », en fonction des autres dominantes de leur thème ?

Notre pragmatisme nous a conduit à préférer la technique de l'interview à une étude purement théorique. Rien ne vaut cette matière vivante pour cerner les contours d'un être.

BEATRICE GUENIN

et comprendre

Comprendre, voilà un des mots clefs de la Vierge, voilà une de ses préoccupations majeures.

La compréhension est indispensable, en effet, au travail et au progrès, autres impératifs essentiels du signe. Elle permet aussi d'avoir moins peur de tout cet univers d'autant plus menaçant qu'il est inconnu, et qui pèse sur sa fragilité, moins peur de l'autre, pareillement inconnu et redoutable, qui veut forcer les barrages de ses pudeurs ou de ses habitudes.

Ajoutons que la compréhension est le premier pas vers l'amour, et que, selon la symbolique zodiacale, c'est précisément à l'amour, représenté par la Balance, que doit préparer la Vierge, qui précède celle-ci dans l'ordre des signes.

Il n'est donc pas étonnant que l'Astrologie, qui est un moyen de compréhension de l'homme et de la vie, intéresse l'esprit virginien.

Elle le satisfait, tout d'abord. A double titre : en lui apprenant, ou lui confirmant, que l'univers est ordonné, et en fondant sa caractérologie sur le réel. Quoi de plus réel, en effet, que les rythmes découlant des variations des fréquences jour-nuit, quoi de plus logique que leurs incidences sur les comportements ?

Elle l'intrigue ensuite, car la logique astrologique va beaucoup plus loin que la simple logique.

Elle le séduit enfin, car elle sait être d'une infinie poésie.

Comment l'Astrologie, qui prétend que ce qui est en haut est comme ce qui est en bas, ne serait-elle pas elle-même à l'image du monde et de la vie : précise et floue, rationnelle et irrationnelle ? On peut dire qu'elle ouvre des portes sur des horizons où l'on risque parfois de se perdre. On peut dire que ses réponses sont souvent autant de questions. Pourtant, à défaut du « pourquoi », n'est-il pas déjà magnifique qu'elle puisse donner tant de « comment », tant de « quand » ?

J'ai fait ce bref exposé des raisons les plus évidentes pour lesquelles la Vierge est attirée par l'Astrologie, d'abord parce que la Vierge a toujours besoin de raisons ; ensuite, parce qu'à la lumière de ces raisons, il m'est apparu que l'Astrologie est tout aussi proche de l'esprit virginien par son étonnante logique (j'insiste à dessein encore une fois sur le mot « logique »), qu'elle en est éloignée par l'intuition et l'imagination qu'elle exige si l'on veut mieux la comprendre et mieux la pratiquer.

L'Astrologie n'est évidemment pas faite pour les Virginiens que leur contraire irrite et que leur pareil ennuie ; mais, pour ceux que leur contraire fascine et que leur pareil rassure, elle est un enchantement et un enrichissement permanents.

FRANÇOISE HARDY

De quel côté penche votre personnalité Vierge ?

Les deux listes d'adjectifs ci-dessous décrivent les aspects positifs et négatifs de votre personnalité Vierge. Vous lisez chaque mot et, le plus honnêtement possible, vous évaluez si ce mot vous concerne ou non. Chaque fois que votre réponse est « Oui, ce mot me concerne », vous cochez la case correspondante dans la colonne 1 (maintenant).

Totalisez ensuite le nombre de croix de la colonne de gauche et inscrivez ce nombre dans la case Total ; faites de même pour la colonne de droite. Si votre total de gauche est supérieur de huit points ou plus à votre total de droite, vous êtes actuellement dominé (e) par les excès et les contradictions de votre signe. Si votre total de droite est supérieur de huit points ou plus à votre total de gauche, vous réalisez pleinement le potentiel de la Vierge. Refaites cette exploration dans un an puis dans deux ans ; chaque fois que vous pourrez honnêtement supprimer une croix dans la colonne de gauche ou ajouter une croix dans la colonne de droite, vous avancerez sur la voie de votre heureux accomplissement personnel.

	main-tenant	dans 1 an	dans 2 ans		main-tenant	dans 1 an	dans 2 ans
TATILLON				BON ANALYSTE			
INQUIET				METICULEUX			
HYPERCRITIQUE				MODESTE			
CONFORMISTE				PROPRE			
OBSEDE DE DETAIL				ORDONNE			
PERFECTIONNISTE				TRAVAILLEUR			
PURISTE				PRATIQUE			
NERVEUX				PRUDENT			
TENDU				SERVIABLE			
OBSEDE PAR LA MALADIE				PRECIS			
RAISONNEUR				PUR			
HESITANT				LOGIQUE			
DISPERSE				PERSPICACE			
ARRIVISTE				OBSERVATEUR			
EGOISTE				METHODIQUE			
TIMIDE				APTE AU CLASSEMENT			
MANIAQUE				DOUE POUR LA RECHERCHE			
SEC				FIDELE			
CALCULATEUR				DE BON SENS			
TIMORE				REFLECHI			
MESQUIN				PATIENT			
CEREBRAL				INGENIEUX			
EFFACE				EFFICACE			
HYPER CONTROLE				CONSCIENCIEUX			
RATIOCINEUR				DEVOUE			
Total				**Total**			

Chapitre Premier

Mythologie et Symbolique du Signe

La femme Vierge porte en elle, comme cette création de Max Ernst, la lucidité absolue, symbolisée par cet œil ouvert à la place de son ventre.

La Mythologie du Signe

Dernier des six premiers signes du Zodiaque, situé au plus bas du cercle zodiacal — représentant ainsi le terme de l'involution de l'esprit dans la matière —, le signe de la Vierge marque à la fois un aboutissement et un départ.

Aboutissement du cycle végétal, d'abord, puisque la fin de l'été amène l'époque de la moisson : l'épi mûr est prêt à être fauché ; puis ce sera la rentrée des récoltes et l'engrangement. La terre, en produisant, a épuisé toutes ses ressources. Elle est maintenant stérile. Mais elle est également une terre vierge, prête à recevoir une nouvelle semence.

Cette ambiguïté, ou du moins cette dualité, se retrouve au niveau de la symbolique du signe et des mythes qui s'y rattachent. Le symbole figuratif du signe est une jeune fille vierge, ailée, portant un épi de blé. De même, les cultes mentionnés à propos de la Vierge sont généralement des cultes agraires de fécondité. D'ailleurs Mercure (Hermès), planète directrice du signe, était à l'origine, dans la mythologie, une divinité agraire, protectrice des bergers. Le mythe d'Isis (égyptien) et celui de Déméter (grec) illustrent également ce principe d'alternance entre fertilité et stérilité.

Transposé sur le plan du développement de la conscience de l'individu, le signe de la Vierge constitue le « passage de la courbe involutive à la courbe évolutive, c'est-à-dire la transition entre le quadrant de l'individuation et de la conscience distinctive du Moi et du Non-Moi, et celui de la conscience intuitive de l'unité cosmique[1] ».

Dans le signe du Lion, précédant celui de la Vierge, la conscience du Moi, l'égocentrisme sont poussés à leur paroxysme. Et pourtant l'individu est loin de se sentir comblé. Arrivé au terme de la recherche de son identité (réalisée à travers les cinq premiers signes), il aspire maintenant à autre chose. La Vierge est justement un signe charnière en ce qu'elle amorce le passage à cette « conscience de l'unité cosmique », conscience qui atteindra le stade de la sublimation dans le signe des Poissons, situé à l'opposé de celui de la Vierge sur le cercle zodiacal. Preuve des rapports particulièrement étroits qui existent entre la Vierge (signe de Terre) et son signe complémentaire, les Poissons (signe d'Eau), l'eau (purificatrice - régénératrice) tient une place essentielle dans les mythologies et les symboles en rapport avec la Vierge. Les déesses des moissons étaient, à l'origine, des divinités des eaux. Plus près de nous, dans la religion chrétienne, le nom de la Vierge Marie vient du latin *mare* (eau).

Mythe d'Isis et Osiris

Dans le Zodiaque égyptien, c'est Isis qui occupe le sixième signe. Elle est la plus illustre des déesses égyptiennes. Elle fut adorée comme la déesse suprême et universelle, dans tout le bassin méditerranéen. Mais il semble qu'elle ait d'abord symbolisé, par sa fidélité et son dévouement, la déesse du foyer.

1. Marcelle Sénard, *le Zodiaque.*

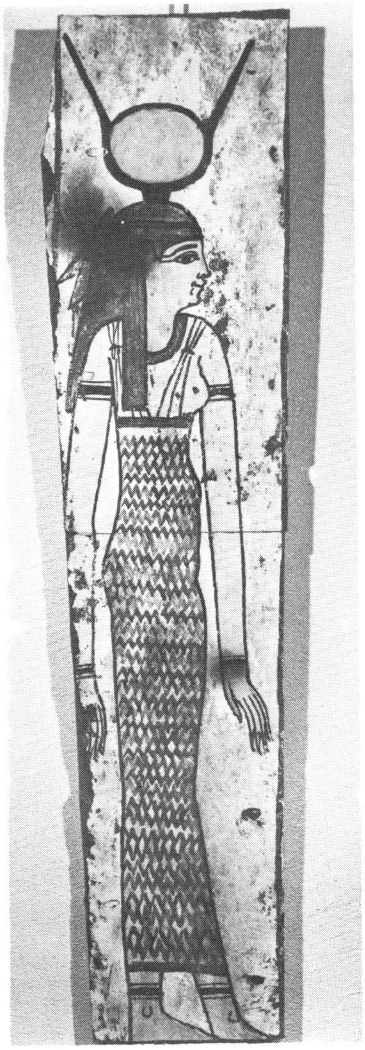

Isis épousa son frère aîné Osiris :
Durant leur règne, l'Egypte connut les bienfaits de la civilisation et du savoir.

La légende d'Isis et Osiris est contée en détail dans l'œuvre de Plutarque. Fille Seb, dieu de la Terre, et de Nout, déesse du Ciel (correspondant dans la mythologie grecque à Cronos et Rhéa), Isis épousa son frère aîné Osiris (principe du Bien). Durant leur règne, l'Egypte connut les bienfaits de la civilisation et du savoir.

Le frère d'Osiris, Seth (principe du Mal) — époux de sa sœur Néphtys, déesse de la Mort —, dévoré de jalousie, réussit à enfermer Osiris dans un coffre qu'il jeta dans le Nil. Atterrée à l'annonce de cette nouvelle, Isis partit à la recherche de son époux (cette quête est à rapprocher de celle de Déméter, recherchant sa fille Coré). Enceinte, Isis donna naissance, dans le delta du Nil, à un fils, Horus — symbole du Soleil qui renaît à l'aube. Pendant ce temps, le coffre contenant le corps d'Osiris était emporté par les eaux jusqu'à la ville de Byblos en Phénicie. Là, il s'encastra dans un tronc d'arbre qui fut, peu après, abattu pour édifier un pilier dans le palais du roi.

Mise au courant, Isis supplia le roi de lui rendre le coffre. Elle n'obtint satisfaction qu'après avoir subi un temps d'épreuve (période nécessaire d'humilité) durant lequel elle s'occupa de l'éducation du fils du roi. Elle fut alors autorisée à libérer le coffre encastré dans le pilier et le déposa dans un bateau, afin de l'emporter avec elle. Mais Seth le découvrit ; profitant d'une absence d'Isis, il s'empara du corps de son frère, le découpa en morceaux et le dispersa aux quatre coins de l'espace.

Isis se met de nouveau en quête. Accompagnée de son fils, Horus, elle finit par retrouver tous les membres d'Osiris, sauf le phallus. Avec l'aide de Néphtys (sa sœur et l'épouse de Seth) et de Thot (dieu de la Sagesse, assimilé plus tard à Hermès-Mercure), Isis embaume le corps et procède au rituel funéraire. Il est raconté, dans certains mythes, que des ailes auraient alors poussé dans le dos d'Isis et que le souffle produit par leur battement, ainsi que l'ampleur des paroles incantatoires, auraient aidé à ressusciter le dieu mort.

La légende d'Isis symbolise la conscience émergeant de la confusion, et la naissance de l'intelligence, « énergie d'analyse, de sélection et de réceptivité intuitive[1] ». Au moment où elle veille le corps de son époux, de son maître, Isis a atteint le fond de la douleur. Malgré les épreuves victorieuses traversées, malgré les renoncements consentis, les cérémonies funéraires marquent l'adieu définitif à celui qui fut, pour Isis, l'amour, la lumière. Mais la puissance qui jusqu'alors veillait en elle, mal connue, mal définie, surgit brusquement, glorieuse. Les ailes poussées mystérieusement indiquent qu'Isis est maintenant capable de s'élever au-dessus d'elle-même. Ayant atteint le même plan de conscience que le dieu, elle est devenue son égale.

Mythe de Déméter et Coré

Fille de Cronos et de Rhéa, Déméter (en latin Cérès) était la déesse de la terre cultivée ; elle présidait aux moissons et aux travaux agricoles. Sous l'aspect d'un taureau, Zeus la rendit mère d'une fille, Coré (ce qui signifie la jeune vierge). La double figure Déméter-Coré représente la symbolique de l'élément Terre (les trois signes de Terre sont le Taureau, la Vierge, le Capricorne). Elle indique le passage de la terre plantureuse du Taureau à la terre moissonnée de la Vierge.

Un jour qu'elle cueillait des fleurs dans une prairie, Coré fut enlevée par Hadès (Pluton), le dieu des Enfers, qui l'entraîna vers son royaume sur un char tiré par quatre chevaux noirs (les quatre directions de l'espace).

Déméter n'avait pas assisté à l'enlèvement. Dès qu'elle apprend la disparition de sa fille, elle s'élance dans une course angoissée, mais seul l'écho des monts et des vallées répond à ses appels. Depuis, un rocher de la région de Megara porte le nom d'« Analkethra » (la héleuse).

L'échec des premières recherches était peut-être inconsciemment souhaité par Déméter qui, détestant Hadès et le redoutant, orientait sans doute ses pas vers des chemins détournés. Il a été donné une explication initiatique à cette quête « volontairement » infructueuse : tant que l'être n'est pas prêt à recevoir l'initiation nécessaire aux mystères de la Vie, il ne trouve pas, parce qu'au tréfonds de lui-même il ne veut pas trouver.

Il est bien dans le caractère du natif de la Vierge d'éprouver un double sentiment de crainte et de haine envers ce qu'il convoite ardemment.

Selon certains textes, Poséidon aurait profité du désarroi de Déméter pour la poursuivre de ses assiduités. La déesse tenta de lui échapper en se transformant en cavale. Avec un remarquable sens de l'à-propos, Poséidon (Neptune) prit la forme d'un étalon pour saillir la belle jument.

Après s'être réfugiée dans une grotte pour se remettre de ses émotions, Déméter reprit sa quête, longue, dure, épuisante. Mais les conséquences en sont catastrophiques, car les semences se dessèchent, la terre devient stérile, la végétation s'amenuise. Emue par le désespoir de Déméter, Hécate, déesse des morts, lui conseille d'avoir recours à Hélios (le dieu Soleil) qui lui révèle la vérité.

Déméter décide alors de parcourir la terre sous les traits d'une vieille femme. Un après-midi, elle s'arrête dans une chaumière où vit un couple de paysans. Elle est accueillie par le fils de la maison, mais celui-ci se permet un geste qui choque la prude Déméter (la pudeur confinant à la pruderie est un signe distinctif du Virginien). Aussitôt, elle le change en lézard. Cependant, la vieille paysanne tente encore de dérider la déesse ; elle en vient même à soulever ses jupes devant elle. Et voici que Déméter, libérée, éclate de rire.

1. Marcelle Sénard, *le Zodiaque*.

Poséidon-Neptune se changea en cheval pour séduire la belle Cérès, déesse des moissons.

L'attitude de la déesse peut s'interpréter comme un effort pour ne pas se laisser aller à l'abattement, et un rappel de la fertilité qui finit par triompher de la stérilité (symbolisée par la vieillesse de la femme qui fait le geste). Sur le plan initiatique, on peut également avancer que l'initiation de Déméter par Hélios a été facilitée à la suite de cette aventure. Une évolution intérieure s'opère chez Déméter qui est désormais prête à accepter les rythmes de la Vie, symbolisés par le jugement que Zeus va rendre pour clore le différend opposant son frère (Hadès) à sa sœur (Déméter).

En effet, à la suite de la requête de Déméter auprès d'Hélios, celui-ci a chargé Hermès (Mercure) d'aller chercher la jeune captive. Mais Coré (devenue Perséphone) a commis l'erreur d'accepter un grain de grenade offert par son époux. Elle a rompu la loi formelle des Enfers, le jeûne, et ne peut plus retourner sur terre (le grain de grenade est le symbole de la faute et du plaisir qui la retiennent aux Enfers). Le jugement de Zeus indique qu'il y a un rythme de la nature et de la vie à respecter : pendant l'époque du sommeil des forces végétatives, Perséphone demeurera aux Enfers, au côté de son époux, et elle retournera sur l'Olympe, auprès de sa mère, à l'époque de la floraison et de la maturation.

Initiations - Mystères

Le mythe de Déméter-Coré symbolise les alternances de la vie et de la mort, qui rythment le cycle de la végétation et de toute existence. Ce concept est à la base de tous les cultes, de toutes les religions à mystères.

Cérès, déesse de la terre cultivée, présidant aux moissons et aux travaux agricoles. Son visage à la fois pur et inquiet est caractéristique du signe de la Vierge.

C'est en effet à Déméter et à Coré, les « vénérables ou grandes maîtresses », que sont consacrés les mystères d'Eleusis. Ils célèbrent le cycle de naissance et de mort, suivi de la renaissance sacrée de l'« initié », celui qui a reçu l'illumination divine.

Au cours de ses longues recherches pour retrouver son enfant, Déméter, sous l'apparence d'une vieille femme, s'arrêta un jour au pays d'Eleusis. Les filles du roi la découvrirent et elle fut accueillie par la reine Métancie. Chargée de s'occuper du jeune Démophon, fils de ses hôtes, Déméter le plongea dans les flammes pour le rendre immortel. Mais la reine, surprenant la déesse, prit peur et arracha l'enfant du feu avant que le prodige ne fût accompli. Déméter révéla alors son identité. Elle gratifia Triptolème, fils aîné du roi Céleus, du premier grain de blé et le chargea d'aller répandre parmi les hommes les bienfaits de l'agriculture. Un temple fut alors élevé à Eleusis pour célébrer le culte de la déesse.

Signalons ici l'interprétation analytique très intéressante de Paul Diehl :

« Déméter, qui a donné aux hommes le pain, symbole de la nourriture spirituelle, leur donnera le sens véridique de la vie ; la sublimation-spiritualisation du désir terrestre ; c'est-à-dire la libération à l'égard de toute exaltation, comme de tout refoulement. Déméter devient le symbole des désirs terrestres justifiés, trouvant satisfaction grâce à l'effort ingénieux de l'intellect-serviteur, lequel, tout en cultivant la terre, demeure accessible à l'appel de l'esprit. » C'est le natif de la Vierge, réaliste, capable de résoudre les problèmes concrets de la vie, mais dont la cérébralité le porte à apprécier à leur juste valeur les nourritures de l'esprit.

Selon Diehl, la signification cachée des mystères d'Eleusis consisterait en la « descente dans le subconscient en vue de libérer le désir refoulé » (en vue de chercher la vérité à l'égard de soi-même, ce qui peut être l'accomplissement le plus sublime).

Déméter-Cérès, qui a donné aux hommes le pain, symbole de la nourriture spirituelle, leur donnera le sens véridique de la vie : la sublimation, spiritualisation du désir terrestre.

Si des symboles sexuels interviennent au cours de l'initiation aux mystères d'Eleusis, il apparaît, en effet, que c'est moins pour évoquer la fécondité de l'union sexuelle que pour garantir à l'initié la seconde et véritable naissance.

Les similitudes entre la légende d'Isis et celle de Déméter ne manquent pas. La déesse égyptienne et la déesse grecque subissent, au cours de leur quête, de dures épreuves. L'une comme l'autre sont soumises à une période de servage qui contraint à l'humilité (Isis chez le roi de Byblos, Déméter chez Céleus, roi d'Eleusis). Toutes deux échouent dans leur tentative de rendre immortel l'enfant d'un simple mortel : l'immortalité de l'âme ne s'obtient pas si facilement ! Une dure initiation est nécessaire afin d'y parvenir.

La difficulté de s'ouvrir à l'intelligence et d'accéder à la compréhension des lois de la création est suggérée par la présence attentive d'Hermès-Mercure auprès de Déméter, et de Thot (la divinité égyptienne qui lui correspond) auprès d'Isis. Mercure-Thot est la personnification de la raison, de l'intelligence, et de la sagesse des dieux. Lors des rites funéraires, lorsque Isis croit son époux Osiris à jamais perdu pour elle, Thot est à ses côtés, à la fois guide et soutien. De même, alors que Déméter est sur le point de céder au désespoir, Hermès-Mercure intercède en sa faveur auprès d'Hadès.

On retrouvera à maintes reprises dans la caractérologie du signe l'illustration de cette idée. Pour la Vierge, signe besogneux, laborieux, qui se méfie considérablement de la facilité, tout s'acquiert au prix d'un effort soutenu et d'une discipline de tous les instants. Mais l'intelligence, arme maîtresse du Virginien, lui permet de triompher des épreuves et de vaincre les obstacles.

Athéna

Le symbole majeur de l'intelligence et de la raison, c'est naturellement Athéna (Minerve), autre figure mythologique rattachée au signe de la Vierge.

Selon la légende, Athéna (à son nom est accolée l'épithète *Pallas,* la jeune fille), fille de Zeus, sortit tout armée du crâne de son père, qu'Héphaïstos (Vulcain) avait fendu d'un habile coup de hache. A l'origine, elle paraît représenter l'éclair qui sort du nuage. Mais cette figure mythologique a subi une évolution considérable dans l'Antiquité (tour à tour guerrière, déesse de la fécondité et de la sagesse, vierge protectrice des enfants, inspiratrice des arts et des travaux de la paix), celle-ci se faisant constamment dans le sens d'une spiritualisation.

Sur le plan moral, Athéna représente le combat de l'intelligence et de la raison contre les forces de l'obscurantisme. Déesse guerrière, elle n'évoque pas la joyeuse liberté des camps mais le devoir, l'austérité, la discipline militaires. Si elle n'enfante pas de héros, elle les protège. Elle veille sur Hercule, conseille Ulysse, et c'est grâce au bouclier qu'elle prête à Persée que celui-ci vient à bout de la Gorgone.

Aussi Athéna est-elle la déesse victorieuse par la sagesse, l'ingéniosité, la vérité. Nous verrons que, dans les moments très graves de l'existence, le natif de la Vierge force l'admiration par son esprit de décision, son sang-froid, son intelligence des situations.

A l'instar du mythe d'Isis et du mythe de Déméter, le mythe d'Athéna montre que la déesse n'a atteint cette perfection qu'au terme d'une longue évolution — celle-ci reflétant l'évolution de la conscience humaine.

L'emblème d'Athéna est la chouette. Sans doute cet animal symbolise-t-il la sagesse parce que ses yeux étranges, implacables, percent la nuit, les mensonges, les faux-semblants. La lucidité virginienne est parfois ressentie par le natif comme un fardeau lourd à porter, mais elle lui évite bien des erreurs.

On reconnaît deux catégories de Virginiens : les sages et les fous. Les premiers sont modestes et introvertis. Les seconds sont aventuriers et provocateurs. Cette Sabine admirable de David appartient manifestement à la seconde catégorie.

La Symbolique du Signe

Liens entre les deux Signes complémentaires : Vierge-Poissons

Comme nous l'avons évoqué précédemment, l'importance de l'élément Eau dans les mythologies se rattachant à la Vierge s'explique par les liens de ce signe avec son signe complémentaire et opposé, les Poissons.

Selon certaines interprétations, l'hiéroglyphe de la Vierge ♍ représenterait un M, symbole de l'eau. En hébreu, le M signifie mère. La finale de l'hiéroglyphe serait un caractère phénicien signifiant poisson (or, en hébreu, poisson, *noun*, veut dire fils). Selon Marcelle Sénard, ce motif serait donc la contraction des lettres symbolisant la Mère et le Fils.

Dans le mythe égyptien, les trois initiations majeures d'Isis sont en rapport avec l'eau (le corps d'Osiris est emporté par le Nil ; Isis donne naissance à son fils Horus dans le delta du Nil ; lorsqu'elle a retrouvé le corps de son époux, elle le confie au Nil).

Dans l'histoire de la Vierge Marie, les « sources miraculeuses » et les eaux baptismales tiennent aussi une place importante. Et, bien sûr, c'est au contact de l'eau purificatrice que les malades cherchent la guérison, à Lourdes.

« C'est parce que l'eau est le premier véhicule du *germe de l'Esprit* qu'elle peut féconder la substance Terre. De même, la Vierge (intelligence) porte en elle ce germe de l'Esprit (verbe) qui lui permet de se féconder elle-même.[1] »

Le désir, parfois obsessionnel, de pureté est très marqué chez l'homme ou la femme de la Vierge. Mais il faut aussi prendre ce terme dans son sens le plus précis. Dire qu'une eau est pure c'est indiquer qu'elle est exempte de sédiments, ou d'autres impuretés comme des substances organiques (microbes). De même, le natif de la Vierge s'efforce de se débarrasser des « impuretés » — ingérences extérieures ou éléments étrangers à sa nature individuelle vraie — qui sont sources de conflits et de tensions et menacent la réalisation de ce qu'il porte en lui, en accord avec son être profond.

1. Marcelle Sénard, *le Zodiaque*.

Mercure, maître de la Vierge. Noter son corps longiligne, ses mollets fins, la légèreté de ses mouvements, caractéristiques des purs Virginiens.

La Symbolique et la Mythologie mercuriennes

Mercure, maître planétaire de la Vierge

Du point de vue astrologique, la planète Mercure gouverne deux signes : les Gémeaux et la Vierge.

Si le Mercure des Gémeaux évoque surtout le petit fripon qui vola les bœufs de son frère Apollon — incarnation de la ruse, de l'adresse, de la souplesse des mains et de l'esprit, de l'amoralité — le Mercure de la Vierge a plutôt le caractère du Mercure romain, dieu des finances, du commerce, protecteur des marchands (on retrouve dans son nom la racine du mot *merx,* marchandise).

Il est aussi le messager de Zeus-Jupiter. Nous avons vu qu'il fut chargé de la délicate mission d'arracher Coré des bras de Hadès, son ravisseur devenu son époux.

Ainsi, Mercure établit par la pensée, la parole, des rapports sur le plan sensible ou des liens entre les facultés rationnelles de l'homme. Il représente l'intellect, la logique.

Par son rôle de messager des dieux, Hermès-Mercure symbolise également les moyens d'échange entre le Ciel et la Terre. Il est comme un médiateur entre les divinités et les hommes. D'ailleurs, il occupe la fonction de guide des âmes dans le séjour des Morts. D'où son nom d'Hermès Psychopompe : *l'accompagnateur d'âmes.*

Ici, Mercure représente le lien entre l'intellect et l'Esprit. Dans la mythologie égyptienne, c'est Thot, le dieu « mesureur de toutes choses », à l'« intonation juste », à la parole magique, qui aide Isis à ressusciter Osiris. Dans la religion chrétienne, on peut l'assimiler à l'Ange annonciateur à Marie. Sur le plan psychique, le rôle de Mercure consiste, à ce stade, à « faire sortir la conscience subjective (la logique, la raison) de l'inconscient[1]. »

L'emblème d'Hermès est le caducée. Tout en gardant les troupeaux qu'il avait volés à son frère Apollon, Hermès inventa la flûte. Apollon (à qui Hermès, pour se faire pardonner son larcin, avait déjà fait don de la lyre, sa première invention) voulut obtenir ce nouvel instrument de musique. En échange, il donna à Hermès des leçons de magie divinatoire et lui offrit la houlette d'or qu'il utilisait pour garder les troupeaux d'Admète, roi de Phères en Thessalie. Voilà pourquoi le caducée (verge d'or) figure parmi les attributs d'Hermès. C'est une baguette autour de laquelle s'enroulent en sens inverse deux serpents (à partir de l'époque grecque, des ailes ont surmonté les serpents).

Le caducée évoque « l'équilibre dynamique de forces opposées, qui s'harmonisent pour constituer une force statique et une structure active plus hautes et plus fortes. La dualité des serpents et des ailes montre ce suprême état de force et de maîtrise de soi qui peut être

1. Fankhauser, Gesicht 46, cité dans *l'Astrologie* de W.E. Peuckert.

achevé sur le plan des instincts (serpents) aussi bien qu'au niveau de l'esprit (ailes)[1] ». L'un des comportements typiques du natif de la Vierge consiste, d'ailleurs, à s'acharner à maîtriser ses instincts et à opposer au débordement des émotions le contrôle de la raison.

Le serpent présente un double aspect symbolique, l'un bénéfique, l'autre maléfique. Dans son aspect maléfique, il incarne la démesure des forces naturelles insurgées contre l'esprit. Sur le plan bénéfique, il est le « vivificateur-inspirateur » (le caducée est désormais l'emblème de la science médicale).

Une nouvelle fois l'on remarque, par caducée interposé, les liens qui unissent Mercure aux figures mythologiques symbolisant la Vierge. En effet, toutes les déesses de la nature, déesses-mères, ont le serpent pour attribut :

Isis : son front est orné du cobra royal, symbole de souveraineté et de connaissance ;

Déméter : c'est sur un char traîné par des serpents que la déesse des moissons fit monter Triptolème lorsqu'elle l'envoya enseigner l'agriculture dans tout l'univers ;

Athéna : lors des fêtes en l'honneur de la déesse, l'on offrait des gâteaux en forme de serpent et de phallus, symboles de fertilité et de fécondité.

Mais la Vierge Marie, mère du Christ, écrasera la tête du serpent au lieu de l'écouter.

Notons que certains alchimistes ont assimilé Mercure à la Vierge Marie : « C'est pourquoi Mercure est, non sans raison, comparable à la divine et glorieuse Vierge Marie (...). Car Mercure est Vierge, parce qu'il n'a jamais multiplié aucun corps métallique dans le sein de la Terre, et qu'il a cependant engendré pour nous la Pierre par la solution du "Ciel"[2]. »

De fait, la Pierre philosophale est parfois appelée « le lait de la Vierge ».

En résumé, Mercure est un principe de liaison et d'échanges avec le milieu (Hermès, messager des dieux). Il est le symbole de la synthèse des contraires, esprit et matière — le caducée représente l'antagonisme et l'équilibre, par polarisation (séparation) de ces tendances. Il faut voir dans cette dualité l'étape initiale du développement de l'intelligence : un mouvement de distanciation par rapport aux choses est nécessaire pour ne plus se confondre avec elles et pouvoir les analyser objectivement.

1. *Dictionnaire des symboles*, Seghers, (CIRD 34-36).

2. Cité par C.G. Jung, *Psychologie et Alchimie*, Buchet Chastel.

Chapitre II

Caractérologie générale du Signe

Comme cette Vierge d'Ingres, le natif de la Vierge cherche à se protéger de l'extérieur, à dresser une barrière psychologique entre lui et les autres.

La Vierge dans la Vie

Vocation : être humain. Ainsi pourrait se présenter un homme, ou une femme, né entre un 24 août et un 23 septembre. Il n'y a guère de signes plus humanisés, plus humanistes, plus humains que la Vierge. Le premier privilège de l'homme est d'être doué de raison. Par cette faculté, qui le distingue de la bête, il peut connaître et juger. On retrouve chez le Virginien cette impérieuse exigence de comprendre chaque phénomène visible en le rattachant à d'autres phénomènes. N'avez-vous pas remarqué que, dans une conversation, le mot « pourquoi » revient fréquemment dans sa bouche ? Qu'il ait dix ans ou quarante ans, le natif de la Vierge veut savoir le pourquoi et le comment des choses.

Dans sa quête inlassable de connaissance, de « préhension » du réel, il met à plat les mécanismes régissant les êtres et le monde. Il veut les démonter comme on démonte une montre, afin d'avoir sous les yeux chaque pièce, chaque rouage. Car il est le champion de l'esprit d'analyse. L'approche synthétique d'un problème lui est étrangère. Il dissocie les éléments d'un tout puis les analyse l'un après l'autre, en vue de trouver le fil conducteur qui les relie, la clef de voûte qui soutient l'ensemble. Satisfait, il peut alors reconstituer le puzzle, en usant d'un raisonnement logique. Il n'ignore pas les dangers d'un tel morcellement, mais seule cette méthode convient à sa forme d'esprit.

Pourquoi ce besoin vital de tout expliquer rationnellement ? Parce que rien n'est plus sécurisant. La Vierge n'aime pas travailler « sans filet ». Elle a peur de ce qui échappe à son champ de conscience. L'inconnu, c'est le gouffre, l'abîme insondable où l'on risque de perdre son identité. L'univers des constructions logiques, dans lequel la même cause entraîne invariablement le même effet, est infiniment plus rassurant.

Rassurant aussi est le savoir, qui comble les vides, fait reculer les limites de l'angoisse, en transformant l'inconnu en connu. Consciente de ses manques, la Vierge sait, pour son plus grand malheur, que sa difficulté à ouvrir les vannes de son imagination et de son intuition lui rend quasi inaccessible le chemin de la création pure. Alors, à la pensée créatrice, elle substitue l'accumulation de connaissances.

L'érudition est un luxe que peut s'offrir tout natif de la Vierge. Une vie entière lui suffit à peine pour remplir les petits tiroirs de son cerveau. Curieux, observateur, il engrange et se nourrit de faits, d'informations glanées au hasard de ses rencontres. Par-delà les ennuis, les soucis de la vie quotidienne, il est heureux lorsqu'à la fin d'une journée il est conscient d'avoir appris quelque chose.

La richesse intellectuelle débouche sur l'humanisme, acte de foi dans la nature humaine. L'humanisme, c'est aussi, pour reprendre la formule d'André Gide, la conviction qu'« il n'y a d'art qu'à l'échelle de l'homme ». L'espace d'un instant, faisons un bond dans le passé pour mieux saisir l'importance de cette tradition chez le signe de la Vierge. Qui, au XVIe siècle, coordonna les élans culturels enthousiastes de ses contemporains et favorisa l'éclosion d'une nouvelle forme d'expression artistique ? C'est un roi nommé François 1er (Soleil, Jupiter en Vierge). Le rôle qu'il a joué pour la Renaissance française, Louis XIV (Soleil, Mercure, Milieu-du-Ciel en Vierge) le jouera pour le classicisme.

Peut-on croire aussi fort en l'homme et en ses réalisations, et se méfier de lui ? Le Virginien réussit ce paradoxe (étant entendu que le type Vierge « inférieur » ou dissonant aura des comportements beaucoup plus rigides, figés et intransigeants). Sa méfiance vis-à-vis de ses semblables, parfois outrée au point de déboucher sur la misanthropie, n'est qu'un effet de sa lucidité. Il ne s'illusionne pas sur les êtres et ne leur demande pas plus qu'ils ne peuvent donner. Il connaît bien leurs défauts, la lâcheté, l'égoïsme, l'avidité... mais les accepte puisqu'ils sont le lot de tout homme. On ne change pas la nature humaine. On s'en accommode ou on la fuit ! S'il ne fuit pas la compagnie de ses congénères, le natif de la Vierge est capable de faire preuve d'une profonde humanité. Il se sent surtout proche des petits, des humbles, qu'il sera prêt à défendre contre les puissants, les nantis.

Exclusivement à l'aise dans un monde à la mesure de l'homme, le Virginien ressent pourtant cruellement l'inaptitude ou la tragique difficulté à accéder à l'univers de la foi religieuse. Admettre l'existence d'un dieu invisible, intangible, est tâche bien ardue pour lui le réaliste, le sceptique, qui ne croit que ce qu'il voit. Il n'en éprouve pas moins le besoin impératif de se soumettre à une « force supérieure ».

Ce mécanisme le conduit fréquemment à se choisir un « maître », modèle de référence, point d'attache. Il l'élève presque au rang d'idole, reporte sur lui toute sa capacité d'admiration et aspire à lui ressembler, poussant parfois très loin le phénomène d'identification.

Un choix aussi délibéré de dépendance (d'ordre intellectuel, principalement) trouve son explication dans le sentiment d'infériorité dont la Vierge est affligée. Sa tendance à se sous-estimer la conduit à surestimer les êtres qui l'entourent.

Mais nous aurons l'occasion de revenir à maintes reprises sur ce complexe, vécu sous différentes formes.

David Copperfield et Claudia Schiffer : ce couple mythique des années 90 a des qualités très virginiennes : finesse des traits et du corps, intelligence du cœur, esprit pragmatique, gestion avisée puisqu'il est parmi les personnalités les plus fortunées du monde.

*Jean-Michel Jarre : ici en compagnie de son épouse Charlotte Rampling. L'auteur d'*Equinoxe *a eu un destin typique de la Vierge qui surmonte ses inhibitions : il a mis sa musique au service du grand public, gratuitement, pour des fêtes citadines de toute beauté.*

La Vierge et l'Amour

Seul celui qui sait jouir tout en étant sobre
et se modérer tout en jouissant
connaît la sagesse.
CHRISTOPH MARTIN WIELAND
(5 septembre 1733)

Ceux pour qui l'amour est un don de soi, total et passionné, pourront s'étonner, voire s'indigner, du comportement amoureux du Virginien. Cet être pétri de pudeur et de timidité possède, de surcroît, une méfiance innée à l'égard des impulsions, des élans, des débordements affectifs. Ce cérébral contrôle en permanence ses émotions et n'extériorise ses sentiments qu'après les avoir soigneusement passés au filtre de sa raison.

Un tel personnage ne semble certes pas taillé pour vivre un amour fou. Il est beaucoup trop raisonnable pour cela ! Trop lucide aussi. Cette lucidité implacable l'empêche d'enjoliver la réalité ou de se mentir à lui-même. Il sait que tôt ou tard l'amour meurt ou s'enlise dans l'habitude, que les couples les plus unis se défont. Du moins, son objectivité l'oblige à le penser. L'« amour heureux », il voudrait bien y croire, mais il a si peur d'être deçu qu'il préfère opter pour le scepticisme. A tout prendre, mieux vaut avoir une bonne surprise !

Aussi, pour se préserver des blessures, met-il au point un système d'autoprotection excessivement perfectionné, dont la forme supérieure est la pudeur. Pudique, donc, le natif de la Vierge n'est pas d'un abord aisé. Par sa réserve, par son apparente froideur, il peut décourager l'amoureux le plus empressé. D'ailleurs, il ne s'en laisse pas facilement conter. Rien ne lui fait plus peur que d'« être dupe », que de se laisser prendre au piège d'un sentiment simulé. Chez lui, la conscience est toujours en éveil. Au moindre signe de fléchissement, elle le rappelle à l'ordre. S'abandonner serait déjà se perdre.

Sa susceptibilité exacerbée lui donne un sens aigu du ridicule. Lâcher la bride à son affectivité, laisser transparaître l'intensité de ses désirs équivaudrait pour lui à faire tomber ses barrières de protection. Privé de sa carapace de contrôle et de raison, devenu excessivement vulnérable, il serait en danger d'être ridiculisé par un partenaire quelque peu caustique. D'une telle expérience il ressortirait doublement inhibé et meurtri. A aucun prix il ne veut courir un tel risque.

Il dispose de tout un arsenal d'astucieux procédés de dissuasion, parmi lesquels il accorde une préférence marquée à l'humour. La forme d'humour « façon Vierge » a de quoi dérouter (c'est le but !). Elle mêle l'ironie, l'autocritique, la dérision. C'est une arme de défense ou de contre-attaque, bien utile pour se sortir d'une situation qui risque de mal tourner. Parfois, quand le Virginien se sent embarqué, à son insu, dans une aventure sentimentale qu'il ne contrôle pas, il prend peur et manie alors les mots comme un fleuret, pour décourager l'audacieux d'approcher trop près. Il ne déteste pas mettre entre les autres et lui la distance d'un mot d'esprit, plus fréquemment reçu, au demeurant, comme un sarcasme. Le plus souvent, il prévient les critiques en se moquant de lui-même le premier. Faire rire à ses dépens, pourquoi pas, à condition que ce soit lui qui mène le jeu.

Mais il arrive que le rire se fige, que l'humour bascule. Le mur d'incommunicabilité se dresse, plus menaçant que jamais. Le Virginien s'estime pourtant sauvé puisqu'il a réussi à décourager les avances trop pressantes. Pour l'amener à se montrer parfaitement naturel et à se débarrasser de sa panoplie « anti-accostage », il faut une bonne dose de patience, beaucoup de diplomatie, et infiniment de subtilité.

Déjà peu enclin à se laisser aller dans l'intimité, il est encore beaucoup plus « corseté » en public. Même s'il éprouve un tendre penchant, il ne le montre pas, jugeant qu'il n'est pas convenable de se donner ainsi en spectacle. Quant aux rares témoins de sa vie privée, ils devront avoir l'œil bien exercé pour déceler, à d'infimes détails, qu'il est fortement épris.

Le Virginien considère l'amour comme une chose sérieuse, qui ne souffre ni le jeu, ni la frivolité. Encore moins l'inconscience ! C'est une affaire d'adultes capables d'assumer leurs responsabilités en toute connaissance de cause. Voilà sans doute pourquoi il est extrêmement rare que des natifs de la Vierge aient accès au vert paradis des amours enfantines. Ils auraient plutôt tendance à juger d'un œil critique ces « gosses, qui croient s'aimer ». Sait-on seulement ce qu'est l'amour quand on est adolescent ?

La perspective d'une brève aventure n'excite aucunement le Virginien. Ce besoin d'un engagement absolu, définitif, le porte, du même coup, à hésiter longuement avant de lier son destin à celui d'un autre être. L'angoisse de se tromper, de faire fausse route, le paralyse. Il s'interroge sans fin, tente de discerner la nature exacte de ce qu'il ressent. Eprouve-t-il une attirance purement instinctive — qu'il rejetterait aussitôt — ou est-il sérieusement, profondément amoureux ? Il n'a de cesse d'avoir analysé, dépecé, disséqué ses sentiments, cherchant désespérément à prendre du recul pour juger objectivement la situation, comme s'il était possible de faire intervenir la logique dans le mystérieux domaine de l'amour.

L'autre, le partenaire, il le jaugera, le soumettra à des tests subtils, pour déterminer s'il est digne d'être aimé. Il y a en effet chez la Vierge un étonnant mélange d'orgueil et d'humilité, qui lui donne une personnalité complexe, difficile à cerner. L'amour ne fait qu'accentuer son anxiété latente et décupler ses complexes d'infériorité. Mais en même temps, il se montre terriblement exigeant dans le choix d'un partenaire. Cet élitiste pourvu d'un redoutable sens critique ne va tout de même pas se contenter de « n'importe qui » !

On ne s'étonnera pas, dès lors, que le signe de la Vierge fournisse un fort contingent de célibataires. A force d'hésiter, de tergiverser, de se poser mille questions, le Virginien peut passer à côté de l'amour de sa vie, parce qu'il n'aura pas pu, ou pas su, se décider à temps. Ou bien, faute d'avoir trouvé l'être parfait, il préférera rester seul plutôt que de vivre un bonheur médiocre.

Pourtant, et ce n'est pas le moindre paradoxe de cette personnalité contradictoire, la Vierge n'est pas à l'abri d'un mariage de raison, passé la trentaine, lorsque, somme toute, la solitude devient trop dure à supporter. Mais l'on peut craindre qu'il ne s'agisse que d'un ersatz d'amour, d'un mariage de célibataires, où l'on vit côte à côte sans vraiment se rencontrer.

Le plus souvent, néanmoins, lorsque ni la pudeur, ni la raison, ni l'ironie — maniée contre soi-même et contre le partenaire — n'ont pu le garantir contre les dangers de l'amour, le Virginien se laisse prendre au tendre piège.

Lui qui aime à se considérer comme un aristocrate de l'esprit est très attiré par l'intelligence. C'est même son « talon d'Achille ». Bien qu'il ait le sarcasme facile, il pardonne beaucoup à quelqu'un qui a su le séduire par ses facultés intellectuelles.

A l'inverse, toute forme de grossièreté et de vulgarité, physique, morale ou, pis encore, sexuelle, le choque profondément. N'est-ce pas une nouvelle manifestation de ces instincts répugnants qui ramènent l'homme au rang de bête ?

Son goût de l'absolu, son sens des vraies valeurs le portent à choisir un être sérieux, sincère, et authentique comme il l'est lui-même. Car il refuse le bluff et les faux-semblants, et s'attache plus aux qualités morales qu'à la séduction physique.

Avide de sécurité affective, il recherche un compagnon sûr, solide, capable de le conforter et de le rassurer dans les fréquents moments de doute. Lui-même est un partenaire digne de confiance. Une fois qu'il a vaincu ses craintes et ses réticences, et qu'il s'est fait à l'idée que quelqu'un puisse venir troubler sa quiétude, il s'attache très profondément. Il demeure fidèle, à la fois par intégrité, probité morale et sens des convenances.

Le respect des conventions l'incite à juger assez sévèrement l'union libre. Pour la Vierge, le mariage, loin d'être une simple formalité, constitue bel et bien un acte lourd de signification. En revanche, elle n'est pas du tout hostile, bien au contraire, à une période de probation, au cours de laquelle chacun apprendra à mieux connaître l'autre. Le Virginien ne se marie pas les yeux fermés ! Si la vie commune semble se dérouler sans accrocs, il ressent la nécessité de légaliser son union (au bout d'un, deux, ou trois ans, parfois).

Il organise alors sa vie conjugale de façon à en exclure totalement le côté aventureux et bohème qui lui inspire une peur panique.

Son attachement ne se traduit pas par des débordements de tendresse, des serments pathétiques ou des effusions chaleureuses. A des démonstrations intempestives, il préfère un clin d'œil complice, un mot de connivence. Bien qu'il ait, généralement beaucoup de mal à communiquer, il en éprouve le douloureux besoin.

C'est encore sa cérébralité qui fait de lui un sensualiste plutôt qu'un sensuel. Une grande partie de son plaisir naît de l'analyse des sensations qu'il ressent. Mais, pour son plus grand déchirement, l'instinct sexuel est puissant chez lui comme chez tous les signes de Terre. Bardé de tabous et d'interdits, aspirant de tout son être à la pureté, il est animé d'un sentiment de culpabilité vis-à-vis de l'acte charnel. Sentiment qui le bloque, parfois même l'inhibe complètement.

Ce type Vierge « classique », chez lequel la puissance d'inhibition prend le pas sur les pulsions instinctives, est le plus répandu. Si, dans le thème individuel, des planètes comme Mars ou Pluton dominent, les rapports s'inversent. Ces fameux instincts que la Vierge s'efforce avec tant de soin — et au prix d'une angoisse latente — de maîtriser, prennent le dessus. Le type Vierge s'apparente alors au type Scorpion. Le cas est suffisamment fréquent pour qu'il mérite d'être signalé.

Dans le domaine de l'amour, l'image « Vierge sage », « Vierge folle », est particulièrement suggestive. A la réserve, au conformisme, à la pudeur, voire la pruderie de la Vierge sage, s'opposent la fantaisie, l'impudeur, la démesure de la Vierge folle. L'une s'attache à conserver en tout une juste mesure. L'autre s'attaque aux valeurs traditionnelles et cherche à faire éclater le carcan des usages et des convenances.

Il arrive souvent que ces deux tendances cohabitent chez le Virginien, provoquant une alternance entre l'inhibition et l'instinct, entre le contrôle et le relâchement.

La femme du signe, on l'aura deviné, n'est pas une amoureuse passionnée, impulsive, apte à se laisser entraîner par le tourbillon de ses sentiments et de ses sens.

Dotée, très jeune, d'une étonnante maturité psychologique, habituée à raisonner, à réfléchir, à poser un œil observateur et critique sur ce qui l'entoure, elle est souvent attirée par des hommes plus âgés qu'elle, qui sont séduits par sa conversation intelligente, sa simplicité, son naturel.

Elle-même pense pouvoir trouver auprès d'un homme mûr la sécurité matérielle et affective indispensable à son équilibre. Elle ne veut pas d'un « inconscient », incapable d'assumer les lourdes responsabilités de l'existence, mais d'un homme qu'elle estime et qu'elle admire. Elle aspire à un amour stable, sans caprices, sans remous, sans pénibles sautes d'humeur. Celui qui lui fera la cour devra s'armer de patience. Ce n'est qu'après de longs travaux d'approche que, mise en confiance, elle consentira enfin à convoler.

Une fois qu'elle a accordé son amour, elle ne le reprend plus. Sa rigidité, sa loyauté sentimentale en font une femme fidèle. Au point de considérer comme une trahison envers celui qu'elle aime le simple fait de penser à un autre homme.

Kiraz, natif de la Vierge, a su créer les célèbres « Parisiennes », longues tiges dégingandées, qui mêlent une extrême féminité à d'involontaires maladresses : elles portent bien la signature astrologique de leur créateur.

Fidèle en actes comme en pensées, elle souhaite naturellement la réciproque. Mais elle ne se fait pas suffisamment d'illusions sur les êtres pour oser espérer que son partenaire ne commette jamais d'incartade. Elle gardera pourtant, au plus profond d'elle-même, une blessure secrète qui ne se refermera jamais complètement si l'homme aimé ne répond plus à ses sentiments. Trahie une fois, elle aura beaucoup de mal à reconstruire sa vie privée.

Mariée, la native de la Vierge est une parfaite maîtresse de maison. Attentive, dévouée, sérieuse et économe, elle seconde efficacement son mari, tout en ayant l'intelligence de s'effacer devant lui.

Elle est de celles dont on dit : « Quelle épouse modèle ! » Sa discrétion, sa compréhension, son abnégation vous tirent du cœur de grandes exclamations d'admiration. Qu'elle se garde, toutefois, de tomber dans le piège de la routine. Sans aller jusqu'à donner à la vie commune un ton d'improvisation permanente — ce qu'elle serait bien en peine de faire —, elle doit apprendre à « casser » ses habitudes et à faire passer, de temps en temps, le plaisir avant le devoir. Sinon, son mari finirait par s'ennuyer auprès d'elle. La perfection à temps complet et à horaires fixes est chose si lassante !

Il serait sage, aussi, qu'elle mette un frein à son esprit critique. Lorsqu'elle ne se surveille pas — généralement dans les périodes d'intense fatigue et de surmenage — elle a tendance à critiquer tout et n'importe quoi, à ne faire grâce d'aucune faiblesse, d'aucune imperfection. Sans doute ne se rend-elle pas compte qu'un homme peut être tenté de divorcer pour bien moins que cela !

La Vierge folle met plus de passion dans ses relations amoureuses que la Vierge sage. Toutes proportions gardées, évidemment. Car elle ne perd jamais la tête au point de commettre ce qu'elle jugerait être une folie irréparable. Elle est capable d'éviter les « naissances non désirées » et autres impondérables de l'existence. Ce qui ne l'empêche pas, surtout dans sa jeunesse, de collectionner les aventures. Ce n'est pas par goût réel du plaisir ou du changement, mais parce qu'elle est en quête d'un amour absolu, parfait, quasi impossible à découvrir en ce bas monde. Ses frasques ne sont qu'une manifestation d'angoisse, de frustration. Si elle a la chance de rencontrer un homme qu'elle aime assez pour avoir envie de l'épouser, avec quel soulagement, alors, va-t-elle se débarrasser de ce personnage de femme facile qui lui collait à la peau mais l'étouffait. Libérée, elle se sentira de nouveau en plein accord avec sa nature profonde, faite pour la sagesse et la fidélité.

L'homme de la Vierge est encore moins souple dans ses comportements que la femme du signe. Adolescent, il souffre souvent d'un grave complexe d'infériorité, accentuant sa gaucherie et sa timidité envers les femmes. Sa difficulté à communiquer, son manque d'aisance sont autant d'obstacles à un épanouissement affectif précoce. Il éprouve, vis-à-vis de la sexualité, un mélange d'attirance et de répulsion. Entre la vie et la vertu, entre la décence et l'indécence, il ne sait pas toujours à quel saint se vouer. Sa cérébralité excessive, ses principes moraux, sa tentative de répression des instincts, créent un carcan d'inhibitions lourd à porter, dont il ne réussit à se débarrasser qu'avec peine. Parfois, ses blocages le paralysent au seuil d'une aventure. Il est capable de sublimer ses sentiments et de se contenter longtemps de relations platoniques. En tout cas, sa première expérience amoureuse aura pesé lourd sur sa vie sexuelle d'adulte. Hélas, tous les adolescents mal dans leur peau n'ont pas la chance de trouver sur leur route une femme plus âgée qu'eux, douce et compréhensive, une initiatrice apte à leur apprendre combien l'amour peut être simple, pur et beau.

Par sa réserve, par sa retenue, l'homme de la Vierge attire et déconcerte. Quand il fait la cour à une femme, c'est avec un mélange de hardiesse, de fierté farouche et de total manque d'assurance. Mais il n'a rien du « dragueur », n'ayant, en outre, aucun goût pour les conquêtes faciles. Il faut, quelquefois, un bon coup de pouce du destin ou un heureux concours de circonstances pour qu'il se résolve à aborder une fille qui lui plaît. Par conséquent, il est généralement l'homme d'un seul (grand) amour.

Il est attiré par une femme sérieuse, réfléchie, dotée d'une certaine noblesse de sentiments. Doit-elle être belle ? Pas au sens classique du terme. Il est indispensable, en revanche, qu'elle ait de la classe, de l'allure, qu'elle soit sobre mais soignée. Le Virginien déteste les fofolles, les aguicheuses et les coquettes. Il veut une femme capable de s'assumer à part entière.

De tous les hommes du Zodiaque, il est l'un des plus portés à défendre (et à pratiquer) l'égalité entre hommes et femmes.

Bien que... bien que... son authentique respect de la liberté de l'autre se heurte parfois à un conformisme contraignant. Bref, point trop n'en faut. Que sa femme ne s'avise pas de vouloir bousculer impunément les convenances ! S'il a l'impression qu'elle le ridiculise, il ne le lui pardonnera jamais.

Et puis, dans son for intérieur, il estime que la règle du jeu traditionnelle — femme au foyer, homme au travail — n'est pas si mauvaise. Mais si son épouse lui fournit des arguments logiques et convaincants, si elle insiste pour exercer un métier, il ne fera pas opposition. Il n'aime pas imposer sa volonté, forcer quelqu'un contre son gré.

Ses rapports de couple gagneront en chaleur et en intensité s'il consent à se confier plus volontiers à sa femme. D'autant plus qu'il est le premier à aimer être soutenu moralement. Le simple fait de parler d'un problème qui l'angoisse le soulagera... même si ensuite il ne tient pas compte du conseil !

De nature solitaire et réfléchie, le natif de la Vierge est trop austère et réservé pour avoir de nombreux amis (Tête de femme *par Ingres*).

La Vierge et l'Amitié

L'individu marqué par le signe de la Vierge est d'abord subjugué par l'intelligence ; les qualités de cœur ne suffisent pas. Pour qu'il se lie d'amitié, il lui faut donc avoir reconnu la supériorité de l'intelligence chez l'autre dans certains domaines. Pour lui, l'amitié, comme le reste, doit être féconde, productive, c'est-à-dire débouchant sur autre chose que le simple plaisir d'être ensemble, de boire un verre, d'admirer le paysage ou d'échanger des propos anodins. Sa cérébralité dominante l'incitera donc à ne se porter qu'au devant des fortes personnalités, celles ayant quelque chose à dire, quelque chose à lui apprendre, mais sa retenue, souvent excessive, due à un complexe d'infériorité latent, gênera, bloquera même, son initiative : il ne va pas aux autres, il attend sans grand espoir — sans vraiment attendre, en fait, que les autres aillent à lui.

Ses qualités sont si discrètes, il est vrai, qu'il est souvent le dernier à en prendre conscience : il s'étonnera par conséquent qu'on vienne à lui, alors qu'il est le plus attentif, le plus loyal, et naturellement le plus discret des amis.

Evidemment, par son attitude de retrait — qui n'est guère encourageante, quand elle ne le fait pas passer complètement inaperçu —, il faudra des circonstances particulièrement favorables pour que des liens se nouent : et comme les circonstances sont généralement l'aboutissement d'un choix et non le résultat d'un comportement que nous avons, de facteurs extérieurs plus ou moins fortuits, le Virginien aura finalement peu d'amis. C'est d'ailleurs ce qu'il souhaite : son temps et ses propres capacités d'échange sont trop limités, mesurés, pour que l'amitié occupe une place très grande dans sa vie. Il considère l'amitié comme une chose précieuse, mais pour lui, le précieux va avec le rare, et on ne doit pas en abuser, au risque de voir se dégrader les relations : on ne peut pas avoir toujours quelque chose d'intéressant à se dire, et mieux vaut ne pas se voir que se voir pour rien, sans la possibilité d'un apport, d'un échange intellectuel le plus souvent.

Le paradoxe du Virginien est de se trouver parfaitement à l'aise dans le « quotidien », et d'en appréhender les dangers au niveau de l'émoussement, de l'usure et en fin de compte du retournement des sentiments d'intérêt que l'on porte à autrui ou que l'on suscite. Conservateur et fidèle, il pratique la politique parcimonieuse du compte-gouttes : peu de fois, un petit peu à chaque fois.. pour que ça dure longtemps.

Le cercle vicieux de ses amitiés se résume donc à l'obligation pour la relation d'échapper au quotidien, afin de rester dans le domaine d'un « exceptionnel » où il ne se sent pourtant pas à l'aise.

La correspondance lui permet de faire d'une pierre deux coups : en effet, sécurisé par sa solitude et son cadre habituels, il lui est possible d'exprimer sur le papier les beaux et bons sentiments, les vérités profondes, qui autrement viennent buter contre les murs d'une timidité, d'une pudeur bloquantes, ou d'une réalité fade et propre au ridicule. Sans compter que Mercure lui confère l'amour du langage, du mot juste, que l'expression écrite — sur laquelle il peut revenir autant de fois qu'il lui plaît — lui permet de satisfaire bien plus que l'expression orale qui exige des qualités d'improvisation dont il n'est pas doté a priori.

Le Virginien pense d'ailleurs souvent que l'on connaît mieux quelqu'un par ses écrits que par son comportement. Cela revient à dire qu'il accorde plus d'importance aux intentions qu'aux actes, et peut-être n'a-t-il pas tout à fait tort, les intentions étant des points de départ, et les actes des aboutissements qui ont dû subir en chemin des détournements non souhaités.

Seulement, combien de gens ont-ils des intentions aussi honnêtes que celles des Virginiens ? Ayant du mal, avant de l'avoir vérifié concrètement, à supposer chez les autres les défauts qu'il n'a pas, c'est avec ses écrivains préférés qu'il entretiendra les plus parfaits liens d'amitié —amitiés platoniques—, dont l'autre partie, et pour cause, ne saura jamais rien. Et c'est dommage, car peu de gens ont un jugement aussi sûr que les Virginiens.

Si vous avez un ami du signe de la Vierge, il est probable que c'est d'abord vous qui êtes allé vers lui. Et c'est seulement quand votre relation aura suffisamment évolué, répondu à des critères bien précis, qu'il sera rassuré sur la qualité de votre amitié. De toute façon, vous lui donnerez plus souvent de vos nouvelles que lui.

Un détail utile en passant : vous le mettrez particulièrement à l'aise en le tutoyant assez vite, car même s'il en éprouve l'envie et le besoin, il n'osera jamais être le premier à le faire, pouvant aller jusqu'à se casser la tête, pour trouver des tournures de phrases qui évitent l'emploi de la deuxième personne.

Ce n'est pas lui qui vous téléphonera au milieu de la nuit pour vous faire part de son vague à l'âme. En revanche, il admettra la réciproque, tout au moins au début, et si, encouragé par son aptitude à vous écouter, vous n'abusez pas de cette liberté.

Peut-être vous plaindrez-vous qu'il ne vous appelle jamais, et vous aurez raison dans un sens, car il n'a pas un besoin vital de vous voir ou de vous entendre, mais, d'un autre côté, vous aurez tort, car vous auriez dû vous rendre compte que son mélange d'inhibition et de correction lui fait toujours craindre d'appeler au mauvais moment, de déranger, de s'imposer et qu'il préfère attendre que vous l'appeliez vous-même.

Ce n'est pas avec lui non plus que vous pourrez faire la fête toute la nuit, d'ailleurs ça ne vous serait sans doute pas venu à l'esprit, tant il a l'air sobre... et l'œil fixé sur sa montre. Et pourtant, il aimerait sûrement, comme ça, une fois tous les dix ans, le temps de s'en remettre, que vous le forciez à sortir de sa discipline et de son train-train.

S'il a des problèmes, il y a de fortes chances pour qu'il ne vous en parle qu'une fois le plus dur déjà passé. Il n'aime pas parler de lui, mais à partir d'un certain degré d'amitié, il le fera cependant très ouvertement, davantage parce qu'il croira qu'il le doit à votre légitime curiosité (lui-même appréciant beaucoup les confidences des autres, tout en sachant mieux que personne les garder pour lui), que parce qu'il en éprouvera un réel besoin.

Il n'est en amitié ni exclusif ni jaloux. Il sera tout disposé à estimer vos autres amis et sera ravi que vous appréciez les siens. Il acceptera même parfaitement que naisse et se développe, entre vous et quelqu'un qu'il vous aura présenté, une relation apparemment plus intense que celle qui vous lie. Egalement capable d'admettre que vous puissiez avoir des affinités avec des gens qui lui déplaisent, ou, à l'inverse, être allergique à ses propres amis, malgré tout, il ne pourra s'empêcher d'être perturbé et de se poser des questions.

Ne sachant pas se mettre en valeur, il sera facilement porté à essayer de se justifier, et voudra donner à tout prix, l'impression qu'il se situe à mi-chemin entre l'orgueil et la fausse modestie. Si vous le complimentez, il se minimisera instinctivement soit en vous signalant les petits revers de médaille que vous n'auriez pas perçus, ou par-dessus lesquels vous vouliez justement passer, soit en utilisant une de ses formules habituelles : « n'exagérons rien », ou « je n'y suis pour rien », etc... Et s'ensuivra un échange ennuyeux de « mais non », « mais si », où vous serez obligé de renchérir dans un sens, et lui dans un autre. Ainsi, alors que vous vouliez simplement lui rendre une banale politesse, son honnêteté, le poussant à vouloir se faire passer strictement pour ce qu'il croit être ou ne pas être, va du même coup le mettre au centre d'un fastidieux désintérêt.

Vous apprécierez pourtant la qualité de son amitié : une amitié fondée sur l'estime, jamais superficielle, toujours très bien élevée, un tact rare grâce auquel il sera souvent le seul à comprendre certaines choses, à être présent ou absent exactement quand il le faut : une présence qui n'envahit jamais, une absence qui ne s'offense pas, n'oublie pas. Vous admirerez son désintéressement : le premier à rendre un service, il sera aussi le dernier à vous en demander. Enfin, sa sincérité vous sera précieuse : il ne vous dira jamais à votre sujet que ce qu'il pense, enrobé bien sûr de gentillesse et des réserves sur sa non-infaillibilité. Il a cette méritoire objectivité de voir à la fois ce qui va chez ses ennemis et ce qui ne va pas chez ses amis sans pour autant s'en servir pour indisposer tout le monde.

Des ennemis, il en a lui aussi, mais sans le savoir vraiment, ou tout au moins sans s'en soucier : aucune tendance paranoïaque chez lui, et sa compréhension assez fine et subtile des êtres, ainsi que la conscience de ses défauts, lui permettent d'accepter tout à fait bien qu'on ne l'aime pas ; il a presque envie de dire : « comme vous avez raison », et à ceux qui l'aiment : « comme vous avez tort ». Il se trouve ennuyeux, trop sérieux, trop raisonnable, terre-à-terre, besogneux, rigide, et il éprouve profondément la nostalgie du « non-soi », en l'occurence du signe opposé et complémentaire, celui des Poissons : ah ! pouvoir une fois ne pas être à l'heure, ne pas venir à un rendez-vous embêtant, jeter l'argent par les fenêtres, laisser tomber les cendres sur la moquette (car il est, c'est connu, exact, responsable, économe, ordonné). Surtout, pouvoir porter en soi ce mystère qui l'attire d'autant plus irrésistiblement et douloureusement qu'il en est totalement dépourvu, bien qu'assez lucide pour tabler un tout petit peu sur le fait que l'on est toujours mystérieux pour qui ne vous connaît pas, et principalement pour qui est le contraire de vous ; mais il lui semble que ses mécanismes sont les moins compliqués de tous, qu'il est possible de les démonter très vite, et de s'en désintéresser aussi vite : ce n'est que ça ? rien de drôle, rien d'inattendu, rien de fou ?

Et voilà encore une autre façon d'expliquer pourquoi il espace les contacts : il n'a pas envie, au fond, de lire dans vos yeux ce qu'il pense de lui-même, qu'une relation plus suivie ne manquerait pas de vous révéler.

Il a aussi ses antipathies, ses bêtes noires, et il a beau détester ses défauts, ou du moins ce qu'il juge comme tels, il tient à certaines de ses qualités et éprouvera une allergie instantanée envers les personnes à qui elles manqueront trop à son goût : il n'aimera pas a priori les bavards futiles et vaniteux, les arrivistes, les despotes, les indiscrets. Même s'il est tout à fait capable de mettre en doute ses premières impressions, ou d'envisager derrière d'insupportables défauts les inévitables qualités compensatrices, il ne poussera pas la bonne volonté jusqu'à chercher à les découvrir ; il n'aura pas à le faire, aidé en cela par la distance qu'il met instinctivement entre lui et les autres, et que les autres franchissent d'autant moins qu'ils sentent la réprobation culpabilisante que ce signe sait si bien faire peser sur autrui.

Cette dernière caractéristique vous dérange aussi : c'est vrai que, parallèlement à son infinie délicatesse, il a un œil critique auquel rien ne semble échapper, et un jugement d'une paralysante vérité, quand il n'est pas déformé par un moralisme exagéré : même s'il doit être le dernier à vous en parler, il sera le premier à détecter votre plus petite faille.

Sous son regard, vous vous sentirez parfois comme en pleine lumière, devant une caméra à laquelle vous ne pourriez rien cacher, et vous vous surprendrez à vous demander s'il s'agit là d'attention et d'observation bienveillantes, ou de froides dissections.

D'un point de vue négatif, son excès de sens critique envers les autres empêche les confidences, tout comme l'excès de sens critique envers lui-même freine les encouragements ; l'exceptionnelle courtoisie et l'humour — dont il sait parfois user comme personne — constituent d'infranchissables, et par là-même, d'agaçantes barrières ; la spontanéité étouffée par les scrupules, la prévisibilité des répliques, le besoin de tout comprendre et de tout expliquer, arrivent à fatiguer l'interlocuteur et à tuer la conversation, qui est pourtant son terrain de prédilection.

En outre, quand elle est le résultat d'inhibitions excessives, la retenue aboutit dans les rapports humains à une timidité, une maladresse qui finissent — et le Virginien en est conscient — par embarrasser les mieux intentionnés ou les plus décontractés, ce qui n'arrange rien.

Pour la plupart des gens, un ami, c'est justement la personne avec laquelle on peut se laisser aller, à qui l'on peut tout dire ou tout demander. Mais avec un ami virginien, vous sentez confusément qu'il y a une limite à ne pas dépasser et, là encore, vous vous posez par moments la question de savoir si cette limite est due à sa correction ou à son égoïsme : s'il a si peur de vous déranger, n'est-ce pas au fond parce que lui-même a horreur qu'on le dérange ?

Il évoque l'Angleterre, pays qu'il aime généralement, pays où l'on dit *you* à tout le monde, et où chacun attache tant de prix à sa petite paix personnelle qu'on y fait le plus grand cas de celle de ses voisins.

Nul n'est parfait : chez la Vierge, les qualités comme les défauts procèdent de l'instinct de conservation. Alors, bien sûr, l'économie, la retenue, la prudence, l'observation, la raison peuvent virer à l'avarice, la mesquinerie, le pointillisme, la chicanerie et l'égoïsme ; il arrive que derrière la serviabilité on trouve souvent un sens du devoir rigide, et finalement un manque de chaleur vraie, ou encore la recherche de sa propre justification au lieu de l'élan naturel vers l'autre ; et derrière la modestie, une véritable impuissance à cesser de s'analyser et à sortir de soi.

Il y a cependant de fortes chances pour que, si vous avez choisi un ami du signe de la Vierge, vous préfériez son égoïsme, qui ne lui fait jamais faire aux autres ce qu'il n'a pas envie qu'on lui fasse, à un altruisme dépourvu de discernement.

Sachez en outre que ce signe est le plus perfectible de tous : si, malgré ses fréquentes introspections, il n'a pas suffisamment pris conscience de l'un de ses défauts, c'est un service que vous lui rendrez en l'y aidant : loin de s'en offusquer, le choc difficile de la révélation passé, il vous en sera reconnaissant, car, derrière son souci permanent de bien faire, il n'y a rien d'autre que le désir de faire toujours mieux.

Esquisse de Raphaël ; les amis de la Vierge sont rares et de très grande qualité.

Sabine Azéma : après une carrière théâtrale réussie, cette comédienne pétillante a tourné de très nombreux films, avec des metteurs en scène prestigieux, parmi lesquels son compagnon, Alain Resnais.

La Vierge et son Education

L'enfant né sous une forte influence du signe de la Vierge est calme, obéissant et souvent prêt à rendre service. Il semble facile à élever, c'est le type même de l'enfant déclaré « sans problème » par ses parents, qui tomberaient probablement des nues s'ils savaient les angoisses que recouvre cette prétendue facilité car, avec le petit Cancer, le petit Vierge est l'enfant qui a le plus grand besoin de sécurisation et le plus grand mal à acquérir une dose suffisante de confiance en soi.

Affectivement parlant, il vous faudra être attentif, pour savoir reconnaître ses discrètes sollicitations, afin d'y répondre le plus souvent et le mieux possible ; mais mieux vaut éviter, comme le font certaines mamans, de se jeter sur lui et de l'étouffer de caresses et de baisers ; tout excès, même quand il est bébé, ne peut que l'indisposer. Ce n'est pas un enfant exigeant, un enfant à caprices, et s'il vous réclame au milieu de la nuit, soyez sûrs que ce n'est pas sans raison, et qu'il a un réel besoin de votre présence. Il porte en lui un sentiment latent d'inquiétude, et le meilleur comportement serait, dès sa naissance, de parler avec lui, de lui exposer les choses normalement, comme à un enfant plus âgé. Gardez-vous de trahir sa confiance ; par exemple, si vous devez vous absenter, ne le faites jamais par surprise, prévenez-le, donnez-lui vos raisons. C'est, plus qu'un autre, un enfant qui a besoin de comprendre, et qui est tout prêt à recevoir vos explications : ne les lui refusez pas, plus vite vous le traiterez d'égal à égal, meilleure sera votre relation avec lui.

L'enfant Vierge est avant tout un cérébral. Il bénéficie d'une compréhension précoce des êtres et des situations, et saura s'exprimer de bonne heure : à vous de favoriser ce dernier don (qu'il a en commun avec les petits Gémeaux), en lui parlant le plus tôt et le plus souvent possible un langage adulte, et en lui lisant ou lui racontant des histoires, ce qui est pour lui d'un bien plus grand intérêt que le jeu.

Sur le plan pratique, il peut être très adroit, mais n'est pas à l'abri non plus d'une certaine gaucherie ; quoi qu'il en soit, ne lui montrez pas d'impatience, ne vous précipitez pas non plus à son secours pour faire les choses à sa place : son complexe d'infériorité, dû à la conscience prématurée qu'il a de ses insuffisances, ne demanderait que cela pour se développer. C'est un enfant avec lequel il faut particulièrement surveiller les reproches, et même les éviter, car il est rempli de bonne volonté, mais aussi plein de doutes quant à ses capacités, trouvant toujours qu'il ne fait pas assez bien, et donc touché à l'extrême si on le gronde pour une maladresse ou un échec.

La meilleure attitude à avoir est donc de le laisser faire sans s'occuper de lui : d'une part il est prudent, ni casse-cou, ni casse-tout, d'autre part tout regard, même et peut-être surtout bienveillant, risque de le paralyser en partie, en augmentant son désir de réussir, et parallèlement sa peur d'échouer. S'il réussit, vous le féliciterez normalement : l'enfant Vierge est très sensible à l'exagération, tout compliment excessif sonnerait faux à son oreille, et serait perçu négativement.

Si vous êtes une mère et un père extravertis, expansifs et bruyants, vos attitudes risqueront d'embarrasser et, par la suite, d'exaspérer votre enfant, dont la réserve, la timidité, l'excès de sensibilité vous agaceront de la même façon : il possède à un degré élevé le sens de la nuance, et c'est une qualité que vous avez intérêt à ménager, que vous devriez même essayer d'acquérir si vous désirez éviter qu'il vous fuie peu à peu et de plus en plus.

De même, des parents à la personnalité forte risquent, à leur insu, d'être un problème pour l'enfant virginien qui, de par sa propension à s'estimer inférieur à ce qu'il est en réalité, a également tendance à mettre sur un piédestal très, ou trop élevé les êtres qu'il admire. L'un ou l'autre parent qu'un tel enfant poserait en modèle inaccessible et écrasant pourrait donc involontairement être la source d'un comportement négatif. Plusieurs solutions se présentent selon le style de personnalité des parents ; mais, en tout cas, savoir se mettre à l'écoute et à la portée de l'enfant, s'humaniser en se montrant parfois sous un éclairage inverse de celui sous lequel il vous voit le plus souvent, lui montrer par exemple ses faiblesses et ses hésitations,tout cela réduira la distance, et contribuera à créer ce climat de confiance sans lequel le Virginien est incapable de s'épanouir.

Dans un même ordre d'idées, la présence de frères et sœurs plus brillants, plus doués ou plus gâtés physiquement que lui, peut tourner à la catastrophe si vous ne savez pas y faire : les comparaisons (toujours peu recommandables, car de toute façon stupides et dangereuses), si elles ne sont pas à son avantage, le blesseront sans aucun doute profondément, et le feront se déprécier lui-même. Il est de ceux que la compétition, loin de stimuler, abat. Vous l'aiderez en lui faisant subtilement prendre conscience de ses propres qualités, en lui montrant que si d'autres ont des qualités qu'il n'a pas, lui a des qualités que les autres ne possèdent pas, et, surtout, en lui apprenant que la question n'est pas d'être mieux ou moins bien qu'un autre, mais qu'il s'agit d'être soi-même, au faîte de ses possibilités personnelles : il est parfaitement capable de comprendre, et aussi de mettre en pratique, ce dernier point.

Vous pouvez déjà voir comme l'éducation d'un enfant de ce type n'est pas aussi simple qu'il y paraît de prime abord : il convient en effet de faire acquérir à cet être la confiance en lui qui lui manque, par des encouragements bienvenus, ni trop rares ni trop fréquents, ni trop superficiels ni trop appuyés, ce qui exige de la part des parents de rares qualités de disponibilité, de psychologie, de finesse et d'intelligence. Des parents un peu lourds, ou ne serait-ce qu'inattentifs, entraveraient sans le savoir le développement de cet enfant sensible et délicat, qui souffre en silence des malentendus et que le moindre signe de grossièreté, de vulgarité, choque et révolte terriblement.

Si le contexte familial n'a pas permis à l'enfant Vierge d'acquérir un minimum d'assurance (avec lui il ne pourra jamais s'agir que d'un minimum), l'entrée à l'école se présentera comme une épreuve d'autant plus redoutable.

Oh ! bien sûr, cet enfant a tout pour être dans les bonnes grâces des professeurs : studieux, sage, poli, timide, l'élève idéal, en somme. Mais ce modèle de « chouchou » aura bien du mal à être populaire auprès de ses petits camarades, indisciplinés, insolents, brutaux, cruels, toujours prêts à le mettre en boîte, et plus portés à la bagarre, aux sports et aux jeux, qu'à l'étude.

Premier en littérature, mais dernier en gymnastique, sachant bien ses leçons, mais tout rouge dès qu'il les lui faut réciter devant toute la classe, incapable d'improviser une réponse à une question qu'il n'aura pas préparée, incapable de « flan », d'esbroufe, il préférera lire tout seul dans un coin quand les autres joueront au ballon, et lorsque les autres chahuteront, feront des blagues, il sera emprunté, culpabilisé, ne se sentant ni du côté des élèves, ni du côté des professeurs, mal à l'aise avec tout le monde et avec lui-même.

A moins qu'il n'y ait dans sa classe quelques autres élèves du même signe que lui, ou quelques Saturniens ou Neptuniens avec lesquels il aurait plus de possibilités de trouver un terrain d'entente, il se trouvera donc forcément confronté à des problèmes de

Mylène Farmer : encore une Vierge qui a vaincu ses inhibitions. Elle apparaît, sur scène, comme un oiseau fragile et parfois comme une vamp en dessous noirs.

communication qui, la plupart du temps, rendront sa scolarité malheureuse, et accentueront sa tendance à se replier sur lui-même.

Il serait évidemment préférable, que, dans la mesure du possible, la vie à la maison ne se passe pas trop en vase clos : une atmosphère familiale gaie et détendue, avec un va-et-vient d'amis qui traitent l'enfant à la fois avec chaleur et désinvolture, l'aiderait à s'épanouir.

Devant les difficultés d'adaptation de leur enfant, le voyant empêtré de son corps, maigre et contracté, recevant des coups mais incapable de les rendre, beaucoup de parents auront l'idée de lui faire pratiquer un sport individuel (judo, karaté, boxe, ou autre, éventuellement la danse), susceptible de lui faire rattraper ou compenser ses insuffisances et son manque d'assurance physique. S'ils réussissent à convaincre l'enfant, bravo ! Sinon, ils auraient tort, dans l'intérêt même de leur enfant, de forcer un refus, motivé davantage par un réel manque d'intérêt que par un entêtement borné. Dans ce dernier cas, que les parents se contentent de l'encourager habilement, c'est-à-dire sans insister pesamment, à aller plus loin dans ce qui l'intéresse vraiment. Après tout, il ne sera jamais un athlète, et il n'est ni meilleur ni pire de vous retrouver plus tard avec un intellectuel frileux certes, mais capable de se défendre avec sa matière grise et sa plume, à défaut de ses muscles.

Il vous faudra malgré tout lutter contre sa tendance à rester enfermé et à refuser systématiquement ou à rechigner devant toute forme d'activité physique : l'oxygénation, c'est-à-dire le grand air, et un minimum d'exercice physique, car ils sont indispensables à tout enfant.

Bien qu'ayant tendance à fuir ses problèmes dans les livres et à devenir un bûcheur obstiné pour compenser sa solitude et sa timidité par un savoir encyclopédique, c'est sur le plan des études qu'il posera le moins de problèmes. Il sera pourtant toujours plein d'appréhension à l'approche des examens, exagérant immanquablement à plaisir la difficultés des épreuves à subir, et minimisant de la même façon ses compétences et ses chances de réussite.

Retenez que c'est un enfant intellectuellement curieux, désireux d'apprendre et de savoir : la littérature, les langues, l'histoire, les sciences naturelles, plus tard la philosophie, seront ses sujets de prédilection. Favorisez ses penchants en lui constituant une bibliothèque fournie ou en l'inscrivant à celle de la municipalité, en l'abonnant à des revues dignes d'intérêt, en sachant orienter ses sorties, et choisir ses programmes de radio et de télévision, en attendant qu'il puisse le faire lui-même.

Interrogez-le de temps à autre sur ses lectures : pour peu que vous y preniez intérêt, ses connaissances vous surprendront, et il en sera extraordinairement stimulé (à condition toujours que vos manifestations d'intérêt et d'admiration restent dans un certain ton de justesse et de discrétion ; sachez aussi que vous le rendriez malheureux en vantant de façon outrancière ses qualités en public).

Ajoutons, pour finir, que le petit Virginien est raisonneur, au mauvais, comme au bon sens du terme : par exemple, il ne rendra pas service pour le plaisir de rendre service, mais parce qu'il se sera trouvé suffisamment de bonnes raisons pour cela ou, encore, plus simplement, parce qu'il se sera une fois pour toutes rendu compte qu'il est plus justifié de rendre service que de ne pas le faire.

D'où un manque de spontanéité parfois irritant pour son entourage, qui lui reprochera d'être calculateur, mesquin, égoïste. On ne peut pas dire, en effet, que ce soit un enfant généreux : il ne prête pas volontiers. Il n'est pas avide, il n'aura pas envie de posséder beaucoup et se contentera de peu, mais il tiendra très fort à ce qui sera à lui, en prendra le plus grand soin, et le conservera, très longtemps. Il serait inutile de l'inciter à se départir de l'un de ses jouets, sous le seul prétexte qu'il faut savoir donner (c'est d'ailleurs une mauvaise politique avec tout enfant possessif). Pourtant, avec son caractère raisonneur et raisonnable, le petit Virginien est très accessible au sens moral, à ce qui est bien, à ce qui est mal, aux « je dois », « je devrais », « j'aurais dû »... dont il a, répétons-le, une compréhension réfléchie plus qu'intuitive. Lui faire valoir qu'il y a des petits enfants comme lui, qui n'ont rien, dérangera son confort, mais ne le laissera pas indifférent, et constitue peut-être une bonne méthode pour ouvrir un cœur qui, trop préoccupé par ses problèmes personnels, n'est pas naturellement disposé à se pencher sur ceux des autres. En ce qui concerne les problèmes personnels, cet enfant introverti a tendance, si tout l'y pousse, à véritablement s'y enfermer, pouvant aboutir ainsi à une sorte de prison d'égocentrisme asocial ; on a tout intérêt, non seulement à essayer avec son concours de détourner adroitement son attention de lui-même vers les autres — car c'est un enfant capable de dévouement, même s'il est d'un abord réservé, en tout cas efficace —, mais encore à lui inculper l'humour, ce qui n'est évidemment possible que si l'on n'en est pas complètement dépourvu. Son sens aigu du ridicule peut le prédisposer à se moquer intelligemment des autres et de lui-même.

Altruisme et humour sont des voies salvatrices ; en raison de ses blocages, l'enfant Vierge s'y orientera rarement tout de suite de lui-même, mais il pourra y exceller si l'on sait l'y diriger.

Romy Schneider, grande comédienne, avait la réputation d'être, dans son métier, plus dure avec elle-même que ses metteurs en scène. C'est bien là une caractéristique virginienne.

Julien Green à sa table de travail illustre le goût du natif pour l'ordre, la rigueur, la sobriété, l'intransigeante persévérance.

La Vierge et son Travail

« Travaillons donc ! Plutôt s'user que se rouiller. » Exhortation bien dans le style de la Vierge, et lancée par Diderot, fortement marqué par ce signe malgré son Soleil natal en Balance.

C'est un fait reconnu, la Vierge produit nombre de travailleurs modèles, dont le sérieux, la conscience professionnelle, l'efficacité ne sont pas les moindres vertus. L'on n'a pas fini de louer ce signe pour ses qualités de discrétion, d'application dans les tâches entreprises, de prudence et de prévoyance. Pour ces mêmes raisons, précisément, on lui colle invariablement l'étiquette de « brillant second » ou, à la rigueur, d'« excellent coéquipier ».

Sous prétexte qu'il maîtrise ses instincts de puissance, il est taxé de médiocrité, d'insignifiance. En vérité, ses mécanismes de défense le conduisent à demeurer en deçà de ses possibilités réelles plutôt que d'aller au-delà de ses limites, tout en se réservant de donner la pleine mesure de lui-même au moment opportun. Visant un but inférieur à ses capacités, il n'a pas à douter du succès : il lui est dû.

Il n'en reste pas moins vrai que la Vierge, souvent modeste et effacée, préfère demeurer en retrait et travailler dans l'ombre qu'affronter les feux de la rampe. Mais, dans les limites qu'il s'est volontairement imposées, le natif du signe est d'une rare efficience.

Le type Vierge croit avant tout aux vertus du travail bien fait. Rien ne vaut, à ses yeux, la compétence professionnelle. Le métier s'acquiert à force de discipline, au prix d'une rigueur et d'une patience de tous les instants.

Excessivement perfectionniste, il ne cesse d'améliorer ses techniques et ses méthodes de travail. Fallait-il que la Vierge fût puissamment valorisée dans le thème de Boileau pour que le champion de l'*Art poétique* conseillât : « Hâtez-vous lentement et, sans perdre courage, cent fois sur le métier remettez votre ouvrage ! »

Le Virginien a un incroyable souci du détail. Il ajoute, retranche, fignole, jusqu'à ce qu'il s'estime parfaitement satisfait du résultat. Ce sens du détail est une conséquence de son esprit d'analyse poussé au maximum. Il voit rarement un problème sous l'angle de la globalité, mais plutôt comme une accumulation d'éléments dissociés, de « corps simples », qu'il faut traiter les uns après les autres et qui ont tous leur importance.

L'autre grand fleuron de la Vierge est son fameux sens de l'organisation. Il lui permet de prévoir, de calculer, de programmer, d'anticiper. Ajoutons à cela un esprit méthodique, un goût de l'ordre et de la précision, et l'on comprendra qu'elle soit plus volontiers assimilée à l'industrieuse fourmi qu'à l'inconséquente cigale.

Elle est donc tout naturellement portée vers les métiers où il faut compter, préparer, classer, vérifier, contrôler. Métiers dans lesquels peuvent s'exprimer pleinement ses qualités de patience, d'exactitude, d'ingéniosité, et de discernement. Du bibliothécaire, archiviste ou documentaliste au statisticien, comptable, contrôleur, la liste est longue.

Un autre aspect de la personnalité du signe le guide vers les métiers « de service ». Il a besoin de se dévouer pour les autres et, plus encore, d'avoir le sentiment d'être utile. C'est une manière de donner un sens à sa vie. Selon les cas, il choisira de servir les hommes, et s'orientera soit vers des professions médicales ou para-médicales, soit vers tous les métiers liés aux prestations de service, ou bien il sera enclin à servir l'Etat. A tous les échelons il fait un parfait fonctionnaire. Michel Jobert et Alain Peyrefitte ne sont que deux exemples, parmi les plus illustres, d'hommes politiques ayant fait leurs classes à l'E.N.A.

L'habileté manuelle de la Vierge ajoute encore d'autres cordes à son arc, et lui offre un choix de métiers diversifiés, de l'artisanat à l'industrie de précision (horloger-opticien-ajusteur, etc.), en passant naturellement par les spécialisations médicales telles que la kinésithérapie ou la médecine physique.

L'éventail des orientations professionnelles est varié, mais la façon de concevoir le travail, et les méthodes employées sont quasiment identiques.

La Vierge n'entreprend jamais une tâche sans s'être auparavant longuement documentée pour connaître à fond son affaire. La superficialité et la facilité sont toujours rejetées au profit d'un travail en profondeur, exhaustif.

Le sens pratique, extrêmement développé, est une conséquence de l'intelligence aiguillée en permanence vers le besoin d'activité. Chez le type supérieur, en effet, la pensée et l'action sont étroitement liées. D'où le besoin de transformer l'idée initiale en réalisation concrète. Sans quoi, le Virginien aurait l'impression de « tourner à vide », de faire fonctionner sa matière grise inutilement. Il lui faut un résultat tangible pour être satisfait.

Bien qu'il ait suffisamment le sens de l'organisation rationnelle du travail pour avoir un rendement productif en équipe, il préfère, par goût, travailler isolément. Et cela, encore une fois, par besoin d'autoprotection, et parce qu'il tend éternellement vers le même but : ne compter que sur soi.

Si, professionnellement, il s'oriente vers la spécialisation, c'est également pour s'assurer que personne ne viendra s'immiscer dans ses affaires et tenter, éventuellement, d'émettre des réserves quant à la qualité de son travail. Encore qu'il accepte assez volontiers la « critique constructive », s'inscrivant dans la ligne d'une amélioration, d'un perfectionnement. Même dans ce cas, il faudra faire preuve de doigté et formuler la remarque en termes choisis, afin d'éviter de froisser sa susceptibilité à fleur de peau. Il a trop le sentiment de « faire pour le mieux » pour supporter les jugements désobligeants.

Au sein d'une entreprise, le travailleur de la Vierge entretient cependant d'assez bonnes relations avec son entourage. Dévoué, il est presque toujours prêt à rendre service, à s'acquitter d'une tâche fastidieuse à la place d'un collègue moins assidu que lui. Et puis, il n'est pas de ceux qui inquiètent par leur arrivisme forcené, par leur aptitude à écarter systématiquement de leur passage tout ce qui entrave leur réussite personnelle. Au nom des grands principes, il refuse d'admettre que la fin justifie les moyens. S'il aspire à ce que ses mérites soient reconnus à leur juste valeur, il ne cherche jamais à écraser des collaborateurs susceptibles de lui faire de l'ombre ou de le supplanter. On lui reprocherait plutôt de ne pas avoir les dents assez longues. Il ne fait pas partie de la race des « jeunes loups ».

Sa patience, son obstination à aller au bout de ce qu'il a entrepris le conduisent cependant à s'imposer professionnellement. Lentement mais sûrement. Sans esbroufe, presque sans que l'on s'en aperçoive. Et lorsqu'il a pris racine, il devient difficile de l'évincer. Est-ce parce qu'il s'accroche de toutes ses forces à la sécurité de son emploi ? Pas uniquement.

Mais lui qui sait très bien que personne n'est indispensable, le devient aux yeux de ses supérieurs, trop heureux de conserver cette perle rare : un employé sérieux, compétent, consciencieux, et suffisamment peu ambitieux pour ne gêner personne. Il faudrait être stupide pour s'en séparer !

Alors, ce « coureur de fond régulier », comme aime à se décrire Françoise Giroud, finit par rattraper puis dépasser ceux qui ont pris un départ foudroyant, mais ont finalement chuté au premier obstacle important. Lui, au contraire, se révèle dans les moments graves, dans les périodes de crise. C'est précisément lorsque la panique devient générale qu'il fait preuve d'un sang-froid et d'un esprit d'initiative confondants.

Hélas ! — mais ce n'est pas la Vierge, dont le réalisme confine parfois au fatalisme, qui s'en étonnera — toute médaille à son revers. Poussées à l'extrême, bien des qualités professionnelles du signe tendent à se transformer en valeurs négatives.

A force de fignoler son travail, le type Vierge dissonant s'englue dans les détails. Il finit par perdre complètement de vue le but ultime qu'il s'est fixé. Son esprit d'analyse devient morcellement de la pensée.

Son perfectionnisme est aussi une arme à double tranchant. Utilisé sans parcimonie, il devient un terrible handicap, car il paralyse dans l'action. Obsédé par l'idée de « faire encore mieux », le Virginien se bloque, et court le risque de ne plus rien faire du tout ! La plus légère imperfection lui saute aux yeux, il fixe toute son attention sur ce détail, s'acharne à recommencer plusieurs fois, s'exaspère, se décourage. Lorsqu'il pense avoir enfin maîtrisé la difficulté et qu'il est satisfait du résultat, il a perdu un temps précieux. Le comble, c'est qu'il est généralement le seul à remarquer la différence.

L'autre mal funeste dont souffre le natif de la Vierge est un complexe d'infériorité tenace, quasiment inguérissable puisque ni la réussite, ni même la célébrité ne parviennent à le supprimer complètement. Tout travail nouveau, toute responsabilité supplémentaire provoquent chez le Virginien une réaction initiale de panique. « En serai-je capable ? » est l'une des phrases clefs de son monologue intérieur. Cette crainte viscérale est progressivement maîtrisée et il met alors à profit son sens pratique et son esprit de ressource pour s'acquitter de la tâche.

Mais le doute demeure en lui. Telle une douleur lancinante, il empêche repos et satisfaction. Jamais le Virginien ne s'endort sur ses lauriers. Comment le pourrait-il puisque, pour lui, « tout est toujours à recommencer » ? Pas un instant il ne perd de vue que l'on est jugé « sur ce que l'on fera le lendemain ». Cette remise en question permanente tend à développer une psychose de l'échec chez le type Vierge « faible ». Il ne cesse de rétrécir son champ d'action, redoute de prendre des initiatives personnelles, et se contente d'exécuter scrupuleusement les « ordres venus d'en haut ».

Le type Vierge « fort », au contraire, se sent stimulé à demeurer toujours sur le qui-vive. Mais au prix de quelle fatigue nerveuse ! Ce n'est pas pour autant qu'il nourrit des ambitions surhumaines. Il sait bien où mènent les rêves de grandeur. La consécration sociale n'excite pas sa convoitise. Les honneurs ? Il les sait trop fragiles ou tributaires de trop de compromissions pour leur trouver une saveur agréable. Sa lucidité décapante ne lui permet pas de voir les choses comme il voudrait qu'elles soient. Le souhaiterait-il qu'il ne pourrait « arranger » la réalité.

Et même si le hasard, les circonstances (et surtout d'autres dominantes de son thème !) le conduisent au faîte de la célébrité, il demeure spectateur de sa réussite. Jamais elle ne l'aveugle. D'ailleurs le Virginien hait par-dessus tout les gens prétentieux, bouffis de fatuité, qui se gonflent d'importance sans avoir le moins du monde conscience de la relativité des choses en général, et de leurs propres limites en particulier.

Au fond, le drame de ce signe est d'être mal adapté à la vie actuelle. Dans un monde où l'on sacrifie au Veau d'or, il a le sens des vraies valeurs. Dans une société où le rendement prime la qualité du travail, il a l'âme d'un artisan et ne conçoit pas de travailler à la va-vite. L'efficacité, oui. La productivité à tout prix, non.

Il fallait que le cinéaste Jean Renoir soit du signe de la Vierge pour continuer à réaliser des chefs-d'œuvre « avec des collaborateurs bénévoles et des bouts de ficelle[1] », dans une profession où le piège du « commercial » vous guette à chaque pas.

Finalement, au-delà des inquiétudes qui l'assaillent, des scrupules qui l'étouffent, le Virginien a une riche compensation : quel que soit le métier qu'il exerce, quelle que soit la tâche qu'il accomplisse, il y trouve de l'intérêt puisqu'il s'efforce constamment d'améliorer sa technique, de perfectionner son travail. Et cela non pas, comme on pourrait le croire, pour être bien vu de ses chefs (on a toujours au moins une personne au-dessus de soi), mais par rapport aux critères de qualité qu'il s'est lui-même fixés. Car il est, de loin, son juge le plus sévère.

1. Françoise Giroud, *le Tout-Paris*, Gallimard, 1953.

Le comportement de la Vierge devant l'argent est inquiet : par crainte de l'imprévu et du lendemain, elle thésaurise facilement.

La Vierge et l'Argent

Le spectre de l'insécurité matérielle hante jour après jour l'esprit inquiet du natif de la Vierge. L'angoisse qui en découle se manifeste par un besoin quasi maladif de thésauriser, d'économiser, « au cas où... ».

Voilà bien le domaine idéal dans lequel la prudence et la prévoyance, traits constitutifs du signe, peuvent s'exprimer pleinement. Notre Virginien possède la parfaite mentalité de l'épargnant. Quels que soient ses revenus, il s'arrange pour mettre, chaque mois, une certaine somme d'argent de côté. Pourquoi tant de précautions ? Parce qu'à la seule idée de se débattre dans des difficultés financières, il a des sueurs froides. Pour éviter un semblable supplice, il adapte ses besoins à ses possibilités. Il ne sait pas ce que signifie « vivre au-dessus de ses moyens ».

Modérée, frugale, sobre, la Vierge n'a pas, loin s'en faut, la folie des grandeurs. Son attitude a de quoi surprendre à notre époque de gaspillage et de culte du clinquant. Les publicitaires, dont la fonction essentielle consiste à créer constamment de nouveaux besoins chez les consommateurs, pourraient légitimement maudire ce signe, tant il est difficile d'avoir prise sur lui dans ce domaine. « Un bifteck, un verre de vin, un matelas, et il est heureux... », dit Madeleine Renaud de Jean-Louis Barrault[1].

Les motivations agissant comme un aiguillon chez toute personne « normalement constituée » sont sans effet sur le natif de la Vierge. Il n'éprouve aucunement le désir d'épater son entourage ou ses amis par l'étalage d'un luxe tapageur. Son souci des apparences n'est pas suffisamment développé pour l'y inciter. Il méprise et condamne le pouvoir que procure la richesse... sans parler de l'usage abusif qui en est fait. Sa probité, son honnêteté, ses scrupules le placent au-dessus des sordides « combines » financières.

Ses objectifs n'ont rien d'inaccessible. Il n'aspire qu'à s'organiser une petite vie tranquille et (oui, tout de même !) relativement confortable. Aussi élimine-t-il, au départ, les sources les plus évidentes de soucis et de complications. Il a pour principe de ne jamais faire de dettes. Comment pourrait-il s'y résoudre, lui qui ne veut être redevable de personne ? La pensée de devoir de l'argent, ne serait-ce qu'à un ami intime, le hanterait et décuplerait son angoisse.

Cette disposition l'empêche parfois de réaliser des affaires intéressantes. Tant pis ! Il préférera renoncer à acheter un appartement qui le tente, plutôt que de faire un emprunt. Le mécanisme du crédit ne l'attire guère non plus. Reste l'alternative de se contenter d'un logement plus modeste ou d'attendre d'avoir suffisamment d'économies pour payer « cash »...

1. Françoise Giroud, *le Tout-Paris*, Gallimard, 1953.

Il organise son budget avec soin et sagesse, prévoit en tout premier lieu une réserve mensuelle pour les factures et les charges qui tombent régulièrement. Il n'est tranquille que lorsqu'il est « en règle » avec son propriétaire, son percepteur ou son agent d'assurances... Dans son cas, la liste des traites de tous genres est longue : son besoin de sécurité l'incline à cotiser à de multiples organismes, caisses de secours et autres mutuelles, en vue de parer à d'éventuelles catastrophes et de s'assurer une vieillesse à l'abri du besoin.

Cet état d'esprit a pour corollaire une horreur viscérale des entreprises aventureuses. Prendre des risques ? Jamais ! A moins qu'ils ne soient (oh, combien !) soigneusement calculés. Au point que la marge de risque en est diminuée d'autant. La situation de salarié convient donc à merveille à la Vierge. Quoi de plus rassurant, en effet, qu'un chèque régulièrement versé à la fin de chaque mois ?

Autre préoccupation majeure du Virginien : faire des placements sûrs. Un épargnant modèle comme lui se doit d'étudier cette question de très près. Pour lui, le placement n'est que l'une des formes de lutte contre le gaspillage, auquel il fait une guerre impitoyable. Puisqu'il se voit offrir une possibilité de faire fructifier son argent, au lieu de le laisser « dormir » inutilement, pourquoi s'en priver ?

En revanche, les jeux de hasard ne le tentent pas. Il est trop pessimiste pour penser que le hasard lui sera favorable. C'est même avec une dureté implacable que la Vierge juge les joueurs invétérés, ceux que leur passion égare au point de se ruiner ou de rendre la vie infernale à leur entourage. Ils sont incapables de se retenir ! Péché capital aux yeux du Virginien.

Lui-même considère que les biens acquis par le travail sont la seule source d'enrichissement noble, et donc acceptable. Bien qu'il ne recherche pas a priori les emplois les plus lucratifs (nous avons vu sa lenteur et sa difficulté à se faire une place au soleil), il estime normal d'être rémunéré en fonction de sa valeur et des tâches dont il s'acquitte. « Tout travail mérite salaire » est une devise qui correspond à son sens de la justice.

N'en étant pas à un paradoxe près, il peut tout aussi bien offrir ses services gratuitement, dans certaines circonstances, car il y a chez lui un côté bénévole et désintéressé. Inutile, alors, de lui proposer une rétribution. Il la refuserait obstinément.

Pourtant, il est souvent perçu comme un matérialiste. C'est une méprise. Il se trouve simplement que la Vierge, signe de Terre, connaît la valeur et le prix de l'argent. Elle se targue d'avoir ce qu'elle appelle le sens des priorités. Est prioritaire, par exemple, la nécessité de subvenir aux besoins de sa famille. Il est de son devoir de lui fournir le nécessaire : logement convenable, nourriture, vêtements. La conscience aiguë qu'il a de ses responsabilités lui interdit de s'abstraire des contingences matérielles. Mais comme il souhaiterait, parfois, pouvoir s'élever au-dessus de ces considérations ! Il accorde tellement plus d'importance aux nourritures de l'esprit qu'aux nourritures terrestres. Il le souhaiterait, mais il ne le peut pas. Son réalisme l'empêche de fermer les yeux sur ce qui l'entoure.

Gagner de l'argent pour vivre est une nécessité trop évidente pour qu'il soit en mesure de l'ignorer.

Le Virginien ressent de façon impérieuse le besoin d'acquérir rapidement et de conserver son autonomie financière. C'est un signe de fierté. C'est aussi une nouvelle manifestation de l'inhibition protectrice. Il se garde des infiltrations étrangères en apprenant précocement à ne rien attendre des autres... ou le moins possible. L'adolescent ou l'adolescente du signe est content de pouvoir s'affranchir sans délai de la tutelle financière de ses parents. Il verra beaucoup moins d'inconvénients à demeurer sous leur dépendance affective, en admettant que ce terme recouvre une réalité significative pour lui. Disons plutôt qu'il accueillera favorablement leur soutien moral aussi longtemps qu'ils voudront bien le lui accorder.

A l'âge où l'inconscience et l'irresponsabilité sont encore tolérées, le jeune Virginien fait déjà la distinction entre l'utile et le superflu. Au lieu de dilapider son argent de poche en babioles et en futilités, il est capable de faire des économies pour s'offrir un livre de collection, un électrophone de bonne qualité, ou tout autre objet de valeur. A l'âge adulte, naturellement, ces tendances ne font que s'accentuer.

Tout comme « la nature a horreur du vide », la Vierge a horreur de ce qui lui semble inutile. Encore faut-il s'entendre sur ce terme et déterminer où se situe exactement la frontière entre l'utile et l'inutile. Question difficile à trancher parce qu'éminemment subjective. La femme Lion jugera utile, voire indispensable, d'avoir trois manteaux de fourrure dans sa garde-robe. Prestige oblige.

Devant un tel déploiement de luxe, la native de la Vierge s'offusquera et son jugement sera aussi rapide que définitif : « Mauvais goût de parvenue ! ». Il est vrai qu'elle est peut-être la femme qui échappe le plus facilement à la réputation toute faite de prodigalité et de goût pervers du luxe, dont le « sexe faible » a paraît-il l'exclusivité. On n'achète pas une femme de la Vierge avec des bijoux ou des fourrures.

Elle préfère toujours la qualité à la quantité. Son budget vêtements est néanmoins très raisonnable. Elle a généralement la chance d'avoir de l'allure et de porter bien la toilette. Classique dans ses goûts, elle sait rehausser l'élégance un peu stricte d'une robe ou d'un tailleur par un détail original.

Dans l'ensemble, le Virginien renouvelle peu fréquemment sa garde-robe. Il déteste changer et plus encore jeter ! En période dépressive, il est enclin à négliger sa façon de s'habiller. On le verra sans cesse avec les mêmes vêtements parce qu'il se « sent bien dedans ». Encore un écran protecteur derrière lequel il s'abrite.

Et puis, il n'accorde qu'une importance très relative aux apparences. La valeur de quelqu'un ne se juge pas à sa mise. Il convient d'être net et soigné. Un point c'est tout.

Dans ses achats, le Virginien porte ses choix sur des articles fonctionnels, rationnels et pratiques. Malgré son amour du beau, il fait passer au second plan les critères d'ordre purement esthétique. Il recherche d'abord la qualité et la solidité. Etre d'habitudes, il se sent sécurisé dans un cadre familier et parmi des objets qui ont fait un bout de chemin avec lui. Il les connaît bien, leur a attribué une place immuable, et ne s'en séparera que contraint et forcé (si son grenier ou ses placards sont déjà pleins à craquer).

La Vierge consent à investir des sommes importantes dans des appareils électroménagers, à condition qu'ils soient de première utilité. Les gadgets ne la séduisent pas. Même les cadeaux qu'elle fait à ses amis ou à son entourage sont utilitaires. Elle ne voit pas l'intérêt de dépenser de l'argent pour un objet dont personne ne se servira jamais.

Dans un supermarché, le Virginien est heureux comme un roi, ravi d'obtenir un escompte par-ci, une petite réduction par-là. Parfois même, il se laisse prendre au mirage des grandes surfaces et fait des dépenses supérieures à ses prévisions. Mais il se donne bonne conscience en déclarant qu'il vaut mieux stocker qu'être pris au dépourvu. Au bout du compte, il reste persuadé d'avoir « fait une affaire », puisqu'il a acheté à des prix défiant toute concurrence.

Au demeurant, c'est un consommateur avisé, exigeant. Il s'indigne souvent devant les variations de prix d'un même produit d'un magasin à l'autre. Pour une différence de quelques dizaines de centimes, vous le verrez perdre son sang-froid. Ce n'est plus une question d'argent, mais de principe. Il a l'impression d'avoir été floué, volontairement dupé. On a cherché à se moquer de lui. Il suffit que ce doute s'infiltre inconsciemment dans son esprit pour que son attitude se transforme instantanément, rendant souvent ses réactions incompréhensibles, même à ses proches. Lui qui répugne à traverser une salle de restaurant par gêne d'être dévisagé, il est capable de faire un esclandre propre à ameuter toutes les tables voisines si l'addition qui lui est présentée lui semble indûment élevée.

Au fond, dès que ses principes, ou son intégrité, sont bousculés, il exige réparation, sur le plan moral ou financier, selon les cas. Qu'un voisin maladroit érafle la peinture de son portail avec sa voiture, et il exigera sur-le-champ, une compensation pécuniaire.

Cette particularité fait aussi de lui le locataire le plus discret... ou le plus rouspéteur. S'il constate une légère tache d'humidité sur un plafond ou une fine lézarde sur son mur, il exigera qu'une enquête soit ouverte afin de déterminer la responsabilité de ses voisins, et que, le cas échéant, des dommages et intérêts lui soient versés sans délai.

Beaucoup verront là la marque indiscutable d'un esprit économe, peu porté à l'excès de consommation. Il est exact que le natif de la Vierge y est prédisposé. Tapie au fond de lui, la peur obscure des lendemains lui inspire une attitude réflexe vis-à-vis de l'argent. Il ne lâche pas volontiers ce qu'il a accumulé avec tant de soin et de patience. L'impulsivité ou les coups de tête n'étant pas de son ressort, il apparaît évidemment comme un affreux calculateur. Avant d'engager les moindres frais, il prend effectivement le temps de la réflexion... le temps d'évaluer l'impact de la dépense en question sur l'état général de ses finances. S'il n'y a pas péril en la demeure, il s'octroie le feu vert. Ce comportement ne laisse pas de place à une générosité débridée !

Et pourtant le sens de l'économie du Virginien s'exerce suivant un rythme souvent inexplicable. Parfois, le voici qui dépense d'un seul coup la réserve qu'il a scrupuleusement amassée sou après sou ! C'est la manifestation du mécanisme d'ambivalence, déjà mentionnée, mais là n'est pas l'unique raison. Toujours prêt à pratiquer une introspection poussée, l'homme ou la femme du signe s'analyse sans complaisance. Il sait bien de quels défauts il est affligé. De temps à autre, sa tendance à la mesquinerie le révolte. Délibérément, il fait sauter les verrous de sécurité et dépense sans compter, ne serait-ce que pour se prouver à lui-même qu'il est capable de largesse. Ensuite, il se sent à la fois coupable... et très soulagé.

Jeremy Irons : ce remarquable comédien s'est fait connaître par des rôles de dandy un peu décadent, très typiques de l'homme Vierge.

Le natif de la Vierge a une santé fragile qui lui fait renoncer à des activités physiques importantes et l'entraîne à développer ses facultés intellectuelles (Linus, 1956, United Feature Syndicate).

La Vierge et sa Santé

La Vierge a hautement conscience de ses carences, de sa fragilité, et cela explique son caractère craintif, son recul instinctif devant la vie, devant les menaces de l'inconnu. Pour s'en préserver, elle édifie tout un système de défense constitué principalement par un réseau d'habitudes, que l'imprévu a bien du mal à traverser ; dans le pire des cas, elle risque d'en devenir complètement prisonnière.

Mais, de même que dans le travail, angoissée par sa lenteur, elle mettra les bouchées doubles et finira, telle la tortue de la fable, par faire souvent plus vite et mieux que d'autres plus rapides, plus doués (donc plus insouciants), de même, gênée très tôt par les divers inconvénients dus à sa constitution physique, elle se mettra en quelque sorte à l'écoute de son corps, elle l'étudiera, afin de l'entourer de mesures hygiéniques et prophylactiques appropriées, tant et si bien qu'elle finira, sur la longueur, par mieux tenir le coup que des natures plus robustes. Triomphe modeste, car durement acquis et mérité. Si ce signe est si prodigue de petits soins envers sa personne, c'est finalement pour pouvoir en tirer le maximum, et éviter que les troubles chroniques prennent un caractère aigu et plus irrémédiable.

Le tempérament est nerveux. Les principales caractéristiques en sont évidemment la prédominance du développement du système nerveux et la prédominance de la fonction d'excrétion, qui entraîne le ralentissement des autres fonctions : d'abord celui de la capacité respiratoire, correspondant à l'étroitesse de la cage thoracique, puis des sécrétions qui sont diminuées, des liquides réduits, des sels retenus. Ce tempérament va également de pair avec une tendance sclérosante, une production de chaleur faible, une tendance à l'auto-intoxication liée à une élimination que l'excès de cérébralité rend difficile. Les maladies typiques du signe sont principalement les troubles intestinaux et hépatiques, les maladies de peau, la neurasthénie, l'insomnie, l'arthritisme, l'artériosclérose, le diabète, l'impuissance ou la frigidité.

La pauvreté constitutionnelle du tempérament nerveux oblige l'être à donner la primauté à l'instinct de conservation sur celui d'expansion, ce qui, morphologiquement, donne des rétractés au cadre étroit. (Nous considérons ici le type Vierge pur, étant bien entendu que, selon le thème, d'autres facteurs sont susceptibles de faire prédominer la dilatation sur la rétraction, ou d'amalgamer davantage l'une et l'autre.)

L'étroitesse du cadre (contours du visage) indique bien l'énergie limitée ; les récepteurs abrités ou fermés (yeux petits et légèrement enfoncés dans les orbites, narines plus ou moins pincées et cachées sous le lobule du nez, lèvres serrées) et le front redressé marquant la défensive, le recul, le contrôle, c'est-à-dire l'économie de cette énergie et plus généralement la secondarité. La finesse des mêmes récepteurs correspond à la sensibilité, la délicatesse, la sélectivité.

A la lumière de ces données, il est plus aisé de comprendre pourquoi le type Vierge s'entoure de tant de précautions : sa fatigabilité l'oblige à mener une vie calme, sédentaire, l'empêche de se dépenser sans compter : par exemple, il prolongera rarement une soirée, s'apprêtant à la quitter au moment précis où d'autres estimeront qu'elle va réellement commencer. C'est également pour cette raison qu'il préfèrera les techniques de relaxation, telles que le yoga, la sophrologie, aux sports violents, pour lesquels il est forcément peu doué et qui ne l'intéressent pas. Sa frilosité lui fera craindre et éviter le plus possible les écarts de température : s'il vient du froid en entrant chez vous, il ne consentira à se défaire de son précieux manteau qu'une fois réchauffé, ce qui lui prend parfois le temps de sa visite. Quant à la fragilité de son appareil digestif, et aux troubles désagréables tels qu'entérite, colite, constipation, dyspepsie, etc., qu'elle entraîne (l'Astrologie traditionnelle attribue à la Vierge les intestins, le pancréas et le foie), elle le conduit tôt ou tard à se préoccuper de son alimentation.

On dit qu'il est fanatique des régimes : c'est vrai que bien des personnes du signe les auront étudiés et expérimentés soigneusement, par nécessité, pour réduire leurs troubles chroniques, jusqu'à ce qu'elles aient trouvé le régime leur convenant.

Le sens de l'utile est tellement développé chez ce signe, qu'à l'extrême il finira par s'en tenir strictement aux aliments susceptibles de lui fournir ce qu'il recherche — bien-être, relative énergie — et se détachera facilement du reste. Pour lui, l'agréable est indissociable de l'utile, et un aliment jugé nuisible (comme certaines charcuteries), ou simplement inutile (certaines sucreries), lui sera désagréable, même si ses goûts, ou plutôt le conditionnement de ses goûts, l'y portaient originellement.

Un bon aliment devra lui apporter une autre satisfaction que celle de ses papilles gustatives : facilités d'assimilation et d'élimination, apports caloriques, vitaminiques et minéraux, apports en protéines, graisses, sucres. Dosant savamment, s'interdisant bon nombre de mets, évitant certains mélanges particulièrement courants (viande et pommes de terre, viande et céréales), dont il aura appris, d'abord à ses dépens, ensuite dans les ouvrages spécialisés, la nocivité, il sera forcément l'invité le plus difficile qui soit. Pour ne pas l'indisposer, c'est-à-dire pour ne pas le mettre dans la très pénible obligation — pour lui si bien élevé — soit de vous refuser le plat que vous aurez longuement mijoté, soit d'en prendre du bout des lèvres quelques bouchées d'autant plus difficilement avalées qu'il sait par expérience qu'elles vont le rendre malade, contentez-vous de lui préparer un repas simple : des légumes verts ou une salade, une viande grillée ou rôtie, un fromage et un vin léger le combleront d'aise et vous vaudront des compliments que vous trouverez sans doute exagérés, puisque c'est là ce qu'il y a de plus facile à cuisiner.

Toujours limité par un corps qu'il lui faut ménager, dont il est toujours obligé de tenir compte, le type Vierge redoute la maladie et l'impuissance, ou plutôt l'improductivité, à laquelle elle le condamne. Il la redoute, et en même temps il la refuse : rationnel, logique, il pense au fond qu'une certaine intelligence du corps et de ses besoins, telle qu'il croit l'avoir et essaie de la cultiver, est une arme toute-puissante contre la maladie. Il est assez lucide pour ne pas négliger l'importance de son équilibre psychique sur la bonne marche de sa machine, et c'est encore une des raisons pour lesquelles, plus ou moins conscient de la précarité chez lui de cet équilibre (type nerveux, émotif), il protègera autant sa vie psychique que sa vie physiologique.

Seulement, c'est là que se situe une impasse difficile à éviter : car l'excès de protection aboutit inévitablement au déséquilibre, soit en sensibilisant et fragilisant outre mesure aux événements extérieurs qui parviendront à forcer le barrage, soit en créant chez l'être une carapace d'indifférence qui le mènera droit à l'asphyxie. Et c'est naturellement au bout de cette impasse que l'attend la maladie, pressée d'annihiler d'un seul coup des années d'efforts préventifs, qui avaient presque fini par faire croire au natif qu'il était devenu invulnérable.

La maladie l'affecte profondément en resserrant les limitations physiques qui l'ont entravé toute sa vie, mais ne l'abat pas, toujours persuadé qu'il est que les désordres du corps peuvent être guéris par la suprématie de l'esprit, à savoir la volonté, l'intelligence et la science, ou, autrement dit, le désir de guérir, la remise en question de certaines règles de vie, le choix du bon médecin, donc du bon remède.

Les médicaments dont l'ingestion trouble souvent les fonctions digestives et les troubles physiologiques qui lui sont propres, auront été de bonne heure pour le natif un sujet d'approfondissement et d'étude. Grâce à ses qualités d'observation et de perspicacité, il aura constaté avant tout le monde l'ambivalence de ces produits, qui soulagent ici pour perturber là, qui suppriment provisoirement un effet, sans s'attaquer à la cause latente des diverses manifestations possibles. Par conséquent, il sera le premier à laisser tomber la thérapeutique allopathique aux effets agressifs et provisoires, et à se tourner vers des médecines plus acceptables à la fois pour sa réflexion et sa fragilité : les médecines dites naturelles ou parallèles, et particulièrement l'homéopathie, médecine globale et individualisée, préventive et curative, non toxique.

Quant à la personne du médecin, là aussi il aura vite compris qu'il en est des rapports médecin-malade, comme des amitiés et des amours : celui qui fera des merveilles sur l'un, peut être catastrophique pour l'autre ; les affinités importent autant que la compétence. Le type Vierge recherchera donc d'abord un médecin doté de la même forme d'intelligence que lui, plus soucieux du long que du court terme, de la maladie que du symptôme, du malade que de la maladie, et possédant pour deux cette chaleur humaine qui lui fait personnellement défaut, mais dont il a besoin pour surmonter ses inquiétudes et ses pudeurs.

Ce sera donc un malade idéal, c'est-à-dire intelligent et discipliné, du jour où il sera tombé sur « son » médecin (ce qui risque de prendre du temps). Autrement, il sera insupportable, soulevant des questions fastidieuses et embarrassantes qui vont transformer la consultation en cours de médecine ; se méfiant des prescriptions à tel point qu'il les suivra rarement jusqu'au bout, ayant constaté ou imaginé que leur application lui faisait plus de mal que de bien ; souhaitant être considéré comme un cas très particulier, alors que la plupart des médecins n'ont pas la possibilité matérielle de faire autre chose que du général et du superficiel ; bref, le casse-pieds dans toute sa splendeur, parce que sa réserve habituelle, qui l'empêche normalement d'attirer l'attention sur lui, aura cédé le pas à la crainte, mêlée d'intérêt, que suscite en lui la maladie.

Et voilà encore l'un de ses paradoxes : alors qu'il est si plein d'égards et de respect pour les autres, il peut, en même temps, surtout pour ses proches, être un redoutable casse-pieds, assorti d'un étonnant maniaque : maniaque de l'hygiène, donc de l'ordre et de la propreté, tombant facilement dans le ridicule ; par exemple, il évitera autant que possible le métro, la foule, les toilettes publiques, il aura horreur d'utiliser un verre ou des couverts ayant déjà servi, etc., en partie par peur du microbe, de la contamination, et en partie, aussi, par dégoût de la vie, des odeurs, de la saleté, du « brut », du « cru », dont il ne sait voir que la laideur. Ses éclairages sont tamisés et, à la limite, son monde idéal est aseptisé, programmé..., et il ne s'y passe rien.

Comme le prouvent son armoire à pharmacie, toujours pleine de médicaments non toxiques et de tisanes, ainsi que sa bibliothèque, où vous trouverez au moins un dictionnaire, sinon plusieurs ouvrages de médecine, il est aux aguets de ses moindres malaises, mais répugnera en principe à en parler.

Si c'est vous qui êtes souffrant, peut-être ne serez-vous pas sans noter, bien qu'il cherche à la masquer de son mieux, la légère réticence qu'il éprouvera à vous approcher. (Du reste, il a malgré lui cette réticence instinctive pour tout ce qui est physique, et se raidira même devant un baiser ou, pire, une simple poignée de main à donner ou recevoir, si vous ne faites pas partie de ses rares intimes.) Pourtant, le récit que vous lui ferez de vos maux l'intéressera toujours, et l'amènera parfois, à la lumière de ses connaissances souvent supérieures à la moyenne, à vous conseiller avec à-propos : rien de ce qui est médical ne le laisse indifférent, et il a un certain art de relier les effets aux causes. C'est que, répétons-le, ce signe a une cérébralité dominante qui, au positif, lui donne une intelligence analytique, logique, pratique, une curiosité intellectuelle toujours en éveil, une forte sensibilité, mais, au négatif, pousse les facultés d'analyse si loin qu'il en résulte une paralysante division intérieure entre le spectateur et l'acteur, entre la pensée et l'action, entre le monde des idées et celui des faits, entre la représentation de la maladie (connaissances livresques) et son existence (chair et sang).

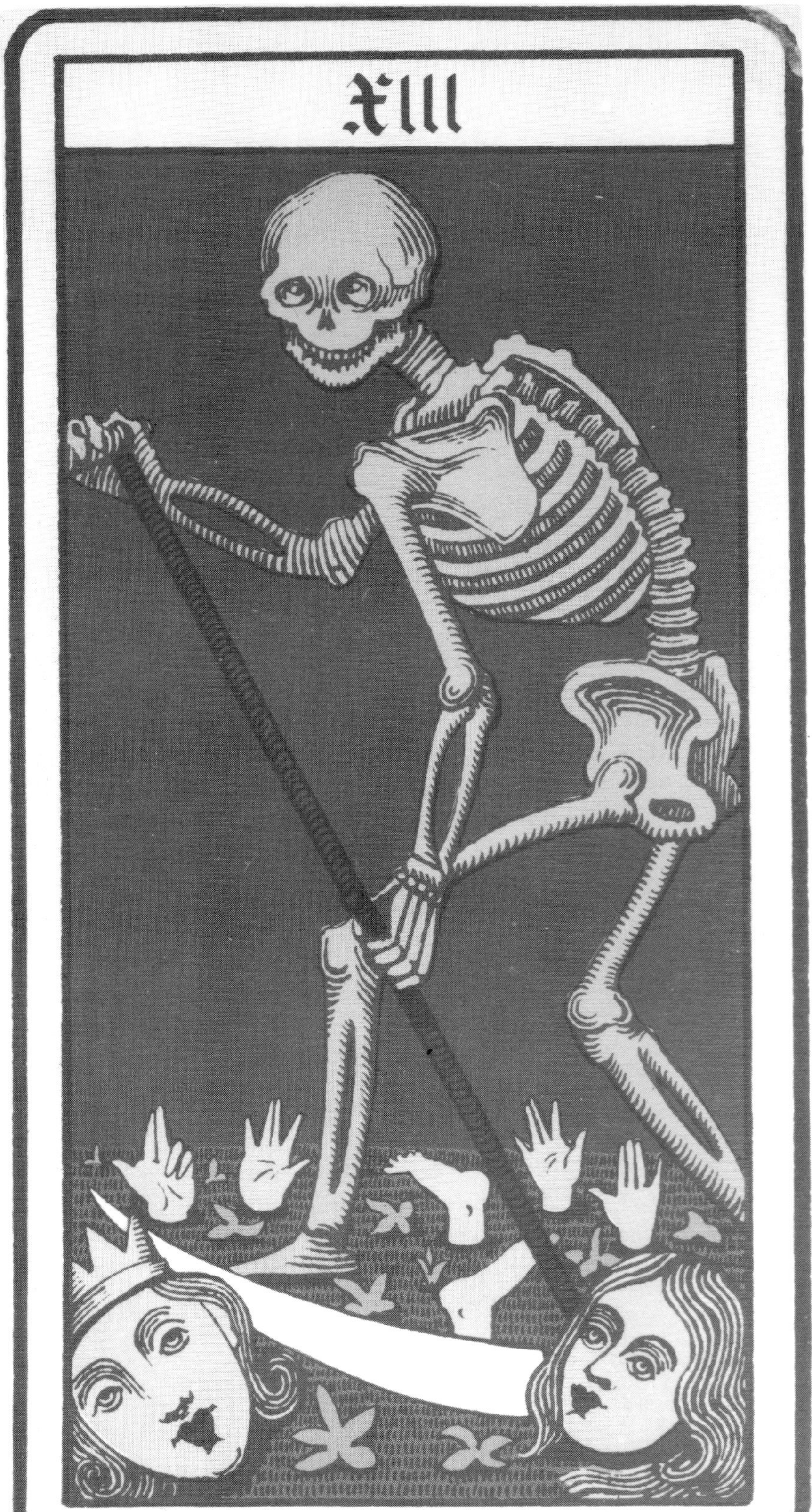

L'idée de la mort est très présente chez le natif de la Vierge : elle conditionne sa mesure en toutes choses et son désir de ne pas s'user (lame de tarot).

La Vierge et la Mort

Pour la Vierge, comme pour le Taureau et le Capricorne que la terre rend réalistes, la mort n'est pas une source d'angoisse métaphysique. Les notions de néant, de non-être, lui sont sinon étrangères, du moins indifférentes. Au « qui suis-je ? », elle oppose le « je suis », à l'éternité le présent, à l'au-delà le « là ».

Elle considère la mort comme l'échéance normale du processus d'usure qu'est la vie, et l'accepte à condition qu'elle survienne normalement.

Au fond d'elle-même, la Vierge a le respect de toute forme de vie, et le sentiment que du moment que cette vie lui a été donnée ou plus exactement qu'elle l'a prise, elle lui doit, elle se doit de la gâcher le moins possible et de s'acquitter au mieux de ses responsabilités personnelles et des nécessités quotidiennes.

Elle sera donc aussi consternée par l'interruption prématurée d'une existence quelle qu'elle soit, que par une marée noire, ou l'avarie d'une récolte. Travailleuse consciencieuse, elle s'inquiétera de sa propre mort dans la mesure où celle-ci l'empêcherait de finir une tâche importante.

Mais l'idée de sa mort ne commencera à l'angoisser profondément qu'à partir du moment où, malgré sa modestie, elle se croira indispensable à certains êtres : un enfant, un malade ou même un animal.

La peur de manquer, de perdre, qui est à la base du psychisme du signe, est naturellement exacerbée à partir du moment où la Vierge s'attache. Car elle s'attache d'autant plus fortement qu'elle s'attache difficilement. Elle a toujours présent à l'esprit le fait que la mort peut frapper n'importe qui à n'importe quel moment. Il est difficile de dire si son sentiment d'insécurité vient de là, ou si c'est son sentiment d'insécurité qui lui donne cette conscience. La crainte de la mort des personnes aimées risque par conséquent de devenir une réelle source d'angoisse, au point de toujours faire envisager le pire à certains natifs du signe, dès que des faits anormaux, aussi minimes que retards ou maladies bénignes, surviennent dans la vie de celles-ci.

Bien que réaliste et respectueuse de la vie, la Vierge nourrit son complexe d'infériorité par ses admirations masochistes pour des personnalités qu'elle envie. Elle peut être suicidaire dans la mesure où le décalage entre ses aspirations et ses capacités serait trop fort. Mais elle envisagera surtout le suicide du jour où elle se sentira devenir une charge inutile et gênante pour les autres.

Il s'ensuit évidemment qu'elle n'est pas d'avis de laisser vivre des bébés handicapés (ce qui reviendrait à gâcher plusieurs vies, et l'on sait son horreur du gâchis), ni de prolonger jusqu'à la dernière limite la vie des malades condamnés et qui souffrent. Elle considère la souffrance physique comme inutile et dégradante. La redoutant terriblement, elle souhaite l'éviter à tout prix pour elle-même autant que pour les autres. D'ailleurs, plus que la mort, c'est le « mourir », comme disait Montaigne, qui l'effraie. Car le « mourir », c'est la maladie ou l'accident avec la souffrance physique que cela implique. C'est l'anarchie, la souillure, la mutilation, l'horreur d'un corps qu'elle n'aura toujours accepté que pur, propre, intact, sain, pas seulement parce qu'elle veut s'en servir, mais aussi parce qu'il la dégoûte secrètement. Et c'est dans le « mourir » (un peu comme dans le « naître », mais qui s'en souvient ?), au moment précis où elle va en être débarrassée, que ce corps va se manifester le plus, dans ce qu'il a de plus pesant, contraignant, limitant et humiliant, atteignant pour elle et pour les autres son ultime degré de répulsion.

La position du signe vis-à-vis de la peine de mort n'est pas tranchée.

D'un côté, la Vierge réprouve absolument la violence. Dans son respect de la vie, il y a une attitude fondamentale de respect de l'autre, de sa vie, de son temps, qui débouche sur le principe essentiel de sa relation avec lui : ne pas faire à l'autre ce qu'on n'a pas envie qu'il vous fasse. Tuer, c'est rompre ce contrat tacite, c'est aussi défaire un ordre auquel elle tient plus que quiconque. Alors, même si la suppression du perturbateur ne ressuscite pas sa victime, elle est malgré tout une manière de rappeler à l'ordre, une sorte de protection.

De l'autre côté, elle est capable d'imaginer l'enfer du criminel, et de s'apitoyer sur lui. On peut dire que, lorsque la Vierge veut bien se donner la peine de se mettre à la place des autres, elle leur trouve finalement plus d'excuses qu'à elle-même.

Alors, pour ou contre la peine de mort ? La politique virginienne du donnant-donnant : tout travail mérite salaire, toute faute doit être punie, pencherait en faveur de l'application de la peine de mort en particulier en cas de terrorisme. Mais, plus généralement, on peut dire que le type Vierge inférieur, rigide et à principes, aura tendance à condamner d'emblée, alors que le type supérieur, plus subtil et plus humaniste, se prononcera rarement pour des solutions radicales.

Rationnelle, logique, sceptique, la Vierge n'est pas portée vers la religion, vers la foi en un dieu-fiction anthropomorphe, produit d'une pensée primitive.

Elle n'est cependant pas hostile à Dieu en tant que concept, mais s'en tiendra dans ce domaine à une prudente réserve. Elle sait que son approche du réel, c'est-à-dire du palpable, du visible, de l'audible, etc., est tributaire des limitations de ses sens et de la durée de sa vie. Sa position concernant Dieu rejoint la pensée de Krishnamurti (Soleil Taureau) lorsqu'il dit : « Comment ce qui est le produit du temps peut-il connaître l'intemporel ? Penser à la vérité, penser à Dieu est encore une forme d'évasion : car Dieu, la vérité, ne peut pas être saisi par la pensée... Etant le résultat du temps, du passé, étant un produit de la mémoire, comment la pensée peut-elle trouver ce qui est éternel, intemporel, non mesurable ? »

La prédominance de la fonction pensée, et la carence des fonctions imaginatives et intuitives ne permettent pas à la Vierge d'appréhender Dieu autrement que comme une idée inappréhendable.

Cela ne l'empêche pas d'être excessivement morale et d'avoir un sens du devoir exigeant que l'on peut résumer selon ces trois règles : essayer de ne pas nuire à autrui, d'assumer ses responsabilités, d'accomplir son travail au mieux.

Chapitre III

L'entente de la Vierge avec les autres Signes

Il fallait que Jean Renoir soit du signe de la Vierge pour continuer à réaliser des chefs-d'œuvre avec « des collaborateurs bénévoles et des bouts de ficelle dans une profession où le piège du "commercial" *vous guette à chaque pas ».*

Comment vous accordez-vous avec les autres Signes

Il est possible d'explorer vos affinités et vos incompatibilités d'humeur avec les autres en partant des caractéristiques de votre signe solaire.

Ce signe exerce en effet une action particulièrement puissante sur vos goûts et sur vos buts dans la vie.

Dans le tableau qui suit, vous découvrirez sous la forme de plusieurs mots clés la manière dont chaque signe zodiacal perçoit les onze autres signes, en termes d'accord, de conflit ou d'indifférence.

Votre personnalité est certes plus vaste que votre seul signe solaire, c'est pourquoi, pour en explorer un autre aspect, vous pouvez utiliser le même tableau mais en partant cette fois de votre signe ascendant.

Votre Ascendant influence en effet directement votre comportement social spontané.

Si cette deuxième exploration recoupe la première, vous possédez une personnalité dont les affinités et les antipathies sont nettement tranchées ; si, par contre, les deux résultats sont différents, votre capacité de contacts constructifs est très large.

Votre signe solaire	Perçoit les autres signes comme ci-dessous					
	BÉLIER	TAUREAU	GÉMEAUX	CANCER	LION	VIERGE
BELIER		Routinier Possessif Lent	Vif, rapide Intelligent Stimulant	Trop sensible Susceptible Nostalgique Rêveur	Organisateur Puissant Juste Créatif	Critique Pointilleuse Timorée Inquiète
TAUREAU	Impulsif Brusque Égoïste Imprudent		Inconstant Dilettante Bavard Trompeur	Maternel Économe Aimant le foyer	Autoritaire Théâtral Dépensier Dogmatique	Pratique Méthodique Serviable Perspicace
GÉMEAUX	Audacieux Entraînant Libre Décidé	Lourd Entêté Avide Rigide		Craintif Paresseux Peu ambitieux Désordonné	Chaleureux Large d'esprit Solide Plein d'autorité	Anxieuse Maniaque Trop attachée aux détails
CANCER	Agressif Indiscret Précipité Avide de nouveau	Fidèle Aimant Patient Solide	Nerveux Trop cérébral Insouciant Sceptique		Tumultueux Arriviste Snob Écrasant	Efficiente Réservée Concrète Honnête
LION	Enthousiaste Entreprenant Efficace Rapide	Fruste Obstiné Matérialiste Jaloux	Adaptable Talentueux Charmeur Habile	Capricieux Rancunier Faible Plaintif		Petite Étroite Craintive Critique
VIERGE	Aventureux Imprévoyant Irréfléchi	Doué pour gagner de l'argent Concret Travailleur	Joueur Insouciant Comédien Théoricien	Aimant l'intimité Délicat Prudent	Mégalomane Surmené Prétentieux Dépensier	
BALANCE	Ardent Actif Novateur Remuant	Grossier Instinctif Utilitaire Exclusif	Cultivé Brillant Diplomate Sociable	Replié sur soi Casanier Timide Paresseux	Rayonnant Esthète Courtois Loyal	Trop réservée Critique Timide Égoïste
SCORPION	Imprudent Versatile Précipité Hâbleur	Pratique Stable Affectueux Digne de confiance	Superficiel Dispersé Bavard Comédien	Fécond Compréhensif Tenace Profond	Despotique Orgueilleux Théâtral Conformiste	Précise Perspicace Ponctuelle Pratique
SAGITTAIRE	Énergique Disponible Dynamique Animateur	Limité Terre à terre Enraciné Intéressé	Juvénile Curieux Communicatif Mobile	Fantasque Casanier Désordonné Morose	Optimiste Organisateur Ambitieux Loyal	Manquant d'envergure Anxieuse Refroidissan
CAPRICORNE	Impulsif Fiévreux Révolutionnaire Changeant	Réalisateur Persévérant Gai, fidèle Sincère	Léger Distrait Bavard Superficiel	Pratique Aisé dans ses contacts Maternel Prudent	Théâtral Dépensier Fixé dans ses idées Autoritaire	Disciplinée Méthodique Rationnelle Pratique
VERSEAU	Inventif Progressiste Persuasif Militant	Matérialiste Rétrograde Épais Fatigant	Tolérant Intelligent Curieux de nouveauté Sociable	Passéiste Vulnérable Replié sur soi Infantile	Rayonnant Large d'esprit Maître de soi Efficace	Restrictive Froide Matérialiste Limitée
POISSONS	Agressif Violent Précipité Égoïste	Sécurisant Sensuel Calme Affectueux	Agité Verbeux Trompeur	Compréhensif Profond Idéaliste Maternel	Hautain Agressif Tumultueux Égoïste	Précise Serviable Pratique Consciencie

Perçoit les autres signes comme ci-dessous

ALANCE	SCORPION	SAGITTAIRE	CAPRICORNE	VERSEAU	POISSONS	Votre signe Ascendant
quilibrée affinée onciliante éduisante	Secret Vindicatif Obstiné Destructeur	Jovial, sincère Large d'esprit Philosophe Sportif	Décourageant Froid Mesquin Rigide	Indécis Ouvert, amical Progressive Sincère	Impressionnable Fuyant Sentimental	**BÉLIER**
éaliste ivole cillante dolente	Fascinant Fécond Instinctif Persévérant	Trop optimiste Risque-tout Joueur Tendu	Solide Ambitieux Patient Doué d'humour	Utopiste Excentrique Révolté Brusque	Hospitalier Généreux Compatissant Intuitif	**TAUREAU**
eine de charme uitable ondaine fectueuse	Critique Tortueux Jaloux Brutal	Optimiste Large d'esprit Sportif Explorateur	Pessimiste Mesquin Rigoriste Rancunier	Fraternel Libre Intensif Humain	Romanesque Vague, secret Indécis Abandonné	**GÉMEAUX**
angeante gère perficielle p ouverte	Profond Mystique Perspicace Tenace	Aventureux Exagéré Imprudent Peu délicat	Intériorisé Responsable Maître de soi Intègre	Imprévisible Inconstant Intellectuel Trop vaste	Bon, sensible Détaché Mystique Inspiré	**CANCER**
finée ciable gante ilibrée	Envieux Arrogant Extrêmiste Violent	Large, vital Entreprenant Compétent Clairvoyant	Isolé, froid Trop ambitieux Rigide Concentré	Humanitaire Complaisant Loyal Idéaliste Inventif	Impressionnable Dissimulé Morbide Faible	**LION**
ole aliste persée ecise	Énergique Bénéfique Scrupuleux Passionné	Trop extériorisé Aventureux Joueur Trop habile	Économe Persévérant Voyant loin	Idéaliste Révolté Tendu	Ayant le sens du sacrifice Intuitif Bénéfique	**VIERGE**
	Tyrannique Brutal Instinctif Entier	Riche Talentueux Organisé Large d'esprit Enthousiaste	Décourageant Solitaire Calculateur Froid	Altruiste Fidèle Amical Intelligent	Replié sur soi Timide Secret, mou Négligent	**BALANCE**
délicate iste riorisée olue		Extériorisé Changeant Trop optimiste Diffus	Ambitieux Résolu Solide Perspicace	Excentrique Irréaliste Théorique Trop confiant	Mystique Inspiré Compréhensif Persuasif	**SCORPION**
able ésentative e t du nent	Destructeur Révolté Secret Dangereux		Casanier Routinier Pessimiste Rancunier	Humain Libre, inventif Disponible Sincère	Empétré dans son émotivité Confus, passif Fuyant	**SAGITTAIRE**
persévérance euse mentale rficielle	Tenace Volontaire Fidèle Perspicace	Superficiel Aventureux Joueur Peu rigoureux		Rebelle Trop tendu Utopiste Imprévisible	Compatissant Hospitalier Intuitif Bon	**CAPRICORNE**
ble vivante ste mate	Caustique Antisocial Jaloux Méfiant	Ouvert, sincère Mondialiste Explorateur Indépendant	Trop centré sur soi, froid Calculateur Pessimiste		Trop émotif Désordonné Fluctuant Flou	**VERSEAU**
orisée laine e aine	Mystique Passionné Profond Énergique	Trop extériorisé Excessif Turbulent	Solide, calme Prévoyant Concret Supérieur	Excentrique Brusque Révolté Prométhéen		**POISSONS**

Laureen Bacall, native de la Vierge, avec Humphrey Bogart, né sous le signe du Capricorne : un couple solide, que l'élément Terre, commun aux deux signes, rendait durable.

Les Astromariages de la Femme Vierge

Femme Vierge et homme Bélier

Ils ne parlent pas la même langue. Ils ne vont pas dans la même direction. Ils n'ont aucun objectif en commun. L'homme Bélier est un impulsif, frondeur audacieux, presque irréfléchi, tellement il a besoin d'agir. Elle, la tendre Vierge, hésite à faire le moindre geste de peur de perturber, même infimement, l'ordre, l'ordonnance des choses. En outre, il aime conquérir : il accumule les passions brèves et les envolées d'un soir alors qu'elle est une amoureuse exclusive, fidèle, jalouse, bien qu'elle garde ses sentiments bien enfermés à double tour dans son for intérieur.

Femme Vierge et homme Taureau

Très bonne combinaison. Terre, Terre. Lui, dominé par Vénus, risque d'être l'élément charmeur et gracieux du couple. Tandis qu'elle, mercurienne, compensera par son intelligence et sa cérébralité sans faille ce qui lui manque en souplesse dans ses contacts humains, en extériorisation affective. Ils ont, en commun, le goût de la stabilité, du calme conjugal, des plaisirs frugaux et bien terriens.

Femme Vierge et homme Gémeaux

Très difficile. La Vierge pudique, à l'affectivité profonde, authentique et grave, que voulez-vous qu'elle devienne devant un feu follet dilettante et léger, qui galvaude ses sentiments avec une facilité déconcertante ? (Il aime bien tout le monde.) Rien ne va dans ce petit ménage aux pieds ailés, excepté l'entente intellectuelle : ils sont très complémentaires dans leur façon d'analyser une situation, un être ou un problème. Cela suffit-il à faire un bon couple ? Il leur manque une complicité affective et sensuelle.

Femme Vierge et homme Cancer

Ce n'est vraiment pas mal. Ils aiment l'intérieur des maisons, les chats et la solitude à deux. Lui est plus bohème qu'elle mais comme il est, en même temps, très casanier, tout s'arrange. Ils aiment de la même manière, passionnément et pudiquement. La même réserve les habite ; ils sont tous deux sensuels (Terre et Eau), mais d'une sensualité intériorisée et maîtrisée. Il lui apporte son sens artistique, sa sensibilité à l'environnement, son extrême sensorialité. Elle lui donne de la rigueur et de la persévérance.

Femme Vierge et homme Lion

Douloureuse alliance. Le Feu du Lion l'entraîne vers l'avenir, les autres, la passion, l'enthousiasme, l'affirmation. La Terre de la Vierge la retient à ses racines, à son jardin, à son espace affectif et familial bien sélectionné. Il a peut-être besoin d'une femme comme elle pour se mettre en valeur, lui ; mais elle ne s'épanouira pas aux côtés d'un Lion. Sauf si son Ascendant est en signe de Feu.

Femme Vierge et homme Vierge

C'est le mariage par totale affinité. Bien plus solide qu'on ne l'imagine. Ils pensent la même chose au même moment, ils font les mêmes choses et ils aiment, en même temps, avec le sérieux et la stabilité qu'on leur connaît. Bien sûr, ils ont aussi les mêmes défauts. Mais ils s'en accommodent, tous deux, très bien.

Femme Vierge et homme Balance

Elle peut être séduite par ce prince désinvolte et charmeur, doux et délicat. Mais la fragile Vierge se prépare de durs moments. Lui n'aime que séduire, envelopper autrui dans un nuage vaporeux de projets, de merveilleux, de parfums et de lumières. Elle a besoin de sécurité affective et d'une relation exclusive avec son mari pour être rassurée sur sa valeur, car elle se sous-estime en permanence. Elle risque de souffrir de l'aisance virevoltante de sa Balance de mari. Quant à lui, il ne supportera pas longtemps sa sagesse, sa gravité, son manque de confiance en elle.

Femme Vierge et homme Scorpion

Evidemment, lui, homme Scorpion au pouvoir étrange et fascinant, l'attire : c'est sa faculté de pénétrer viscéralement le secret de l'autre qui l'étonne et la surprend, notre femme Vierge tellement sur ses gardes. Mais elle se méfie de la sensualité sauvage du Scorpion qui lui fait peur. Alors... Attraction ou répulsion, mais pas de demi-mesures, dans ce couple-là.

Femme Vierge et homme Sagittaire

Terre et Feu. Espaces délimités, contrôlés, aux contours bien nets, contre les grandes contrées sauvages à découvrir et à ausculter. Qui va gagner ? La femme Vierge restreint l'univers sans limites du Sagittaire. C'est un mariage difficile, bien que notre douce Vierge soit de nature docile. Il lui faudrait un peu de folie ou un peu de Lion pour suivre son aventurier de mari dans ses randonnées aux confins du désert ou des pôles... A moins qu'il ne soit lui-même un peu terrien (Ascendant Taureau ou Capricorne).

Femme Vierge et homme Capricorne

Excellente combinaison : deux signes de Terre, deux signes graves, deux signes de devoir. Ils ont la même conception : un seul amour, fidèle, durable, dépourvu des folies intempestives de la passion aveugle. Ils s'aimeront calmement, peut-être sans fantaisie, mais avec le même goût des objets en matières brutes, des maisons aux murs solides, de la terre à cultiver, à jardiner, à potager. L'ambition du Capricorne est, en outre, admirablement servie par le désir inquiet qu'a notre Vierge de se rendre utile, de participer, dans l'ombre, à l'ascension de son mari.

Femme Vierge et homme Verseau

A priori, ils n'ont rien de commun. La Terre et l'Air ne se rencontrent pas. Tout au plus peuvent-ils se frôler. Elle qui a tant besoin de rendre service ou de se rendre utile, lui qui aime s'occuper des autres, du monde et des étoiles, ils se croiseront dans un hôpital, dans un lycée, ou... pendant une mission délicate à l'étranger. Ils s'étonneront l'un l'autre. La femme Vierge est précise, méticuleuse. L'homme Verseau a les gestes larges et embrasse grand. Mais comment tournera cette drôle d'association dans la vie quotidienne ?

Femme Vierge et homme Poissons

Ils sont à l'opposé. La femme Vierge se crée des limites à l'intérieur desquelles elle se sent protégée, elle transforme, méticuleusement, l'inconnu en connu. L'homme Poissons, au contraire, aime l'infini, l'indiscernable, l'illimité. Il cherche toujours à agrandir son champ de conscience, ses expériences, ses espaces extérieurs et intérieurs. Difficile de les faire cohabiter. Pourtant, c'est un couple que l'on rencontre souvent : les contraires s'attirent plus qu'il n'y paraît. Elle lui permet de canaliser sa quête tous azimuts vers un seul objectif, lui l'aide à marcher vers ce qui lui fait peur : le nouveau. Et puis, la Terre a toujours besoin de l'Eau.

Charles Boyer abandonna une licence de philosophie pour entrer au Conservatoire. Il mourut en août 1978, après quarante-quatre ans de mariage, deux jours après sa femme, Patricia Patterson, qu'il avait épousée en 1934.

Les Astromariages de l'Homme Vierge

Homme Vierge et femme Bélier

Il est prudent, avisé, économe, raisonnable. Elle est téméraire, trompe-la-mort, tête brûlée, instinctive. Il est froid et plutôt critique. Elle est chaleureuse et enthousiaste. Comment faire pour qu'ils se rejoignent ? Ils n'aimeront ni vivre ensemble, ni voyager ensemble, ni travailler ensemble. Est-il bien nécessaire d'insister ?

Homme Vierge et femme Taureau

Elle est calme la femme Taureau, stable dans ses attachements, séduisante et les pieds sur terre. Notre homme Vierge, plutôt méfiant, est tout de suite ému, sans se l'avouer, par son charme et sa réserve, sa présence bien terrienne, son apparence luxueuse et soignée. Elle donnera un peu de lyrisme à ses dépenses : leur maison sera remplie de beaux meubles en bois massif, de beaux objets, en cuivre ou en pierre, bien lourds. Si elle consent à ne pas trop aguicher les autres hommes — ce qu'elle aime faire, cette belle vénusienne —, il sera très heureux avec elle.

Homme Vierge et femme Gémeaux

Lui, mercurien méthodique et concis, à la cérébralité pure et dure, face au Mercure brillant et virevoltant de la femme Gémeaux, il peut être ébloui, disons-le. Sa vivacité intellectuelle, son don de répartie humoristique, sa virtuosité d'élocution laissent notre homme Vierge pantois d'admiration. Mais qu'il se méfie : si elle n'a pas un Ascendant en signe de Terre, elle lui échappera toujours par une pirouette et ne prendra pas au sérieux son insécurité affective.

Homme Vierge et femme Cancer

C'est un alliage heureux : la terre et l'eau sont inséparables. Elle est un peu plus fantasque et poète que lui, il est plus conscient des réalités matérielles qu'elle. Mais comme ils aiment tous deux la nature, la solitude et la lecture intensive, que demander de plus ? C'est un ménage durable et sans histoires.

Homme Vierge et femme Lion

Ça peut marcher si elle a un métier absorbant et qu'il l'aide dans son ambition. La femme Lion a d'abord besoin d'être admirée et ensuite besoin d'admirer. Si notre homme Vierge admire sa femme Lion, elle l'aimera pour l'image flatteuse d'elle-même qu'il lui renvoie. Mais qu'il ne s'avise pas de déclencher sa somptueuse mécanique de critique intolérante : tous ses défauts virginiens lui sembleront, soudain, insupportables et elle le quittera car elle est, de toute façon, la plus forte.

Homme Vierge et femme Vierge

Ils se ressemblent et s'assemblent. Ils sont sages, économes, timides, modestes et purs. Peut-être seront-ils, l'un ou l'autre, tentés par une grande aventure, un grand voyage ? De toute façon, aucun des deux ne cèdera à la tentation : ils se doivent l'un à l'autre, pour la vie.

Homme Vierge et femme Balance

Elle a un charme et une douceur auxquels il est difficile de résister. Mais il se méfie de cette aisance élégante et aristocratique : pour lui, tout ce qui n'est pas acquis par un travail acharné, par une volonté de tous les instants, est suspect. De toute façon, le fait qu'elle séduise tout le monde est déjà méprisable. Son amour à lui est tellement sélectif, tellement exclusivement concentré sur un seul être qu'on ne voit pas comment ils pourraient même engager une conversation, ces deux-là.

Homme Vierge et femme Scorpion

Elle l'attire par son secret, par ce qui est, en elle, mystérieusement tenu caché. L'homme Vierge aime pouvoir découvrir chez la femme Scorpion ce qu'elle dissimule aux autres. Son goût pour la difficulté et son besoin d'exclusivité amoureuse se trouvent, dans les premiers temps, exaltés par la quête —très cérébrale— de ce qui, en elle, lui échappe. Mais très vite, la sensualité farouche et brûlante de sa Scorpionne le fait reculer car il estime que le corps et ses instincts doivent être maîtrisés. Son désir de pureté —ou de purification— risque de l'emporter sur la fascination qu'elle exerce à son endroit.

Homme Vierge et femme Sagittaire

Ils auront du mal à vivre ensemble même si l'énergie dynamique et aventurière de la femme Sagittaire tente notre homme Vierge, de nature plutôt sédentaire. Elle est trop extravertie pour lui, trop tournée vers le monde et la vie en société, trop accorte et liante pour un homme aussi sauvage. Il souffrira de sa générosité, de son entrain, de tout ce qui fait le fond de sa personnalité. Dans ces cas-là, il vaut mieux renoncer.

Homme Vierge et femme Capricorne

Deux signes de Terre ensemble, c'est toujours bon. On peut être sûr déjà, de la similitude de leurs buts et de leurs motivations. Tous deux recherchent des relations qui durent, des situations stables, des sentiments profonds. Elle risque d'avoir plus d'ambition que lui, ou plus d'envergure et d'assurance dans le choix de sa carrière, ce qui, dans ce cas, peut augmenter le sentiment d'infériorité de notre homme Vierge. Mais il n'y a pas de vrais problèmes entre eux.

Homme Vierge et femme Verseau

Elle est tellement brillante, pétillante de dynamisme et d'intelligence qu'il peut être attiré par elle comme on est attiré par le danger. Mais, attention, il risque de se faire mal. Pour elle, la vie est une grande aventure qui demande une disponibilité de tous les instants, une ouverture d'esprit à tout ce qui est nouveau. Pour lui, au contraire, il s'agit de faire des choix et de s'y tenir, de classer les événements par ordre d'importance et de refuser ceux qui n'entrent pas dans sa classification. Il faut, à ces deux-là, des Ascendants qui soutiennent le signe solaire.

Homme Vierge et femme Poissons

La femme Poissons est, en quelque sorte, la nuit de l'homme Vierge : il peut être profondément séduit par elle comme il peut, au contraire, refuser obstinément de la connaître ; tout dépend de la manière dont il perçoit et accepte les contraires. Et elle est tellement le contraire de lui ! Les limites qu'il s'impartit, dans son métier, dans ses loisirs, dans sa vie quotidienne, ce sont, précisément, les lieux de son existence qui n'ont pas de frontières, pour elle. Tout est toujours possible, à ses côtés. Alors ? C'est cependant un couple que l'on rencontre fréquemment. Preuve que les extrêmes se rejoignent et s'accordent bien.

Construction virginienne sous l'éclairage violent du Soleil : lignes pures, blanches, arides et géométriques.

Comment trouver votre Ascendant

Je vous suppose assez averti des notions de base de l'astrologie pour ne pas confondre votre Ascendant horoscopique avec vos ascendants juridiques : l'Ascendant qui nous intéresse, vous le savez, n'a rien à voir avec vos chers parents, grands-parents et arrière-grands-parents. Il n'est cependant pas mauvais de rappeler brièvement quelques définitions avant d'entrer dans le vif du sujet.

Vous qui avez acheté ce livre parce qu'il vous concernait, votre anniversaire se situe forcément entre le 23 août et le 22 septembre, période annuelle durant laquelle le Soleil occupe le secteur zodiacal appelé Vierge. Vous savez donc que vous êtes natif de la Vierge, ou encore que la Vierge est votre signe solaire. Le jour où vous êtes né, quand le Soleil s'est levé, le signe de la Vierge qu'il occupait se levait donc en même temps. Puis ce Soleil en Vierge est monté dans le ciel estival, et un peu plus tard dans la matinée, le signe de la Balance s'est levé à son tour. Ce furent ensuite, au cours de la journée, les levers successifs du Scorpion, du Sagittaire, et *tutti quanti.* C'est ainsi qu'en une période de vingt-quatre heures, du fait de la rotation de la Terre, les douze signes du Zodiaque se lèvent tour à tour. Moyennant la connaissance de votre heure et de votre lieu de naissance, il est possible de déterminer lequel des douze se levait à l'instant précis de votre venue au monde : vous connaîtrez alors votre signe Ascendant. Les pages techniques de ce livre vous fourniront tous les moyens de trouver vous-même si vous êtes Vierge Ascendant Bélier, Vierge Ascendant Poissons ou Balance, ou autre chose encore.

Pour trouver tout de suite votre Ascendant, vous avez besoin de connaître votre heure de naissance

Pour connaître votre heure de naissance, vous interrogez vos parents, ou bien, dans de nombreux pays, vous pouvez également l'obtenir auprès de votre mairie, en demandant un extrait d'acte de naissance.

Toutefois, l'heure que vos parents ou la mairie vous indiquent est une heure officielle qui ne coïncide pas forcément avec l'heure solaire

Souvenez-vous qu'à la campagne, certaines personnes ne désirent pas vivre à l'heure officielle et préfèrent suivre l'heure du soleil.

De même, un enfant né à 14 heures officiellement serait, en fait, né à midi solaire.

Pour que vous puissiez facilement transformer votre heure officielle de naissance en heure solaire, nous avons établi un tableau par pays.

Vous recherchez, dans les pages suivantes, le tableau concernant votre pays de naissance et vous lisez ce que vous avez à faire.

Si le tableau vous demande « Retranchez 1 heure », cela veut dire que vous devez retranchez une heure de votre heure de naissance officielle pour trouver l'heure solaire.

Si le tableau vous demande « Ajoutez 0h30 », c'est l'inverse.

Si enfin le tableau indique « Aucun changement » c'est que l'heure officielle est la même que l'heure solaire.

Pourquoi est-il nécessaire que vous retrouviez l'heure solaire de votre naissance ?

Tout simplement parce que, si vous utilisiez directement votre heure officielle de naissance, vous trouveriez un Ascendant inexact chaque fois que cette heure aurait une avance ou un retard notable sur l'heure du soleil.

Si vous avez bien noté votre heure de naissance, vous pouvez passer maintenant à la page 86 où vous lirez comment trouver votre Ascendant sans aucun calcul.

AFRIQUE

Afars et Issas (Djibouti)
Depuis 1900 aucun changement
AFRIQUE DU SUD (Ouest)
Province du Cap occidentale et Sud-Ouest africain
De 1900 à 1902 retranchez 0 h 15
De 1903 à 1941 retranchez 0 h 45
Du 23 août au 19 septembre 1942 retranchez 0 h 45
Du 20 au 23 septembre 1942 retranchez 1 h 45
Du 24 août au 18 septembre 1943 retranchez 0 h 45
Du 19 au 23 septembre 1943 retranchez 1 h 45
Depuis 1944 retranchez 0 h 45
AFRIQUE DU SUD (Est)
Orange, Transvaal, Natal, Province du Cap orientale
De 1900 à 1902 ajoutez 0 h 25
De 1903 à 1941 aucun changement
Du 23 août au 19 septembre 1942 aucun changement
Du 20 au 23 septembre 1942 retranchez 1 h
Du 24 août au 18 septembre 1943 aucun changement
Du 19 au 23 septembre 1943 retranchez 1 h
Depuis 1944 aucun changement
ALGÉRIE
De 1900 à 1910 aucun changement
De 1911 à 1915 ajoutez 0 h 10
De 1916 à 1920 retranchez 0 h 50
De 1921 à 1939 ajoutez 0 h 10
De 1940 à 1943 retranchez 0 h 50
En 1944 retranchez 1 h 50
Du 23 août au 15 septembre 1945 retranchez 1 h 50
Du 16 au 23 septembre 1945 retranchez 0 h 50
En 1946 retranchez 0 h 50
De 1947 à 1955 ajoutez 0 h 10
De 1956 à 1962 retranchez 0 h 50
De 1963 à 1970 ajoutez 0 h 10
En 1971 retranchez 0 h 50
De 1972 à 1976 ajoutez 0 h 10
En 1977 retranchez 0 h 50
En 1978 retranchez 1 h 50
Depuis 1979 retranchez 0 h 50
ANGOLA OCCIDENTAL
Depuis 1900 aucun changement
ANGOLA ORIENTAL
Depuis 1900 ajoutez 0 h 20
BÉNIN (DAHOMEY)
De 1900 à 1933 aucun changement
Depuis 1934 retranchez 0 h 50
BOTSWANA
De 1900 à 1942 retranchez 0 h 20
Du 24 août au 18 septembre 1943 retranchez 0 h 20
Du 19 au 23 septembre retranchez 1 h 20
Depuis 1944 retranchez 0 h 20
BURKINA FASO (Haute-Volta)
Depuis 1910 aucun changement
BURUNDI
Depuis 1900 aucun changement
CAMEROUN
De 1900 à 1911 aucun changement
Depuis 1912 retranchez 0 h 10
CENTRAFRICAINE (RÉP.)
De 1900 à 1911 aucun changement
Depuis 1912 ajoutez 0 h 20
COMORES (Iles)
Depuis 1900 aucun changement
CONGO
Depuis 1900 aucun changement
CÔTE-D'IVOIRE
De 1900 à 1911 aucun changement
Depuis 1912 retranchez 0 h 20
ÉGYPTE
De 1900 à 1939 aucun changement
Du 23 août au 5 septembre 1940 à 1945 retranchez 1 h
Du 6 au 23 septembre 1940 à 1945 aucun changement
De 1946 à 1956 aucun changement
Depuis 1957 retranchez 1 h
ÉTHIOPIE (sauf ÉRYTHRÉE)
De 1900 à 1935 aucun changement
Depuis 1936 retranchez 0 h 25
ÉRYTHREE
De 1900 à 1930 aucun changement
Depuis 1931 retranchez 0 h 20
GABON
De 1900 à 1911 aucun changement
Depuis 1912 retranchez 0 h 15
GAMBIE
De 1900 à 1963 aucun changement
Depuis 1964 retranchez 1 h
GHANA
Depuis 1900 aucun changement
GUINÉE
De 1900 à 1911 aucun changement
De 1912 à 1933 retranchez 0 h 45
De 1934 à 1959 ajoutez 0 h 15
Depuis 1960 retranchez 0 h 45
GUINÉE-BISSAU
De 1910 à 1974 aucun changement
Depuis 1975 retranchez 1 h
GUINÉE ÉQUATORIALE
De 1900 à 1911 aucun changement
De 1912 à 1963 ajoutez 0 h 40
Depuis 1964 retranchez 0 h 20
HAUTE VOLTA
Depuis 1900 aucun changement
KENYA
De 1900 à 1927 aucun changement
En 1928 et 1929 retranchez 0 h 30
De 1930 à 1939 aucun changement
De 1940 à 1959 retranchez 0 h 15
Depuis 1960 retranchez 0 h 30
LESOTHO
Depuis 1900 aucun changement
LIBERIA
Depuis 1900 aucun changement
LIBYE (TRIPOLITAINE – SYRTE)
De 1900 à 1958 aucun changement
Depuis 1959 retranchez 1 h
LIBYE (CYRÉNAÏQUE)
De 1900 à 1919 aucun changement
De 1920 à 1958 ajoutez 0 h 30
Depuis 1959 retranchez 0 h 30
MADAGASCAR
Depuis 1900 aucun changement
MALAWI
Depuis 1900 ajoutez 0 h 15
MALI OCCIDENTAL (BAMAKO)
De 1900 à 1911 aucun changement
De 1912 à 1933 retranchez 0 h 30
De 1934 à 1939 ajoutez 0 h 30
Depuis 1960 retranchez 0 h 30
MALI ORIENTAL (TOMBOUCTOU – GAO)
De 1900 à 1911 aucun changement
De 1912 à 1933 retranchez 0 h 10
De 1934 à 1959 ajoutez 0 h 50
Depuis 1960 retranchez 0 h 10
MAROC
De 1900 à 1913 aucun changement
De 1914 à 1938 retranchez 0 h 30
Du 24 août au 11 septembre aucun changement
Du 12 au 23 septembre 1939 retranchez 1 h 30
De 1940 à 1945 retranchez 1 h 30
De 1946 à 1949 retranchez 0 h 30
En 1950 retranchez 1 h 30
De 1951 à 1966 retranchez 0 h 30
En 1967 retranchez 1 h 30
De 1968 à 1973 retranchez 0 h 30
Du 23 au 31 août 1974 retranchez 1 h 30
Du 1er au 23 septembre 1974 retranchez 0 h 30
En 1975 retranchez 0 h 30
En 1976 et 1977 retranchez 1 h 30
En 1978 retranchez 0 h 30
En 1979 retranchez 1 h 30
De 1980 à 1983 retranchez 0 h 30
En 1984 et 1985 retranchez 1 h 30
En 1986 jusqu'au 15 septembre retranchez 1 h 30
A partir du 16 septembre retranchez 0 h 30
En 1987 jusqu'au 14 septembre retranchez 1 h 30; après retranchez 0 h 30
En 1988 jusqu'au 19 septembre retranchez 1 h 30; après retranchez 0 h 30
En 1989 jusqu'au 18 septembre retranchez 1 h 30; après retranchez 0 h 30
En 1990 jusqu'au 17 septembre retranchez 1 h 30; après retranchez 0 h 30
En 1991 jusqu'au 16 septembre retranchez 1 h 30; après retranchez 0 h 30
En 1992 jusqu'au 14 septembre retranchez 1 h 30; après retranchez 0 h 30
En 1993 jusqu'au 20 septembre retranchez 1 h 30; après retranchez 0 h 30
MAURICE (ILE)
Depuis 1900 aucun changement
MAURITANIE
De 1900 à 1911 aucun changement
De 1912 à 1933 retranchez 0 h 55
De 1934 à 1959 aucun changement
Depuis 1960 retranchez 0 h 55
MOZAMBIQUE
De 1900 à 1902 retranchez 0 h 15
Depuis 1903 ajoutez 0 h 25
NAMIBIE (ex-Sud-Ouest africain)
Depuis 1910 retranchez 1 h
NIGER OCCIDENTAL (NIAMEY)
De 1900 à 1911 aucun changement
De 1912 à 1933 ajoutez 1 h 10
De 1934 à 1959 ajoutez 0 h 10
Depuis 1960 retranchez 0 h 50
NIGER CENTRAL (Tahoua, Nkoni, Ingall, Maradi)
De 1900 à 1911 aucun changement
De 1912 à 1959 ajoutez 0 h 25
Depuis 1960 retranchez 0 h 35
NIGER ORIENTAL (Agadez, Bilma, Zinder, Nguigmi)
De 1900 à 1911 aucun changement
Depuis 1912 retranchez 0 h 20
NIGERIA
De 1900 à 1918 aucun changement
Du 24 août au 31 août 1919 aucun changement
Du 1er au 24 septembre 1919 retranchez 0 h 30
Depuis 1920 retranchez 0 h 30
OUGANDA
De 1900 à 1918 aucun changement
Du 24 au 31 août 1919 aucun changement
Du 1er au 24 septembre 1919 retranchez 0 h 20
De 1920 à 1927 retranchez 0 h 20
En 1928 et 1929 retranchez 0 h 50
De 1930 à 1947 retranchez 0 h 20
De 1948 à 1963 retranchez 0 h 35
Depuis 1964 retranchez 0 h 50
RÉUNION (Île)
De 1900 à 1910 aucun changement
Depuis 1911 retranchez 0 h 20
Ex-RHODÉSIE (ZIMBABWÉ)
Depuis 1900 aucun changement
RWANDA
Depuis 1900 aucun changement
SÉNÉGAL
De 1900 à 1940 aucun changement
Depuis 1941 retranchez 1 h
SIERRA LEONE
De 1900 à 1912 aucun changement
De 1913 à 1963 ajoutez 0 h 15
Depuis 1964 retranchez 0 h 45
SOMALIE (ex-française et italienne)
Depuis 1900 aucun changement
SOMALIE (ex-anglaise)
De 1900 à 1965 ajoutez 0 h 30
Depuis 1966 aucun changement
SOUDAN
Depuis 1900 aucun changement
SWAZILAND
Depuis 1900 aucun changement
TANZANIE (Tanganyika)
De 1900 à 1930 aucun changement
De 1931 à 1947 retranchez 0 h 30
De 1948 à 1960 retranchez 0 h 15
Depuis 1961 retranchez 0 h 30
TANZANIE (Zanzibar)
De 1900 à 1930 aucun changement
De 1931 à 1939 ajoutez 0 h 10
Depuis 1940 retranchez 0 h 20
TCHAD
De 1900 à 1911 aucun changement
Depuis 1912 ajoutez 0 h 10
TOGO
Depuis 1900 aucun changement
TUNISIE
De 1900 à 1910 ajoutez 0 h 30
De 1911 à 1938 retranchez 0 h 20
De 1939 à 1944 retranchez 1 h 20
Du 23 août au 15 septembre 1945 retranchez 1 h 20
Du 16 au 23 septembre 1945 retranchez 0 h 20
De 1946 à 1976 retranchez 0 h 20
En 1977 retranchez 1 h 20
De 1978 à 1986 retranchez 0 h 20
Depuis 1987 retranchez 1 h 20
ZAÏRE Province de Kinshasa (Léopoldville)
Mbandaka (Coquillatville)
De 1900 à 1919 aucun changement
De 1920 à 1934 retranchez 1 h
Depuis 1935 aucun changement
Ex-ZAÏRE Prov. orient. Kasaï et Katanga (Rép. Dém. Congo)
De 1900 à 1919 ajoutez 0 h 45 (1)
Depuis 1920 retranchez 0 h 15
ZAMBIE
Depuis 1900 aucun changement

AMÉRIQUE DU NORD

ALASKA* (Région de Wrangel)
Depuis 1900 retranchez 1 h
ALASKA* (Région de Jumeau)
Depuis 1900 retranchez 0 h 15
ALASKA* (Central et Occidental)
Depuis 1900 aucun changement
CANADA*
Alberta retranchez 0 h 40
Colombie aucun changement
Manitoba retranchez 0 h 30
N. Brunswick retranchez 0 h 30
N.F. Labrador retranchez 0 h 40
N. Écosse aucun changement
Ontario Est retranchez 0 h 20
Ontario Ouest retranchez 1 h
Québec Ouest de Port Cartier ajoutez 0 h 15
Québec Port Cartier et Est retranchez 0 h 20
Saskatchewan aucun changement
ÉTATS-UNIS*
Alabama ajoutez 0 h 15

(1) Ainsi que de 1920 à 1935 pour le Kasaï

Arizona retranchez 0 h 25
Arkansas retranchez 0 h 10
Californie aucun changement
Caroline du Nord retranchez 0 h 20
Caroline du Sud retranchez 0 h 25
Colorado aucun changement
Connecticut ajoutez 0 h 10
Dakota Nord (Est) retranchez 0 h 40
Dakota Nord (Ouest) aucun changement
Dakota Sud (Est) retranchez 0 h 35
Dakota Sud (Ouest) ajoutez 0 h 10
Delaware aucun changement
District FÉD aucun changement
Floride retranchez 0 h 30
sauf Panama, Pensacola ajoutez 0 h 20
Georgie retranchez 0 h 35
Idaho (Est) retranchez 0 h 30
Idaho (Ouest) ajoutez 0 h 15
Illinois aucun changement
Indiana ajoutez 0 h 15
Iowa retranchez 0 h 15
Kansas retranchez 0 h 30
sauf Dodge City et Ouest ajoutez 0 h 20
Kentucky Centre et Est retranchez 0 h 40
Kentucky Ouest ajoutez 0 h 10
Louisiane aucun changement
Maine ajoutez 0 h 20
Maryland retranchez 0 h 10
Massachusetts ajoutez 0 h 15
Michigan retranchez 0 h 15
Minnesota retranchez 0 h 15
Mississipi aucun changement
Missouri retranchez 0 h 10
Montana retranchez 0 h 20
Nebraska Est retranchez 0 h 30
Nebraska Ouest ajoutez 0 h 10
Nevada ajoutez 0 h 15
N. Hampshire ajoutez 0 h 15
N. Jersey aucun changement
N. York aucun changement
N. Mexique aucun changement
Ohio retranchez 0 h 30
Oklahoma retranchez 0 h 30
Oregon aucun changement
Pennsylvannie retranchez 0 h 15
Rhode Island aucun changement
Tennessee Est retranchez 0 h 35
Tennessee Ouest et Centre ajoutez 0 h 10
Texas Est retranchez 0 h 25
Texas Ouest retranchez 0 h 45
Utah Est retranchez 0 h 20
Utah Ouest ajoutez 0 h 30
Vermont aucun changement
Virginie retranchez 0 h 15
Virginie Occid. retranchez 0 h 25
Washington (DC) aucun changement
Washington (État) aucun changement
Wisconsin aucun changement
Wyoming retranchez 0 h 10
Hawaï retranchez 0 h 20

TERRE-NEUVE (île)
retranchez 0 h 15

AMÉRIQUE CENTRALE

BAHAMAS (îles)*
Depuis 1900 aucun changement
COSTA RICA*
De 1900 à 1920 aucun changement
Depuis 1921 ajoutez 0 h 25
CUBA*
De 1900 à 1924 ajoutez 0 h 15
Depuis 1925 retranchez 0 h 15
RÉP. DOMINICAINE*
De 1900 à 1932 aucun changement
Depuis 1933 ajoutez 0 h 20
GUADELOUPE
Depuis 1900 aucun changement
GUATEMALA*
Depuis 1900 aucun changement
HAÏTI*
Depuis 1900 aucun changement
HONDURAS*
Depuis 1900 aucun changement
HONDURAS BRITANNIQUE*
Depuis 1900 aucun changement

* Pour les pays suivis du *, voir le tableau spécial de l'heure d'été page 85 et l'appliquer en fonction de vos informations personnelles.

JAMAÏQUE
Depuis 1900 aucun changement
MARTINIQUE
Depuis 1900 aucun changement
MEXIQUE ORIENTAL
Provinces de Yucatan, Campêche, Chiapas, Daxaca, Tabasco, Tamaucipas, Veracruz
De 1900 à 1911 aucun changement
De 1912 à 1921 ajoutez 0 h 15
De 1922 à 1931 ajoutez 0 h 50
Depuis 1932 retranchez 0 h 10
MEXIQUE OCCIDENTAL
Provinces de Californie Nord et Sud
De 1900 à 1911 aucun changement
De 1912 à 1921 retranchez 1 h 05
De 1922 à 1931 retranchez 0 h 30
Californie Nord ajoutez 0 h 20
Californie Sud retranchez 0 h 30
MEXIQUE CENTRAL
Toutes les autres provinces
De 1900 à 1911 aucun changement
De 1912 à 1921 retranchez 0 h 25
De 1922 à 1931 ajoutez 0 h 10
Depuis 1932 retranchez 0 h 50
NICARAGUA*
De 1900 à 1933 aucun changement
Depuis 1934 ajoutez 0 h 20
PANAMA*
De 1900 à 1907 aucun changement
Depuis 1908 retranchez 0 h 20
PETITES ANTILLES (îles)
Depuis 1900 aucun changement
PORTO RICO
Depuis 1900 retranchez 0 h 25
SAN SALVADOR*
Depuis 1900 aucun changement

AMÉRIQUE DU SUD

ARGENTINE* (Est)
Régions de Santa Fé, Cordoba, Buenos Aires, Bahia Blanca
De 1900 à 1919 ajoutez 0 h 10
Depuis 1920 aucun changement
ARGENTINE* (Ouest)
Régions de Tucuman, Mendoza et Patagonie
De 1900 à 1919 retranchez 0 h 20
Depuis 1920 retranchez 0 h 40
BOLIVIE
De 1900 à 1931 ajoutez 0 h 10
Depuis 1932 retranchez 0 h 25
BRÉSIL* (sauf Accre)
Depuis 1900 aucun changement
BRÉSIL* (Accre)
De 1900 à 1913 aucun changement
Depuis 1914 ajoutez 0 h 20
CHILI*
De 1900 à 1909 aucun changement
De 1910 à 1931 ajoutez 0 h 15
Du 24 au 31 août 1932 ajoutez 0 h 15
Du 1er au 24 sept. 1932 retranchez 0 h 45
Depuis 1933 retranchez 0 h 45
COLOMBIE
Depuis 1900 aucun changement
ÉQUATEUR
Depuis 1900 aucun changement
GUYANA
Depuis 1900 aucun changement
GUYANE FRANÇAISE
De 1900 à 1910 aucun changement
Depuis 1911 ajoutez 0 h 30
PARAGUAY
De 1900 à 1931 retranchez 0 h 15
Depuis 1932 ajoutez 0 h 10
PÉROU
Depuis 1900 aucun changement
SURINAM
Depuis 1900 aucun changement
URUGUAY*
De 1900 à 1919 ajoutez 0 h 15
Depuis 1920 retranchez 0 h 15
VENEZUELA
De 1910 à 1964 aucun changement
Depuis 1965 retranchez 0 h 30

ASIE

AFGHANISTAN
aucun changement
BIRMANIE
aucun changement
CEYLAN
aucun changement
CHINE
Pour Pékin et toute la côte Est aucun changement
Pour le reste de la Chine se reporter à l'heure locale sans aucun changement

CORÉE (1)
retranchez 0 h 30
CAMBODGE
aucun changement
INDE
Assam ajoutez 0 h 40
Côte et partie Orientale aucun changement
Côte et partie Occidentale retranchez 0 h 30
INDONÉSIE
Sumatra retranchez 0 h 15
Java Bali Sumatra ajoutez 0 h 20
Bornéo retranchez 0 h 25
Célèbes Timor Florès aucun changement
Irian (N.-Guinée) aucun changement
Moluques retranchez 0 h 25
JAPON
Kiousiou retranchez 0 h 10
Sikok, Hondo Ouest de Tokyo aucun changement
Hondo Nord de Tokyo et Yeso ajoutez 0 h 30
LAOS
aucun changement
MALAYSIA (FÉD.)
Péninsule Malaise
De 1910 à 1981 retranchez 0 h 30
Depuis 1982 retranchez 1 h
Sabah, Sarawak
De 1910 à 1981 aucun changement
Depuis 1982 retranchez 0 h 30
PAKISTAN ORIENTAL
aucun changement
PAKISTAN OCCIDENTAL (1)
retranchez 0 h 30
PHILIPPINES (îles)
aucun changement
THAÏLANDE
De 1900 à 1919 aucun changement
Depuis 1920 retranchez 0 h 15
VIÊT-NAM
aucun changement
sauf Viêt-nam du Sud
de 1956 à 1975 retranchez 0 h 50
TAIWAN (Formose)
aucun changement
Ex-U.R.S.S. SIBÉRIE C.E.I.
Kazakhstan Oriental
Kirghizistan Tadjikistan région de Omsk
De 1900 à 1930 retranchez 2 h
De 1931 à 1963 aucun changement
De 1964 à 1980 retranchez 1 h
Depuis 1981 retranchez 2 h
Ex-U.R.S.S. SIBÉRIE C.E.I.
Altaï, régions de Tomsk
Novossibirsk, Krasnoïarsk
De 1900 à 1930 retranchez 1 h
De 1931 à 1963 aucun changement
De 1964 à 1980 retranchez 1 h
Depuis 1981 retranchez 2 h
Ex-U.R.S.S. SIBÉRIE C.E.I.
Régions Lac Baikal, Irkoutsk
De 1900 à 1963 aucun changement
De 1964 à 1980 retranchez 1 h
Depuis 1981 retranchez 2 h
Ex-U.R.S.S. SIBÉRIE C.E.I.
Région de Tchita-Mogotcha
De 1900 à 1930 ajoutez 1 h
De 1931 à 1963 aucun changement
De 1964 à 1980 retranchez 1 h
Depuis 1981 retranchez 2 h
Ex-U.R.S.S. SIBÉRIE C.E.I.
Régions de Vladivostok, Komsomolsk, Okhotsk
De 1900 à 1963 aucun changement
De 1964 à 1980 retranchez 1 h
Depuis 1981 retranchez 2 h
Ex-U.R.S.S. SIBÉRIE C.E.I.
Régions de Magadan et Kamtchaka
De 1900 à 1930 ajoutez 1 h
De 1931 à 1963 aucun changement
De 1964 à 1980 retranchez 1 h
Depuis 1981 retranchez 2 h

MOYEN-ORIENT

ARABIE SAOUDITE (1)
Ouest retranchez 0 h 20
Est (dont Er Riad) retranchez 0 h 50
ÉMIRATS ARABES (1)
retranchez 0 h 20
IRAK*
aucun changement
IRAN
aucun changement
sauf de 1978 à 1981 retranchez 1 h

(1) Ces informations concernent la période récente, se renseigner pour l'heure officielle avant 1960.

ISRAËL*
ajoutez 0 h 20
JORDANIE*
ajoutez 0 h 25
KOWEIT
aucun changement
LIBAN*
ajoutez 0 h 20
SYRIE*
ajoutez 0 h 30
YÉMEN NORD et SUD
aucun changement

OCEANIE

AUSTRALIE*
Provinces de Camberra, Victoria
N. Galles-du-Sud, Papouasie (N.-Guinée), Queensland, Tasmanie aucun changement
Territoire du Nord et Australie Méridionale retranchez 0 h 30
Australie Occidentale aucun changement
NOUVELLE-ZÉLANDE*
Aucun changement
TOUTES LES ILES DE L'OCÉANIE
Pratiquement aucun changement

EUROPE

ALBANIE
De 1900 à 1914 aucun changement
De 1915 à 1939 ajoutez 0 h 20
De 1940 à 1943 retranchez 0 h 40
De 1944 à 1971 ajoutez 0 h 20
Depuis 1972 retranchez 0 h 40
ALLEMAGNE DE L'EST (ex-RDA)
De 1900 à 1915 retranchez 0 h 10
En 1916 retranchez 1 h 10
Du 23 août au 16 septembre 1917 retranchez 1 h 10
Du 17 au 23 septembre 1917 retranchez 0 h 10
Du 23 août au 15 septembre 1918 retranchez 1 h 10
Du 16 au 23 septembre 1918 retranchez 0 h 10
De 1919 à 1939 retranchez 0 h 10
De 1940 à 1949 retranchez 1 h 10
De 1950 à 1979 retranchez 0 h 10
Depuis 1980 retranchez 1 h 10
ALLEMAGNE DE L'OUEST (Ex-RFA)
De 1900 à 1915 retranchez 0 h 20
En 1916 retranchez 1 h 20
Du 23 août au 16 septembre 1917 retranchez 1 h 20
Du 17 au 23 septembre 1917 retranchez 0 h 20
Du 23 août au 15 septembre 1918 retranchez 1 h 20
Du 16 au 23 septembre 1918 retranchez 0 h 20
De 1919 à 1939 retranchez 0 h 20
De 1940 à 1944 retranchez 1 h 20
Du 23 août au 15 septembre 1945 retranchez 1 h 20
Du 16 au 23 septembre 1945 retranchez 0 h 20
De 1946 à 1949 retranchez 1 h 20
De 1950 à 1979 retranchez 0 h 20
Depuis 1980 retranchez 1 h 20
ANGLETERRE (sauf Cornouailles)
De 1900 à 1915 aucun changement
En 1916 retranchez 1 h
Du 23 août au 16 septembre 1917 retranchez 1 h
Du 17 au 23 septembre 1917 aucun changement
De 1918 à 1922 retranchez 1 h
Du 24 août au 15 septembre 1923 retranchez 1 h
Du 16 au 24 septembre 1923 aucun changement
Du 23 août au 20 septembre 1924 retranchez 1 h
Du 21 au 23 septembre 1924 aucun changement
De 1925 à 1943 retranchez 1 h
Du 23 août au 16 septembre 1944 retranchez 2 h
Du 17 au 23 septembre 1944 retranchez 1 h
De 1945 à 1967 retranchez 1 h
En 1968 retranchez 2 h
Depuis 1969 retranchez 1 h
CORNOUAILLES, ÉCOSSE, GALLES
De 1900 à 1915 retranchez 0 h 15
En 1916 retranchez 1 h 15*
Du 23 août au 16 septembre 1917 retranchez 1 h 15*
Du 17 au 23 septembre 1917 retranchez 0 h 15
De 1918 à 1920 retranchez 1 h 15*
En 1921 et 1922 retranchez 1 h 15
Du 24 août au 15 septembre 1923 retranchez 1 h 15
Du 16 au 24 septembre 1923 retranchez 0 h 15
Du 23 août au 20 septembre 1924 retranchez 1 h 15
Du 21 au 23 septembre 1924 retranchez 0 h 15
De 1925 à 1943 retranchez 1 h 15
Du 23 août au 16 septembre 1944 retranchez 2 h 15
Du 17 au 23 septembre 1944 retranchez 1 h 15
De 1945 à 1967 retranchez 1 h 15
En 1968 retranchez 2 h 15
Depuis 1969 retranchez 1 h 15
AUTRICHE
De 1900 à 1916 aucun changement
Du 23 août au 16 septembre 1917 retranchez 1 h
Du 17 au 23 septembre 1917 aucun changement
Du 23 août au 15 septembre 1918 retranchez 1 h

*sauf Galles retranchez 0 h 15

Du 16 au 23 septembre 1918 aucun changement
De 1919 à 1939 aucun changement
De 1940 à 1944 retranchez 1 h
En 1945 aucun changement
De 1946 à 1948 retranchez 1 h
De 1949 à 1979 aucun changement
Depuis 1980 retranchez 1 h
BELGIQUE
De 1900 à 1913 ajoutez 0 h 20
En 1914 et 1915 retranchez 0 h 40
En 1916 retranchez 1 h 40
Du 23 août au 16 septembre 1917 retranchez 1 h 40
Du 17 au 23 septembre 1917 retranchez 0 h 40
Du 23 août au 15 septembre 1918 retranchez 1 h 40
Du 16 au 23 septembre 1918 retranchez 0 h 40
De 1919 à 1939 retranchez 0 h 40
De 1940 à 1943 retranchez 1 h 40
Du 23 août au 16 septembre 1944 retranchez 1 h 40
Du 17 au 23 septembre 1944 retranchez 0 h 40
Du 23 août au 15 septembre 1945 retranchez 1 h 40
Du 16 au 23 septembre 1944 retranchez 0 h 40
En 1946 retranchez 1 h 40
De 1947 à 1976 retranchez 0 h 40
Depuis 1977 retranchez 1 h 40
BULGARIE
De 1900 à 1944 retranchez 0 h 20
En 1945 retranchez 1 h 20
De 1946 à 1978 retranchez 0 h 20
Depuis 1979 retranchez 1 h 20
CHYPRE
De 1900 à 1921 aucun changement
De 1922 à 1974 ajoutez 0 h 15
Depuis 1975 retranchez 0 h 45
DANEMARK
De 1900 à 1915 retranchez 0 h 15
En 1916 retranchez 1 h 15
De 1917 à 1939 retranchez 0 h 15
De 1940 à 1944 retranchez 1 h 15
En 1945 retranchez 0 h 15
Du 23 août au 31 août 1946 retranchez 1 h 15
Du 1er au 23 septembre 1946 retranchez 0 h 15
En 1947 et 1948 retranchez 0 h 15
De 1949 à 1979 retranchez 0 h 15
Depuis 1980 retranchez 1 h 15
ESPAGNE (F) Franquistes, (R) Républicains
Aragon, Baléares, Catalogne, Maurice, Navarre, Valence
De 1900 à 1916 aucun changement
De 1917 à 1919 retranchez 1 h
De 1920 à 1923 aucun changement
En 1924 retranchez 1 h
En 1925 aucun changement
De 1926 à 1929 retranchez 1 h
De 1930 à 1936 aucun changement
En 1937 retranchez 1 h
En 1938 (F) retranchez 1 h
En 1938 (R) retranchez 2 h
De 1939 à 1941 retranchez 1 h
Du 23 août au 1er septembre 1942 retranchez 2 h
Du 2 au 23 septembre 1942 retranchez 1 h
De 1943 à 1946 retranchez 2 h
De 1947 à 1973 retranchez 1 h
Depuis 1974 retranchez 2 h
Andalousie, Pays Basque, Leon, Castilles, Galice, Estrémadure
De 1900 à 1916 retranchez 0 h 20
De 1917 à 1919 retranchez 1 h 20
De 1920 à 1923 retranchez 0 h 20
En 1924 retranchez 1 h 20
En 1925 retranchez 0 h 20
De 1926 à 1929 retranchez 1 h 20
De 1930 à 1936 retranchez 0 h 20
En 1937 retranchez 1 h 20
En 1938 (F) retranchez 1 h 20
En 1938 (R) retranchez 2 h 20
De 1939 à 1941 retranchez 1 h 20
Du 23 août au 1er septembre 1942 retranchez 2 h 20
Du 2 au 23 septembre 1942 retranchez 1 h 20
De 1943 à 1946 retranchez 2 h 20
De 1947 à 1973 retranchez 1 h 20
Depuis 1974 retranchez 2 h 20
ESTONIE
De 1900 à 1917 aucun changement
Du 23 août au 15 septembre 1918 retranchez 0 h 20
Du 16 au 23 septembre 1918 aucun changement
En 1919 et 1920 aucun changement
De 1921 à 1963 retranchez 0 h 20
Depuis 1964 retranchez 1 h 20
FINLANDE
De 1900 à 1920 aucun changement
De 1921 à 1980 retranchez 0 h 20
Depuis 1981 retranchez 1 h 20
FRANCE
Aquitaine, Bretagne, Centre, Ile-de-France, Midi, Pyrénées, Nord, Normandie, Limousin, Pays-de-Loire, Poitou-Charentes, Picardie
De 1900 à 1910 retranchez 0 h 10
De 1911 à 1915 aucun changement
De 1916 à 1939 retranchez 1 h
1940 (ZO) retranchez 2 h
1940 (ZNO) retranchez 1 h
De 1941 à 1945 retranchez 2 h
Du 23 août au 15 septembre 1945 retranchez 2 h
Du 16 au 23 septembre 1945 retranchez 1 h
De 1946 à 1975 retranchez 1 h
Depuis 1976 retranchez 2 h
(ZO) = Zone occupée
(ZNO) = Zone non occupée
Alsace, Auvergne, Bourgogne, Champagne, Ardennes, Franche-Comté, Languedoc-Roussillon, Lorraine, Rhône-Alpes, Provence-Côte-d'Azur, Corse, Principauté de Monaco
De 1900 à 1910 ajoutez 0 h 10
De 1911 à 1915 ajoutez 0 h 20
De 1916 à 1929 retranchez 0 h 40
1940 (ZO) retranchez 1 h 40
1940 (ZNO) retranchez 0 h 40
De 1941 à 1944 retranchez 1 h 40
Du 23 août au 15 septembre 1945 retranchez 1 h 40
Du 16 au 23 septembre 1945 retranchez 0 h 40
De 1946 à 1975 retranchez 0 h 40
Depuis 1976 retranchez 1 h 40
(ZO) Zone occupée
(ZNO) Zone non occupée
GRÈCE
De 1900 à 1915 aucun changement
De 1916 à 1931 retranchez 0 h 30
Du 23 août au 1er septembre 1932 retranchez 1 h 30
Du 2 au 23 septembre 1932 retranchez 0 h 30
De 1933 à 1951 retranchez 0 h 30
En 1952 retranchez 1 h 30
De 1953 à 1974 retranchez 0 h 30
Depuis 1975 retranchez 1 h 30
GROENLAND
De 1910 à 1979 aucun changement
Depuis 1980 retranchez 1 h
HOLLANDE
De 1900 à 1915 aucun changement
En 1916 retranchez 1 h
Du 23 août au 16 septembre 1917 retranchez 1 h
Du 17 au 23 septembre 1917 aucun changement
De 1918 à 1939 retranchez 1 h
De 1940 à 1944 retranchez 1 h 40
Du 23 août au 15 septembre 1945 retranchez 1 h 40
Du 16 au 23 septembre 1945 retranchez 0 h 40
De 1946 à 1976 retranchez 0 h 40
Depuis 1977 retranchez 1 h 40
HONGRIE
De 1900 à 1915 ajoutez 0 h 15
En 1916 retranchez 0 h 45
Du 23 août au 16 septembre 1917 retranchez 0 h 45
Du 17 au 23 septembre 1917 ajoutez 0 h 15
De 1918 à 1940 ajoutez 0 h 15
De 1941 à 1945 retranchez 0 h 45
De 1946 à 1953 ajoutez 0 h 15
De 1954 à 1957 retranchez 0 h 45
De 1958 à 1979 ajoutez 0 h 15
Depuis 1980 retranchez 0 h 45
IRLANDE (EIRE)
De 1900 à 1915 aucun changement
En 1916 retranchez 1 h
Du 23 août au 16 septembre 1917 retranchez 1 h 30
Du 17 au 23 septembre 1917 retranchez 0 h 30
De 1918 à 1922 retranchez 1 h 30
Du 24 août au 15 septembre 1923 retranchez 1 h 30
Du 16 au 24 septembre 1923 retranchez 0 h 30
Du 23 août au 20 sept. 1924 retranchez 1 h
Du 21 au 23 septembre 1924 retranchez 0 h 30
De 1925 à 1967 retranchez 1 h 30
En 1968 retranchez 2 h 30
Depuis 1969 retranchez 1 h 30
IRLANDE DU NORD (ULSTER)
De 1900 à 1915 aucun changement
De 1916 à 1920 retranchez 0 h 25
En 1921 et 1922 retranchez 1 h 25
Du 24 août au 15 septembre 1923 retranchez 1 h 25
Du 16 au 24 septembre 1924 retranchez 0 h 25
Du 23 août au 20 septembre 1924 retranchez 1 h 25
Du 21 au 23 septembre 1924 retranchez 0 h 25
De 1925 à 1943 retranchez 1 h 25
Du 23 août au 16 septembre 1944 retranchez 2 h 25
Du 17 au 23 septembre 1944 retranchez 1 h 25
Depuis 1945 retranchez 1 h 25
ISLANDE
De 1900 à 1907 aucun changement
De 1908 à 1916 retranchez 0 h 25
De 1917 à 1919 retranchez 1 h 25
De 1920 à 1942 retranchez 0 h 25
Depuis 1973 retranchez 1 h 25
ITALIE
Émilie, Ligurie, Lombardie, Piémont, Toscane, Sardaigne
De 1900 à 1915 retranchez 0 h 20
De 1916 à 1919 retranchez 1 h 20
Du 23 août au 18 septembre 1920 retranchez 1 h 20
Du 19 au 23 septembre 1920 retranchez 0 h 20
De 1921 à 1939 retranchez 0 h 20
De 1940 à 1944 retranchez 1 h 20

Du 23 août au 16 septembre 1945 retranchez 1 h 20
Du 17 au 23 septembre 1945 retranchez 0 h 20
De 1946 à 1948 retranchez 1 h 20
De 1949 à 1965 retranchez 0 h 20
Depuis 1966 retranchez 1 h 20
Abruzzes, Calabre, Campanie, Latium, Marches, Ombrie, Pouilles, San Marino, Sicile, Vénétie
De 1900 à 1915 aucun changement
De 1916 à 1919 retranchez 1 h
Du 23 août au 18 septembre 1920 aucun changement
Du 19 au 23 septembre 1920 aucun changement
De 1921 à 1939 aucun changement
De 1940 à 1944 retranchez 1 h
Du 23 août au 16 septembre 1945 retranchez 1 h
Du 17 au 23 septembre 1945 aucun changement
De 1946 à 1948 retranchez 1 h
De 1949 à 1965 aucun changement
Depuis 1966 retranchez 1 h

LETTONIE
De 1900 à 1917 retranchez 0 h 25
Du 23 août au 15 septembre 1918 retranchez 1 h
Du 16 au 23 septembre 1918 aucun changement
De 1919 à 1925 aucun changement
De 1926 à 1963 retranchez 0 h 25
Depuis 1964 retranchez 1 h 25

LITUANIE
De 1900 à 1919 aucun changement
En 1920 ajoutez 0 h 30
De 1921 à 1939 ajoutez 0 h 30
De 1940 à 1963 retranchez 0 h 30
Depuis 1964 retranchez 1 h 30

LUXEMBOURG
De 1900 à 1903 aucun changement
De 1904 à 1915 retranchez 0 h 35
En 1916 retranchez 1 h 35
Du 23 août au 16 septembre 1917 retranchez 1 h 35
Du 17 au 23 septembre 1917 retranchez 1 h 35
Du 23 août au 15 septembre 1918 retranchez 1 h 35
Du 16 au 23 septembre 1918 retranchez 0 h 35
De 1919 à 1939 retranchez 0 h 35
De 1940 à 1943 retranchez 1 h 35
Du 23 août au 17 septembre 1944 retranchez 1 h 35
Du 18 au 23 septembre 1944 retranchez 0 h 35
Du 23 août au 15 septembre 1945 retranchez 1 h 35
Du 16 au 23 septembre 1945 retranchez 0 h 35
En 1946 retranchez 1 h 35
De 1947 à 1976 retranchez 0 h 35
Depuis 1977 retranchez 1 h 35

MALTE
De 1900 à 1972 voir Sicile
En 1973 retranchez 1 h
De 1974 à 1982 jusqu'au 15 ou 20 septembre (se renseigner) retranchez 1 h puis rien
Depuis 1983 retranchez 1 h

NORVÈGE
De 1900 à 1915 retranchez 0 h 20
En 1916 retranchez 1 h 20
De 1917 à 1939 retranchez 0 h 20
De 1940 à 1945 retranchez 1 h 20
De 1946 à 1958 retranchez 0 h 20
Du 23 août au 19 septembre 1959 retranchez 1 h 20
Du 20 au 23 septembre 1959 retranchez 0 h 20
Du 23 août au 17 septembre 1960 retranchez 1 h 20
Du 18 au 23 septembre 1960 retranchez 0 h 20
Du 23 août au 16 septembre 1961 retranchez 1 h 20
Du 17 au 23 septembre 1961 retranchez 1 h 20
Du 23 août au 15 septembre 1962 retranchez 1 h 20
Du 16 au 23 septembre 1962 retranchez 0 h 20
Du 23 août au 14 septembre 1963 retranchez 1 h 20
Du 15 au 23 septembre 1963 retranchez 0 h 20
Du 23 août au 19 septembre 1964 retranchez 1 h 20
Du 20 au 23 septembre 1964 retranchez 0 h 20
Du 23 août au 18 septembre 1965 retranchez 1 h 20
Du 19 au 23 septembre 1965 retranchez 0 h 20
De 1966 à 1979 retranchez 0 h 20
Depuis 1980 retranchez 1 h 20

POLOGNE
De 1900 à 1919
Pour les territoires sous contrôle allemand voir Allemagne de l'Est.
Pour les territoires sous contrôle autrichien voir Autriche.
Pour les territoires sous contrôle russe aucun changement.
En 1920 et 1921 retranchez 0 h 45
De 1922 à 1939 ajoutez 0 h 15
De 1940 à 1945 retranchez 0 h 45
De 1946 à 1955 ajoutez 0 h 15
De 1956 à 1964 retranchez 0 h 45
De 1965 à 1976 ajoutez 0 h 15
Depuis 1977 retranchez 0 h 45

PORTUGAL
De 1900 à 1911 aucun changement
De 1912 à 1915 retranchez 0 h 30
De 1912 à 1921 retranchez 1 h 30
En 1922 et 1923 retranchez 0 h 30
En 1924 retranchez 1 h 30
En 1925 retranchez 0 h 30
De 1926 à 1929 retranchez 1 h 30
En 1930 retranchez 0 h 30
En 1931 et 1932 retranchez 1 h 30
En 1933 retranchez 0 h 30
De 1934 à 1942 retranchez 1 h 30
Du 24 août au 28 août 1943 retranchez 2 h 30
Du 29 août au 23 sept. 1943 retranchez 1 h 30
Du 23 au 26 août 1944 retranchez 2 h 30
Du 27 août au 23 sept. 1944 retranchez 1 h 30
Du 23 au 25 août 1945 retranchez 2 h 30
Du 26 août au 23 sept. 1945 retranchez 1 h 30
De 1946 à 1992 retranchez 1 h 30
Depuis 1993 retranchez 2 h 30

ROUMANIE
De 1900 à 1930 aucun changement
En 1931 retranchez 0 h 15
De 1932 à 1940 retranchez 1 h 15
De 1941 à 1945 retranchez 0 h 15
De 1946 à 1978 retranchez 0 h 15
Depuis 1979 retranchez 1 h 15

SUÈDE
De 1900 à 1915 ajoutez 0 h 10
En 1916 retranchez 0 h 50
De 1917 à 1979 ajoutez 0 h 10
Depuis 1980 retranchez 0 h 50

SUISSE
De 1900 à 1940 retranchez 0 h 25
En 1941 et 1942 retranchez 1 h 25
De 1943 à 1980 retranchez 0 h 25
Depuis 1981 retranchez 1 h 25

Ex-TCHÉCOSLOVAQUIE
De 1900 à 1915 ajoutez 0 h 10
En 1916 retranchez 0 h 50
Du 23 août au 16 sept. 1917 retranchez 0 h 50
Du 16 au 23 sept. 1917 ajoutez 0 h 10
Du 23 août au 15 sept. 1918 retranchez 0 h 50
Du 16 au 23 sept. 1918 ajoutez 0 h 10
De 1919 à 1939 ajoutez 0 h 10
De 1940 à 1943 retranchez 0 h 50
Du 23 août au 16 sept. 1944 retranchez 0 h 50
Du 17 au 23 sept. 1944 ajoutez 0 h 10
En 1945 retranchez 0 h 50
De 1946 à 1978 ajoutez 0 h 10
Depuis 1979 retranchez 0 h 50

TURQUIE OCCIDENTALE
De 1900 à 1919 aucun changement (1)
De 1920 à 1925 retranchez 1 h (2)
De 1926 à 1940 aucun changement (1)
De 1941 à 1951 retranchez 1 h (2)
De 1952 à 1961 aucun changement (1)
En 1962 retranchez 1 h (2)
En 1963 aucun changement (1)
En 1964 retranchez 1 h (2)
De 1965 à 1972 aucun changement (1)
Depuis 1973 retranchez 1 h (2)

TURQUIE ORIENTALE
Si (1) ajoutez 0 h 40
Si (2) retranchez 0 h 20

Ex-U.R.S.S. CEI
Biélorussie, Carélie, Crimée, Ukraine, Régions de Leningrad, Moscou, Orel
De 1900 à 1917 aucun changement
En 1918 retranchez 2 h
De 1919 à 1929 aucun changement
En 1930 retranchez 1 h
De 1931 à 1963 aucun changement
De 1964 à 1980 retranchez 1 h
Depuis 1981 retranchez 2 h

Ex-U.R.S.S. CEI
Arménie, Azer Baïdjan, Géorgie, régions du Caucase, de la Volga centrale et Méridionale et de Kirov
De 1900 à 1917 ajoutez 1 h*
En 1918 retranchez 1 h*
De 1919 à 1929 ajoutez 1 h*
En 1930 aucun changement
De 1931 à 1963 aucun changement
De 1964 à 1980 retranchez 1 h
Depuis 1981 retranchez 2 h

Ex-U.R.S.S. CEI
Versant Occidental et Oriental de l'Oural Kazakhstan Occidental Turkménistan, Ous Békistan
De 1900 à 1917 ajoutez 2 h
En 1918 aucun changement
De 1919 à 1929 ajoutez 2 h
En 1930 ajoutez 1 h
De 1931 à 1963 aucun changement
De 1964 à 1980 retranchez 1 h
Depuis 1981 retranchez 2 h

Ex-YOUGOSLAVIE
De 1900 à 1940 ajoutez 0 h 15
De 1941 à 1944 retranchez 0 h 45
Du 23 août au 15 sept. 1945 retranchez 0 h 45
Du 16 au 23 sept. 1945 ajoutez 0 h 15
De 1946 à 1982 ajoutez 0 h 15
Depuis 1983 retranchez 0 h 45

* De 1941 à 1945 Heure d'Été inconnue

* sauf Géorgie aucun changement

TABLEAU SPÉCIAL DE L'HEURE D'ÉTÉ POUR CERTAINS PAYS

Pour les pays marqués d'un *, nous savons qu'ils pratiquent l'heure d'été, mais les dates précises de début et de fin de période ne nous sont pas connues, ainsi que les années.
Le tableau suivant vous indique comment passer directement d'une heure officielle d'été à l'heure solaire de naissance correspondante.
Vous devez utiliser ce tableau spécial si vous êtes certain(e) que votre naissance a eu lieu pendant la période officielle d'application de l'heure d'été *pour l'année de votre naissance*.
Par exemple, pour les États-Unis, cette période va du dernier dimanche d'avril à 2 heures du matin jusqu'au dernier dimanche d'octobre à 2 heures du matin.

AMÉRIQUE DU NORD
ALASKA
Région de Wrangel retranchez 2 h.
Région de Juneau retranchez 1 h. 15
Alaska central retranchez 1 h.
Alaska occid. retranchez 1 h.
CANADA sauf Alberta, Nouv.-Brunswick, Nouvelle-Écosse
Colombie retranchez 1 h.
Manitoba retranchez 1 h. 30
NF. Labrador retranchez 1 h. 40
Ontario Est retranchez 1 h. 20
Ontario Ouest retranchez 2 h.
Québec Est retranchez 1 h. 20
Québec Ouest retranchez 0 h 45
Saskatchewan retranchez 1 h.

ÉTATS-UNIS
Alabama retranchez 0 h. 45
Arizona pas d'heure d'été
Arkansas retranchez 1 h. 10
Californie retranchez 1 h.
Caroline Nord retranchez 1 h. 20
Caroline Sud retranchez 1 h. 25
Colorado retranchez 1 h.
Connecticut retranchez 0 h. 50
Dakota Nord (Est) retranchez 1 h. 40
Dakota Nord (Ouest) retranchez 1 h.
Dakota Sud (Est) retranchez 1 h. 35
Dakota Sud (Ouest) retranchez 0 h. 50
Delaware retranchez 1 h.
District Fédéral retranchez 1 h.
Floride retranchez 1 h. 30
S.F. Panama Pensacola retranchez 0 h. 40
Géorgie retranchez 1 h. 35
Idaho Est retranchez 1 h. 30
Idaho Ouest retranchez 0 h. 45
Illinois retranchez 1 h.
Indiana retranchez 0 h 45
Iowa retranchez 0 h. 45
Kansas retranchez 1 h. 30
S.F. Dodge city et Ouest retranchez 0 h. 40
Kentucky Centre et Est retranchez 1 h. 40
Kentucky Ouest retranchez 0 h. 50
Louisiane retranchez 1 h.
Maine retranchez 0 h. 40
Maryland retranchez 1 h. 10
Massachussets retranchez 0 h. 45
Michigan retranchez 1 h. 45
Minnesota retranchez 1 h. 15
Mississipi retranchez 1 h.
Missouri retranchez 1 h. 10
Montana retranchez 1 h. 20
Nebraska Est retranchez 1 h. 30
Nebraska Ouest retranchez 0 h. 50
Nevada retranchez 0 h. 45
N. Hampshire retranchez 0 h. 45
N. Jersey retranchez 1 h.
New York retranchez 1 h.
N. Mexique retranchez 1 h.
Ohio retranchez 1 h. 30
Oklahoma retranchez 1 h. 30
Oregon retranchez 1 h.
Pennsylvanie retranchez 1 h. 15
Rhode Island retranchez 1 h.
Tennessee Est retranchez 1 h. 35
Tennessee Ouest retranchez 0 h. 50
Texas Est retranchez 1 h. 25
Texas Ouest retranchez 1 h. 45
Utah Est retranchez 1 h. 20
Utah Ouest retranchez 0 h. 30
Vermont retranchez 1 h.
Virginie Occidentale retranchez 1 h. 25
Washington (D.C.) retranchez 1 h.
Washington (état) retranchez 1 h.
Wisconsin retranchez 1 h.
Wyoming retranchez 1 h. 10
Hawaï pas d'heure d'été

AMÉRIQUE CENTRALE
BAHAMAS (Iles) retranchez 1 h.
REP. DOMINICAINE retranchez 0 h. 40

AMÉRIQUE DU SUD
ARGENTINE (après 1920)
Est retranchez 1 h.
Ouest retranchez 1 h. 40
BRÉSIL
Sauf Accre retranchez 1 h.
Accre retranchez 0 h. 40

URUGUAY (après 1920) retranchez 1 h. 15

MOYEN ORIENT
LIBAN retranchez 0 h. 40
SYRIE retranchez 0 h. 30

Comment découvrir votre Ascendant sans aucun calcul

Votre Ascendant est le signe zodiacal qui se levait à l'horizon Est au moment de votre naissance.

Il dépend étroitement de votre heure et de votre lieu de naissance, éléments dont nous avons déjà tenu compte dans la transformation de votre heure officielle en heure solaire de naissance.

Sans effectuer de calcul, vous pouvez dès maintenant découvrir votre signe Ascendant dans la Table des Ascendants qui vous concerne.

Pour savoir quelle Table consulter, il vous suffit de regarder à la page suivante le numéro de la Table correspondant à votre pays de naissance.

Vous consultez alors votre Table, en recherchant la colonne de votre jour de naissance, puis la ligne de votre heure solaire de naissance qui vous donne votre signe Ascendant.

Si ce signe est le dernier d'une série, vous pouvez considérer que vous êtes également influencé (e) par le signe d'après.

Exemple :

Scorpion

Scorpion

Scorpion

Ligne de votre heure_ _ _ _ _ _ _ _ _**Scorpion**_ _ _ _vous êtes **Scorpion** mais

Sagittaire _ _ _vous êtes également **Sagittaire**

Sagittaire

En effet, en raison de la rotation de la Terre sur elle-même en 24 heures, chaque signe zodiacal se lève à son tour à l'horizon EST d'un lieu terrestre déterminé.

Ainsi dans l'ordre des signes, lorsque le **Scorpion** a fini de se lever, c'est au tour du **Sagittaire** d'apparaître, si bien que le début du **Sagittaire** se lève quelques minutes après la fin du **Scorpion :** voilà qui explique l'influence de ces deux signes Ascendants sur une personne.

Le signe Ascendant exerce une influence prépondérante sur votre tempérament, sur votre morphologie et votre comportement.

Etant l'élément le plus individualisé de votre configuration astrologique natale, votre Ascendant caractérise votre mode d'adaptation au monde extérieur aussi bien sur les plans biologique, social que professionnel.

L'analyse concernant votre signe Ascendant s'applique donc essentiellement à votre façon d'être avec les autres et, par conséquent, à la manière dont les autres vous perçoivent.

Si vous ne connaissez votre heure de naissance que de façon approximative, par exemple, « dans la matinée », « en fin d'après-midi », vous pouvez vous reporter aux descriptions et juger, à la lecture de leur analyse, du signe qui correspond le mieux à votre comportement spontané.

Vous pouvez contrôler le résultat avec un de vos proches.

Numéro de la Table des Ascendants à consulter pour chaque pays

PAYS	TABLE N° 1	2	3	4	5	6
AFRIQUE						
AFFARS ET ISSAS	1					
AFRIQUE DU SUD		2				
ALGÉRIE			3			
SAHARA ALGÉRIEN		2				
ANGOLA	1					
BENIN (DAHOMEY)	1					
BOTSWANA		2				
CAMEROUN	1					
CAP VERT (ÎLES)	1					
CENTRAFRIQUE Rép.	1					
COMORES (ÎLES)	1					
CONGO	1					
CÔTE D'IVOIRE	1					
ÉGYPTE		2				
ÉTHIOPIE	1					
GABON	1					
GAMBIE	1					
GHANA	1					
GUINÉE	1					
GUINÉE BISSAU	1					
GUINÉE ÉQUAT.	1					
HAUTE VOLTA	1					
KENYA	1					
LESOTHO		2				
LIBÉRIA	1					
LIBYE		2				
MADAGASCAR		2				
MALAWI	1					
MAROC NORD			3			
MAURICE (ÎLE)		2				
MAURITANIE		2				
MOZAMBIQUE NORD	1					
MOZAMBIQUE SUD		2				
NIGER	1					
NIGÉRIA	1					
OUGANDA	1					
RÉUNION (ÎLE)		2				
RHODÉSIE		2				
RWANDA	1					
SAOTOME (ÎLE)	1					
SÉNÉGAL	1					
SEYCHELLES (ÎLES)	1					
SIERRA LÉONE	1					
SOMALIE	1					
SOUDAN	1					
SUD-OUEST AFRICAIN		2				
SWAZILAND		2				
TANGER			3			
TANZANIE	1					
TCHAD	1					
TOGO	1					
TUNISIE NORD			3			
TUNISIE SUD		2				
ZAÏRE	1					
ZAMBIE	1					
AMÉRIQUE DU NORD						
CANADA						
ALBERTA SUD					5	
ALBERTA NORD						6
BRITISH COLUMBIA SUD					5	
BRITISH COLUMBIA NORD						6
MANITOBA SUD					5	
MANITOBA NORD						6
NEW BRUNSWICK				4		
NEW F. LABRADOR						6
NOUVELLE ÉCOSSE				4		
ONTARIO SUD				4		
ONTARIO NORD					5	
QUÉBEC SUD				4		
QUÉBEC NORD					5	
SASKATCHEWAN SUD					5	
SASKATCHEWAN NORD						6
TERRIT. NORD-OUEST						6
St PIERRE ET MIQUELON				4		
ETATS-UNIS						
ALABAMA			3			
ALASKA						6
ARIZONA			3			
ARKANSAS			3			
CALIFORNIE			3			
CAROLINE NORD			3			
CAROLINE SUD			3			
COLORADO			3			
CONNECTICUT				4		
DAKOTA NORD				4		
DAKOTA SUD				4		
DELAWARE			3			
FLORIDE		2				
GÉORGIE			3			
IDAHO				4		
ILLINOIS			3			
INDIANA			3			
IOWA			3			
KANSAS			3			
KENTUCKY			3			
LOUISIANE		2				
MAINE				4		
MARYLAND			3			
MASSACHUSETTS				4		
MICHIGAN				4		
MINNESOTA				4		
MISSISSIPI			3			
MISSOURI			3			
MONTANA				4		
NEBRASKA			3			
NEVADA			3			
NEW HAMPSHIRE				4		
NEW JERSEY			3			
NEW YORK				4		
NOUVEAU MEXIQUE			3			
OHIO			3			
OKLAHOMA			3			
ORÉGON				4		
PENNSYLVANIE			3			
RHODE-ISLAND			3			
TENNESSEE			3			
TEXAS		2				
UTAH			3			
VERMONT				4		
VIRGINIE			3			
VIRGINIE OCCID.			3			
WASHINGTON			3			
WASHINGTON ÉTAT				4		
WISCONSIN				4		
WYOMING				4		
HAWAÏ		2				
BERMUDES DES (ÎLE)			3			
TERRE NEUVE (ÎLE)				4		
AMERIQUE CENTRALE						
BAHAMAS (ÎLES)		2				
BARBADE (ÎLES)	1					
COSTA-RICA	1					
CUBA		2				
CURAÇAO	1					
DOMINICAINE Rép.		2				
GUADELOUPE		2				
GUATÉMALA	1					
HAÏTI		2				
HONDURAS	1					
HONDURAS BOIT.		2				
JAMAÏQUE		2				
MARTINIQUE	1					
MEXIQUE		2				
NICARAGUA	1					
PANAMA	1					
PETITES ANTILLES (ÎLES)	1					
PORTO-RICO		2				
SAN SALVADOR	1					
AMÉRIQUE DU SUD						
ARGENTINE NORD		2				
ARGENTINE CENTRE			3			
ARGENTINE SUD				4		
BOLIVIE NORD	1					
BOLIVIE SUD		2				
BRÉSIL NORD	1					
BRÉSIL SUD soit :						
MINAS GERAIS		2				
SAO PAULO-RIO		2				
CHILI NORD		2				
CHILI CENTRE			3			
CHILI SUD				4		
COLOMBIE	1					
ÉQUATEUR	1					
GUYANA	1					
GUYANE FRANÇAISE	1					
PARAGUAY		2				
PÉROU	1					
SURINAM	1					
URUGUAY			3			
VÉNÉZUELA	1					
ASIE						
AFGHANISTAN			3			
BIRMANIE		2				
BHOUTAN		2				
CACHEMIRE			3			
CAMBODGE	1					
CEYLAN (SRILANKA)	1					
CHINE DU NORD			3			
(SINKIANG, LIAO MING,						
HOPEH, CHANSI, CHENSI						
MANDCHOURIE, KANSOU						
KIANG-SOU, NAN CHAN)						
CHINE CENTRALE		2				
(YANG TSE KIANG)						
CHINE DU SUD		2				
CORÉE DU NORD			3			
CORÉE DU SUD			3			
INDE SUD	1					
INDE CENTRE		2				
INDE NORD		2				
INDONÉSIE	1					
JAPON			3			
JAPON (YESO)				4		
LAOS		2				
MALAYSIA (FÉD.)	1					
MONGOLIE EXT.				4		
NÉPAL		2				

PAYS	TABLE N° 1	2	3	4	5	6
PAKISTAN OR. OCC.		2				
PHILIPPINES (ÎLES)	1					
THAÏLANDE	1					
U.R.S.S.						
KAZAKHSTAN				4		
KIRGHIZISTAN			3			
OUZBEKISTAN			3			
SIBÉRIE SUD (OMSK, NOVOSSIBIRSK IRKOUTSK)					5	
RESTE SIBÉRIE						6
TADJIKISTAN			3			
TURKMENISTAN			3			
VLADIVOSTOK (PROV.)				4		
VIETNAM (NORD)		2				
VIETNAM (SUD)	1					

EUROPE

PAYS	1	2	3	4	5	6
ALBANIE			3			
NORD ÉCOSSE						6
ALLEMAGNE DE L'EST					5	
ALLEMAGNE OUEST						
NORD-CENTRE					5	
BAVIÈRE-BADE				4		
ANGLETERRE					5	
AUTRICHE				4		
BELGIQUE					5	
BULGARIE				4		
CHYPRE (ÎLE)			3			
DANEMARK						6
ESPAGNE NORD				4		
ESPAGNE CENTRE			3			
ESPAGNE SUD			3			
BALÉARES (ÎLES)			3			
ESTONIE						6
FINLANDE						6
FRANCE				4		
GRÈCE			3			
GROËNLAND						6
HOLLALNDE					5	
HONGRIE				4		
IRLANDE (EIRE)					5	
IRLANDE DU NORD					5	
ISLANDE						6
ITALIE NORD CENTRE				4		
ITALIE SUD			3			
SARDAIGNE-SICILE			3			
LETTONIE						6
LITHUANIE						6
LUXEMBOURG					5	
MALTE			3			
NORVÈGE						6
POLOGNE					5	
PORTUGAL			3			
ROUMANIE				4		
SUÈDE						6
SUISSE				4		
TCHÉCOSLOVAQUIE					5	
TURQUIE			3			
U.R.S.S.						
AZERBAÏDJAN				4		
ARMÉNIE				4		
BIELORUSSIE					5	
GÉORGIE				4		
UKRAINE				4		
U.R.S.S. NORD LIGNE SMOLENSK-MOSCOU-KAZAN						6
U.R.S.S.-SUD					5	
YOUGOSLAVIE				4		

MOYEN ORIENT

PAYS	1	2	3	4	5	6
ARABIE SAOUDITE		2				
ÉMIRATS ARABES		2				
IRAK			3			
IRAN NORD			3			
IRAN SUD		2				
ISRAËL		2				
JORDANIE		2				
KOWEIT		2				
LIBAN			3			
SAMOA		2				
SYRIE			3			
YEMEN NORD	1					
YEMEN SUD	1					

OCÉANIE

PAYS	1	2	3	4	5	6
AUSTRALIE						
AUSTRALIE MÉRIDIONALE			3			
AUSTRALIE OCCIDENTALE		2				
NOUVELLES-GALLES DU SUD			3			
QUEEN'S LAND		2				
SAUF PÉNINSULE D'YORK	1					
TERRIT. DU NORD (NORD)	1					
TERRIT. DU NORD (SUD)		2				
VICTORIA			3			
TASMANIE				4		
NOUVELLE-CALÉDONIE		2				
NOUVELLE-GUINÉE	1					
NOUVELLE-ZÉLANDE						
NORD ÎLE FUMANTE			3			
SUD ÎLE DE JADE				4		

AUTRES ÎLES

PAYS	1	2	3	4	5	6
CAROLINES	1					
CHATHAM				4		
CHESTERFIELD		2				
ELLICE	1					
FIDJI	1					
GILBERT	1					
HÉBRIDES	1					
KERMADEC			3			
LOYAUTÉ		2				
MARIANNES	1					
MARQUISES	1					
MARSHALL	1					
MIDWAY		2				
SALOMON	1					
SAOA	1					
SOCIÉTÉ	1					
TONGA		2				
TOUAMOTOU	1					
TUBUAÏ		2				

Comment découvrir votre Ascendant si vous êtes né (e) dans l'hémisphère Sud

Par rapport au Zodiaque, l'horizon Est dans l'hémisphère Sud n'est pas le même que dans l'hémisphère Nord.

Pour tenir compte de ce fait,vous ajoutez simplement 12 heures à votre heure solaire de naissance.

Si le total est supérieur à 24 heures, vous retranchez 24 heures : par exemple 20 h 30 + 12 h = 32 h 30 — 24 h = 8 h 30.

En prenant la nouvelle heure obtenue, 8 h 30 dans notre exemple, vous recherchez votre signe Ascendant exactement comme pour une naissance dans l'hémisphère Nord.

Vous obtenez le nom d'un signe zodiacal.

Celui-ci n'est pas encore votre Ascendant.

En effet, vous savez que les saisons australes sont inversées par rapport aux saisons boréales ; l'été en Australie correspond à l'hiver en Europe.

De même, le signe du Bélier de l'hémisphère Nord, c'est-à-dire le début du printemps, correspond au signe de la Balance qui marque le début du printemps dans l'hémisphère Sud.

C'est donc le signe zodiacal opposé au signe que vous avez trouvé précédemment qui est votre signe Ascendant final, et le tableau ci-dessous vous permet de trouver immédiatement ce signe.

Votre signe Ascendant lu dans la Table ▼	Votre signe Ascendant final ▼
BELIER	BALANCE
TAUREAU	SCORPION
GEMEAUX	SAGITTAIRE
CANCER	CAPRICORNE
LION	VERSEAU
VIERGE	POISSONS
BALANCE	BELIER
SCORPION	TAUREAU
SAGITTAIRE	GEMEAUX
CAPRICORNE	CANCER
VERSEAU	LION
POISSONS	VIERGE

DECOUVREZ VOTRE ASCENDANT SANS AUCUN CALCUL : TABLE N° 1

VOTRE HEURE DE NAISSANCE	22 AOUT	23 AOUT	24 AOUT	25 AOUT	26 AOUT	27 AOUT	28 AOUT	29 AOUT
0 h 00	GEMEAUX	GEMEAUX	GEMEAUX	GEMEAUX	GEMEAUX	GEMEAUX	GEMEAUX	GEMEAUX
0 h 30	GEMEAUX	GEMEAUX	GEMEAUX	GEMEAUX	GEMEAUX	GEMEAUX	GEMEAUX	GEMEAUX
1 h 00	GEMEAUX	GEMEAUX	GEMEAUX	GEMEAUX	GEMEAUX	GEMEAUX	GEMEAUX	GEMEAUX
1 h 30	GEMEAUX	GEMEAUX	GEMEAUX	GEMEAUX	CANCER	CANCER	CANCER	CANCER
2 h 00	CANCER	CANCER	CANCER	CANCER	CANCER	CANCER	CANCER	CANCER
2 h 30	CANCER	CANCER	CANCER	CANCER	CANCER	CANCER	CANCER	CANCER
3 h 00	CANCER	CANCER	CANCER	CANCER	CANCER	CANCER	CANCER	CANCER
3 h 30	CANCER	CANCER	CANCER	CANCER	CANCER	CANCER	CANCER	LION
4 h 00	LION	LION	LION	LION	LION	LION	LION	LION
4 h 30	LION	LION	LION	LION	LION	LION	LION	LION
5 h 00	LION	LION	LION	LION	LION	LION	LION	LION
5 h 30	LION	LION	LION	LION	LION	LION	LION	VIERGE
6 h 00	VIERGE	VIERGE	VIERGE	VIERGE	VIERGE	VIERGE	VIERGE	VIERGE
6 h 30	VIERGE	VIERGE	VIERGE	VIERGE	VIERGE	VIERGE	VIERGE	VIERGE
7 h 00	VIERGE	VIERGE	VIERGE	VIERGE	VIERGE	VIERGE	VIERGE	VIERGE
7 h 30	VIERGE	VIERGE	VIERGE	VIERGE	VIERGE	VIERGE	VIERGE	BALANCE
8 h 00	BALANCE	BALANCE	BALANCE	BALANCE	BALANCE	BALANCE	BALANCE	BALANCE
8 h 30	BALANCE	BALANCE	BALANCE	BALANCE	BALANCE	BALANCE	BALANCE	BALANCE
9 h 00	BALANCE	BALANCE	BALANCE	BALANCE	BALANCE	BALANCE	BALANCE	BALANCE
9 h 30	BALANCE	BALANCE	BALANCE	BALANCE	BALANCE	BALANCE	SCORPION	SCORPION
10 h 00	SCORPION	SCORPION	SCORPION	SCORPION	SCORPION	SCORPION	SCORPION	SCORPION
10 h 30	SCORPION	SCORPION	SCORPION	SCORPION	SCORPION	SCORPION	SCORPION	SCORPION
11 h 00	SCORPION	SCORPION	SCORPION	SCORPION	SCORPION	SCORPION	SCORPION	SCORPION
11 h 30	SCORPION	SCORPION	SCORPION	SCORPION	SCORPION	SCORPION	SCORPION	SAGITTAIRE
MIDI	SAGITTAIRE	SAGITTAIRE	SAGITTAIRE	SAGITTAIRE	SAGITTAIRE	SAGITTAIRE	SAGITTAIRE	SAGITTAIRE
12 h 30	SAGITTAIRE	SAGITTAIRE	SAGITTAIRE	SAGITTAIRE	SAGITTAIRE	SAGITTAIRE	SAGITTAIRE	SAGITTAIRE
13 h 00	SAGITTAIRE	SAGITTAIRE	SAGITTAIRE	SAGITTAIRE	SAGITTAIRE	SAGITTAIRE	SAGITTAIRE	SAGITTAIRE
13 h 30	SAGITTAIRE	SAGITTAIRE	SAGITTAIRE	SAGITTAIRE	SAGITTAIRE	SAGITTAIRE	SAGITTAIRE	SAGITTAIRE
14 h 00	SAGITTAIRE	SAGITTAIRE	SAGITTAIRE	CAPRICORNE	CAPRICORNE	CAPRICORNE	CAPRICORNE	CAPRICORNE
14 h 30	CAPRICORNE	CAPRICORNE	CAPRICORNE	CAPRICORNE	CAPRICORNE	CAPRICORNE	CAPRICORNE	CAPRICORNE
15 h 00	CAPRICORNE	CAPRICORNE	CAPRICORNE	CAPRICORNE	CAPRICORNE	CAPRICORNE	CAPRICORNE	CAPRICORNE
15 h 30	CAPRICORNE	CAPRICORNE	CAPRICORNE	CAPRICORNE	CAPRICORNE	CAPRICORNE	CAPRICORNE	CAPRICORNE
16 h 00	CAPRICORNE	CAPRICORNE	CAPRICORNE	CAPRICORNE	VERSEAU	VERSEAU	VERSEAU	VERSEAU
16 h 30	VERSEAU	VERSEAU	VERSEAU	VERSEAU	VERSEAU	VERSEAU	VERSEAU	VERSEAU
17 h 00	VERSEAU	VERSEAU	VERSEAU	VERSEAU	VERSEAU	VERSEAU	VERSEAU	VERSEAU
17 h 30	VERSEAU	VERSEAU	VERSEAU	VERSEAU	VERSEAU	VERSEAU	VERSEAU	VERSEAU
18 h 00	VERSEAU	VERSEAU	VERSEAU	POISSONS	POISSONS	POISSONS	POISSONS	POISSONS
18 h 30	POISSONS	POISSONS	POISSONS	POISSONS	POISSONS	POISSONS	POISSONS	POISSONS
19 h 00	POISSONS	POISSONS	POISSONS	POISSONS	POISSONS	POISSONS	POISSONS	POISSONS
19 h 30	POISSONS	POISSONS	POISSONS	POISSONS	POISSONS	POISSONS	POISSONS	BELIER
20 h 00	BELIER	BELIER	BELIER	BELIER	BELIER	BELIER	BELIER	BELIER
20 h 30	BELIER	BELIER	BELIER	BELIER	BELIER	BELIER	BELIER	BELIER
21 h 00	BELIER	BELIER	BELIER	BELIER	BELIER	BELIER	BELIER	BELIER
21 h 30	BELIER	BELIER	BELIER	BELIER	TAUREAU	TAUREAU	TAUREAU	TAUREAU
22 h 00	TAUREAU	TAUREAU	TAUREAU	TAUREAU	TAUREAU	TAUREAU	TAUREAU	TAUREAU
22 h 30	TAUREAU	TAUREAU	TAUREAU	TAUREAU	TAUREAU	TAUREAU	TAUREAU	TAUREAU
23 h 00	TAUREAU	TAUREAU	TAUREAU	TAUREAU	TAUREAU	TAUREAU	TAUREAU	TAUREAU
23 h 30	TAUREAU	TAUREAU	GEMEAUX	GEMEAUX	GEMEAUX	GEMEAUX	GEMEAUX	GEMEAUX

DECOUVREZ VOTRE ASCENDANT SANS AUCUN CALCUL : TABLE N° 1

VOTRE HEURE DE NAISSANCE	30 AOUT	31 AOUT	1 SEPTEMBRE	2 SEPTEMBRE	3 SEPTEMBRE	4 SEPTEMBRE	5 SEPTEMBRE	6 SEPTEMBRE
0 h 00	GEMEAUX	GEMEAUX	GEMEAUX	GEMEAUX	GEMEAUX	GEMEAUX	GEMEAUX	GEMEAUX
0 h 30	GEMEAUX	GEMEAUX	GEMEAUX	GEMEAUX	GEMEAUX	GEMEAUX	GEMEAUX	GEMEAUX
1 h 00	GEMEAUX	GEMEAUX	GEMEAUX	GEMEAUX	CANCER	CANCER	CANCER	CANCER
1 h 30	CANCER	CANCER	CANCER	CANCER	CANCER	CANCER	CANCER	CANCER
2 h 00	CANCER	CANCER	CANCER	CANCER	CANCER	CANCER	CANCER	CANCER
2 h 30	CANCER	CANCER	CANCER	CANCER	CANCER	CANCER	CANCER	CANCER
3 h 00	CANCER	CANCER	CANCER	CANCER	CANCER	CANCER	LION	LION
3 h 30	LION	LION	LION	LION	LION	LION	LION	LION
4 h 00	LION	LION	LION	LION	LION	LION	LION	LION
4 h 30	LION	LION	LION	LION	LION	LION	LION	LION
5 h 00	LION	LION	LION	LION	LION	LION	LION	VIERGE
5 h 30	VIERGE	VIERGE	VIERGE	VIERGE	VIERGE	VIERGE	VIERGE	VIERGE
6 h 00	VIERGE	VIERGE	VIERGE	VIERGE	VIERGE	VIERGE	VIERGE	VIERGE
6 h 30	VIERGE	VIERGE	VIERGE	VIERGE	VIERGE	VIERGE	VIERGE	VIERGE
7 h 00	VIERGE	VIERGE	VIERGE	VIERGE	VIERGE	VIERGE	VIERGE	BALANCE
7 h 30	BALANCE	BALANCE	BALANCE	BALANCE	BALANCE	BALANCE	BALANCE	BALANCE
8 h 00	BALANCE	BALANCE	BALANCE	BALANCE	BALANCE	BALANCE	BALANCE	BALANCE
8 h 30	BALANCE	BALANCE	BALANCE	BALANCE	BALANCE	BALANCE	BALANCE	BALANCE
9 h 00	BALANCE	BALANCE	BALANCE	BALANCE	BALANCE	BALANCE	SCORPION	SCORPION
9 h 30	SCORPION	SCORPION	SCORPION	SCORPION	SCORPION	SCORPION	SCORPION	SCORPION
10 h 00	SCORPION	SCORPION	SCORPION	SCORPION	SCORPION	SCORPION	SCORPION	SCORPION
10 h 30	SCORPION	SCORPION	SCORPION	SCORPION	SCORPION	SCORPION	SCORPION	SCORPION
11 h 00	SCORPION	SCORPION	SCORPION	SCORPION	SCORPION	SCORPION	SCORPION	SAGITTAIRE
11 h 30	SAGITTAIRE	SAGITTAIRE	SAGITTAIRE	SAGITTAIRE	SAGITTAIRE	SAGITTAIRE	SAGITTAIRE	SAGITTAIRE
MIDI	SAGITTAIRE	SAGITTAIRE	SAGITTAIRE	SAGITTAIRE	SAGITTAIRE	SAGITTAIRE	SAGITTAIRE	SAGITTAIRE
12 h 30	SAGITTAIRE	SAGITTAIRE	SAGITTAIRE	SAGITTAIRE	SAGITTAIRE	SAGITTAIRE	SAGITTAIRE	SAGITTAIRE
13 h 00	SAGITTAIRE	SAGITTAIRE	SAGITTAIRE	SAGITTAIRE	SAGITTAIRE	SAGITTAIRE	SAGITTAIRE	SAGITTAIRE
13 h 30	SAGITTAIRE	SAGITTAIRE	CAPRICORNE	CAPRICORNE	CAPRICORNE	CAPRICORNE	CAPRICORNE	CAPRICORNE
14 h 00	CAPRICORNE	CAPRICORNE	CAPRICORNE	CAPRICORNE	CAPRICORNE	CAPRICORNE	CAPRICORNE	CAPRICORNE
14 h 30	CAPRICORNE	CAPRICORNE	CAPRICORNE	CAPRICORNE	CAPRICORNE	CAPRICORNE	CAPRICORNE	CAPRICORNE
15 h 00	CAPRICORNE	CAPRICORNE	CAPRICORNE	CAPRICORNE	CAPRICORNE	CAPRICORNE	CAPRICORNE	CAPRICORNE
15 h 30	CAPRICORNE	CAPRICORNE	CAPRICORNE	CAPRICORNE	VERSEAU	VERSEAU	VERSEAU	VERSEAU
16 h 00	VERSEAU	VERSEAU	VERSEAU	VERSEAU	VERSEAU	VERSEAU	VERSEAU	VERSEAU
16 h 30	VERSEAU	VERSEAU	VERSEAU	VERSEAU	VERSEAU	VERSEAU	VERSEAU	VERSEAU
17 h 00	VERSEAU	VERSEAU	VERSEAU	VERSEAU	VERSEAU	VERSEAU	VERSEAU	VERSEAU
17 h 30	VERSEAU	VERSEAU	VERSEAU	POISSONS	POISSONS	POISSONS	POISSONS	POISSONS
18 h 00	POISSONS	POISSONS	POISSONS	POISSONS	POISSONS	POISSONS	POISSONS	POISSONS
18 h 30	POISSONS	POISSONS	POISSONS	POISSONS	POISSONS	POISSONS	POISSONS	POISSONS
19 h 00	POISSONS	POISSONS	POISSONS	POISSONS	POISSONS	POISSONS	POISSONS	BELIER
19 h 30	BELIER	BELIER	BELIER	BELIER	BELIER	BELIER	BELIER	BELIER
20 h 00	BELIER	BELIER	BELIER	BELIER	BELIER	BELIER	BELIER	BELIER
20 h 30	BELIER	BELIER	BELIER	BELIER	BELIER	BELIER	BELIER	BELIER
21 h 00	BELIER	BELIER	BELIER	TAUREAU	TAUREAU	TAUREAU	TAUREAU	TAUREAU
21 h 30	TAUREAU	TAUREAU	TAUREAU	TAUREAU	TAUREAU	TAUREAU	TAUREAU	TAUREAU
22 h 00	TAUREAU	TAUREAU	TAUREAU	TAUREAU	TAUREAU	TAUREAU	TAUREAU	TAUREAU
22 h 30	TAUREAU	TAUREAU	TAUREAU	TAUREAU	TAUREAU	TAUREAU	TAUREAU	TAUREAU
23 h 00	TAUREAU	TAUREAU	GEMEAUX	GEMEAUX	GEMEAUX	GEMEAUX	GEMEAUX	GEMEAUX
23 h 30	GEMEAUX	GEMEAUX	GEMEAUX	GEMEAUX	GEMEAUX	GEMEAUX	GEMEAUX	GEMEAUX

DECOUVREZ VOTRE ASCENDANT SANS AUCUN CALCUL : TABLE N^0 1

VOTRE HEURE DE NAISSANCE	7 SEPTEMBRE	8 SEPTEMBRE	9 SEPTEMBRE	10 SEPTEMBRE	11 SEPTEMBRE	12 SEPTEMBRE	13 SEPTEMBRE	14 SEPEMBRE	15 SEPTEMBRE
0 h 00	GEMEAUX	GEMEAUX	GEMEAUX	GEMEAUX	GEMEAUX	GEMEAUX	GEMEAUX	GEMEAUX	GEMEAUX
0 h 30	GEMEAUX	GEMEAUX	GEMEAUX	CANCER	CANCER	CANCER	CANCER	CANCER	CANCER
1 h 00	CANCER	CANCER	CANCER	CANCER	CANCER	CANCER	CANCER	CANCER	CANCER
1 h 30	CANCER	CANCER	CANCER	CANCER	CANCER	CANCER	CANCER	CANCER	CANCER
2 h 00	CANCER	CANCER	CANCER	CANCER	CANCER	CANCER	CANCER	CANCER	CANCER
2 h 30	CANCER	CANCER	CANCER	CANCER	CANCER	CANCER	LION	LION	LION
3 h 00	LION	LION	LION	LION	LION	LION	LION	LION	LION
3 h 30	LION	LION	LION	LION	LION	LION	LION	LION	LION
4 h 00	LION	LION	LION	LION	LION	LION	LION	LION	LION
4 h 30	LION	LION	LION	LION	LION	LION	VIERGE	VIERGE	VIERGE
5 h 00	VIERGE	VIERGE	VIERGE	VIERGE	VIERGE	VIERGE	VIERGE	VIERGE	VIERGE
5 h 30	VIERGE	VIERGE	VIERGE	VIERGE	VIERGE	VIERGE	VIERGE	VIERGE	VIERGE
6 h 00	VIERGE	VIERGE	VIERGE	VIERGE	VIERGE	VIERGE	VIERGE	VIERGE	VIERGE
6 h 30	VIERGE	VIERGE	VIERGE	VIERGE	VIERGE	VIERGE	BALANCE	BALANCE	BALANCE
7 h 00	BALANCE	BALANCE	BALANCE	BALANCE	BALANCE	BALANCE	BALANCE	BALANCE	BALANCE
7 h 30	BALANCE	BALANCE	BALANCE	BALANCE	BALANCE	BALANCE	BALANCE	BALANCE	BALANCE
8 h 00	BALANCE	BALANCE	BALANCE	BALANCE	BALANCE	BALANCE	BALANCE	BALANCE	BALANCE
8 h 30	BALANCE	BALANCE	BALANCE	BALANCE	BALANCE	SCORPION	SCORPION	SCORPION	SCORPION
9 h 00	SCORPION	SCORPION	SCORPION	SCORPION	SCORPION	SCORPION	SCORPION	SCORPION	SCORPION
9 h 30	SCORPION	SCORPION	SCORPION	SCORPION	SCORPION	SCORPION	SCORPION	SCORPION	SCORPION
10 h 00	SCORPION	SCORPION	SCORPION	SCORPION	SCORPION	SCORPION	SCORPION	SCORPION	SCORPION
10 h 30	SCORPION	SCORPION	SCORPION	SCORPION	SCORPION	SCORPION	SAGITTAIRE	SAGITTAIRE	SAGITTAIRE
11 h 00	SAGITTAIRE	SAGITTAIRE	SAGITTAIRE	SAGITTAIRE	SAGITTAIRE	SAGITTAIRE	SAGITTAIRE	SAGITTAIRE	SAGITTAIRE
11 h 30	SAGITTAIRE	SAGITTAIRE	SAGITTAIRE	SAGITTAIRE	SAGITTAIRE	SAGITTAIRE	SAGITTAIRE	SAGITTAIRE	SAGITTAIRE
MIDI	SAGITTAIRE	SAGITTAIRE	SAGITTAIRE	SAGITTAIRE	SAGITTAIRE	SAGITTAIRE	SAGITTAIRE	SAGITTAIRE	SAGITTAIRE
12 h 30	SAGITTAIRE	SAGITTAIRE	SAGITTAIRE	SAGITTAIRE	SAGITTAIRE	SAGITTAIRE	SAGITTAIRE	SAGITTAIRE	SAGITTAIRE
13 h 00	SAGITTAIRE	SAGITTAIRE	CAPRICORNE	CAPRICORNE	CAPRICORNE	CAPRICORNE	CAPRICORNE	CAPRICORNE	CAPRICORNE
13 h 30	CAPRICORNE	CAPRICORNE	CAPRICORNE	CAPRICORNE	CAPRICORNE	CAPRICORNE	CAPRICORNE	CAPRICORNE	CAPRICORNE
14 h 00	CAPRICORNE	CAPRICORNE	CAPRICORNE	CAPRICORNE	CAPRICORNE	CAPRICORNE	CAPRICORNE	CAPRICORNE	CAPRICORNE
14 h 30	CAPRICORNE	CAPRICORNE	CAPRICORNE	CAPRICORNE	CAPRICORNE	CAPRICORNE	CAPRICORNE	CAPRICORNE	CAPRICORNE
15 h 00	CAPRICORNE	CAPRICORNE	CAPRICORNE	VERSEAU	VERSEAU	VERSEAU	VERSEAU	VERSEAU	VERSEAU
15 h 30	VERSEAU	VERSEAU	VERSEAU	VERSEAU	VERSEAU	VERSEAU	VERSEAU	VERSEAU	VERSEAU
16 h 00	VERSEAU	VERSEAU	VERSEAU	VERSEAU	VERSEAU	VERSEAU	VERSEAU	VERSEAU	VERSEAU
16 h 30	VERSEAU	VERSEAU	VERSEAU	VERSEAU	VERSEAU	VERSEAU	VERSEAU	VERSEAU	VERSEAU
17 h 00	VERSEAU	VERSEAU	POISSONS	POISSONS	POISSONS	POISSONS	POISSONS	POISSONS	POISSONS
17 h 30	POISSONS	POISSONS	POISSONS	POISSONS	POISSONS	POISSONS	POISSONS	POISSONS	POISSONS
18 h 00	POISSONS	POISSONS	POISSONS	POISSONS	POISSONS	POISSONS	POISSONS	POISSONS	POISSONS
18 h 30	POISSONS	POISSONS	POISSONS	POISSONS	POISSONS	POISSONS	BELIER	BELIER	BELIER
19 h 00	BELIER	BELIER	BELIER	BELIER	BELIER	BELIER	BELIER	BELIER	BELIER
19 h 30	BELIER	BELIER	BELIER	BELIER	BELIER	BELIER	BELIER	BELIER	BELIER
20 h 00	BELIER	BELIER	BELIER	BELIER	BELIER	BELIER	BELIER	BELIER	BELIER
20 h 30	BELIER	BELIER	BELIER	TAUREAU	TAUREAU	TAUREAU	TAUREAU	TAUREAU	TAUREAU
21 h 00	TAUREAU	TAUREAU	TAUREAU	TAUREAU	TAUREAU	TAUREAU	TAUREAU	TAUREAU	TAUREAU
21 h 30	TAUREAU	TAUREAU	TAUREAU	TAUREAU	TAUREAU	TAUREAU	TAUREAU	TAUREAU	TAUREAU
22 h 00	TAUREAU	TAUREAU	TAUREAU	TAUREAU	TAUREAU	TAUREAU	TAUREAU	TAUREAU	TAUREAU
22 h 30	TAUREAU	TAUREAU	GEMEAUX	GEMEAUX	GEMEAUX	GEMEAUX	GEMEAUX	GEMEAUX	GEMEAUX
23 h 00	GEMEAUX	GEMEAUX	GEMEAUX	GEMEAUX	GEMEAUX	GEMEAUX	GEMEAUX	GEMEAUX	GEMEAUX
23 h 30	GEMEAUX	GEMEAUX	GEMEAUX	GEMEAUX	GEMEAUX	GEMEAUX	GEMEAUX	GEMEAUX	GEMEAUX

DECOUVREZ VOTRE ASCENDANT SANS AUCUN CALCUL : TABLE N° 1

VOTRE HEURE DE NAISSANCE	16 SEPTEMBRE	17 SEPTEMBRE	18 SEPTEMBRE	19 SEPTEMBRE	20 SEPTEMBRE	21 SEPTEMBRE	22 SEPTEMBRE	23 SEPTEMBRE	24 SEPTEMBRE
0 h 00	GEMEAUX	GEMEAUX	CANCER	CANCER	CANCER	CANCER	CANCER	CANCER	CANCER
0 h 30	CANCER	CANCER	CANCER	CANCER	CANCER	CANCER	CANCER	CANCER	CANCER
1 h 00	CANCER	CANCER	CANCER	CANCER	CANCER	CANCER	CANCER	CANCER	CANCER
1 h 30	CANCER	CANCER	CANCER	CANCER	CANCER	CANCER	CANCER	CANCER	CANCER
2 h 00	CANCER	CANCER	CANCER	CANCER	LION	LION	LION	LION	LION
2 h 30	LION	LION	LION	LION	LION	LION	LION	LION	LION
3 h 00	LION	LION	LION	LION	LION	LION	LION	LION	LION
3 h 30	LION	LION	LION	LION	LION	LION	LION	LION	LION
4 h 00	LION	LION	LION	LION	LION	VIERGE	VIERGE	VIERGE	VIERGE
4 h 30	VIERGE	VIERGE	VIERGE	VIERGE	VIERGE	VIERGE	VIERGE	VIERGE	VIERGE
5 h 00	VIERGE	VIERGE	VIERGE	VIERGE	VIERGE	VIERGE	VIERGE	VIERGE	VIERGE
5 h 30	VIERGE	VIERGE	VIERGE	VIERGE	VIERGE	VIERGE	VIERGE	VIERGE	VIERGE
6 h 00	VIERGE	VIERGE	VIERGE	VIERGE	VIERGE	BALANCE	BALANCE	BALANCE	BALANCE
6 h 30	BALANCE	BALANCE	BALANCE	BALANCE	BALANCE	BALANCE	BALANCE	BALANCE	BALANCE
7 h 00	BALANCE	BALANCE	BALANCE	BALANCE	BALANCE	BALANCE	BALANCE	BALANCE	BALANCE
7 h 30	BALANCE	BALANCE	BALANCE	BALANCE	BALANCE	BALANCE	BALANCE	BALANCE	BALANCE
8 h 00	BALANCE	BALANCE	BALANCE	BALANCE	SCORPION	SCORPION	SCORPION	SCORPION	SCORPION
8 h 30	SCORPION	SCORPION	SCORPION	SCORPION	SCORPION	SCORPION	SCORPION	SCORPION	SCORPION
9 h 00	SCORPION	SCORPION	SCORPION	SCORPION	SCORPION	SCORPION	SCORPION	SCORPION	SCORPION
9 h 30	SCORPION	SCORPION	SCORPION	SCORPION	SCORPION	SCORPION	SCORPION	SCORPION	SCORPION
10 h 00	SCORPION	SCORPION	SCORPION	SCORPION	SCORPION	SAGITTAIRE	SAGITTAIRE	SAGITTAIRE	SAGITTAIRE
10 h 30	SAGITTAIRE	SAGITTAIRE	SAGITTAIRE	SAGITTAIRE	SAGITTAIRE	SAGITTAIRE	SAGITTAIRE	SAGITTAIRE	SAGITTAIRE
11 h 00	SAGITTAIRE	SAGITTAIRE	SAGITTAIRE	SAGITTAIRE	SAGITTAIRE	SAGITTAIRE	SAGITTAIRE	SAGITTAIRE	SAGITTAIRE
11 h 30	SAGITTAIRE	SAGITTAIRE	SAGITTAIRE	SAGITTAIRE	SAGITTAIRE	SAGITTAIRE	SAGITTAIRE	SAGITTAIRE	SAGITTAIRE
MIDI	SAGITTAIRE	SAGITTAIRE	SAGITTAIRE	SAGITTAIRE	SAGITTAIRE	SAGITTAIRE	SAGITTAIRE	SAGITTAIRE	CAPRICORNE
12 h 30	CAPRICORNE	CAPRICORNE	CAPRICORNE	CAPRICORNE	CAPRICORNE	CAPRICORNE	CAPRICORNE	CAPRICORNE	CAPRICORNE
13 h 00	CAPRICORNE	CAPRICORNE	CAPRICORNE	CAPRICORNE	CAPRICORNE	CAPRICORNE	CAPRICORNE	CAPRICORNE	CAPRICORNE
13 h 30	CAPRICORNE	CAPRICORNE	CAPRICORNE	CAPRICORNE	CAPRICORNE	CAPRICORNE	CAPRICORNE	CAPRICORNE	CAPRICORNE
14 h 00	CAPRICORNE	CAPRICORNE	CAPRICORNE	CAPRICORNE	CAPRICORNE	CAPRICORNE	CAPRICORNE	CAPRICORNE	CAPRICORNE
14 h 30	CAPRICORNE	CAPRICORNE	VERSEAU	VERSEAU	VERSEAU	VERSEAU	VERSEAU	VERSEAU	VERSEAU
15 h 00	VERSEAU	VERSEAU	VERSEAU	VERSEAU	VERSEAU	VERSEAU	VERSEAU	VERSEAU	VERSEAU
15 h 30	VERSEAU	VERSEAU	VERSEAU	VERSEAU	VERSEAU	VERSEAU	VERSEAU	VERSEAU	VERSEAU
16 h 00	VERSEAU	VERSEAU	VERSEAU	VERSEAU	VERSEAU	VERSEAU	VERSEAU	VERSEAU	VERSEAU
16 h 30	VERSEAU	POISSONS	POISSONS	POISSONS	POISSONS	POISSONS	POISSONS	POISSONS	POISSONS
17 h 00	POISSONS	POISSONS	POISSONS	POISSONS	POISSONS	POISSONS	POISSONS	POISSONS	POISSONS
17 h 30	POISSONS	POISSONS	POISSONS	POISSONS	POISSONS	POISSONS	POISSONS	POISSONS	POISSONS
18 h 00	POISSONS	POISSONS	POISSONS	POISSONS	POISSONS	BELIER	BELIER	BELIER	BELIER
18 h 30	BELIER	BELIER	BELIER	BELIER	BELIER	BELIER	BELIER	BELIER	BELIER
19 h 00	BELIER	BELIER	BELIER	BELIER	BELIER	BELIER	BELIER	BELIER	BELIER
19 h 30	BELIER	BELIER	BELIER	BELIER	BELIER	BELIER	BELIER	BELIER	BELIER
20 h 00	BELIER	TAUREAU	TAUREAU	TAUREAU	TAUREAU	TAUREAU	TAUREAU	TAUREAU	TAUREAU
20 h 30	TAUREAU	TAUREAU	TAUREAU	TAUREAU	TAUREAU	TAUREAU	TAUREAU	TAUREAU	TAUREAU
21 h 00	TAUREAU	TAUREAU	TAUREAU	TAUREAU	TAUREAU	TAUREAU	TAUREAU	TAUREAU	TAUREAU
21 h 30	TAUREAU	TAUREAU	TAUREAU	TAUREAU	TAUREAU	TAUREAU	TAUREAU	TAUREAU	GEMEAUX
22 h 00	GEMEAUX	GEMEAUX	GEMEAUX	GEMEAUX	GEMEAUX	GEMEAUX	GEMEAUX	GEMEAUX	GEMEAUX
22 h 30	GEMEAUX	GEMEAUX	GEMEAUX	GEMEAUX	GEMEAUX	GEMEAUX	GEMEAUX	GEMEAUX	GEMEAUX
23 h 00	GEMEAUX	GEMEAUX	GEMEAUX	GEMEAUX	GEMEAUX	GEMEAUX	GEMEAUX	GEMEAUX	GEMEAUX
23 h 30	GEMEAUX	GEMEAUX	GEMEAUX	GEMEAUX	GEMEAUX	GEMEAUX	GEMEAUX	GEMEAUX	GEMEAUX

DECOUVREZ VOTRE ASCENDANT SANS AUCUN CALCUL : TABLE N° 2

VOTRE HEURE DE NAISSANCE	22 AOUT	23 AOUT	24 AOUT	25 AOUT	26 AOUT	27 AOUT	28 AOUT	29 AOUT
0 h 00	GEMEAUX	GEMEAUX	GEMEAUX	GEMEAUX	GEMEAUX	GEMEAUX	GEMEAUX	GEMEAUX
0 h 30	GEMEAUX	GEMEAUX	GEMEAUX	GEMEAUX	GEMEAUX	GEMEAUX	GEMEAUX	GEMEAUX
1 h 00	GEMEAUX	CANCER	CANCER	CANCER	CANCER	CANCER	CANCER	CANCER
1 h 30	CANCER	CANCER	CANCER	CANCER	CANCER	CANCER	CANCER	CANCER
2 h 00	CANCER	CANCER	CANCER	CANCER	CANCER	CANCER	CANCER	CANCER
2 h 30	CANCER	CANCER	CANCER	CANCER	CANCER	CANCER	CANCER	CANCER
3 h 00	CANCER	CANCER	CANCER	CANCER	CANCER	LION	LION	LION
3 h 30	LION	LION	LION	LION	LION	LION	LION	LION
4 h 00	LION	LION	LION	LION	LION	LION	LION	LION
4 h 30	LION	LION	LION	LION	LION	LION	LION	LION
5 h 00	LION	LION	LION	LION	LION	LION	LION	LION
5 h 30	LION	LION	VIERGE	VIERGE	VIERGE	VIERGE	VIERGE	VIERGE
6 h 00	VIERGE	VIERGE	VIERGE	VIERGE	VIERGE	VIERGE	VIERGE	VIERGE
6 h 30	VIERGE	VIERGE	VIERGE	VIERGE	VIERGE	VIERGE	VIERGE	VIERGE
7 h 00	VIERGE	VIERGE	VIERGE	VIERGE	VIERGE	VIERGE	VIERGE	VIERGE
7 h 30	VIERGE	VIERGE	VIERGE	VIERGE	VIERGE	VIERGE	VIERGE	BALANCE
8 h 00	BALANCE	BALANCE	BALANCE	BALANCE	BALANCE	BALANCE	BALANCE	BALANCE
8 h 30	BALANCE	BALANCE	BALANCE	BALANCE	BALANCE	BALANCE	BALANCE	BALANCE
9 h 00	BALANCE	BALANCE	BALANCE	BALANCE	BALANCE	BALANCE	BALANCE	BALANCE
9 h 30	BALANCE	BALANCE	BALANCE	BALANCE	BALANCE	BALANCE	BALANCE	BALANCE
10 h 00	BALANCE	BALANCE	BALANCE	BALANCE	SCORPION	SCORPION	SCORPION	SCORPION
10 h 30	SCORPION	SCORPION	SCORPION	SCORPION	SCORPION	SCORPION	SCORPION	SCORPION
11 h 00	SCORPION	SCORPION	SCORPION	SCORPION	SCORPION	SCORPION	SCORPION	SCORPION
11 h 30	SCORPION	SCORPION	SCORPION	SCORPION	SCORPION	SCORPION	SCORPION	SCORPION
MIDI	SCORPION	SCORPION	SCORPION	SCORPION	SCORPION	SCORPION	SCORPION	SCORPION
12 h 30	SCORPION	SAGITTAIRE	SAGITTAIRE	SAGITTAIRE	SAGITTAIRE	SAGITTAIRE	SAGITTAIRE	SAGITTAIRE
13 h 00	SAGITTAIRE	SAGITTAIRE	SAGITTAIRE	SAGITTAIRE	SAGITTAIRE	SAGITTAIRE	SAGITTAIRE	SAGITTAIRE
13 h 30	SAGITTAIRE	SAGITTAIRE	SAGITTAIRE	SAGITTAIRE	SAGITTAIRE	SAGITTAIRE	SAGITTAIRE	SAGITTAIRE
14 h 00	SAGITTAIRE	SAGITTAIRE	SAGITTAIRE	SAGITTAIRE	SAGITTAIRE	SAGITTAIRE	SAGITTAIRE	SAGITTAIRE
14 h 30	SAGITTAIRE	SAGITTAIRE	SAGITTAIRE	SAGITTAIRE	SAGITTAIRE	SAGITTAIRE	CAPRICORNE	CAPRICORNE
15 h 00	CAPRICORNE	CAPRICORNE	CAPRICORNE	CAPRICORNE	CAPRICORNE	CAPRICORNE	CAPRICORNE	CAPRICORNE
15 h 30	CAPRICORNE	CAPRICORNE	CAPRICORNE	CAPRICORNE	CAPRICORNE	CAPRICORNE	CAPRICORNE	CAPRICORNE
16 h 00	CAPRICORNE	CAPRICORNE	CAPRICORNE	CAPRICORNE	CAPRICORNE	CAPRICORNE	CAPRICORNE	CAPRICORNE
16 h 30	CAPRICORNE	CAPRICORNE	CAPRICORNE	CAPRICORNE	CAPRICORNE	CAPRICORNE	VERSEAU	VERSEAU
17 h 00	VERSEAU	VERSEAU	VERSEAU	VERSEAU	VERSEAU	VERSEAU	VERSEAU	VERSEAU
17 h 30	VERSEAU	VERSEAU	VERSEAU	VERSEAU	VERSEAU	VERSEAU	VERSEAU	VERSEAU
18 h 00	VERSEAU	VERSEAU	VERSEAU	VERSEAU	VERSEAU	VERSEAU	VERSEAU	VERSEAU
18 h 30	POISSONS	POISSONS	POISSONS	POISSONS	POISSONS	POISSONS	POISSONS	POISSONS
19 h 00	POISSONS	POISSONS	POISSONS	POISSONS	POISSONS	POISSONS	POISSONS	POISSONS
19 h 30	POISSONS	POISSONS	POISSONS	POISSONS	POISSONS	POISSONS	POISSONS	BELIER
20 h 00	BELIER	BELIER	BELIER	BELIER	BELIER	BELIER	BELIER	BELIER
20 h 30	BELIER	BELIER	BELIER	BELIER	BELIER	BELIER	BELIER	BELIER
21 h 00	BELIER	BELIER	BELIER	BELIER	BELIER	BELIER	TAUREAU	TAUREAU
21 h 30	TAUREAU	TAUREAU	TAUREAU	TAUREAU	TAUREAU	TAUREAU	TAUREAU	TAUREAU
22 h 00	TAUREAU	TAUREAU	TAUREAU	TAUREAU	TAUREAU	TAUREAU	TAUREAU	TAUREAU
22 h 30	TAUREAU	TAUREAU	TAUREAU	TAUREAU	TAUREAU	TAUREAU	TAUREAU	TAUREAU
23 h 00	TAUREAU	GEMEAUX	GEMEAUX	GEMEAUX	GEMEAUX	GEMEAUX	GEMEAUX	GEMEAUX
23 h 30	GEMEAUX	GEMEAUX	GEMEAUX	GEMEAUX	GEMEAUX	GEMEAUX	GEMEAUX	GEMEAUX

DECOUVREZ VOTRE ASCENDANT SANS AUCUN CALCUL : TABLE N⁰ 2

VOTRE HEURE DE NAISSANCE	30 AOUT	31 AOUT	1 SEPTEMBRE	2 SEPTEMBRE	3 SEPTEMBRE	4 SEPTEMBRE	5 SEPTEMBRE	6 SEPTEMBRE
0 h 00	GEMEAUX	GEMEAUX	GEMEAUX	GEMEAUX	GEMEAUX	GEMEAUX	GEMEAUX	GEMEAUX
0 h 30	CANCER	CANCER	CANCER	CANCER	CANCER	CANCER	CANCER	CANCER
1 h 00	CANCER	CANCER	CANCER	CANCER	CANCER	CANCER	CANCER	CANCER
1 h 30	CANCER	CANCER	CANCER	CANCER	CANCER	CANCER	CANCER	CANCER
2 h 00	CANCER	CANCER	CANCER	CANCER	CANCER	CANCER	CANCER	CANCER
2 h 30	CANCER	CANCER	CANCER	CANCER	CANCER	LION	LION	LION
3 h 00	LION	LION	LION	LION	LION	LION	LION	LION
3 h 30	LION	LION	LION	LION	LION	LION	LION	LION
4 h 00	LION	LION	LION	LION	LION	LION	LION	LION
4 h 30	LION	LION	LION	LION	LION	LION	LION	LION
5 h 00	LION	LION	VIERGE	VIERGE	VIERGE	VIERGE	VIERGE	VIERGE
5 h 30	VIERGE	VIERGE	VIERGE	VIERGE	VIERGE	VIERGE	VIERGE	VIERGE
6 h 00	VIERGE	VIERGE	VIERGE	VIERGE	VIERGE	VIERGE	VIERGE	VIERGE
6 h 30	VIERGE	VIERGE	VIERGE	VIERGE	VIERGE	VIERGE	VIERGE	VIERGE
7 h 00	VIERGE	VIERGE	VIERGE	VIERGE	VIERGE	VIERGE	VIERGE	BALANCE
7 h 30	BALANCE	BALANCE	BALANCE	BALANCE	BALANCE	BALANCE	BALANCE	BALANCE
8 h 00	BALANCE	BALANCE	BALANCE	BALANCE	BALANCE	BALANCE	BALANCE	BALANCE
8 h 30	BALANCE	BALANCE	BALANCE	BALANCE	BALANCE	BALANCE	BALANCE	BALANCE
9 h 00	BALANCE	BALANCE	BALANCE	BALANCE	BALANCE	BALANCE	BALANCE	BALANCE
9 h 30	BALANCE	BALANCE	BALANCE	SCORPION	SCORPION	SCORPION	SCORPION	SCORPION
10 h 00	SCORPION	SCORPION	SCORPION	SCORPION	SCORPION	SCORPION	SCORPION	SCORPION
10 h 30	SCORPION	SCORPION	SCORPION	SCORPION	SCORPION	SCORPION	SCORPION	SCORPION
11 h 00	SCORPION	SCORPION	SCORPION	SCORPION	SCORPION	SCORPION	SCORPION	SCORPION
11 h 30	SCORPION	SCORPION	SCORPION	SCORPION	SCORPION	SCORPION	SCORPION	SCORPION
MIDI	SCORPION	SAGITTAIRE	SAGITTAIRE	SAGITTAIRE	SAGITTAIRE	SAGITTAIRE	SAGITTAIRE	SAGITTAIRE
12 h 30	SAGITTAIRE	SAGITTAIRE	SAGITTAIRE	SAGITTAIRE	SAGITTAIRE	SAGITTAIRE	SAGITTAIRE	SAGITTAIRE
13 h 00	SAGITTAIRE	SAGITTAIRE	SAGITTAIRE	SAGITTAIRE	SAGITTAIRE	SAGITTAIRE	SAGITTAIRE	SAGITTAIRE
13 h 30	SAGITTAIRE	SAGITTAIRE	SAGITTAIRE	SAGITTAIRE	SAGITTAIRE	SAGITTAIRE	SAGITTAIRE	SAGITTAIRE
14 h 00	SAGITTAIRE	SAGITTAIRE	SAGITTAIRE	SAGITTAIRE	SAGITTAIRE	CAPRICORNE	CAPRICORNE	CAPRICORNE
14 h 30	CAPRICORNE	CAPRICORNE	CAPRICORNE	CAPRICORNE	CAPRICORNE	CAPRICORNE	CAPRICORNE	CAPRICORNE
15 h 00	CAPRICORNE	CAPRICORNE	CAPRICORNE	CAPRICORNE	CAPRICORNE	CAPRICORNE	CAPRICORNE	CAPRICORNE
15 h 30	CAPRICORNE	CAPRICORNE	CAPRICORNE	CAPRICORNE	CAPRICORNE	CAPRICORNE	CAPRICORNE	CAPRICORNE
16 h 00	CAPRICORNE	CAPRICORNE	CAPRICORNE	CAPRICORNE	CAPRICORNE	VERSEAU	VERSEAU	VERSEAU
16 h 30	VERSEAU	VERSEAU	VERSEAU	VERSEAU	VERSEAU	VERSEAU	VERSEAU	VERSEAU
17 h 00	VERSEAU	VERSEAU	VERSEAU	VERSEAU	VERSEAU	VERSEAU	VERSEAU	VERSEAU
17 h 30	VERSEAU	VERSEAU	VERSEAU	VERSEAU	VERSEAU	VERSEAU	VERSEAU	POISSONS
18 h 00	POISSONS	POISSONS	POISSONS	POISSONS	POISSONS	POISSONS	POISSONS	POISSONS
18 h 30	POISSONS	POISSONS	POISSONS	POISSONS	POISSONS	POISSONS	POISSONS	POISSONS
19 h 00	POISSONS	POISSONS	POISSONS	POISSONS	POISSONS	POISSONS	POISSONS	BELIER
19 h 30	BELIER	BELIER	BELIER	BELIER	BELIER	BELIER	BELIER	BELIER
20 h 00	BELIER	BELIER	BELIER	BELIER	BELIER	BELIER	BELIER	BELIER
20 h 30	BELIER	BELIER	BELIER	BELIER	BELIER	BELIER	TAUREAU	TAUREAU
21 h 00	TAUREAU	TAUREAU	TAUREAU	TAUREAU	TAUREAU	TAUREAU	TAUREAU	TAUREAU
21 h 30	TAUREAU	TAUREAU	TAUREAU	TAUREAU	TAUREAU	TAUREAU	TAUREAU	TAUREAU
22 h 00	TAUREAU	TAUREAU	TAUREAU	TAUREAU	TAUREAU	TAUREAU	TAUREAU	TAUREAU
22 h 30	GEMEAUX	GEMEAUX	GEMEAUX	GEMEAUX	GEMEAUX	GEMEAUX	GEMEAUX	GEMEAUX
23 h 00	GEMEAUX	GEMEAUX	GEMEAUX	GEMEAUX	GEMEAUX	GEMEAUX	GEMEAUX	GEMEAUX
23 h 30	GEMEAUX	GEMEAUX	GEMEAUX	GEMEAUX	GEMEAUX	GEMEAUX	GEMEAUX	GEMEAUX

DECOUVREZ VOTRE ASCENDANT SANS AUCUN CALCUL : TABLE N° 2

VOTRE HEURE DE NAISSANCE	7 SEPTEMBRE	8 SEPTEMBRE	9 SEPTEMBRE	10 SEPTEMBRE	11 SEPTEMBRE	12 SEPTEMBRE	13 SEPTEMBRE	14 SEPTEMBRE	15 SEPTEMBRE
0 h 00	CANCER	CANCER	CANCER	CANCER	CANCER	CANCER	CANCER	CANCER	CANCER
0 h 30	CANCER	CANCER	CANCER	CANCER	CANCER	CANCER	CANCER	CANCER	CANCER
1 h 00	CANCER	CANCER	CANCER	CANCER	CANCER	CANCER	CANCER	CANCER	CANCER
1 h 30	CANCER	CANCER	CANCER	CANCER	CANCER	CANCER	CANCER	CANCER	CANCER
2 h 00	CANCER	CANCER	CANCER	CANCER	LION	LION	LION	LION	LION
2 h 30	LION	LION	LION	LION	LION	LION	LION	LION	LION
3 h 00	LION	LION	LION	LION	LION	LION	LION	LION	LION
3 h 30	LION	LION	LION	LION	LION	LION	LION	LION	LION
4 h 00	LION	LION	LION	LION	LION	LION	LION	LION	LION
4 h 30	LION	LION	VIERGE	VIERGE	VIERGE	VIERGE	VIERGE	VIERGE	VIERGE
5 h 00	VIERGE	VIERGE	VIERGE	VIERGE	VIERGE	VIERGE	VIERGE	VIERGE	VIERGE
5 h 30	VIERGE	VIERGE	VIERGE	VIERGE	VIERGE	VIERGE	VIERGE	VIERGE	VIERGE
6 h 00	VIERGE	VIERGE	VIERGE	VIERGE	VIERGE	VIERGE	VIERGE	VIERGE	VIERGE
6 h 30	VIERGE	VIERGE	VIERGE	VIERGE	VIERGE	VIERGE	BALANCE	BALANCE	BALANCE
7 h 00	BALANCE	BALANCE	BALANCE	BALANCE	BALANCE	BALANCE	BALANCE	BALANCE	BALANCE
7 h 30	BALANCE	BALANCE	BALANCE	BALANCE	BALANCE	BALANCE	BALANCE	BALANCE	BALANCE
8 h 00	BALANCE	BALANCE	BALANCE	BALANCE	BALANCE	BALANCE	BALANCE	BALANCE	BALANCE
8 h 30	BALANCE	BALANCE	BALANCE	BALANCE	BALANCE	BALANCE	BALANCE	BALANCE	BALANCE
9 h 00	BALANCE	BALANCE	BALANCE	SCORPION	SCORPION	SCORPION	SCORPION	SCORPION	SCORPION
9 h 30	SCORPION	SCORPION	SCORPION	SCORPION	SCORPION	SCORPION	SCORPION	SCORPION	SCORPION
10 h 00	SCORPION	SCORPION	SCORPION	SCORPION	SCORPION	SCORPION	SCORPION	SCORPION	SCORPION
10 h 30	SCORPION	SCORPION	SCORPION	SCORPION	SCORPION	SCORPION	SCORPION	SCORPION	SCORPION
11 h 00	SCORPION	SCORPION	SCORPION	SCORPION	SCORPION	SCORPION	SCORPION	SAGITTAIRE	SAGITTAIRE
11 h 30	SAGITTAIRE	SAGITTAIRE	SAGITTAIRE	SAGITTAIRE	SAGITTAIRE	SAGITTAIRE	SAGITTAIRE	SAGITTAIRE	SAGITTAIRE
MIDI	SAGITTAIRE	SAGITTAIRE	SAGITTAIRE	SAGITTAIRE	SAGITTAIRE	SAGITTAIRE	SAGITTAIRE	SAGITTAIRE	SAGITTAIRE
12 h 30	SAGITTAIRE	SAGITTAIRE	SAGITTAIRE	SAGITTAIRE	SAGITTAIRE	SAGITTAIRE	SAGITTAIRE	SAGITTAIRE	SAGITTAIRE
13 h 00	SAGITTAIRE	SAGITTAIRE	SAGITTAIRE	SAGITTAIRE	SAGITTAIRE	SAGITTAIRE	SAGITTAIRE	SAGITTAIRE	SAGITTAIRE
13 h 30	SAGITTAIRE	SAGITTAIRE	SAGITTAIRE	SAGITTAIRE	SAGITTAIRE	CAPRICORNE	CAPRICORNE	CAPRICORNE	CAPRICORNE
14 h 00	CAPRICORNE	CAPRICORNE	CAPRICORNE	CAPRICORNE	CAPRICORNE	CAPRICORNE	CAPRICORNE	CAPRICORNE	CAPRICORNE
14 h 30	CAPRICORNE	CAPRICORNE	CAPRICORNE	CAPRICORNE	CAPRICORNE	CAPRICORNE	CAPRICORNE	CAPRICORNE	CAPRICORNE
15 h 00	CAPRICORNE	CAPRICORNE	CAPRICORNE	CAPRICORNE	CAPRICORNE	CAPRICORNE	CAPRICORNE	CAPRICORNE	CAPRICORNE
15 h 30	CAPRICORNE	CAPRICORNE	CAPRICORNE	CAPRICORNE	CAPRICORNE	VERSEAU	VERSEAU	VERSEAU	VERSEAU
16 h 00	VERSEAU	VERSEAU	VERSEAU	VERSEAU	VERSEAU	VERSEAU	VERSEAU	VERSEAU	VERSEAU
16 h 30	VERSEAU	VERSEAU	VERSEAU	VERSEAU	VERSEAU	VERSEAU	VERSEAU	VERSEAU	VERSEAU
17 h 00	VERSEAU	VERSEAU	VERSEAU	VERSEAU	VERSEAU	VERSEAU	VERSEAU	POISSONS	POISSONS
17 h 30	POISSONS	POISSONS	POISSONS	POISSONS	POISSONS	POISSONS	POISSONS	POISSONS	POISSONS
18 h 00	POISSONS	POISSONS	POISSONS	POISSONS	POISSONS	POISSONS	POISSONS	POISSONS	POISSONS
18 h 30	POISSONS	POISSONS	POISSONS	POISSONS	POISSONS	POISSONS	BELIER	BELIER	BELIER
19 h 00	BELIER	BELIER	BELIER	BELIER	BELIER	BELIER	BELIER	BELIER	BELIER
19 h 30	BELIER	BELIER	BELIER	BELIER	BELIER	BELIER	BELIER	BELIER	BELIER
20 h 00	BELIER	BELIER	BELIER	BELIER	BELIER	TAUREAU	TAUREAU	TAUREAU	TAUREAU
20 h 30	TAUREAU	TAUREAU	TAUREAU	TAUREAU	TAUREAU	TAUREAU	TAUREAU	TAUREAU	TAUREAU
21 h 00	TAUREAU	TAUREAU	TAUREAU	TAUREAU	TAUREAU	TAUREAU	TAUREAU	TAUREAU	TAUREAU
21 h 30	TAUREAU	TAUREAU	TAUREAU	TAUREAU	TAUREAU	TAUREAU	TAUREAU	GEMEAUX	GEMEAUX
22 h 00	GEMEAUX	GEMEAUX	GEMEAUX	GEMEAUX	GEMEAUX	GEMEAUX	GEMEAUX	GEMEAUX	GEMEAUX
22 h 30	GEMEAUX	GEMEAUX	GEMEAUX	GEMEAUX	GEMEAUX	GEMEAUX	GEMEAUX	GEMEAUX	GEMEAUX
23 h 00	GEMEAUX	GEMEAUX	GEMEAUX	GEMEAUX	GEMEAUX	GEMEAUX	GEMEAUX	GEMEAUX	GEMEAUX
23 h 30	GEMEAUX	GEMEAUX	GEMEAUX	GEMEAUX	GEMEAUX	GEMEAUX	GEMEAUX	GEMEAUX	CANCER

DECOUVREZ VOTRE ASCENDANT SANS AUCUN CALCUL : TABLE N⁰ 2

VOTRE HEURE DE NAISSANCE	16 SEPTEMBRE	17 SEPTEMBRE	18 SEPTEMBRE	19 SEPTEMBRE	20 SEPTEMBRE	21 SEPTEMBRE	22 SEPTEMBRE	23 SEPTEMBRE	24 SEPTEMBRE
0 h 00	CANCER	CANCER	CANCER	CANCER	CANCER	CANCER	CANCER	CANCER	CANCER
0 h 30	CANCER	CANCER	CANCER	CANCER	CANCER	CANCER	CANCER	CANCER	CANCER
1 h 00	CANCER	CANCER	CANCER	CANCER	CANCER	CANCER	CANCER	CANCER	CANCER
1 h 30	CANCER	CANCER	CANCER	LION	LION	LION	LION	LION	LION
2 h 00	LION	LION	LION	LION	LION	LION	LION	LION	LION
2 h 30	LION	LION	LION	LION	LION	LION	LION	LION	LION
3 h 00	LION	LION	LION	LION	LION	LION	LION	LION	LION
3 h 30	LION	LION	LION	LION	LION	LION	LION	LION	LION
4 h 00	LION	VIERGE	VIERGE	VIERGE	VIERGE	VIERGE	VIERGE	VIERGE	VIERGE
4 h 30	VIERGE	VIERGE	VIERGE	VIERGE	VIERGE	VIERGE	VIERGE	VIERGE	VIERGE
5 h 00	VIERGE	VIERGE	VIERGE	VIERGE	VIERGE	VIERGE	VIERGE	VIERGE	VIERGE
5 h 30	VIERGE	VIERGE	VIERGE	VIERGE	VIERGE	VIERGE	VIERGE	VIERGE	VIERGE
6 h 00	VIERGE	VIERGE	VIERGE	VIERGE	VIERGE	BALANCE	BALANCE	BALANCE	BALANCE
6 h 30	BALANCE	BALANCE	BALANCE	BALANCE	BALANCE	BALANCE	BALANCE	BALANCE	BALANCE
7 h 00	BALANCE	BALANCE	BALANCE	BALANCE	BALANCE	BALANCE	BALANCE	BALANCE	BALANCE
7 h 30	BALANCE	BALANCE	BALANCE	BALANCE	BALANCE	BALANCE	BALANCE	BALANCE	BALANCE
8 h 00	BALANCE	BALANCE	BALANCE	BALANCE	BALANCE	BALANCE	BALANCE	BALANCE	BALANCE
8 h 30	BALANCE	SCORPION	SCORPION	SCORPION	SCORPION	SCORPION	SCORPION	SCORPION	SCORPION
9 h 00	SCORPION	SCORPION	SCORPION	SCORPION	SCORPION	SCORPION	SCORPION	SCORPION	SCORPION
9 h 30	SCORPION	SCORPION	SCORPION	SCORPION	SCORPION	SCORPION	SCORPION	SCORPION	SCORPION
10 h 00	SCORPION	SCORPION	SCORPION	SCORPION	SCORPION	SCORPION	SCORPION	SCORPION	SCORPION
10 h 30	SCORPION	SCORPION	SCORPION	SCORPION	SCORPION	SCORPION	SCORPION	SAGITTAIRE	SAGITTAIRE
11 h 00	SAGITTAIRE	SAGITTAIRE	SAGITTAIRE	SAGITTAIRE	SAGITTAIRE	SAGITTAIRE	SAGITTAIRE	SAGITTAIRE	SAGITTAIRE
11 h 30	SAGITTAIRE	SAGITTAIRE	SAGITTAIRE	SAGITTAIRE	SAGITTAIRE	SAGITTAIRE	SAGITTAIRE	SAGITTAIRE	SAGITTAIRE
MIDI	SAGITTAIRE	SAGITTAIRE	SAGITTAIRE	SAGITTAIRE	SAGITTAIRE	SAGITTAIRE	SAGITTAIRE	SAGITTAIRE	SAGITTAIRE
12 h 30	SAGITTAIRE	SAGITTAIRE	SAGITTAIRE	SAGITTAIRE	SAGITTAIRE	SAGITTAIRE	SAGITTAIRE	SAGITTAIRE	SAGITTAIRE
13 h 00	SAGITTAIRE	SAGITTAIRE	SAGITTAIRE	SAGITTAIRE	CAPRICORNE	CAPRICORNE	CAPRICORNE	CAPRICORNE	CAPRICORNE
13 h 30	CAPRICORNE	CAPRICORNE	CAPRICORNE	CAPRICORNE	CAPRICORNE	CAPRICORNE	CAPRICORNE	CAPRICORNE	CAPRICORNE
14 h 00	CAPRICORNE	CAPRICORNE	CAPRICORNE	CAPRICORNE	CAPRICORNE	CAPRICORNE	CAPRICORNE	CAPRICORNE	CAPRICORNE
14 h 30	CAPRICORNE	CAPRICORNE	CAPRICORNE	CAPRICORNE	CAPRICORNE	CAPRICORNE	CAPRICORNE	CAPRICORNE	CAPRICORNE
15 h 00	CAPRICORNE	CAPRICORNE	CAPRICORNE	VERSEAU	VERSEAU	VERSEAU	VERSEAU	VERSEAU	VERSEAU
15 h 30	VERSEAU	VERSEAU	VERSEAU	VERSEAU	VERSEAU	VERSEAU	VERSEAU	VERSEAU	VERSEAU
16 h 00	VERSEAU	VERSEAU	VERSEAU	VERSEAU	VERSEAU	VERSEAU	VERSEAU	VERSEAU	VERSEAU
16 h 30	VERSEAU	VERSEAU	VERSEAU	VERSEAU	VERSEAU	VERSEAU	POISSONS	POISSONS	POISSONS
17 h 00	POISSONS	POISSONS	POISSONS	POISSONS	POISSONS	POISSONS	POISSONS	POISSONS	POISSONS
17 h 30	POISSONS	POISSONS	POISSONS	POISSONS	POISSONS	POISSONS	POISSONS	POISSONS	POISSONS
18 h 00	POISSONS	POISSONS	POISSONS	POISSONS	POISSONS	BELIER	BELIER	BELIER	BELIER
18 h 30	BELIER	BELIER	BELIER	BELIER	BELIER	BELIER	BELIER	BELIER	BELIER
19 h 00	BELIER	BELIER	BELIER	BELIER	BELIER	BELIER	BELIER	BELIER	BELIER
19 h 30	BELIER	BELIER	BELIER	BELIER	TAUREAU	TAUREAU	TAUREAU	TAUREAU	TAUREAU
20 h 00	TAUREAU	TAUREAU	TAUREAU	TAUREAU	TAUREAU	TAUREAU	TAUREAU	TAUREAU	TAUREAU
20 h 30	TAUREAU	TAUREAU	TAUREAU	TAUREAU	TAUREAU	TAUREAU	TAUREAU	TAUREAU	TAUREAU
21 h 00	TAUREAU	TAUREAU	TAUREAU	TAUREAU	TAUREAU	TAUREAU	GEMEAUX	GEMEAUX	GEMEAUX
21 h 30	GEMEAUX	GEMEAUX	GEMEAUX	GEMEAUX	GEMEAUX	GEMEAUX	GEMEAUX	GEMEAUX	GEMEAUX
22 h 00	GEMEAUX	GEMEAUX	GEMEAUX	GEMEAUX	GEMEAUX	GEMEAUX	GEMEAUX	GEMEAUX	GEMEAUX
22 h 30	GEMEAUX	GEMEAUX	GEMEAUX	GEMEAUX	GEMEAUX	GEMEAUX	GEMEAUX	GEMEAUX	GEMEAUX
23 h 00	GEMEAUX	GEMEAUX	GEMEAUX	GEMEAUX	GEMEAUX	GEMEAUX	CANCER	CANCER	CANCER
23 h 30	CANCER	CANCER	CANCER	CANCER	CANCER	CANCER	CANCER	CANCER	CANCER

DECOUVREZ VOTRE ASCENDANT SANS AUCUN CALCUL : TABLE N° 3

VOTRE HEURE DE NAISSANCE	22 AOUT	23 AOUT	24 AOUT	25 AOUT	26 AOUT	27 AOUT	28 AOUT	29 AOUT
0 h 00	GEMEAUX	GEMEAUX	GEMEAUX	GEMEAUX	GEMEAUX	GEMEAUX	GEMEAUX	GEMEAUX
0 h 30	GEMEAUX	GEMEAUX	CANCER	CANCER	CANCER	CANCER	CANCER	CANCER
1 h 00	CANCER	CANCER	CANCER	CANCER	CANCER	CANCER	CANCER	CANCER
1 h 30	CANCER	CANCER	CANCER	CANCER	CANCER	CANCER	CANCER	CANCER
2 h 00	CANCER	CANCER	CANCER	CANCER	CANCER	CANCER	CANCER	CANCER
2 h 30	CANCER	CANCER	CANCER	CANCER	CANCER	CANCER	CANCER	LION
3 h 00	LION	LION	LION	LION	LION	LION	LION	LION
3 h 30	LION	LION	LION	LION	LION	LION	LION	LION
4 h 00	LION	LION	LION	LION	LION	LION	LION	LION
4 h 30	LION	LION	LION	LION	LION	LION	LION	LION
5 h 00	LION	LION	LION	LION	LION	LION	LION	VIERGE
5 h 30	VIERGE	VIERGE	VIERGE	VIERGE	VIERGE	VIERGE	VIERGE	VIERGE
6 h 00	VIERGE	VIERGE	VIERGE	VIERGE	VIERGE	VIERGE	VIERGE	VIERGE
6 h 30	VIERGE	VIERGE	VIERGE	VIERGE	VIERGE	VIERGE	VIERGE	VIERGE
7 h 00	VIERGE	VIERGE	VIERGE	VIERGE	VIERGE	VIERGE	VIERGE	VIERGE
7 h 30	VIERGE	VIERGE	VIERGE	VIERGE	VIERGE	VIERGE	VIERGE	BALANCE
8 h 00	BALANCE	BALANCE	BALANCE	BALANCE	BALANCE	BALANCE	BALANCE	BALANCE
8 h 30	BALANCE	BALANCE	BALANCE	BALANCE	BALANCE	BALANCE	BALANCE	BALANCE
9 h 00	BALANCE	BALANCE	BALANCE	BALANCE	BALANCE	BALANCE	BALANCE	BALANCE
9 h 30	BALANCE	BALANCE	BALANCE	BALANCE	BALANCE	BALANCE	BALANCE	BALANCE
10 h 00	BALANCE	BALANCE	BALANCE	BALANCE	BALANCE	BALANCE	SCORPION	SCORPION
10 h 30	SCORPION	SCORPION	SCORPION	SCORPION	SCORPION	SCORPION	SCORPION	SCORPION
11 h 00	SCORPION	SCORPION	SCORPION	SCORPION	SCORPION	SCORPION	SCORPION	SCORPION
11 h 30	SCORPION	SCORPION	SCORPION	SCORPION	SCORPION	SCORPION	SCORPION	SCORPION
MIDI	SCORPION	SCORPION	SCORPION	SCORPION	SCORPION	SCORPION	SCORPION	SCORPION
12 h 30	SCORPION	SCORPION	SCORPION	SCORPION	SCORPION	SCORPION	SAGITTAIRE	SAGITTAIRE
13 h 00	SAGITTAIRE	SAGITTAIRE	SAGITTAIRE	SAGITTAIRE	SAGITTAIRE	SAGITTAIRE	SAGITTAIRE	SAGITTAIRE
13 h 30	SAGITTAIRE	SAGITTAIRE	SAGITTAIRE	SAGITTAIRE	SAGITTAIRE	SAGITTAIRE	SAGITTAIRE	SAGITTAIRE
14 h 00	SAGITTAIRE	SAGITTAIRE	SAGITTAIRE	SAGITTAIRE	SAGITTAIRE	SAGITTAIRE	SAGITTAIRE	SAGITTAIRE
14 h 30	SAGITTAIRE	SAGITTAIRE	SAGITTAIRE	SAGITTAIRE	SAGITTAIRE	SAGITTAIRE	SAGITTAIRE	SAGITTAIRE
15 h 00	SAGITTAIRE	SAGITTAIRE	SAGITTAIRE	SAGITTAIRE	CAPRICORNE	CAPRICORNE	CAPRICORNE	CAPRICORNE
15 h 30	CAPRICORNE	CAPRICORNE	CAPRICORNE	CAPRICORNE	CAPRICORNE	CAPRICORNE	CAPRICORNE	CAPRICORNE
16 h 00	CAPRICORNE	CAPRICORNE	CAPRICORNE	CAPRICORNE	CAPRICORNE	CAPRICORNE	CAPRICORNE	CAPRICORNE
16 h 30	CAPRICORNE	CAPRICORNE	CAPRICORNE	CAPRICORNE	CAPRICORNE	CAPRICORNE	CAPRICORNE	CAPRICORNE
17 h 00	CAPRICORNE	CAPRICORNE	CAPRICORNE	VERSEAU	VERSEAU	VERSEAU	VERSEAU	VERSEAU
17 h 30	VERSEAU	VERSEAU	VERSEAU	VERSEAU	VERSEAU	VERSEAU	VERSEAU	VERSEAU
18 h 00	VERSEAU	VERSEAU	VERSEAU	VERSEAU	VERSEAU	VERSEAU	VERSEAU	VERSEAU
18 h 30	VERSEAU	VERSEAU	VERSEAU	POISSONS	POISSONS	POISSONS	POISSONS	POISSONS
19 h 00	POISSONS	POISSONS	POISSONS	POISSONS	POISSONS	POISSONS	POISSONS	POISSONS
19 h 30	POISSONS	POISSONS	POISSONS	POISSONS	POISSONS	POISSONS	POISSONS	BELIER
20 h 00	BELIER	BELIER	BELIER	BELIER	BELIER	BELIER	BELIER	BELIER
20 h 30	BELIER	BELIER	BELIER	BELIER	BELIER	BELIER	BELIER	BELIER
21 h 00	BELIER	BELIER	BELIER	BELIER	TAUREAU	TAUREAU	TAUREAU	TAUREAU
21 h 30	TAUREAU	TAUREAU	TAUREAU	TAUREAU	TAUREAU	TAUREAU	TAUREAU	TAUREAU
22 h 00	TAUREAU	TAUREAU	TAUREAU	TAUREAU	TAUREAU	TAUREAU	TAUREAU	TAUREAU
22 h 30	TAUREAU	TAUREAU	TAUREAU	GEMEAUX	GEMEAUX	GEMEAUX	GEMEAUX	GEMEAUX
23 h 00	GEMEAUX	GEMEAUX	GEMEAUX	GEMEAUX	GEMEAUX	GEMEAUX	GEMEAUX	GEMEAUX
23 h 30	GEMEAUX	GEMEAUX	GEMEAUX	GEMEAUX	GEMEAUX	GEMEAUX	GEMEAUX	GEMEAUX

DECOUVREZ VOTRE ASCENDANT SANS AUCUN CALCUL : TABLE N⁰ 3

VOTRE HEURE DE NAISSANCE	30 AOUT	31 AOUT	1 SEPTEMBRE	2 SEPTEMBRE	3 SEPTEMBRE	4 SEPTEMBRE	5 SEPTEMBRE	6 SEPTEMBRE
0 h 00	GEMEAUX	GEMEAUX	CANCER	CANCER	CANCER	CANCER	CANCER	CANCER
0 h 30	CANCER	CANCER	CANCER	CANCER	CANCER	CANCER	CANCER	CANCER
1 h 00	CANCER	CANCER	CANCER	CANCER	CANCER	CANCER	CANCER	CANCER
1 h 30	CANCER	CANCER	CANCER	CANCER	CANCER	CANCER	CANCER	CANCER
2 h 00	CANCER	CANCER	CANCER	CANCER	CANCER	CANCER	CANCER	LION
2 h 30	LION	LION	LION	LION	LION	LION	LION	LION
3 h 00	LION	LION	LION	LION	LION	LION	LION	LION
3 h 30	LION	LION	LION	LION	LION	LION	LION	LION
4 h 00	LION	LION	LION	LION	LION	LION	LION	LION
4 h 30	LION	LION	LION	LION	LION	LION	LION	VIERGE
5 h 00	VIERGE	VIERGE	VIERGE	VIERGE	VIERGE	VIERGE	VIERGE	VIERGE
5 h 30	VIERGE	VIERGE	VIERGE	VIERGE	VIERGE	VIERGE	VIERGE	VIERGE
6 h 00	VIERGE	VIERGE	VIERGE	VIERGE	VIERGE	VIERGE	VIERGE	VIERGE
6 h 30	VIERGE	VIERGE	VIERGE	VIERGE	VIERGE	VIERGE	VIERGE	VIERGE
7 h 00	VIERGE	VIERGE	VIERGE	VIERGE	VIERGE	VIERGE	VIERGE	BALANCE
7 h 30	BALANCE	BALANCE	BALANCE	BALANCE	BALANCE	BALANCE	BALANCE	BALANCE
8 h 00	BALANCE	BALANCE	BALANCE	BALANCE	BALANCE	BALANCE	BALANCE	BALANCE
8 h 30	BALANCE	BALANCE	BALANCE	BALANCE	BALANCE	BALANCE	BALANCE	BALANCE
9 h 00	BALANCE	BALANCE	BALANCE	BALANCE	BALANCE	BALANCE	BALANCE	BALANCE
9 h 30	BALANCE	BALANCE	BALANCE	BALANCE	BALANCE	BALANCE	BALANCE	SCORPION
10 h 00	SCORPION	SCORPION	SCORPION	SCORPION	SCORPION	SCORPION	SCORPION	SCORPION
10 h 30	SCORPION	SCORPION	SCORPION	SCORPION	SCORPION	SCORPION	SCORPION	SCORPION
11 h 00	SCORPION	SCORPION	SCORPION	SCORPION	SCORPION	SCORPION	SCORPION	SCORPION
11 h 30	SCORPION	SCORPION	SCORPION	SCORPION	SCORPION	SCORPION	SCORPION	SCORPION
MIDI	SCORPION	SCORPION	SCORPION	SCORPION	SCORPION	SCORPION	SAGITTAIRE	SAGITTAIRE
12 h 30	SAGITTAIRE	SAGITTAIRE	SAGITTAIRE	SAGITTAIRE	SAGITTAIRE	SAGITTAIRE	SAGITTAIRE	SAGITTAIRE
13 h 00	SAGITTAIRE	SAGITTAIRE	SAGITTAIRE	SAGITTAIRE	SAGITTAIRE	SAGITTAIRE	SAGITTAIRE	SAGITTAIRE
13 h 30	SAGITTAIRE	SAGITTAIRE	SAGITTAIRE	SAGITTAIRE	SAGITTAIRE	SAGITTAIRE	SAGITTAIRE	SAGITTAIRE
14 h 00	SAGITTAIRE	SAGITTAIRE	SAGITTAIRE	SAGITTAIRE	SAGITTAIRE	SAGITTAIRE	SAGITTAIRE	SAGITTAIRE
14 h 30	SAGITTAIRE	SAGITTAIRE	SAGITTAIRE	SAGITTAIRE	CAPRICORNE	CAPRICORNE	CAPRICORNE	CAPRICORNE
15 h 00	CAPRICORNE	CAPRICORNE	CAPRICORNE	CAPRICORNE	CAPRICORNE	CAPRICORNE	CAPRICORNE	CAPRICORNE
15 h 30	CAPRICORNE	CAPRICORNE	CAPRICORNE	CAPRICORNE	CAPRICORNE	CAPRICORNE	CAPRICORNE	CAPRICORNE
16 h 00	CAPRICORNE	CAPRICORNE	CAPRICORNE	CAPRICORNE	CAPRICORNE	CAPRICORNE	CAPRICORNE	CAPRICORNE
16 h 30	CAPRICORNE	CAPRICORNE	CAPRICORNE	VERSEAU	VERSEAU	VERSEAU	VERSEAU	VERSEAU
17 h 00	VERSEAU	VERSEAU	VERSEAU	VERSEAU	VERSEAU	VERSEAU	VERSEAU	VERSEAU
17 h 30	VERSEAU	VERSEAU	VERSEAU	VERSEAU	VERSEAU	VERSEAU	VERSEAU	VERSEAU
18 h 00	VERSEAU	VERSEAU	VERSEAU	POISSONS	POISSONS	POISSONS	POISSONS	POISSONS
18 h 30	POISSONS	POISSONS	POISSONS	POISSONS	POISSONS	POISSONS	POISSONS	POISSONS
19 h 00	POISSONS	POISSONS	POISSONS	POISSONS	POISSONS	POISSONS	POISSONS	BELIER
19 h 30	BELIER	BELIER	BELIER	BELIER	BELIER	BELIER	BELIER	BELIER
20 h 00	BELIER	BELIER	BELIER	BELIER	BELIER	BELIER	BELIER	BELIER
20 h 30	BELIER	BELIER	BELIER	BELIER	TAUREAU	TAUREAU	TAUREAU	TAUREAU
21 h 00	TAUREAU	TAUREAU	TAUREAU	TAUREAU	TAUREAU	TAUREAU	TAUREAU	TAUREAU
21 h 30	TAUREAU	TAUREAU	TAUREAU	TAUREAU	TAUREAU	TAUREAU	TAUREAU	TAUREAU
22 h 00	TAUREAU	TAUREAU	TAUREAU	GEMEAUX	GEMEAUX	GEMEAUX	GEMEAUX	GEMEAUX
22 h 30	GEMEAUX	GEMEAUX	GEMEAUX	GEMEAUX	GEMEAUX	GEMEAUX	GEMEAUX	GEMEAUX
23 h 00	GEMEAUX	GEMEAUX	GEMEAUX	GEMEAUX	GEMEAUX	GEMEAUX	GEMEAUX	GEMEAUX
23 h 30	GEMEAUX	GEMEAUX	GEMEAUX	GEMEAUX	GEMEAUX	GEMEAUX	GEMEAUX	GEMEAUX

DECOUVREZ VOTRE ASCENDANT SANS AUCUN CALCUL : TABLE N⁰ 3

VOTRE HEURE DE NAISSANCE	7 SEPTEMBRE	8 SEPTEMBRE	9 SEPTEMBRE	10 SEPTEMBRE	11 SEPTEMBRE	12 SEPTEMBRE	13 SEPTEMBRE	14 SEPTEMBRE	15 SEPTEMBRE
0 h 00	CANCER	CANCER	CANCER	CANCER	CANCER	CANCER	CANCER	CANCER	CANCER
0 h 30	CANCER	CANCER	CANCER	CANCER	CANCER	CANCER	CANCER	CANCER	CANCER
1 h 00	CANCER	CANCER	CANCER	CANCER	CANCER	CANCER	CANCER	CANCER	CANCER
1 h 30	CANCER	CANCER	CANCER	CANCER	CANCER	CANCER	LION	LION	LION
2 h 00	LION	LION	LION	LION	LION	LION	LION	LION	LION
2 h 30	LION	LION	LION	LION	LION	LION	LION	LION	LION
3 h 00	LION	LION	LION	LION	LION	LION	LION	LION	LION
3 h 30	LION	LION	LION	LION	LION	LION	LION	LION	LION
4 h 00	LION	LION	LION	LION	LION	LION	VIERGE	VIERGE	VIERGE
4 h 30	VIERGE	VIERGE	VIERGE	VIERGE	VIERGE	VIERGE	VIERGE	VIERGE	VIERGE
5 h 00	VIERGE	VIERGE	VIERGE	VIERGE	VIERGE	VIERGE	VIERGE	VIERGE	VIERGE
5 h 30	VIERGE	VIERGE	VIERGE	VIERGE	VIERGE	VIERGE	VIERGE	VIERGE	VIERGE
6 h 00	VIERGE	VIERGE	VIERGE	VIERGE	VIERGE	VIERGE	VIERGE	VIERGE	VIERGE
6 h 30	VIERGE	VIERGE	VIERGE	VIERGE	VIERGE	VIERGE	BALANCE	BALANCE	BALANCE
7 h 00	BALANCE	BALANCE	BALANCE	BALANCE	BALANCE	BALANCE	BALANCE	BALANCE	BALANCE
7 h 30	BALANCE	BALANCE	BALANCE	BALANCE	BALANCE	BALANCE	BALANCE	BALANCE	BALANCE
8 h 00	BALANCE	BALANCE	BALANCE	BALANCE	BALANCE	BALANCE	BALANCE	BALANCE	BALANCE
8 h 30	BALANCE	BALANCE	BALANCE	BALANCE	BALANCE	BALANCE	BALANCE	BALANCE	BALANCE
9 h 00	BALANCE	BALANCE	BALANCE	BALANCE	BALANCE	BALANCE	SCORPION	SCORPION	SCORPION
9 h 30	SCORPION	SCORPION	SCORPION	SCORPION	SCORPION	SCORPION	SCORPION	SCORPION	SCORPION
10 h 00	SCORPION	SCORPION	SCORPION	SCORPION	SCORPION	SCORPION	SCORPION	SCORPION	SCORPION
10 h 30	SCORPION	SCORPION	SCORPION	SCORPION	SCORPION	SCORPION	SCORPION	SCORPION	SCORPION
11 h 00	SCORPION	SCORPION	SCORPION	SCORPION	SCORPION	SCORPION	SCORPION	SCORPION	SCORPION
11 h 30	SCORPION	SCORPION	SCORPION	SCORPION	SCORPION	SAGITTAIRE	SAGITTAIRE	SAGITTAIRE	SAGITTAIRE
MIDI	SAGITTAIRE	SAGITTAIRE	SAGITTAIRE	SAGITTAIRE	SAGITTAIRE	SAGITTAIRE	SAGITTAIRE	SAGITTAIRE	SAGITTAIRE
12 h 30	SAGITTAIRE	SAGITTAIRE	SAGITTAIRE	SAGITTAIRE	SAGITTAIRE	SAGITTAIRE	SAGITTAIRE	SAGITTAIRE	SAGITTAIRE
13 h 00	SAGITTAIRE	SAGITTAIRE	SAGITTAIRE	SAGITTAIRE	SAGITTAIRE	SAGITTAIRE	SAGITTAIRE	SAGITTAIRE	SAGITTAIRE
13 h 30	SAGITTAIRE	SAGITTAIRE	SAGITTAIRE	SAGITTAIRE	SAGITTAIRE	SAGITTAIRE	SAGITTAIRE	SAGITTAIRE	SAGITTAIRE
14 h 00	SAGITTAIRE	SAGITTAIRE	SAGITTAIRE	CAPRICORNE	CAPRICORNE	CAPRICORNE	CAPRICORNE	CAPRICORNE	CAPRICORNE
14 h 30	CAPRICORNE	CAPRICORNE	CAPRICORNE	CAPRICORNE	CAPRICORNE	CAPRICORNE	CAPRICORNE	CAPRICORNE	CAPRICORNE
15 h 00	CAPRICORNE	CAPRICORNE	CAPRICORNE	CAPRICORNE	CAPRICORNE	CAPRICORNE	CAPRICORNE	CAPRICORNE	CAPRICORNE
15 h 30	CAPRICORNE	CAPRICORNE	CAPRICORNE	CAPRICORNE	CAPRICORNE	CAPRICORNE	CAPRICORNE	CAPRICORNE	CAPRICORNE
16 h 00	CAPRICORNE	CAPRICORNE	CAPRICORNE	VERSEAU	VERSEAU	VERSEAU	VERSEAU	VERSEAU	VERSEAU
16 h 30	VERSEAU	VERSEAU	VERSEAU	VERSEAU	VERSEAU	VERSEAU	VERSEAU	VERSEAU	VERSEAU
17 h 00	VERSEAU	VERSEAU	VERSEAU	VERSEAU	VERSEAU	VERSEAU	VERSEAU	VERSEAU	VERSEAU
17 h 30	VERSEAU	VERSEAU	VERSEAU	POISSONS	POISSONS	POISSONS	POISSONS	POISSONS	POISSONS
18 h 00	POISSONS	POISSONS	POISSONS	POISSONS	POISSONS	POISSONS	POISSONS	POISSONS	POISSONS
18 h 30	POISSONS	POISSONS	POISSONS	POISSONS	POISSONS	POISSONS	BELIER	BELIER	BELIER
19 h 00	BELIER	BELIER	BELIER	BELIER	BELIER	BELIER	BELIER	BELIER	BELIER
19 h 30	BELIER	BELIER	BELIER	BELIER	BELIER	BELIER	BELIER	BELIER	BELIER
20 h 00	BELIER	BELIER	BELIER	TAUREAU	TAUREAU	TAUREAU	TAUREAU	TAUREAU	TAUREAU
20 h 30	TAUREAU	TAUREAU	TAUREAU	TAUREAU	TAUREAU	TAUREAU	TAUREAU	TAUREAU	TAUREAU
21 h 00	TAUREAU	TAUREAU	TAUREAU	TAUREAU	TAUREAU	TAUREAU	TAUREAU	TAUREAU	TAUREAU
21 h 30	TAUREAU	TAUREAU	TAUREAU	GEMEAUX	GEMEAUX	GEMEAUX	GEMEAUX	GEMEAUX	GEMEAUX
22 h 00	GEMEAUX	GEMEAUX	GEMEAUX	GEMEAUX	GEMEAUX	GEMEAUX	GEMEAUX	GEMEAUX	GEMEAUX
22 h 30	GEMEAUX	GEMEAUX	GEMEAUX	GEMEAUX	GEMEAUX	GEMEAUX	GEMEAUX	GEMEAUX	GEMEAUX
23 h 00	GEMEAUX	GEMEAUX	GEMEAUX	GEMEAUX	GEMEAUX	GEMEAUX	GEMEAUX	GEMEAUX	GEMEAUX
23 h 30	GEMEAUX	CANCER	CANCER	CANCER	CANCER	CANCER	CANCER	CANCER	CANCER

DECOUVREZ VOTRE ASCENDANT SANS AUCUN CALCUL : TABLE N° 3

VOTRE HEURE DE NAISSANCE	16 SEPTEMBRE	17 SEPTEMBRE	18 SEPTEMBRE	19 SEPTEMBRE	20 SEPTEMBRE	21 SEPTEMBRE	22 SEPTEMBRE	23 SEPTEMBRE	24 SEPTEMBRE
0 h 00	CANCER	CANCER	CANCER	CANCER	CANCER	CANCER	CANCER	CANCER	CANCER
0 h 30	CANCER	CANCER	CANCER	CANCER	CANCER	CANCER	CANCER	CANCER	CANCER
1 h 00	CANCER	CANCER	CANCER	CANCER	CANCER	LION	LION	LION	LION
1 h 30	LION	LION	LION	LION	LION	LION	LION	LION	LION
2 h 00	LION	LION	LION	LION	LION	LION	LION	LION	LION
2 h 30	LION	LION	LION	LION	LION	LION	LION	LION	LION
3 h 00	LION	LION	LION	LION	LION	LION	LION	LION	LION
3 h 30	LION	LION	LION	LION	LION	VIERGE	VIERGE	VIERGE	VIERGE
4 h 00	VIERGE	VIERGE	VIERGE	VIERGE	VIERGE	VIERGE	VIERGE	VIERGE	VIERGE
4 h 30	VIERGE	VIERGE	VIERGE	VIERGE	VIERGE	VIERGE	VIERGE	VIERGE	VIERGE
5 h 00	VIERGE	VIERGE	VIERGE	VIERGE	VIERGE	VIERGE	VIERGE	VIERGE	VIERGE
5 h 30	VIERGE	VIERGE	VIERGE	VIERGE	VIERGE	VIERGE	VIERGE	VIERGE	VIERGE
6 h 00	VIERGE	VIERGE	VIERGE	VIERGE	VIERGE	BALANCE	BALANCE	BALANCE	BALANCE
6 h 30	BALANCE	BALANCE	BALANCE	BALANCE	BALANCE	BALANCE	BALANCE	BALANCE	BALANCE
7 h 00	BALANCE	BALANCE	BALANCE	BALANCE	BALANCE	BALANCE	BALANCE	BALANCE	BALANCE
7 h 30	BALANCE	BALANCE	BALANCE	BALANCE	BALANCE	BALANCE	BALANCE	BALANCE	BALANCE
8 h 00	BALANCE	BALANCE	BALANCE	BALANCE	BALANCE	BALANCE	BALANCE	BALANCE	BALANCE
8 h 30	BALANCE	BALANCE	BALANCE	BALANCE	BALANCE	SCORPION	SCORPION	SCORPION	SCORPION
9 h 00	SCORPION	SCORPION	SCORPION	SCORPION	SCORPION	SCORPION	SCORPION	SCORPION	SCORPION
9 h 30	SCORPION	SCORPION	SCORPION	SCORPION	SCORPION	SCORPION	SCORPION	SCORPION	SCORPION
10 h 00	SCORPION	SCORPION	SCORPION	SCORPION	SCORPION	SCORPION	SCORPION	SCORPION	SCORPION
10 h 30	SCORPION	SCORPION	SCORPION	SCORPION	SCORPION	SCORPION	SCORPION	SCORPION	SCORPION
11 h 00	SCORPION	SCORPION	SCORPION	SCORPION	SAGITTAIRE	SAGITTAIRE	SAGITTAIRE	SAGITTAIRE	SAGITTAIRE
11 h 30	SAGITTAIRE	SAGITTAIRE	SAGITTAIRE	SAGITTAIRE	SAGITTAIRE	SAGITTAIRE	SAGITTAIRE	SAGITTAIRE	SAGITTAIRE
MIDI	SAGITTAIRE	SAGITTAIRE	SAGITTAIRE	SAGITTAIRE	SAGITTAIRE	SAGITTAIRE	SAGITTAIRE	SAGITTAIRE	SAGITTAIRE
12 h 30	SAGITTAIRE	SAGITTAIRE	SAGITTAIRE	SAGITTAIRE	SAGITTAIRE	SAGITTAIRE	SAGITTAIRE	SAGITTAIRE	SAGITTAIRE
13 h 00	SAGITTAIRE	SAGITTAIRE	SAGITTAIRE	SAGITTAIRE	SAGITTAIRE	SAGITTAIRE	SAGITTAIRE	SAGITTAIRE	SAGITTAIRE
13 h 30	SAGITTAIRE	SAGITTAIRE	CAPRICORNE	CAPRICORNE	CAPRICORNE	CAPRICORNE	CAPRICORNE	CAPRICORNE	CAPRICORNE
14 h 00	CAPRICORNE	CAPRICORNE	CAPRICORNE	CAPRICORNE	CAPRICORNE	CAPRICORNE	CAPRICORNE	CAPRICORNE	CAPRICORNE
14 h 30	CAPRICORNE	CAPRICORNE	CAPRICORNE	CAPRICORNE	CAPRICORNE	CAPRICORNE	CAPRICORNE	CAPRICORNE	CAPRICORNE
15 h 00	CAPRICORNE	CAPRICORNE	CAPRICORNE	CAPRICORNE	CAPRICORNE	CAPRICORNE	CAPRICORNE	CAPRICORNE	CAPRICORNE
15 h 30	CAPRICORNE	VERSEAU	VERSEAU	VERSEAU	VERSEAU	VERSEAU	VERSEAU	VERSEAU	VERSEAU
16 h 00	VERSEAU	VERSEAU	VERSEAU	VERSEAU	VERSEAU	VERSEAU	VERSEAU	VERSEAU	VERSEAU
16 h 30	VERSEAU	VERSEAU	VERSEAU	VERSEAU	VERSEAU	VERSEAU	VERSEAU	VERSEAU	VERSEAU
17 h 00	VERSEAU	POISSONS	POISSONS	POISSONS	POISSONS	POISSONS	POISSONS	POISSONS	POISSONS
17 h 30	POISSONS	POISSONS	POISSONS	POISSONS	POISSONS	POISSONS	POISSONS	POISSONS	POISSONS
18 h 00	POISSONS	POISSONS	POISSONS	POISSONS	POISSONS	BELIER	BELIER	BELIER	BELIER
18 h 30	BELIER	BELIER	BELIER	BELIER	BELIER	BELIER	BELIER	BELIER	BELIER
19 h 00	BELIER	BELIER	BELIER	BELIER	BELIER	BELIER	BELIER	BELIER	BELIER
19 h 30	BELIER	BELIER	TAUREAU	TAUREAU	TAUREAU	TAUREAU	TAUREAU	TAUREAU	TAUREAU
20 h 00	TAUREAU	TAUREAU	TAUREAU	TAUREAU	TAUREAU	TAUREAU	TAUREAU	TAUREAU	TAUREAU
20 h 30	TAUREAU	TAUREAU	TAUREAU	TAUREAU	TAUREAU	TAUREAU	TAUREAU	TAUREAU	TAUREAU
21 h 00	TAUREAU	GEMEAUX	GEMEAUX	GEMEAUX	GEMEAUX	GEMEAUX	GEMEAUX	GEMEAUX	GEMEAUX
21 h 30	GEMEAUX	GEMEAUX	GEMEAUX	GEMEAUX	GEMEAUX	GEMEAUX	GEMEAUX	GEMEAUX	GEMEAUX
22 h 00	GEMEAUX	GEMEAUX	GEMEAUX	GEMEAUX	GEMEAUX	GEMEAUX	GEMEAUX	GEMEAUX	GEMEAUX
22 h 30	GEMEAUX	GEMEAUX	GEMEAUX	GEMEAUX	GEMEAUX	GEMEAUX	GEMEAUX	GEMEAUX	CANCER
23 h 00	CANCER	CANCER	CANCER	CANCER	CANCER	CANCER	CANCER	CANCER	CANCER
23 h 30	CANCER	CANCER	CANCER	CANCER	CANCER	CANCER	CANCER	CANCER	CANCER

DECOUVREZ VOTRE ASCENDANT SANS AUCUN CALCUL : TABLE N⁰ 4

VOTRE HEURE DE NAISSANCE	22 AOUT	23 AOUT	24 AOUT	25 AOUT	26 AOUT	27 AOUT	28 AOUT	29 AOUT
0 h 00	GEMEAUX	GEMEAUX	GEMEAUX	CANCER	CANCER	CANCER	CANCER	CANCER
0 h 30	CANCER	CANCER	CANCER	CANCER	CANCER	CANCER	CANCER	CANCER
1 h 00	CANCER	CANCER	CANCER	CANCER	CANCER	CANCER	CANCER	CANCER
1 h 30	CANCER	CANCER	CANCER	CANCER	CANCER	CANCER	CANCER	CANCER
2 h 00	CANCER	CANCER	CANCER	CANCER	CANCER	CANCER	CANCER	CANCER
2 h 30	CANCER	LION	LION	LION	LION	LION	LION	LION
3 h 00	LION	LION	LION	LION	LION	LION	LION	LION
3 h 30	LION	LION	LION	LION	LION	LION	LION	LION
4 h 00	LION	LION	LION	LION	LION	LION	LION	LION
4 h 30	LION	LION	LION	LION	LION	LION	LION	LION
5 h 00	LION	LION	LION	LION	VIERGE	VIERGE	VIERGE	VIERGE
5 h 30	VIERGE	VIERGE	VIERGE	VIERGE	VIERGE	VIERGE	VIERGE	VIERGE
6 h 00	VIERGE	VIERGE	VIERGE	VIERGE	VIERGE	VIERGE	VIERGE	VIERGE
6 h 30	VIERGE	VIERGE	VIERGE	VIERGE	VIERGE	VIERGE	VIERGE	VIERGE
7 h 00	VIERGE	VIERGE	VIERGE	VIERGE	VIERGE	VIERGE	VIERGE	VIERGE
7 h 30	VIERGE	VIERGE	VIERGE	VIERGE	VIERGE	VIERGE	VIERGE	BALANCE
8 h 00	BALANCE	BALANCE	BALANCE	BALANCE	BALANCE	BALANCE	BALANCE	BALANCE
8 h 30	BALANCE	BALANCE	BALANCE	BALANCE	BALANCE	BALANCE	BALANCE	BALANCE
9 h 00	BALANCE	BALANCE	BALANCE	BALANCE	BALANCE	BALANCE	BALANCE	BALANCE
9 h 30	BALANCE	BALANCE	BALANCE	BALANCE	BALANCE	BALANCE	BALANCE	BALANCE
10 h 00	BALANCE	BALANCE	BALANCE	BALANCE	BALANCE	BALANCE	BALANCE	BALANCE
10 h 30	BALANCE	BALANCE	SCORPION	SCORPION	SCORPION	SCORPION	SCORPION	SCORPION
11 h 00	SCORPION	SCORPION	SCORPION	SCORPION	SCORPION	SCORPION	SCORPION	SCORPION
11 h 30	SCORPION	SCORPION	SCORPION	SCORPION	SCORPION	SCORPION	SCORPION	SCORPION
MIDI	SCORPION	SCORPION	SCORPION	SCORPION	SCORPION	SCORPION	SCORPION	SCORPION
12 h 30	SCORPION	SCORPION	SCORPION	SCORPION	SCORPION	SCORPION	SCORPION	SCORPION
13 h 00	SCORPION	SCORPION	SCORPION	SCORPION	SAGITTAIRE	SAGITTAIRE	SAGITTAIRE	SAGITTAIRE
13 h 30	SAGITTAIRE	SAGITTAIRE	SAGITTAIRE	SAGITTAIRE	SAGITTAIRE	SAGITTAIRE	SAGITTAIRE	SAGITTAIRE
14 h 00	SAGITTAIRE	SAGITTAIRE	SAGITTAIRE	SAGITTAIRE	SAGITTAIRE	SAGITTAIRE	SAGITTAIRE	SAGITTAIRE
14 h 30	SAGITTAIRE	SAGITTAIRE	SAGITTAIRE	SAGITTAIRE	SAGITTAIRE	SAGITTAIRE	SAGITTAIRE	SAGITTAIRE
15 h 00	SAGITTAIRE	SAGITTAIRE	SAGITTAIRE	SAGITTAIRE	SAGITTAIRE	SAGITTAIRE	SAGITTAIRE	SAGITTAIRE
15 h 30	SAGITTAIRE	SAGITTAIRE	SAGITTAIRE	SAGITTAIRE	CAPRICORNE	CAPRICORNE	CAPRICORNE	CAPRICORNE
16 h 00	CAPRICORNE	CAPRICORNE	CAPRICORNE	CAPRICORNE	CAPRICORNE	CAPRICORNE	CAPRICORNE	CAPRICORNE
16 h 30	CAPRICORNE	CAPRICORNE	CAPRICORNE	CAPRICORNE	CAPRICORNE	CAPRICORNE	CAPRICORNE	CAPRICORNE
17 h 00	CAPRICORNE	CAPRICORNE	CAPRICORNE	CAPRICORNE	CAPRICORNE	CAPRICORNE	CAPRICORNE	CAPRICORNE
17 h 30	CAPRICORNE	VERSEAU	VERSEAU	VERSEAU	VERSEAU	VERSEAU	VERSEAU	VERSEAU
18 h 00	VERSEAU	VERSEAU	VERSEAU	VERSEAU	VERSEAU	VERSEAU	VERSEAU	VERSEAU
18 h 30	VERSEAU	VERSEAU	VERSEAU	VERSEAU	VERSEAU	VERSEAU	VERSEAU	POISSONS
19 h 00	POISSONS	POISSONS	POISSONS	POISSONS	POISSONS	POISSONS	POISSONS	POISSONS
19 h 30	POISSONS	POISSONS	POISSONS	POISSONS	POISSONS	POISSONS	POISSONS	BELIER
20 h 00	BELIER	BELIER	BELIER	BELIER	BELIER	BELIER	BELIER	BELIER
20 h 30	BELIER	BELIER	BELIER	BELIER	BELIER	BELIER	BELIER	BELIER
21 h 00	BELIER	TAUREAU	TAUREAU	TAUREAU	TAUREAU	TAUREAU	TAUREAU	TAUREAU
21 h 30	TAUREAU	TAUREAU	TAUREAU	TAUREAU	TAUREAU	TAUREAU	TAUREAU	TAUREAU
22 h 00	TAUREAU	TAUREAU	TAUREAU	TAUREAU	TAUREAU	GEMEAUX	GEMEAUX	GEMEAUX
22 h 30	GEMEAUX	GEMEAUX	GEMEAUX	GEMEAUX	GEMEAUX	GEMEAUX	GEMEAUX	GEMEAUX
23 h 00	GEMEAUX	GEMEAUX	GEMEAUX	GEMEAUX	GEMEAUX	GEMEAUX	GEMEAUX	GEMEAUX
23 h 30	GEMEAUX	GEMEAUX	GEMEAUX	GEMEAUX	GEMEAUX	GEMEAUX	GEMEAUX	GEMEAUX

DECOUVREZ VOTRE ASCENDANT SANS AUCUN CALCUL : TABLE N° 4

VOTRE HEURE DE NAISSANCE	30 AOUT	31 AOUT	1 SEPTEMBRE	2 SEPTEMBRE	3 SEPTEMBRE	4 SEPTEMBRE	5 SEPTEMBRE	6 SEPTEMBRE
0 h 00	CANCER	CANCER	CANCER	CANCER	CANCER	CANCER	CANCER	CANCER
0 h 30	CANCER	CANCER	CANCER	CANCER	CANCER	CANCER	CANCER	CANCER
1 h 00	CANCER	CANCER	CANCER	CANCER	CANCER	CANCER	CANCER	CANCER
1 h 30	CANCER	CANCER	CANCER	CANCER	CANCER	CANCER	CANCER	CANCER
2 h 00	CANCER	LION	LION	LION	LION	LION	LION	LION
2 h 30	LION	LION	LION	LION	LION	LION	LION	LION
3 h 00	LION	LION	LION	LION	LION	LION	LION	LION
3 h 30	LION	LION	LION	LION	LION	LION	LION	LION
4 h 00	LION	LION	LION	LION	LION	LION	LION	LION
4 h 30	LION	LION	LION	LION	VIERGE	VIERGE	VIERGE	VIERGE
5 h 00	VIERGE	VIERGE	VIERGE	VIERGE	VIERGE	VIERGE	VIERGE	VIERGE
5 h 30	VIERGE	VIERGE	VIERGE	VIERGE	VIERGE	VIERGE	VIERGE	VIERGE
6 h 00	VIERGE	VIERGE	VIERGE	VIERGE	VIERGE	VIERGE	VIERGE	VIERGE
6 h 30	VIERGE	VIERGE	VIERGE	VIERGE	VIERGE	VIERGE	VIERGE	VIERGE
7 h 00	VIERGE	VIERGE	VIERGE	VIERGE	VIERGE	VIERGE	VIERGE	BALANCE
7 h 30	BALANCE	BALANCE	BALANCE	BALANCE	BALANCE	BALANCE	BALANCE	BALANCE
8 h 00	BALANCE	BALANCE	BALANCE	BALANCE	BALANCE	BALANCE	BALANCE	BALANCE
8 h 30	BALANCE	BALANCE	BALANCE	BALANCE	BALANCE	BALANCE	BALANCE	BALANCE
9 h 00	BALANCE	BALANCE	BALANCE	BALANCE	BALANCE	BALANCE	BALANCE	BALANCE
9 h 30	BALANCE	BALANCE	BALANCE	BALANCE	BALANCE	BALANCE	BALANCE	BALANCE
10 h 00	BALANCE	SCORPION	SCORPION	SCORPION	SCORPION	SCORPION	SCORPION	SCORPION
10 h 30	SCORPION	SCORPION	SCORPION	SCORPION	SCORPION	SCORPION	SCORPION	SCORPION
11 h 00	SCORPION	SCORPION	SCORPION	SCORPION	SCORPION	SCORPION	SCORPION	SCORPION
11 h 30	SCORPION	SCORPION	SCORPION	SCORPION	SCORPION	SCORPION	SCORPION	SCORPION
MIDI	SCORPION	SCORPION	SCORPION	SCORPION	SCORPION	SCORPION	SCORPION	SCORPION
12 h 30	SCORPION	SCORPION	SCORPION	SCORPION	SAGITTAIRE	SAGITTAIRE	SAGITTAIRE	SAGITTAIRE
13 h 00	SAGITTAIRE	SAGITTAIRE	SAGITTAIRE	SAGITTAIRE	SAGITTAIRE	SAGITTAIRE	SAGITTAIRE	SAGITTAIRE
13 h 30	SAGITTAIRE	SAGITTAIRE	SAGITTAIRE	SAGITTAIRE	SAGITTAIRE	SAGITTAIRE	SAGITTAIRE	SAGITTAIRE
14 h 00	SAGITTAIRE	SAGITTAIRE	SAGITTAIRE	SAGITTAIRE	SAGITTAIRE	SAGITTAIRE	SAGITTAIRE	SAGITTAIRE
14 h 30	SAGITTAIRE	SAGITTAIRE	SAGITTAIRE	SAGITTAIRE	SAGITTAIRE	SAGITTAIRE	SAGITTAIRE	SAGITTAIRE
15 h 00	SAGITTAIRE	SAGITTAIRE	SAGITTAIRE	CAPRICORNE	CAPRICORNE	CAPRICORNE	CAPRICORNE	CAPRICORNE
15 h 30	CAPRICORNE	CAPRICORNE	CAPRICORNE	CAPRICORNE	CAPRICORNE	CAPRICORNE	CAPRICORNE	CAPRICORNE
16 h 00	CAPRICORNE	CAPRICORNE	CAPRICORNE	CAPRICORNE	CAPRICORNE	CAPRICORNE	CAPRICORNE	CAPRICORNE
16 h 30	CAPRICORNE	CAPRICORNE	CAPRICORNE	CAPRICORNE	CAPRICORNE	CAPRICORNE	CAPRICORNE	CAPRICORNE
17 h 00	CAPRICORNE	VERSEAU	VERSEAU	VERSEAU	VERSEAU	VERSEAU	VERSEAU	VERSEAU
17 h 30	VERSEAU	VERSEAU	VERSEAU	VERSEAU	VERSEAU	VERSEAU	VERSEAU	VERSEAU
18 h 00	VERSEAU	VERSEAU	VERSEAU	VERSEAU	VERSEAU	VERSEAU	POISSONS	POISSONS
18 h 30	POISSONS	POISSONS	POISSONS	POISSONS	POISSONS	POISSONS	POISSONS	POISSONS
19 h 00	POISSONS	POISSONS	POISSONS	POISSONS	POISSONS	POISSONS	POISSONS	BELIER
19 h 30	BELIER	BELIER	BELIER	BELIER	BELIER	BELIER	BELIER	BELIER
20 h 00	BELIER	BELIER	BELIER	BELIER	BELIER	BELIER	BELIER	TAUREAU
20 h 30	TAUREAU	TAUREAU	TAUREAU	TAUREAU	TAUREAU	TAUREAU	TAUREAU	TAUREAU
21 h 00	TAUREAU	TAUREAU	TAUREAU	TAUREAU	TAUREAU	TAUREAU	TAUREAU	TAUREAU
21 h 30	TAUREAU	TAUREAU	TAUREAU	TAUREAU	TAUREAU	GEMEAUX	GEMEAUX	GEMEAUX
22 h 00	GEMEAUX	GEMEAUX	GEMEAUX	GEMEAUX	GEMEAUX	GEMEAUX	GEMEAUX	GEMEAUX
22 h 30	GEMEAUX	GEMEAUX	GEMEAUX	GEMEAUX	GEMEAUX	GEMEAUX	GEMEAUX	GEMEAUX
23 h 00	GEMEAUX	GEMEAUX	GEMEAUX	GEMEAUX	GEMEAUX	GEMEAUX	GEMEAUX	GEMEAUX
23 h 30	GEMEAUX	GEMEAUX	GEMEAUX	CANCER	CANCER	CANCER	CANCER	CANCER

DECOUVREZ VOTRE ASCENDANT SANS AUCUN CALCUL : TABLE N° 4

VOTRE HEURE DE NAISSANCE	7 SEPTEMBRE	8 SEPTEMBRE	9 SEPTEMBRE	10 SEPTEMBRE	11 SEPTEMBRE	12 SEPTEMBRE	13 SEPTEMBRE	14 SEPTEMBRE	15 SEPTEMBRE
0 h 00	CANCER	CANCER	CANCER	CANCER	CANCER	CANCER	CANCER	CANCER	CANCER
0 h 30	CANCER	CANCER	CANCER	CANCER	CANCER	CANCER	CANCER	CANCER	CANCER
1 h 00	CANCER	CANCER	CANCER	CANCER	CANCER	CANCER	CANCER	CANCER	CANCER
1 h 30	CANCER	LION	LION	LION	LION	LION	LION	LION	LION
2 h 00	LION	LION	LION	LION	LION	LION	LION	LION	LION
2 h 30	LION	LION	LION	LION	LION	LION	LION	LION	LION
3 h 00	LION	LION	LION	LION	LION	LION	LION	LION	LION
3 h 30	LION	LION	LION	LION	LION	LION	LION	LION	LION
4 h 00	LION	LION	LION	LION	VIERGE	VIERGE	VIERGE	VIERGE	VIERGE
4 h 30	VIERGE	VIERGE	VIERGE	VIERGE	VIERGE	VIERGE	VIERGE	VIERGE	VIERGE
5 h 00	VIERGE	VIERGE	VIERGE	VIERGE	VIERGE	VIERGE	VIERGE	VIERGE	VIERGE
5 h 30	VIERGE	VIERGE	VIERGE	VIERGE	VIERGE	VIERGE	VIERGE	VIERGE	VIERGE
6 h 00	VIERGE	VIERGE	VIERGE	VIERGE	VIERGE	VIERGE	VIERGE	VIERGE	VIERGE
6 h 30	VIERGE	VIERGE	VIERGE	VIERGE	VIERGE	VIERGE	BALANCE	BALANCE	BALANCE
7 h 00	BALANCE	BALANCE	BALANCE	BALANCE	BALANCE	BALANCE	BALANCE	BALANCE	BALANCE
7 h 30	BALANCE	BALANCE	BALANCE	BALANCE	BALANCE	BALANCE	BALANCE	BALANCE	BALANCE
8 h 00	BALANCE	BALANCE	BALANCE	BALANCE	BALANCE	BALANCE	BALANCE	BALANCE	BALANCE
8 h 30	BALANCE	BALANCE	BALANCE	BALANCE	BALANCE	BALANCE	BALANCE	BALANCE	BALANCE
9 h 00	BALANCE	BALANCE	BALANCE	BALANCE	BALANCE	BALANCE	BALANCE	BALANCE	BALANCE
9 h 30	BALANCE	SCORPION	SCORPION	SCORPION	SCORPION	SCORPION	SCORPION	SCORPION	SCORPION
10 h 00	SCORPION	SCORPION	SCORPION	SCORPION	SCORPION	SCORPION	SCORPION	SCORPION	SCORPION
10 h 30	SCORPION	SCORPION	SCORPION	SCORPION	SCORPION	SCORPION	SCORPION	SCORPION	SCORPION
11 h 00	SCORPION	SCORPION	SCORPION	SCORPION	SCORPION	SCORPION	SCORPION	SCORPION	SCORPION
11 h 30	SCORPION	SCORPION	SCORPION	SCORPION	SCORPION	SCORPION	SCORPION	SCORPION	SCORPION
MIDI	SCORPION	SCORPION	SCORPION	SAGITTAIRE	SAGITTAIRE	SAGITTAIRE	SAGITTAIRE	SAGITTAIRE	SAGITTAIRE
12 h 30	SAGITTAIRE	SAGITTAIRE	SAGITTAIRE	SAGITTAIRE	SAGITTAIRE	SAGITTAIRE	SAGITTAIRE	SAGITTAIRE	SAGITTAIRE
13 h 00	SAGITTAIRE	SAGITTAIRE	SAGITTAIRE	SAGITTAIRE	SAGITTAIRE	SAGITTAIRE	SAGITTAIRE	SAGITTAIRE	SAGITTAIRE
13 h 30	SAGITTAIRE	SAGITTAIRE	SAGITTAIRE	SAGITTAIRE	SAGITTAIRE	SAGITTAIRE	SAGITTAIRE	SAGITTAIRE	SAGITTAIRE
14 h 00	SAGITTAIRE	SAGITTAIRE	SAGITTAIRE	SAGITTAIRE	SAGITTAIRE	SAGITTAIRE	SAGITTAIRE	SAGITTAIRE	SAGITTAIRE
14 h 30	SAGITTAIRE	SAGITTAIRE	SAGITTAIRE	CAPRICORNE	CAPRICORNE	CAPRICORNE	CAPRICORNE	CAPRICORNE	CAPRICORNE
15 h 00	CAPRICORNE	CAPRICORNE	CAPRICORNE	CAPRICORNE	CAPRICORNE	CAPRICORNE	CAPRICORNE	CAPRICORNE	CAPRICORNE
15 h 30	CAPRICORNE	CAPRICORNE	CAPRICORNE	CAPRICORNE	CAPRICORNE	CAPRICORNE	CAPRICORNE	CAPRICORNE	CAPRICORNE
16 h 00	CAPRICORNE	CAPRICORNE	CAPRICORNE	CAPRICORNE	CAPRICORNE	CAPRICORNE	CAPRICORNE	CAPRICORNE	VERSEAU
16 h 30	VERSEAU	VERSEAU	VERSEAU	VERSEAU	VERSEAU	VERSEAU	VERSEAU	VERSEAU	VERSEAU
17 h 00	VERSEAU	VERSEAU	VERSEAU	VERSEAU	VERSEAU	VERSEAU	VERSEAU	VERSEAU	VERSEAU
17 h 30	VERSEAU	VERSEAU	VERSEAU	VERSEAU	VERSEAU	POISSONS	POISSONS	POISSONS	POISSONS
18 h 00	POISSONS	POISSONS	POISSONS	POISSONS	POISSONS	POISSONS	POISSONS	POISSONS	POISSONS
18 h 30	POISSONS	POISSONS	POISSONS	POISSONS	POISSONS	POISSONS	BELIER	BELIER	BELIER
19 h 00	BELIER	BELIER	BELIER	BELIER	BELIER	BELIER	BELIER	BELIER	BELIER
19 h 30	BELIER	BELIER	BELIER	BELIER	BELIER	BELIER	BELIER	TAUREAU	TAUREAU
20 h 00	TAUREAU	TAUREAU	TAUREAU	TAUREAU	TAUREAU	TAUREAU	TAUREAU	TAUREAU	TAUREAU
20 h 30	TAUREAU	TAUREAU	TAUREAU	TAUREAU	TAUREAU	TAUREAU	TAUREAU	TAUREAU	TAUREAU
21 h 00	TAUREAU	TAUREAU	TAUREAU	TAUREAU	TAUREAU	GEMEAUX	GEMEAUX	GEMEAUX	GEMEAUX
21 h 30	GEMEAUX	GEMEAUX	GEMEAUX	GEMEAUX	GEMEAUX	GEMEAUX	GEMEAUX	GEMEAUX	GEMEAUX
22 h 00	GEMEAUX	GEMEAUX	GEMEAUX	GEMEAUX	GEMEAUX	GEMEAUX	GEMEAUX	GEMEAUX	GEMEAUX
22 h 30	GEMEAUX	GEMEAUX	GEMEAUX	GEMEAUX	GEMEAUX	GEMEAUX	GEMEAUX	GEMEAUX	GEMEAUX
23 h 00	GEMEAUX	GEMEAUX	CANCER	CANCER	CANCER	CANCER	CANCER	CANCER	CANCER
23 h 30	CANCER	CANCER	CANCER	CANCER	CANCER	CANCER	CANCER	CANCER	CANCER

DECOUVREZ VOTRE ASCENDANT SANS AUCUN CALCUL : TABLE N° 4

VOTRE HEURE DE NAISSANCE	16 SEPTEMBRE	17 SEPTEMBRE	18 SEPTEMBRE	19 SEPTEMBRE	20 SEPTEMBRE	21 SEPTEMBRE	22 SEPTEMBRE	23 SEPTEMBRE	24 SEPTEMBRE
0 h 00	CANCER	CANCER	CANCER	CANCER	CANCER	CANCER	CANCER	CANCER	CANCER
0 h 30	CANCER	CANCER	CANCER	CANCER	CANCER	CANCER	CANCER	CANCER	LION
1 h 00	LION	LION	LION	LION	LION	LION	LION	LION	LION
1 h 30	LION	LION	LION	LION	LION	LION	LION	LION	LION
2 h 00	LION	LION	LION	LION	LION	LION	LION	LION	LION
2 h 30	LION	LION	LION	LION	LION	LION	LION	LION	LION
3 h 00	LION	LION	LION	LION	LION	LION	LION	LION	LION
3 h 30	LION	LION	VIERGE	VIERGE	VIERGE	VIERGE	VIERGE	VIERGE	VIERGE
4 h 00	VIERGE	VIERGE	VIERGE	VIERGE	VIERGE	VIERGE	VIERGE	VIERGE	VIERGE
4 h 30	VIERGE	VIERGE	VIERGE	VIERGE	VIERGE	VIERGE	VIERGE	VIERGE	VIERGE
5 h 00	VIERGE	VIERGE	VIERGE	VIERGE	VIERGE	VIERGE	VIERGE	VIERGE	VIERGE
5 h 30	VIERGE	VIERGE	VIERGE	VIERGE	VIERGE	VIERGE	VIERGE	VIERGE	VIERGE
6 h 00	VIERGE	VIERGE	VIERGE	VIERGE	VIERGE	BALANCE	BALANCE	BALANCE	BALANCE
6 h 30	BALANCE	BALANCE	BALANCE	BALANCE	BALANCE	BALANCE	BALANCE	BALANCE	BALANCE
7 h 00	BALANCE	BALANCE	BALANCE	BALANCE	BALANCE	BALANCE	BALANCE	BALANCE	BALANCE
7 h 30	BALANCE	BALANCE	BALANCE	BALANCE	BALANCE	BALANCE	BALANCE	BALANCE	BALANCE
8 h 00	BALANCE	BALANCE	BALANCE	BALANCE	BALANCE	BALANCE	BALANCE	BALANCE	BALANCE
8 h 30	BALANCE	BALANCE	BALANCE	BALANCE	BALANCE	BALANCE	BALANCE	BALANCE	SCORPION
9 h 00	SCORPION	SCORPION	SCORPION	SCORPION	SCORPION	SCORPION	SCORPION	SCORPION	SCORPION
9 h 30	SCORPION	SCORPION	SCORPION	SCORPION	SCORPION	SCORPION	SCORPION	SCORPION	SCORPION
10 h 00	SCORPION	SCORPION	SCORPION	SCORPION	SCORPION	SCORPION	SCORPION	SCORPION	SCORPION
10 h 30	SCORPION	SCORPION	SCORPION	SCORPION	SCORPION	SCORPION	SCORPION	SCORPION	SCORPION
11 h 00	SCORPION	SCORPION	SCORPION	SCORPION	SCORPION	SCORPION	SCORPION	SCORPION	SCORPION
11 h 30	SCORPION	SCORPION	SAGITTAIRE	SAGITTAIRE	SAGITTAIRE	SAGITTAIRE	SAGITTAIRE	SAGITTAIRE	SAGITTAIRE
MIDI	SAGITTAIRE	SAGITTAIRE	SAGITTAIRE	SAGITTAIRE	SAGITTAIRE	SAGITTAIRE	SAGITTAIRE	SAGITTAIRE	SAGITTAIRE
12 h 30	SAGITTAIRE	SAGITTAIRE	SAGITTAIRE	SAGITTAIRE	SAGITTAIRE	SAGITTAIRE	SAGITTAIRE	SAGITTAIRE	SAGITTAIRE
13 h 00	SAGITTAIRE	SAGITTAIRE	SAGITTAIRE	SAGITTAIRE	SAGITTAIRE	SAGITTAIRE	SAGITTAIRE	SAGITTAIRE	SAGITTAIRE
13 h 30	SAGITTAIRE	SAGITTAIRE	SAGITTAIRE	SAGITTAIRE	SAGITTAIRE	SAGITTAIRE	SAGITTAIRE	SAGITTAIRE	SAGITTAIRE
14 h 00	SAGITTAIRE	CAPRICORNE	CAPRICORNE	CAPRICORNE	CAPRICORNE	CAPRICORNE	CAPRICORNE	CAPRICORNE	CAPRICORNE
14 h 30	CAPRICORNE	CAPRICORNE	CAPRICORNE	CAPRICORNE	CAPRICORNE	CAPRICORNE	CAPRICORNE	CAPRICORNE	CAPRICORNE
15 h 00	CAPRICORNE	CAPRICORNE	CAPRICORNE	CAPRICORNE	CAPRICORNE	CAPRICORNE	CAPRICORNE	CAPRICORNE	CAPRICORNE
15 h 30	CAPRICORNE	CAPRICORNE	CAPRICORNE	CAPRICORNE	CAPRICORNE	CAPRICORNE	CAPRICORNE	VERSEAU	VERSEAU
16 h 00	VERSEAU	VERSEAU	VERSEAU	VERSEAU	VERSEAU	VERSEAU	VERSEAU	VERSEAU	VERSEAU
16 h 30	VERSEAU	VERSEAU	VERSEAU	VERSEAU	VERSEAU	VERSEAU	VERSEAU	VERSEAU	VERSEAU
17 h 00	VERSEAU	VERSEAU	VERSEAU	VERSEAU	POISSONS	POISSONS	POISSONS	POISSONS	POISSONS
17 h 30	POISSONS	POISSONS	POISSONS	POISSONS	POISSONS	POISSONS	POISSONS	POISSONS	POISSONS
18 h 00	POISSONS	POISSONS	POISSONS	POISSONS	POISSONS	BELIER	BELIER	BELIER	BELIER
18 h 30	BELIER	BELIER	BELIER	BELIER	BELIER	BELIER	BELIER	BELIER	BELIER
19 h 00	BELIER	BELIER	BELIER	BELIER	BELIER	TAUREAU	TAUREAU	TAUREAU	TAUREAU
19 h 30	TAUREAU	TAUREAU	TAUREAU	TAUREAU	TAUREAU	TAUREAU	TAUREAU	TAUREAU	TAUREAU
20 h 00	TAUREAU	TAUREAU	TAUREAU	TAUREAU	TAUREAU	TAUREAU	TAUREAU	TAUREAU	TAUREAU
20 h 30	TAUREAU	TAUREAU	TAUREAU	GEMEAUX	GEMEAUX	GEMEAUX	GEMEAUX	GEMEAUX	GEMEAUX
21 h 00	GEMEAUX	GEMEAUX	GEMEAUX	GEMEAUX	GEMEAUX	GEMEAUX	GEMEAUX	GEMEAUX	GEMEAUX
21 h 30	GEMEAUX	GEMEAUX	GEMEAUX	GEMEAUX	GEMEAUX	GEMEAUX	GEMEAUX	GEMEAUX	GEMEAUX
22 h 00	GEMEAUX	GEMEAUX	GEMEAUX	GEMEAUX	GEMEAUX	GEMEAUX	GEMEAUX	GEMEAUX	GEMEAUX
22 h 30	GEMEAUX	CANCER	CANCER	CANCER	CANCER	CANCER	CANCER	CANCER	CANCER
23 h 00	CANCER	CANCER	CANCER	CANCER	CANCER	CANCER	CANCER	CANCER	CANCER
23 h 30	CANCER	CANCER	CANCER	CANCER	CANCER	CANCER	CANCER	CANCER	CANCER

DECOUVREZ VOTRE ASCENDANT SANS AUCUN CALCUL : TABLE N⁰ 5

VOTRE HEURE DE NAISSANCE	22 AOUT	23 AOUT	24 AOUT	25 AOUT	26 AOUT	27 AOUT	28 AOUT	29 AOUT
0 h 00	CANCER	CANCER	CANCER	CANCER	CANCER	CANCER	CANCER	CANCER
0 h 30	CANCER	CANCER	CANCER	CANCER	CANCER	CANCER	CANCER	CANCER
1 h 00	CANCER	CANCER	CANCER	CANCER	CANCER	CANCER	CANCER	CANCER
1 h 30	CANCER	CANCER	CANCER	CANCER	CANCER	CANCER	CANCER	CANCER
2 h 00	CANCER	CANCER	CANCER	LION	LION	LION	LION	LION
2 h 30	LION	LION	LION	LION	LION	LION	LION	LION
3 h 00	LION	LION	LION	LION	LION	LION	LION	LION
3 h 30	LION	LION	LION	LION	LION	LION	LION	LION
4 h 00	LION	LION	LION	LION	LION	LION	LION	LION
4 h 30	LION	LION	LION	LION	LION	LION	LION	LION
5 h 00	LION	VIERGE	VIERGE	VIERGE	VIERGE	VIERGE	VIERGE	VIERGE
5 h 30	VIERGE	VIERGE	VIERGE	VIERGE	VIERGE	VIERGE	VIERGE	VIERGE
6 h 00	VIERGE	VIERGE	VIERGE	VIERGE	VIERGE	VIERGE	VIERGE	VIERGE
6 h 30	VIERGE	VIERGE	VIERGE	VIERGE	VIERGE	VIERGE	VIERGE	VIERGE
7 h 00	VIERGE	VIERGE	VIERGE	VIERGE	VIERGE	VIERGE	VIERGE	VIERGE
7 h 30	VIERGE	VIERGE	VIERGE	VIERGE	VIERGE	VIERGE	VIERGE	BALANCE
8 h 00	BALANCE	BALANCE	BALANCE	BALANCE	BALANCE	BALANCE	BALANCE	BALANCE
8 h 30	BALANCE	BALANCE	BALANCE	BALANCE	BALANCE	BALANCE	BALANCE	BALANCE
9 h 00	BALANCE	BALANCE	BALANCE	BALANCE	BALANCE	BALANCE	BALANCE	BALANCE
9 h 30	BALANCE	BALANCE	BALANCE	BALANCE	BALANCE	BALANCE	BALANCE	BALANCE
10 h 00	BALANCE	BALANCE	BALANCE	BALANCE	BALANCE	BALANCE	BALANCE	BALANCE
10 h 30	BALANCE	BALANCE	BALANCE	BALANCE	BALANCE	SCORPION	SCORPION	SCORPION
11 h 00	SCORPION	SCORPION	SCORPION	SCORPION	SCORPION	SCORPION	SCORPION	SCORPION
11 h 30	SCORPION	SCORPION	SCORPION	SCORPION	SCORPION	SCORPION	SCORPION	SCORPION
MIDI	SCORPION	SCORPION	SCORPION	SCORPION	SCORPION	SCORPION	SCORPION	SCORPION
12 h 30	SCORPION	SCORPION	SCORPION	SCORPION	SCORPION	SCORPION	SCORPION	SCORPION
13 h 00	SCORPION	SCORPION	SCORPION	SCORPION	SCORPION	SCORPION	SCORPION	SCORPION
13 h 30	SCORPION	SCORPION	SCORPION	SCORPION	SAGITTAIRE	SAGITTAIRE	SAGITTAIRE	SAGITTAIRE
14 h 00	SAGITTAIRE	SAGITTAIRE	SAGITTAIRE	SAGITTAIRE	SAGITTAIRE	SAGITTAIRE	SAGITTAIRE	SAGITTAIRE
14 h 30	SAGITTAIRE	SAGITTAIRE	SAGITTAIRE	SAGITTAIRE	SAGITTAIRE	SAGITTAIRE	SAGITTAIRE	SAGITTAIRE
15 h 00	SAGITTAIRE	SAGITTAIRE	SAGITTAIRE	SAGITTAIRE	SAGITTAIRE	SAGITTAIRE	SAGITTAIRE	SAGITTAIRE
15 h 30	SAGITTAIRE	SAGITTAIRE	SAGITTAIRE	SAGITTAIRE	SAGITTAIRE	SAGITTAIRE	SAGITTAIRE	SAGITTAIRE
16 h 00	SAGITTAIRE	SAGITTAIRE	SAGITTAIRE	CAPRICORNE	CAPRICORNE	CAPRICORNE	CAPRICORNE	CAPRICORNE
16 h 30	CAPRICORNE	CAPRICORNE	CAPRICORNE	CAPRICORNE	CAPRICORNE	CAPRICORNE	CAPRICORNE	CAPRICORNE
17 h 00	CAPRICORNE	CAPRICORNE	CAPRICORNE	CAPRICORNE	CAPRICORNE	CAPRICORNE	CAPRICORNE	CAPRICORNE
17 h 30	CAPRICORNE	CAPRICORNE	CAPRICORNE	CAPRICORNE	CAPRICORNE	CAPRICORNE	CAPRICORNE	VERSEAU
18 h 00	VERSEAU	VERSEAU	VERSEAU	VERSEAU	VERSEAU	VERSEAU	VERSEAU	VERSEAU
18 h 30	VERSEAU	VERSEAU	VERSEAU	VERSEAU	VERSEAU	VERSEAU	VERSEAU	VERSEAU
19 h 00	VERSEAU	POISSONS	POISSONS	POISSONS	POISSONS	POISSONS	POISSONS	POISSONS
19 h 30	POISSONS	POISSONS	POISSONS	POISSONS	POISSONS	POISSONS	POISSONS	BELIER
20 h 00	BELIER	BELIER	BELIER	BELIER	BELIER	BELIER	BELIER	BELIER
20 h 30	BELIER	BELIER	BELIER	BELIER	BELIER	TAUREAU	TAUREAU	TAUREAU
21 h 00	TAUREAU	TAUREAU	TAUREAU	TAUREAU	TAUREAU	TAUREAU	TAUREAU	TAUREAU
21 h 30	TAUREAU	TAUREAU	TAUREAU	TAUREAU	TAUREAU	TAUREAU	GEMEAUX	GEMEAUX
22 h 00	GEMEAUX	GEMEAUX	GEMEAUX	GEMEAUX	GEMEAUX	GEMEAUX	GEMEAUX	GEMEAUX
22 h 30	GEMEAUX	GEMEAUX	GEMEAUX	GEMEAUX	GEMEAUX	GEMEAUX	GEMEAUX	GEMEAUX
23 h 00	GEMEAUX	GEMEAUX	GEMEAUX	GEMEAUX	GEMEAUX	GEMEAUX	GEMEAUX	GEMEAUX
23 h 30	GEMEAUX	GEMEAUX	CANCER	CANCER	CANCER	CANCER	CANCER	CANCER

DECOUVREZ VOTRE ASCENDANT SANS AUCUN CALCUL : TABLE N° 5

VOTRE HEURE DE NAISSANCE	30 AOUT	31 AOUT	1 SEPTEMBRE	2 SEPTEMBRE	3 SEPTEMBRE	4 SEPTEMBRE	5 SEPTEMBRE	6 SEPTEMBRE
0 h 00	CANCER	CANCER	CANCER	CANCER	CANCER	CANCER	CANCER	CANCER
0 h 30	CANCER	CANCER	CANCER	CANCER	CANCER	CANCER	CANCER	CANCER
1 h 00	CANCER	CANCER	CANCER	CANCER	CANCER	CANCER	CANCER	CANCER
1 h 30	CANCER	CANCER	CANCER	LION	LION	LION	LION	LION
2 h 00	LION	LION	LION	LION	LION	LION	LION	LION
2 h 30	LION	LION	LION	LION	LION	LION	LION	LION
3 h 00	LION	LION	LION	LION	LION	LION	LION	LION
3 h 30	LION	LION	LION	LION	LION	LION	LION	LION
4 h 00	LION	LION	LION	LION	LION	LION	LION	LION
4 h 30	LION	VIERGE	VIERGE	VIERGE	VIERGE	VIERGE	VIERGE	VIERGE
5 h 00	VIERGE	VIERGE	VIERGE	VIERGE	VIERGE	VIERGE	VIERGE	VIERGE
5 h 30	VIERGE	VIERGE	VIERGE	VIERGE	VIERGE	VIERGE	VIERGE	VIERGE
6 h 00	VIERGE	VIERGE	VIERGE	VIERGE	VIERGE	VIERGE	VIERGE	VIERGE
6 h 30	VIERGE	VIERGE	VIERGE	VIERGE	VIERGE	VIERGE	VIERGE	VIERGE
7 h 00	VIERGE	VIERGE	VIERGE	VIERGE	VIERGE	VIERGE	VIERGE	VIERGE
7 h 30	BALANCE	BALANCE	BALANCE	BALANCE	BALANCE	BALANCE	BALANCE	BALANCE
8 h 00	BALANCE	BALANCE	BALANCE	BALANCE	BALANCE	BALANCE	BALANCE	BALANCE
8 h 30	BALANCE	BALANCE	BALANCE	BALANCE	BALANCE	BALANCE	BALANCE	BALANCE
9 h 00	BALANCE	BALANCE	BALANCE	BALANCE	BALANCE	BALANCE	BALANCE	BALANCE
9 h 30	BALANCE	BALANCE	BALANCE	BALANCE	BALANCE	BALANCE	BALANCE	BALANCE
10 h 00	BALANCE	BALANCE	BALANCE	BALANCE	BALANCE	SCORPION	SCORPION	SCORPION
10 h 30	SCORPION	SCORPION	SCORPION	SCORPION	SCORPION	SCORPION	SCORPION	SCORPION
11 h 00	SCORPION	SCORPION	SCORPION	SCORPION	SCORPION	SCORPION	SCORPION	SCORPION
11 h 30	SCORPION	SCORPION	SCORPION	SCORPION	SCORPION	SCORPION	SCORPION	SCORPION
MIDI	SCORPION	SCORPION	SCORPION	SCORPION	SCORPION	SCORPION	SCORPION	SCORPION
12 h 30	SCORPION	SCORPION	SCORPION	SCORPION	SCORPION	SCORPION	SCORPION	SCORPION
13 h 00	SCORPION	SCORPION	SCORPION	SAGITTAIRE	SAGITTAIRE	SAGITTAIRE	SAGITTAIRE	SAGITTAIRE
13 h 30	SAGITTAIRE	SAGITTAIRE	SAGITTAIRE	SAGITTAIRE	SAGITTAIRE	SAGITTAIRE	SAGITTAIRE	SAGITTAIRE
14 h 00	SAGITTAIRE	SAGITTAIRE	SAGITTAIRE	SAGITTAIRE	SAGITTAIRE	SAGITTAIRE	SAGITTAIRE	SAGITTAIRE
14 h 30	SAGITTAIRE	SAGITTAIRE	SAGITTAIRE	SAGITTAIRE	SAGITTAIRE	SAGITTAIRE	SAGITTAIRE	SAGITTAIRE
15 h 00	SAGITTAIRE	SAGITTAIRE	SAGITTAIRE	SAGITTAIRE	SAGITTAIRE	SAGITTAIRE	SAGITTAIRE	SAGITTAIRE
15 h 30	SAGITTAIRE	SAGITTAIRE	SAGITTAIRE	CAPRICORNE	CAPRICORNE	CAPRICORNE	CAPRICORNE	CAPRICORNE
16 h 00	CAPRICORNE	CAPRICORNE	CAPRICORNE	CAPRICORNE	CAPRICORNE	CAPRICORNE	CAPRICORNE	CAPRICORNE
16 h 30	CAPRICORNE	CAPRICORNE	CAPRICORNE	CAPRICORNE	CAPRICORNE	CAPRICORNE	CAPRICORNE	CAPRICORNE
17 h 00	CAPRICORNE	CAPRICORNE	CAPRICORNE	CAPRICORNE	CAPRICORNE	CAPRICORNE	CAPRICORNE	VERSEAU
17 h 30	VERSEAU	VERSEAU	VERSEAU	VERSEAU	VERSEAU	VERSEAU	VERSEAU	VERSEAU
18 h 00	VERSEAU	VERSEAU	VERSEAU	VERSEAU	VERSEAU	VERSEAU	VERSEAU	VERSEAU
18 h 30	VERSEAU	POISSONS	POISSONS	POISSONS	POISSONS	POISSONS	POISSONS	POISSONS
19 h 00	POISSONS	POISSONS	POISSONS	POISSONS	POISSONS	POISSONS	POISSONS	BELIER
19 h 30	BELIER	BELIER	BELIER	BELIER	BELIER	BELIER	BELIER	BELIER
20 h 00	BELIER	BELIER	BELIER	BELIER	BELIER	TAUREAU	TAUREAU	TAUREAU
20 h 30	TAUREAU	TAUREAU	TAUREAU	TAUREAU	TAUREAU	TAUREAU	TAUREAU	TAUREAU
21 h 00	TAUREAU	TAUREAU	TAUREAU	TAUREAU	TAUREAU	TAUREAU	GEMEAUX	GEMEAUX
21 h 30	GEMEAUX	GEMEAUX	GEMEAUX	GEMEAUX	GEMEAUX	GEMEAUX	GEMEAUX	GEMEAUX
22 h 00	GEMEAUX	GEMEAUX	GEMEAUX	GEMEAUX	GEMEAUX	GEMEAUX	GEMEAUX	GEMEAUX
22 h 30	GEMEAUX	GEMEAUX	GEMEAUX	GEMEAUX	GEMEAUX	GEMEAUX	GEMEAUX	GEMEAUX
23 h 00	GEMEAUX	GEMEAUX	CANCER	CANCER	CANCER	CANCER	CANCER	CANCER
23 h 30	CANCER	CANCER	CANCER	CANCER	CANCER	CANCER	CANCER	CANCER

DECOUVREZ VOTRE ASCENDANT SANS AUCUN CALCUL : TABLE N⁰ 5

VOTRE HEURE DE NAISSANCE	7 SEPTEMBRE	8 SEPTEMBRE	9 SEPTEMBRE	10 SEPTEMBRE	11 SEPTEMBRE	12 SEPTEMBRE	13 SEPTEMBRE	14 SEPTEMBRE	15 SEPTEMBRE
0 h 00	CANCER	CANCER	CANCER	CANCER	CANCER	CANCER	CANCER	CANCER	CANCER
0 h 30	CANCER	CANCER	CANCER	CANCER	CANCER	CANCER	CANCER	CANCER	CANCER
1 h 00	CANCER	CANCER	CANCER	LION	LION	LION	LION	LION	LION
1 h 30	LION	LION	LION	LION	LION	LION	LION	LION	LION
2 h 00	LION	LION	LION	LION	LION	LION	LION	LION	LION
2 h 30	LION	LION	LION	LION	LION	LION	LION	LION	LION
3 h 00	LION	LION	LION	LION	LION	LION	LION	LION	LION
3 h 30	LION	LION	LION	LION	LION	LION	LION	LION	LION
4 h 00	LION	VIERGE	VIERGE	VIERGE	VIERGE	VIERGE	VIERGE	VIERGE	VIERGE
4 h 30	VIERGE	VIERGE	VIERGE	VIERGE	VIERGE	VIERGE	VIERGE	VIERGE	VIERGE
5 h 00	VIERGE	VIERGE	VIERGE	VIERGE	VIERGE	VIERGE	VIERGE	VIERGE	VIERGE
5 h 30	VIERGE	VIERGE	VIERGE	VIERGE	VIERGE	VIERGE	VIERGE	VIERGE	VIERGE
6 h 00	VIERGE	VIERGE	VIERGE	VIERGE	VIERGE	VIERGE	VIERGE	VIERGE	VIERGE
6 h 30	VIERGE	VIERGE	VIERGE	VIERGE	VIERGE	VIERGE	BALANCE	BALANCE	BALANCE
7 h 00	BALANCE	BALANCE	BALANCE	BALANCE	BALANCE	BALANCE	BALANCE	BALANCE	BALANCE
7 h 30	BALANCE	BALANCE	BALANCE	BALANCE	BALANCE	BALANCE	BALANCE	BALANCE	BALANCE
8 h 00	BALANCE	BALANCE	BALANCE	BALANCE	BALANCE	BALANCE	BALANCE	BALANCE	BALANCE
8 h 30	BALANCE	BALANCE	BALANCE	BALANCE	BALANCE	BALANCE	BALANCE	BALANCE	BALANCE
9 h 00	BALANCE	BALANCE	BALANCE	BALANCE	BALANCE	BALANCE	BALANCE	BALANCE	BALANCE
9 h 30	BALANCE	BALANCE	BALANCE	BALANCE	SCORPION	SCORPION	SCORPION	SCORPION	SCORPION
10 h 00	SCORPION	SCORPION	SCORPION	SCORPION	SCORPION	SCORPION	SCORPION	SCORPION	SCORPION
10 h 30	SCORPION	SCORPION	SCORPION	SCORPION	SCORPION	SCORPION	SCORPION	SCORPION	SCORPION
11 h 00	SCORPION	SCORPION	SCORPION	SCORPION	SCORPION	SCORPION	SCORPION	SCORPION	SCORPION
11 h 30	SCORPION	SCORPION	SCORPION	SCORPION	SCORPION	SCORPION	SCORPION	SCORPION	SCORPION
MIDI	SCORPION	SCORPION	SCORPION	SCORPION	SCORPION	SCORPION	SCORPION	SCORPION	SCORPION
12 h 30	SCORPION	SCORPION	SCORPION	SAGITTAIRE	SAGITTAIRE	SAGITTAIRE	SAGITTAIRE	SAGITTAIRE	SAGITTAIRE
13 h 00	SAGITTAIRE	SAGITTAIRE	SAGITTAIRE	SAGITTAIRE	SAGITTAIRE	SAGITTAIRE	SAGITTAIRE	SAGITTAIRE	SAGITTAIRE
13 h 30	SAGITTAIRE	SAGITTAIRE	SAGITTAIRE	SAGITTAIRE	SAGITTAIRE	SAGITTAIRE	SAGITTAIRE	SAGITTAIRE	SAGITTAIRE
14 h 00	SAGITTAIRE	SAGITTAIRE	SAGITTAIRE	SAGITTAIRE	SAGITTAIRE	SAGITTAIRE	SAGITTAIRE	SAGITTAIRE	SAGITTAIRE
14 h 30	SAGITTAIRE	SAGITTAIRE	SAGITTAIRE	SAGITTAIRE	SAGITTAIRE	SAGITTAIRE	SAGITTAIRE	SAGITTAIRE	SAGITTAIRE
15 h 00	SAGITTAIRE	SAGITTAIRE	CAPRICORNE	CAPRICORNE	CAPRICORNE	CAPRICORNE	CAPRICORNE	CAPRICORNE	CAPRICORNE
15 h 30	CAPRICORNE	CAPRICORNE	CAPRICORNE	CAPRICORNE	CAPRICORNE	CAPRICORNE	CAPRICORNE	CAPRICORNE	CAPRICORNE
16 h 00	CAPRICORNE	CAPRICORNE	CAPRICORNE	CAPRICORNE	CAPRICORNE	CAPRICORNE	CAPRICORNE	CAPRICORNE	CAPRICORNE
16 h 30	CAPRICORNE	CAPRICORNE	CAPRICORNE	CAPRICORNE	CAPRICORNE	CAPRICORNE	VERSEAU	VERSEAU	VERSEAU
17 h 00	VERSEAU	VERSEAU	VERSEAU	VERSEAU	VERSEAU	VERSEAU	VERSEAU	VERSEAU	VERSEAU
17 h 30	VERSEAU	VERSEAU	VERSEAU	VERSEAU	VERSEAU	VERSEAU	VERSEAU	VERSEAU	POISSONS
18 h 00	VERSEAU	POISSONS	POISSONS	POISSONS	POISSONS	POISSONS	POISSONS	POISSONS	POISSONS
18 h 30	POISSONS	POISSONS	POISSONS	POISSONS	POISSONS	POISSONS	BELIER	BELIER	BELIER
19 h 00	BELIER	BELIER	BELIER	BELIER	BELIER	BELIER	BELIER	BELIER	BELIER
19 h 30	BELIER	BELIER	BELIER	BELIER	TAUREAU	TAUREAU	TAUREAU	TAUREAU	TAUREAU
20 h 00	TAUREAU	TAUREAU	TAUREAU	TAUREAU	TAUREAU	TAUREAU	TAUREAU	TAUREAU	TAUREAU
20 h 30	TAUREAU	TAUREAU	TAUREAU	TAUREAU	TAUREAU	TAUREAU	GEMEAUX	GEMEAUX	GEMEAUX
21 h 00	GEMEAUX	GEMEAUX	GEMEAUX	GEMEAUX	GEMEAUX	GEMEAUX	GEMEAUX	GEMEAUX	GEMEAUX
21 h 30	GEMEAUX	GEMEAUX	GEMEAUX	GEMEAUX	GEMEAUX	GEMEAUX	GEMEAUX	GEMEAUX	GEMEAUX
22 h 00	GEMEAUX	GEMEAUX	GEMEAUX	GEMEAUX	GEMEAUX	GEMEAUX	GEMEAUX	GEMEAUX	GEMEAUX
22 h 30	GEMEAUX	GEMEAUX	CANCER	CANCER	CANCER	CANCER	CANCER	CANCER	CANCER
23 h 00	CANCER	CANCER	CANCER	CANCER	CANCER	CANCER	CANCER	CANCER	CANCER
23 h 30	CANCER	CANCER	CANCER	CANCER	CANCER	CANCER	CANCER	CANCER	CANCER

DECOUVREZ VOTRE ASCENDANT SANS AUCUN CALCUL : TABLE N° 5

VOTRE HEURE DE NAISSANCE	16 SEPTEMBRE	17 SEPTEMBRE	18 SEPTEMBRE	19 SEPTEMBRE	20 SEPTEMBRE	21 SEPTEMBRE	22 SEPTEMBRE	23 SEPTEMBRE	24 SEPTEMBRE
0 h 00	CANCER	CANCER	CANCER	CANCER	CANCER	CANCER	CANCER	CANCER	CANCER
0 h 30	CANCER	LION	LION	LION	LION	LION	LION	LION	LION
1 h 00	LION	LION	LION	LION	LION	LION	LION	LION	LION
1 h 30	LION	LION	LION	LION	LION	LION	LION	LION	LION
2 h 00	LION	LION	LION	LION	LION	LION	LION	LION	LION
2 h 30	LION	LION	LION	LION	LION	LION	LION	LION	LION
3 h 00	LION	LION	LION	LION	LION	LION	LION	VIERGE	VIERGE
3 h 30	VIERGE	VIERGE	VIERGE	VIERGE	VIERGE	VIERGE	VIERGE	VIERGE	VIERGE
4 h 00	VIERGE	VIERGE	VIERGE	VIERGE	VIERGE	VIERGE	VIERGE	VIERGE	VIERGE
4 h 30	VIERGE	VIERGE	VIERGE	VIERGE	VIERGE	VIERGE	VIERGE	VIERGE	VIERGE
5 h 00	VIERGE	VIERGE	VIERGE	VIERGE	VIERGE	VIERGE	VIERGE	VIERGE	VIERGE
5 h 30	VIERGE	VIERGE	VIERGE	VIERGE	VIERGE	VIERGE	VIERGE	VIERGE	VIERGE
6 h 00	VIERGE	VIERGE	VIERGE	VIERGE	VIERGE	BALANCE	BALANCE	BALANCE	BALANCE
6 h 30	BALANCE	BALANCE	BALANCE	BALANCE	BALANCE	BALANCE	BALANCE	BALANCE	BALANCE
7 h 00	BALANCE	BALANCE	BALANCE	BALANCE	BALANCE	BALANCE	BALANCE	BALANCE	BALANCE
7 h 30	BALANCE	BALANCE	BALANCE	BALANCE	BALANCE	BALANCE	BALANCE	BALANCE	BALANCE
8 h 00	BALANCE	BALANCE	BALANCE	BALANCE	BALANCE	BALANCE	BALANCE	BALANCE	BALANCE
8 h 30	BALANCE	BALANCE	BALANCE	BALANCE	BALANCE	BALANCE	BALANCE	BALANCE	BALANCE
9 h 00	BALANCE	BALANCE	BALANCE	SCORPION	SCORPION	SCORPION	SCORPION	SCORPION	SCORPION
9 h 30	SCORPION	SCORPION	SCORPION	SCORPION	SCORPION	SCORPION	SCORPION	SCORPION	SCORPION
10 h 00	SCORPION	SCORPION	SCORPION	SCORPION	SCORPION	SCORPION	SCORPION	SCORPION	SCORPION
10 h 30	SCORPION	SCORPION	SCORPION	SCORPION	SCORPION	SCORPION	SCORPION	SCORPION	SCORPION
11 h 00	SCORPION	SCORPION	SCORPION	SCORPION	SCORPION	SCORPION	SCORPION	SCORPION	SCORPION
11 h 30	SCORPION	SCORPION	SCORPION	SCORPION	SCORPION	SCORPION	SCORPION	SCORPION	SCORPION
MIDI	SCORPION	SAGITTAIRE	SAGITTAIRE	SAGITTAIRE	SAGITTAIRE	SAGITTAIRE	SAGITTAIRE	SAGITTAIRE	SAGITTAIRE
12 h 30	SAGITTAIRE	SAGITTAIRE	SAGITTAIRE	SAGITTAIRE	SAGITTAIRE	SAGITTAIRE	SAGITTAIRE	SAGITTAIRE	SAGITTAIRE
13 h 00	SAGITTAIRE	SAGITTAIRE	SAGITTAIRE	SAGITTAIRE	SAGITTAIRE	SAGITTAIRE	SAGITTAIRE	SAGITTAIRE	SAGITTAIRE
13 h 30	SAGITTAIRE	SAGITTAIRE	SAGITTAIRE	SAGITTAIRE	SAGITTAIRE	SAGITTAIRE	SAGITTAIRE	SAGITTAIRE	SAGITTAIRE
14 h 00	SAGITTAIRE	SAGITTAIRE	SAGITTAIRE	SAGITTAIRE	SAGITTAIRE	SAGITTAIRE	SAGITTAIRE	SAGITTAIRE	SAGITTAIRE
14 h 30	SAGITTAIRE	CAPRICORNE	CAPRICORNE	CAPRICORNE	CAPRICORNE	CAPRICORNE	CAPRICORNE	CAPRICORNE	CAPRICORNE
15 h 00	CAPRICORNE	CAPRICORNE	CAPRICORNE	CAPRICORNE	CAPRICORNE	CAPRICORNE	CAPRICORNE	CAPRICORNE	CAPRICORNE
15 h 30	CAPRICORNE	CAPRICORNE	CAPRICORNE	CAPRICORNE	CAPRICORNE	CAPRICORNE	CAPRICORNE	CAPRICORNE	CAPRICORNE
16 h 00	CAPRICORNE	CAPRICORNE	CAPRICORNE	CAPRICORNE	CAPRICORNE	VERSEAU	VERSEAU	VERSEAU	VERSEAU
16 h 30	VERSEAU	VERSEAU	VERSEAU	VERSEAU	VERSEAU	VERSEAU	VERSEAU	VERSEAU	VERSEAU
17 h 00	VERSEAU	VERSEAU	VERSEAU	VERSEAU	VERSEAU	VERSEAU	VERSEAU	POISSONS	POISSONS
17 h 30	POISSONS	POISSONS	POISSONS	POISSONS	POISSONS	POISSONS	POISSONS	POISSONS	POISSONS
18 h 00	POISSONS	POISSONS	POISSONS	POISSONS	POISSONS	BELIER	BELIER	BELIER	BELIER
18 h 30	BELIER	BELIER	BELIER	BELIER	BELIER	BELIER	BELIER	BELIER	BELIER
19 h 00	BELIER	BELIER	BELIER	TAUREAU	TAUREAU	TAUREAU	TAUREAU	TAUREAU	TAUREAU
19 h 30	TAUREAU	TAUREAU	TAUREAU	TAUREAU	TAUREAU	TAUREAU	TAUREAU	TAUREAU	TAUREAU
20 h 00	TAUREAU	TAUREAU	TAUREAU	TAUREAU	GEMEAUX	GEMEAUX	GEMEAUX	GEMEAUX	GEMEAUX
20 h 30	GEMEAUX	GEMEAUX	GEMEAUX	GEMEAUX	GEMEAUX	GEMEAUX	GEMEAUX	GEMEAUX	GEMEAUX
21 h 00	GEMEAUX	GEMEAUX	GEMEAUX	GEMEAUX	GEMEAUX	GEMEAUX	GEMEAUX	GEMEAUX	GEMEAUX
21 h 30	GEMEAUX	GEMEAUX	GEMEAUX	GEMEAUX	GEMEAUX	GEMEAUX	GEMEAUX	GEMEAUX	GEMEAUX
22 h 00	GEMEAUX	CANCER	CANCER	CANCER	CANCER	CANCER	CANCER	CANCER	CANCER
22 h 30	CANCER	CANCER	CANCER	CANCER	CANCER	CANCER	CANCER	CANCER	CANCER
23 h 00	CANCER	CANCER	CANCER	CANCER	CANCER	CANCER	CANCER	CANCER	CANCER
23 h 30	CANCER	CANCER	CANCER	CANCER	CANCER	CANCER	CANCER	CANCER	CANCER

DECOUVREZ VOTRE ASCENDANT SANS AUCUN CALCUL : TABLE N⁰ 6

VOTRE HEURE DE NAISSANCE	22 AOUT	23 AOUT	24 AOUT	25 AOUT	26 AOUT	27 AOUT	28 AOUT	29 AOUT
0 h 00	CANCER	CANCER	CANCER	CANCER	CANCER	CANCER	CANCER	CANCER
0 h 30	CANCER	CANCER	CANCER	CANCER	CANCER	CANCER	CANCER	CANCER
1 h 00	CANCER	CANCER	CANCER	CANCER	CANCER	CANCER	CANCER	CANCER
1 h 30	CANCER	CANCER	LION	LION	LION	LION	LION	LION
2 h 00	LION	LION	LION	LION	LION	LION	LION	LION
2 h 30	LION	LION	LION	LION	LION	LION	LION	LION
3 h 00	LION	LION	LION	LION	LION	LION	LION	LION
3 h 30	LION	LION	LION	LION	LION	LION	LION	LION
4 h 00	LION	LION	LION	LION	LION	LION	LION	LION
4 h 30	LION	LION	LION	LION	VIERGE	VIERGE	VIERGE	VIERGE
5 h 00	VIERGE	VIERGE	VIERGE	VIERGE	VIERGE	VIERGE	VIERGE	VIERGE
5 h 30	VIERGE	VIERGE	VIERGE	VIERGE	VIERGE	VIERGE	VIERGE	VIERGE
6 h 00	VIERGE	VIERGE	VIERGE	VIERGE	VIERGE	VIERGE	VIERGE	VIERGE
6 h 30	VIERGE	VIERGE	VIERGE	VIERGE	VIERGE	VIERGE	VIERGE	VIERGE
7 h 00	VIERGE	VIERGE	VIERGE	VIERGE	VIERGE	VIERGE	VIERGE	VIERGE
7 h 30	VIERGE	VIERGE	VIERGE	VIERGE	VIERGE	VIERGE	VIERGE	BALANCE
8 h 00	BALANCE	BALANCE	BALANCE	BALANCE	BALANCE	BALANCE	BALANCE	BALANCE
8 h 30	BALANCE	BALANCE	BALANCE	BALANCE	BALANCE	BALANCE	BALANCE	BALANCE
9 h 00	BALANCE	BALANCE	BALANCE	BALANCE	BALANCE	BALANCE	BALANCE	BALANCE
9 h 30	BALANCE	BALANCE	BALANCE	BALANCE	BALANCE	BALANCE	BALANCE	BALANCE
10 h 00	BALANCE	BALANCE	BALANCE	BALANCE	BALANCE	BALANCE	BALANCE	BALANCE
10 h 30	BALANCE	BALANCE	BALANCE	BALANCE	BALANCE	BALANCE	BALANCE	BALANCE
11 h 00	BALANCE	BALANCE	SCORPION	SCORPION	SCORPION	SCORPION	SCORPION	SCORPION
11 h 30	SCORPION	SCORPION	SCORPION	SCORPION	SCORPION	SCORPION	SCORPION	SCORPION
MIDI	SCORPION	SCORPION	SCORPION	SCORPION	SCORPION	SCORPION	SCORPION	SCORPION
12 h 30	SCORPION	SCORPION	SCORPION	SCORPION	SCORPION	SCORPION	SCORPION	SCORPION
13 h 00	SCORPION	SCORPION	SCORPION	SCORPION	SCORPION	SCORPION	SCORPION	SCORPION
13 h 30	SCORPION	SCORPION	SCORPION	SCORPION	SCORPION	SCORPION	SCORPION	SCORPION
14 h 00	SCORPION	SCORPION	SCORPION	SCORPION	SCORPION	SAGITTAIRE	SAGITTAIRE	SAGITTAIRE
14 h 30	SAGITTAIRE	SAGITTAIRE	SAGITTAIRE	SAGITTAIRE	SAGITTAIRE	SAGITTAIRE	SAGITTAIRE	SAGITTAIRE
15 h 00	SAGITTAIRE	SAGITTAIRE	SAGITTAIRE	SAGITTAIRE	SAGITTAIRE	SAGITTAIRE	SAGITTAIRE	SAGITTAIRE
15 h 30	SAGITTAIRE	SAGITTAIRE	SAGITTAIRE	SAGITTAIRE	SAGITTAIRE	SAGITTAIRE	SAGITTAIRE	SAGITTAIRE
16 h 00	SAGITTAIRE	SAGITTAIRE	SAGITTAIRE	SAGITTAIRE	SAGITTAIRE	SAGITTAIRE	SAGITTAIRE	SAGITTAIRE
16 h 30	SAGITTAIRE	SAGITTAIRE	SAGITTAIRE	SAGITTAIRE	SAGITTAIRE	SAGITTAIRE	SAGITTAIRE	SAGITTAIRE
17 h 00	SAGITTAIRE	CAPRICORNE	CAPRICORNE	CAPRICORNE	CAPRICORNE	CAPRICORNE	CAPRICORNE	CAPRICORNE
17 h 30	CAPRICORNE	CAPRICORNE	CAPRICORNE	CAPRICORNE	CAPRICORNE	CAPRICORNE	CAPRICORNE	CAPRICORNE
18 h 00	CAPRICORNE	CAPRICORNE	CAPRICORNE	CAPRICORNE	CAPRICORNE	CAPRICORNE	CAPRICORNE	CAPRICORNE
18 h 30	CAPRICORNE	CAPRICORNE	VERSEAU	VERSEAU	VERSEAU	VERSEAU	VERSEAU	VERSEAU
19 h 00	VERSEAU	VERSEAU	VERSEAU	VERSEAU	VERSEAU	VERSEAU	VERSEAU	POISSONS
19 h 30	POISSONS	POISSONS	POISSONS	POISSONS	POISSONS	POISSONS	POISSONS	BELIER
20 h 00	BELIER	BELIER	BELIER	BELIER	BELIER	BELIER	BELIER	BELIER
20 h 30	BELIER	TAUREAU	TAUREAU	TAUREAU	TAUREAU	TAUREAU	TAUREAU	TAUREAU
21 h 00	TAUREAU	TAUREAU	TAUREAU	TAUREAU	TAUREAU	GEMEAUX	GEMEAUX	GEMEAUX
21 h 30	GEMEAUX	GEMEAUX	GEMEAUX	GEMEAUX	GEMEAUX	GEMEAUX	GEMEAUX	GEMEAUX
22 h 00	GEMEAUX	GEMEAUX	GEMEAUX	GEMEAUX	GEMEAUX	GEMEAUX	GEMEAUX	GEMEAUX
22 h 30	GEMEAUX	GEMEAUX	GEMEAUX	GEMEAUX	GEMEAUX	GEMEAUX	CANCER	CANCER
23 h 00	CANCER	CANCER	CANCER	CANCER	CANCER	CANCER	CANCER	CANCER
23 h 30	CANCER	CANCER	CANCER	CANCER	CANCER	CANCER	CANCER	CANCER

DECOUVREZ VOTRE ASCENDANT SANS AUCUN CALCUL : TABLE N° 6

VOTRE HEURE DE NAISSANCE	30 AOUT	31 AOUT	1 SEPTEMBRE	2 SEPTEMBRE	3 SEPTEMBRE	4 SEPTEMBRE	5 SEPTEMBRE	6 SEPTEMBRE
0 h 00	CANCER	CANCER	CANCER	CANCER	CANCER	CANCER	CANCER	CANCER
0 h 30	CANCER	CANCER	CANCER	CANCER	CANCER	CANCER	CANCER	CANCER
1 h 00	CANCER	LION	LION	LION	LION	LION	LION	LION
1 h 30	LION	LION	LION	LION	LION	LION	LION	LION
2 h 00	LION	LION	LION	LION	LION	LION	LION	LION
2 h 30	LION	LION	LION	LION	LION	LION	LION	LION
3 h 00	LION	LION	LION	LION	LION	LION	LION	LION
3 h 30	LION	LION	LION	LION	LION	LION	LION	LION
4 h 00	LION	LION	LION	LION	VIERGE	VIERGE	VIERGE	VIERGE
4 h 30	VIERGE	VIERGE	VIERGE	VIERGE	VIERGE	VIERGE	VIERGE	VIERGE
5 h 00	VIERGE	VIERGE	VIERGE	VIERGE	VIERGE	VIERGE	VIERGE	VIERGE
5 h 30	VIERGE	VIERGE	VIERGE	VIERGE	VIERGE	VIERGE	VIERGE	VIERGE
6 h 00	VIERGE	VIERGE	VIERGE	VIERGE	VIERGE	VIERGE	VIERGE	VIERGE
6 h 30	VIERGE	VIERGE	VIERGE	VIERGE	VIERGE	VIERGE	VIERGE	VIERGE
7 h 00	VIERGE	VIERGE	VIERGE	VIERGE	VIERGE	VIERGE	VIERGE	BALANCE
7 h 30	BALANCE	BALANCE	BALANCE	BALANCE	BALANCE	BALANCE	BALANCE	BALANCE
8 h 00	BALANCE	BALANCE	BALANCE	BALANCE	BALANCE	BALANCE	BALANCE	BALANCE
8 h 30	BALANCE	BALANCE	BALANCE	BALANCE	BALANCE	BALANCE	BALANCE	BALANCE
9 h 00	BALANCE	BALANCE	BALANCE	BALANCE	BALANCE	BALANCE	BALANCE	BALANCE
9 h 30	BALANCE	BALANCE	BALANCE	BALANCE	BALANCE	BALANCE	BALANCE	BALANCE
10 h 00	BALANCE	BALANCE	BALANCE	BALANCE	BALANCE	BALANCE	BALANCE	BALANCE
10 h 30	BALANCE	SCORPION	SCORPION	SCORPION	SCORPION	SCORPION	SCORPION	SCORPION
11 h 00	SCORPION	SCORPION	SCORPION	SCORPION	SCORPION	SCORPION	SCORPION	SCORPION
11 h 30	SCORPION	SCORPION	SCORPION	SCORPION	SCORPION	SCORPION	SCORPION	SCORPION
MIDI	SCORPION	SCORPION	SCORPION	SCORPION	SCORPION	SCORPION	SCORPION	SCORPION
12 h 30	SCORPION	SCORPION	SCORPION	SCORPION	SCORPION	SCORPION	SCORPION	SCORPION
13 h 00	SCORPION	SCORPION	SCORPION	SCORPION	SCORPION	SCORPION	SCORPION	SCORPION
13 h 30	SCORPION	SCORPION	SCORPION	SAGITTAIRE	SAGITTAIRE	SAGITTAIRE	SAGITTAIRE	SAGITTAIRE
14 h 00	SAGITTAIRE	SAGITTAIRE	SAGITTAIRE	SAGITTAIRE	SAGITTAIRE	SAGITTAIRE	SAGITTAIRE	SAGITTAIRE
14 h 30	SAGITTAIRE	SAGITTAIRE	SAGITTAIRE	SAGITTAIRE	SAGITTAIRE	SAGITTAIRE	SAGITTAIRE	SAGITTAIRE
15 h 00	SAGITTAIRE	SAGITTAIRE	SAGITTAIRE	SAGITTAIRE	SAGITTAIRE	SAGITTAIRE	SAGITTAIRE	SAGITTAIRE
15 h 30	SAGITTAIRE	SAGITTAIRE	SAGITTAIRE	SAGITTAIRE	SAGITTAIRE	SAGITTAIRE	SAGITTAIRE	SAGITTAIRE
16 h 00	SAGITTAIRE	SAGITTAIRE	SAGITTAIRE	SAGITTAIRE	SAGITTAIRE	SAGITTAIRE	SAGITTAIRE	SAGITTAIRE
16 h 30	CAPRICORNE	CAPRICORNE	CAPRICORNE	CAPRICORNE	CAPRICORNE	CAPRICORNE	CAPRICORNE	CAPRICORNE
17 h 00	CAPRICORNE	CAPRICORNE	CAPRICORNE	CAPRICORNE	CAPRICORNE	CAPRICORNE	CAPRICORNE	CAPRICORNE
17 h 30	CAPRICORNE	CAPRICORNE	CAPRICORNE	CAPRICORNE	CAPRICORNE	CAPRICORNE	CAPRICORNE	CAPRICORNE
18 h 00	CAPRICORNE	CAPRICORNE	VERSEAU	VERSEAU	VERSEAU	VERSEAU	VERSEAU	VERSEAU
18 h 30	VERSEAU	VERSEAU	VERSEAU	VERSEAU	VERSEAU	VERSEAU	POISSONS	POISSONS
19 h 00	POISSONS	POISSONS	POISSONS	POISSONS	POISSONS	POISSONS	POISSONS	BELIER
19 h 30	BELIER	BELIER	BELIER	BELIER	BELIER	BELIER	BELIER	BELIER
20 h 00	TAUREAU	TAUREAU	TAUREAU	TAUREAU	TAUREAU	TAUREAU	TAUREAU	TAUREAU
20 h 30	TAUREAU	TAUREAU	TAUREAU	TAUREAU	TAUREAU	GEMEAUX	GEMEAUX	GEMEAUX
21 h 00	GEMEAUX	GEMEAUX	GEMEAUX	GEMEAUX	GEMEAUX	GEMEAUX	GEMEAUX	GEMEAUX
21 h 30	GEMEAUX	GEMEAUX	GEMEAUX	GEMEAUX	GEMEAUX	GEMEAUX	GEMEAUX	GEMEAUX
22 h 00	GEMEAUX	GEMEAUX	GEMEAUX	GEMEAUX	GEMEAUX	CANCER	CANCER	CANCER
22 h 30	CANCER	CANCER	CANCER	CANCER	CANCER	CANCER	CANCER	CANCER
23 h 00	CANCER	CANCER	CANCER	CANCER	CANCER	CANCER	CANCER	CANCER
23 h 30	CANCER	CANCER	CANCER	CANCER	CANCER	CANCER	CANCER	CANCER

DECOUVREZ VOTRE ASCENDANT SANS AUCUN CALCUL : TABLE N⁰ 6

VOTRE HEURE DE NAISSANCE	7 SEPTEMBRE	8 SEPTEMBRE	9 SEPTEMBRE	10 SEPTEMBRE	11 SEPTEMBRE	12 SEPTEMBRE	13 SEPTEMBRE	14 SEPTEMBRE	15 SEPTEMBRE
0 h 00	CANCER	CANCER	CANCER	CANCER	CANCER	CANCER	CANCER	CANCER	LION
0 h 30	LION	LION	LION	LION	LION	LION	LION	LION	LION
1 h 00	LION	LION	LION	LION	LION	LION	LION	LION	LION
1 h 30	LION	LION	LION	LION	LION	LION	LION	LION	LION
2 h 00	LION	LION	LION	LION	LION	LION	LION	LION	LION
2 h 30	LION	LION	LION	LION	LION	LION	LION	LION	LION
3 h 00	LION	LION	LION	LION	LION	LION	LION	LION	LION
3 h 30	LION	LION	LION	LION	VIERGE	VIERGE	VIERGE	VIERGE	VIERGE
4 h 00	VIERGE	VIERGE	VIERGE	VIERGE	VIERGE	VIERGE	VIERGE	VIERGE	VIERGE
4 h 30	VIERGE	VIERGE	VIERGE	VIERGE	VIERGE	VIERGE	VIERGE	VIERGE	VIERGE
5 h 00	VIERGE	VIERGE	VIERGE	VIERGE	VIERGE	VIERGE	VIERGE	VIERGE	VIERGE
5 h 30	VIERGE	VIERGE	VIERGE	VIERGE	VIERGE	VIERGE	VIERGE	VIERGE	VIERGE
6 h 00	VIERGE	VIERGE	VIERGE	VIERGE	VIERGE	VIERGE	VIERGE	VIERGE	VIERGE
6 h 30	VIERGE	VIERGE	VIERGE	VIERGE	VIERGE	VIERGE	BALANCE	BALANCE	BALANCE
7 h 00	BALANCE	BALANCE	BALANCE	BALANCE	BALANCE	BALANCE	BALANCE	BALANCE	BALANCE
7 h 30	BALANCE	BALANCE	BALANCE	BALANCE	BALANCE	BALANCE	BALANCE	BALANCE	BALANCE
8 h 00	BALANCE	BALANCE	BALANCE	BALANCE	BALANCE	BALANCE	BALANCE	BALANCE	BALANCE
8 h 30	BALANCE	BALANCE	BALANCE	BALANCE	BALANCE	BALANCE	BALANCE	BALANCE	BALANCE
9 h 00	BALANCE	BALANCE	BALANCE	BALANCE	BALANCE	BALANCE	BALANCE	BALANCE	BALANCE
9 h 30	BALANCE	BALANCE	BALANCE	BALANCE	BALANCE	BALANCE	BALANCE	BALANCE	BALANCE
10 h 00	BALANCE	SCORPION	SCORPION	SCORPION	SCORPION	SCORPION	SCORPION	SCORPION	SCORPION
10 h 30	SCORPION	SCORPION	SCORPION	SCORPION	SCORPION	SCORPION	SCORPION	SCORPION	SCORPION
11 h 00	SCORPION	SCORPION	SCORPION	SCORPION	SCORPION	SCORPION	SCORPION	SCORPION	SCORPION
11 h 30	SCORPION	SCORPION	SCORPION	SCORPION	SCORPION	SCORPION	SCORPION	SCORPION	SCORPION
MIDI	SCORPION	SCORPION	SCORPION	SCORPION	SCORPION	SCORPION	SCORPION	SCORPION	SCORPION
12 h 30	SCORPION	SCORPION	SCORPION	SCORPION	SCORPION	SCORPION	SCORPION	SCORPION	SCORPION
13 h 00	SCORPION	SCORPION	SCORPION	SCORPION	SAGITTAIRE	SAGITTAIRE	SAGITTAIRE	SAGITTAIRE	SAGITTAIRE
13 h 30	SAGITTAIRE	SAGITTAIRE	SAGITTAIRE	SAGITTAIRE	SAGITTAIRE	SAGITTAIRE	SAGITTAIRE	SAGITTAIRE	SAGITTAIRE
14 h 00	SAGITTAIRE	SAGITTAIRE	SAGITTAIRE	SAGITTAIRE	SAGITTAIRE	SAGITTAIRE	SAGITTAIRE	SAGITTAIRE	SAGITTAIRE
14 h 30	SAGITTAIRE	SAGITTAIRE	SAGITTAIRE	SAGITTAIRE	SAGITTAIRE	SAGITTAIRE	SAGITTAIRE	SAGITTAIRE	SAGITTAIRE
15 h 00	SAGITTAIRE	SAGITTAIRE	SAGITTAIRE	SAGITTAIRE	SAGITTAIRE	SAGITTAIRE	SAGITTAIRE	SAGITTAIRE	SAGITTAIRE
15 h 30	SAGITTAIRE	SAGITTAIRE	SAGITTAIRE	SAGITTAIRE	SAGITTAIRE	SAGITTAIRE	SAGITTAIRE	SAGITTAIRE	CAPRICORNE
16 h 00	CAPRICORNE	CAPRICORNE	CAPRICORNE	CAPRICORNE	CAPRICORNE	CAPRICORNE	CAPRICORNE	CAPRICORNE	CAPRICORNE
16 h 30	CAPRICORNE	CAPRICORNE	CAPRICORNE	CAPRICORNE	CAPRICORNE	CAPRICORNE	CAPRICORNE	CAPRICORNE	CAPRICORNE
17 h 00	CAPRICORNE	CAPRICORNE	CAPRICORNE	CAPRICORNE	CAPRICORNE	CAPRICORNE	CAPRICORNE	CAPRICORNE	CAPRICORNE
17 h 30	CAPRICORNE	CAPRICORNE	VERSEAU	VERSEAU	VERSEAU	VERSEAU	VERSEAU	VERSEAU	VERSEAU
18 h 00	VERSEAU	VERSEAU	VERSEAU	VERSEAU	VERSEAU	VERSEAU	VERSEAU	POISSONS	POISSONS
18 h 30	POISSONS	POISSONS	POISSONS	POISSONS	POISSONS	POISSONS	POISSONS	BELIER	BELIER
19 h 00	BELIER	BELIER	BELIER	BELIER	BELIER	BELIER	BELIER	TAUREAU	TAUREAU
19 h 30	TAUREAU	TAUREAU	TAUREAU	TAUREAU	TAUREAU	TAUREAU	TAUREAU	TAUREAU	TAUREAU
20 h 00	TAUREAU	TAUREAU	TAUREAU	TAUREAU	GEMEAUX	GEMEAUX	GEMEAUX	GEMEAUX	GEMEAUX
20 h 30	GEMEAUX	GEMEAUX	GEMEAUX	GEMEAUX	GEMEAUX	GEMEAUX	GEMEAUX	GEMEAUX	GEMEAUX
21 h 00	GEMEAUX	GEMEAUX	GEMEAUX	GEMEAUX	GEMEAUX	GEMEAUX	GEMEAUX	GEMEAUX	GEMEAUX
21 h 30	GEMEAUX	GEMEAUX	GEMEAUX	GEMEAUX	GEMEAUX	CANCER	CANCER	CANCER	CANCER
22 h 00	CANCER	CANCER	CANCER	CANCER	CANCER	CANCER	CANCER	CANCER	CANCER
22 h 30	CANCER	CANCER	CANCER	CANCER	CANCER	CANCER	CANCER	CANCER	CANCER
23 h 00	CANCER	CANCER	CANCER	CANCER	CANCER	CANCER	CANCER	CANCER	CANCER
23 h 30	CANCER	CANCER	CANCER	CANCER	CANCER	CANCER	CANCER	CANCER	CANCER

DECOUVREZ VOTRE ASCENDANT SANS AUCUN CALCUL : TABLE N° 6

VOTRE HEURE DE NAISSANCE	16 SEPTEMBRE	17 SEPTEMBRE	18 SEPTEMBRE	19 SEPTEMBRE	20 SEPTEMBRE	21 SEPTEMBRE	22 SEPTEMBRE	23 SEPTEMBRE	24 SEPTEMBRE
0 h 00	LION	LION	LION	LION	LION	LION	LION	LION	LION
0 h 30	LION	LION	LION	LION	LION	LION	LION	LION	LION
1 h 00	LION	LION	LION	LION	LION	LION	LION	LION	LION
1 h 30	LION	LION	LION	LION	LION	LION	LION	LION	LION
2 h 00	LION	LION	LION	LION	LION	LION	LION	LION	LION
2 h 30	LION	LION	LION	LION	LION	LION	LION	LION	LION
3 h 00	LION	LION	VIERGE	VIERGE	VIERGE	VIERGE	VIERGE	VIERGE	VIERGE
3 h 30	VIERGE	VIERGE	VIERGE	VIERGE	VIERGE	VIERGE	VIERGE	VIERGE	VIERGE
4 h 00	VIERGE	VIERGE	VIERGE	VIERGE	VIERGE	VIERGE	VIERGE	VIERGE	VIERGE
4 h 30	VIERGE	VIERGE	VIERGE	VIERGE	VIERGE	VIERGE	VIERGE	VIERGE	VIERGE
5 h 00	VIERGE	VIERGE	VIERGE	VIERGE	VIERGE	VIERGE	VIERGE	VIERGE	VIERGE
5 h 30	VIERGE	VIERGE	VIERGE	VIERGE	VIERGE	VIERGE	VIERGE	VIERGE	VIERGE
6 h 00	VIERGE	VIERGE	VIERGE	VIERGE	VIERGE	BALANCE	BALANCE	BALANCE	BALANCE
6 h 30	BALANCE	BALANCE	BALANCE	BALANCE	BALANCE	BALANCE	BALANCE	BALANCE	BALANCE
7 h 00	BALANCE	BALANCE	BALANCE	BALANCE	BALANCE	BALANCE	BALANCE	BALANCE	BALANCE
7 h 30	BALANCE	BALANCE	BALANCE	BALANCE	BALANCE	BALANCE	BALANCE	BALANCE	BALANCE
8 h 00	BALANCE	BALANCE	BALANCE	BALANCE	BALANCE	BALANCE	BALANCE	BALANCE	BALANCE
8 h 30	BALANCE	BALANCE	BALANCE	BALANCE	BALANCE	BALANCE	BALANCE	BALANCE	BALANCE
9 h 00	BALANCE	BALANCE	BALANCE	BALANCE	BALANCE	BALANCE	BALANCE	SCORPION	SCORPION
9 h 30	SCORPION	SCORPION	SCORPION	SCORPION	SCORPION	SCORPION	SCORPION	SCORPION	SCORPION
10 h 00	SCORPION	SCORPION	SCORPION	SCORPION	SCORPION	SCORPION	SCORPION	SCORPION	SCORPION
10 h 30	SCORPION	SCORPION	SCORPION	SCORPION	SCORPION	SCORPION	SCORPION	SCORPION	SCORPION
11 h 00	SCORPION	SCORPION	SCORPION	SCORPION	SCORPION	SCORPION	SCORPION	SCORPION	SCORPION
11 h 30	SCORPION	SCORPION	SCORPION	SCORPION	SCORPION	SCORPION	SCORPION	SCORPION	SCORPION
MIDI	SCORPION	SCORPION	SCORPION	SCORPION	SCORPION	SCORPION	SCORPION	SCORPION	SCORPION
12 h 30	SCORPION	SCORPION	SAGITTAIRE	SAGITTAIRE	SAGITTAIRE	SAGITTAIRE	SAGITTAIRE	SAGITTAIRE	SAGITTAIRE
13 h 00	SAGITTAIRE	SAGITTAIRE	SAGITTAIRE	SAGITTAIRE	SAGITTAIRE	SAGITTAIRE	SAGITTAIRE	SAGITTAIRE	SAGITTAIRE
13 h 30	SAGITTAIRE	SAGITTAIRE	SAGITTAIRE	SAGITTAIRE	SAGITTAIRE	SAGITTAIRE	SAGITTAIRE	SAGITTAIRE	SAGITTAIRE
14 h 00	SAGITTAIRE	SAGITTAIRE	SAGITTAIRE	SAGITTAIRE	SAGITTAIRE	SAGITTAIRE	SAGITTAIRE	SAGITTAIRE	SAGITTAIRE
14 h 30	SAGITTAIRE	SAGITTAIRE	SAGITTAIRE	SAGITTAIRE	SAGITTAIRE	SAGITTAIRE	SAGITTAIRE	SAGITTAIRE	SAGITTAIRE
15 h 00	SAGITTAIRE	SAGITTAIRE	SAGITTAIRE	SAGITTAIRE	SAGITTAIRE	SAGITTAIRE	CAPRICORNE	CAPRICORNE	CAPRICORNE
15 h 30	CAPRICORNE	CAPRICORNE	CAPRICORNE	CAPRICORNE	CAPRICORNE	CAPRICORNE	CAPRICORNE	CAPRICORNE	CAPRICORNE
16 h 00	CAPRICORNE	CAPRICORNE	CAPRICORNE	CAPRICORNE	CAPRICORNE	CAPRICORNE	CAPRICORNE	CAPRICORNE	CAPRICORNE
16 h 30	CAPRICORNE	CAPRICORNE	CAPRICORNE	CAPRICORNE	CAPRICORNE	CAPRICORNE	CAPRICORNE	CAPRICORNE	VERSEAU
17 h 00	VERSEAU	VERSEAU	VERSEAU	VERSEAU	VERSEAU	VERSEAU	VERSEAU	VERSEAU	VERSEAU
17 h 30	VERSEAU	VERSEAU	VERSEAU	VERSEAU	VERSEAU	POISSONS	POISSONS	POISSONS	POISSONS
18 h 00	POISSONS	POISSONS	POISSONS	POISSONS	POISSONS	BELIER	BELIER	BELIER	BELIER
18 h 30	BELIER	BELIER	BELIER	BELIER	BELIER	BELIER	TAUREAU	TAUREAU	TAUREAU
19 h 00	TAUREAU	TAUREAU	TAUREAU	TAUREAU	TAUREAU	TAUREAU	TAUREAU	TAUREAU	TAUREAU
19 h 30	TAUREAU	TAUREAU	TAUREAU	GEMEAUX	GEMEAUX	GEMEAUX	GEMEAUX	GEMEAUX	GEMEAUX
20 h 00	GEMEAUX	GEMEAUX	GEMEAUX	GEMEAUX	GEMEAUX	GEMEAUX	GEMEAUX	GEMEAUX	GEMEAUX
20 h 30	GEMEAUX	GEMEAUX	GEMEAUX	GEMEAUX	GEMEAUX	GEMEAUX	GEMEAUX	GEMEAUX	GEMEAUX
21 h 00	GEMEAUX	GEMEAUX	GEMEAUX	CANCER	CANCER	CANCER	CANCER	CANCER	CANCER
21 h 30	CANCER	CANCER	CANCER	CANCER	CANCER	CANCER	CANCER	CANCER	CANCER
22 h 00	CANCER	CANCER	CANCER	CANCER	CANCER	CANCER	CANCER	CANCER	CANCER
22 h 30	CANCER	CANCER	CANCER	CANCER	CANCER	CANCER	CANCER	CANCER	CANCER
23 h 00	CANCER	CANCER	CANCER	CANCER	CANCER	CANCER	CANCER	CANCER	CANCER
23 h 30	CANCER	CANCER	CANCER	CANCER	CANCER	CANCER	CANCER	LION	LION

Ce Mercure gracieux allie les qualités de la Vierge avec celles du Gémeaux : l'intelligence pratique plus le sens de la communication.

Combinaison du Signe avec les Ascendants

Le point précis où une planète s'élève au-dessus de l'horizon (se « lève ») est l'Ascendant : c'est le point d'intersection du Zodiaque et de l'horizon oriental. En face : le Descendant, où les planètes, passant au-dessous de l'horizon, se couchent.

Il est cependant fort difficile de dissocier les caractéristiques psychologiques du signe solaire de celles du signe Ascendant, ainsi que du signe lunaire, ou d'autres signes valorisés du thème.

En quoi, par exemple, un Vierge Ascendant Bélier va-t-il se sentir plus Vierge que Bélier, plus Bélier que Vierge ? Il sera la plupart du temps incapable de le discerner — tant il est vrai que l'homme est global, à la fois riche ou pauvre de ses multiples contradictions, selon qu'il est capable ou non de les assumer.

Plusieurs astrologues, cependant, ont tenté d'intéressantes explications concernant la différence entre signe Ascendant et signe solaire. Citons deux points de vue modernes.

Pour Claire Santagostini[1], « le Moi est représenté dans sa nature profonde par le signe Ascendant », alors que le signe solaire fait « connaître le plus grand intérêt objectif de l'être qui sera attiré surtout par les objets signifiés par lui »... Ainsi Teilhard de Chardin, Gémeaux par son Ascendant, s'est passionné pour tout ce qui touche à l'incarnation terrestre : il a le Soleil en Taureau, et il en est résulté une œuvre littéraire (nature Gémeaux).

J.-P.Nicola[2], lui, insiste sur la globalité de l'individu qu'il est rarement possible de réduire à sa seule formule signe solaire Ascendant, même si celle-ci contient d'ores et déjà, de précieuses indications.

Tout ceci reste valable pour l'aspect physique : il convient d'examiner le thème dans son ensemble, afin d'en déduire la ou, plus souvent, les dominantes. Si le thème comporte une dominante nette, il est évident que la personne aura le physique correspondant à sa dominante : on ne verra jamais un pur Saturnien dilaté, ni un pur Jupitérien rétracté. Mais, généralement, le thème comporte plusieurs dominantes de nature différente, et il semble impossible de dire à l'avance si, comme c'est fréquemment le cas, l'une de ces dominantes va davantage déterminer la morphologie que les autres.

En fait, au lieu de partir du thème pour déterminer la morphologie, il paraîtrait plus justifié de partir de la morphologie pour préciser le thème, grâce à l'établissement des correspondances entre ce qui « est », c'est-à-dire le vécu donné par la morphologie, et les potentialités contenues dans le thème. Les potentialités sont rarement toutes utilisées ; en tout cas, elles le sont à des degrés divers : les correspondances ne sont pas toujours évidentes. Leur étude permet de savoir lesquelles sont actualisées, elle permet éventuellement d'insister sur certains points du thème qui prennent importance et réalité s'ils sont « incarnés » morphologiquement.

1. Claire Santagostini, *Astrologie globale*.
2. Jean-Pierre Nicola, *Astrologique I*.

Citons le cas d'un Verseau Ascendant Verseau : l'acteur Jacques Villeret avec la Lune angulaire à l'Ascendant et Uranus en Cancer : le fait qu'il soit physiquement très dilaté, le visage rond, pâle et bouffi, avec des yeux globuleux, des paupières tombantes, un petit nez et une bouche molle entrouverte, permet d'orienter l'interprétation en direction de la caractérologie lunaire, bien plus que la caractérologie uranienne.

Venons-en maintenant à l'assertion couramment répandue selon laquelle on aurait davantage le physique de son signe Ascendant que de son signe solaire. Sans statistiques à l'appui — et encore, dans ce domaine, les statistiques sont-elles particulièrement aléatoires — on en est réduit aux observations personnelles et aux hypothèses. Remarquons toutefois que le signe solaire a un côté arbitraire, dans la mesure où il résulte du choix ou du non-choix de la date de conception. On ne peut pas en dire autant du signe Ascendant : au risque de scandaliser certains esprits, je suis tentée de croire, en effet, que l'enfant ne naît pas à n'importe quel moment, mais à l'instant précis où la disposition zodiacale correspond le plus à son acquis génétique. Il naîtra donc à un moment où le point Ascendant tombera à un certain degré d'un signe X, pour deux raisons possibles : soit parce que le signe en question est effectivement le plus conforme à son héritage génétique, soit parce que la situation du point Ascendant dans un signe *X* valorisera certaines planètes, ou plus simplement dit, orientera le thème dans une direction correspondant à l'héritage génétique.

Ainsi pour le Verseau cité plus haut : son héritage génétique étant un tempérament en majeure partie lymphatique, et ne correspondant pas du tout au tempérament nerveux de son signe solaire, il est né à l'heure qui mettait le plus la Lune en valeur.

Evidemment, tout cela n'exclut pas que le signe solaire corresponde à l'héritage génétique, mais explique, par exemple, pourquoi bien des individus se « sentent » être davantage leur signe Ascendant que leur signe solaire, ou bien ne se sentent ni l'un ni l'autre, dans l'éventualité où ils auraient finalement plus d'affinités avec une autre composante de leur thème.

Vierge Ascendant Bélier

Signes a priori difficiles à concilier. Le Bélier est tout en force et vitesse d'excitation, la Vierge en force d'inhibition et lenteur d'excitation : l'un est tout élan, audace, action, impulsivité ; l'autre, défense, timidité, réflexion, retenue. Le premier, instinctif et rapide, souffre d'un manque de recul, le second, cérébral et posé, d'un excès de recul.

Les deux signes ont en commun le sens du réel donné par Mars au Bélier, et par la Terre à la Vierge. Seulement, le réel Bélier est un réel brut, de sensation, d'expérimentation directes, de confrontation pure à l'événement, l'intérêt se situant dans cette confrontation elle-même, c'est-à-dire dans le mouvement qu'elle nécessite, sans souci des conséquences possibles. Le réel virginien est davantage un réalisme, un sens des valeurs : ce n'est pas l'expérience qui compte, mais le profit susceptible d'en découler, et les leçons pouvant en être tirées. Le but à atteindre commande l'acte, alors que pour le Bélier l'acte constitue le but. Le sens du temps n'est pas le même : l'un vit, voit au présent, il y est impliqué ; l'autre prévoit et détermine le présent en fonction du passé et de l'avenir, et garde toujours une marge de distance.

On aura donc véritablement affaire à un impulsif inhibé, ou à un inhibé impulsif, c'est-à-dire à un déconcertant mélange de primarité et de secondarité, d'extra et d'introversion. On peut parler aussi d'un type sensation-pensée, où la pensée peut nuancer la sensation et la sensation muscler la pensée.

Si la cérébralité virginienne parvient à canaliser le bouillonnement du Bélier dans des directions constructives, la combinaison peut se révéler d'une grande richesse : la Vierge apportant au Bélier la réflexion, la sélectivité qui lui font défaut, et le Bélier permettant à la réflexion virginienne de venir à bout de ses hésitations et de se concrétiser dans le passage à l'acte. La synthèse positive aboutirait ainsi à un réalisateur avisé, ou à un penseur actif, calculant les risques, risquant les calculs, ouvrant ou fermant les vannes de ses passions et de ses enthousiasmes au moment opportun, prêt à partir et capable de s'arrêter, personnalité séduisante car audacieuse et délicate à la fois, sage doublé d'un fou.

Morphologie

L'association Vierge-Bélier va dans le sens de la rétraction Mercure et Mars signant respectivement les tempéraments nerveux et bilieux, qui ont en commun la pauvreté des liquides : la silhouette sera donc mince.

Quant au visage, a priori deux combinaisons évidentes : on pourrait trouver, par exemple, un front vertical correspondant aux qualités d'observation, de réflexion, d'adaptation élective au milieu, chez la Vierge, et un étage inférieur (mâchoires et menton) développé, correspondant à la force instinctive martienne. Il serait beaucoup plus négatif, mais tout aussi justifié, de trouver un front martien, à savoir oblique, indiquant les tendances propulsives de l'être et son manque de sensibilité défensive, et un étage inférieur virginien, dont l'insuffisance témoignerait des carences instinctives ou réalisatrices. La première combinaison indiquerait d'emblée le réalisateur réfléchi, le cérébral instinctif, la deuxième appartiendrait à des êtres impulsifs et hésitants, ayant du mal à positiver leurs impulsions, ou du moins à aller jusqu'au bout de celles-ci, par manque de ténacité.

Ajoutons que cette combinaison, où se heurtent deux forces contraires d'excitation et d'inhibition, donne souvent ce que Corman a appelé un modelé rétracté-bossué, c'est-à-dire un alliage de parties en relief et de parties en creux, révélatrices des hésitations conflictuelles de l'être entre ses besoins de conquête, ses élans, et ses pudeurs, ses retenues. L'issue du conflit peut se déduire d'une étude approfondie des proportions ou disproportions des diverses parties du visage.

Vierge Ascendant Taureau

Ici, nous avons la réunion de deux forces d'inhibition : les deux signes sont compatibles.

Le sujet portant cette double signature sera très introverti ou secondarisé : fermé a priori à toutes les incitations nouvelles, essentiellement concentré, patient, pourvu à la fois de la constructivité taurine et du sens de l'utile inhérent à la Vierge, il est le travailleur type, capable de travaux de longue haleine. La tenacité de l'une alliée à l'application de l'autre en font un être responsable, sur lequel on peut compter : du moment qu'il accepte un engagement, une entreprise (ce qu'il ne fait jamais à la légère), cela signifie que, quoi qu'il arrive, il s'en acquittera au mieux. Il s'agit en fait de la combinaison la plus réaliste, la plus « pratique », de tout le Zodiaque : c'est l'association entre un producteur et un distributeur, et chacun sait à quel point le rendement a de l'importance dans ces deux catégories ; il en a tellement, d'ailleurs, qu'il risque souvent d'éclipser le reste, pour devenir une fin en soi : la jouissance normale des biens tourne alors à la possessivité mesquine, l'organisation matérielle au matérialisme organisé.

Evidemment, la finesse et l'intellectualisme de la Vierge atténuent la lourdeur terre-à-terre du Taureau ; mais la peur de manquer de la première trouve une telle possibilité de sécurisation dans l'âpreté au gain du second, qu'elle risque le plus souvent de le rejoindre sur ce plan.

Précisons que l'importance accordée au confort domestique, ainsi que les exigences en quantité comme en qualité des appétits, sont souvent à la base d'une certaine avidité.

On aime le travail pour lui-même donc, mais l'obtention des avantages matériels indispensables à la satisfaction des besoins est indissociable de ce goût pour le labeur. Conscient plus que quiconque de la nécessité de l'effort et de ses capacités professionnelles, le type Vierge-Taureau compte plus sur lui-même que sur les autres. En outre, sa secondarité lui fait voir un intrus dans tout nouveau venu : il commencera toujours par percevoir la

Ecrivain français, Régis Debray prit part à la guerre révolutionnaire de guérilla en Amérique Latine et fut arrêté en Bolivie. Il s'assagit vers 40 ans puisqu'il devint Conseiller à l'Elysée, pour regagner ensuite le Conseil d'Etat.

source d'éventuels dangers et problèmes que l'autre représente pour lui : l'objectivité virginienne peut tempérer la mauvaise foi taurine, mais son sens critique plus aiguisé est, en même temps, tout aussi suceptible de l'alimenter.

Ce type n'a pas l'enthousiasme facile et ne sait pas manifester ses contentements spontanément : il s'irritera de l'emballement chez les autres, et se méfiera de l'exaltation sous toutes ses formes. Type prosaïque, têtu, égoïste, possessif, mais calme, simple, vrai, honnête, efficace, stable, jusqu'au-boutiste dans ses sentiments comme dans ses actes. Quand à l'intelligence, elle est capable de dépasser le domaine du concret pour aborder celui des idées, sans toutefois jamais se laisser submerger par celles-ci : le discours, étayé par le sens des valeurs, ne peut se contenter de la théorie.

Morphologie

Physiquement, il est à souhaiter que l'être ait la stature taurine et les traits virginiens : la largeur de la carrure impliquant l'énergie, et la finesse des traits la sensibilité.

Une combinaison inverse révèlerait la coexistence des caractéristiques négatives des deux signes : imaginons une silhouette et un cadre étroits, et nous aurions la fragilité, le manque de puissance vitale de la Vierge ; des traits épais, et ce serait la lourdeur psychique du Taureau.

Alain Jouffroy, poète et romancier, natif de la Vierge, exprime admirablement le scepticisme de son signe :
« Je vous étrangle dans vos croyances
Je me fais un tombeau de vos croyances
Je bâille à tous les films de vos croyances
Je n'existe que par ce doute qui danse. »
L'Ordre discontinu, Le Soleil Noir, 1979.

Vierge Ascendant Gémeaux

L'Astrologie attribue à Mercure le gouvernement de la Vierge et des Gémeaux : cette planète serait donc un facteur de rapprochement des deux signes, mais les éléments les séparent : on conçoit que la légèreté, la transparence de l'air s'accordent mal avec la densité, la compacité terrestres. La tradition attribue l'intelligence analytique au Mercure de la Vierge (dans la symbolique des saisons, il revient à ce signe de séparer le bon grain de l'ivraie, de faire le tri, de dissocier), alors que l'Air des Gémeaux confère à cette même planète des qualités de communication et de diffusion instantanées, qui exigent implicitement une synthèse, une simplification de la chose à communiquer.

Vierge et Gémeaux se rejoignent sur le plan de la cérébralité, de la curiosité intellectuelle, du langage qui sert à véhiculer la pensée : la fonction pensée est prépondérante chez l'un comme l'autre, mais on aurait affaire à une pensée de type intuitif avec les Gémeaux : rapide, souple, virevoltante, bien que facilement superficielle ; à une pensée de type déductif avec la Vierge, plus réfléchie, logique, mais facilement linéaire et rigide.

De même qu'au niveau de l'action, c'est l'acte même qui constitue un but en soi pour le Bélier, alors que pour la Vierge l'acte n'est qu'un moyen d'arriver à un but prémédité, de même au niveau du langage, les Gémeaux ont tendance à manipuler le mot pour le mot, à jouer avec lui, à se griser de beau langage, de belles idées, de représentations abstraites. La Vierge, elle, subordonnera toujours le mot à son sens, la forme au fond ; elle parlera pour dire quelque chose de précis, elle « utilisera » le langage, fascinée par la magie du verbe, elle essaiera de l'amener à elle, en le maniant cependant toujours avec prudence, respect, amour déférent. Les Gémeaux, eux, parleront pour parler, parfois même pour ne rien dire, en magiciens du verbe : ils seront capables de se laisser emporter par lui, vers des fantaisies colorées, éblouissantes et kaléidoscopiques.

C'est que, ici encore, coexistent deux tempéraments fondamentalement différents : comment la primarité du dernier signe du printemps va-t-elle s'arranger de la secondarité du dernier signe d'été ? Aurons-nous à faire à un être de rêve, à la fois drôle et grave, brillant et profond ? Ou alors balloté entre une agitation ou un immobilisme également stériles et insatisfaisants : papillon en proie au vertige, fourmi aux aspirations de cigale, cigale aux ambiguïtés de fourmi, mais dans tous les cas, créature tout en finesse et en fragilité, d'un verre qui tiendrait à la fois du cristal et de l'opaline.

Morphologie

La combinaison Vierge-Gémeaux donne le tempérament nerveux pur : la silhouette très menue, le cadre du visage étroit témoignent de la faiblesse vitale ; l'extrême finesse des traits indique l'émotivité, la sensibilité prépondérante. Sensibilité qui dominera et handicapera si les récepteurs sont trop ouverts (manque de sélectivité), si le front, partie la plus importante de ce visage, est trop plat et pas assez redressé (primauté de la primarité sur la secondarité, de l'impulsion sur la réflexion et la maîtrise), et enfin si l'étage mandibulaire n'est pas assez développé, (comme c'est malheureusement souvent le cas, les pulsions d'instinct et d'affrontement, permettant de concrétiser d'une façon ou d'une autre l'impression, étant faibles, chez les deux signes).

Vierge Ascendant Cancer

La même force d'inhibition, une inhibition d'autoprotection, domine chez la Vierge et le Cancer, fermant instinctivement au monde extérieur l'être porteur de cette cosignature, le repliant doublement sur lui-même.

Combinaison d'abord fragile, où dynamisme et agressivité font fâcheusement défaut : la peur du réel, ou la peur de soi-même face au réel, se solde souvent par une tendance exagérée au découragement, une timidité paralysante, et par un comportement de fuite devant les monstres à vaincre, les démons à exorciser, quelque forme que ce comportement puisse prendre : du désir de prise en charge jusqu'à la schizophrénie.

Qui n'a pas entendu parler du « monde clos » du Cancer ? Ce signe correspond, dans le cycle de la vie humaine, à la gestation, au cours de laquelle le fœtus se développe à l'intérieur du ventre maternel : le monde clos cancérien est un monde passif, où l'être se nourrit de ce qui, filtré par son enveloppe protectrice, lui parvient de l'extérieur.

Le monde virginien — clos, lui aussi, par les barrières autodéfensives destinées à laisser le temps à l'imprévu, devant lequel on est sans arme, de s'inverser, de se transformer en prévisible — est organisé en fonction de l'utilisation et de la distribution parcimonieuse du capital limité qui lui a été imparti.

L'idéal de douceur et de bonté du Cancer se marie fort bien avec l'idéal de calme et de pureté de la Vierge, et l'on conçoit à quel point il peut être facilement blessé, amenant l'être à se recroqueviller, à faire le dos rond, pour éviter les coups.

Celui qui refuse la lutte, la laideur et la malhonnêteté, se trouve fatalement isolé, mais cet isolement, s'il ne devient pas une passivité culpabilisante, une susceptibilité maladive, ou une myhomanie hypocondriaque coupée de lucidité défaitiste, peut lui permettre de traverser la vie en conservant intactes une candeur déroutante, une gentillesse à toute épreuve.

Une sensibilité cérébrale, c'est-à-dire une objectivité réaliste qui dissèque, minimise l'émotion, afin de mieux la connaître et la dominer, coexiste avec une sensibilité plus subjective, une imagination onirique qui amplifie et magnifie l'émotion pour mieux se laisser bercer, submergée par elle. Il est donc nécessaire de canaliser le flot des impressions sans l'assécher. A ce prix, le type Vierge-Cancer sera souvent un fin psychologue, un détecteur subtil des états affectifs qui agitent l'âme humaine.

Morphologie

Il serait évidemment souhaitable de retrouver la Vierge dans la finesse et la relative fermeture des récepteurs (yeux, narines, bouche), et le Cancer dans le développement de la partie haute du front : ce serait l'indication d'un heureux alliage de la sensibilité sélective et de l'imagination. En revanche, si l'on ne retrouvait la Vierge que dans l'étroitesse et la longueur du cadre, le Cancer se manifestant par une mollesse plus ou moins accusée des chairs, on serait alors en présence d'un être sans beaucoup de caractère, timide et paresseux, et doté, pour peu que les récepteurs soient ouverts et atones comme il est fréquent chez le Cancer, d'un excès d'influençabilité le prédisposant à se faire ballotter au gré de ses humeurs et des ambiances, et à s'épuiser rapidement.

En principe, la combinaison Vierge-Cancer favorise le front par rapport au nez et au menton, ce dernier étant généralement la partie la plus défavorisée du visage, ce qui souligne immédiatement un décalage problématique entre le monde idéal (idées, imagination) et la faiblesse d'action. Le même décalage chez la combinaison Vierge-Gémeaux de type purement nerveux favoriserait la dispersion, la fuite en avant, alors qu'ici, avec un tempérament lymphatico-nerveux, beaucoup plus calme et rentré, il débouche sur l'évasion intérieure, la fuite en arrière.

Vierge Ascendant Lion

Association paradoxale que celle du Lion et de la Vierge, l'un superbe et généreux, selon la formule consacrée, l'autre effacée et parcimonieuse. Comment concilier une âme de chef avec une âme de second : l'un toujours en représentation, ambitieux, sûr de lui, distribuant les ordres ; l'autre dans le sillage, modeste, timide, multipliant les services. L'un, se tenant en pleine lumière, voit grand et aurait tendance à se faire passer pour plus qu'il n'est ; l'autre préférant la pénombre, voit petit, se minimise. Le premier bombe le torse, le second a la poitrine creuse : c'est le mariage de l'exhibitionniste et du voyeur.

Le complexe de supériorité va-t-il corriger, en l'atténuant, le complexe d'infériorité chez le Vierge-Lion ? Les extrêmes vont-ils se compenser, ou au contraire déchirer l'être dans un conflit permanent ? A moins que l'un ne trouve en l'autre une lucidité et une humilité qui vont lui maintenir les pieds sur terre, en lui évitant les pièges de l'apparence et de la démesure ; et l'autre en l'un une envergure, une assurance, une créativité qui, alliées à sa persévérance et ses aptitudes au travail, vont porter le dynamisme réalisateur à son maximum.

Si la destinée est plus virginienne que léonine, c'est-à-dire, obscure, ingrate, l'être risque de souffrir de la non-reconnaissance de sa valeur, étayée par des efforts souvent plus considérables que ceux de personnalités apparemment plus appréciées. Envieux, il sera porté à les critiquer et à les rabaisser méchamment, étalant ainsi ses désirs de grandeur déçus ou refoulés, dévoilant l'orgueil derrière la modestie, les appétits derrière la frugalité. Si cette destinée est au contraire éclatante, il semble, que, grâce à la Vierge, l'être, sans aller jusqu'à dénigrer un succès qui le gêne, sache le maintenir en gardant la tête froide et en poursuivant calmement le travail qui en aura été la base.

Qu'elle soit positive ou négative, selon que l'individu aura réussi ou non à harmoniser ses tendances, l'équation Vierge-Lion met de toute façon l'accent sur l'importance des valeurs du « Moi » et d'« Idéal du Moi » par rapport aux valeurs du « Ça ». La libido est plus axée sur la volonté de puissance que sur l'éros, l'être est volontaire, ambitieux, perfectionniste, son

Jacqueline Bisset, native de la Vierge, dit : « Je ne suis pas belle, je sais seulement me servir du maquillage. »

sens moral est développé, il a des principes, que ceux-ci lui donnent le sens de l'honneur, du devoir, de la hiérarchie, ou, au négatif, rigidité et intolérance. Il ne se départira pas facilement du masque qu'il aura jugé bon d'adopter.

Morphologie

L'alliage Soleil-Mercure est suceptible de fournir d'assez beaux spécimens humains : le tempérament est nervo-bilieux, et la silhouette est par conséquent mince et bien proportionnée. Les traits, forcément délicats, témoignent du raffinement de la sensibilité (un Vierge-Lion n'est jamais grossier). Dans le meilleur des cas, l'apport solaire contribuera à un certain élargissement des contours du visage et au développement des étages frontal et mandibulaire, amenant à la Vierge l'ampleur de vues et le dynamisme qui lui font habituellement défaut.

Mais si le conflit entre la force d'inhibition de la Vierge et la force d'excitation du Lion était trop violent, on pourrait alors avoir, comme dans la combinaison Vierge-Bélier, un modelé rétracté-bossué, trahissant le freinage des passions et des poussées affirmatives du Moi par la retenue et le contrôle.

Sophia Loren : son travail, son obstination, sa volonté lui ont permis de trouver une « bonne étoile ».

Vierge Ascendant Vierge

Avoir le Soleil et l'Ascendant dans le même signe valorise non seulement le signe en question, mais aussi le Soleil, qui se trouve forcément angulaire à l'Ascendant. La valorisation solaire ajoute aux qualités et défauts du signe : volonté, activité, autorité, ambition, orgueil, égocentrisme. Cette valorisation indique également, d'emblée, l'importance du rôle social et le danger pour le sujet de tomber dans le piège de la *persona*, autrement dit, de se subordonner ou de s'identifier à tel point à sa fonction ou à son devoir social, qu'il pourrait finir par y perdre sa propre identité.

Dans le cas de la Vierge, si elle a opté pour les valeurs virginiennes plus que pour les valeurs solaires, cela donnera des collaborateurs parfaits, des épouses ou des mères irréprochables (si tels sont les rôles échus), mais au bout du compte des êtres ayant refoulé les tendances ne leur paraissant pas conformes aux principes adoptés, complètement prévisibles et malheureusement, d'autant moins susceptibles d'évolution qu'Ascendant et Soleil dans le même signe prédisposent à une certaine uniformité.

Mais, si les valeurs solaires vont plus loin que le maintien d'un rôle cadrant avec les qualités d'autodéfense, d'effacement et le désir d'être utile de la Vierge, on retombera plus ou moins dans la formule précédente. L'être, tout en étant d'une sélectivité plus forte que celle de la formule Vierge-Lion, tout en ayant un système de valeurs plus strict, s'axera sur une réussite sociale qu'il facilitera par sa tenacité, mais défavorisera par son intransigeance, son refus des concessions, un perfectionnisme à la limite de l'utopie ; toutes caractéristiques qui l'irriteront contre ses semblables, incapables de répondre à ses exigences. Il se fermera à eux, et son engagement dans des voies étroites et difficiles, dicté par son idéal de qualité et de progrès, les fermera à lui, limitant, finalement, son désir plus ou moins avoué d'être apprécié et reconnu.

La destinée aura tendance à être linéaire. Il est souhaitable que le sujet au fond très soucieux de s'améliorer et de parvenir à un dialogue, lutte contre la rigidité de ses principes, et surtout prenne conscience des refus commodes de ses propres ombres, des refoulements confortables mais stériles, qui se trouvent souvent derrière ses attitudes raisonnables et raisonneuses de renoncement et de droiture morale, ainsi que du vide auquel finissent par aboutir les silences dictés par la discrétion ou la peur du malentendu.

Si l'être ne réussit pas de temps à autre à se remettre en question, à se cabrer, à défoncer les barrières qu'il s'est imposées, à prendre et dépasser le risque de se choquer et de s'effrayer lui-même, il tournera sans fin dans le cercle de ses inhibitions et de ses rites, prisonnier figé de lui-même.

Vierge Ascendant Balance

Là où la Vierge se laisse arrêter par les différences, les incompatibilités, la Balance trouve les affinités, les points communs ; là où la première se retranche derrière un énigmatique quant-à-soi, la seconde est tout sourire ; là où l'une hésite longuement avant de dire oui, l'autre passe du oui au non avec désinvolture.

Il s'agit en vérité davantage de complémentarités possibles, que d'oppositions réelles. Les caractéristiques spécifiques des deux signes semblent devoir se nuancer réciproquement, et concourir à un type délicat, subtil, raffiné. Ainsi, certains défauts tels que concessionnisme, opportunisme facile, séduction excessive de la Balance, et scrupules étouffants, pudeurs effarouchées de la Vierge, peuvent s'annuler dans une sociabilité idéale, où la distance ne souffre jamais d'être trop courte ni trop longue, où la critique reste diplomate, l'élégance sobre, grâce à un heureux mariage du charme et de l'intelligence. Quant aux qualités, plaisons-nous à penser que la discrétion peaufine l'amabilité, que l'ordre se plie à l'harmonie, et que travail et amour se stimulent l'un l'autre, se justifient réciproquement.

Les qualités de coopérativité, de courtoisie, de douceur, qui font la force de l'être, font aussi sa faiblesse : incapable d'agressivité, il est également incapable de tenir tête, et supportera très mal les attaques. Entre le refus du risque et le pacifisme, l'affirmation de soi est d'autant moins aisée que la forme d'intelligence, en faisant apparaître les deux faces de la médaille, en faisant peser le pour et le contre, provoque une hésitation chronique.

La Vierge-Balance ne sera pas manifestement envahissante, mais, si l'on y regarde de plus près, grandes seront ses exigences intérieures, même si elle ne les extériorise pas, et, par conséquent, grandes ses possibilités de frustration, sa vulnérabilité vis-à-vis de l'élu(e). Excessivement sélective, la personnalité ne se commettra jamais avec un être de qualité inférieure. Cependant, pour que l'être choisi soit indépendant et secret, pour peu que les échanges ne s'étendent pas à tous les plans d'existence, elle se sentira, sentimentalement, cruellement dépossédée. Mais, grâce à ses facultés exceptionnelles de compréhension, elle sera capable de se mettre à la place de l'autre, prête à accepter intellectuellement une situation provoquée par ce qu'elle sait n'être, au fond, qu'une façon d'aimer différente de la sienne.

Morphologie

Assez généralement, on peut dire que tout concourt à la finesse des lignes et à la délicatesse des traits, correspondant à la sensibilité sélective. Si l'on part de la Vierge, l'apport vénusien est susceptible d'atténuer la sécheresse mercurienne. Par exemple, en remplissant les joues, en enveloppant légèrement la silhouette, en élargissant le cadre qui sera ovale (Vénus, planète humide, dilate, alors que Mercure, planète sèche, rétracte). Grâce à cet apport, les lèvres peuvent être plus charnues, indiquant un contrôle moins sévère de la sensualité que chez le Virginien pur, des appétits moins restreints. Quant aux autres récepteurs, a priori fermés, ou tout au moins abrités par la secondarité virginienne, ils peuvent être plus agrandis, plus ouverts par la primarité, la réceptivité vénusiennes. Le nez, où l'étage affectif, risque de dominer le visage. La déficience du menton paraît devoir se rencontrer fréquemment, étant donné les difficultés des deux signes à agresser, à s'affronter aux autres.

Vierge Ascendant Scorpion

La réunion au sein du même être de deux signes aux antipodes l'un de l'autre semble devoir porter en germe plus de contradictions que toutes les combinaisons déjà étudiées, et contribuer à un tempérament d'une complexité difficile à saisir. Imaginons Eve séduite par le serpent, imaginons un être se sentant, tantôt ou à la fois, ange et démon, en proie à la double et vertigineuse tentation du bien et du mal, et nous aurons une approche des paradis infernaux ou des enfers paradisiaques qui sont susceptibles de tourmenter le type Vierge-Scorpion.

Ici, on est capable de tout risquer et de tout perdre, on méprise le danger en même temps qu'on est attiré par lui. L'inconnu aimante irrésistiblement.

Là, toute la politique consiste à prévoir, détourner, fuir le danger, dont l'inconnu est la plus grande forme.

Et quoi de plus inconnu, de plus attirant, de plus effrayant aussi que l'autre, que le sexe opposé en particulier, et la sexualité en général.

Les obsessions et les fantasmes vont-ils emprunter la voie de l'ascétisme ou celle de la perversion ? La fragilité extérieure va-t-elle dissimuler une force, une irréductibilité, une agressivité redoutables, ou bien découvrirons-nous, derrière l'allure farouche, une vulnérabilité, une inquiétude latentes ?

Une telle personnalité, à la fois toujours sur la défensive et toujours prête à attaquer, est de toute façon difficile à cerner. L'inhibition protectrice et l'inhibition différentielle se liguent pour décourager l'approche et renforcer le secret : l'être est impénétrable et pénétrant. Il ne se laisse pas facilement influencer, car il détecte mieux que personne ce qui se cache derrière les mots, derrière les apparences, et le dénonce sans pitié. Dans le meilleur des cas, les facultés d'observation et de discrimination, bénéficiant de la confrontation avec le réel, font le démystificateur auquel on n'en remontre pas, car ce dont il consent à parler est chargé du double poids de la réflexion et du vécu. La synthèse positive peut donner une personnalité forte, qui féconde ses instincts de la lucidité de ses doutes, et sa pensée de la richesse de ses passions, dans une maîtrise résolue, jusqu'au-boutisme sans œillères. Une personnalité étonnamment évolutive, malgré l'angoisse et le fatalisme métaphysiques, puisque soucieuse à la fois de perfectionnisme et de remise en question.

Morphologie

Les forces d'inhibition des deux signes concourent à la rétraction. On a envie d'imaginer des yeux enfoncés dans les orbites, des narines abritées, des lèvres serrées et un front redressé, indiquant la secondarité, dans un visage plus ramassé grâce à Mars, dont on retrouverait la combativité et la vitalité, par exemple dans la saillie des pommettes et du menton bien développé, dans l'angulosité des mâchoires et la tonicité générale des traits. Un visage trop heurté, avec un excès de creux et de bosses, indiquerait le caractère conflictuel de la combinaison étudiée. Quoi qu'il en soit, c'est l'intensité du regard qui risque d'impressionner le plus, un regard d'une acuité extraordinaire, résultant de l'addition des facultés d'observation de la Vierge, et de discrimination du Scorpion.

Vierge Ascendant Sagittaire

Encore une combinaison a priori incompatible : l'extraversion optimiste et paternaliste du Sagittaire contraste singulièrement avec l'introversion pessimiste de la Vierge ; l'un, très à l'aise, se répand, claironne, rit, s'exhibe ; l'autre, toujours gêné, se recroqueville, chuchote se cache.

Chez les types que l'Astrologie traditionnelle distingue dans le Sagittaire — type « expansif », intégré au monde extérieur, dont il assure la continuité des traditions, et type « intensif » intégré à la recherche d'un ordre nouveau — existent, dans des proportions variables, un besoin d'ordre et de dépassement, qu'il se manifeste dans l'ambition socioprofessionnelle (premier type), ou l'idéalisme actif (second type).

Or, les notions d'ordre et de dépassement constituent une recherche de base commune aux deux signes considérés, bien qu'essentiellement différente, c'est-à-dire inséparable du contexte social dans le cas du Sagittaire, alors que beaucoup plus strictement individuelle chez la Vierge. Par exemple, le dépassement sagittairien fera du bruit, sera spectaculaire. Qu'il s'agisse d'un exploit sportif ou d'une idéologie, il reposera toujours sur l'effort de l'être au sein de, ou contre, son groupe. En revanche, nous aurons chez la Vierge un perfectionnisme lent et silencieux, dont elle demeurera le plus souvent le seul témoin et juge.

Si la Vierge introvertit le Sagittaire, nous pouvons nous trouver en présence d'un être passionné de connaissances politiques, philosophiques ou religieuses, nourrissant par ses études livresques à la fois la boulimie de culture de la Vierge et l'idéalisme exalté du Sagittaire. A condition que lesdites études débouchent sur l'universel et le spirituel, à condition que l'être ait l'opportunité d'en vivre la synthèse exhaustive, et de la propager.

Par contre, si le Sagittaire extravertissait la Vierge, on aurait une personnalité plus tournée vers les activités socioprofessionnelles et physiques, dont l'emphase serait simplifiée et le simplisme complexifié, les appétits disciplinés et les déplacements d'air orientés dans des directions plus strictement pratiques ou utilitaires ; une personnalité sachant évaluer à l'avance le prix de l'aventure, et fidèle à la ligne droite, malgré les détours.

Notons que le souci d'ordre, commun aux signes, peut déboucher soit sur un conventionnalisme atterrant si la personnalité est médiocre, soit sur un humour particulier, échappatoire salutaire au conflit qui oppose l'excès de critique à une certaine tendance à la fatuité et à la facilité. Le Vierge-Sagittaire porte en lui un juge sévère, qui s'obstine à vouloir lui prouver l'inanité de ses penchants les plus naturels : l'humour réconcilie les deux parties.

Abordons, pour finir, une autre différence essentielle qui sépare les deux signes. Le Sagittaire a la faculté de relier, coordonner, rassembler, réunir, il a une vue globale des êtres et des choses ; la Vierge sépare, dissocie, analyse et perçoit plus facilement le détail que l'ensemble. Un autre problème de cette combinaison consistera donc à accorder les deux types d'intelligence, pour voir au-delà de l'associationnisme, subordonner l'idéal social à une éthique au lieu de l'y identifier, savoir distinguer le moyen du long terme, et les relier pour les diriger vers un but qui les contente tous deux : l'être mettant son opportunisme et son savoir-faire au service de sa réflexion .

Morphologie

Il est possible d'imaginer un cadre et un modelé dilaté (tendance jupitérienne à l'expansion) et des récepteurs fins et fermés (tendance virginienne à la rétraction). La disposition inverse est tout aussi envisageable ; la dilatation jupitérienne s'exprimant alors dans les traits du visage, et la rétraction virginienne dans ses contours et ses chairs : cette fois, ce serait la dépense énergétique qui dépasserait les réserves, on aurait donc l'indication d'une déperdition, d'une mauvaise économie de l'énergie.

Un amalgame plus harmonieux, où dilatation et rétraction s'équilibreraient, n'est pas exclu : imaginons un cadre relativement large, des traits suffisamment fins pour que la sensibilité oriente l'énergie dans des directions imposées par sa sélectivité, et suffisamment ouverts pour que la dépense de cette énergie s'effectue normalement. D'un tel visage émaneraient une gravité souriante, une douceur ferme, une bienveillance attentive, témoignant de l'association heureuse entre les tendances positives des deux signes.

Vierge Ascendant Capricorne

Nombre de qualités et de défauts, que l'on attribue habituellement à la Vierge, sont également imputables au Capricorne. Ce sont de tout le Zodiaque, les deux signes qui présentent le plus de points communs. Cette combinaison concourt à une créature monolithique avançant avec une lenteur raide, qui l'oblige à regarder où elle va, et lui donne donc le sens du but à atteindre. Mais elle ne favorise ni les changements de direction, ni la détente. Ceci vaut également pour la combinaison Vierge-Taureau, mais le but a atteindre est lié à l'avoir, à des acquisitions matérielles, alors qu'ici l'objectif est plus orienté vers l'être et le renoncement à l'avoir. La première combinaison est orientée vers la satisfaction des besoins, la seconde vers la réduction des mêmes besoins.

La réunion de l'inhibition-blocage de la Vierge, et de l'inhibition extinctive du Capricorne fait l'être très introverti, en perpétuelle attitude de défense, vis-à-vis des autres et de lui-même. Cela le prédispose d'autant plus à la solitude que, ayant par la Vierge tendance à se déprécier, et étant par le Capricorne peu enclin à se faire de cadeaux, il se trouve ainsi coincé entre sa propre part de médiocrité, qu'il exagère, et la médiocrité, qu'il ne supporte pas chez autrui ; entre la conscience douloureuse de sa petitesse et de son inadaptabilité, et son perfectionnisme intransigeant. L'idéal de pureté de la Vierge, allié au désir d'absolu du Capricorne, ne facilite ni l'estime de soi, ni l'estime des autres.

Son comportement extérieur paraîtra d'une froideur, d'une taciturnité rebutantes, masquant sa gaucherie ou son indifférence ennuyée, ou les deux si le Capricorne l'emporte. Si la Vierge domine, l'abord sera d'une gentillesse distante et timide, mais non à l'abri des gaffes intempestives : en effet, si la Vierge « sait se tenir », le Capricorne, obnubilé par le fond, ignore la forme, les formalités, les formules ; involontairement spécialiste des « pieds dans le plat », il arrive que sa sincérité brute devance la courtoisie virginienne, plongeant l'être, après coup, dans un embarras parfois secrètement jubilateur.

L'intérêt du Vierge-Capricorne pour la vérité et l'au-delà des apparences est inné. Il a besoin de trouver ce qui ne bouge pas dans le mouvant, il a besoin de découvrir l'essence des êtres, des choses et de lui-même, afin de compenser l'insécurité des fluctuations atmosphériques et de l'ignorance humaine par des certitudes sur lesquelles il puisse s'appuyer. La recherche de l'essentiel est laborieuse, austère, et risque de devenir obsessionnelle, mais elle implique la profondeur, le sens des valeurs, la gravité et l'intégrité, et se manifeste presque toujours par le goût inné pour toutes les sciences qui tentent une explication fondamentale de l'homme et de son environnement.

Morphologie

La rétraction domine évidemment la morphologie. La pauvreté du tempérament nerveux, légèrement lymphatique, est indiquée par l'étroitesse et la longueur de la silhouette et du visage. La fermeture des récepteurs : yeux enfoncés et petits, lèvres minces et serrées, narines abritées, correspond à la secondarité et à la sélectivité, leur plus ou moins grande finesse renseigne sur le degré de sensibilité, une sensibilité très contrôlée. Il est à souhaiter que les récepteurs soient sthéniques (coins droits ou relevés), indiquant des possibilités dynamiques, et non atones (coins tombants), révélant la fatigabilité et une certaine passivité.

Vierge Ascendant Verseau

La combinaison Vierge-Verseau cérébralise à l'excès. L'Astrologie traditionnelle dit d'Uranus qu'il est l'octave supérieure de Mercure, rejoignant en cela l'Astrologie conditionnelle. Celle-ci,en effet, attribue aux planètes des formules inverses. Ainsi, la formule de Mercure RT, fait partir la planète du plan des Représentations R, pour arriver au plan T de Transcendance, alors que celle d'Uranus TR, situe cette dernière au plan de Transcendance, pour la faire aboutir à celui des Représentations. Autrement dit, Mercure part des signaux simples (mots, images) pour aboutir à la complexité (idées) alors qu'Uranus réduit la complexité en signaux simples ; les deux opérations s'effectuant par le biais du langage, expression de la pensée. On peut envisager que la précision virginienne acquière grâce au Verseau une intuition, une rapidité qui donnent à la pensée et à la phrase, une concision exceptionnelle, une portée inhabituelle.

L'individualisme est puissant, bien que, curieusement, l'être se sente à la fois comme tout le monde et comme personne, on pourrait dire, aussi, inférieur et supérieur à ses semblables. A la fois proche et lointain, il se sentira aussi étranger aux autres dans la foule, que proche d'eux sur scène : grand parmi les petits, petit parmi les grands, c'est un orgueilleux modeste, un timide audacieux. Il méprise le matérialisme grossier, tout comme l'intellectualisme gratuit ; il éprouve, pourtant, une fascination secrète pour la puissance de l'argent et celle du verbe, et leurs spéculations respectives. Il n'est sûr de rien, étonne ou indispose par son ton tranchant et péremptoire ; il ne veut pas attirer l'attention, mais, quoi qu'il fasse, ne sait jamais passer totalement inaperçu.

Sensible et sec, doutant et affirmant, révolutionnaire et casanier, humaniste doublé d'un rigoriste, cet être paradoxal, écartelé entre la Terre et le Ciel, a besoin de se fixer un but qui lui permette de concilier ses idées d'avant-garde, de grandeur, ses ambitions, avec son souci du quotidien, sa prudence et son humilité. Comme pour la combinaison Vierge-Lion, il s'agit d'éviter que le Verseau surcompense la Vierge, ou que la Vierge rapetisse le Verseau. L'inadaptation de la signature Vierge-Verseau consisterait à être toujours à contretemps ou en porte-à-faux ; à rêver d'exceptionnel dans le cadre du quotidien, et à aspirer au quotidien dans les moments exceptionnels ; à ne se satisfaire de rien, ceci étant toujours trop bien, cela ne l'étant jamais assez ; à exercer son autoritarisme, sa volonté de puissance sur ses proches, tandis qu'il se laisserait écraser par l'entourage socioprofessionnel. Le déséquilibre se traduirait alors par des alternances de tolérance et d'intransigeance, de docilité et d'explosivité, de dépressivité et d'exaltation.

Morphologie

Le tempérament est nerveux, la rétraction domine : la cérébralité est indiquée par l'étage frontal plus développé que les deux autres ; son redressement correspond à l'individualisme et à l'objectivité. Les traits sont fins et abrités, révélant la sélectivité et le contrôle. Les yeux sont rapprochés, signifiant étroitesse du champ de conscience et concentration. Le modelé est souvent rétracté-bossué, car il y a heurt entre la force d'inhibition de la Vierge et la force d'excitation du Verseau. La faiblesse des instincts, commune aux deux signes, se retrouve à des déficiences plus ou moins prononcées de l'étage inférieur du visage.

Dans tous les cas, l'être sera svelte, fin, racé et dégagera une impression et de force de fragilité en même temps.

Vierge Ascendant Poissons

De la réunion des contraires peut résulter la pire confusion ou la plus féconde complémentarité. Ce sont non seulement l'ensemble du thème, mais encore la somme des conditionnements, qui feront pencher la balance d'un côté plus que d'un autre, et influeront de manière décisive sur la réussite ou l'échec d'une combinaison, surtout lorsqu'elle est paradoxale comme celle-ci.

Eminemment réceptif, l'être signé Poissons n'émerge qu'à grand peine de son immersion dans un milieu avec lequel il fait corps. Difficile de savoir qui l'on est précisément, quand on se sent confusément être un peu tout à la fois, et comment se trouver quand on aime tant se perdre, comment cerner sa personnalité, quand c'est dans la dépersonnalisation qu'on se sent justement le plus soi-même.

A l'inverse, la cérébralité dominante de la Vierge l'oblige à se dédoubler, à prendre conscience des autres, d'elle-même, de ses moindres états d'âme, et l'empêche de se perdre, à défaut de se trouver. Si elle ne sait pas forcément qui elle est, elle sait parfaitement qui elle n'est pas : la connaissance de ses limites est également le début de celle de son individualité.

Pour le sujet Poissons, l'objet n'est pas grand-chose, par rapport au pouvoir d'évocation qu'il est susceptible d'y trouver. Mensonge et vérité se fondent et ne se séparent jamais tout à fait. Parler, écrire, exprimer avec des mots, revient à réduire arbitrairement une complexité informulable.

Quant à la Vierge, même si elle est assez intelligente pour soupçonner que chaque vérité contient son mensonge, et chaque mensonge la vérité, son sens aigu du réel coupe les ailes de l'imagination : l'objet n'est en définitive qu'un objet, elle ne « l'incorpore » pas (comment le pourrait-elle alors qu'elle a tant de mal à « s'incorporer » elle-même). Comme le moi du toi, le vrai à un certain moment se distingue du faux, et le choix du mot juste est très important car il permet de délimiter les frontières, de cerner l'exprimable.

La combinaison Vierge-Poissons peut aboutir à une complémentarité positive, incroyablement riche et féconde sur le plan de l'intelligence et de la sensibilité et, en particulier, donner d'intéressantes dispositions artistiques. Mais elle restera toujours critique sur le plan dynamique, les deux signes ayant besoin d'être mis sur leurs rails : la réceptivité passive des Poissons, leur gentillesse vélléitaire vont dans le même sens que les complexes d'infériorité, les doutes de la Vierge.

En dehors de la sublimation artistique, le meilleur moyen pour l'être de dépasser ses inhibitions serait probablement de trouver une voie où puissent s'exercer la compassion innée des Poissons et le besoin de servir de la Vierge, dans un altruisme authentiquement généreux et efficace.

Morphologie

Le cadre, en principe étroit, et le visage atone indiquent la faiblesse vitale et une certaine passivité ou apathie, confirmées par la déficience du menton et des mâchoires. Si la Vierge seule est dominée par la rétraction, les Poissons apportent souvent un ou plusieurs éléments de dilatation, que ce soit au niveau des chairs du visage, plus ou moins molles, ou au niveau des récepteurs (œil plus ou moins globuleux, narines épaisses, lèvres ouvertes évoquant la carpe), ce qui correspond à sa grande réceptivité. Il « absorbe » le milieu, alors que la Vierge aux récepteurs plus fins, plus fermés, le filtre soigneusement.

Le front devrait être redressé, marquant la secondarité commune aux deux signes, et plus développée dans sa partie supérieure qu'avec le seul apport virginien, grâce à l'intuition et l'imagination neptuniennes.

Greta Garbo : surnommée « la Divine » pour la pureté angélique de ses traits, elle refusait d'une phrase toutes les interwiews : « Je veux être seule. »

Chapitre IV

Quelques personnalités nées sous le Signe de la Vierge

MICHAEL JACKSON

LEO FERRE

HUGH GRANT

Quelques grands noms

Entretien avec Jean-Louis Barrault

Jean-Louis Barrault est né le 8 septembre 1910 au Vésinet, à 6 heures du matin selon l'état civil (il croit, quant à lui, avoir entendu sa mère parler de 5 heures du matin).

Il entre au cours d'art dramatique de Charles Dullin en 1931, et se voit confier son premier rôle six mois plus tard. Dès 1935, il monte son premier spectacle à l'Atelier, le théâtre de Dullin, et en 1936 fonde sa première compagnie. Il rencontre Madeleine Renaud la même année, continue à monter diverses pièces, tourne quelques films, dont *Drôle de drame* de Marcel Carné. En 1940, il épouse Madeleine Renaud et entre à la Comédie-Française pour laquelle il adapte, entre autres, *le Soulier de satin* de Paul Claudel, avec lequel il s'était lié trois ans auparavant. Il renoue avec Marcel Carné pour les *Enfants du Paradis*, en 1943-45.

Il quitte la Comédie-Française en 1946 pour fonder la Compagnie Renaud-Barrault, qui s'installe au théâtre Marigny et débute brillamment avec *Hamlet* de Shakespeare, puis le *Procès* de Kafka, dont André Gide a fait l'adaptation.

La troupe effectue de nombreuses tournées et fait découvrir à l'étranger des auteurs tels que Claudel, Giraudoux, Supervielle, Georges Schéhadé.

En 1959, sur la demande d'André Malraux, c'est l'installation à l'Odéon-Théâtre de France, et la création de *Tête d'or* de Claudel. De multiples tournées suivent, ainsi que de nombreuses et toujours excitantes créations. Parmi les plus originales citons : le *Rhinocéros* de Ionesco en 1960 (d'autres pièces seront créées par la suite, dont *le Piéton de l'air* et *Délire à deux*), *Oh, les beaux jours* de Samuel Beckett en 1963, *Des journées entières dans les arbres* de Marguerite Duras en 1965, *les Paravents* de Jean Genêt en 1966... A la suite des événements de mai 68 et de l'attitude de Jean-Louis Barrault, désavouée par le gouvernement, la Compagnie doit quitter l'Odéon et va s'installer à l'Elysée-Montmartre qu'elle inaugure avec *Rabelais*, un jeu dramatique imaginé par Jean-Louis Barrault lui-même et qui fut un prestigieux spectacle.

Ensuite, la Compagnie a jeté l'ancre au théâtre d'Orsay, pour se retrouver quelques années plus tard au théâtre du Rond-Point. La carrière de Jean-Louis Barrault s'est faite au service et à la découverte d'un théâtre vivant, grave et gai, c'est-à-dire des créateurs d'hier, d'aujourd'hui et de demain, qu'ils soient auteurs dramatiques, écrivains, poètes, metteurs en scène, comédiens, musiciens, chorégraphes... bref, au service et à la découverte de l'Art (en langage parlé, on dirait de l'Art avec un grand A).

Citons pour finir quelques lignes concernant Jean-Louis Barrault, empruntées au petit livre d'André Frank publié par Seghers qui lui est consacré, afin que le lecteur averti puisse développer les rapprochements qui s'imposent entre ce qui nous est dit de l'homme et les points les plus importants de son thème :

« De l'interprétation à la mise en scène, du mime à la réflexion théorique (Saturne et Vierge), Jean-Louis Barrault a su mettre son talent multiforme (Pluton angulaire au Milieu-du-Ciel) au service (Vierge) d'une conception de l'art dramatique à la fois audacieuse (Uranus trigone à Soleil, Ascendant et Mars) et rigoureuse (Vierge et Saturne au trigone du Soleil, à l'opposition de la Lune), originale (Uranus et Pluton) et fidèle aux vraies traditions (Vierge et Saturne). Son exigence (Vierge, Saturne, Pluton, Uranus) d'éternel expérimentateur (Mars) fait de lui, malgré une carrière déjà longue, un « animateur » (Soleil-Mars) de théâtre, résolument tourné vers l'avenir (Uranus). »

Je le revois au Théâtre d'Orsay où le temps écoulé n'avait modifié ni son aspect ni son comportement. Il me donnait la chaude impression de l'avoir quitté la veille. J'étais gênée de venir l'ennuyer avec des questions plus ou moins difficiles, auxquelles il avait déjà implicitement répondu, dans ses deux livres autobiographiques : *Souvenirs pour demain* et *Comme je le pense*, dont la

profondeur, la gravité m'ont séduite. Je m'en excusai à l'avance et le remerciai d'avoir eu la gentillesse de m'accorder cette interview.
A la fin de l'entretien, il m'offrit un verre et poursuivit ses confidences : il m'avoua sa timidité, il m'apprit qu'il s'habillait toujours de la même façon (ce que je mets sur le compte de Saturne autant que de la Vierge), il me raconta que ses camarades comédiens nés sous le signe de la Vierge ont, comme lui, besoin de relire leur texte avant d'entrer en scène (là, c'est l'inquiétude du signe).
Je ne sais pas prendre congé : j'ai peur d'abuser du précieux temps dont on me fait si généreusement cadeau. J'ai peur de donner la mauvaise impression que j'ai autre chose à faire. Bref, je ne sais pas très bien quels impératifs ou désirs se cachent derrière son hospitalité, ni lui derrière mon attention.
Finalement, a-t-il cru que je devais partir, ou son travail l'appela-t-il, c'est lui qui se leva. Il me raccompagna jusqu'à la porte. Je m'apprêtai à le remercier à nouveau. Mais non, il tint à aller jusqu'à ma voiture. « Les gens de la Vierge sont très courtois, remarqua-t-il. « C'est vrai, dis-je, et j'ajoutai étourdiment : en ce qui me concerne j'ai souvent affaire à des gens grossiers, bien que jamais vulgaires. Peut-être suis-je attirée par la grossièreté ? » « Alors, plaisante-t-il, je n'ai aucune chance. »
Voici donc ce qu'a bien voulu me dire ce jeune homme alors qu'il avait déjà 67 ans. Il s'est éteint bien des années plus tard, en janvier 1994, précédant de quelques mois celle qui fut son grand amour et sa complice, Madeleine Renaud.

Françoise Hardy : *Je vous cite : « Ma conjonction astrale est paraît-il Mercure-Vénus. Elle n'a rien de saturnien... » On expliquait ainsi votre tendance à la dispersion au début de votre carrière. Il semble qu'il ne s'agisse pas de dispersion, mais de recherche. De toute façon, l'expression est à la fois impropre et fausse. En fait, Saturne, au trigone de votre Soleil et l'opposition de votre Lune, marque puissamment votre thème. On peut dire que le trigone accentue la rigueur, la réflexion et le sens des valeurs, de l'authenticité et des responsabilités, toutes qualités déjà inhérentes à la Vierge : on peut dire aussi qu'il permet d'accorder l'« être » et le « paraître », qu'il favorise la constance et la concentration et qu'il fait œuvrer pour le long terme : il s'agit pour Saturne de découvrir en quelque sorte le sens, l'essence, le principe fixe, qui sont au-delà de l'apparente variabilité des faits, en allant du concret à l'abstrait, de l'« exister » à l'« être ». En conséquence de quoi, au-delà des inévitables détours ou remises en question de l'existence, la destinée saturno-virginienne est finalement une ligne droite, car allant toujours dans la même direction, celle de la recherche de la vérité, et celle du service. Est-ce ainsi que vous voyez la vôtre ?*

Jean-Louis Barrault : Ça me paraît assez ressemblant. Je dis par exemple tout le temps que je cesse d'exister pour commencer à être. C'est le moment où, étant compliqué, plein de contradictions intérieures, une sorte d'accord, d'unité, se fait tout à coup. J'appelle ça le temps de l'obéissance.

F.H. : *Quant à l'opposition de Saturne à la Lune, elle rétracte le Moi intime, elle l'empêche de s'épanouir normalement, elle met le ver à l'intérieur du fruit, car elle fait peser le poids, le prix du temps, et sensibilise ainsi à l'éphémère, au dérisoire, à la solitude. Deux modes de réaction : soit un renoncement éventuellement défaitiste et desséchant qui va dans le sens de la Vierge, à certaines formes classiques de bonheur terrestre : soit une avidité, qui va dans le sens de Mars très valorisé dans votre thème, pour ces joies condamnées d'avance. Ces deux comportements ne s'excluent pas l'un l'autre, et peuvent faire alterner au sein du même être des extrêmes de boulimie avec des extrêmes d'austérité. Est-ce ainsi que vous avez commencé à vivre cette douloureuse dissonance, actualisée pour la première fois par la mort de votre père quand vous aviez 8 ans ?*

J.-L.B. : Ma boulimie a été transférée sur mon métier. Si je n'avais pas exercé un métier de passion, j'aurais peut-être été un boulimique passionnel dans la vie courante. Mais ma nature n'était peut-être pas assez forte charnellement. Elle était peut-être plus forte sur le plan du désir que sur le plan du besoin, si bien que j'ai eu envie de transférer mon esprit de boulimie sur un art. J'ai donc pu me défouler avec mon métier, et c'est pourquoi j'ai pu accepter de me contraindre. La liberté est le choix des contraintes. Quand on peut choisir ses contraintes, bien entendu il y a des moments de boulimie qui torturent, puis il y a acceptation de la contrainte, pour pouvoir continuer. Mais en effet, la contrainte est assez importante chez moi.

F.H. : *Le signe de la Vierge correspond au moment de l'année où la Terre, qui a donné tout ce qu'elle avait à donner au Lion, est stérile, et ne va plus rien fournir pendant six mois : c'est pourquoi il revient à ce signe d'« engranger », de conserver les acquis, de n'en pas perdre une miette et de les répartir au mieux, pour ne manquer de rien jusqu'au printemps suivant. Il importe absolument, si l'on veut tenir pendant les longs mois d'hiver, de savoir distinguer l'utile de l'inutile et du futile (c'est le côté « fourmi » du signe). La Vierge est donc, de tous les signes du zodiaque, celui qui possède au plus haut degré le sens de l'utile et de la nécessité du travail. Le terme « utilitaire » revient très souvent dans vos écrits : « Tout doit être utilitaire » écrivez-vous. Quels sont vos critères ? Ne pas perdre de temps, qu'est-ce que cela signifie pour vous ?*

J.-L.B. : Il faut préciser ce qui est utile. L'argent n'est pas utile. En gagner suffisamment pour continuer est utile. J'avais décidé de voyager, je voulais connaître le monde, les hommes, la vie, et je voulais remplir chaque instant au maximum. Un navigateur sur son bateau ne fait que des choses utiles, sinon il va couler. C'est cela l'utile : faire ce qu'il faut pour ne pas couler. Quand on a décidé d'aller quelque part, on fait tout pour arriver au but. Mais quelquefois on est obligé de changer de cap, parce qu'on rencontre des écueils, des courants, on

JEAN-LOUIS BARRAULT

doit composer, négocier sa navigation pour pouvoir arriver à ses fins ; à ce moment-là, il faut choisir ce qui est utile pour le faire. Mais rechercher ce qui est utile ne veut pas dire être arriviste.
Je crois que les maisons sont belles quand leur architecture est utilitaire, et que ce n'est pas la peine de mettre beaucoup de décoration gratuite : une maison doit être bâtie en fonction du climat. Ce qui est utile est beau. Mais la gratuité, la folie peuvent aussi être utiles.
La vie moderne m'a appris trois choses : pour pallier la méfiance qui existe dans les relations humaines, et pour combattre les lenteurs administratives, la vie bureaucratique de la société de profit, il est utile de : mettre la charrue avant les bœufs ; avoir le courage d'avancer le prix de l'aller, si l'on veut espérer être payé de retour. Parce que si vous ne le faites pas, vous êtes aliéné. Si vous demandez à un autre de vous l'avancer, vous n'êtes plus un homme libre et vous reculez les chances d'être payé de retour par la vie.
C'est « malin » d'être généreux, c'est « malin » d'admirer son prochain.

F.H. : *Mais vous ne pratiquez pas la générosité parce que c'est malin ?*

J.-L.B. : Bien entendu. Si je n'y trouvais pas ma joie, je trouverais un tas de raisons pour que ce ne soit pas utile. Je dis d'ailleurs que j'adore obéir, mais que c'est fou comme je suis maniaque quant au choix des ordres que j'ai à recevoir.

F.H. : *Vous apparaissez effectivement comme quelqu'un d'exceptionnellement chaleureux, enthousiaste, ouvert aux autres. Cette attitude n'est pourtant en accord ni avec votre signe, chez lequel prédomine une force d'inhibition protectrice, ni avec votre morphologie, qui est, conformément à votre signe, rétractée. Comment l'expliquez-vous ? Etes-vous très sélectif ?*

J.-L.B. : Je crois qu'on tisse son destin. A partir d'un certain moment, j'ai « vu » ma vie, et je l'ai fabriquée. Pour cela, j'étais bien obligé d'avoir un esprit sélectif. Mais cet esprit ne procédait pas de la méfiance. D'une manière générale, j'aurais plutôt tendance à la dispersion : nous sommes le seul théâtre où il n'y ait pas de bureau de directeur, les gens viennent sans rendez-vous, je reçois tout le monde, j'ai toujours été comme ça.

F.H. : *Au négatif, le signe de la Vierge est connu pour son côté tatillon, ses coupages de cheveux en quatre, ses réticences et ses manies. Vous dites : « La vie doit se prendre à bras le corps, il ne faut pas chipoter, c'est mesquin », et aussi : « Rien de plus discordant que ces bras croisés sur la poitrine, dans une attitude frileuse, faite de méfiance et de refus. » Cette dernière attitude est typiquement virginienne. La conjonction Soleil-Mars à votre Ascendant suffit à justifier le comportement opposé qui est le vôtre, mais n'avez-vous réellement jamais eu à lutter contre les mauvais penchants que vous réprouvez ?*

J.-L.B. : J'ai eu à lutter contre une pudeur : je suis pudique. Mais quand je suis en confiance et quand j'aime, je ne connais pas la perversité, parce que je n'ai pas le sens moral. En amour, il n'y a pas de perversité, c'est-à-dire pas de pudeur. Je suis pudique dans les rapports sociaux, parce qu'il y a des choses qui me gênent, mais pas dans l'intimité. J'adore l'innocence, qui est justement la négation de la perversité.

F.H. : *On rencontre souvent une grande pureté chez les gens de la Vierge.*

J.-L.B. : Aimer, aimer totalement, de toutes les façons, c'est précisément un signe de pureté. Quant à l'attitude « bras croisés », j'ai appris au cours de mes nombreux voyages, particulièrement au Brésil, lors de séances d'occultisme, à être ouvert magnétiquement : si vous vous présentez jambes ou mains croisées, le courant ne passe pas, vous n'êtes pas en état magnétique de réception... J'aimerais aller dans les lycées pour enseigner le corps aux enfants : se tenir bien, se tenir mal, ça ne veut rien dire : il faut se tenir ouvert.

F.H. : *Il y a des tempéraments qui ont plus de mal que d'autres à se tenir ouverts naturellement.*

J.-L.B. : Moi, je peux : ça correspond à mon désir de vie complète. L'attitude des bras croisés est donc une critique que j'adresse aux autres, pas à moi.

F.H. : *La face positive du chipotage, c'est le sens du détail et le perfectionnisme. Dullin vous avait d'ailleurs adressé le reproche suivant : « Tu veux trop bien faire, alors tu fais mal. » Comment avez-vous évolué sur ce point ?*

J.-L.B. : Je n'ai pas évolué. Ça continue. C'est pourquoi je n'arrive à faire correctement que lorsque je suis très fatigué, parce que je n'ai plus la force de faire deux fois, de faire trop bien. Alors c'est mieux, c'est moins mal.

F.H. : *Vous parlez beaucoup de l'irrationnel, vous vous en réclamez même. Récemment, vous déclariez à la télévision que le corps irrationnel et mystique auquel vous appartenez « ne se contente pas de vivre en noir et blanc comme les rationalistes, mais en couleurs ». Or, le signe de la Vierge est par excellence le signe de la raison, du rationnel ; contrairement à son signe opposé et complémentaire, les Poissons, qui reçoivent, ressentent et vivent les choses plus qu'ils ne les pensent, la Vierge cérébralise, analyse, enferme dans des mots, car elle a besoin de comprendre. « Aimer et essayer de comprendre un peu », répétez-vous souvent : mais comprendre n'est-ce pas essayer d'exprimer l'inexprimable ? L'irrationnel n'est-il pas, par définition, informulable et incompréhensible ? N'y a-t-il pas dans votre choix de l'irrationnel la quête du « non-soi » ? Votre femme, Madeleine Renaud, qui a le Soleil en Poissons au trigone de Neptune, devrait être, elle, authentiquement irrationnelle, elle devrait par exemple avoir naturellement ce pouvoir de dépersonnalisation et d'identification à l'autre. N'est-ce pas là ce qui vous a fasciné chez elle ? N'est-ce pas là ce que vous appelez sa grâce ?*

J.-L.B. : C'est tout à fait ça...

F.H. : *Bien sûr, votre Moi est branché sur l'irrationnel, (AS sextile Neptune), mais l'est-il vraiment au fond ?*

J.-L.B. : J'ai conscience du corps complet, c'est-à-dire un corps ne s'arrêtant pas à la peau, ayant un pouvoir magnétique, émettant des ondes qui se mélangent avec le halo magnétique des autres, de telle sorte que nous finissons par faire partie d'un grand corps commun. Quand j'ai construit le Théâtre d'Orsay, j'ai voulu que le dernier fauteuil de la salle se trouve toujours à l'intérieur du halo magnétique des comédiens. Ça sort du vocabulaire des rationalistes ça, mais c'est rationnel, c'est scientifique, c'est biomécanique. Le corps complet de l'être humain est quelque chose d'extrêmement compliqué, avec des possibilités infinies. Quand nous jouons sur scène, et que je suis couvert de sueur parce que mon partenaire va avoir un trou de mémoire une demi-seconde après, ça paraît irrationnel, mais c'est mécanique.

F.H. : *L'opposition Neptune-Uranus indique une propension à « systématiser », simplifier l'irrationnel, ce qui va dans le sens de la Vierge, ou à irrationaliser ce qui a l'apparence du simplisme.*

J.-L.B. : C'est cela : je rationalise l'irrationnel, je le scientifise, j'étudie l'irrationnel comme une science biomécanique.

F.H. : *Vous avez écrit à ce sujet que vous ressentez une « satisfaction physique, chaque fois que la science se trouve en accord avec la poésie ». Pour en revenir à la Vierge, vous avez avoué que « votre nature craintive vous avait souvent donné un complexe d'infériorité ? ».*

J.-L.B. : Toujours. C'est toujours l'autre qui a raison ; je ne suis pas sûr de moi. Je ne m'aime peut-être pas assez.

F.H. : *Vous doutez beaucoup ?*

J.-L.B. : Beaucoup. Quand j'ai raison et l'autre tort, je ne m'en aperçois qu'après.

F.H. : Ce complexe n'a tout de même pas empiré avec les années ?

J.-L.B. : Non, il aurait tendance à diminuer depuis quelque temps. Quand on fait sa vie, on retrouve cette insolence, cette inconscience des 18 ans, car, après tout, on n'a plus rien à perdre, et on peut essayer de faire ce que l'on n'aurait pas osé dix ans plus tôt.

F.H. : *Pour l'Astrologie conditionnelle, le Soleil est défini comme la Représentation des Représentations, alors que Mars est l'Existence de l'Existence. Ces deux planètes, en conjonction l'une de l'autre, occupent une position clef sur votre Ascendant, dont elles modifient les propriétés. Voici une phrase de vous qui illustre étonnamment cet ensemble : « Ce corps, je le vis et en même temps, je le vois. Tous les moments de ma vie, je les vis ensemble d'un seul coup. J'agis et je représente. » Pouvez-vous nous la commenter ?*

J.-L.B. : Nous vivons sur plusieurs plans. Nous avons, vous et moi en ce moment, un premier comportement social de dialogue, que nous contrôlons. Pendant que nous avons ce comportement de courtoisie, d'amitié, de confidence, il y a en chacun de nous un être qui monologue une improvisation personnelle, qu'il ne soumettra pas à l'autre, sur l'opinion qu'il a de lui. C'est un deuxième comportement intime. Nous ne sommes pas deux, mais quatre. En même temps, il y a un troisième comportement, ni dialogue, ni monologue, mais silence qui reçoit. Autrement dit, nous sommes action quand nous parlons ensemble, et nous assistons à la représentation de notre rencontre. Il y a un dédoublement : nous sommes à la fois acteur et spectateur.

F.H. : Cela aussi est un trait virginien, beaucoup de gens sont plus acteurs que spectateurs ou plus spectateurs qu'acteurs.

J.-L.B. : Pourquoi mon emploi a-t-il été dirigé vers les Hamlet, vers les personnages de Kafka ? C'est parce que ce sont des êtres dédoublés, qui se voient vivre. La succession action-représentation va peut-être dans le sens de l'association Vierge-Soleil-Mars. J'agis sous l'impulsion de mars, en même temps j'y assiste, ce qui me permet ensuite d'y réfléchir, de faire le point, éventuellement de rectifier le cap, pour préparer une nouvelle action et poursuivre ainsi mon voyage. L'avantage d'assister à la représentation de sa vie, c'est de pouvoir s'accorder aux autres, d'où aussi les hésitations, le trac. C'est une position fragile, mais souple et riche. Les Vierge ont-elles le désir profond de plaire ?

F.H. : Non. Plutôt le désir profond de bien faire.

J.-L.B. : L'amour a une petite manie qui est de vouloir être aimé ! Je ne sais pas si c'est la Vierge, le Soleil ou Mars, mais je crois avoir une possibilité d'amour très forte, j'ai besoin d'être aimé et pour cela il faut que je m'« accorde », ce qui peut passer pour un désir de plaire. Parce qu'on ne peut pas continuer à aimer, si l'on n'est pas aimé à un moment donné.

F.H. : Il semble qu'on puisse imputer cela à votre composant en Balance (Mercure maître d'Ascendant en Balance).

J.-L.B. : Peut-être mon éducation a-t-elle influé sur les tendances propres à mon signe ? J'ai eu une mère Poissons, qui était une sensuelle totale, d'une pureté totale, d'une innocence ignorant la perversité. Veuve de guerre, elle a transformé ses deux garçons en deux frères et confidents : tout petit, je recevais ses confidences amoureuses dans la plus totale pureté. Il y a donc peut-être chez moi une Vierge greffée d'un Poisson...

Entretien avec Madame Carven (1979)

« Fleur de pêcher », « Mousseux » ! « Bois de rose » ! « Toltèque » ! « Eau vive » ! Dépaysement. Kaléidoscope de couleurs. Bruissements voluptueux de tissus.
Où sommes-nous ? Dans l'un des temples de la haute couture française, pendant la présentation de la collection. Chez Carven. Mais l'on est prié de laisser son snobisme au vestiaire. Ici, pas de présentation. L'ambiance est bon enfant, simple, à l'image de la maîtresse des lieux, dont la silhouette vive et menue apparaît de temps en temps. « Madame Carven » est partout, omniprésente et pourtant discrète. Celle que tout le monde appelle familièrement du nom qu'elle a donné à sa maison de couture est née un 31 août à Chatellerault, à dix heures du soir selon l'état civil. En 1945, elle fonde la Maison Carven, située au rond-point des Champs-Elysées. En 1946, elle crée son premier parfum, « Ma griffe ». En 1848, nouvelle innovation : Carven part présenter ses collections à l'étranger. En Egypte d'abord, puis au Portugal en 1953, en Colombie en 1954, en Espagne, au Japon, etc. Bientôt la griffe « Carven » orne des foulards, des tricots, des cravates, des ceintures... En 1957 est lancé le parfum « Vétiver ». Depuis de nombreuses années, Madame Carven s'intéresse aux « femmes en uniforme ». Elle crée ceux des hôtesses de l'aéroport de Roissy et ceux des contractuelles parisiennes. Grâce à elle, pour un temps, les « aubergines » se sont transformées en « pervenches ». Flatteuse métamorphose !

***Béatrice Guénin :** On remarque d'emblée dans votre thème l'importance de la Maison V – créations – dont la pointe est située en Vierge, et qui est mise en valeur par un amas planétaire (Soleil-Jupiter-Mercure-Vénus). Est-ce à dire que vous avez ressenti très jeune le besoin de créer ?*

Madame Carven : Déjà, étant une petite fille, j'avais envie de confectionner des vêtements. Et je ne me limitais pas aux poupées ! Ma mère m'a rappelé que lorsque j'avais quatre ou cinq ans, je faisais des trousseaux à mon chat. Il avait toute une garde-robe. Je crois que c'est à cette époque que j'ai commencé à couper des kimonos.

B.G. : Votre thème porte la marque de Mercure, qui est à la fois le maître planétaire de votre signe de naissance (Vierge) et celui de votre Ascendant (Gémeaux). Cette dominante mercurienne indique un large éventail de talents créatifs, et plus particulièrement des dons pour l'expression orale ou écrite. Qu'est-ce qui vous a conduite à utiliser de préférence comme langage, comme moyen d'expression, la couture ?

Mme C. : C'est une histoire assez amusante. Vous pouvez constater que je suis petite. Or, à l'époque où j'avais dix-huit ans, les femmes élancées, un peu « vamp » étaient très à la mode. J'avais un complexe terrible sur ma taille, d'autant plus que j'étais la seule dans ma famille à être petite. Ma mère était une grande belle blonde, exactement le contraire de moi ! On me considérait un peu comme quelqu'un de « pas tout à fait bien ». En un sens, ce complexe m'a porté chance. Car c'est lui qui m'a en quelque sorte permis de changer d'orientation. J'avais fait les Beaux-Arts et je voulais devenir architecte-décorateur. Mais j'ai eu l'idée de me construire des robes en me fondant sur des principes arithmétiques, c'est-à-dire en calculant les proportions d'une façon extrêmement précise. J'ai donc fait des robes très dépouillées et très bien proportionnées, sur des mannequins de ma taille. Ce qui a été une petite révolution, car à ce moment-là personne n'avait jamais eu l'idée d'habiller un mannequin de 1,55 mètre (c'est exactement ma taille). Mon plus grand mannequin avait alors 1,60 mètre.

Ça a été un choc ! Je crois me rappeler que c'est le magazine *Vogue* qui m'a « découverte » le premier. Et vous savez, Paris a beau être une grande ville, les bruits s'y propagent rapidement. On a bien vite su qu'il existait une maison de couture habillant les femmes petites. Très vite, toute une pléiade de jeunes vedettes (Cécile Aubry, Danièle Delorme, Véra Clouzot...) a accouru. En fin de compte, cela a remis les petites femmes à la mode, car, tout d'un coup, on les a remarquées, parce qu'elles avaient des tenues les mettant en valeur, au lieu de porter des vêtements qui n'avaient pas du tout été créés pour elles. Ce succès fantastique était aussi dû au fait que je n'avais pas de concurrence.

B.G. : *La dominante mercurienne ajoute aussi une note juvénile à la personnalité. Le Mercurien, c'est un peu l'éternel adolescent. Or, dès l'ouverture de votre Maison en 1945, vous avez innové en lançant un style « jeune et décontracté », pour une clientèle jeune. Qu'est-ce qui vous a incitée à choisir cette image de marque, celle qui vous a rendue célèbre, d'ailleurs ?*

Mme C. : J'étais très jeune moi-même, alors évidemment, égoïstement, j'ai pensé à moi. Et j'ai pris un style un peu désinvolte parce que j'ai horreur du genre sophistiqué. En fait, il y a beaucoup plus de femmes petites qu'on l'imagine, et qui aiment aussi ce genre simple, sans fanfreluches. A cette époque-là, justement, les gens avaient envie de ça. Je suis tombée « pile » au bon moment. Très peu de temps après, j'ai créé un parfum complètement révolutionnaire, « Ma Griffe » (c'était plutôt une eau de toilette qu'un parfum). Eh bien, aujourd'hui, trente ans après, c'est encore un parfum pour les femmes jeunes !

B.G. : *Deux tendances opposées coexistent dans votre thème : l'influence de la Vierge, avec sa rigueur, son besoin d'ordre, de méthode, de logique, et l'influence des Poissons, signe occupé par la Lune (au trigone de Neptune en Cancer, notamment). C'est l'indice d'une imagination féconde, foisonnante. Avez-vous pu harmoniser ces deux courants ou bien vous sentez-vous un peu en porte-à-faux, la Vierge faisant office de frein pour certaines créations trop « irrationnelles », trop débridées ?*

Mme C. : Je dois vivre ces tendances sur deux plans tout à fait différents. L'ordre, c'est un fond chez moi. Déjà, lorsque j'étais en pension, j'étais très maniaque. J'étais celle qui rangeait le mieux ses affaires. Je ne peux pas supporter quelque chose qui n'est pas impeccable. Mais ça me prend surtout par périodes. Quelquefois, je me laisse un peu aller. Et puis, d'un seul coup, je ne peux plus supporter un fil qui dépasse ou un détail qui cloche. Chez moi, je veux que les objets demeurent à la place précise où je les ai mis. Et j'aime bien que chacun fasse ce qu'il a à faire. Du reste, je passe mon temps à dire : « fais ceci », ou « tu as oublié de faire cela » ! Ma Maison a beau être grande, je vois tout. Si quelque chose est de travers, je m'en aperçois immédiatement, ça me choque.

En revanche, ce côté ordonné ne me bride pas du tout sur le plan créatif. La création, c'est une espèce de besoin chez moi. Je crois que c'est une facilité d'imagination constante. Je travaille facilement et très très vite. On a du mal à me suivre parce que j'ai justement une imagination fertile qui tourne à toute allure, sans aucune difficulté. Ce n'est pas un travail pour moi, c'est un plaisir. Comment vous dire ? Ça m'excite ! Quand je démarre une collection, rien ne m'arrête, ni l'heure, ni quoi que ce soit d'autre. Mon mari, du reste est furieux !

B.G. : *La très forte valorisation de la Lune dans votre thème (en Poissons, de surcroît) indique également une grande réceptivité et une perméabilité aux impressions extérieures. Comment avez-vous tiré parti de cette aptitude ?*

Mme C. : Il est tout à fait vrai que je suis extrêmement impressionnée par ce que je vois. Et j'ai beaucoup voyagé. Comme je possède une immense curiosité, je veux tout voir, tout enregistrer. Mais je ne prends jamais de notes. C'est comme un film qui rentre dans le cerveau et qui se range dans un petit compartiment. Lorsque je revenais d'un long voyage, au moment de faire les collections, tout d'un coup le petit compartiment s'ouvrait et je me disais que je pourrais me servir de ce que j'avais vu. Si bien que je me suis souvent inspirée, pour mes collections, des souvenirs de pays qui m'avaient frappée et que j'aimais beaucoup, l'Egypte, le Brésil, le Mexique en particulier. Car j'ai une certaine facilité à « enregistrer » par les yeux. Je n'ai pas beaucoup d'oreille, par contre. Je ne suis pas une grande musicienne. Mais ce que je vois une fois, ne serait-ce qu'une seconde, je ne l'oublie jamais. Quitte à ne l'utiliser que dix ans plus tard.

B.G. : *Comment passez-vous du stade de l'idée au stade de la réalisation ?*

Mme C. : D'abord je choisis la « matière première » que je dois travailler, la qualité, la texture, les coloris des tissus qui m'inspirent. Ensuite, lorsque j'ai sélectionné parmi les quantités de tissus que l'on nous propose pour les collections, j'y pense, tranquillement, sans y toucher, pendant un certain temps. Je les regarde jusqu'à ce que je sois sûre que celui que je vais « pêcher » dans le tas me plaît vraiment. Je cherche alors la forme qui le mettra le plus en valeur. Et je cherche également le mannequin qui le portera. Je trouve que la matière, la forme et la femme qui porte le vêtement doivent faire un « bloc », un ensemble harmonieux. Il y a certaines robes que je n'aime pas voir sur un autre mannequin, parce que je les ai créées pour un mannequin bien particulier. J'estime que les femmes qui viennent voir nos collections doivent pouvoir s'identifier au mannequin qui porte la robe, en fonction du style de cette jeune fille.

Il arrive qu'une de mes clientes me demande : « Madame Carven, pensez-vous que cette robe puisse

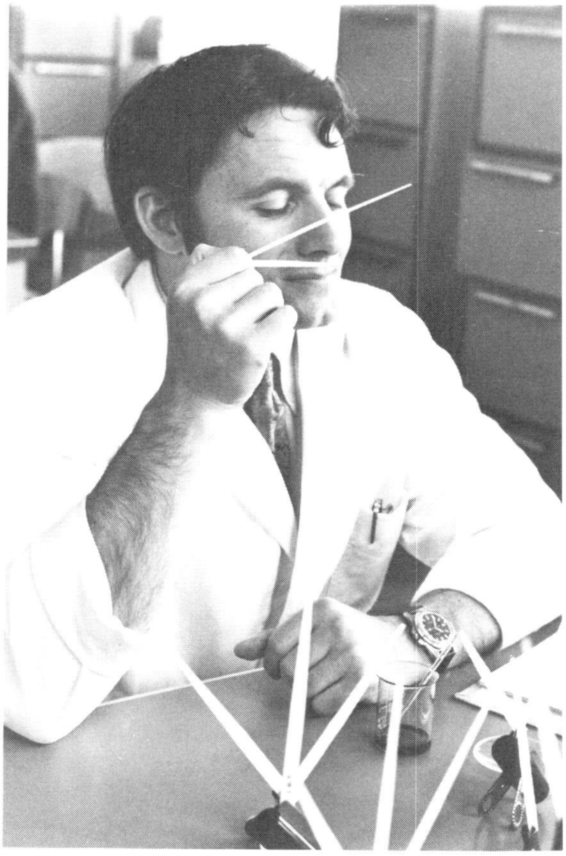

Un spécialiste olfactif qui va créer des rapports et des dosages subtils entre les milliers de senteurs existantes.

m'aller ? », alors qu'elle n'a pas du tout le style voulu. Comme je suis honnête, je lui dis ce que je pense, et je ne lui cache pas que cette robe ne lui ira pas du tout. Parfois j'ai du mal à leur faire comprendre que certains vêtements ne leur conviennent pas. Mais comme elles me sont fidèles depuis des années, elles finissent par se ranger à mon point de vue, car elles me font confiance.

***B.G. :** Le signe de la Vierge est réputé pour son sens de l'utile. En transposant dans votre métier, pensez-vous avoir pour critère de créer une mode facilement portable par toutes les femmes ?*

Mme C. : Tout en étant « dans le coup », je pense que ma Maison de couture est l'une des plus raisonnables. J'entends par là que mes clientes peuvent porter mes modèles un ou deux ans sans qu'ils paraissent démodés.

***B.G. :** Que pensez-vous des couturiers plutôt enclins aux créations assez « folkloriques » ?*

Mme C. : Je ne porte pas de jugement, car je pense que le « folklore » peut aussi être amusant. Mais ce n'est certainement pas rentable pour la cliente. Franchement, quand vous vous êtes « déguisée » deux ou trois fois et qu'on vous a repérée... Ces robes-là, on ne les remet pas éternellement. Je ne dis pas que mes robes, on les remet éternellement. Heureusement pas ! Mais surtout je pense qu'une femme élégante, c'est une femme distinguée, qui passe partout sans se faire remarquer.

***B.G. :** La Vierge a un grand sens de l'organisation. Elle utilise des méthodes de travail rationnelles. Est-ce votre cas ?*

Mme C. : Absolument. Par exemple, nous savons que la collection doit sortir à telle date. Je m'y prends suffisamment à l'avance pour être sûre de pouvoir respecter les délais. Je ne fais pas comme certains de mes confrères qui travaillent quelquefois la nuit. Non, je me suis organisée pour que mon personnel ait des heures de travail normales et raisonnables. Ce qui est rare pour un créateur.

***B.G. :** Il y a toujours, dans une collection, au moins un modèle qui doit « marcher à coup sûr ». On sait qu'il va plaire. Etant donné la « capacité d'anxiété » de la Vierge, est-ce qu'il vous est arrivé, néanmoins, de douter de son succès ?*

Mme C. : Oui, je suis toujours anxieuse de savoir comment une collection va être appréciée. Et mon caractère me porte en effet à douter souvent de moi. Tout le monde, autour de moi, me dit que je suis trop modeste. Je ne suis jamais sûre d'avoir réussi quelque chose qui soit vraiment parfait, parce que je doute jusqu'à la dernière minute. Il faut vraiment que la collection soit très applaudie, que tout le monde me dise que c'est bien, alors, seulement, je me sens rassurée. Mais je peux dire que je ne suis jamais sûre de moi-même. Après tant d'années, pourtant ! Mon mari a beau me dire que je suis un « personnage », cela ne change rien. Je suis restée enfant. J'ai besoin d'être protégée, d'avoir autour de moi des gens qui m'aiment. Heureusement, j'ai un mari adorable, qui me donne ce sentiment de sécurité, de réconfort. Et pourtant, je ne manque pas de force de caractère. D'ailleurs, les gens me croient très dure, très forte en affaires, intraitable même. C'est absolument faux. Je cache au fond de moi beaucoup de tendresse et de douceur. Je ne suis sûre de moi qu'en apparence.

***B.G. :** L'opposition Soleil-Lune, présente dans votre thème, témoigne précisément du fossé qui sépare votre personnage public (conjonction Soleil-Jupiter) de votre personnalité réelle (Lune en Poissons), sensible et vulnérable. Il s'ensuit fréquemment une grande difficulté à réaliser un équilibre entre la vie sociale et la vie personnelle, l'une prenant le pas sur l'autre. Ressentez-vous ce déséquilibre ?*

Mme C. : Ah oui, bien sûr ! Ma vie professionnelle absorbe ma vie normale ; c'est un drame ! Je n'ai pas d'enfant. En somme, mon enfant c'est ma Maison. Mon mari le ressent terriblement et il me dit même : « Ta Maison passe avant moi. » C'est vrai, une femme fait souvent passer son enfant avant son mari. C'est un peu la même chose pour moi. Ma maison, je l'ai créée, je l'aime, et je serais très malheureuse si je devais vivre ailleurs.

***B.G. :** Et si vous étiez contrainte de faire un choix entre votre vie professionnelle et votre vie privée ?*

Mme C. : Quelle question difficile ! J'espère bien ne jamais être placée devant un tel dilemme. Je crois que ma vie professionnelle l'emporterait. Vous savez, j'ai commencé très jeune. Maintenant, je ne pourrais plus me passer de cette vie, si excitante. Tous les trois mois, on revit, on crée, on invente ! En janvier et en juillet ce sont les collections de couture, et maintenant, il y a également les inter-collections de prêt-à-porter, une pour l'hiver 79 et une qui sortira en octobre pour l'été 80. On est donc en avance sur le temps. Et nous vivons à une cadence excessivement rapide. Il n'y a pas moyen de s'endormir sur ses lauriers. De toute façon, le cerveau continue de fonctionner à « 100 à l'heure » !

B.G. : *Vous êtes donc un « bourreau de travail » ?*

Mme C. : C'est tout à fait le mot ! Mes collaboratrices, qui sont nombreuses autour de moi, s'étonnent de ne jamais me voir fatiguée alors qu'elles-mêmes avouent, parfois, être épuisées. Il faut croire que j'ai une bonne santé et beaucoup de chance. Je ne sens ni la fatigue, ni la faim. C'est même assez étonnant. Lorsque j'effectue de longs périples, des voyages en Australie par exemple, je peux sauter des repas sans aucune difficulté, et je m'accommode aussi très bien du manque de sommeil, ou des décalages horaires.

B.G. : *Vous ne ressentez donc pas la nécessité d'économiser vos forces ?*

Mme C. : Disons que je sais très bien me reposer. J'ai la faculté de ne penser à rien pendant le week-end, par exemple. Même si j'ai des soucis, je réussis à les effacer momentanément de mon cerveau. Je chasse toute préoccupation de mon esprit. Dans l'avion, chez le coiffeur, etc., je m'endors. De cette façon, je « récupère », je « recharge mes batteries ». Savoir se reposer est essentiel si l'on veut pouvoir « tenir », dans un métier comme le nôtre où l'on travaille comme des fous. D'ailleurs, je me sens extrêmement équilibrée, et bien dans ma peau.

B.G. : *La Vierge est un signe suffisamment réaliste pour ne jamais perdre de vue les problèmes d'ordre financier. Dans un métier comme le vôtre, où l'art et le commerce sont étroitement mêlés, comment avez-vous fait pour concilier l'aspect créatif et l'aspect financier, sans que celui-ci nuise à celui-là ?*

Mme C. : A vrai dire, je me suis « sacrifiée » moi-même. J'ai monté ma Maison seule, et j'ai toujours réinvesti les bénéfices dans mon affaire. Je ne me suis jamais « servie ». C'est ce côté « fourmi » qui m'a permis de prendre de plus en plus d'expansion. Si j'avais fait des ponctions d'argent au fur et à mesure, je n'aurais jamais pu m'autofinancer. J'aurais été obligée de prendre des associés, ce qui ne m'enchantait guère car je n'apprécie pas beaucoup les remontrances ou les remarques. Je suis assez entière, et j'aime bien faire ce que je veux.
D'autre part, pour répondre plus précisément à votre question, il y a deux « compartiments » dans une maison de couture. L'un est réservé au domaine purement artistique. Le seul critère est l'élégance, la beauté des créations. Il n'est pas question de calculer ou de chercher à faire des économies. Mais pour nous permettre ce petit luxe, nous avons la partie prêt-à-porter, et ce que l'on appelle la « diffusion », calculée de façon à rapporter suffisamment d'argent pour que nous puissions « entretenir notre danseuse » !

B.G. : *Malgré l'extension qu'a pris votre Maison, demeurez-vous soucieuse de veiller à tout ?*

Mme C. : Absolument ! Toutes les créations qui portent mon nom — je ne parle pas seulement de la haute couture, mais aussi des foulards, pull-overs, parapluies, sacs, etc. — je veux les superviser pour laisser mon image de marque, mon style à moi. Les collections sont dessinées chez nous et nous les donnons à exécuter. Eh bien, avant de les lancer sur le marché, mes licenciés me les soumettent. En principe, ils apprécient mon intervention, car je vois tout de suite le petit détail qui serait mieux ou au contraire celui qu'il faut supprimer. C'est vrai, j'ai l'œil partout. Par exemple, je surveille mes manutentionnaires, afin qu'il n'y ait pas de tissu gâché. Voilà encore mon côté ordonné. Je ne suis pas du tout avare, ne croyez pas cela, mais le gaspillage m'est insupportable.

B.G. : *Votre thème étant essentiellement marqué par des planètes de primarité (dominantes Lune, Mercure, Ascendant Gémeaux), vous devez surtout vivre intensément le moment présent, profiter de votre renom. Vous arrive-t-il malgré tout, du fait de l'influence virginienne, qui porte plus à s'angoisser pour l'avenir qu'à jouir de l'instant, de penser à assurer la continuité de votre nom ?*

Mme C. : Je ne retourne jamais en arrière. J'oublie tout ce qui est passé, autant dans ma vie affective que dans ma vie professionnelle. Lorsqu'une collection est faite, je n'y pense plus du tout. Et il est vrai que je ne me soucie pas tellement de ce qui se passera plus tard. Je vis, j'assure une continuité de six mois en six mois, mais je ne veux pas savoir ce qui se passera dans dix ans. Il faut vivre dans le moment et ne pas faire des projets, puisque les choses n'arrivent jamais comme on les a imaginées. C'est donc parfaitement inutile.

B.G. : *Par conséquent, vous n'éprouvez aucune angoisse en songeant à l'avenir ?*

Mme C. : Absolument aucune ! Au contraire, je suis extrêmement optimiste et ça m'a toujours réussi. Je crois à la chance et je pense qu'elle m'a beaucoup aidée dans la vie. Evidemment, j'ai beaucoup travaillé. Mais, néanmoins, le facteur chance a été très important. Tout de même, je dois faire une restriction. Je suis angoissée pour les êtres que j'aime et qui risqueraient d'être malades. Or je possède, malheureusement, un don un peu particulier : je sens à l'avance lorsque quelqu'un est en danger ou qu'une maladie grave va se déclarer. C'est une sorte de « fluide », peut-être. En tout cas, je ne me suis jamais trompée. J'ai perdu une de mes sœurs qui avait dix-huit ans. Personne n'aurait pu le prévoir. Eh bien je l'ai rêvé et cela s'est passé exactement comme je l'avais rêvé ! Plusieurs fois j'ai eu ce type de prémonition. Voilà ce qui m'angoisse.

B.G. : *Que pensez-vous de cette opinion, exprimée dans le mensuel* Marie-Claire, *en avant-propos aux collections de mars dernier : « Ne dites pas : "Cela est bien vain". Il n'est jamais futile, ridicule de dérisoire de souhaiter se sentir jolie. Cela fait partie de la discipline mentale et du plaisir en même temps. »*

Mme C. : J'estime en effet que c'est un devoir pour la femme de se montrer au maximum de sa beauté. Ce n'est absolument pas futile. Si elle-même n'y

attache pas d'importance, elle doit le faire pour les autres, pour ceux qui la regardent. Toutes les personnes qui ne restent pas enfermées chez elles du matin au soir doivent faire un effort pour plaire. D'autant plus qu'aujourd'hui c'est à la portée de toutes les bourses. Et pourtant, j'ai remarqué que, très souvent, les femmes ne savent pas tirer parti d'elles-mêmes. Quel que soit leur âge, d'ailleurs. Je ne parle pas uniquement des très jeunes. Mes mannequins, par exemple, ne sont jamais des mannequins de métier. J'ai toujours pris des filles d'amies à moi ou des jeunes filles venues ici pour exercer un tout autre métier que celui de mannequin. Elles n'auraient jamais pensé qu'elles pouvaient se mettre ainsi en valeur. Et j'ai tout de suite vu ce que je pouvais en faire.
Finalement, elles sont toutes devenues des mannequins de premier plan.

***B.G.** : Une dernière question : Comment vous est venue l'idée d'appeler votre Maison de couture « Carven » ?*

Mme C. : C'est encore une manifestation de mes complexes d'infériorité ! Mon père était très mélomane, et il a eu l'idée géniale de m'appeler Carmen, un prénom que je détestais ! Pour moi, Carmen est une méchante femme ; de plus, ce prénom ne correspondait pas du tout à mon physique. Pour tout arranger, mes parents m'avaient mise dans une pension religieuse et les bonnes sœurs me regardaient vraiment d'un drôle d'air parce que je m'appelais Carmen. Et c'est ce complexe dû à mon prénom qui m'a fait trouver « Carven ». Lorsque j'ai eu l'idée de monter une maison de couture, j'ai cherché un nom et j'ai essayé toutes les lettres de l'alphabet les unes après les autres pour enlever ce *m* de Carmen. Finalement, quand je suis arrivée au *v*, je me suis dit : « Tiens, Carven, ça ne sonne pas mal ! ». Et voilà ! Maintenant on m'appelle Carven. C'est devenu mon nom.

Entretien avec Françoise Giroud (1979)

Être « à l'écoute » de Françoise Giroud est toujours passionnant. Mais elle n'est pas de ces êtres qui exhibent leur « Moi intime » avec une satisfaction mêlée de complaisance (la Lune en Cancer, conjointe à Pluton et à Saturne suffirait à l'expliquer). Lorsqu'on a, de surcroît, le Soleil et l'Ascendant dans le signe de la Vierge, « je » ou « moi » sont des mots qui ne viennent pas facilement à la bouche.
En revanche, Françoise Giroud parle volontiers des causes justes pour lesquelles elle aime se battre, de ses réalisations concrètes, de ses activités professionnelles. Et c'est là, au détour d'une phrase, d'une expression en apparence anodine, d'une « généralité », qu'elle se livre vraiment. Elle ne s'offre pas en pâture. Elle se mérite. Et c'est pour cela qu'elle est Françoise Giroud, née un 21 septembre.
Très jeune, elle entre dans la vie active. Et, dès 1932, elle a, pour la première fois mais pas la dernière, « le sentiment fulgurant de croiser le destin ». C'est sa rencontre avec Marc Allégret, qui l'a connue toute petite. Françoise Giroud devient donc script-girl, sur le film d'Allégret, *Fanny*. En 1936, elle collaborera au film de Jean Renoir, *La Grande Illusion*. En 1937, elle sera la première femme assistante de metteur en scène. nouvelle orientation professionnelle, entre 1945 et 1953, Françoise Giroud est directrice de la rédaction de *Elle*. En 1953, elle quitte *Elle* pour fonder *l'Express* avec Jean-Jacques Servan-Schreiber (elle sera directrice de la publication entre 1971 et 1974). Du 16 juillet 1974 au 25 août 1976, elle est secrétaire d'Etat à la Condition féminine.
Françoise Giroud publie son premier livre en 1953. C'est le *Tout-Paris*, une série de « portraits » de personnalités célèbres. Suivront une multitude d'ouvrages, essais et biographies (*Alma Mahler*, *Jenny Marx*, *La Comédie du pouvoir*, *Leçons particulières*, *Chienne d'année*... Elle assure avec son talent et sa réserve légendaires la chronique télévision du *Nouvel Observateur* et est membre du Jury Femina.

***Béatrice Guénin** : Dans votre livre,* Si je mens... *vous utilisez trois adjectifs couramment attribués à la Vierge dans les manuels d'astrologie : « passive, timide, modeste ». Mais c'est pour ajouter aussitôt : « Voyez-vous ça ! un autoportrait auquel vous aurez du mal à croire n'est-ce pas ?... » Faut-il conclure que vous vous ressentez ainsi mais que vous estimez projeter une autre image de vous-même ?*

Françoise Giroud : Je crois, en tout cas, que je professe une autre image de moi-même. Je ne peux pas dire que je me ressente ainsi dans toutes les circonstances de la vie, mais c'est vrai qu'il y a quelque chose d'authentique, de véritable dans ces trois termes. Timide, il n'y a pas de doute : modeste aussi... enfin, modeste, toujours par rapport à ce que les gens pensent de nous-mêmes, sans aucun doute, c'est exact.

***B.G.** : Vous déclarez également, en parlant des « grandes responsabilités » : « En vérité, je les aime. Curieusement, quelque chose me retient de viser plus haut que je ne suis portée. Je les prends quand elles m'échoient, je ne les fuis pas, mais je ne les cherche pas... » Là encore, vous donnez une description fort précise d'une attitude typiquement virginienne.*

F.G. : Il est tout à fait vrai que je ne me suis jamais dit : « je voudrais faire ceci ou cela. » Je n'ai jamais visé ce que j'ai eu – j'entends dans le domaine professionnel. C'est venu comme ça. Mais, lorsque je suis en face d'une situation, je ne me dérobe pas.

***B.G.** : La Vierge est un signe lucide, qui déteste être dupe. Pluton, très puissant dans votre thème (angulaire au Milieu-du-Ciel, conjoint à la Lune et* *en orbe large de carré au Soleil) renforce considérablement cette tendance. La lucidité devient « extra-lucidité ». Et pourtant, vous avez écrit : « Que j'aurais voulu être dupe, y compris de moi-même ! » Pourquoi cette exclamation ?*

F.G. : C'est très agréable d'être dupe, non ? J'envie beaucoup les gens qui le sont. C'est plus facile de se persuader que ce sont toujours les autres qui ont tort, que ce sont toujours les autres qui sont méchants... A la limite, la paranoïa c'est une optique très confortable, non ? Et la lucidité, c'est l'anti-paranoïa ! Dans d'autres circonstances, j'ai écrit que l'intelligence était un art d'agrément. C'est un peu la même chose. C'est-à-dire que cela vous donne la satisfaction d'avoir vu clair ou de voir clair. Mais ce n'est pas très stimulant. Je vous donnerai un exemple concret. Je suis persuadée que les sondages, quand ils donnent une image à peu près juste de la réalité, enlèvent de la force aux gens qui ont de mauvais résultats.C'est en quoi la lucidité est une faculté que l'on peut parfois regretter.

***B.G. :** Vous a-t-elle paralysée dans l'action ?*

F.G. : Je ne peux pas dire ; non, parce qu'en général je suis passée au-delà de cette lucidité. Ça ne m'a pas empêchée d'agir, mais ça m'a peut-être empêchée d'agir avec gaieté.

***B.G. :** A propos de l'action, la position de Mars, très valorisé dans votre thème (situé en Scorpion, il forme plusieurs aspects, dont un trigone à Pluton et une opposition à Jupiter) vous donne le goût de la lutte et des réalisations concrètes. Cette force s'oppose à l'attitude craintive parfois timorée de la Vierge (renforcée par un amas planétaire en Cancer). Quest-ce qui l'emporte chez vous, le goût de l'action et du risque, ou la réflexion ?*

F.G. : Oh, le risque ! En général, j'ai pris des risques. Tout en me disant que je savais que ça tournerait mal, mais que... bon... Je dirais même que je regrette que la réflexion ne m'ait pas paralysée dans l'action. Je me suis souvent lancée, engagée dans une action en sachant qu'il ne fallait pas le faire. Alors, probablement, pour d'autres raisons. Parce que je ne me « dégonfle » pas comme on dit... Je ne trouve pas ça très intelligent, je m'empresse de vous le dire !

***B.G. :** La Vierge et le Cancer (les deux signes les plus valorisés de votre thème) ont également en commun de développer des mécanismes d'autodéfense, d'autoprotection très élaborés, pour atteindre à une invulnérabilité psychologique et résister aux agressions extérieures. Est-ce votre cas ?*

F.G. : J'ai toujours développé une certaine distance entre les autres et moi. Je ne saurais pas dire par quoi, ni comment, mais c'est vrai. Les gens le sentent en général, c'est ainsi qu'ils l'ont décrit, qu'ils me l'ont dit. Je ne me laisse pas approcher. Ce qui est certainement une façon de protéger une forme de vulnérabilité.

***B.G. :** Vous exprimez une attitude virginienne, intensifiée, dans votre cas, par la présence de Mercure en Balance, lorsque vous écrivez : « J'aime mieux, d'une façon générale, comprendre que juger. » Mais vous déclarez aussi, dans un autre passage de* Si je mens... *: « Il est vrai qu'à trop bien pénétrer les raisons des autres... », comme si vous regrettiez d'avoir cette aptitude ?*

F.G. : C'est sûr ! J'admire les gens qui peuvent dire : « Celui-là est un ignoble salaud, et je veux sa peau... », c'est très commode ! J'ai beaucoup de mal à réagir ainsi. Je comprends quels sont les motifs des autres, enfin, je crois les comprendre.

***B.G. :** Vous vous mettez à leur place ?*

F.G. : Je ne peux pas dire que je me mette à leur place. Je suis plus intéressée à l'idée de dérouler le mécanisme qui les a conduits à agir de telle façon, fût-ce à mon détriment, qu'à me venger. Je n'arrive pas du tout à voir le monde en noir et blanc. Alors, une fois que j'ai compris, mon Dieu, je me désintéresse.

***B.G. :** Comprendre est essentiel pour vous ?*

F.G. : Absolument ! Ma satisfaction, c'est de comprendre. Il y a ce mot sublime de Sartre : « Ce qu'on comprend vous appartient. » Je le trouve admirable. C'est vrai, à la limite, on a pris possession de l'autre quand on a compris ce qui l'a conduit dans ses actes. On a l'impression de voir un insecte se débattre. Même si cet insecte est dangereux, ça m'est égal ! Pour moi, c'est un insecte. Je n'ai pas été particulièrement visée, mais lorsque des gens se conduisent avec moi d'une façon qui est effectivement assez basse, une fois que j'ai compris ce qui s'est passé, ces gens ne m'intéressent plus du tout. Je les juge dangereux, éventuellement, mais ils ne m'intéressent plus. La notion de vengeance, en particulier, m'est étrangère, et pas du tout par bonté d'âme, par abnégation ou par pardon, mais, au sens propre du terme, par désintérêt.

***B.G. :** Estimez-vous que les circonstances, seules, vous ont conduite au journalisme, ou pensez-vous que vous étiez « destinée » à ce métier, en raison de votre aptitude à apporter, je vous cite, « une saisie de la réalité » ?*

F.G. : Oui, sûrement, j'étais douée, j'avais des aptitudes pour ce métier... Sans aucun doute.

***B.G. :** Ce besoin de « coller au réel » fait partie intégrante de votre personnalité ?*

F.G. : Tout à fait ! Je l'ai toujours eu. Dans mon enfance déjà, j'avais cette préhension très rapide de la réalité. Et plus tard, à une époque où le cinéma n'était pas du tout saisie de la réalité, mais toujours dans la fiction et les téléphones blancs, j'avais le goût de la reproduction, de la traduction de la réalité.

***B.G. :** Le signe de la Vierge se caractérise par la droiture, l'honnêteté, et un grand sens moral. Quant aux autres dominantes de votre thème (Pluton — Saturne), elles révèlent un refus très net des compromissions. Dans le métier de journaliste, ces traits de caractère imposent de ne jamais céder au chantage, sous quelque forme que ce soit. Avez-vous été confrontée à ce type de problème ?*

F.G. : Pas souvent, parce que les conditions dans lesquelles j'ai exercé le métier de journaliste étaient relativement simples. J'ai créé *Elle* avec Hélène Lazareff, ensuite je l'ai quittée pour créer *l'Express.* Mais, enfin, la question ne se serait pas posée. Je ne suis pas, en effet, quelqu'un qui accepte les compromissions.

***B.G. :** Supposons que des pressions politiques se soient exercées pour vous obliger à ne pas passer un article, par exemple ?*

FRANÇOISE GIROUD

F.G. : Quand ce problème s'est posé, je l'ai toujours résolu par un refus.

***B.G. :** A l'inverse, estimez-vous qu'au nom de la vérité — la quête de la vérité est une préoccupation très virginienne —, il faut tout dire, tout révéler ?*

F.G. : C'est une question un peu théorique. Je crois qu'il faut aller le plus loin possible dans la vérité. Mais à quel moment est-ce que cela atteint l'irresponsabilité ? C'est la question qui se pose quand on écrit. C'est tout de même assez rare. Il y a beaucoup plus de crimes de silence que de crimes d'indiscrétion.

***B.G. :** Le sens du devoir et des responsabilités, propre à la Vierge, est renforcé dans votre thème par la valorisation de Saturne (conjoint à la Lune et sextile au Soleil). Je pense que vous avez dû vous imposer des règles très strictes lorsque vous exerciez ce métier ?*

F.G. : C'est exact. Il y a un certain nombre de règles. D'abord, la première question est : pourquoi fait-on un journal et pourquoi écrit-on ? Il faut déjà pouvoir donner une réponse à cette question et autant que possible, ensuite, se tenir à cette réponse. On a des devoirs vis-à-vis de ses lecteurs. Il ne faut pas s'en écarter. Et, bien entendu, on ne travestit pas la vérité délibérément. C'est une règle essentielle du journalisme. On peut être amené à reproduire des choses inexactes parce qu'on est soi-même dupé, ou parce qu'on a mal travaillé, mais la question ne se pose pas sur le fond.

***B.G. :** Lors d'une interview accordée aux* Nouvelles littéraires, *en mars dernier, vous avez déclaré que vous aviez eu la satisfaction, durant votre « séjour rue de Valois », de pouvoir faire des « gestes désintéressés ». Vous ajoutiez : « Il m'est arrivé de travailler soixante-dix heures dans la semaine, littéralement de me "crever" pour les autres. Ce dévouement aux autres, très caractéristique de la Vierge, est-il l'un des éléments qui vous ont déterminée à entrer dans l'action politique ?*

F.G. : Dans les affaires publiques ? Oui, sûrement. Enfin... dévouement est un grand mot. Je n'ai pas du tout le sentiment du dévouement. Mais je crois que tout le monde, en tout cas beaucoup de gens, éprouvent cela. La satisfaction de ne pas travailler « pour soi », pour gagner de l'argent, pour sa notoriété, pour sa gloire. C'est très agréable. On se caresse la conscience dans le bon sens. L'action publique, par définition, le permet, surtout quand elle n'est pas connue.

***B.G. :** Certes, mais on ne peut s'empêcher de penser que quelqu'un « entre en politique » pour se valoriser lui-même.*

F.G. : Ah oui, bien sûr ! Non, je ne peux pas dire que cela ait été le cas pour moi. Vous savez, je ne suis pas entrée vraiment en politique. J'en ai toujours fait d'une certaine manière, mais comme journaliste, c'est-à-dire pour défendre un certain nombre de causes que je croyais justes. La politique pratique, je l'ai faite essentiellement à cause des femmes, parce que cela me paraissait une bonne cause à défendre. Oui, j'aime bien, si une cause me paraît bonne, me battre pour elle.

***B.G. :** Précisément, le signe de la Vierge a un sens de l'égalité très poussé. Egalité des droits, égalité des chances, et, naturellement, égalité entre hommes et femmes. Après votre expérience en tant que secrétaire d'Etat à la Condition féminine, pensez-vous que cette fameuse égalité est possible en pratique, ou qu'elle demeure une vue de l'esprit ?*

F.G. : Je n'ai jamais employé le mot d'égalité entre hommes et femmes, mais celui d'équivalence, qui me paraît plus juste. C'est-à-dire la reconnaissance d'une valeur égale des hommes et des femmes dans tous les domaines de la vie, dans les chances sociales. Je suis persuadée qu'on y arrivera. Il y a un poids culturel fantastique qui dissipera, très lentement, les réticences, et qui, petit à petit, agira. Je le souhaite parce que, dans le cas contraire, ça tournera très mal.

***B.G. :** Avez-vous eu le sentiment d'avoir de lourdes responsabilités vis-à-vis de toutes les femmes qui attendaient beaucoup de votre action ?*

F.G. : Absolument. Mais ce n'est pas un problème simple. Les femmes représentent la moitié de la France. Ce sont des personnes de tous âges, de toutes conditions, de toutes situations. Par conséquent, l'action d'éveil, de prise de conscience, qui me paraît tout à fait positive pour des jeunes femmes en particulier, risque de troubler toute une autre catégorie de femmes. On perturbe leur vie sans rien leur apporter en échange. Ce qui n'est pas sans poser, à mon avis, des questions, justement sur le sens du devoir.

***B.G. :** Mars, puissamment valorisé dans votre thème, indique que vous avez une conscience aiguë des rapports de force entre les êtres, mais également que vous accordez de l'importance à la notion de « leader ». Avez-vous eu, dans ce cas précis, l'impression d'être le leader d'une cause juste ?*

F.G. : J'ai eu l'impression d'être le leader d'une cause juste à un niveau où personne ne s'en était occupé, c'est-à-dire au niveau du gouvernement, qui est un niveau particulier. C'est autre chose d'écrire, donc d'essayer d'éveiller la conscience, de former l'esprit des femmes à telle ou telle réalité ; c'est autre chose de faire de l'agitation — je le dis dans un sens positif—, ce qui a été fait pour l'avortement, ce qui est fait pour le viol ; et puis de se dire « au niveau du gouvernement, qu'est-ce qu'on peut faire ? ». Ce qui est un tout autre type d'action puisque, par définition, qui est au gouvernement doit tenir compte de l'ensemble des réactions d'une population et ne peut plus être l'avant-garde. Donc, comment l'ensemble de ce mouvement pouvait-il trouver une traduction dans l'action gouvernementale, cela, oui, j'ai été la seule à le faire. Par conséquent, c'était assez intéressant.

***B.G. :** La Vierge, signe essentiellement cérébral, accorde la primauté aux capacités intellectuelles. Pensez-vous que l'on doive surtout reconnaître l'équivalence intellectuelle entre hommes et femmes ?*

F.G. : Je crois qu'il n'y a pas de problème de ce côté-là. Personne ne nie plus les capacités intellectuelles des femmes. Du moins, je ne crois pas. C'est toujours sur le plan du caractère qu'on attaque les femmes. Ce qui est tout à fait extravagant ! Déjà, il y a une sélection très étroite comparativement aux hommes. Aussi, les femmes qui travaillent à des niveaux de responsabilité élevés sont-elles « les meilleures » par rapport à cette fonction, les « plus aptes à ». De surcroît, ce sont généralement des femmes beaucoup plus calmes, beaucoup plus maîtresses d'elles-mêmes, beaucoup moins bavardes que les hommes. Sans comparaison ! Et pourtant, si vous avez n'importe quel éclat de la part d'une femme, c'est parce que c'est une femme. C'est un lieu commun de vous dire cela. Si c'est un homme, on ne vous dira jamais : « Ah, c'est parce que c'est un homme qu'il est de mauvaise humeur ce matin. » Il y a une constante mise en question des femmes qui est très lourde dans le travail. Personnellement, je l'ai peu éprouvé, d'abord parce que le journalisme est un métier dans lequel on ne conteste pas beaucoup les femmes. Et puis parce que je ne suis ni quelqu'un de nerveux ni quelqu'un de coléreux. J'aurais aussi bien pu l'être ! Il y a des tas d'hommes comme ça ! Quand je me souviens du comportement de Pierre Lazareff, si une femme s'était conduite de cette manière, en mangeant les crayons et en tortillant les fils du téléphone, on se serait empressé de dire : « Vous voyez bien qu'on ne peut pas travailler avec une femme ! »

***B.G. :** La Vierge, ainsi que les deux autres signes d'été (les plus valorisés dans votre thème : le Cancer par une conjonction Pluton-Lune-Saturne, et le Lion par une conjonction Vénus-Neptune) a pour ambition d'établir des systèmes d'autocontrôle et de régulation. Vous êtes-vous surtout attachée à tenter de donner aux femmes les moyens de « se prendre en main », d'être plus autonomes, plus libres ?*

F.G. : J'ai toujours lutté contre une véritable imposture qui consiste à dire aux femmes : « Soyez autonomes, libres, indépendantes, mais restez chez vous. » L'indépendance c'est d'abord l'indépendance économique. On peut dire « Ce n'est pas la voie que je choisis, moi je préfère rester chez moi, je pense que ma fonction, c'est de m'occuper de mon mari et de mes enfants. » Je respecte tout à fait cette vision des choses. En outre, je suis convaincue que les femmes peuvent avoir des vocations profondes différentes. Mais, à partir de là, il ne faut pas parler d'autonomie. Où est l'autonomie d'une femme qui n'a pas de métier, qui n'a pas de fortune et qui ne peut pas payer son loyer ?

***B.G. :** Sur le plan de l'écriture, les écrivains de ce signe — bien connu pour son perfectionnisme — raturent, fignolent, reprennent, mais ne conservent jamais le « premier jet ». Qu'en est-il pour vous ?*

F.G. : Oui, je suis perfectionniste, très nettement. J'écris à la machine, je ne sais pas écrire à la main. Et je ne sais ni faire un plan ni faire des « premiers jets ». C'est-à-dire que quand j'ai terminé, c'est au point. A très peu de choses près. Je ne peux pas poursuivre si je ne suis pas satisfaite de ce que je viens d'écrire. Il faut toujours que j'ai trouvé l'expression exacte que je cherche pour aller au-delà. Je ne sais pas faire un plan, mais si l'on me dit qu'il faut trois feuillets, je produis trois feuillets, on m'en demande cinquante, j'en fournis cinquante... J'ai une espèce de pendule intérieure qui fait que je pars toujours sur la distance et que j'aboutis à la distance qui a été prévue au départ. Je suis incapable de dire pourquoi !

B.G. : *Vous avez déclaré dans* Si je mens... *que votre mère, qui avait une extraordinaire « science des autres », vous avait appris à élucider les mécanismes humains. Est-ce ce goût pour l'étude du comportement humain, préoccupation typiquement virginienne, qui vous a incitée à écrire* le Tout-Paris *et* les Nouveaux Portraits ?

F.G. : C'est ce qui m'a donné envie de me lancer dans la technique du portrait, en effet. Lorsque j'étais très jeune, déjà vers six ans, il m'apparaissait comme une évidence que telle ou telle personne allait se conduire d'une certaine manière, parce qu'elle était soumise à tel type de pression. Je le « voyais » d'une façon si éclatante que je trouvais curieux que les autres ne le voient pas. J'ai donc voulu, d'abord, vérifier que mon jugement était juste. Je crois que le jugement ne s'enseigne jamais, ne se forme jamais. On en a ou on n'en a pas. L'âge importe peu. C'est une faculté très particulière, que je crois avoir, que ma mère avait au plus haut point ; elle était aussi du signe de la Vierge. Cela relève un peu de la lucidité, de l'appréciation d'un ensemble de paramètres qui composent une personne ou une situation. J'ai donc eu envie de faire des portraits. Cela m'amusait de décrire quelqu'un et de vérifier ensuite, soit par ses réactions, soit par les réactions de ceux qui lisaient le texte, que j'étais tombée juste. C'est également à notre époque qu'un grand journal américain, le *New Yorker*, avait commencé à faire ce que l'on appelle des « profils ».

B.G. : *Comment procédiez-vous ?*

F.G : Je parlais avec les gens, tout simplement, sans jamais prendre de notes. Ensuite, éventuellement, je vérifiais un détail matériel, mais après l'entretien. J'essayais de traduire l'impression que me donnait quelqu'un et de reproduire à la fois sa façon de parler, ses gestes, de le mettre en scène en quelque sorte. Toutes ces impressions sont enregistrées. Au moment où l'on veut écrire, il faut ouvrir le tiroir de la mémoire. C'est pour cette raison qu'il ne faut jamais noter. Si vous notez, vous pétrifiez l'impression dans une forme qu'ensuite vous ne pouvez plus détruire. Il faut laisser les choses à l'intérieur de soi et, au moment où l'on veut les sortir, alors il faut les exprimer dans la forme qui sera définitive. Je crois que si l'on note, on coupe la source de la sensibilité. Vous retrouvez ce que vous avez noté mais vous ne pouvez plus arracher les racines. C'est comme les fleurs coupées.

B.G. : *L'une des personnalités que vous avez ainsi « mise en scène » a confié plus tard : « Elle est restée avec moi une demi-heure. Elle m'a beaucoup souri. Elle a été très charmante. J'ai eu l'impression que nous avions bavardé gentiment. Et huit jours après, je me suis aperçue qu'elle en savait autant sur moi que moi-même ! »*

F.G. : Oui, je crois que les personnes sont un peu comme les villes. Vous ne les connaissez pas, à moins de vivre quinze ans avec elles. Mais vous en savez autant en un quart d'heure. Quelque chose se produit en face de quelqu'un et, avec l'aide de quelques petits éléments biographiques, vous restituez une vérité... qui n'est évidemment pas la vérité ultime de quelqu'un, à supposer qu'on puisse jamais l'atteindre. C'est exactement comme pour un pays. Il m'est arrivé d'écrire des « papiers » sur Moscou, et, notamment, sur l'Inde, après y avoir passé quinze jours. Les personnes qui y vivaient m'ont dit : « C'est étonnant, c'est ça ! » Et pourtant, pour être en mesure d'affirmer « je connais l'Inde », il aurait fallu que j'y reste quelques années. Mais, à partir de cette première sensation, de cette série de contacts, si l'on possède en outre cette faculté un peu particulière (en dehors du jugement), qui est précisément la non-subjectivité, c'est-à-dire le fait de ne pas faire rentrer sa personne dans ce qu'on regarde —c'est à mon avis la disposition même du journaliste—, on peut restituer une vérité, saisissante d'une certaine manière. Encore une fois, je ne prétendais pas rendre compte de la totalité de l'être humain, mais j'essayais de restituer quelque chose de global chez une personne. D'ailleurs, je dis toujours en plaisantant que si je devais m'exiler, ou gagner ma vie autrement, j'ouvrirais un cabinet de consultation. Car je pense que les gens ne savent pas l'impression qu'ils produisent et qu'ils en éprouvent un sentiment d'angoisse. Je leur dirais : « Vous avez envie de connaître l'opinion que l'on peut avoir de vous de l'extérieur, savoir ce que l'on pense de votre habillement, de votre coiffure, de votre voix ? Personne ne vous le dira. Alors, venez me consulter. Je vous vois, je parle avec vous une demi-heure, et je vous écris un compte rendu. Vous savez que c'est fait de la façon la plus désintéressée. » Je suis sûre que j'aurais un succès fou !

B.G. : *Dans votre thème, Mercure, planète de l'expression de la pensée, forme un trigone avec Uranus. Cet aspect indique un besoin de réduction à une idée essentielle, de simplification par souci de clarté, besoin qui va tout à fait dans le sens de la Vierge, éprise de simplicité et d'efficacité. Est-ce que vous le ressentez au niveau de l'écriture ?*

F.G. : Oui, oui ! Je crois que si l'on écrit, c'est pour être lu. Je n'aime pas l'hermétisme. Il y a toute une attitude française, qui a beaucoup disparu maintenant, chez les intellectuels de gauche, en particulier, qui est tout à fait élitiste. A partir du moment où tout le monde comprend, on est très suspect. Il est facile de retrouver les racines d'une telle attitude : ce qu'on possède, c'est le savoir, à partir du moment où on le partage, on ne possède plus rien. Si tout le monde sait ce que vous savez, qui êtes-vous ? Je crois que l'horreur française de la vulgarisation vient de là. Ce que j'aime bien, au contraire, c'est non seulement être, autant que possible, comprise, mais aussi obliger les lecteurs à prendre connaissance, à travers des articles ou des livres, d'idées qui s'opposent aux leurs. J'aime convaincre les lecteurs que l'on peut être quelqu'un dont on respecte les idées, même si l'on pense autrement qu'eux. Tout en s'exprimant de façon à être lu.

B.G. : *La valorisation de Pluton et de Mars, en*

Scorpion dans votre thème peut s'assimiler à une dominante Scorpion. Or, l'alliance Vierge-Scorpion donne un être enclin à démystifier. Mais ce qu'il consent à révéler porte toujours le double poids de la réflexion et du vécu. Est-ce ce type de démarche qui vous a conduit à écrire la Comédie du pouvoir dont le titre est évocateur ?

F.G. : Sans me comparer un instant, c'est l'équivalent de *la Comédie humaine* ou de la *Divine Comédie*. Le mot « comédie » est pris dans ce sens-là. Le pouvoir est un sujet de réflexion permanent et particulièrement aigu dans nos sociétés depuis quelques années. Je l'ai approché. J'en ai détenu une parcelle. J'ai essayé d'expliquer « comment ça marche » et « comment ça ne marche pas ». Et je pense qu'il était important – la suite des événements m'a confirmée dans cette idée – de montrer quelle était la nature du conflit entre Valéry Giscard d'Estaing et Jacques Chirac. Et, après coup, j'ai vérifié ma « lucidité ». Ce livre est l'approche fragmentaire d'une vérité fragmentaire, mais qu'il me paraissait alors de salut public de faire connaître.

B.G. : *Pour la Vierge, inquiète, tout est toujours « à remettre ». Rien n'est jamais acquis. De surcroît, Pluton, puissant dans un thème, oblige à des remises en question fondamentales, indispensables à l'évolution de l'être. Ces remises en question ont-elles été l'un des éléments dominants de votre vie ?*

F.G. : Des remises en question, oui sûrement, mais surtout des interrogations sur le sens de la vie. Je n'ai d'ailleurs toujours pas de réponse...

Mère Teresa

Sous une belle conjonction de planètes en signes de terre (Soleil, Mercure, Mars en Vierge, Uranus en Capricorne, Lune-Saturne en Taureau) d'où sa remarquable efficacité pratique, malgré sa spiritualité, Agnes Gonxha Bajaxhiu, dite Mère Teresa, qui devait s'illustrer, dans le monde entier, comme une « sainte vivante », est issue d'une famille albanaise très pieuse. Elle passe son enfance à Skopje, oscillant entre la vie et la mort. Sa faible constitution effraie le médecin. Elle s'en sort, au moment où sa décision de servir le Christ germe en elle, et elle entre dans l'ordre des Sœurs de Lorette, en Irlande, en 1928. Elle commence son noviciat à Darjeeling, en Inde.

De 1929 à 1948, elle enseigne la géographie (son attachement à la création terrestre s'exprime déjà !) au collège Saint-Mary-de-Calcutta, et elle y assume les fonctions de principale. C'est en 1948 qu'elle reçoit la permission de l'Eglise de quitter ce collège pour aller servir « dans les rues de Calcutta les plus pauvres d'entre les pauvres », conformément à la voix qu'elle a entendue. Elle prend alors la nationalité indienne et crée à Calcutta la congrégation des Sœurs missionnaires de la Charité, approuvée par l'Eglise. En 1952 est fondé son premier foyer en Inde. En huit ans, elle ouvre vingt-cinq foyers en Inde. En 1965, alors qu'elle a 55 ans, les Missionnaires de la Charité deviennent une société de droit pontifical à Rome. Elle ouvre aussi son premier foyer hors de l'Inde, à Cocorote, au Venezuela. Les Frères missionnaires de la Charité ouvrent aussi les portes de leur Fondation en 1966, sous l'influence de Mère Teresa. Des foyers continuent de fleurir ici et là, en Italie (Rome) et en Tanzanie, puis Mère Teresa fonde l'Association internationale des assistants, pour ceux qui veulent aider son œuvre autrement. Simultanément éclosent, sous son égide, des foyers en Australie. En 1971, c'est au South Bronx, quartier défavorisé de New York que Mère Teresa inaugure un nouveau foyer. Cette même année, elle reçoit du pape Jean XXIII le prix de la Paix. A 66 ans, cette sainte infatigable fonde la branche contemplative des Sœurs de la Charité : ces « Sœurs du Verbe » ont pour vocation d'agir par la prière, le silence et le recueillement. Et c'est en 1979 que Mère Teresa reçoit le prix Nobel de la Paix. Mais elle ne se repose pas pour autant sur ses lauriers ! En 1980, à 70 ans, elle ouvre des foyers pour drogués, prostituées, femmes violentées, un peu partout dans le monde, et fait campagne contre l'avortement. (« Je vois Dieu dans les yeux de tout enfant... Les enfants à naître sont les plus pauvres d'entre les pauvres. Et pourtant, ils sont si proches de Dieu ! Je supplie les médecins d'hôpitaux, en Inde, de ne jamais tuer un enfant à naître. Si personne n'en veut, je le prends après la naissance. ») Elle construit aussi des orphelinats et des écoles pour les enfants pauvres, puis un hospice, à New York, pour les malades du Sida. En 1986, respectueuse de ceux qui ont une religion différente de la sienne comme de ceux qui refusent d'adhérer à une quelconque religion, elle fonde « Les Missionnaires laïcs de la Charité ». En 1988, nouvel hospice pour les malades du Sida, à San Francisco, cette fois. Elle envoie des Missionnaires en Russie. Trois ans plus tard, elle retourne pour la première fois depuis 1928 en Albanie et y fonde un foyer (à Tirana). Cette même année, cent soixante-huit foyers se sont ouverts en Inde, sous son impulsion. Et un foyer en Chine se prépare pour bientôt... cette religieuse qui a fait vœu de pauvreté, de chasteté et de secours aux plus misérables refuse même toute hospitalité et toute invitation à prendre un repas hors de ses foyers, par compassion pour les « pauvres des bidonvilles, qui, eux, ne sont jamais invités nulle part ». Les Sœurs de son ordre ont pour instruction de ne jamais stocker la moindre nourriture pour le lendemain, de vivre au jour le jour, pour rester entièrement disponibles à l'appel de Dieu, à sa Providence. « Si Dieu veut que nous fassions quelque chose quelque part, il nous en donne les moyens, dit l'une des Sœurs, inutile de se préoccuper à l'avance de l'organiser. »

Cet ordre a huit branches : les Sœurs actives, les Sœurs contemplatives, les Frères actifs, les Frères contemplatifs, les Pères missionnaires, les Missionnaires laïcs, les Volontaires, les Assistants malades et souffrants, qui offrent leurs souffrances pour les autres et pour le travail des Missionnaires de la Charité qui les entourent. Tous récitent chaque ma-

Mère Teresa est née le 26 août 1910, en Albanie.

tin la prière de saint François d'Assise, qui leur rappelle comment mettre « de la paix dans (leurs) vies, en se donnant aux autres, le cœur ouvert et pur » :

Fais de moi, Seigneur, un instrument de ta paix.
Là où se trouve la haine, que j'apporte l'amour
Là où se trouve l'offense, que j'apporte le pardon
Là où se trouve la discorde, que j'apporte l'union
Là où se trouve l'erreur, que j'apporte la vérité
Là où se trouve le doute, que j'apporte la foi
Là où se trouve le désespoir, que j'apporte l'espérance
Là où se trouvent les ténèbres, que j'apporte la lumière
Là où se trouve la tristesse, que j'apporte la joie.
Seigneur, fais que je ne cherche pas tant à être consolé qu'à consoler
A être compris qu'à comprendre
A être aimé qu'à aimer
Car
C'est en se donnant qu'on reçoit
C'est en s'oubliant qu'on se trouve
C'est en pardonnant qu'on est pardonné
C'est en mourant qu'on ressuscite à l'éternelle vie.

« Si vous souhaitez découvrir ce qui me rend si heureuse, dit Mère Teresa, (dans son livre intitulé *Un chemin tout simple*, aux éditions Plon/Mame), récitez avec moi les prières qui suivent, ce sont mes préférées. Je les envoie à nos assistants, nos volontaires, nos visiteurs des pauvres, afin qu'elles les guident et les aident dans leur service :

Ô seigneur, aide-moi à répandre ton parfum, où que j'aille
Inonde mon âme de ton esprit et de ta vie
Pénètre tout mon être et empare-toi de lui
Si complètement que toute ma vie ne soit plus
Qu'un rayon de la tienne
Brille à travers moi et fais en sorte
Que chaque âme avec laquelle j'entre en contact
Puisse sentir ta présence dans la mienne
Fais-leur lever les yeux et ne plus me voir
Seulement Toi, rien que Toi, Seigneur,
Reste avec moi et je commencerai à briller
Afin d'être une lumière pour les autres
Cette lumière, Seigneur, ne viendra que de toi et pas de moi,
Ce sera toi qui brilleras sur les autres à travers moi
Laisse-moi te louer de la façon que tu préfères en brillant sur
Ceux qui m'entourent.
Laisse-moi te prêcher sans prêcher,
Non par des mots mais par mon exemple, grâce
A la force contagieuse, l'influence bénéfique
De mon action
Que la plénitude de l'amour
Témoigne que mon cœur te porte.
(Cardinal Newman)

Rends-nous dignes, Seigneur, de servir
A travers le monde nos semblables,
Qui vivent et meurent
Dans la pauvreté et la faim.
Donne-leur, aujourd'hui, par nos mains,
Leur pain de ce jour,
Et par notre amour compréhensif
La paix et la joie. »
(Pape Paul VI)

« La prière en action est amour, ajoute Mère Teresa, et l'amour en action se fait service. Quoi qu'on vous demande, sur-le-champ donnez-le, purement et simplement. Ne vous souciez pas de chercher la cause des grands problèmes de l'humanité, contentez-vous de faire ce que vous pouvez pour les résoudre, en apportant votre aide à ceux qui en ont besoin... Nous savons bien que notre action n'est qu'une goutte d'eau dans l'océan, mais sans notre action, cette goutte manquerait. »

A l'heure actuelle, l'œuvre des Missionnaires de la Charité présente de multiples facettes. Tout d'abord, il y a l'œuvre apostolique : écoles du dimanche, groupes d'études bibliques, groupes d'action catholique, visite des hôpitaux, des crèches, des prisons.

Il y a ensuite les soins médicaux : dispensaires, léproseries, centres de rééducation pour lépreux. Des soins sont également donnés pour enfants abandonnés, handicapés physiques et mentaux. Pour malades et mourants indigents. Pour les malades du Sida et de la tuberculose. Il existe aussi des centres de malnutrition et des cliniques itinérantes. Il y a le service éducatif, qui opère dans le service primaire des bas quartiers, classes de couture, classes commerciales, artisanales, programmes ruraux pré-scolaires et post-scolaires. Il y a le service social : programme d'enseignement pédiatrique et éducatif, des crèches de jour, des foyers pour les sans logis, les alcooliques et les drogués, les foyers pour mères célibataires, les centres pour la régulation naturelle des naissances. Il y a enfin les services de secours : les centres alimentaires et d'habillement, qui fournissent des repas déshydratés, des repas froids et une assistance familiale d'urgence.

C'est au sort des lépreux que Mère Teresa s'est attachée plus particulièrement, car ils vivaient une double souffrance, comme les malades du Sida : celle de souffrir et celle d'être rejetés par les autres.

« Aujourd'hui, les malades atteints de la lèpre peuvent vivre leur vie, dit-elle, dans son ouvrage (déjà cité). Ils n'ont plus à se cacher, ils peuvent même vivre en famille, sans crainte de la contagion. Aujourd'hui, un enfant né d'un lépreux n'est pas lépreux. Nous avons aujourd'hui un merveilleux centre appelé Gandhiji Prem Nivas, qui a presque la taille d'un village. Echelonnés le long de la voie ferroviaire (désaffectée), tous les bâtiments sont peints de couleurs brillantes et gaies : rouge, bleu, vert. Il y a des ateliers, des dortoirs, des salles, une école. Prem Nivas fut construit par les lépreux eux-mêmes, aussi est-ce un endroit où ils peuvent vivre et travailler en se sentant chez eux. Lorsqu'en 1974, on nous a offert ce terrain pour y développer ce centre, ce n'était qu'une cour de gare désaffectée. Nous bâtîmes, peu à peu, de simples huttes de chaume et l'ensemble devint, lentement, un merveilleux espace. »

Frère Vinod, qui dirige Prem Nivas, fournit à son tour, quelques détails sur ce centre, unique au monde :

« Nous avons enregistré ici trente-huit mille cas (de lèpre) depuis 1958. Maintenant que la lèpre est jugulée, je suis sûr que nous ne verrons plus autant de difformités... Le gouvernement espère pouvoir l'éradiquer en Inde vers l'an 2000. La détecter à temps est le nœud du problème. La maladie s'attaque à l'immunité du corps. Elle est transmissible par l'air. Toutefois, si votre système immunitaire est solide, vous ne serez pas contaminé. La lèpre se rencontre surtout dans les classes les plus pauvres de la société. Celles-ci ne sont pas assez informées pour

savoir ce dont elles souffrent, jusqu'à ce que la difformité apparaisse. A ce moment, il est trop tard pour arrêter le mal, quand il y a perte de sensibilité dans les mains, dans les pieds bien qu'on puisse, à ce stade, arrêter la propagation. Nous leur offrons une place ici avec un emploi, et en peu de temps, la foi, l'espoir et l'amour-propre renaissent. Tout le travail est fait par les patients : ils entraînent les autres à panser, faire des piqûres et entretenir les salles. Ils prennent soin de leurs frères. Nous cultivons nos légumes nous-mêmes, et chaque fois qu'il y en a en trop nous les offrons aux autres foyers. Nous avons du poisson dans notre vivier, des chèvres et autres animaux domestiques dans notre petite ferme, ainsi qu'un atelier de tissage. Nous avons aussi des cordonniers, des menuisiers, des maçons et des ingénieurs. Il y a du travail pour tous. »
Mère Teresa est partout à l'œuvre, infatigable ; elle prodigue son courage, ses prières, ses soins et... sa pauvreté (seule façon d'être en communion avec ses semblables) aux familles les plus indigentes, aux esseulés, aux malades du Sida, aux toxicomanes, aux vieillards et aux enfants abandonnés, en dépit de sa maladie de cœur et de son grand âge, illustrant le penchant virginien à servir, en excluant toute forme de narcissisme, dans l'humilité. Et en se perfectionnant toujours davantage, moralement et spirituellement, grande obsession du signe. Mais que de joie de vivre, chez cette personnalité, quel amour des autres (Lune en Taureau) ! Et quel rayonnement, quel équilibre dans le don de soi (Vénus en Lion au sextile de Jupiter en Balance) !

Entretien avec Félicien Marceau

Félicien Marceau est né le 16 septembre 1913 près de Louvain en Belgique, à 7 heures du soir selon l'état civil. Elu à l'Académie française en 1975, on lui doit de nombreux romans, parmi lesquels *les Elans du cœur* et *Creezy*, qui obtinrent respectivement le prix Interallié et le prix Goncourt, un récit autobiographique, *les Années courtes*, et des pièces de théâtre à succès dont les plus connues sont *l'Œuf*, *la Bonne Soupe*, *la Preuve par quatre* et *Un jour j'ai rencontré la vérité*.
Les Années courtes illustrent par plus d'un passage le signe de la Vierge. Notons dans le thème de Félicien Marceau un carré de Saturne à la conjonction Soleil-Mercure : bien que nous devions la précision du langage de l'écrivain à ce Mercure si bien placé en Vierge, le mauvais aspect de Saturne accentue la timidité virginienne, et gêne l'expression orale comme en témoignent des phrases telles que : « ...Je ne parlais qu'après avoir cherché mes mots : mon propos chaque fois arrivait en retard », ou bien : « La chose à dire je ne la trouve que le lendemain ».
Malgré tout son succès, Félicien Marceau semble être resté timide, d'une timidité plus évidente que celle qui afflige, selon eux-mêmes ou leurs intimes, Jean-Louis Barrault et Claude Nougaro. Tous trois auront été, en ce qui concerne ces difficiles interviews, d'une gentillesse et d'une coopérativité merveilleuses, mais Félicien Marceau, comme le carré Mercure-Saturne pouvait le faire prévoir, était le moins à l'aise, le moins éloquent.
Constatons que c'est le Mercure de Claude Nougaro qui est de loin le plus privilégié des trois, ce qui est une façon d'expliquer sa plus grande puissance verbale.

Françoise Hardy : *Quelles sont les qualités que vous appréciez le plus chez les autres, les défauts que vous acceptez le moins ?*

Félicien Marceau : Il faut distinguer, parmi les autres, ceux avec qui on n'a que des relations et ceux auxquels on tient. Pour les premiers, les qualités que j'apprécie le plus sont la gentillesse et les bonnes manières. Cela peut paraître superficiel mais, pour des relations superficielles, on peut se contenter de vertus superficielles et, tant qu'à faire, je préfère de bonnes manières, même pas très sincères, à des mauvaises manières qui le seraient. Pour les autres, pour les êtres auxquels je tiens, je place très haut la franchise et donc très bas le mensonge. Il m'arrive de mentir, mais d'abord je mens très mal, ensuite j'ai pu constater que, depuis que j'écris des romans, je n'ai plus envie de mentir.

F.H. : *L'honnêteté, la loyauté, la sincérité sont des vertus virginiennes. Que vouliez-vous dire quand vous avez écrit : « Il se pourrait que la sincérité finalement ne soit pas grand-chose. » ?*

F.M. : J'ai surtout voulu dire que la sincérité ne suffisait pas. C'est une vertu, certes, mais souvent elle est aussi l'alibi de l'aigreur ou de la méchanceté. Le genre : « Je vais lui dire ce que je pense, c'est pour son bien. » Comme, en général, cela ne sert à rien, il vaut mieux s'abstenir et, sauf cas extrêmes, ne jamais blesser. La blessure est pire. Personnellement, il m'est complètement indifférent d'avoir raison. Je n'essaie pas de convaincre, je n'ai pas du tout l'esprit de discussion.

F.H. : *J'ai relevé ce passage dans* Chair et Cuir : *« Encore une des formes du système que de ne rien pouvoir faire sans se demander si, à ce moment-là, on ne pourrait pas faire quelque chose de mieux ou de plus important. » On a envie de vous dire que c'est en tout cas une des formes du système virginien. La Vierge éprouve souvent le besoin de se justifier par rapport à des critères d'utilité directe. A une époque où on a l'impression qu'il y a plus de gens qui écrivent que de gens qui lisent, où, pour un oui, pour un non, on fait un livre, êtes-vous dérangé par ce qu'il peut y avoir de dérisoire dans l'acte d'écrire, dans la situation d'écrivain ? D'autres activités vous ont-elles jamais tenté ?*

F.M. : Pour moi, la dérision porte plutôt sur la vie entière, sur le fait d'être un homme, pas sur le fait d'être un écrivain. Parfois je me dis qu'après tout nous sommes tous là à nous décarcasser, alors que nous sommes à peine des hannetons destinés, sauf de très rares exceptions, à ne laisser aucune trace. D.H. Lawrence a écrit qu'à partir du moment où un livre est imprimé à cinq mille exemplaires, on est presque sûr qu'il y en aura encore un en l'an 2000 : je me demande jusqu'à quel point on n'écrit pas pour lutter contre la dérision de sa vie. Le directement utile ne me touche pas. Si j'avais une nostalgie, ce serait pour la profession de danseur. La peinture m'aurait tenté aussi, d'ailleurs je peins à mes moments perdus.

F.H. : *Il semble que la Vierge ait trois grandes règles de vie : ne pas faire aux autres ce qu'elle n'a pas envie qu'on lui fasse, assumer ses responsabilités et travailler. Reconnaissez-vous ces règles comme vôtres ? En avez-vous d'autres à ajouter ?*

F.M. : Oui, ça me paraît fort. Je pourrais ajouter qu'il faut toujours aller jusqu'au bout. Je crois que quand on va jusqu'au bout d'une erreur, elle cesse d'être une erreur. Quand on va jusqu'au bout d'une passion, elle devient une bonne passion. Je n'ai pas beaucoup de règles morales. Mais une certaine forme de négation de la morale est profondément morale, en ce sens que quelqu'un qui n'a pas de morale ne dira jamais qu'il n'en a pas. Je crois qu'il y a chez moi une remise en question constante des règles morales généralement admises, mais qui finit par forger une autre morale.

F.H. : *La notion de l'importance du travail entraîne la volonté de ne pas perdre son temps.*

F.M. : C'est une règle que tout le monde devrait avoir. J'en perds tout de même parfois, mais avec mauvaise conscience. J'ai des difficultés à accepter la vacance.

F.H. : *Vous écriviez, dans* les Années courtes, *que la tare principale du jeune homme que vous avez été fut de ne pas avoir été assez sûr de lui-même, d'avoir trop souvent cédé à cette modestie ou à cette timidité qui nous sont aussi ennemies que l'orgueil, d'avoir trop écouté les autres. Où en êtes-vous maintenant ?*

F.M. : Ce que je vais dire peut avoir l'air horriblement prétentieux. Ce qui l'empêche d'être prétentieux, c'est que j'ai mis de longues années à m'en convaincre. Et c'est ceci : que, finalement, j'ai toujours raison. Ou plutôt que chacun de nous doit se dire : c'est encore moi qui me conseille le mieux. Souvent quand je me suis trompé, c'est que j'avais écouté des conseils ou que j'avais été épaté par autrui. C'est sans doute une forme de timidité et cette timidité-là n'est pas bonne. Il est bon de consulter mais, finalement, il faut suivre son instinct. En suivant son instinct, on ne se trompe qu'une fois sur deux. En écoutant les autres ou en calculant, on se trompe trois fois sur quatre.

F.H. : *L'hésitation peut également s'expliquer par le fait que la Vierge a tendance à voir les deux côtés d'une même chose.*

F.M. : Cette tendance est très forte chez moi.

F.H. : *Le sens du devoir est inhérent à la Vierge. Vous l'avez évoqué à votre sujet, et l'avez assimilé à un manque d'imagination. La Vierge réduite à elle-même manque effectivement d'imagination. Mais, dans votre thème, les valeurs d'imagination sont fortes (Lune et Neptune angulaires), seulement elles sont bridées, contraintes, par des planètes de rigueur, de réduction du champ de conscience (Lune opposée à Soleil-Mercure en Vierge, Neptune opposé à Uranus). Peut-on parler d'un conflit entre, tout d'abord, une partie de vous, raisonnable, cérébrale, ordonnée, entre l'intellect, le Sur-Moi, et, ensuite, une autre partie imaginative, sensible, passionnée, instinctive ? De ces deux pôles, le rationalisateur et l'irrationnel, lequel prend le pas sur l'autre ?*

F.M. : Je crois que c'est juste. Je crois qu'un certain entraînement a fait que l'imagination l'emporte, mais qu'il aura fallu l'entraînement. Il y a en effet un point de départ intellectuel que je me suis efforcé de réduire. En fait, le romancier, l'auteur dramatique ne sont pas des intellectuels, contrairement aux philosophes : intéresser le lecteur, ce n'est pas un mécanisme intellectuel, c'est un mécanisme d'instinct, de sensation, d'émotion, de délire, de comique, il n'y a pas de recette pour ça. J'ai un parti pris de méfiance vis-à-vis de ce qui, malgré tout, reste intellectuel dans le fait d'écrire et, en effet, je crois que j'ai lutté pour faire triompher l'irrationnel, l'imaginaire sur l'intellect.

F.H. : *Pourtant, dans* les Elans du cœur *et dans* Creezy, *c'est l'irrationnel, ce sont Denise et* Creezy *qui finissent par succomber au rationnel, à l'ordre, à l'image de marque...*

F.M. : Il y a en effet une pudeur — peut-être est-elle une contrainte — qui continue à exister. Disons qu'il y a effort vers le délire, et surveillance de ce délire, et qu'à partir du moment où vous admettez qu'il y a combat, nous sommes d'accord.

F.H. : *Etes-vous toujours croyant ?*

F.M. : Je crois à l'existence de Dieu et je crois au Jugement dernier. C'est tout.

F.H. : *Sur ce plan, c'est l'irrationnel qui l'emporte.*

F.M. : J'ai été élevé par des prêtres jusqu'à l'âge de 25 ans. Je suis conscient de tout ce que cette formation avait de discutable, mais je trouve qu'on ne l'a pas remplacée, et que ce qu'on a mis à la place est plutôt moins bien.

F.H. : *Quand vous étiez tout jeune, vous étiez, de votre propre aveu, imbattable quant aux preuves de l'existence de Dieu. Etes-vous toujours aussi préoccupé de prouver ce qui est précisément improuvable ?*

F.M. : Non. L'idée de Dieu existe, elle est présente. Je sais qu'un jour j'aurai des comptes à rendre, que nous avons un procès devant nous. Qui va le juger, je ne sais pas. Mais je sais qu'il est absolument vain de dissimuler notre vérité, qu'elle finira par éclater aux yeux de tous.

F.H. : *C'est une certitude inconfortable, culpabilisante ?*

F.M. : Non. Je crois simplement que ça amène à ne pas faire de choses que l'on n'aimerait pas qui se sachent. Ça amène à accepter ce dont on a envie. On n'a pas à avoir envie de choses dont on a honte. Je n'ai pas de honte. Je sais que si je tue quelqu'un, ce sera dans des circonstances telles que je suis prêt à le voir imprimer dans *France-Soir* le lendemain. Sinon je ne le ferais pas.

F.H. : *« Il n'est pas vrai que le malheur est imprévu », avez-vous écrit. Pas imprévu pour la craintive, la prévoyante Vierge qui a tendance à crier avant d'avoir mal. Etes-vous un inquiet ? Quels sont vos principaux sujets d'inquiétude ?*

FELICIEN MARCEAU

F.M. : J'ai une tendance à l'inquiètude, une tendance à voir toutes les conséquences possibles d'une chose. Mais je crois aussi à une sorte de prémonition, et que les grands malheurs sont annoncés par des signes. Professionnellement, mon inquiétude se manifeste par le fait que je n'ai jamais envie de publier mes livres. Si je m'écoutais, je ne les publierais jamais, parce que, chaque fois, je me dis que je pourrais faire mieux.

F.H. : *« Cet effort que je dois faire pour parler de moi et qui déjà est si contraire à ma nature... », écriviez-vous dans* les Années courtes. *Je vous suis d'autant plus reconnaissante d'avoir accepté cette interview ; pourquoi ce récit autobiographique ?*

F.M. : Il y a chez moi une tendance à m'arrêter pour m'interroger sur ce que je fais, pour faire mes comptes... Des mémoires sont une sorte de méditation, qui répondaient à ce besoin. De plus, j'étais entouré d'une légende qui finissait par m'exaspérer : j'avais envie de remettre les choses au point.

F.H. : *Vous écriviez dans ce livre à propos de vous adolescent : « J'étais niais vraiment, empêtré de moi-même, gêné aux entournures... Niais et le sachant, cela m'enlevait tout naturel... » Le complexe de la bêtise, la tendance à se minimiser parce qu'elle se voit le plus souvent pire qu'elle n'est, se rattachent à la Vierge : êtes-vous toujours comme ça ?*

F.M. : Je trouve toujours ce que je raconte beaucoup moins intéressant que ce que racontent les autres. Je préfère écouter les autres et ne pas prendre la parole. Honnêtement, je ne me trouve pas brillant. On m'épate encore assez facilement. J'ai conservé un fond d'ingénuité qui fait aussi que je suis romancier.

F.H. : *Ressentez-vous un conflit entre votre composante virginienne timorée, facilement découragée, et votre composante Bélier (Lune et Ascendant) à laquelle il faut sans doute attribuer votre déclaration : « J'aime assez l'obstacle » ?*

F.M. : L'obstacle me plaît assez. Je crois que tant qu'on n'a pas compris que la vie est un combat, on n'a rien compris. Seulement, il faut être capable de penser que dans un conflit les deux parties peuvent avoir raison.

F.H. : *Pour finir, je voudrais vous demander laquelle des quatre fonctions de Jung : sensation, sentiment, pensée, intuition, vous paraît dominer chez vous ?*

F.M. : *Je crois que c'est l'intuition, mais j'ai surtout envie de le croire. Je n'en suis pas sûr, parce que j'ai une tendance à raisonner, calculer, tout en étant fermement convaincu que les calculs trompent.*

ALAIN PEYREFITTE

LEONOR FINI

PATRICK POIVRE D'ARVOR

LEONARD BERNSTEIN

YASSER ARAFAT

ELIA KAZAN

Entretien avec Claude Nougaro

Claude Nougaro est né à Toulouse, le 9 septembre 1929 à 10 heures du matin selon l'état civil, entre 9 et 10 heures, selon sa mère. Il débute dans la chanson comme parolier de Philippe Clay et Marcel Amont, puis chante lui-même, à partir de 1958. De sa rencontre avec Michel Legrand en 1962, résulte un disque qui connaît un très grand succès, avec des chansons telles que *la Petite Fille* (musique de J. Datin), *le Cinéma, les Don Juans, le Rouge et le Noir* (musiques de M. Legrand). Ce disque marquait ainsi le point de départ officiel d'une carrière originale et parfois difficile, car sans aucune concession.
Voici un passage du livre de Michel Giroud consacré à Claude Nougaro, et qui nous paraît bien en approcher la personnalité artistique : « Aujourd'hui, il est en France le seul chanteur où communiquent jazz, blues, spiritual, flamenco, Afrique et Brésil indissociables d'une recherche textuelle qui (...) éclate en bulles de lumière : poésie physique où les mots sont tactiles, chant dont l'incarnation s'épanouit dans la danse globale, scène où déjà se manifeste une polyphonie scénographique. Avec lui le music-hall se transforme, il devient un espace magique (...). L'itinéraire de Nougaro rejoint le désir d'Artaud (Soleil-Vierge, Mercure-Balance au trigone de Mars-Pluton) de vivre dans la "matérialité" du langage, dans un jeu de métamorphoses, de mutations et de transformations. Le jeu de mots est un signe remarquable de cette volonté de faire sonner autrement la langue. »

Ce langage « physique », si particulier, qui « fait » la musique autant qu'il est fait par elle, car il n'est plus seulement expression voulue, mais aussi sonorité voulue, s'explique, astrologiquement, par la liaison de Mercure, planète d'expression de la pensée, avec trois planètes d'« existence » : Mars, Vénus et Jupiter. La conjonction Mercure-Mars, surtout, implique la nécessité de concrétiser le langage, de le vivre, et vice versa celle d'exprimer son vécu. L'acte est langage, le langage est acte. Le mot (Mercure), chargé de densité charnelle (Mars), ne se contente plus de traduire simplement une sensation : coloré, musclé, rythmé, intense, il est lui-même source de sensations aux possibilités incantatoires... Ajoutons que l'opposition d'Uranus à Mercure-Mars incite, par un travail contraignant et éventuellement systématique et systématisant, à réduire le langage à l'essentiel, ce qui en augmente l'impact.
Constatons que les trois plus grands créateurs au niveau de l'utilisation du langage dans la chanson française sont Léo Ferré (Soleil et Mercure en Vierge, forte valorisation de Mars, Vénus et Neptune), Serge Gainsbourg (Lune en Vierge, forte valorisation de Mars et Neptune, conjonction Mercure-Vénus), et Claude Nougaro. Ils ont donc en commun le signe de la Vierge, qui confère immanquablement l'amour et le sens du langage, ainsi que des planètes d'existence qui ajoutent au signal abstrait qu'est le mot par lui-même une dimension sensorielle.
Signalons tout de même que l'importance de Pluton dans les trois thèmes, particulièrement chez Ferré, et encore plus chez Nougaro, correspond bien à la puissance créatrice évolutive qui les caractérise.

Françoise Hardy : *Plus que d'autres signes, la Vierge a le sens de la nécessité immédiate et de l'utile : éprouves-tu le besoin de justifier ton art ? Ne souffres-tu pas de sa part de dérisoire ? Quelle importance attribues-tu au fait de composer des chansons et de chanter à notre époque ?*

Claude Nougaro : Je considère la chanson comme une nécessité existentielle. J'ai aimé très tôt la poésie, le langage, le verbe, et ce que ça pouvait provoquer en moi d'émotion. Dès mon adolescence, je me suis senti véritablement une vocation de ce qu'on appelait un « poète », c'est-à-dire un magicien du verbe qui pouvait agir au moyen du langage. Il faut ajouter que, grâce à mon père qui était un grand baryton d'opéra, j'ai été tout de suite plongé dans le milieu du théâtre lyrique, endroit sacré, mythologique, où s'affrontent non plus simplement des créatures humaines, mais des passions exacerbées. J'ai été donc très tôt marqué par cette alliance entre une action dramatique et le discours musical qui la porte.
Quand j'étais enfant, je voulais surtout être danseur. Profondément bourgeois, comme la plupart des artistes, mon père préférait que je poursuive des études secondaires, disant qu'on verrait ensuite. J'ai donc été un peu frustré de cet espace du bondissement corporel, de cette « charnellité » que l'on trouve dans la danse, et j'ai fait des études médiocres, très chaotiques, rebelles, malgré l'intérêt que je portais à certaines matières, notamment le français qui me permettait de faire connaissance avec ces poètes plus ou moins maudits qui étaient pour moi en même temps des héros, des saints, des grands tragiques... Par la suite, il m'a semblé en écoutant Edith Piaf, puis les chanteurs noirs américains : Louis Armstrong, Bessie Smith par exemple, que je pouvais me manifester en opérant cet alliage entre mes tendances littéraires et mon amour passionné pour le rythme et pour la musique négro-américaine. J'ai « fait mes gammes » en entrant dans le milieu des variétés dont j'ai assez vite perçu les limites et au sujet duquel toutes mes illusions sont tombées les unes après les autres, pour finalement poursuivre un chemin solitaire, où j'ai « déchargé », « éjaculé » ma vie à travers mes chansons.
Pour moi, la chanson n'était plus un produit plus ou moins bien préfabriqué, régi par des mots d'ordre de rentabilité immédiate, c'était devenu, c'est véritablement la chair de ma chair.

F.H. : *Tu es donc né sous le signe de la Vierge, qui est essentiellement cérébral ; mais les angularités de Mars, Pluton et Vénus dans ton thème, ainsi que la présence de la Lune en Scorpion au carré d'un Neptune très valorisé, puisque également conjoint au Soleil, tout cela montre l'importance chez toi de l'instinct, du « sentir » et du « vivre », de « l'exister », par rapport au « penser ». Te sens-tu finalement davantage cérébral qu'instinctif ? Comment cérébra-*

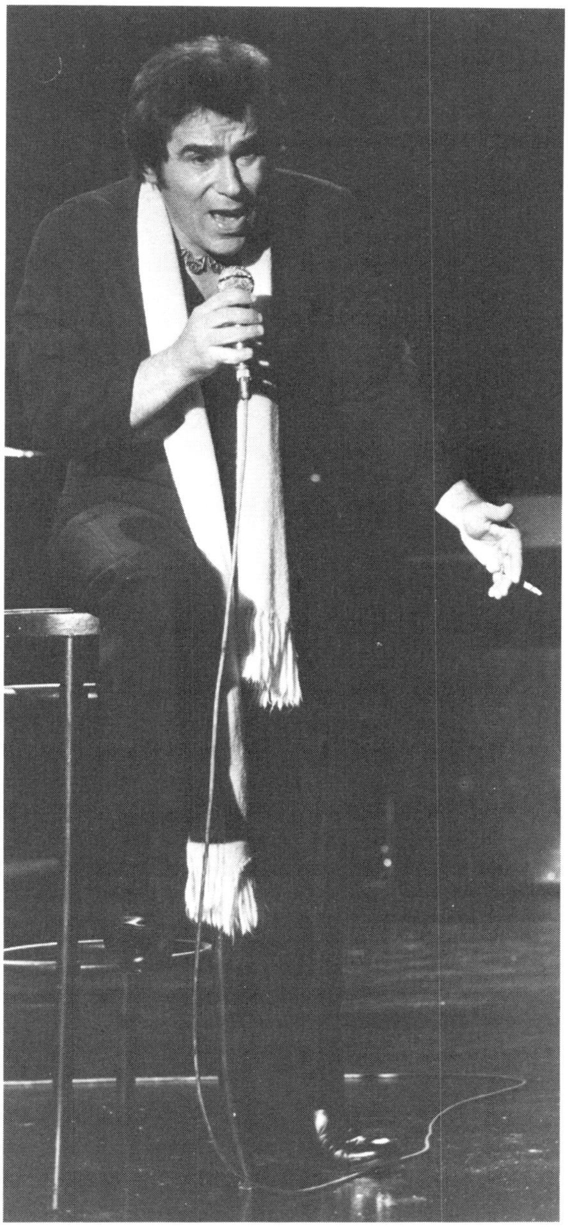

CLAUDE NOUGARO

lité et instinct s'accommodent-ils l'une de l'autre ? Par exemple, t'arrive-t-il de te sentir écartelé entre raison et folie ? Culpabilises-tu la part de folie en toi ? Regrettes-tu ta part de raison ? Ou la coexistence est-elle plus pacifique ?

C.N. : J'ai peur de la folie, j'ai peur de devenir fou. Quand j'étais jeune homme, je me disais qu'en tout cas il pouvait tout m'arriver, sauf la folie, mais à partir d'une certaine époque de ma vie, très précisément en 1965, j'ai traversé une crise d'ordre spirituel, moral, où véritablement s'est opéré en moi une sorte de dédoublement proche de la schizophrénie, qui aurait pu relever de la psychiatrie. Il y a quelque part en moi une dualité et une guerre entre deux êtres : celui qui est épris de raison, de rationalisme, d'un discours méthodique, et il y a également celui qui est appelé, à travers par exemple des formes d'ordre mystique, vers un élan dionysiaque, vers en effet une forme de folie.

J'adore l'ordre, j'aimerais avoir une vie réglée, disciplinée, mais j'en ai été incapable jusqu'à présent.

J'adore également les grands intellectuels. Je suis un adorateur de l'intelligence, pas tellement de l'intelligence universitaire, quoique j'ai beaucoup de respect pour l'érudition et pour le savoir, car il faut que l'intelligence soit nourrie par une sensibilité, qu'elle provienne de l'instinct justement, de l'intuition, ou d'autres zones du génie humain : l'intelligence du cœur, par exemple, me paraît très rare, car il y a des intelligences glacées, complètement déshumanisées. J'aime l'humanisme dans l'intelligence, le respect d'autrui, la bonté.

Mais, en effet, il y a en moi un intellectuel plus ou moins raté, car je ne suis pas outillé pour être réellement ce qu'on appelle un intellectuel : si l'on émet l'hypothèse de l'existence de plusieurs mémoires, il me manque précisément celle qui permet d'entasser un savoir, de discourir... J'ai lu beaucoup de livres, mais ils se sont entassés dans une zone plus ou moins subconsciente, et je les recrache plus en termes sensibles et charnels qu'en termes purement mentaux et cérébraux.

Il y a donc en moi cet amour de l'intelligence pure, et en même temps cet élan vers une forme de l'explosion dionysiaque. Mais même à travers le délire, j'aime la rigueur. J'aime un délire rigoureux.

***F.H. :** A propos de l'improvisation que tu compares aux branches de l'arbre, aux oiseaux, par rapport au thème que représente l'arbre, tu avoues ne pas en avoir la liberté, mais tu précises pourtant que cela peut t'arriver d'improviser dans certains états de déblocage. La Vierge, inhibée, secondaire, analytique, critique, autocritique est généralement très peu douée pour l'improvisation. Peux-tu essayer de nous préciser les « blocages » qui gênent l'improvisation chez toi ?*

C.N. : Je suis assez peu doué pour discourir sur moi-même, je suis impropre à ma propre dissection, à l'introspection. Cela dit, quand je travaille, je suis très rigoureux, j'aime les structures : il faut d'abord qu'il y ait l'arbre ; si les oiseaux de la grâce viennent se poser ensuite, tant mieux. Quand j'écris, et je me le reproche parfois, j'ai du mal à me laisser aller : immédiatement il y a en moi un critique qui lit par-dessus mon épaule et dit : « Ça, tu ne peux pas te le permettre. »

Un jour, en voulant me définir en termes raciaux, j'ai écrit : « Je suis un nègre grec. » D'un côté le nègre tellurique, cosmique, dionysiaque ; de l'autre, le Grec, la colonne, la ligne pure, et nous revenons à ce double !

Dans certains états, il y a le « cratère » qui s'ouvre — ça bouillonne — mais les parois se referment, et ensuite c'est le travail laborieux, c'est le mineur qui descend dans sa mine de charbon pour essayer de rencontrer un peu de chaleur et de lumière.

***F.H. :** Tu as déclaré qu'avant de chanter toi-même, tu avais réfugié ta « timidité maladive » dans le fait d'écrire des chansons pour les autres. Comment ta timidité a-t-elle évolué depuis tout ce temps ?*

C.N. : Ma timidité, je l'ai un peu soignée à travers ce qu'on peut appeler, avec mille précautions, une réussite. Je ne veux pas dire réussite au point de vue de la vie absolue, mais au point de vue de ma fonction : j'ai choisi d'être un chanteur, et à ce point de vue-là, ce serait être trop pessimiste que de dire que je suis un raté. Finalement je fais un métier qui consiste à me manifester avec une sorte d'impudeur devant le public, d'autant plus que la matière première de mon œuvre c'est ma vie : ce n'est pas fictif.

F.H. : *Justement, cette impudeur ne te gêne-t-elle pas ?*

C.N. : Je suis impudique, pas indécent. Je me mets à table, d'une certaine façon, mais le tout c'est que l'art s'empare de mon récit, de ma confession pour en faire quelque chose d'exemplaire : l'art sanctifie l'impudeur.

F.H. : *La Vierge, doublée du Plutonien que tu es, est plus attirée par la coulisse que par la scène, par le visage nu que par le masque. Peux-tu expliquer ta fascination pour toutes les formes du spectacle ?*

C.N. : Elle est naturelle, puisque j'ai été baigné, « ensemencé » de théâtre. La présence de mon père a été très forte, elle m'a marqué au fer rouge. Grâce à lui, j'étais plongé dans le milieu de l'opéra où les personnages ne sont pas tellement humains, mais mythiques. Le théâtre, le spectacle m'ont toujours bouleversé. Quand j'étais encore dans l'ombre des coulisses, petit jeune homme ténébreux et charbonneux, que je voyais étinceler les cuivres de Michel Legrand, par exemple, et briller les projecteurs, j'étais heureux. Tout est amplifié en scène. On reçoit des rayonnements et on en donne. Le spectacle, c'est le miracle.

F.H. : *J'attribuais cette fascination au goût, au besoin du merveilleux donnés par Neptune, très valorisé dans ton thème. Car la Vierge, si on la considère toute seule, est prosaïque et quotidienne.*

C.N. : Voilà, c'est ce qui me déplaît justement dans les caractéristiques de la Vierge. Je ne suis pas conscient d'être ainsi, mais après tout je me connais assez peu : je connais mes pulsions, mes amours, mes passions, mes faiblesses, certaines de mes vertus : par exemple, la sincérité, l'amour de la vérité et la haine du mensonge. Je ne peux pas mentir, je ne sais pas.

F.H. : *Je te cite : « J'ai une maladie, une névrose qui s'appelle l'angélisme. » Il est étonnant, ou pas étonnant du tout, selon le point de vue où l'on se place, que les deux poètes qui t'ont le plus marqué, Jacques Audiberti et Jean Cocteau et qui partageaient cette obsession, aient eu tous deux la Lune dans le signe de la Vierge. La Lune est une planète capitale du thème, elle symbolise la subjectivité de l'individu. Le terme même de « Vierge » évoque l'idéal de pureté auquel ce signe aspire. Peux-tu nous développer cette notion d'« angélisme » ?*

C.N. : Il me semble que l'angélisme a d'abord été incarné pour moi par la féminité, et donc, peut-être, à travers ma culture chrétienne par la Vierge Marie. Au risque de faire hurler les dames du M.L.F., la femme pour moi, c'était la femme-neige, donc intouchable. C'est pourquoi, en revenant à une de mes caractéristiques psychologiques qui est la timidité, une timidité exacerbée, j'ai eu dans mon adolescence des rapports atroces avec la femme, la jeune fille. Elle me faisait trembler. Elle émettait vis-à-vis de moi une sorte d'incandescence, de brûlure. Comme la neige brûle, il y avait cette glace-flamme. Cette matière féminine, torturante, me faisait fuir en même temps qu'elle m'attirait et j'ai été longtemps paralysé devant les femmes, absolument affolé par elles.

L'ange, en même temps, c'est la pureté, c'est une sorte d'aura surnaturelle. Audiberti disait qu'il était venu sur Terre pour enquêter, afin d'apporter son reportage pour les dossiers de Dieu. Il était une sorte d'inspecteur Maigret métaphysique qui venait sur la Terre, mais qui n'appartenait pas à la bande à Bonnot de l'homme, qui était épouvanté par l'homme, par sa face grimaçante de boureau éternel de lui-même et des autres, par toutes ses empreintes digitales pleines de sang, de tortures, d'Auschwitz, etc., par cette bagarre perpétuelle qui commence palier par palier. Il a écrit dans un de ses poèmes : « J'avais peur des hommes et j'avais peur qu'ils ne me pendent comme mouchard du Tout-Puissant. »

F.H. : *Pour en revenir à l'ambivalence Vierge-Pluton qui est la tienne et était aussi celle d'Audiberti, puisque sa Lune en Vierge était au carré de Pluton, et qui peut donc s'interpréter comme une ambivalence cérébralité-instinct, esprit-matière, ciel-enfer, reconnais-tu comme tiennes les alternances de dégoût et de fascination pour la chair, de répulsion et d'attraction pour la femme, qui étaient celles d'Audiberti ?*

C.N. : Il y a en moi des côtés sadomasochistes assez puissants à cet égard. J'ai dit que pour moi certains profils de femmes représentaient le littoral du paradis ; c'est la femme-ange déjà évoquée, le lien charnel de l'existence humaine où l'on peut débarquer sur la plage du paradis. Mais il y a la jalousie : je veux être le Robinson Crusoé de la plage féminine. Et elle me fait souffrir quand elle quitte son identité virginale, inaccessible, quand elle devient elle-même l'érotisme, elle-même le désir : c'est la brûlure aussi. La femme devrait être toujours la planète qu'on n'atteint jamais.

F.H. : *Tu as dit que la vieillesse, pour toi, c'est entre autres ne plus pouvoir faire son devoir. Qu'est-ce pour toi que le devoir ?*

C.N. : Le devoir c'est travailler. Alors je suis très malheureux, car je suis paresseux.

F.H. : *J'ai déjà signalé l'importance dans ton thème de Neptune, planète maîtresse des Poissons, signe opposé à la Vierge. Est-il possible d'expliquer le « martyre » — je te cite à nouveau — que te font subir les mots, par le sens du mot juste, rigoureux, précis mais limitatif que te donne la Vierge, co-existant avec le sens de l'indicible, de l'inexprimable qui est le fait de Neptune, ainsi d'ailleurs que de Pluton. Autrement dit, Mercure te donne le besoin de « communiquer » par le langage, alors que Neptune te donne celui de « communier » sans le secours du langage.*

C.N. : Les mots sont des cadenas. Ce sont des barreaux, et moi je suis le forçat, le détenu. J'aime quelque part ma détention, parce qu'il y a en moi quelqu'un qui aime l'esclave que je suis. D'abord la liberté n'existe pas. La liberté ne peut s'entrevoir que dans la prison, et non hors d'elle. Je ne la vois que comme Verlaine qui, incarcéré, écrivait : « Le ciel

est par-dessus le toit. » J'essaie de me délivrer. Quand je chante c'est une délivrance, ce qui ne veut pas dire que c'est une liberté, c'est « dé-livrer » quelque chose de moi-même, me décharger d'un sac. Dieu c'est un sac. Par Dieu, je veux dire cet indicible qu'on essaie d'atteindre, cette espèce de volonté mégalomaniaque d'essayer d'étreindre l'absolu et de s'y plonger.
Je suis épris d'absolu et, en même temps à l'explosion je préfère l'éclosion, car j'ai un grand respect de la vie et de l'homme dans sa « difficulté d'être », comme disait Cocteau.

F.H. *: « Un jour, un jour c'est sûr/Reviendra le jour pur/L'immense jour d'avant le Temps. » Les signes de Terre ont le sens du temps, du temps qui passe, de son irréversibilité...*

C.N. : Hémorragie du temps. Je perds du temps comme je perds du sang. C'est là où il faudrait l'ordre, la discipline, l'organisation...

F.H. *: ...qui sont les qualités spécifiques de la Vierge, mais dont sont incapables le Plutonien, le Neptunien : ce dernier surtout vit le plus souvent, naturellement ou pas, haschich ou non, dans des états proches du rêve, de l'ivresse, d'intemporalité, de transcendance, de dépersonnalisation... Il n'a pas le sens du temps, ou alors si, d'un autre temps que celui que nous connaissons, un temps non linéaire, qui ne s'exprime pas qu'en termes de présent, passé ou futur...*

C.N. : François Truffaut semble être un homme méticuleux, et aimer en même temps une forme explosive de génie. Nous aimons les mêmes poètes : Audiberti et Cocteau. Son film *la Chambre verte* traite du thème de la mort, et c'est l'histoire de quelqu'un qui n'admet ni la mort, ni qu'on oublie les disparus : il a une fidélité totale vis-à-vis des gens qui, pour lui, ne sont pas morts, mais, simplement, apparemment absents de la scène de la vie. Il continue à les aimer, à être habité par eux... C'est prépondérant pour moi aussi : il ne se passe pas un jour sans que je pense à Audiberti, et j'ai beaucoup de communication avec des êtres disparus qui ne sont pas disparus pour moi.

F.H. *: Chez Jean-Louis Barrault, le sens du temps linéaire fait qu'il veut « remplir sa vie à ras bord comme une outre ». En est-il de même pour toi ?*

C.N. : Il y a des périodes où je vis en état de fantôme de moi-même, où je ne peux pas me réintégrer, où je suis mon propre orphelin, alors que j'aimerais être constamment en état d'action, en état de bonheur. Car, quand je suis dans cet état d'absence, de malheur, qui peut m'apporter un certain bonheur sur le moment, dès le lendemain le remords accusateur est au pied de mon lit.
Je vis avec ma culpabilité, c'est ma compagne la plus fidèle.

Richard Gere

Avec une conjonction Soleil-Saturne en Vierge, qui lui insuffle une insatisfaction latente et un constant besoin de progresser, avec la Lune en Bélier, qui le rend impulsif et peu fiable dans ses engouements affectifs, avec Vénus conjointe à Pluton en Lion, qui lui confère un magnétisme animal en même temps qu'un besoin de sublimation de ses pulsions, et Mars en Scorpion, au trigone de Jupiter en Poissons, qui donne à sa vision une certaine ampleur et la faculté d'assimiler aisément un grand nombre de connaissances, Richard Gere était en mesure, sous un tel ciel de naissance, de réussir à la fois matériellement (Mars en Scorpion) et spirituellement (Jupiter en Poissons). Diplômé de philosophie, (matière qui annonce son intérêt pour le bouddhisme tibétain), il ne faillit pas à la vocation virginienne de penseur. Devenu « sex-symbol » avec le film *American Gigolo*, il s'illustre dans quelques super productions hollywoodiennes où il joue souvent les intellectuels ambitieux. Et il commet toutes sortes d'excès dans sa vie privée (le carré de Vénus en Lion à Mars en Scorpion marque un attrait pour des amours hors normes, des expériences de nature subversive ou illicite). Son mariage avec le modèle « le plus cher du monde », Cindy Crawford, qui produisait une émission de télévision très suivie, aux États-Unis, met fin aux rumeurs le concernant et répand sa renommée dans le monde entier. Mais une rencontre avec un homme remarquable, le Dalaï Lama, (né sous le signe du Cancer) chef spirituel du peuple tibétain, devait l'éloigner des fastes en trompe l'œil du cinéma et des illusions de l'argent. Gere fait don d'une part de sa fortune au peuple tibétain, achète une petite cabane dans la montagne, où il vit quelques mois par an, près du refuge du Dalaï Lama, (émigré depuis 1959 à Dharamsala, en Inde) et sensibilise l'opinion publique internationale à la cause des Tibétains, qui voient leurs droits les plus élémentaires bafoués par la Chine : occupés, puis chassés de leurs terres, torturés ou violés par les occupants, ils essaient de sauvegarder leurs traditions et leur indépendance, dans le pacifisme qu'ils ont toujours prôné. Cela n'a pas empêché des émeutes de se produire, sévèrement réprimées. On parle d'un véritable génocide : un million de morts, près de 6 000 monastères détruits, détention ou déportations arbitraires, tortures généralisées, sous l'oppression chinoise. Richard Gere a créé la Fondation Gere, destinée à recueillir des fonds et des témoignages en faveur de ce peuple sinistré et abandonné des grandes puissances. Il a récemment vendu aux enchères une collection de photos prises parmi le peuple tibétain, enchères dont le produit va aussi au soutien des réfugiés à Dharamsala. Il a révélé au grand public, dans une interview télévisée suivie par plusieurs

Né le 31 août 1950, à Syracuse dans le Massachusetts, aux États-Unis.

millions d'Américains, que le jeune garçon dont le gouvernement chinois prétend qu'il est la « véritable » réincarnation du Dalaï Lama sert d'alibi pour justifier la violation des droits de l'homme et l'annexion pure et simple d'un territoire, dont cette grande puissance se rend coupable. Par solidarité avec les Tibétains et leur chef spirituel, Gere est devenu végétarien, médite une heure par jour, quel que soit son emploi du temps et modère ses emportements. Uranus en Cancer, dans son thème, révèle une instabilité quant au foyer et aux relations avec son pays (changements soudains de maison, de terre d'élection, insatisfaction liée à son peuple, qu'il peut ressentir comme étranger et qui lui fait rechercher une famille d'adoption) mais cet aspect, en harmonie avec Soleil-Saturne en Vierge, lui permet d'utiliser son instabilité de façon constructive. Il faut espérer que son combat (Lune en Bélier) ne s'essouffle pas, car il a les dispositions de caractère qui lui permettent de le faire aboutir. Heureusement pour ses admirateurs, cette croisade n'empêche pas l'acteur de s'afficher dans des films à gros budgets, d'éblouir par son jeu de comédien qui peut s'attaquer aux rôles les plus musclés, et de multiplier les conquêtes !

Mickey Rourke

Keanu Reeves

Chapitre V

A la recherche de votre « Moi » profond

Les bosquets de Versailles allient à la grandeur léonienne des espaces la conception virginienne de la végétation : un ordre rigoureux et presque glacé règne sur cette nature.

Dans quel Signe se trouvaient les Planètes à votre naissance

Comment utiliser les Tables des positions planétaires

Les planètes, le Soleil et la Lune sont des points d'émissions énergétiques qui correspondent chacun à une certaine expression de votre personnalité.

Mais ces corps célestes n'agissent pas directement sur nous.

Entre eux et la Terre, le Zodiaque avec ses douze signes différents constitue une sorte de bande abstraite à travers laquelle va s'exercer l'action des astres sur la Terre.

Ainsi la planète Jupiter n'agit-elle pas directement sur vous mais à travers le signe zodiacal dans lequel, vue de la Terre, elle se trouvait au moment de votre naissance.

C'est pourquoi, pour connaître le mode d'action complet de Jupiter sur vous, vous devez rechercher ce signe.

Les Tables des positions planétaires de 1910 à 2000 vous permettront de trouver d'un seul coup d'œil pour l'année et le jour de votre naissance le signe zodiacal dans lequel se trouvait chacune des huit planètes de Mercure à Pluton.

Pour la Lune, vous procédez différemment car cet astre se déplace beaucoup plus rapidement que les planètes, si bien qu'il vous faut tenir compte de votre heure de naissance pour connaître son signe zodiacal.

Dans les *Tables de positions planétaires* vous trouvez la position de la Lune à midi, temps universel de Greenwich, près de Londres.

Comme la Lune parcourt en moyenne 12 degrés zodiacaux par jour, elle reste environ deux jours et demi dans un signe puisque chaque signe compte 30 degrés zodiacaux.

Toutes les deux heures la Lune parcourt 1 degré zodiacal et c'est en fonction de cela que nous trouverons sa position finale.

Pratiquement, voici comment vous allez opérer.

1) Si les *Tables des positions planétaires* vous indiquent une position de la Lune comprise entre 6 et 23 degrés de n'importe quel signe zodiacal, cela veut dire que la Lune est restée toute la journée dans ce signe, quelle que soit votre heure de naissance.

2) Si ces *Tables* vous indiquent une position 0, 1, 2, 3, 4, 5, ou 24, 25, 26, 27, 28, 29 degrés d'un signe zodiacal, vous devez tenir compte de votre heure et de votre lieu de naissance pour découvrir si la Lune était encore dans le signe zodiacal précédent ou était déjà passée dans le signe suivant. Vous procédez pour cela comme indiqué à la page 215.

DECOUVREZ DANS QUEL SIGNE SE TROUVAIENT LES PLANETES A VOTRE NAISSANCE

1910	MERCURE	VENUS	MARS	JUPITER	SATURNE	URANUS	NEPTUNE	PLUTON	LUNE *
24 AOUT	VIERGE	LION	VIERGE	BALANCE	TAUREAU	CAPRICORNE	CANCER	GEMEAUX	19 BELIER
25 AOUT	VIERGE	LION	VIERGE	BALANCE	TAUREAU	CAPRICORNE	CANCER	GEMEAUX	3 TAUREAU
26 AOUT	VIERGE	LION	VIERGE	BALANCE	TAUREAU	CAPRICORNE	CANCER	GEMEAUX	17 TAUREAU
27 AOUT	BALANCE	LION	VIERGE	BALANCE	TAUREAU	CAPRICORNE	CANCER	GEMEAUX	2 GEMEAUX
28 AOUT	BALANCE	LION	VIERGE	BALANCE	TAUREAU	CAPRICORNE	CANCER	GEMEAUX	16 GEMEAUX
29 AOUT	BALANCE	LION	VIERGE	BALANCE	TAUREAU	CAPRICORNE	CANCER	GEMEAUX	0 CANCER
30 AOUT	BALANCE	LION	VIERGE	BALANCE	TAUREAU	CAPRICORNE	CANCER	GEMEAUX	13 CANCER
31 AOUT	BALANCE	LION	VIERGE	BALANCE	TAUREAU	CAPRICORNE	CANCER	GEMEAUX	27 CANCER
1 SEPTEMBRE	BALANCE	LION	VIERGE	BALANCE	TAUREAU	CAPRICORNE	CANCER	GEMEAUX	10 LION
2 SEPTEMBRE	BALANCE	LION	VIERGE	BALANCE	TAUREAU	CAPRICORNE	CANCER	GEMEAUX	24 LION
3 SEPTEMBRE	BALANCE	LION	VIERGE	BALANCE	TAUREAU	CAPRICORNE	CANCER	GEMEAUX	7 VIERGE
4 SEPTEMBRE	BALANCE	LION	VIERGE	BALANCE	TAUREAU	CAPRICORNE	CANCER	GEMEAUX	20 VIERGE
5 SEPTEMBRE	BALANCE	LION	VIERGE	BALANCE	TAUREAU	CAPRICORNE	CANCER	GEMEAUX	2 BALANCE
6 SEPTEMBRE	BALANCE	LION	VIERGE	BALANCE	TAUREAU	CAPRICORNE	CANCER	GEMEAUX	14 BALANCE
7 SEPTEMBRE	BALANCE	LION	VIERGE	BALANCE	TAUREAU	CAPRICORNE	CANCER	GEMEAUX	26 BALANCE
8 SEPTEMBRE	BALANCE	LION	VIERGE	BALANCE	TAUREAU	CAPRICORNE	CANCER	GEMEAUX	8 SCORPION
9 SEPTEMBRE	BALANCE	LION	VIERGE	BALANCE	TAUREAU	CAPRICORNE	CANCER	GEMEAUX	20 SCORPION
10 SEPTEMBRE	BALANCE	LION	VIERGE	BALANCE	TAUREAU	CAPRICORNE	CANCER	GEMEAUX	2 SAGITTAIRE
11 SEPTEMBRE	BALANCE	LION	VIERGE	BALANCE	TAUREAU	CAPRICORNE	CANCER	GEMEAUX	14 SAGITTAIRE
12 SEPTEMBRE	BALANCE	LION	VIERGE	BALANCE	TAUREAU	CAPRICORNE	CANCER	GEMEAUX	26 SAGITTAIRE
13 SEPTEMBRE	BALANCE	VIERGE	VIERGE	BALANCE	TAUREAU	CAPRICORNE	CANCER	GEMEAUX	8 CAPRICORNE
14 SEPTEMBRE	BALANCE	VIERGE	VIERGE	BALANCE	TAUREAU	CAPRICORNE	CANCER	GEMEAUX	21 CAPRICORNE
15 SEPTEMBRE	BALANCE	VIERGE	VIERGE	BALANCE	TAUREAU	CAPRICORNE	CANCER	GEMEAUX	4 VERSEAU
16 SEPTEMBRE	BALANCE	VIERGE	VIERGE	BALANCE	TAUREAU	CAPRICORNE	CANCER	GEMEAUX	17 VERSEAU
17 SEPTEMBRE	BALANCE	VIERGE	VIERGE	BALANCE	TAUREAU	CAPRICORNE	CANCER	GEMEAUX	1 POISSONS
18 SEPTEMBRE	BALANCE	VIERGE	VIERGE	BALANCE	TAUREAU	CAPRICORNE	CANCER	GEMEAUX	15 POISSONS
19 SEPTEMBRE	BALANCE	VIERGE	VIERGE	BALANCE	TAUREAU	CAPRICORNE	CANCER	GEMEAUX	29 POISSONS
20 SEPTEMBRE	BALANCE	VIERGE	VIERGE	BALANCE	TAUREAU	CAPRICORNE	CANCER	GEMEAUX	14 BELIER
21 SEPTEMBRE	BALANCE	VIERGE	VIERGE	BALANCE	TAUREAU	CAPRICORNE	CANCER	GEMEAUX	29 BELIER
22 SEPTEMBRE	BALANCE	VIERGE	BALANCE	BALANCE	TAUREAU	CAPRICORNE	CANCER	GEMEAUX	13 TAUREAU
23 SEPTEMBRE	BALANCE	VIERGE	BALANCE	BALANCE	TAUREAU	CAPRICORNE	CANCER	GEMEAUX	28 TAUREAU

LE SOLEIL ENTRE DANS LE SIGNE DE LA VIERGE LE 24 AOUT 1910 A 1 h 15
LE SOLEIL QUITTE LE SIGNE DE LA VIERGE LE 23 SEPTEMBRE 1910 A 22 h 15

* LES CHIFFRES INDIQUENT LES DEGRES

1911	MERCURE	VENUS	MARS	JUPITER	SATURNE	URANUS	NEPTUNE	PLUTON	LUNE *
24 AOUT	VIERGE	VIERGE	TAUREAU	SCORPION	TAUREAU	CAPRICORNE	CANCER	GEMEAUX	4 VIERGE
25 AOUT	VIERGE	VIERGE	TAUREAU	SCORPION	TAUREAU	CAPRICORNE	CANCER	GEMEAUX	18 VIERGE
26 AOUT	VIERGE	VIERGE	TAUREAU	SCORPION	TAUREAU	CAPRICORNE	CANCER	GEMEAUX	2 BALANCE
27 AOUT	VIERGE	VIERGE	TAUREAU	SCORPION	TAUREAU	CAPRICORNE	CANCER	GEMEAUX	15 BALANCE
28 AOUT	VIERGE	VIERGE	TAUREAU	SCORPION	TAUREAU	CAPRICORNE	CANCER	GEMEAUX	28 BALANCE
29 AOUT	VIERGE	VIERGE	TAUREAU	SCORPION	TAUREAU	CAPRICORNE	CANCER	GEMEAUX	10 SCORPION
30 AOUT	VIERGE	VIERGE	TAUREAU	SCORPION	TAUREAU	CAPRICORNE	CANCER	GEMEAUX	23 SCORPION
31 AOUT	VIERGE	VIERGE	TAUREAU	SCORPION	TAUREAU	CAPRICORNE	CANCER	GEMEAUX	5 SAGITTAIRE
1 SEPTEMBRE	VIERGE	VIERGE	TAUREAU	SCORPION	TAUREAU	CAPRICORNE	CANCER	GEMEAUX	17 SAGITTAIRE
2 SEPTEMBRE	VIERGE	VIERGE	TAUREAU	SCORPION	TAUREAU	CAPRICORNE	CANCER	GEMEAUX	28 SAGITTAIRE
3 SEPTEMBRE	VIERGE	VIERGE	TAUREAU	SCORPION	TAUREAU	CAPRICORNE	CANCER	GEMEAUX	10 CAPRICORNE
4 SEPTEMBRE	VIERGE	VIERGE	TAUREAU	SCORPION	TAUREAU	CAPRICORNE	CANCER	GEMEAUX	22 CAPRICORNE
5 SEPTEMBRE	VIERGE	VIERGE	TAUREAU	SCORPION	TAUREAU	CAPRICORNE	CANCER	GEMEAUX	4 VERSEAU
6 SEPTEMBRE	VIERGE	VIERGE	TAUREAU	SCORPION	TAUREAU	CAPRICORNE	CANCER	GEMEAUX	17 VERSEAU
7 SEPTEMBRE	VIERGE	VIERGE	GEMEAUX	SCORPION	TAUREAU	CAPRICORNE	CANCER	GEMEAUX	0 POISSONS
8 SEPTEMBRE	VIERGE	VIERGE	GEMEAUX	SCORPION	TAUREAU	CAPRICORNE	CANCER	GEMEAUX	12 POISSONS
9 SEPTEMBRE	VIERGE	VIERGE	GEMEAUX	SCORPION	TAUREAU	CAPRICORNE	CANCER	GEMEAUX	26 POISSONS
10 SEPTEMBRE	VIERGE	VIERGE	GEMEAUX	SCORPION	TAUREAU	CAPRICORNE	CANCER	GEMEAUX	9 BELIER
11 SEPTEMBRE	VIERGE	VIERGE	GEMEAUX	SCORPION	TAUREAU	CAPRICORNE	CANCER	GEMEAUX	22 BELIER
12 SEPTEMBRE	VIERGE	VIERGE	GEMEAUX	SCORPION	TAUREAU	CAPRICORNE	CANCER	GEMEAUX	6 TAUREAU
13 SEPTEMBRE	VIERGE	VIERGE	GEMEAUX	SCORPION	TAUREAU	CAPRICORNE	CANCER	GEMEAUX	20 TAUREAU
14 SEPTEMBRE	VIERGE	VIERGE	GEMEAUX	SCORPION	TAUREAU	CAPRICORNE	CANCER	GEMEAUX	4 GEMEAUX
15 SEPTEMBRE	VIERGE	VIERGE	GEMEAUX	SCORPION	TAUREAU	CAPRICORNE	CANCER	GEMEAUX	18 GEMEAUX
16 SEPTEMBRE	VIERGE	VIERGE	GEMEAUX	SCORPION	TAUREAU	CAPRICORNE	CANCER	GEMEAUX	2 CANCER
17 SEPTEMBRE	VIERGE	VIERGE	GEMEAUX	SCORPION	TAUREAU	CAPRICORNE	CANCER	GEMEAUX	16 CANCER
18 SEPTEMBRE	VIERGE	VIERGE	GEMEAUX	SCORPION	TAUREAU	CAPRICORNE	CANCER	GEMEAUX	1 LION
19 SEPTEMBRE	VIERGE	VIERGE	GEMEAUX	SCORPION	TAUREAU	CAPRICORNE	CANCER	GEMEAUX	15 LION
20 SEPTEMBRE	VIERGE	VIERGE	GEMEAUX	SCORPION	TAUREAU	CAPRICORNE	CANCER	GEMEAUX	29 LION
21 SEPTEMBRE	VIERGE	VIERGE	GEMEAUX	SCORPION	TAUREAU	CAPRICORNE	CANCER	GEMEAUX	13 VIERGE
22 SEPTEMBRE	VIERGE	VIERGE	GEMEAUX	SCORPION	TAUREAU	CAPRICORNE	CANCER	GEMEAUX	27 VIERGE
23 SEPTEMBRE	VIERGE	VIERGE	GEMEAUX	SCORPION	TAUREAU	CAPRICORNE	CANCER	GEMEAUX	10 BALANCE
24 SEPTEMBRE	VIERGE	VIERGE	TAUREAU	SCORPION	TAUREAU	CAPRICORNE	CANCER	GEMEAUX	23 BALANCE

LE SOLEIL ENTRE DANS LE SIGNE DE LA VIERGE LE 24 AOUT 1911 A 7 h 00
LE SOLEIL QUITTE LE SIGNE DE LA VIERGE LE 24 SEPTEMBRE 1911 A 4 h 00

* LES CHIFFRES INDIQUENT LES DEGRES

DECOUVREZ DANS QUEL SIGNE SE TROUVAIENT LES PLANETES A VOTRE NAISSANCE

1912	MERCURE	VENUS	MARS	JUPITER	SATURNE	URANUS	NEPTUNE	PLUTON	LUNE *
23 AOUT	LION	VIERGE	VIERGE	SAGITTAIRE	GEMEAUX	VERSEAU	CANCER	GEMEAUX	12 CAPRICORNE
24 AOUT	LION	VIERGE	VIERGE	SAGITTAIRE	GEMEAUX	VERSEAU	CANCER	GEMEAUX	24 CAPRICORNE
25 AOUT	LION	VIERGE	VIERGE	SAGITTAIRE	GEMEAUX	VERSEAU	CANCER	GEMEAUX	6 VERSEAU
26 AOUT	LION	VIERGE	VIERGE	SAGITTAIRE	GEMEAUX	VERSEAU	CANCER	GEMEAUX	18 VERSEAU
27 AOUT	LION	VIERGE	VIERGE	SAGITTAIRE	GEMEAUX	VERSEAU	CANCER	GEMEAUX	0 POISSONS
28 AOUT	LION	VIERGE	VIERGE	SAGITTAIRE	GEMEAUX	VERSEAU	CANCER	GEMEAUX	12 POISSONS
29 AOUT	LION	VIERGE	VIERGE	SAGITTAIRE	GEMEAUX	VERSEAU	CANCER	GEMEAUX	24 POISSONS
30 AOUT	LION	VIERGE	VIERGE	SAGITTAIRE	GEMEAUX	VERSEAU	CANCER	GEMEAUX	6 BELIER
31 AOUT	LION	VIERGE	VIERGE	SAGITTAIRE	GEMEAUX	VERSEAU	CANCER	GEMEAUX	18 BELIER
1 SEPTEMBRE	LION	VIERGE	VIERGE	SAGITTAIRE	GEMEAUX	VERSEAU	CANCER	GEMEAUX	1 TAUREAU
2 SEPTEMBRE	LION	VIERGE	VIERGE	SAGITTAIRE	GEMEAUX	VERSEAU	CANCER	GEMEAUX	14 TAUREAU
3 SEPTEMBRE	LION	VIERGE	BALANCE	SAGITTAIRE	GEMEAUX	VERSEAU	CANCER	GEMEAUX	27 TAUREAU
4 SEPTEMBRE	LION	VIERGE	BALANCE	SAGITTAIRE	GEMEAUX	VERSEAU	CANCER	GEMEAUX	10 GEMEAUX
5 SEPTEMBRE	LION	VIERGE	BALANCE	SAGITTAIRE	GEMEAUX	CAPRICORNE	CANCER	GEMEAUX	24 GEMEAUX
6 SEPTEMBRE	LION	BALANCE	BALANCE	SAGITTAIRE	GEMEAUX	CAPRICORNE	CANCER	GEMEAUX	9 CANCER
7 SEPTEMBRE	LION	BALANCE	BALANCE	SAGITTAIRE	GEMEAUX	CAPRICORNE	CANCER	GEMEAUX	23 CANCER
8 SEPTEMBRE	LION	BALANCE	BALANCE	SAGITTAIRE	GEMEAUX	CAPRICORNE	CANCER	GEMEAUX	8 LION
9 SEPTEMBRE	LION	BALANCE	BALANCE	SAGITTAIRE	GEMEAUX	CAPRICORNE	CANCER	GEMEAUX	23 LION
10 SEPTEMBRE	LION	BALANCE	BALANCE	SAGITTAIRE	GEMEAUX	CAPRICORNE	CANCER	GEMEAUX	8 VIERGE
11 SEPTEMBRE	VIERGE	BALANCE	BALANCE	SAGITTAIRE	GEMEAUX	CAPRICORNE	CANCER	GEMEAUX	23 VIERGE
12 SEPTEMBRE	VIERGE	BALANCE	BALANCE	SAGITTAIRE	GEMEAUX	CAPRICORNE	CANCER	GEMEAUX	7 BALANCE
13 SEPTEMBRE	VIERGE	BALANCE	BALANCE	SAGITTAIRE	GEMEAUX	CAPRICORNE	CANCER	GEMEAUX	22 BALANCE
14 SEPTEMBRE	VIERGE	BALANCE	BALANCE	SAGITTAIRE	GEMEAUX	CAPRICORNE	CANCER	GEMEAUX	5 SCORPION
15 SEPTEMBRE	VIERGE	BALANCE	BALANCE	SAGITTAIRE	GEMEAUX	CAPRICORNE	CANCER	GEMEAUX	19 SCORPION
16 SEPTEMBRE	VIERGE	BALANCE	BALANCE	SAGITTAIRE	GEMEAUX	CAPRICORNE	CANCER	GEMEAUX	2 SAGITTAIRE
17 SEPTEMBRE	VIERGE	BALANCE	BALANCE	SAGITTAIRE	GEMEAUX	CAPRICORNE	CANCER	CANCER	14 SAGITTAIRE
18 SEPTEMBRE	VIERGE	BALANCE	BALANCE	SAGITTAIRE	GEMEAUX	CAPRICORNE	CANCER	CANCER	27 SAGITTAIRE
19 SEPTEMBRE	VIERGE	BALANCE	BALANCE	SAGITTAIRE	GEMEAUX	CAPRICORNE	CANCER	CANCER	9 CAPRICORNE
20 SEPTEMBRE	VIERGE	BALANCE	BALANCE	SAGITTAIRE	GEMEAUX	CAPRICORNE	CANCER	CANCER	21 CAPRICORNE
21 SEPTEMBRE	VIERGE	BALANCE	BALANCE	SAGITTAIRE	GEMEAUX	CAPRICORNE	CANCER	CANCER	3 VERSEAU
22 SEPTEMBRE	VIERGE	BALANCE	BALANCE	SAGITTAIRE	GEMEAUX	CAPRICORNE	CANCER	CANCER	15 VERSEAU
23 SEPTEMBRE	VIERGE	BALANCE	BALANCE	SAGITTAIRE	GEMEAUX	CAPRICORNE	CANCER	CANCER	26 VERSEAU

	ENTRE DANS LE SIGNE DE LA		LE 23 AOUT		A 13 h 00
LE SOLEIL		VIERGE		1912	
	QUITTE LE SIGNE DE LA		LE 23 SEPTEMBRE		A 10 h 00

* LES CHIFFRES INDIQUENT LES DEGRES

1913	MERCURE	VENUS	MARS	JUPITER	SATURNE	URANUS	NEPTUNE	PLUTON	LUNE *
23 AOUT	LION	CANCER	GEMEAUX	CAPRICORNE	GEMEAUX	VERSEAU	CANCER	CANCER	12 TAUREAU
24 AOUT	LION	CANCER	GEMEAUX	CAPRICORNE	GEMEAUX	VERSEAU	CANCER	CANCER	24 TAUREAU
25 AOUT	LION	CANCER	GEMEAUX	CAPRICORNE	GEMEAUX	VERSEAU	CANCER	CANCER	7 GEMEAUX
26 AOUT	LION	CANCER	GEMEAUX	CAPRICORNE	GEMEAUX	VERSEAU	CANCER	CANCER	20 GEMEAUX
27 AOUT	LION	CANCER	GEMEAUX	CAPRICORNE	GEMEAUX	VERSEAU	CANCER	CANCER	4 CANCER
28 AOUT	LION	CANCER	GEMEAUX	CAPRICORNE	GEMEAUX	VERSEAU	CANCER	CANCER	18 CANCER
29 AOUT	LION	CANCER	GEMEAUX	CAPRICORNE	GEMEAUX	VERSEAU	CANCER	CANCER	2 LION
30 AOUT	LION	CANCER	GEMEAUX	CAPRICORNE	GEMEAUX	VERSEAU	CANCER	CANCER	17 LION
31 AOUT	LION	CANCER	GEMEAUX	CAPRICORNE	GEMEAUX	VERSEAU	CANCER	CANCER	2 VIERGE
1 SEPTEMBRE	LION	LION	GEMEAUX	CAPRICORNE	GEMEAUX	VERSEAU	CANCER	CANCER	17 VIERGE
2 SEPTEMBRE	LION	LION	GEMEAUX	CAPRICORNE	GEMEAUX	VERSEAU	CANCER	CANCER	2 BALANCE
3 SEPTEMBRE	LION	LION	GEMEAUX	CAPRICORNE	GEMEAUX	VERSEAU	CANCER	CANCER	17 BALANCE
4 SEPTEMBRE	VIERGE	LION	GEMEAUX	CAPRICORNE	GEMEAUX	VERSEAU	CANCER	CANCER	2 SCORPION
5 SEPTEMBRE	VIERGE	LION	GEMEAUX	CAPRICORNE	GEMEAUX	VERSEAU	CANCER	CANCER	16 SCORPION
6 SEPTEMBRE	VIERGE	LION	GEMEAUX	CAPRICORNE	GEMEAUX	VERSEAU	CANCER	CANCER	0 SAGITTAIRE
7 SEPTEMBRE	VIERGE	LION	GEMEAUX	CAPRICORNE	GEMEAUX	VERSEAU	CANCER	CANCER	13 SAGITTAIRE
8 SEPTEMBRE	VIERGE	LION	GEMEAUX	CAPRICORNE	GEMEAUX	VERSEAU	CANCER	CANCER	26 SAGITTAIRE
9 SEPTEMBRE	VIERGE	LION	GEMEAUX	CAPRICORNE	GEMEAUX	VERSEAU	CANCER	CANCER	9 CAPRICORNE
10 SEPTEMBRE	VIERGE	LION	GEMEAUX	CAPRICORNE	GEMEAUX	VERSEAU	CANCER	CANCER	22 CAPRICORNE
11 SEPTEMBRE	VIERGE	LION	GEMEAUX	CAPRICORNE	GEMEAUX	VERSEAU	CANCER	CANCER	4 VERSEAU
12 SEPTEMBRE	VIERGE	LION	GEMEAUX	CAPRICORNE	GEMEAUX	VERSEAU	CANCER	CANCER	16 VERSEAU
13 SEPTEMBRE	VIERGE	LION	GEMEAUX	CAPRICORNE	GEMEAUX	VERSEAU	CANCER	CANCER	28 VERSEAU
14 SEPTEMBRE	VIERGE	LION	GEMEAUX	CAPRICORNE	GEMEAUX	VERSEAU	CANCER	CANCER	10 POISSONS
15 SEPTEMBRE	VIERGE	LION	GEMEAUX	CAPRICORNE	GEMEAUX	VERSEAU	CANCER	CANCER	21 POISSONS
16 SEPTEMBRE	VIERGE	LION	CANCER	CAPRICORNE	GEMEAUX	VERSEAU	CANCER	CANCER	3 BELIER
17 SEPTEMBRE	VIERGE	LION	CANCER	CAPRICORNE	GEMEAUX	VERSEAU	CANCER	CANCER	15 BELIER
18 SEPTEMBRE	VIERGE	LION	CANCER	CAPRICORNE	GEMEAUX	VERSEAU	CANCER	CANCER	27 BELIER
19 SEPTEMBRE	VIERGE	LION	CANCER	CAPRICORNE	GEMEAUX	VERSEAU	CANCER	CANCER	9 TAUREAU
20 SEPTEMBRE	BALANCE	LION	CANCER	CAPRICORNE	GEMEAUX	VERSEAU	CANCER	CANCER	21 TAUREAU
21 SEPTEMBRE	BALANCE	LION	CANCER	CAPRICORNE	GEMEAUX	VERSEAU	CANCER	CANCER	4 GEMEAUX
22 SEPTEMBRE	BALANCE	LION	CANCER	CAPRICORNE	GEMEAUX	VERSEAU	CANCER	CANCER	16 GEMEAUX
23 SEPTEMBRE	BALANCE	LION	CANCER	CAPRICORNE	GEMEAUX	VERSEAU	CANCER	CANCER	29 GEMEAUX

	ENTRE DANS LE SIGNE DE LA		LE 23 AOUT		A 18 h 30
LE SOLEIL		VIERGE		1913	
	QUITTE LE SIGNE DE LA		LE 23 SEPTEMBRE		A 15 h 45

* LES CHIFFRES INDIQUENT LES DEGRES

DECOUVREZ DANS QUEL SIGNE SE TROUVAIENT LES PLANETES A VOTRE NAISSANCE

1914	MERCURE	VENUS	MARS	JUPITER	SATURNE	URANUS	NEPTUNE	PLUTON	LUNE *
24 AOUT	LION	BALANCE	BALANCE	VERSEAU	GEMEAUX	VERSEAU	CANCER	CANCER	10 BALANCE
25 AOUT	LION	BALANCE	BALANCE	VERSEAU	CANCER	VERSEAU	CANCER	CANCER	25 BALANCE
26 AOUT	LION	BALANCE	BALANCE	VERSEAU	CANCER	VERSEAU	CANCER	CANCER	9 SCORPION
27 AOUT	VIERGE	BALANCE	BALANCE	VERSEAU	CANCER	VERSEAU	CANCER	CANCER	24 SCORPION
28 AOUT	VIERGE	BALANCE	BALANCE	VERSEAU	CANCER	VERSEAU	CANCER	CANCER	8 SAGITTAIRE
29 AOUT	VIERGE	BALANCE	BALANCE	VERSEAU	CANCER	VERSEAU	CANCER	CANCER	22 SAGITTAIRE
30 AOUT	VIERGE	BALANCE	BALANCE	VERSEAU	CANCER	VERSEAU	CANCER	CANCER	5 CAPRICORNE
31 AOUT	VIERGE	BALANCE	BALANCE	VERSEAU	CANCER	VERSEAU	CANCER	CANCER	19 CAPRICORNE
1 SEPTEMBRE	VIERGE	BALANCE	BALANCE	VERSEAU	CANCER	VERSEAU	CANCER	CANCER	2 VERSEAU
2 SEPTEMBRE	VIERGE	BALANCE	BALANCE	VERSEAU	CANCER	VERSEAU	CANCER	CANCER	15 VERSEAU
3 SEPTEMBRE	VIERGE	BALANCE	BALANCE	VERSEAU	CANCER	VERSEAU	CANCER	CANCER	27 VERSEAU
4 SEPTEMBRE	VIERGE	BALANCE	BALANCE	VERSEAU	CANCER	VERSEAU	CANCER	CANCER	10 POISSONS
5 SEPTEMBRE	VIERGE	BALANCE	BALANCE	VERSEAU	CANCER	VERSEAU	CANCER	CANCER	22 POISSONS
6 SEPTEMBRE	VIERGE	BALANCE	BALANCE	VERSEAU	CANCER	VERSEAU	CANCER	CANCER	4 BELIER
7 SEPTEMBRE	VIERGE	SCORPION	BALANCE	VERSEAU	CANCER	VERSEAU	CANCER	CANCER	16 BELIER
8 SEPTEMBRE	VIERGE	SCORPION	BALANCE	VERSEAU	CANCER	VERSEAU	CANCER	CANCER	28 BELIER
9 SEPTEMBRE	VIERGE	SCORPION	BALANCE	VERSEAU	CANCER	VERSEAU	CANCER	CANCER	10 TAUREAU
10 SEPTEMBRE	VIERGE	SCORPION	BALANCE	VERSEAU	CANCER	VERSEAU	CANCER	CANCER	22 TAUREAU
11 SEPTEMBRE	VIERGE	SCORPION	BALANCE	VERSEAU	CANCER	VERSEAU	CANCER	CANCER	4 GEMEAUX
12 SEPTEMBRE	VIERGE	SCORPION	BALANCE	VERSEAU	CANCER	VERSEAU	CANCER	CANCER	16 GEMEAUX
13 SEPTEMBRE	BALANCE	SCORPION	BALANCE	VERSEAU	CANCER	VERSEAU	CANCER	CANCER	28 GEMEAUX
14 SEPTEMBRE	BALANCE	SCORPION	BALANCE	VERSEAU	CANCER	VERSEAU	CANCER	CANCER	11 CANCER
15 SEPTEMBRE	BALANCE	SCORPION	BALANCE	VERSEAU	CANCER	VERSEAU	CANCER	CANCER	24 CANCER
16 SEPTEMBRE	BALANCE	SCORPION	BALANCE	VERSEAU	CANCER	VERSEAU	CANCER	CANCER	7 LION
17 SEPTEMBRE	BALANCE	SCORPION	BALANCE	VERSEAU	CANCER	VERSEAU	CANCER	CANCER	21 LION
18 SEPTEMBRE	BALANCE	SCORPION	BALANCE	VERSEAU	CANCER	VERSEAU	CANCER	CANCER	5 VIERGE
19 SEPTEMBRE	BALANCE	SCORPION	BALANCE	VERSEAU	CANCER	VERSEAU	CANCER	CANCER	20 VIERGE
20 SEPTEMBRE	BALANCE	SCORPION	BALANCE	VERSEAU	CANCER	VERSEAU	CANCER	CANCER	5 BALANCE
21 SEPTEMBRE	BALANCE	SCORPION	BALANCE	VERSEAU	CANCER	VERSEAU	CANCER	CANCER	20 BALANCE
22 SEPTEMBRE	BALANCE	SCORPION	BALANCE	VERSEAU	CANCER	VERSEAU	CANCER	CANCER	5 SCORPION
23 SEPTEMBRE	BALANCE	SCORPION	BALANCE	VERSEAU	CANCER	VERSEAU	LION	CANCER	20 SCORPION

LE SOLEIL ENTRE DANS LE SIGNE DE LA VIERGE LE 24 AOUT 1914 A 0 h 15
LE SOLEIL QUITTE LE SIGNE DE LA VIERGE LE 23 SEPTEMBRE 1914 A 21 h 15

* LES CHIFFRES INDIQUENT LES DEGRES

1915	MERCURE	VENUS	MARS	JUPITER	SATURNE	URANUS	NEPTUNE	PLUTON	LUNE *
24 AOUT	VIERGE	LION	CANCER	POISSONS	CANCER	VERSEAU	LION	CANCER	25 VERSEAU
25 AOUT	VIERGE	LION	CANCER	POISSONS	CANCER	VERSEAU	LION	CANCER	8 POISSONS
26 AOUT	VIERGE	LION	CANCER	POISSONS	CANCER	VERSEAU	LION	CANCER	22 POISSONS
27 AOUT	VIERGE	LION	CANCER	POISSONS	CANCER	VERSEAU	LION	CANCER	5 BELIER
28 AOUT	VIERGE	LION	CANCER	POISSONS	CANCER	VERSEAU	LION	CANCER	18 BELIER
29 AOUT	VIERGE	VIERGE	CANCER	POISSONS	CANCER	VERSEAU	LION	CANCER	0 TAUREAU
30 AOUT	VIERGE	VIERGE	CANCER	POISSONS	CANCER	VERSEAU	LION	CANCER	12 TAUREAU
31 AOUT	VIERGE	VIERGE	CANCER	POISSONS	CANCER	VERSEAU	LION	CANCER	24 TAUREAU
1 SEPTEMBRE	VIERGE	VIERGE	CANCER	POISSONS	CANCER	VERSEAU	LION	CANCER	6 GEMEAUX
2 SEPTEMBRE	VIERGE	VIERGE	CANCER	POISSONS	CANCER	VERSEAU	LION	CANCER	18 GEMEAUX
3 SEPTEMBRE	VIERGE	VIERGE	CANCER	POISSONS	CANCER	VERSEAU	LION	CANCER	0 CANCER
4 SEPTEMBRE	VIERGE	VIERGE	CANCER	POISSONS	CANCER	VERSEAU	LION	CANCER	12 CANCER
5 SEPTEMBRE	BALANCE	VIERGE	CANCER	POISSONS	CANCER	VERSEAU	LION	CANCER	24 CANCER
6 SEPTEMBRE	BALANCE	VIERGE	CANCER	POISSONS	CANCER	VERSEAU	LION	CANCER	7 LION
7 SEPTEMBRE	BALANCE	VIERGE	CANCER	POISSONS	CANCER	VERSEAU	LION	CANCER	19 LION
8 SEPTEMBRE	BALANCE	VIERGE	CANCER	POISSONS	CANCER	VERSEAU	LION	CANCER	3 VIERGE
9 SEPTEMBRE	BALANCE	VIERGE	CANCER	POISSONS	CANCER	VERSEAU	LION	CANCER	16 VIERGE
10 SEPTEMBRE	BALANCE	VIERGE	CANCER	POISSONS	CANCER	VERSEAU	LION	CANCER	0 BALANCE
11 SEPTEMBRE	BALANCE	VIERGE	CANCER	POISSONS	CANCER	VERSEAU	LION	CANCER	14 BALANCE
12 SEPTEMBRE	BALANCE	VIERGE	CANCER	POISSONS	CANCER	VERSEAU	LION	CANCER	28 BALANCE
13 SEPTEMBRE	BALANCE	VIERGE	CANCER	POISSONS	CANCER	VERSEAU	LION	CANCER	12 SCORPION
14 SEPTEMBRE	BALANCE	VIERGE	CANCER	POISSONS	CANCER	VERSEAU	LION	CANCER	26 SCORPION
15 SEPTEMBRE	BALANCE	VIERGE	CANCER	POISSONS	CANCER	VERSEAU	LION	CANCER	11 SAGITTAIRE
16 SEPTEMBRE	BALANCE	VIERGE	CANCER	POISSONS	CANCER	VERSEAU	LION	CANCER	25 SAGITTAIRE
17 SEPTEMBRE	BALANCE	VIERGE	CANCER	POISSONS	CANCER	VERSEAU	LION	CANCER	9 CAPRICORNE
18 SEPTEMBRE	BALANCE	VIERGE	CANCER	POISSONS	CANCER	VERSEAU	LION	CANCER	23 CAPRICORNE
19 SEPTEMBRE	BALANCE	VIERGE	CANCER	POISSONS	CANCER	VERSEAU	LION	CANCER	7 VERSEAU
20 SEPTEMBRE	BALANCE	VIERGE	CANCER	POISSONS	CANCER	VERSEAU	LION	CANCER	20 VERSEAU
21 SEPTEMBRE	BALANCE	VIERGE	CANCER	POISSONS	CANCER	VERSEAU	LION	CANCER	4 POISSONS
22 SEPTEMBRE	BALANCE	BALANCE	CANCER	POISSONS	CANCER	VERSEAU	LION	CANCER	17 POISSONS
23 SEPTEMBRE	BALANCE	BALANCE	CANCER	POISSONS	CANCER	VERSEAU	LION	CANCER	0 BELIER
24 SEPTEMBRE	BALANCE	BALANCE	CANCER	POISSONS	CANCER	VERSEAU	LION	CANCER	13 BELIER

LE SOLEIL ENTRE DANS LE SIGNE DE LA VIERGE LE 24 AOUT 1915 A 6 h 00
LE SOLEIL QUITTE LE SIGNE DE LA VIERGE LE 24 SEPTEMBRE 1915 A 3 h 15

* LES CHIFFRES INDIQUENT LES DEGRES

DECOUVREZ DANS QUEL SIGNE SE TROUVAIENT LES PLANETES A VOTRE NAISSANCE

1916	MERCURE	VENUS	MARS	JUPITER	SATURNE	URANUS	NEPTUNE	PLUTON	LUNE *
23 AOUT	VIERGE	CANCER	BALANCE	TAUREAU	CANCER	VERSEAU	LION	CANCER	2 CANCER
24 AOUT	VIERGE	CANCER	BALANCE	TAUREAU	CANCER	VERSEAU	LION	CANCER	14 CANCER
25 AOUT	VIERGE	CANCER	BALANCE	TAUREAU	CANCER	VERSEAU	LION	CANCER	26 CANCER
26 AOUT	VIERGE	CANCER	BALANCE	TAUREAU	CANCER	VERSEAU	LION	CANCER	8 LION
27 AOUT	VIERGE	CANCER	BALANCE	TAUREAU	CANCER	VERSEAU	LION	CANCER	20 LION
28 AOUT	VIERGE	CANCER	BALANCE	TAUREAU	CANCER	VERSEAU	LION	CANCER	2 VIERGE
29 AOUT	BALANCE	CANCER	BALANCE	TAUREAU	CANCER	VERSEAU	LION	CANCER	14 VIERGE
30 AOUT	BALANCE	CANCER	BALANCE	TAUREAU	CANCER	VERSEAU	LION	CANCER	27 VIERGE
31 AOUT	BALANCE	CANCER	BALANCE	TAUREAU	CANCER	VERSEAU	LION	CANCER	9 BALANCE
1 SEPTEMBRE	BALANCE	CANCER	BALANCE	TAUREAU	CANCER	VERSEAU	LION	CANCER	22 BALANCE
2 SEPTEMBRE	BALANCE	CANCER	BALANCE	TAUREAU	CANCER	VERSEAU	LION	CANCER	5 SCORPION
3 SEPTEMBRE	BALANCE	CANCER	BALANCE	TAUREAU	CANCER	VERSEAU	LION	CANCER	19 SCORPION
4 SEPTEMBRE	BALANCE	CANCER	BALANCE	TAUREAU	CANCER	VERSEAU	LION	CANCER	2 SAGITTAIRE
5 SEPTEMBRE	BALANCE	CANCER	BALANCE	TAUREAU	CANCER	VERSEAU	LION	CANCER	16 SAGITTAIRE
6 SEPTEMBRE	BALANCE	CANCER	BALANCE	TAUREAU	CANCER	VERSEAU	LION	CANCER	0 CAPRICORNE
7 SEPTEMBRE	BALANCE	CANCER	BALANCE	TAUREAU	CANCER	VERSEAU	LION	CANCER	15 CAPRICORNE
8 SEPTEMBRE	BALANCE	CANCER	BALANCE	TAUREAU	CANCER	VERSEAU	LION	CANCER	29 CAPRICORNE
9 SEPTEMBRE	BALANCE	LION	SCORPION	TAUREAU	CANCER	VERSEAU	LION	CANCER	14 VERSEAU
10 SEPTEMBRE	BALANCE	LION	SCORPION	TAUREAU	CANCER	VERSEAU	LION	CANCER	29 VERSEAU
11 SEPTEMBRE	BALANCE	LION	SCORPION	TAUREAU	CANCER	VERSEAU	LION	CANCER	13 POISSONS
12 SEPTEMBRE	BALANCE	LION	SCORPION	TAUREAU	CANCER	VERSEAU	LION	CANCER	28 POISSONS
13 SEPTEMBRE	BALANCE	LION	SCORPION	TAUREAU	CANCER	VERSEAU	LION	CANCER	12 BELIER
14 SEPTEMBRE	BALANCE	LION	SCORPION	TAUREAU	CANCER	VERSEAU	LION	CANCER	26 BELIER
15 SEPTEMBRE	BALANCE	LION	SCORPION	TAUREAU	CANCER	VERSEAU	LION	CANCER	9 TAUREAU
16 SEPTEMBRE	BALANCE	LION	SCORPION	TAUREAU	CANCER	VERSEAU	LION	CANCER	22 TAUREAU
17 SEPTEMBRE	BALANCE	LION	SCORPION	TAUREAU	CANCER	VERSEAU	LION	CANCER	5 GEMEAUX
18 SEPTEMBRE	BALANCE	LION	SCORPION	TAUREAU	CANCER	VERSEAU	LION	CANCER	17 GEMEAUX
19 SEPTEMBRE	BALANCE	LION	SCORPION	TAUREAU	CANCER	VERSEAU	LION	CANCER	29 GEMEAUX
20 SEPTEMBRE	BALANCE	LION	SCORPION	TAUREAU	CANCER	VERSEAU	LION	CANCER	11 CANCER
21 SEPTEMBRE	BALANCE	LION	SCORPION	TAUREAU	CANCER	VERSEAU	LION	CANCER	22 CANCER
22 SEPTEMBRE	BALANCE	LION	SCORPION	TAUREAU	CANCER	VERSEAU	LION	CANCER	4 LION
23 SEPTEMBRE	BALANCE	LION	SCORPION	TAUREAU	CANCER	VERSEAU	LION	CANCER	16 LION

LE SOLEIL ENTRE DANS LE SIGNE DE LA VIERGE LE 23 AOUT 1916 A 12 h 00
LE SOLEIL QUITTE LE SIGNE DE LA VIERGE LE 23 SEPTEMBRE 1916 A 9 h 00

* LES CHIFFRES INDIQUENT LES DEGRES

1917	MERCURE	VENUS	MARS	JUPITER	SATURNE	URANUS	NEPTUNE	PLUTON	LUNE *
23 AOUT	VIERGE	BALANCE	CANCER	GEMEAUX	LION	VERSEAU	LION	CANCER	3 SCORPION
24 AOUT	VIERGE	BALANCE	CANCER	GEMEAUX	LION	VERSEAU	LION	CANCER	15 SCORPION
25 AOUT	VIERGE	BALANCE	CANCER	GEMEAUX	LION	VERSEAU	LION	CANCER	28 SCORPION
26 AOUT	VIERGE	BALANCE	CANCER	GEMEAUX	LION	VERSEAU	LION	CANCER	11 SAGITTAIRE
27 AOUT	BALANCE	BALANCE	CANCER	GEMEAUX	LION	VERSEAU	LION	CANCER	24 SAGITTAIRE
28 AOUT	BALANCE	BALANCE	CANCER	GEMEAUX	LION	VERSEAU	LION	CANCER	8 CAPRICORNE
29 AOUT	BALANCE	BALANCE	CANCER	GEMEAUX	LION	VERSEAU	LION	CANCER	23 CAPRICORNE
30 AOUT	BALANCE	BALANCE	CANCER	GEMEAUX	LION	VERSEAU	LION	CANCER	7 VERSEAU
31 AOUT	BALANCE	BALANCE	CANCER	GEMEAUX	LION	VERSEAU	LION	CANCER	23 VERSEAU
1 SEPTEMBRE	BALANCE	BALANCE	CANCER	GEMEAUX	LION	VERSEAU	LION	CANCER	8 POISSONS
2 SEPTEMBRE	BALANCE	BALANCE	CANCER	GEMEAUX	LION	VERSEAU	LION	CANCER	23 POISSONS
3 SEPTEMBRE	BALANCE	BALANCE	CANCER	GEMEAUX	LION	VERSEAU	LION	CANCER	8 BELIER
4 SEPTEMBRE	BALANCE	BALANCE	CANCER	GEMEAUX	LION	VERSEAU	LION	CANCER	23 BELIER
5 SEPTEMBRE	BALANCE	BALANCE	CANCER	GEMEAUX	LION	VERSEAU	LION	CANCER	7 TAUREAU
6 SEPTEMBRE	BALANCE	BALANCE	CANCER	GEMEAUX	LION	VERSEAU	LION	CANCER	21 TAUREAU
7 SEPTEMBRE	BALANCE	BALANCE	CANCER	GEMEAUX	LION	VERSEAU	LION	CANCER	4 GEMEAUX
8 SEPTEMBRE	BALANCE	BALANCE	CANCER	GEMEAUX	LION	VERSEAU	LION	CANCER	17 GEMEAUX
9 SEPTEMBRE	BALANCE	BALANCE	CANCER	GEMEAUX	LION	VERSEAU	LION	CANCER	0 CANCER
10 SEPTEMBRE	BALANCE	BALANCE	CANCER	GEMEAUX	LION	VERSEAU	LION	CANCER	12 CANCER
11 SEPTEMBRE	BALANCE	BALANCE	CANCER	GEMEAUX	LION	VERSEAU	LION	CANCER	24 CANCER
12 SEPTEMBRE	BALANCE	BALANCE	LION	GEMEAUX	LION	VERSEAU	LION	CANCER	6 LION
13 SEPTEMBRE	BALANCE	BALANCE	LION	GEMEAUX	LION	VERSEAU	LION	CANCER	18 LION
14 SEPTEMBRE	BALANCE	BALANCE	LION	GEMEAUX	LION	VERSEAU	LION	CANCER	0 VIERGE
15 SEPTEMBRE	VIERGE	BALANCE	LION	GEMEAUX	LION	VERSEAU	LION	CANCER	11 VIERGE
16 SEPTEMBRE	VIERGE	BALANCE	LION	GEMEAUX	LION	VERSEAU	LION	CANCER	23 VIERGE
17 SEPTEMBRE	VIERGE	SCORPION	LION	GEMEAUX	LION	VERSEAU	LION	CANCER	5 BALANCE
18 SEPTEMBRE	VIERGE	SCORPION	LION	GEMEAUX	LION	VERSEAU	LION	CANCER	17 BALANCE
19 SEPTEMBRE	VIERGE	SCORPION	LION	GEMEAUX	LION	VERSEAU	LION	CANCER	0 SCORPION
20 SEPTEMBRE	VIERGE	SCORPION	LION	GEMEAUX	LION	VERSEAU	LION	CANCER	12 SCORPION
21 SEPTEMBRE	VIERGE	SCORPION	LION	GEMEAUX	LION	VERSEAU	LION	CANCER	25 SCORPION
22 SEPTEMBRE	VIERGE	SCORPION	LION	GEMEAUX	LION	VERSEAU	LION	CANCER	7 SAGITTAIRE
23 SEPTEMBRE	VIERGE	SCORPION	LION	GEMEAUX	LION	VERSEAU	LION	CANCER	20 SAGITTAIRE

LE SOLEIL ENTRE DANS LE SIGNE DE LA VIERGE LE 23 AOUT 1917 A 17 h 45
LE SOLEIL QUITTE LE SIGNE DE LA VIERGE LE 23 SEPTEMBRE 1917 A 14 h 45

* LES CHIFFRES INDIQUENT LES DEGRES

DECOUVREZ DANS QUEL SIGNE SE TROUVAIENT LES PLANETES A VOTRE NAISSANCE

1918	MERCURE	VENUS	MARS	JUPITER	SATURNE	URANUS	NEPTUNE	PLUTON	LUNE *
23 AOUT	VIERGE	LION	SCORPION	CANCER	LION	VERSEAU	LION	CANCER	17 POISSONS
24 AOUT	VIERGE	LION	SCORPION	CANCER	LION	VERSEAU	LION	CANCER	2 BELIER
25 AOUT	VIERGE	LION	SCORPION	CANCER	LION	VERSEAU	LION	CANCER	17 BELIER
26 AOUT	VIERGE	LION	SCORPION	CANCER	LION	VERSEAU	LION	CANCER	2 TAUREAU
27 AOUT	VIERGE	LION	SCORPION	CANCER	LION	VERSEAU	LION	CANCER	16 TAUREAU
28 AOUT	VIERGE	LION	SCORPION	CANCER	LION	VERSEAU	LION	CANCER	0 GEMEAUX
29 AOUT	VIERGE	LION	SCORPION	CANCER	LION	VERSEAU	LION	CANCER	14 GEMEAUX
30 AOUT	VIERGE	LION	SCORPION	CANCER	LION	VERSEAU	LION	CANCER	27 GEMEAUX
31 AOUT	VIERGE	LION	SCORPION	CANCER	LION	VERSEAU	LION	CANCER	10 CANCER
1 SEPTEMBRE	VIERGE	LION	SCORPION	CANCER	LION	VERSEAU	LION	CANCER	23 CANCER
2 SEPTEMBRE	VIERGE	LION	SCORPION	CANCER	LION	VERSEAU	LION	CANCER	5 LION
3 SEPTEMBRE	VIERGE	LION	SCORPION	CANCER	LION	VERSEAU	LION	CANCER	18 LION
4 SEPTEMBRE	VIERGE	LION	SCORPION	CANCER	LION	VERSEAU	LION	CANCER	0 VIERGE
5 SEPTEMBRE	VIERGE	LION	SCORPION	CANCER	LION	VERSEAU	LION	CANCER	12 VIERGE
6 SEPTEMBRE	VIERGE	LION	SCORPION	CANCER	LION	VERSEAU	LION	CANCER	24 VIERGE
7 SEPTEMBRE	VIERGE	LION	SCORPION	CANCER	LION	VERSEAU	LION	CANCER	6 BALANCE
8 SEPTEMBRE	VIERGE	LION	SCORPION	CANCER	LION	VERSEAU	LION	CANCER	18 BALANCE
9 SEPTEMBRE	VIERGE	LION	SCORPION	CANCER	LION	VERSEAU	LION	CANCER	0 SCORPION
10 SEPTEMBRE	VIERGE	LION	SCORPION	CANCER	LION	VERSEAU	LION	CANCER	12 SCORPION
11 SEPTEMBRE	VIERGE	LION	SCORPION	CANCER	LION	VERSEAU	LION	CANCER	24 SCORPION
12 SEPTEMBRE	VIERGE	VIERGE	SCORPION	CANCER	LION	VERSEAU	LION	CANCER	6 SAGITTAIRE
13 SEPTEMBRE	VIERGE	VIERGE	SCORPION	CANCER	LION	VERSEAU	LION	CANCER	18 SAGITTAIRE
14 SEPTEMBRE	VIERGE	VIERGE	SCORPION	CANCER	LION	VERSEAU	LION	CANCER	1 CAPRICORNE
15 SEPTEMBRE	VIERGE	VIERGE	SCORPION	CANCER	LION	VERSEAU	LION	CANCER	14 CAPRICORNE
16 SEPTEMBRE	VIERGE	VIERGE	SCORPION	CANCER	LION	VERSEAU	LION	CANCER	27 CAPRICORNE
17 SEPTEMBRE	VIERGE	VIERGE	SCORPION	CANCER	LION	VERSEAU	LION	CANCER	11 VERSEAU
18 SEPTEMBRE	VIERGE	VIERGE	SCORPION	CANCER	LION	VERSEAU	LION	CANCER	26 VERSEAU
19 SEPTEMBRE	VIERGE	VIERGE	SCORPION	CANCER	LION	VERSEAU	LION	CANCER	11 POISSONS
20 SEPTEMBRE	VIERGE	VIERGE	SCORPION	CANCER	LION	VERSEAU	LION	CANCER	26 POISSONS
21 SEPTEMBRE	VIERGE	VIERGE	SCORPION	CANCER	LION	VERSEAU	LION	CANCER	11 BELIER
22 SEPTEMBRE	VIERGE	VIERGE	SCORPION	CANCER	LION	VERSEAU	LION	CANCER	26 BELIER
23 SEPTEMBRE	VIERGE	VIERGE	SCORPION	CANCER	LION	VERSEAU	LION	CANCER	11 TAUREAU

ENTRE DANS LE SIGNE DE LA — LE 23 AOUT — A 23 h 15
LE SOLEIL — VIERGE — 1918 — * LES CHIFFRES INDIQUENT LES DEGRES
QUITTE LE SIGNE DE LA — LE 23 SEPTEMBRE — A 20 h 30

1919	MERCURE	VENUS	MARS	JUPITER	SATURNE	URANUS	NEPTUNE	PLUTON	LUNE *
24 AOUT	LION	VIERGE	LION	LION	VIERGE	VERSEAU	LION	CANCER	16 LION
25 AOUT	LION	VIERGE	LION	LION	VIERGE	VERSEAU	LION	CANCER	29 LION
26 AOUT	LION	VIERGE	LION	LION	VIERGE	VERSEAU	LION	CANCER	12 VIERGE
27 AOUT	LION	VIERGE	LION	LION	VIERGE	VERSEAU	LION	CANCER	25 VIERGE
28 AOUT	LION	VIERGE	LION	LION	VIERGE	VERSEAU	LION	CANCER	8 BALANCE
29 AOUT	LION	VIERGE	LION	LION	VIERGE	VERSEAU	LION	CANCER	20 BALANCE
30 AOUT	LION	VIERGE	LION	LION	VIERGE	VERSEAU	LION	CANCER	2 SCORPION
31 AOUT	LION	VIERGE	LION	LION	VIERGE	VERSEAU	LION	CANCER	14 SCORPION
1 SEPTEMBRE	LION	VIERGE	LION	LION	VIERGE	VERSEAU	LION	CANCER	26 SCORPION
2 SEPTEMBRE	LION	VIERGE	LION	LION	VIERGE	VERSEAU	LION	CANCER	8 SAGITTAIRE
3 SEPTEMBRE	LION	VIERGE	LION	LION	VIERGE	VERSEAU	LION	CANCER	19 SAGITTAIRE
4 SEPTEMBRE	LION	VIERGE	LION	LION	VIERGE	VERSEAU	LION	CANCER	2 CAPRICORNE
5 SEPTEMBRE	LION	VIERGE	LION	LION	VIERGE	VERSEAU	LION	CANCER	14 CAPRICORNE
6 SEPTEMBRE	LION	VIERGE	LION	LION	VIERGE	VERSEAU	LION	CANCER	26 CAPRICORNE
7 SEPTEMBRE	LION	VIERGE	LION	LION	VIERGE	VERSEAU	LION	CANCER	10 VERSEAU
8 SEPTEMBRE	LION	VIERGE	LION	LION	VIERGE	VERSEAU	LION	CANCER	23 VERSEAU
9 SEPTEMBRE	VIERGE	VIERGE	LION	LION	VIERGE	VERSEAU	LION	CANCER	7 POISSONS
10 SEPTEMBRE	VIERGE	VIERGE	LION	LION	VIERGE	VERSEAU	LION	CANCER	21 POISSONS
11 SEPTEMBRE	VIERGE	VIERGE	LION	LION	VIERGE	VERSEAU	LION	CANCER	5 BELIER
12 SEPTEMBRE	VIERGE	VIERGE	LION	LION	VIERGE	VERSEAU	LION	CANCER	20 BELIER
13 SEPTEMBRE	VIERGE	VIERGE	LION	LION	VIERGE	VERSEAU	LION	CANCER	4 TAUREAU
14 SEPTEMBRE	VIERGE	VIERGE	LION	LION	VIERGE	VERSEAU	LION	CANCER	19 TAUREAU
15 SEPTEMBRE	VIERGE	VIERGE	LION	LION	VIERGE	VERSEAU	LION	CANCER	3 GEMEAUX
16 SEPTEMBRE	VIERGE	VIERGE	LION	LION	VIERGE	VERSEAU	LION	CANCER	17 GEMEAUX
17 SEPTEMBRE	VIERGE	VIERGE	LION	LION	VIERGE	VERSEAU	LION	CANCER	1 CANCER
18 SEPTEMBRE	VIERGE	VIERGE	LION	LION	VIERGE	VERSEAU	LION	CANCER	15 CANCER
19 SEPTEMBRE	VIERGE	VIERGE	LION	LION	VIERGE	VERSEAU	LION	CANCER	28 CANCER
20 SEPTEMBRE	VIERGE	VIERGE	LION	LION	VIERGE	VERSEAU	LION	CANCER	12 LION
21 SEPTEMBRE	VIERGE	VIERGE	LION	LION	VIERGE	VERSEAU	LION	CANCER	25 LION
22 SEPTEMBRE	VIERGE	VIERGE	LION	LION	VIERGE	VERSEAU	LION	CANCER	8 VIERGE
23 SEPTEMBRE	VIERGE	VIERGE	LION	LION	VIERGE	VERSEAU	LION	CANCER	21 VIERGE
24 SEPTEMBRE	VIERGE	VIERGE	LION	LION	VIERGE	VERSEAU	LION	CANCER	4 BALANCE

ENTRE DANS LE SIGNE DE LA — LE 24 AOUT — A 5 h 15
LE SOLEIL — VIERGE — 1919 — * LES CHIFFRES INDIQUENT LES DEGRES
QUITTE LE SIGNE DE LA — LE 24 SEPTEMBRE — A 2 h 15

DECOUVREZ DANS QUEL SIGNE SE TROUVAIENT LES PLANETES A VOTRE NAISSANCE

1920	MERCURE	VENUS	MARS	JUPITER	SATURNE	URANUS	NEPTUNE	PLUTON	LUNE *
23 AOUT	LION	VIERGE	SCORPION	LION	VIERGE	POISSONS	LION	CANCER	22 SAGITTAIRE
24 AOUT	LION	VIERGE	SCORPION	LION	VIERGE	POISSONS	LION	CANCER	4 CAPRICORNE
25 AOUT	LION	VIERGE	SCORPION	LION	VIERGE	POISSONS	LION	CANCER	16 CAPRICORNE
26 AOUT	LION	VIERGE	SCORPION	LION	VIERGE	POISSONS	LION	CANCER	28 CAPRICORNE
27 AOUT	LION	VIERGE	SCORPION	VIERGE	VIERGE	POISSONS	LION	CANCER	10 VERSEAU
28 AOUT	LION	VIERGE	SCORPION	VIERGE	VIERGE	POISSONS	LION	CANCER	22 VERSEAU
29 AOUT	LION	VIERGE	SCORPION	VIERGE	VIERGE	POISSONS	LION	CANCER	5 POISSONS
30 AOUT	LION	VIERGE	SCORPION	VIERGE	VIERGE	POISSONS	LION	CANCER	18 POISSONS
31 AOUT	LION	VIERGE	SCORPION	VIERGE	VIERGE	POISSONS	LION	CANCER	1 BELIER
1 SEPTEMBRE	VIERGE	VIERGE	SCORPION	VIERGE	VIERGE	POISSONS	LION	CANCER	14 BELIER
2 SEPTEMBRE	VIERGE	VIERGE	SCORPION	VIERGE	VIERGE	POISSONS	LION	CANCER	27 BELIER
3 SEPTEMBRE	VIERGE	VIERGE	SCORPION	VIERGE	VIERGE	POISSONS	LION	CANCER	11 TAUREAU
4 SEPTEMBRE	VIERGE	VIERGE	SCORPION	VIERGE	VIERGE	POISSONS	LION	CANCER	24 TAUREAU
5 SEPTEMBRE	VIERGE	BALANCE	SAGITTAIRE	VIERGE	VIERGE	POISSONS	LION	CANCER	8 GEMEAUX
6 SEPTEMBRE	VIERGE	BALANCE	SAGITTAIRE	VIERGE	VIERGE	POISSONS	LION	CANCER	23 GEMEAUX
7 SEPTEMBRE	VIERGE	BALANCE	SAGITTAIRE	VIERGE	VIERGE	POISSONS	LION	CANCER	7 CANCER
8 SEPTEMBRE	VIERGE	BALANCE	SAGITTAIRE	VIERGE	VIERGE	POISSONS	LION	CANCER	21 CANCER
9 SEPTEMBRE	VIERGE	BALANCE	SAGITTAIRE	VIERGE	VIERGE	POISSONS	LION	CANCER	6 LION
10 SEPTEMBRE	VIERGE	BALANCE	SAGITTAIRE	VIERGE	VIERGE	POISSONS	LION	CANCER	20 LION
11 SEPTEMBRE	VIERGE	BALANCE	SAGITTAIRE	VIERGE	VIERGE	POISSONS	LION	CANCER	4 VIERGE
12 SEPTEMBRE	VIERGE	BALANCE	SAGITTAIRE	VIERGE	VIERGE	POISSONS	LION	CANCER	19 VIERGE
13 SEPTEMBRE	VIERGE	BALANCE	SAGITTAIRE	VIERGE	VIERGE	POISSONS	LION	CANCER	2 BALANCE
14 SEPTEMBRE	VIERGE	BALANCE	SAGITTAIRE	VIERGE	VIERGE	POISSONS	LION	CANCER	16 BALANCE
15 SEPTEMBRE	VIERGE	BALANCE	SAGITTAIRE	VIERGE	VIERGE	POISSONS	LION	CANCER	29 BALANCE
16 SEPTEMBRE	VIERGE	BALANCE	SAGITTAIRE	VIERGE	VIERGE	POISSONS	LION	CANCER	12 SCORPION
17 SEPTEMBRE	BALANCE	BALANCE	SAGITTAIRE	VIERGE	VIERGE	POISSONS	LION	CANCER	24 SCORPION
18 SEPTEMBRE	BALANCE	BALANCE	SAGITTAIRE	VIERGE	VIERGE	POISSONS	LION	CANCER	6 SAGITTAIRE
19 SEPTEMBRE	BALANCE	BALANCE	SAGITTAIRE	VIERGE	VIERGE	POISSONS	LION	CANCER	18 SAGITTAIRE
20 SEPTEMBRE	BALANCE	BALANCE	SAGITTAIRE	VIERGE	VIERGE	POISSONS	LION	CANCER	0 CAPRICORNE
21 SEPTEMBRE	BALANCE	BALANCE	SAGITTAIRE	VIERGE	VIERGE	POISSONS	LION	CANCER	12 CAPRICORNE
22 SEPTEMBRE	BALANCE	BALANCE	SAGITTAIRE	VIERGE	VIERGE	POISSONS	LION	CANCER	24 CAPRICORNE
23 SEPTEMBRE	BALANCE	BALANCE	SAGITTAIRE	VIERGE	VIERGE	POISSONS	LION	CANCER	6 VERSEAU

LE SOLEIL ENTRE DANS LE SIGNE DE LA VIERGE LE 23 AOUT 1920 A 11 h 15
LE SOLEIL QUITTE LE SIGNE DE LA VIERGE LE 23 SEPTEMBRE 1920 A 8 h 15

* LES CHIFFRES INDIQUENT LES DEGRES

1921	MERCURE	VENUS	MARS	JUPITER	SATURNE	URANUS	NEPTUNE	PLUTON	LUNE *
23 AOUT	LION	CANCER	LION	VIERGE	VIERGE	POISSONS	LION	CANCER	23 BELIER
24 AOUT	VIERGE	CANCER	LION	VIERGE	VIERGE	POISSONS	LION	CANCER	6 TAUREAU
25 AOUT	VIERGE	CANCER	LION	VIERGE	VIERGE	POISSONS	LION	CANCER	19 TAUREAU
26 AOUT	VIERGE	CANCER	LION	VIERGE	VIERGE	POISSONS	LION	CANCER	2 GEMEAUX
27 AOUT	VIERGE	CANCER	LION	VIERGE	VIERGE	POISSONS	LION	CANCER	15 GEMEAUX
28 AOUT	VIERGE	CANCER	LION	VIERGE	VIERGE	POISSONS	LION	CANCER	29 GEMEAUX
29 AOUT	VIERGE	CANCER	LION	VIERGE	VIERGE	POISSONS	LION	CANCER	14 CANCER
30 AOUT	VIERGE	CANCER	LION	VIERGE	VIERGE	POISSONS	LION	CANCER	29 CANCER
31 AOUT	VIERGE	CANCER	LION	VIERGE	VIERGE	POISSONS	LION	CANCER	14 LION
1 SEPTEMBRE	VIERGE	LION	LION	VIERGE	VIERGE	POISSONS	LION	CANCER	29 LION
2 SEPTEMBRE	VIERGE	LION	LION	VIERGE	VIERGE	POISSONS	LION	CANCER	14 VIERGE
3 SEPTEMBRE	VIERGE	LION	LION	VIERGE	VIERGE	POISSONS	LION	CANCER	29 VIERGE
4 SEPTEMBRE	VIERGE	LION	LION	VIERGE	VIERGE	POISSONS	LION	CANCER	14 BALANCE
5 SEPTEMBRE	VIERGE	LION	LION	VIERGE	VIERGE	POISSONS	LION	CANCER	28 BALANCE
6 SEPTEMBRE	VIERGE	LION	LION	VIERGE	VIERGE	POISSONS	LION	CANCER	11 SCORPION
7 SEPTEMBRE	VIERGE	LION	LION	VIERGE	VIERGE	POISSONS	LION	CANCER	25 SCORPION
8 SEPTEMBRE	VIERGE	LION	LION	VIERGE	VIERGE	POISSONS	LION	CANCER	7 SAGITTAIRE
9 SEPTEMBRE	BALANCE	LION	LION	VIERGE	VIERGE	POISSONS	LION	CANCER	20 SAGITTAIRE
10 SEPTEMBRE	BALANCE	LION	LION	VIERGE	VIERGE	POISSONS	LION	CANCER	2 CAPRICORNE
11 SEPTEMBRE	BALANCE	LION	LION	VIERGE	VIERGE	POISSONS	LION	CANCER	14 CAPRICORNE
12 SEPTEMBRE	BALANCE	LION	LION	VIERGE	VIERGE	POISSONS	LION	CANCER	26 CAPRICORNE
13 SEPTEMBRE	BALANCE	LION	LION	VIERGE	VIERGE	POISSONS	LION	CANCER	8 VERSEAU
14 SEPTEMBRE	BALANCE	LION	LION	VIERGE	VIERGE	POISSONS	LION	CANCER	20 VERSEAU
15 SEPTEMBRE	BALANCE	LION	LION	VIERGE	VIERGE	POISSONS	LION	CANCER	2 POISSONS
16 SEPTEMBRE	BALANCE	LION	LION	VIERGE	VIERGE	POISSONS	LION	CANCER	14 POISSONS
17 SEPTEMBRE	BALANCE	LION	LION	VIERGE	VIERGE	POISSONS	LION	CANCER	26 POISSONS
18 SEPTEMBRE	BALANCE	LION	LION	VIERGE	VIERGE	POISSONS	LION	CANCER	8 BELIER
19 SEPTEMBRE	BALANCE	LION	VIERGE	VIERGE	VIERGE	POISSONS	LION	CANCER	20 BELIER
20 SEPTEMBRE	BALANCE	LION	VIERGE	VIERGE	VIERGE	POISSONS	LION	CANCER	3 TAUREAU
21 SEPTEMBRE	BALANCE	LION	VIERGE	VIERGE	VIERGE	POISSONS	LION	CANCER	16 TAUREAU
22 SEPTEMBRE	BALANCE	LION	VIERGE	VIERGE	VIERGE	POISSONS	LION	CANCER	29 TAUREAU
23 SEPTEMBRE	BALANCE	LION	VIERGE	VIERGE	VIERGE	POISSONS	LION	CANCER	12 GEMEAUX

LE SOLEIL ENTRE DANS LE SIGNE DE LA VIERGE LE 23 AOUT 1921 A 17 h 00
LE SOLEIL QUITTE LE SIGNE DE LA VIERGE LE 23 SEPTEMBRE 1921 A 14 h 00

* LES CHIFFRES INDIQUENT LES DEGRES

DECOUVREZ DANS QUEL SIGNE SE TROUVAIENT LES PLANETES A VOTRE NAISSANCE

1922	MERCURE	VENUS	MARS	JUPITER	SATURNE	URANUS	NEPTUNE	PLUTON	LUNE *
23 AOUT	VIERGE	BALANCE	SAGITTAIRE	BALANCE	BALANCE	POISSONS	LION	CANCER	8 VIERGE
24 AOUT	VIERGE	BALANCE	SAGITTAIRE	BALANCE	BALANCE	POISSONS	LION	CANCER	23 VIERGE
25 AOUT	VIERGE	BALANCE	SAGITTAIRE	BALANCE	BALANCE	POISSONS	LION	CANCER	8 BALANCE
26 AOUT	VIERGE	BALANCE	SAGITTAIRE	BALANCE	BALANCE	POISSONS	LION	CANCER	23 BALANCE
27 AOUT	VIERGE	BALANCE	SAGITTAIRE	BALANCE	BALANCE	POISSONS	LION	CANCER	7 SCORPION
28 AOUT	VIERGE	BALANCE	SAGITTAIRE	BALANCE	BALANCE	POISSONS	LION	CANCER	21 SCORPION
29 AOUT	VIERGE	BALANCE	SAGITTAIRE	BALANCE	BALANCE	POISSONS	LION	CANCER	5 SAGITTAIRE
30 AOUT	VIERGE	BALANCE	SAGITTAIRE	BALANCE	BALANCE	POISSONS	LION	CANCER	18 SAGITTAIRE
31 AOUT	VIERGE	BALANCE	SAGITTAIRE	BALANCE	BALANCE	POISSONS	LION	CANCER	1 CAPRICORNE
1 SEPTEMBRE	VIERGE	BALANCE	SAGITTAIRE	BALANCE	BALANCE	POISSONS	LION	CANCER	14 CAPRICORNE
2 SEPTEMBRE	BALANCE	BALANCE	SAGITTAIRE	BALANCE	BALANCE	POISSONS	LION	CANCER	26 CAPRICORNE
3 SEPTEMBRE	BALANCE	BALANCE	SAGITTAIRE	BALANCE	BALANCE	POISSONS	LION	CANCER	9 VERSEAU
4 SEPTEMBRE	BALANCE	BALANCE	SAGITTAIRE	BALANCE	BALANCE	POISSONS	LION	CANCER	21 VERSEAU
5 SEPTEMBRE	BALANCE	BALANCE	SAGITTAIRE	BALANCE	BALANCE	POISSONS	LION	CANCER	3 POISSONS
6 SEPTEMBRE	BALANCE	BALANCE	SAGITTAIRE	BALANCE	BALANCE	POISSONS	LION	CANCER	15 POISSONS
7 SEPTEMBRE	BALANCE	SCORPION	SAGITTAIRE	BALANCE	BALANCE	POISSONS	LION	CANCER	26 POISSONS
8 SEPTEMBRE	BALANCE	SCORPION	SAGITTAIRE	BALANCE	BALANCE	POISSONS	LION	CANCER	8 BELIER
9 SEPTEMBRE	BALANCE	SCORPION	SAGITTAIRE	BALANCE	BALANCE	POISSONS	LION	CANCER	20 BELIER
10 SEPTEMBRE	BALANCE	SCORPION	SAGITTAIRE	BALANCE	BALANCE	POISSONS	LION	CANCER	2 TAUREAU
11 SEPTEMBRE	BALANCE	SCORPION	SAGITTAIRE	BALANCE	BALANCE	POISSONS	LION	CANCER	14 TAUREAU
12 SEPTEMBRE	BALANCE	SCORPION	SAGITTAIRE	BALANCE	BALANCE	POISSONS	LION	CANCER	26 TAUREAU
13 SEPTEMBRE	BALANCE	SCORPION	SAGITTAIRE	BALANCE	BALANCE	POISSONS	LION	CANCER	9 GEMEAUX
14 SEPTEMBRE	BALANCE	SCORPION	CAPRICORNE	BALANCE	BALANCE	POISSONS	LION	CANCER	21 GEMEAUX
15 SEPTEMBRE	BALANCE	SCORPION	CAPRICORNE	BALANCE	BALANCE	POISSONS	LION	CANCER	5 CANCER
16 SEPTEMBRE	BALANCE	SCORPION	CAPRICORNE	BALANCE	BALANCE	POISSONS	LION	CANCER	18 CANCER
17 SEPTEMBRE	BALANCE	SCORPION	CAPRICORNE	BALANCE	BALANCE	POISSONS	LION	CANCER	2 LION
18 SEPTEMBRE	BALANCE	SCORPION	CAPRICORNE	BALANCE	BALANCE	POISSONS	LION	CANCER	17 LION
19 SEPTEMBRE	BALANCE	SCORPION	CAPRICORNE	BALANCE	BALANCE	POISSONS	LION	CANCER	1 VIERGE
20 SEPTEMBRE	BALANCE	SCORPION	CAPRICORNE	BALANCE	BALANCE	POISSONS	LION	CANCER	17 VIERGE
21 SEPTEMBRE	BALANCE	SCORPION	CAPRICORNE	BALANCE	BALANCE	POISSONS	LION	CANCER	2 BALANCE
22 SEPTEMBRE	BALANCE	SCORPION	CAPRICORNE	BALANCE	BALANCE	POISSONS	LION	CANCER	17 BALANCE
23 SEPTEMBRE	BALANCE	SCORPION	CAPRICORNE	BALANCE	BALANCE	POISSONS	LION	CANCER	2 SCORPION

LE SOLEIL ENTRE DANS LE SIGNE DE LA VIERGE LE23 AOUT 1922 A 23 h 00
LE SOLEIL QUITTE LE SIGNE DE LA VIERGE LE 23 SEPTEMBRE 1922 A 10 h 00

* LES CHIFFRES INDIQUENT LES DEGRES

1923	MERCURE	VENUS	MARS	JUPITER	SATURNE	URANUS	NEPTUNE	PLUTON	LUNE *
24 AOUT	VIERGE	LION	LION	SCORPION	BALANCE	POISSONS	LION	CANCER	7 VERSEAU
25 AOUT	VIERGE	LION	LION	SCORPION	BALANCE	POISSONS	LION	CANCER	20 VERSEAU
26 AOUT	VIERGE	LION	LION	SCORPION	BALANCE	POISSONS	LION	CANCER	3 POISSONS
27 AOUT	VIERGE	LION	LION	SCORPION	BALANCE	POISSONS	LION	CANCER	15 POISSONS
28 AOUT	BALANCE	VIERGE	LION	SCORPION	BALANCE	POISSONS	LION	CANCER	27 POISSONS
29 AOUT	BALANCE	VIERGE	LION	SCORPION	BALANCE	POISSONS	LION	CANCER	10 BELIER
30 AOUT	BALANCE	VIERGE	LION	SCORPION	BALANCE	POISSONS	LION	CANCER	22 BELIER
31 AOUT	BALANCE	VIERGE	LION	SCORPION	BALANCE	POISSONS	LION	CANCER	4 TAUREAU
1 SEPTEMBRE	BALANCE	VIERGE	VIERGE	SCORPION	BALANCE	POISSONS	LION	CANCER	15 TAUREAU
2 SEPTEMBRE	BALANCE	VIERGE	VIERGE	SCORPION	BALANCE	POISSONS	LION	CANCER	27 TAUREAU
3 SEPTEMBRE	BALANCE	VIERGE	VIERGE	SCORPION	BALANCE	POISSONS	LION	CANCER	9 GEMEAUX
4 SEPTEMBRE	BALANCE	VIERGE	VIERGE	SCORPION	BALANCE	POISSONS	LION	CANCER	21 GEMEAUX
5 SEPTEMBRE	BALANCE	VIERGE	VIERGE	SCORPION	BALANCE	POISSONS	LION	CANCER	4 CANCER
6 SEPTEMBRE	BALANCE	VIERGE	VIERGE	SCORPION	BALANCE	POISSONS	LION	CANCER	17 CANCER
7 SEPTEMBRE	BALANCE	VIERGE	VIERGE	SCORPION	BALANCE	POISSONS	LION	CANCER	0 LION
8 SEPTEMBRE	BALANCE	VIERGE	VIERGE	SCORPION	BALANCE	POISSONS	LION	CANCER	13 LION
9 SEPTEMBRE	BALANCE	VIERGE	VIERGE	SCORPION	BALANCE	POISSONS	LION	CANCER	27 LION
10 SEPTEMBRE	BALANCE	VIERGE	VIERGE	SCORPION	BALANCE	POISSONS	LION	CANCER	11 VIERGE
11 SEPTEMBRE	BALANCE	VIERGE	VIERGE	SCORPION	BALANCE	POISSONS	LION	CANCER	26 VIERGE
12 SEPTEMBRE	BALANCE	VIERGE	VIERGE	SCORPION	BALANCE	POISSONS	LION	CANCER	11 BALANCE
13 SEPTEMBRE	BALANCE	VIERGE	VIERGE	SCORPION	BALANCE	POISSONS	LION	CANCER	25 BALANCE
14 SEPTEMBRE	BALANCE	VIERGE	VIERGE	SCORPION	BALANCE	POISSONS	LION	CANCER	10 SCORPION
15 SEPTEMBRE	BALANCE	VIERGE	VIERGE	SCORPION	BALANCE	POISSONS	LION	CANCER	25 SCORPION
16 SEPTEMBRE	BALANCE	VIERGE	VIERGE	SCORPION	BALANCE	POISSONS	LION	CANCER	9 SAGITTAIRE
17 SEPTEMBRE	BALANCE	VIERGE	VIERGE	SCORPION	BALANCE	POISSONS	LION	CANCER	23 SAGITTAIRE
18 SEPTEMBRE	BALANCE	VIERGE	VIERGE	SCORPION	BALANCE	POISSONS	LION	CANCER	7 CAPRICORNE
19 SEPTEMBRE	BALANCE	VIERGE	VIERGE	SCORPION	BALANCE	POISSONS	LION	CANCER	20 CAPRICORNE
20 SEPTEMBRE	BALANCE	VIERGE	VIERGE	SCORPION	BALANCE	POISSONS	LION	CANCER	4 VERSEAU
21 SEPTEMBRE	BALANCE	BALANCE	VIERGE	SCORPION	BALANCE	POISSONS	LION	CANCER	16 VERSEAU
22 SEPTEMBRE	BALANCE	BALANCE	VIERGE	SCORPION	BALANCE	POISSONS	LION	CANCER	29 VERSEAU
23 SEPTEMBRE	BALANCE	BALANCE	VIERGE	SCORPION	BALANCE	POISSONS	LION	CANCER	12 POISSONS
24 SEPTEMBRE	BALANCE	BALANCE	VIERGE	SCORPION	BALANCE	POISSONS	LION	CANCER	24 POISSONS

LE SOLEIL ENTRE DANS LE SIGNE DE LA VIERGE LE 24 AOUT 1923 A 4 h 45
LE SOLEIL QUITTE LE SIGNE DE LA VIERGE LE 24 SEPTEMBRE 1923 A 2 h 00

* LES CHIFFRES INDIQUENT LES DEGRES

DECOUVREZ DANS QUEL SIGNE SE TROUVAIENT LES PLANETES A VOTRE NAISSANCE

1924	MERCURE	VENUS	MARS	JUPITER	SATURNE	URANUS	NEPTUNE	PLUTON	LUNE *
23 AOUT	VIERGE	CANCER	POISSONS	SAGITTAIRE	BALANCE	POISSONS	LION	CANCER	12 GEMEAUX
24 AOUT	VIERGE	CANCER	POISSONS	SAGITTAIRE	BALANCE	POISSONS	LION	CANCER	24 GEMEAUX
25 AOUT	VIERGE	CANCER	VERSEAU	SAGITTAIRE	BALANCE	POISSONS	LION	CANCER	6 CANCER
26 AOUT	VIERGE	CANCER	VERSEAU	SAGITTAIRE	BALANCE	POISSONS	LION	CANCER	18 CANCER
27 AOUT	VIERGE	CANCER	VERSEAU	SAGITTAIRE	BALANCE	POISSONS	LION	CANCER	0 LION
28 AOUT	VIERGE	CANCER	VERSEAU	SAGITTAIRE	BALANCE	POISSONS	LION	CANCER	12 LION
29 AOUT	VIERGE	CANCER	VERSEAU	SAGITTAIRE	BALANCE	POISSONS	LION	CANCER	25 LION
30 AOUT	VIERGE	CANCER	VERSEAU	SAGITTAIRE	BALANCE	POISSONS	LION	CANCER	8 VIERGE
31 AOUT	VIERGE	CANCER	VERSEAU	SAGITTAIRE	BALANCE	POISSONS	LION	CANCER	21 VIERGE
1 SEPTEMBRE	VIERGE	CANCER	VERSEAU	SAGITTAIRE	BALANCE	POISSONS	LION	CANCER	5 BALANCE
2 SEPTEMBRE	VIERGE	CANCER	VERSEAU	SAGITTAIRE	BALANCE	POISSONS	LION	CANCER	19 BALANCE
3 SEPTEMBRE	VIERGE	CANCER	VERSEAU	SAGITTAIRE	BALANCE	POISSONS	LION	CANCER	3 SCORPION
4 SEPTEMBRE	VIERGE	CANCER	VERSEAU	SAGITTAIRE	BALANCE	POISSONS	LION	CANCER	17 SCORPION
5 SEPTEMBRE	VIERGE	CANCER	VERSEAU	SAGITTAIRE	BALANCE	POISSONS	LION	CANCER	1 SAGITTAIRE
6 SEPTEMBRE	VIERGE	CANCER	VERSEAU	SAGITTAIRE	BALANCE	POISSONS	LION	CANCER	15 SAGITTAIRE
7 SEPTEMBRE	VIERGE	CANCER	VERSEAU	SAGITTAIRE	BALANCE	POISSONS	LION	CANCER	29 SAGITTAIRE
8 SEPTEMBRE	VIERGE	CANCER	VERSEAU	SAGITTAIRE	BALANCE	POISSONS	LION	CANCER	13 CAPRICORNE
9 SEPTEMBRE	VIERGE	LION	VERSEAU	SAGITTAIRE	BALANCE	POISSONS	LION	CANCER	28 CAPRICORNE
10 SEPTEMBRE	VIERGE	LION	VERSEAU	SAGITTAIRE	BALANCE	POISSONS	LION	CANCER	12 VERSEAU
11 SEPTEMBRE	VIERGE	LION	VERSEAU	SAGITTAIRE	BALANCE	POISSONS	LION	CANCER	25 VERSEAU
12 SEPTEMBRE	VIERGE	LION	VERSEAU	SAGITTAIRE	BALANCE	POISSONS	LION	CANCER	9 POISSONS
13 SEPTEMBRE	VIERGE	LION	VERSEAU	SAGITTAIRE	BALANCE	POISSONS	LION	CANCER	23 POISSONS
14 SEPTEMBRE	VIERGE	LION	VERSEAU	SAGITTAIRE	SCORPION	POISSONS	LION	CANCER	6 BELIER
15 SEPTEMBRE	VIERGE	LION	VERSEAU	SAGITTAIRE	SCORPION	POISSONS	LION	CANCER	19 BELIER
16 SEPTEMBRE	VIERGE	LION	VERSEAU	SAGITTAIRE	SCORPION	POISSONS	LION	CANCER	1 TAUREAU
17 SEPTEMBRE	VIERGE	LION	VERSEAU	SAGITTAIRE	SCORPION	POISSONS	LION	CANCER	14 TAUREAU
18 SEPTEMBRE	VIERGE	LION	VERSEAU	SAGITTAIRE	SCORPION	POISSONS	LION	CANCER	26 TAUREAU
19 SEPTEMBRE	VIERGE	LION	VERSEAU	SAGITTAIRE	SCORPION	POISSONS	LION	CANCER	8 GEMEAUX
20 SEPTEMBRE	VIERGE	LION	VERSEAU	SAGITTAIRE	SCORPION	POISSONS	LION	CANCER	20 GEMEAUX
21 SEPTEMBRE	VIERGE	LION	VERSEAU	SAGITTAIRE	SCORPION	POISSONS	LION	CANCER	2 CANCER
22 SEPTEMBRE	VIERGE	LION	VERSEAU	SAGITTAIRE	SCORPION	POISSONS	LION	CANCER	14 CANCER
23 SEPTEMBRE	VIERGE	LION	VERSEAU	SAGITTAIRE	SCORPION	POISSONS	LION	CANCER	26 CANCER

LE SOLEIL ENTRE DANS LE SIGNE DE LA VIERGE LE 22 AOUT 1924 A 10 h 30
LE SOLEIL QUITTE LE SIGNE DE LA VIERGE LE 23 SEPTEMBRE 1924 A 7 h 45

* LES CHIFFRES INDIQUENT LES DEGRES

1925	MERCURE	VENUS	MARS	JUPITER	SATURNE	URANUS	NEPTUNE	PLUTON	LUNE *
23 AOUT	VIERGE	BALANCE	VIERGE	CAPRICORNE	SCORPION	POISSONS	LION	CANCER	14 BALANCE
24 AOUT	VIERGE	BALANCE	VIERGE	CAPRICORNE	SCORPION	POISSONS	LION	CANCER	27 BALANCE
25 AOUT	VIERGE	BALANCE	VIERGE	CAPRICORNE	SCORPION	POISSONS	LION	CANCER	10 SCORPION
26 AOUT	VIERGE	BALANCE	VIERGE	CAPRICORNE	SCORPION	POISSONS	LION	CANCER	24 SCORPION
27 AOUT	LION	BALANCE	VIERGE	CAPRICORNE	SCORPION	POISSONS	LION	CANCER	7 SAGITTAIRE
28 AOUT	LION	BALANCE	VIERGE	CAPRICORNE	SCORPION	POISSONS	LION	CANCER	21 SAGITTAIRE
29 AOUT	LION	BALANCE	VIERGE	CAPRICORNE	SCORPION	POISSONS	LION	CANCER	5 CAPRICORNE
30 AOUT	LION	BALANCE	VIERGE	CAPRICORNE	SCORPION	POISSONS	LION	CANCER	20 CAPRICORNE
31 AOUT	LION	BALANCE	VIERGE	CAPRICORNE	SCORPION	POISSONS	LION	CANCER	5 VERSEAU
1 SEPTEMBRE	LION	BALANCE	VIERGE	CAPRICORNE	SCORPION	POISSONS	LION	CANCER	20 VERSEAU
2 SEPTEMBRE	LION	BALANCE	VIERGE	CAPRICORNE	SCORPION	POISSONS	LION	CANCER	5 POISSONS
3 SEPTEMBRE	LION	BALANCE	VIERGE	CAPRICORNE	SCORPION	POISSONS	LION	CANCER	19 POISSONS
4 SEPTEMBRE	LION	BALANCE	VIERGE	CAPRICORNE	SCORPION	POISSONS	LION	CANCER	4 BELIER
5 SEPTEMBRE	LION	BALANCE	VIERGE	CAPRICORNE	SCORPION	POISSONS	LION	CANCER	18 BELIER
6 SEPTEMBRE	LION	BALANCE	VIERGE	CAPRICORNE	SCORPION	POISSONS	LION	CANCER	2 TAUREAU
7 SEPTEMBRE	LION	BALANCE	VIERGE	CAPRICORNE	SCORPION	POISSONS	LION	CANCER	15 TAUREAU
8 SEPTEMBRE	LION	BALANCE	VIERGE	CAPRICORNE	SCORPION	POISSONS	LION	CANCER	28 TAUREAU
9 SEPTEMBRE	LION	BALANCE	VIERGE	CAPRICORNE	SCORPION	POISSONS	LION	CANCER	10 GEMEAUX
10 SEPTEMBRE	LION	BALANCE	VIERGE	CAPRICORNE	SCORPION	POISSONS	LION	CANCER	22 GEMEAUX
11 SEPTEMBRE	VIERGE	BALANCE	VIERGE	CAPRICORNE	SCORPION	POISSONS	LION	CANCER	4 CANCER
12 SEPTEMBRE	VIERGE	BALANCE	VIERGE	CAPRICORNE	SCORPION	POISSONS	LION	CANCER	16 CANCER
13 SEPTEMBRE	VIERGE	BALANCE	VIERGE	CAPRICORNE	SCORPION	POISSONS	LION	CANCER	28 CANCER
14 SEPTEMBRE	VIERGE	BALANCE	VIERGE	CAPRICORNE	SCORPION	POISSONS	LION	CANCER	10 LION
15 SEPTEMBRE	VIERGE	BALANCE	VIERGE	CAPRICORNE	SCORPION	POISSONS	LION	CANCER	22 LION
16 SEPTEMBRE	VIERGE	SCORPION	VIERGE	CAPRICORNE	SCORPION	POISSONS	LION	CANCER	4 VIERGE
17 SEPTEMBRE	VIERGE	SCORPION	VIERGE	CAPRICORNE	SCORPION	POISSONS	LION	CANCER	16 VIERGE
18 SEPTEMBRE	VIERGE	SCORPION	VIERGE	CAPRICORNE	SCORPION	POISSONS	LION	CANCER	28 VIERGE
19 SEPTEMBRE	VIERGE	SCORPION	VIERGE	CAPRICORNE	SCORPION	POISSONS	LION	CANCER	11 BALANCE
20 SEPTEMBRE	VIERGE	SCORPION	VIERGE	CAPRICORNE	SCORPION	POISSONS	LION	CANCER	24 BALANCE
21 SEPTEMBRE	VIERGE	SCORPION	VIERGE	CAPRICORNE	SCORPION	POISSONS	LION	CANCER	7 SCORPION
22 SEPTEMBRE	VIERGE	SCORPION	VIERGE	CAPRICORNE	SCORPION	POISSONS	LION	CANCER	21 SCORPION
23 SEPTEMBRE	VIERGE	SCORPION	VIERGE	CAPRICORNE	SCORPION	POISSONS	LION	CANCER	4 SAGITTAIRE

LE SOLEIL ENTRE DANS LE SIGNE DE LA VIERGE LE 23 AOUT 1925 A 16 h 15
LE SOLEIL QUITTE LE SIGNE DE LA VIERGE LE 23 SEPTEMBRE 1925 A 13 h 30

* LES CHIFFRES INDIQUENT LES DEGRES

DECOUVREZ DANS QUEL SIGNE SE TROUVAIENT LES PLANETES A VOTRE NAISSANCE

1926	MERCURE	VENUS	MARS	JUPITER	SATURNE	URANUS	NEPTUNE	PLUTON	LUNE *
23 AOUT	LION	LION	TAUREAU	VERSEAU	SCORPION	POISSONS	LION	CANCER	29 VERSEAU
24 AOUT	LION	LION	TAUREAU	VERSEAU	SCORPION	POISSONS	LION	CANCER	14 POISSONS
25 AOUT	LION	LION	TAUREAU	VERSEAU	SCORPION	POISSONS	LION	CANCER	29 POISSONS
26 AOUT	LION	LION	TAUREAU	VERSEAU	SCORPION	POISSONS	LION	CANCER	14 BELIER
27 AOUT	LION	LION	TAUREAU	VERSEAU	SCORPION	POISSONS	LION	CANCER	29 BELIER
28 AOUT	LION	LION	TAUREAU	VERSEAU	SCORPION	POISSONS	LION	CANCER	13 TAUREAU
29 AOUT	LION	LION	TAUREAU	VERSEAU	SCORPION	POISSONS	LION	CANCER	27 TAUREAU
30 AOUT	LION	LION	TAUREAU	VERSEAU	SCORPION	POISSONS	LION	CANCER	10 GEMEAUX
31 AOUT	LION	LION	TAUREAU	VERSEAU	SCORPION	POISSONS	LION	CANCER	22 GEMEAUX
1 SEPTEMBRE	LION	LION	TAUREAU	VERSEAU	SCORPION	POISSONS	LION	CANCER	5 CANCER
2 SEPTEMBRE	LION	LION	TAUREAU	VERSEAU	SCORPION	POISSONS	LION	CANCER	17 CANCER
3 SEPTEMBRE	LION	LION	TAUREAU	VERSEAU	SCORPION	POISSONS	LION	CANCER	29 CANCER
4 SEPTEMBRE	LION	LION	TAUREAU	VERSEAU	SCORPION	POISSONS	LION	CANCER	11 LION
5 SEPTEMBRE	LION	LION	TAUREAU	VERSEAU	SCORPION	POISSONS	LION	CANCER	23 LION
6 SEPTEMBRE	VIERGE	LION	TAUREAU	VERSEAU	SCORPION	POISSONS	LION	CANCER	5 VIERGE
7 SEPTEMBRE	VIERGE	LION	TAUREAU	VERSEAU	SCORPION	POISSONS	LION	CANCER	16 VIERGE
8 SEPTEMBRE	VIERGE	LION	TAUREAU	VERSEAU	SCORPION	POISSONS	LION	CANCER	28 VIERGE
9 SEPTEMBRE	VIERGE	LION	TAUREAU	VERSEAU	SCORPION	POISSONS	LION	CANCER	10 BALANCE
10 SEPTEMBRE	VIERGE	LION	TAUREAU	VERSEAU	SCORPION	POISSONS	LION	CANCER	22 BALANCE
11 SEPTEMBRE	VIERGE	LION	TAUREAU	VERSEAU	SCORPION	POISSONS	LION	CANCER	5 SCORPION
12 SEPTEMBRE	VIERGE	VIERGE	TAUREAU	VERSEAU	SCORPION	POISSONS	LION	CANCER	17 SCORPION
13 SEPTEMBRE	VIERGE	VIERGE	TAUREAU	VERSEAU	SCORPION	POISSONS	LION	CANCER	29 SCORPION
14 SEPTEMBRE	VIERGE	VIERGE	TAUREAU	VERSEAU	SCORPION	POISSONS	LION	CANCER	12 SAGITTAIRE
15 SEPTEMBRE	VIERGE	VIERGE	TAUREAU	VERSEAU	SCORPION	POISSONS	LION	CANCER	25 SAGITTAIRE
16 SEPTEMBRE	VIERGE	VIERGE	TAUREAU	VERSEAU	SCORPION	POISSONS	LION	CANCER	9 CAPRICORNE
17 SEPTEMBRE	VIERGE	VIERGE	TAUREAU	VERSEAU	SCORPION	POISSONS	LION	CANCER	23 CAPRICORNE
18 SEPTEMBRE	VIERGE	VIERGE	TAUREAU	VERSEAU	SCORPION	POISSONS	LION	CANCER	7 VERSEAU
19 SEPTEMBRE	VIERGE	VIERGE	TAUREAU	VERSEAU	SCORPION	POISSONS	LION	CANCER	22 VERSEAU
20 SEPTEMBRE	VIERGE	VIERGE	TAUREAU	VERSEAU	SCORPION	POISSONS	LION	CANCER	7 POISSONS
21 SEPTEMBRE	VIERGE	VIERGE	TAUREAU	VERSEAU	SCORPION	POISSONS	LION	CANCER	22 POISSONS
22 SEPTEMBRE	BALANCE	VIERGE	TAUREAU	VERSEAU	SCORPION	POISSONS	LION	CANCER	8 BELIER
23 SEPTEMBRE	BALANCE	VIERGE	TAUREAU	VERSEAU	SCORPION	POISSONS	LION	CANCER	23 BELIER

LE SOLEIL ENTRE DANS LE SIGNE DE LA VIERGE LE 23 AOUT 1926 A 22 h 00
LE SOLEIL QUITTE LE SIGNE DE LA VIERGE LE 23 SEPTEMBRE 1926 A 19 h 15

* LES CHIFFRES INDIQUENT LES DEGRES

1927	MERCURE	VENUS	MARS	JUPITER	SATURNE	URANUS	NEPTUNE	PLUTON	LUNE *
24 AOUT	LION	VIERGE	VIERGE	BELIER	SAGITTAIRE	BELIER	LION	CANCER	28 CANCER
25 AOUT	LION	VIERGE	VIERGE	BELIER	SAGITTAIRE	BELIER	LION	CANCER	10 LION
26 AOUT	LION	VIERGE	VIERGE	BELIER	SAGITTAIRE	BELIER	LION	CANCER	23 LION
27 AOUT	LION	VIERGE	VIERGE	BELIER	SAGITTAIRE	BELIER	LION	CANCER	5 VIERGE
28 AOUT	LION	VIERGE	VIERGE	BELIER	SAGITTAIRE	BELIER	LION	CANCER	18 VIERGE
29 AOUT	VIERGE	VIERGE	VIERGE	BELIER	SAGITTAIRE	BELIER	LION	CANCER	0 BALANCE
30 AOUT	VIERGE	VIERGE	VIERGE	BELIER	SAGITTAIRE	BELIER	LION	CANCER	12 BALANCE
31 AOUT	VIERGE	VIERGE	VIERGE	BELIER	SAGITTAIRE	BELIER	LION	CANCER	23 BALANCE
1 SEPTEMBRE	VIERGE	VIERGE	VIERGE	BELIER	SAGITTAIRE	BELIER	LION	CANCER	5 SCORPION
2 SEPTEMBRE	VIERGE	VIERGE	VIERGE	BELIER	SAGITTAIRE	BELIER	LION	CANCER	17 SCORPION
3 SEPTEMBRE	VIERGE	VIERGE	VIERGE	BELIER	SAGITTAIRE	BELIER	LION	CANCER	29 SCORPION
4 SEPTEMBRE	VIERGE	VIERGE	VIERGE	BELIER	SAGITTAIRE	BELIER	LION	CANCER	11 SAGITTAIRE
5 SEPTEMBRE	VIERGE	VIERGE	VIERGE	BELIER	SAGITTAIRE	BELIER	LION	CANCER	24 SAGITTAIRE
6 SEPTEMBRE	VIERGE	VIERGE	VIERGE	BELIER	SAGITTAIRE	BELIER	LION	CANCER	6 CAPRICORNE
7 SEPTEMBRE	VIERGE	VIERGE	VIERGE	BELIER	SAGITTAIRE	BELIER	LION	CANCER	20 CAPRICORNE
8 SEPTEMBRE	VIERGE	VIERGE	VIERGE	BELIER	SAGITTAIRE	BELIER	LION	CANCER	3 VERSEAU
9 SEPTEMBRE	VIERGE	VIERGE	VIERGE	BELIER	SAGITTAIRE	BELIER	LION	CANCER	17 VERSEAU
10 SEPTEMBRE	VIERGE	VIERGE	VIERGE	BELIER	SAGITTAIRE	BELIER	LION	CANCER	2 POISSONS
11 SEPTEMBRE	VIERGE	VIERGE	BALANCE	POISSONS	SAGITTAIRE	BELIER	LION	CANCER	17 POISSONS
12 SEPTEMBRE	VIERGE	VIERGE	BALANCE	POISSONS	SAGITTAIRE	BELIER	LION	CANCER	2 BELIER
13 SEPTEMBRE	VIERGE	VIERGE	BALANCE	POISSONS	SAGITTAIRE	BELIER	LION	CANCER	17 BELIER
14 SEPTEMBRE	BALANCE	VIERGE	BALANCE	POISSONS	SAGITTAIRE	BELIER	LION	CANCER	2 TAUREAU
15 SEPTEMBRE	BALANCE	VIERGE	BALANCE	POISSONS	SAGITTAIRE	BELIER	LION	CANCER	17 TAUREAU
16 SEPTEMBRE	BALANCE	VIERGE	BALANCE	POISSONS	SAGITTAIRE	BELIER	LION	CANCER	1 GEMEAUX
17 SEPTEMBRE	BALANCE	VIERGE	BALANCE	POISSONS	SAGITTAIRE	BELIER	LION	CANCER	15 GEMEAUX
18 SEPTEMBRE	BALANCE	VIERGE	BALANCE	POISSONS	SAGITTAIRE	BELIER	LION	CANCER	29 GEMEAUX
19 SEPTEMBRE	BALANCE	VIERGE	BALANCE	POISSONS	SAGITTAIRE	BELIER	LION	CANCER	12 CANCER
20 SEPTEMBRE	BALANCE	VIERGE	BALANCE	POISSONS	SAGITTAIRE	BELIER	LION	CANCER	25 CANCER
21 SEPTEMBRE	BALANCE	VIERGE	BALANCE	POISSONS	SAGITTAIRE	BELIER	LION	CANCER	7 LION
22 SEPTEMBRE	BALANCE	VIERGE	BALANCE	POISSONS	SAGITTAIRE	BELIER	LION	CANCER	20 LION
23 SEPTEMBRE	BALANCE	VIERGE	BALANCE	POISSONS	SAGITTAIRE	BELIER	LION	CANCER	2 VIERGE
24 SEPTEMBRE	BALANCE	VIERGE	BALANCE	POISSONS	SAGITTAIRE	BELIER	LION	CANCER	14 VIERGE

LE SOLEIL ENTRE DANS LE SIGNE DE LA VIERGE LE 24 AOUT 1927 A 4 h 00
LE SOLEIL QUITTE LE SIGNE DE LA VIERGE LE 24 SEPTEMBRE 1927 A 1 h 00

* LES CHIFFRES INDIQUENT LES DEGRES

DECOUVREZ DANS QUEL SIGNE SE TROUVAIENT LES PLANETES A VOTRE NAISSANCE

1928	MERCURE	VENUS	MARS	JUPITER	SATURNE	URANUS	NEPTUNE	PLUTON	LUNE *
23 AOUT	VIERGE	VIERGE	GEMEAUX	TAUREAU	SAGITTAIRE	BELIER	LION	CANCER	1 SAGITTAIRE
24 AOUT	VIERGE	VIERGE	GEMEAUX	TAUREAU	SAGITTAIRE	BELIER	LION	CANCER	13 SAGITTAIRE
25 AOUT	VIERGE	VIERGE	GEMEAUX	TAUREAU	SAGITTAIRE	BELIER	LION	CANCER	25 SAGITTAIRE
26 AOUT	VIERGE	VIERGE	GEMEAUX	TAUREAU	SAGITTAIRE	BELIER	LION	CANCER	7 CAPRICORNE
27 AOUT	VIERGE	VIERGE	GEMEAUX	TAUREAU	SAGITTAIRE	BELIER	LION	CANCER	20 CAPRICORNE
28 AOUT	VIERGE	VIERGE	GEMEAUX	TAUREAU	SAGITTAIRE	BELIER	LION	CANCER	2 VERSEAU
29 AOUT	VIERGE	VIERGE	GEMEAUX	TAUREAU	SAGITTAIRE	BELIER	LION	CANCER	15 VERSEAU
30 AOUT	VIERGE	VIERGE	GEMEAUX	TAUREAU	SAGITTAIRE	BELIER	LION	CANCER	29 VERSEAU
31 AOUT	VIERGE	VIERGE	GEMEAUX	TAUREAU	SAGITTAIRE	BELIER	LION	CANCER	13 POISSONS
1 SEPTEMBRE	VIERGE	VIERGE	GEMEAUX	TAUREAU	SAGITTAIRE	BELIER	LION	CANCER	26 POISSONS
2 SEPTEMBRE	VIERGE	VIERGE	GEMEAUX	TAUREAU	SAGITTAIRE	BELIER	LION	CANCER	11 BELIER
3 SEPTEMBRE	VIERGE	VIERGE	GEMEAUX	TAUREAU	SAGITTAIRE	BELIER	LION	CANCER	25 BELIER
4 SEPTEMBRE	VIERGE	VIERGE	GEMEAUX	TAUREAU	SAGITTAIRE	BELIER	LION	CANCER	9 TAUREAU
5 SEPTEMBRE	VIERGE	BALANCE	GEMEAUX	TAUREAU	SAGITTAIRE	BELIER	LION	CANCER	23 TAUREAU
6 SEPTEMBRE	BALANCE	BALANCE	GEMEAUX	TAUREAU	SAGITTAIRE	BELIER	LION	CANCER	7 GEMEAUX
7 SEPTEMBRE	BALANCE	BALANCE	GEMEAUX	TAUREAU	SAGITTAIRE	BELIER	LION	CANCER	22 GEMEAUX
8 SEPTEMBRE	BALANCE	BALANCE	GEMEAUX	TAUREAU	SAGITTAIRE	BELIER	LION	CANCER	6 CANCER
9 SEPTEMBRE	BALANCE	BALANCE	GEMEAUX	TAUREAU	SAGITTAIRE	BELIER	LION	CANCER	19 CANCER
10 SEPTEMBRE	BALANCE	BALANCE	GEMEAUX	TAUREAU	SAGITTAIRE	BELIER	LION	CANCER	3 LION
11 SEPTEMBRE	BALANCE	BALANCE	GEMEAUX	TAUREAU	SAGITTAIRE	BELIER	LION	CANCER	17 LION
12 SEPTEMBRE	BALANCE	BALANCE	GEMEAUX	TAUREAU	SAGITTAIRE	BELIER	LION	CANCER	0 VIERGE
13 SEPTEMBRE	BALANCE	BALANCE	GEMEAUX	TAUREAU	SAGITTAIRE	BELIER	LION	CANCER	13 VIERGE
14 SEPTEMBRE	BALANCE	BALANCE	GEMEAUX	TAUREAU	SAGITTAIRE	BELIER	LION	CANCER	26 VIERGE
15 SEPTEMBRE	BALANCE	BALANCE	GEMEAUX	TAUREAU	SAGITTAIRE	BELIER	LION	CANCER	9 BALANCE
16 SEPTEMBRE	BALANCE	BALANCE	GEMEAUX	TAUREAU	SAGITTAIRE	BELIER	LION	CANCER	21 BALANCE
17 SEPTEMBRE	BALANCE	BALANCE	GEMEAUX	TAUREAU	SAGITTAIRE	BELIER	LION	CANCER	4 SCORPION
18 SEPTEMBRE	BALANCE	BALANCE	GEMEAUX	TAUREAU	SAGITTAIRE	BELIER	LION	CANCER	16 SCORPION
19 SEPTEMBRE	BALANCE	BALANCE	GEMEAUX	TAUREAU	SAGITTAIRE	BELIER	LION	CANCER	28 SCORPION
20 SEPTEMBRE	BALANCE	BALANCE	GEMEAUX	TAUREAU	SAGITTAIRE	BELIER	LION	CANCER	9 SAGITTAIRE
21 SEPTEMBRE	BALANCE	BALANCE	GEMEAUX	TAUREAU	SAGITTAIRE	BELIER	VIERGE	CANCER	21 SAGITTAIRE
22 SEPTEMBRE	BALANCE	BALANCE	GEMEAUX	TAUREAU	SAGITTAIRE	BELIER	VIERGE	CANCER	3 CAPRICORNE
23 SEPTEMBRE	BALANCE	BALANCE	GEMEAUX	TAUREAU	SAGITTAIRE	BELIER	VIERGE	CANCER	15 CAPRICORNE

LE SOLEIL ENTRE DANS LE SIGNE DE LA VIERGE LE 23 AOUT 1928 A 9 h 45
LE SOLEIL QUITTE LE SIGNE DE LA VIERGE LE 23 SEPTEMBRE 1928 A 7 h 00

* LES CHIFFRES INDIQUENT LES DEGRES

1929	MERCURE	VENUS	MARS	JUPITER	SATURNE	URANUS	NEPTUNE	PLUTON	LUNE *
23 AOUT	VIERGE	CANCER	BALANCE	GEMEAUX	SAGITTAIRE	BELIER	VIERGE	CANCER	6 BELIER
24 AOUT	VIERGE	CANCER	BALANCE	GEMEAUX	SAGITTAIRE	BELIER	VIERGE	CANCER	19 BELIER
25 AOUT	VIERGE	CANCER	BALANCE	GEMEAUX	SAGITTAIRE	BELIER	VIERGE	CANCER	2 TAUREAU
26 AOUT	VIERGE	CANCER	BALANCE	GEMEAUX	SAGITTAIRE	BELIER	VIERGE	CANCER	15 TAUREAU
27 AOUT	VIERGE	CANCER	BALANCE	GEMEAUX	SAGITTAIRE	BELIER	VIERGE	CANCER	29 TAUREAU
28 AOUT	VIERGE	CANCER	BALANCE	GEMEAUX	SAGITTAIRE	BELIER	VIERGE	CANCER	13 GEMEAUX
29 AOUT	VIERGE	CANCER	BALANCE	GEMEAUX	SAGITTAIRE	BELIER	VIERGE	CANCER	27 GEMEAUX
30 AOUT	BALANCE	CANCER	BALANCE	GEMEAUX	SAGITTAIRE	BELIER	VIERGE	CANCER	12 CANCER
31 AOUT	BALANCE	LION	BALANCE	GEMEAUX	SAGITTAIRE	BELIER	VIERGE	CANCER	26 CANCER
1 SEPTEMBRE	BALANCE	LION	BALANCE	GEMEAUX	SAGITTAIRE	BELIER	VIERGE	CANCER	11 LION
2 SEPTEMBRE	BALANCE	LION	BALANCE	GEMEAUX	SAGITTAIRE	BELIER	VIERGE	CANCER	26 LION
3 SEPTEMBRE	BALANCE	LION	BALANCE	GEMEAUX	SAGITTAIRE	BELIER	VIERGE	CANCER	10 VIERGE
4 SEPTEMBRE	BALANCE	LION	BALANCE	GEMEAUX	SAGITTAIRE	BELIER	VIERGE	CANCER	24 VIERGE
5 SEPTEMBRE	BALANCE	LION	BALANCE	GEMEAUX	SAGITTAIRE	BELIER	VIERGE	CANCER	8 BALANCE
6 SEPTEMBRE	BALANCE	LION	BALANCE	GEMEAUX	SAGITTAIRE	BELIER	VIERGE	CANCER	22 BALANCE
7 SEPTEMBRE	BALANCE	LION	BALANCE	GEMEAUX	SAGITTAIRE	BELIER	VIERGE	CANCER	5 SCORPION
8 SEPTEMBRE	BALANCE	LION	BALANCE	GEMEAUX	SAGITTAIRE	BELIER	VIERGE	CANCER	18 SCORPION
9 SEPTEMBRE	BALANCE	LION	BALANCE	GEMEAUX	SAGITTAIRE	BELIER	VIERGE	CANCER	0 SAGITTAIRE
10 SEPTEMBRE	BALANCE	LION	BALANCE	GEMEAUX	SAGITTAIRE	BELIER	VIERGE	CANCER	12 SAGITTAIRE
11 SEPTEMBRE	BALANCE	LION	BALANCE	GEMEAUX	SAGITTAIRE	BELIER	VIERGE	CANCER	24 SAGITTAIRE
12 SEPTEMBRE	BALANCE	LION	BALANCE	GEMEAUX	SAGITTAIRE	BELIER	VIERGE	CANCER	6 CAPRICORNE
13 SEPTEMBRE	BALANCE	LION	BALANCE	GEMEAUX	SAGITTAIRE	BELIER	VIERGE	CANCER	18 CAPRICORNE
14 SEPTEMBRE	BALANCE	LION	BALANCE	GEMEAUX	SAGITTAIRE	BELIER	VIERGE	CANCER	0 VERSEAU
15 SEPTEMBRE	BALANCE	LION	BALANCE	GEMEAUX	SAGITTAIRE	BELIER	VIERGE	CANCER	12 VERSEAU
16 SEPTEMBRE	BALANCE	LION	BALANCE	GEMEAUX	SAGITTAIRE	BELIER	VIERGE	CANCER	24 VERSEAU
17 SEPTEMBRE	BALANCE	LION	BALANCE	GEMEAUX	SAGITTAIRE	BELIER	VIERGE	CANCER	6 POISSONS
18 SEPTEMBRE	BALANCE	LION	BALANCE	GEMEAUX	SAGITTAIRE	BELIER	VIERGE	CANCER	19 POISSONS
19 SEPTEMBRE	BALANCE	LION	BALANCE	GEMEAUX	SAGITTAIRE	BELIER	VIERGE	CANCER	2 BELIER
20 SEPTEMBRE	BALANCE	LION	BALANCE	GEMEAUX	SAGITTAIRE	BELIER	VIERGE	CANCER	15 BELIER
21 SEPTEMBRE	BALANCE	LION	BALANCE	GEMEAUX	SAGITTAIRE	BELIER	VIERGE	CANCER	29 BELIER
22 SEPTEMBRE	BALANCE	LION	BALANCE	GEMEAUX	SAGITTAIRE	BELIER	VIERGE	CANCER	12 TAUREAU
23 SEPTEMBRE	BALANCE	LION	BALANCE	GEMEAUX	SAGITTAIRE	BELIER	VIERGE	CANCER	26 TAUREAU

LE SOLEIL ENTRE DANS LE SIGNE DE LA VIERGE LE 23 AOUT 1929 A 15 h 30
LE SOLEIL QUITTE LE SIGNE DE LA VIERGE LE 23 SEPTEMBRE 1929 A 12 h 45

* LES CHIFFRES INDIQUENT LES DEGRES

DECOUVREZ DANS QUEL SIGNE SE TROUVAIENT LES PLANETES A VOTRE NAISSANCE

1930	MERCURE	VENUS	MARS	JUPITER	SATURNE	URANUS	NEPTUNE	PLUTON	LUNE *
23 AOUT	VIERGE	BALANCE	GEMEAUX	CANCER	CAPRICORNE	BELIER	VIERGE	CANCER	20 LION
24 AOUT	VIERGE	BALANCE	GEMEAUX	CANCER	CAPRICORNE	BELIER	VIERGE	CANCER	5 VIERGE
25 AOUT	VIERGE	BALANCE	GEMEAUX	CANCER	CAPRICORNE	BELIER	VIERGE	CANCER	20 VIERGE
26 AOUT	VIERGE	BALANCE	GEMEAUX	CANCER	CAPRICORNE	BELIER	VIERGE	CANCER	5 BALANCE
27 AOUT	BALANCE	BALANCE	GEMEAUX	CANCER	CAPRICORNE	BELIER	VIERGE	CANCER	20 BALANCE
28 AOUT	BALANCE	BALANCE	CANCER	CANCER	CAPRICORNE	BELIER	VIERGE	CANCER	4 SCORPION
29 AOUT	BALANCE	BALANCE	CANCER	CANCER	CAPRICORNE	BELIER	VIERGE	CANCER	17 SCORPION
30 AOUT	BALANCE	BALANCE	CANCER	CANCER	CAPRICORNE	BELIER	VIERGE	CANCER	0 SAGITTAIRE
31 AOUT	BALANCE	BALANCE	CANCER	CANCER	CAPRICORNE	BELIER	VIERGE	CANCER	13 SAGITTAIRE
1 SEPTEMBRE	BALANCE	BALANCE	CANCER	CANCER	CAPRICORNE	BELIER	VIERGE	CANCER	25 SAGITTAIRE
2 SEPTEMBRE	BALANCE	BALANCE	CANCER	CANCER	CAPRICORNE	BELIER	VIERGE	CANCER	7 CAPRICORNE
3 SEPTEMBRE	BALANCE	BALANCE	CANCER	CANCER	CAPRICORNE	BELIER	VIERGE	CANCER	19 CAPRICORNE
4 SEPTEMBRE	BALANCE	BALANCE	CANCER	CANCER	CAPRICORNE	BELIER	VIERGE	CANCER	1 VERSEAU
5 SEPTEMBRE	BALANCE	BALANCE	CANCER	CANCER	CAPRICORNE	BELIER	VIERGE	CANCER	13 VERSEAU
6 SEPTEMBRE	BALANCE	BALANCE	CANCER	CANCER	CAPRICORNE	BELIER	VIERGE	CANCER	25 VERSEAU
7 SEPTEMBRE	BALANCE	SCORPION	CANCER	CANCER	CAPRICORNE	BELIER	VIERGE	CANCER	7 POISSONS
8 SEPTEMBRE	BALANCE	SCORPION	CANCER	CANCER	CAPRICORNE	BELIER	VIERGE	CANCER	19 POISSONS
9 SEPTEMBRE	BALANCE	SCORPION	CANCER	CANCER	CAPRICORNE	BELIER	VIERGE	CANCER	1 BELIER
10 SEPTEMBRE	BALANCE	SCORPION	CANCER	CANCER	CAPRICORNE	BELIER	VIERGE	CANCER	13 BELIER
11 SEPTEMBRE	BALANCE	SCORPION	CANCER	CANCER	CAPRICORNE	BELIER	VIERGE	CANCER	25 BELIER
12 SEPTEMBRE	BALANCE	SCORPION	CANCER	CANCER	CAPRICORNE	BELIER	VIERGE	CANCER	8 TAUREAU
13 SEPTEMBRE	BALANCE	SCORPION	CANCER	CANCER	CAPRICORNE	BELIER	VIERGE	CANCER	20 TAUREAU
14 SEPTEMBRE	BALANCE	SCORPION	CANCER	CANCER	CAPRICORNE	BELIER	VIERGE	CANCER	3 GEMEAUX
15 SEPTEMBRE	BALANCE	SCORPION	CANCER	CANCER	CAPRICORNE	BELIER	VIERGE	CANCER	17 GEMEAUX
16 SEPTEMBRE	BALANCE	SCORPION	CANCER	CANCER	CAPRICORNE	BELIER	VIERGE	CANCER	0 CANCER
17 SEPTEMBRE	BALANCE	SCORPION	CANCER	CANCER	CAPRICORNE	BELIER	VIERGE	CANCER	14 CANCER
18 SEPTEMBRE	BALANCE	SCORPION	CANCER	CANCER	CAPRICORNE	BELIER	VIERGE	CANCER	29 CANCER
19 SEPTEMBRE	BALANCE	SCORPION	CANCER	CANCER	CAPRICORNE	BELIER	VIERGE	CANCER	14 LION
20 SEPTEMBRE	VIERGE	SCORPION	CANCER	CANCER	CAPRICORNE	BELIER	VIERGE	CANCER	29 LION
21 SEPTEMBRE	VIERGE	SCORPION	CANCER	CANCER	CAPRICORNE	BELIER	VIERGE	CANCER	14 VIERGE
22 SEPTEMBRE	VIERGE	SCORPION	CANCER	CANCER	CAPRICORNE	BELIER	VIERGE	CANCER	29 VIERGE
23 SEPTEMBRE	VIERGE	SCORPION	CANCER	CANCER	CAPRICORNE	BELIER	VIERGE	CANCER	13 BALANCE

LE SOLEIL ENTRE DANS LE SIGNE DE LA VIERGE LE 23 AOUT 1930 A 21h15
LE SOLEIL QUITTE LE SIGNE DE LA VIERGE LE 23 SEPTEMBRE 1930 A 18h15

* LES CHIFFRES INDIQUENT LES DEGRES

1931	MERCURE	VENUS	MARS	JUPITER	SATURNE	URANUS	NEPTUNE	PLUTON	LUNE *
24 AOUT	VIERGE	LION	BALANCE	LION	CAPRICORNE	BELIER	VIERGE	CANCER	19 CAPRCORNE
25 AOUT	VIERGE	LION	BALANCE	LION	CAPRICORNE	BELIER	VIERGE	CANCER	1 VIERGE
26 AOUT	VIERGE	LION	BALANCE	LION	CAPRICORNE	BELIER	VIERGE	CANCER	14 VIERGE
27 AOUT	VIERGE	VIERGE	BALANCE	LION	CAPRICORNE	BELIER	VIERGE	CANCER	26 VIERGE
28 AOUT	VIERGE	VIERGE	BALANCE	LION	CAPRICORNE	BELIER	VIERGE	CANCER	8 POISSONS
29 AOUT	VIERGE	VIERGE	BALANCE	LION	CAPRICORNE	BELIER	VIERGE	CANCER	20 POISSONS
30 AOUT	VIERGE	VIERGE	BALANCE	LION	CAPRICORNE	BELIER	VIERGE	CANCER	2 BELIER
31 AOUT	VIERGE	VIERGE	BALANCE	LION	CAPRICORNE	BELIER	VIERGE	CANCER	13 BELIER
1 SEPTEMBRE	VIERGE	VIERGE	BALANCE	LION	CAPRICORNE	BELIER	VIERGE	CANCER	25 BELIER
2 SEPTEMBRE	VIERGE	VIERGE	BALANCE	LION	CAPRICORNE	BELIER	VIERGE	CANCER	7 TAUREAU
3 SEPTEMBRE	VIERGE	VIERGE	BALANCE	LION	CAPRICORNE	BELIER	VIERGE	CANCER	19 TAUREAU
4 SEPTEMBRE	VIERGE	VIERGE	BALANCE	LION	CAPRICORNE	BELIER	VIERGE	CANCER	1 GEMEAUX
5 SEPTEMBRE	VIERGE	VIERGE	BALANCE	LION	CAPRICORNE	BELIER	VIERGE	CANCER	14 GEMEAUX
6 SEPTEMBRE	VIERGE	VIERGE	BALANCE	LION	CAPRICORNE	BELIER	VIERGE	CANCER	27 GEMEAUX
7 SEPTEMBRE	VIERGE	VIERGE	BALANCE	LION	CAPRICORNE	BELIER	VIERGE	CANCER	10 CANCER
8 SEPTEMBRE	VIERGE	VIERGE	BALANCE	LION	CAPRICORNE	BELIER	VIERGE	CANCER	24 CANCER
9 SEPTEMBRE	VIERGE	VIERGE	BALANCE	LION	CAPRICORNE	BELIER	VIERGE	CANCER	8 LION
10 SEPTEMBRE	VIERGE	VIERGE	BALANCE	LION	CAPRICORNE	BELIER	VIERGE	CANCER	23 LION
11 SEPTEMBRE	VIERGE	VIERGE	BALANCE	LION	CAPRICORNE	BELIER	VIERGE	CANCER	8 VIERGE
12 SEPTEMBRE	VIERGE	VIERGE	BALANCE	LION	CAPRICORNE	BELIER	VIERGE	CANCER	23 VIERGE
13 SEPTEMBRE	VIERGE	VIERGE	BALANCE	LION	CAPRICORNE	BELIER	VIERGE	CANCER	8 BALANCE
14 SEPTEMBRE	VIERGE	VIERGE	BALANCE	LION	CAPRICORNE	BELIER	VIERGE	CANCER	23 BALANCE
15 SEPTEMBRE	VIERGE	VIERGE	BALANCE	LION	CAPRICORNE	BELIER	VIERGE	CANCER	8 SCORPION
16 SEPTEMBRE	VIERGE	VIERGE	BALANCE	LION	CAPRICORNE	BELIER	VIERGE	CANCER	22 SCORPION
17 SEPTEMBRE	VIERGE	VIERGE	SCORPION	LION	CAPRICORNE	BELIER	VIERGE	CANCER	6 SAGITTAIRE
18 SEPTEMBRE	VIERGE	VIERGE	SCORPION	LION	CAPRICORNE	BELIER	VIERGE	CANCER	20 SAGITTAIRE
19 SEPTEMBRE	VIERGE	VIERGE	SCORPION	LION	CAPRICORNE	BELIER	VIERGE	CANCER	3 CAPRICORNE
20 SEPTEMBRE	VIERGE	VIERGE	SCORPION	LION	CAPRICORNE	BELIER	VIERGE	CANCER	16 CAPRICORNE
21 SEPTEMBRE	VIERGE	BALANCE	SCORPION	LION	CAPRICORNE	BELIER	VIERGE	CANCER	28 CAPRICORNE
22 SEPTEMBRE	VIERGE	BALANCE	SCORPION	LION	CAPRICORNE	BELIER	VIERGE	CANCER	11 VERSEAU
23 SEPTEMBRE	VIERGE	BALANCE	SCORPION	LION	CAPRICORNE	BELIER	VIERGE	CANCER	23 VERSEAU
24 SEPTEMBRE	VIERGE	BALANCE	SCORPION	LION	CAPRICORNE	BELIER	VIERGE	CANCER	5 POISSONS

LE SOLEIL ENTRE DANS LE SIGNE DE LA VIERGE LE 24 AOUT 1931 A 3 h 00
LE SOLEIL QUITTE LE SIGNE DE LA VIERGE LE 24 SEPTEMBRE 1931 A 0 h 15

* LES CHIFFRES INDIQUENT LES DEGRES

DECOUVREZ DANS QUEL SIGNE SE TROUVAIENT LES PLANETES A VOTRE NAISSANCE

1932	MERCURE	VENUS	MARS	JUPITER	SATURNE	URANUS	NEPTUNE	PLUTON	LUNE *
23 AOUT	LION	CANCER	CANCER	VIERGE	CAPRICORNE	BELIER	VIERGE	CANCER	21 TAUREAU
24 AOUT	LION	CANCER	CANCER	VIERGE	CAPRICORNE	BELIER	VIERGE	CANCER	3 GEMEAUX
25 AOUT	LION	CANCER	CANCER	VIERGE	CAPRICORNE	BELIER	VIERGE	CANCER	15 GEMEAUX
26 AOUT	LION	CANCER	CANCER	VIERGE	CAPRICORNE	BELIER	VIERGE	CANCER	27 GEMEAUX
27 AOUT	LION	CANCER	CANCER	VIERGE	CAPRICORNE	BELIER	VIERGE	CANCER	10 CANCER
28 AOUT	LION	CANCER	CANCER	VIERGE	CAPRICORNE	BELIER	VIERGE	CANCER	23 CANCER
29 AOUT	LION	CANCER	CANCER	VIERGE	CAPRICORNE	BELIER	VIERGE	CANCER	6 LION
30 AOUT	LION	CANCER	CANCER	VIERGE	CAPRICORNE	BELIER	VIERGE	CANCER	19 LION
31 AOUT	LION	CANCER	CANCER	VIERGE	CAPRICORNE	BELIER	VIERGE	CANCER	3 VIERGE
1 SEPTEMBRE	LION	CANCER	CANCER	VIERGE	CAPRICORNE	BELIER	VIERGE	CANCER	17 VIERGE
2 SEPTEMBRE	LION	CANCER	CANCER	VIERGE	CAPRICORNE	BELIER	VIERGE	CANCER	2 BALANCE
3 SEPTEMBRE	LION	CANCER	CANCER	VIERGE	CAPRICORNE	BELIER	VIERGE	CANCER	16 BALANCE
4 SEPTEMBRE	LION	CANCER	CANCER	VIERGE	CAPRICORNE	BELIER	VIERGE	CANCER	1 SCORPION
5 SEPTEMBRE	LION	CANCER	CANCER	VIERGE	CAPRICORNE	BELIER	VIERGE	CANCER	15 SCORPION
6 SEPTEMBRE	LION	CANCER	CANCER	VIERGE	CAPRICORNE	BELIER	VIERGE	CANCER	0 SAGITTAIRE
7 SEPTEMBRE	LION	CANCER	CANCER	VIERGE	CAPRICORNE	BELIER	VIERGE	CANCER	14 SAGITTAIRE
8 SEPTEMBRE	LION	CANCER	CANCER	VIERGE	CAPRICORNE	BELIER	VIERGE	CANCER	28 SAGITTAIRE
9 SEPTEMBRE	VIERGE	LION	CANCER	VIERGE	CAPRICORNE	BELIER	VIERGE	CANCER	12 CAPRICORNE
10 SEPTEMBRE	VIERGE	LION	CANCER	VIERGE	CAPRICORNE	BELIER	VIERGE	CANCER	25 CAPRICORNE
11 SEPTEMBRE	VIERGE	LION	CANCER	VIERGE	CAPRICORNE	BELIER	VIERGE	CANCER	8 VERSEAU
12 SEPTEMBRE	VIERGE	LION	CANCER	VIERGE	CAPRICORNE	BELIER	VIERGE	CANCER	21 VERSEAU
13 SEPTEMBRE	VIERGE	LION	CANCER	VIERGE	CAPRICORNE	BELIER	VIERGE	CANCER	4 POISSONS
14 SEPTEMBRE	VIERGE	LION	CANCER	VIERGE	CAPRICORNE	BELIER	VIERGE	CANCER	17 POISSONS
15 SEPTEMBRE	VIERGE	LION	CANCER	VIERGE	CAPRICORNE	BELIER	VIERGE	CANCER	29 POISSONS
16 SEPTEMBRE	VIERGE	LION	CANCER	VIERGE	CAPRICORNE	BELIER	VIERGE	CANCER	11 BELIER
17 SEPTEMBRE	VIERGE	LION	CANCER	VIERGE	CAPRICORNE	BELIER	VIERGE	CANCER	23 BELIER
18 SEPTEMBRE	VIERGE	LION	CANCER	VIERGE	CAPRICORNE	BELIER	VIERGE	CANCER	5 TAUREAU
19 SEPTEMBRE	VIERGE	LION	CANCER	VIERGE	CAPRICORNE	BELIER	VIERGE	CANCER	17 TAUREAU
20 SEPTEMBRE	VIERGE	LION	CANCER	VIERGE	CAPRICORNE	BELIER	VIERGE	CANCER	29 TAUREAU
21 SEPTEMBRE	VIERGE	LION	LION	VIERGE	CAPRICORNE	BELIER	VIERGE	CANCER	11 GEMEAUX
22 SEPTEMBRE	VIERGE	LION	LION	VIERGE	CAPRICORNE	BELIER	VIERGE	CANCER	23 GEMEAUX
23 SEPTEMBRE	VIERGE	LION	LION	VIERGE	CAPRICORNE	BELIER	VIERGE	CANCER	5 CANCER

ENTRE DANS LE SIGNE DE LA LE 23 AOUT A 9 h 00
LE SOLEIL VIERGE 1932 * LES CHIFFRES INDIQUENT LES DEGRES
QUITTE LE SIGNE DE LA LE 23 SEPTEMBRE A 6 h 00

1933	MERCURE	VENUS	MARS	JUPITER	SATURNE	URANUS	NEPTUNE	PLUTON	LUNE *
23 AOUT	LION	BALANCE	BALANCE	VIERGE	VERSEAU	BELIER	VIERGE	CANCER	27 VIERGE
24 AOUT	LION	BALANCE	BALANCE	VIERGE	VERSEAU	BELIER	VIERGE	CANCER	10 BALANCE
25 AOUT	LION	BALANCE	BALANCE	VIERGE	VERSEAU	BELIER	VIERGE	CANCER	24 BALANCE
26 AOUT	LION	BALANCE	SCORPION	VIERGE	VERSEAU	BELIER	VIERGE	CANCER	7 SCORPION
27 AOUT	LION	BALANCE	SCORPION	VIERGE	VERSEAU	BELIER	VIERGE	CANCER	21 SCORPION
28 AOUT	LION	BALANCE	SCORPION	VIERGE	VERSEAU	BELIER	VIERGE	CANCER	5 SAGITTAIRE
29 AOUT	LION	BALANCE	SCORPION	VIERGE	VERSEAU	BELIER	VIERGE	CANCER	20 SAGITTAIRE
30 AOUT	LION	BALANCE	SCORPION	VIERGE	VERSEAU	BELIER	VIERGE	CANCER	4 CAPRICORNE
31 AOUT	LION	BALANCE	SCORPION	VIERGE	VERSEAU	BELIER	VIERGE	CANCER	18 CAPRICORNE
1 SEPTEMBRE	LION	BALANCE	SCORPION	VIERGE	VERSEAU	BELIER	VIERGE	CANCER	3 VERSEAU
2 SEPTEMBRE	VIERGE	BALANCE	SCORPION	VIERGE	VERSEAU	BELIER	VIERGE	CANCER	17 VERSEAU
3 SEPTEMBRE	VIERGE	BALANCE	SCORPION	VIERGE	VERSEAU	BELIER	VIERGE	CANCER	1 POISSONS
4 SEPTEMBRE	VIERGE	BALANCE	SCORPION	VIERGE	VERSEAU	BELIER	VIERGE	CANCER	15 POISSONS
5 SEPTEMBRE	VIERGE	BALANCE	SCORPION	VIERGE	VERSEAU	BELIER	VIERGE	CANCER	28 POISSONS
6 SEPTEMBRE	VIERGE	BALANCE	SCORPION	VIERGE	VERSEAU	BELIER	VIERGE	CANCER	12 BELIER
7 SEPTEMBRE	VIERGE	BALANCE	SCORPION	VIERGE	VERSEAU	BELIER	VIERGE	CANCER	25 BELIER
8 SEPTEMBRE	VIERGE	BALANCE	SCORPION	VIERGE	VERSEAU	BELIER	VIERGE	CANCER	7 TAUREAU
9 SEPTEMBRE	VIERGE	BALANCE	SCORPION	VIERGE	VERSEAU	BELIER	VIERGE	CANCER	20 TAUREAU
10 SEPTEMBRE	VIERGE	BALANCE	SCORPION	VIERGE	VERSEAU	BELIER	VIERGE	CANCER	2 GEMEAUX
11 SEPTEMBRE	VIERGE	BALANCE	SCORPION	VIERGE	VERSEAU	BELIER	VIERGE	CANCER	14 GEMEAUX
12 SEPTEMBRE	VIERGE	BALANCE	SCORPION	VIERGE	VERSEAU	BELIER	VIERGE	CANCER	25 GEMEAUX
13 SEPTEMBRE	VIERGE	BALANCE	SCORPION	VIERGE	VERSEAU	BELIER	VIERGE	CANCER	7 CANCER
14 SEPTEMBRE	VIERGE	BALANCE	SCORPION	VIERGE	VERSEAU	BELIER	VIERGE	CANCER	19 CANCER
15 SEPTEMBRE	VIERGE	BALANCE	SCORPION	VIERGE	VERSEAU	BELIER	VIERGE	CANCER	1 LION
16 SEPTEMBRE	VIERGE	SCORPION	SCORPION	VIERGE	VERSEAU	BELIER	VIERGE	CANCER	14 LION
17 SEPTEMBRE	VIERGE	SCORPION	SCORPION	VIERGE	VERSEAU	BELIER	VIERGE	CANCER	26 LION
18 SEPTEMBRE	BALANCE	SCORPION	SCORPION	VIERGE	VERSEAU	BELIER	VIERGE	CANCER	9 VIERGE
19 SEPTEMBRE	BALANCE	SCORPION	SCORPION	VIERGE	VERSEAU	BELIER	VIERGE	CANCER	22 VIERGE
20 SEPTEMBRE	BALANCE	SCORPION	SCORPION	VIERGE	VERSEAU	BELIER	VIERGE	CANCER	6 BALANCE
21 SEPTEMBRE	BALANCE	SCORPION	SCORPION	VIERGE	VERSEAU	BELIER	VIERGE	CANCER	20 BALANCE
22 SEPTEMBRE	BALANCE	SCORPION	SCORPION	VIERGE	VERSEAU	BELIER	VIERGE	CANCER	4 SCORPION
23 SEPTEMBRE	BALANCE	SCORPION	SCORPION	VIERGE	VERSEAU	BELIER	VIERGE	CANCER	18 SCORPION

ENTRE DANS LE SIGNE DE LA LE 23 AOUT A 14 h 45
LE SOLEIL VIERGE 1933 * LES CHIFFRES INDIQUENT LES DEGRES
QUITTE LE SIGNE DE LA LE 23 SEPTEMBRE A 11 h 45

DECOUVREZ DANS QUEL SIGNE SE TROUVAIENT LES PLANETES A VOTRE NAISSANCE

1934	MERCURE	VENUS	MARS	JUPITER	SATURNE	URANUS	NEPTUNE	PLUTON	LUNE *
23 AOUT	LION	LION	CANCER	BALANCE	VERSEAU	TAUREAU	VIERGE	CANCER	11 VERSEAU
24 AOUT	LION	LION	CANCER	BALANCE	VERSEAU	TAUREAU	VIERGE	CANCER	26 VERSEAU
25 AOUT	VIERGE	LION	CANCER	BALANCE	VERSEAU	TAUREAU	VIERGE	CANCER	11 POISSONS
26 AOUT	VIERGE	LION	CANCER	BALANCE	VERSEAU	TAUREAU	VIERGE	CANCER	26 POISSONS
27 AOUT	VIERGE	LION	CANCER	BALANCE	VERSEAU	TAUREAU	VIERGE	CANCER	10 BELIER
28 AOUT	VIERGE	LION	CANCER	BALANCE	VERSEAU	TAUREAU	VIERGE	CANCER	24 BELIER
29 AOUT	VIERGE	LION	CANCER	BALANCE	VERSEAU	TAUREAU	VIERGE	CANCER	8 TAUREAU
30 AOUT	VIERGE	LION	CANCER	BALANCE	VERSEAU	TAUREAU	VIERGE	CANCER	21 TAUREAU
31 AOUT	VIERGE	LION	LION	BALANCE	VERSEAU	TAUREAU	VIERGE	CANCER	3 GEMEAUX
1 SEPTEMBRE	VIERGE	LION	LION	BALANCE	VERSEAU	TAUREAU	VIERGE	CANCER	16 GEMEAUX
2 SEPTEMBRE	VIERGE	LION	LION	BALANCE	VERSEAU	TAUREAU	VIERGE	CANCER	28 GEMEAUX
3 SEPTEMBRE	VIERGE	LION	LION	BALANCE	VERSEAU	TAUREAU	VIERGE	CANCER	10 CANCER
4 SEPTEMBRE	VIERGE	LION	LION	BALANCE	VERSEAU	TAUREAU	VIERGE	CANCER	22 CANCER
5 SEPTEMBRE	VIERGE	LION	LION	BALANCE	VERSEAU	TAUREAU	VIERGE	CANCER	3 LION
6 SEPTEMBRE	VIERGE	LION	LION	BALANCE	VERSEAU	TAUREAU	VIERGE	CANCER	15 LION
7 SEPTEMBRE	VIERGE	LION	LION	BALANCE	VERSEAU	TAUREAU	VIERGE	CANCER	27 LION
8 SEPTEMBRE	VIERGE	LION	LION	BALANCE	VERSEAU	TAUREAU	VIERGE	CANCER	9 VIERGE
9 SEPTEMBRE	VIERGE	LION	LION	BALANCE	VERSEAU	TAUREAU	VIERGE	CANCER	21 VIERGE
10 SEPTEMBRE	BALANCE	LION	LION	BALANCE	VERSEAU	TAUREAU	VIERGE	CANCER	4 BALANCE
11 SEPTEMBRE	BALANCE	VIERGE	LION	BALANCE	VERSEAU	TAUREAU	VIERGE	CANCER	16 BALANCE
12 SEPTEMBRE	BALANCE	VIERGE	LION	BALANCE	VERSEAU	TAUREAU	VIERGE	CANCER	29 BALANCE
13 SEPTEMBRE	BALANCE	VIERGE	LION	BALANCE	VERSEAU	TAUREAU	VIERGE	CANCER	12 SCORPION
14 SEPTEMBRE	BALANCE	VIERGE	LION	BALANCE	VERSEAU	TAUREAU	VIERGE	CANCER	25 SCORPION
15 SEPTEMBRE	BALANCE	VIERGE	LION	BALANCE	VERSEAU	TAUREAU	VIERGE	CANCER	9 SAGITTAIRE
16 SEPTEMBRE	BALANCE	VIERGE	LION	BALANCE	VERSEAU	TAUREAU	VIERGE	CANCER	22 SAGITTAIRE
17 SEPTEMBRE	BALANCE	VIERGE	LION	BALANCE	VERSEAU	TAUREAU	VIERGE	CANCER	6 CAPRICORNE
18 SEPTEMBRE	BALANCE	VIERGE	LION	BALANCE	VERSEAU	TAUREAU	VIERGE	CANCER	21 CAPRICORNE
19 SEPTEMBRE	BALANCE	VIERGE	LION	BALANCE	VERSEAU	TAUREAU	VIERGE	CANCER	5 VERSEAU
20 SEPTEMBRE	BALANCE	VIERGE	LION	BALANCE	VERSEAU	TAUREAU	VIERGE	CANCER	20 VERSEAU
21 SEPTEMBRE	BALANCE	VIERGE	LION	BALANCE	VERSEAU	TAUREAU	VIERGE	CANCER	4 POISSONS
22 SEPTEMBRE	BALANCE	VIERGE	LION	BALANCE	VERSEAU	TAUREAU	VIERGE	CANCER	19 POISSONS
23 SEPTEMBRE	BALANCE	VIERGE	LION	BALANCE	VERSEAU	TAUREAU	VIERGE	CANCER	4 BELIER

LE SOLEIL ENTRE DANS LE SIGNE DE LA VIERGE LE 23 AOUT 1934 A 23 h 15
LE SOLEIL QUITTE LE SIGNE DE LA VIERGE LE 23 SEPTEMBRE 1934 A 17 h 30

* LES CHIFFRES INDIQUENT LES DEGRES

1935	MERCURE	VENUS	MARS	JUPITER	SATURNE	URANUS	NEPTUNE	PLUTON	LUNE *
24 AOUT	VIERGE	VIERGE	SCORPION	SCORPION	POISSONS	TAUREAU	VIERGE	CANCER	10 CANCER
25 AOUT	VIERGE	VIERGE	SCORPION	SCORPION	POISSONS	TAUREAU	VIERGE	CANCER	22 CANCER
26 AOUT	VIERGE	VIERGE	SCORPION	SCORPION	POISSONS	TAUREAU	VIERGE	CANCER	4 LION
27 AOUT	VIERGE	VIERGE	SCORPION	SCORPION	POISSONS	TAUREAU	VIERGE	CANCER	16 LION
28 AOUT	VIERGE	VIERGE	SCORPION	SCORPION	POISSONS	TAUREAU	VIERGE	CANCER	28 LION
29 AOUT	VIERGE	VIERGE	SCORPION	SCORPION	POISSONS	TAUREAU	VIERGE	CANCER	10 VIERGE
30 AOUT	VIERGE	VIERGE	SCORPION	SCORPION	POISSONS	TAUREAU	VIERGE	CANCER	22 VIERGE
31 AOUT	VIERGE	VIERGE	SCORPION	SCORPION	POISSONS	TAUREAU	VIERGE	CANCER	4 BALANCE
1 SEPTEMBRE	VIERGE	VIERGE	SCORPION	SCORPION	POISSONS	TAUREAU	VIERGE	CANCER	15 BALANCE
2 SEPTEMBRE	VIERGE	VIERGE	SCORPION	SCORPION	POISSONS	TAUREAU	VIERGE	CANCER	27 BALANCE
3 SEPTEMBRE	BALANCE	VIERGE	SCORPION	SCORPION	POISSONS	TAUREAU	VIERGE	CANCER	10 SCORPION
4 SEPTEMBRE	BALANCE	VIERGE	SCORPION	SCORPION	POISSONS	TAUREAU	VIERGE	CANCER	22 SCORPION
5 SEPTEMBRE	BALANCE	VIERGE	SCORPION	SCORPION	POISSONS	TAUREAU	VIERGE	CANCER	5 SAGITTAIRE
6 SEPTEMBRE	BALANCE	VIERGE	SCORPION	SCORPION	POISSONS	TAUREAU	VIERGE	CANCER	17 SAGITTAIRE
7 SEPTEMBRE	BALANCE	VIERGE	SCORPION	SCORPION	POISSONS	TAUREAU	VIERGE	CANCER	1 CAPRICORNE
8 SEPTEMBRE	BALANCE	VIERGE	SCORPION	SCORPION	POISSONS	TAUREAU	VIERGE	CANCER	14 CAPRICORNE
9 SEPTEMBRE	BALANCE	VIERGE	SCORPION	SCORPION	POISSONS	TAUREAU	VIERGE	CANCER	29 CAPRICORNE
10 SEPTEMBRE	BALANCE	VIERGE	SCORPION	SCORPION	POISSONS	TAUREAU	VIERGE	CANCER	13 VERSEAU
11 SEPTEMBRE	BALANCE	VIERGE	SCORPION	SCORPION	POISSONS	TAUREAU	VIERGE	CANCER	28 VERSEAU
12 SEPTEMBRE	BALANCE	VIERGE	SCORPION	SCORPION	POISSONS	TAUREAU	VIERGE	CANCER	13 POISSONS
13 SEPTEMBRE	BALANCE	VIERGE	SCORPION	SCORPION	POISSONS	TAUREAU	VIERGE	CANCER	29 POISSONS
14 SEPTEMBRE	BALANCE	VIERGE	SCORPION	SCORPION	POISSONS	TAUREAU	VIERGE	CANCER	14 BELIER
15 SEPTEMBRE	BALANCE	VIERGE	SCORPION	SCORPION	POISSONS	TAUREAU	VIERGE	CANCER	29 BELIER
16 SEPTEMBRE	BALANCE	VIERGE	SCORPION	SCORPION	POISSONS	TAUREAU	VIERGE	CANCER	13 TAUREAU
17 SEPTEMBRE	BALANCE	VIERGE	SAGITTAIRE	SCORPION	POISSONS	TAUREAU	VIERGE	CANCER	27 TAUREAU
18 SEPTEMBRE	BALANCE	VIERGE	SAGITTAIRE	SCORPION	POISSONS	TAUREAU	VIERGE	CANCER	11 GEMEAUX
19 SEPTEMBRE	BALANCE	VIERGE	SAGITTAIRE	SCORPION	POISSONS	TAUREAU	VIERGE	CANCER	24 GEMEAUX
20 SEPTEMBRE	BALANCE	VIERGE	SAGITTAIRE	SCORPION	POISSONS	TAUREAU	VIERGE	CANCER	7 CANCER
21 SEPTEMBRE	BALANCE	VIERGE	SAGITTAIRE	SCORPION	POISSONS	TAUREAU	VIERGE	CANCER	19 CANCER
22 SEPTEMBRE	BALANCE	VIERGE	SAGITTAIRE	SCORPION	POISSONS	TAUREAU	VIERGE	CANCER	1 LION
23 SEPTEMBRE	BALANCE	VIERGE	SAGITTAIRE	SCORPION	POISSONS	TAUREAU	VIERGE	CANCER	13 LION

LE SOLEIL ENTRE DANS LE SIGNE DE LA VIERGE LE 24 AOUT 1935 A 2 h 15
LE SOLEIL QUITTE LE SIGNE DE LA VIERGE LE 23 SEPTEMBRE 1935 A 23 h 30

* LES CHIFFRES INDIQUENT LES DEGRES

DECOUVREZ DANS QUEL SIGNE SE TROUVAIENT LES PLANETES A VOTRE NAISSANCE

1936	MERCURE	VENUS	MARS	JUPITER	SATURNE	URANUS	NEPTUNE	PLUTON	LUNE *
23 AOUT	VIERGE	VIERGE	LION	SAGITTAIRE	POISSONS	TAUREAU	VIERGE	CANCER	11 SCORPION
24 AOUT	VIERGE	VIERGE	LION	SAGITTAIRE	POISSONS	TAUREAU	VIERGE	CANCER	23 SCORPION
25 AOUT	VIERGE	VIERGE	LION	SAGITTAIRE	POISSONS	TAUREAU	VIERGE	CANCER	5 SAGITTAIRE
26 AOUT	VIERGE	VIERGE	LION	SAGITTAIRE	POISSONS	TAUREAU	VIERGE	CANCER	17 SAGITTAIRE
27 AOUT	VIERGE	VIERGE	LION	SAGITTAIRE	POISSONS	TAUREAU	VIERGE	CANCER	29 SAGITTAIRE
28 AOUT	BALANCE	VIERGE	LION	SAGITTAIRE	POISSONS	TAUREAU	VIERGE	CANCER	12 CAPRICORNE
29 AOUT	BALANCE	VIERGE	LION	SAGITTAIRE	POISSONS	TAUREAU	VIERGE	CANCER	26 CAPRICORNE
30 AOUT	BALANCE	VIERGE	LION	SAGITTAIRE	POISSONS	TAUREAU	VIERGE	CANCER	9 VERSEAU
31 AOUT	BALANCE	VIERGE	LION	SAGITTAIRE	POISSONS	TAUREAU	VIERGE	CANCER	24 VERSEAU
1 SEPTEMBRE	BALANCE	VIERGE	LION	SAGITTAIRE	POISSONS	TAUREAU	VIERGE	CANCER	8 POISSONS
2 SEPTEMBRE	BALANCE	VIERGE	LION	SAGITTAIRE	POISSONS	TAUREAU	VIERGE	CANCER	23 POISSONS
3 SEPTEMBRE	BALANCE	VIERGE	LION	SAGITTAIRE	POISSONS	TAUREAU	VIERGE	CANCER	8 BELIER
4 SEPTEMBRE	BALANCE	BALANCE	LION	SAGITTAIRE	POISSONS	TAUREAU	VIERGE	CANCER	23 BELIER
5 SEPTEMBRE	BALANCE	BALANCE	LION	SAGITTAIRE	POISSONS	TAUREAU	VIERGE	CANCER	8 TAUREAU
6 SEPTEMBRE	BALANCE	BALANCE	LION	SAGITTAIRE	POISSONS	TAUREAU	VIERGE	CANCER	22 TAUREAU
7 SEPTEMBRE	BALANCE	BALANCE	LION	SAGITTAIRE	POISSONS	TAUREAU	VIERGE	CANCER	6 GEMEAUX
8 SEPTEMBRE	BALANCE	BALANCE	LION	SAGITTAIRE	POISSONS	TAUREAU	VIERGE	CANCER	20 GEMEAUX
9 SEPTEMBRE	BALANCE	BALANCE	LION	SAGITTAIRE	POISSONS	TAUREAU	VIERGE	CANCER	3 CANCER
10 SEPTEMBRE	BALANCE	BALANCE	LION	SAGITTAIRE	POISSONS	TAUREAU	VIERGE	CANCER	17 CANCER
11 SEPTEMBRE	BALANCE	BALANCE	LION	SAGITTAIRE	POISSONS	TAUREAU	VIERGE	CANCER	0 LION
12 SEPTEMBRE	BALANCE	BALANCE	LION	SAGITTAIRE	POISSONS	TAUREAU	VIERGE	CANCER	12 LION
13 SEPTEMBRE	BALANCE	BALANCE	LION	SAGITTAIRE	POISSONS	TAUREAU	VIERGE	CANCER	25 LION
14 SEPTEMBRE	BALANCE	BALANCE	LION	SAGITTAIRE	POISSONS	TAUREAU	VIERGE	CANCER	7 VIERGE
15 SEPTEMBRE	BALANCE	BALANCE	LION	SAGITTAIRE	POISSONS	TAUREAU	VIERGE	CANCER	19 VIERGE
16 SEPTEMBRE	BALANCE	BALANCE	LION	SAGITTAIRE	POISSONS	TAUREAU	VIERGE	CANCER	2 BALANCE
17 SEPTEMBRE	BALANCE	BALANCE	LION	SAGITTAIRE	POISSONS	TAUREAU	VIERGE	CANCER	14 BALANCE
18 SEPTEMBRE	BALANCE	BALANCE	LION	SAGITTAIRE	POISSONS	TAUREAU	VIERGE	CANCER	25 BALANCE
19 SEPTEMBRE	BALANCE	BALANCE	LION	SAGITTAIRE	POISSONS	TAUREAU	VIERGE	CANCER	7 SCORPION
20 SEPTEMBRE	BALANCE	BALANCE	LION	SAGITTAIRE	POISSONS	TAUREAU	VIERGE	CANCER	19 SCORPION
21 SEPTEMBRE	BALANCE	BALANCE	LION	SAGITTAIRE	POISSONS	TAUREAU	VIERGE	CANCER	1 SAGITTAIRE
22 SEPTEMBRE	BALANCE	BALANCE	LION	SAGITTAIRE	POISSONS	TAUREAU	VIERGE	CANCER	13 SAGITTAIRE
23 SEPTEMBRE	BALANCE	BALANCE	LION	SAGITTAIRE	POISSONS	TAUREAU	VIERGE	CANCER	25 SAGITTAIRE

LE SOLEIL ENTRE DANS LE SIGNE DE LA VIERGE LE 23 AOUT 1936 A 8 h 00
LE SOLEIL QUITTE LE SIGNE DE LA VIERGE LE 23 SEPTEMBRE 1936 A 5 h 15

* LES CHIFFRES INDIQUENT LES DEGRES

1937	MERCURE	VENUS	MARS	JUPITER	SATURNE	URANUS	NEPTUNE	PLUTON	LUNE *
23 AOUT	VIERGE	CANCER	SAGITTAIRE	CAPRICORNE	BELIER	TAUREAU	VIERGE	CANCER	18 POISSONS
24 AOUT	VIERGE	CANCER	SAGITTAIRE	CAPRICORNE	BELIER	TAUREAU	VIERGE	CANCER	2 BELIER
25 AOUT	VIERGE	CANCER	SAGITTAIRE	CAPRICORNE	BELIER	TAUREAU	VIERGE	CANCER	16 BELIER
26 AOUT	VIERGE	CANCER	SAGITTAIRE	CAPRICORNE	BELIER	TAUREAU	VIERGE	CANCER	0 TAUREAU
27 AOUT	VIERGE	CANCER	SAGITTAIRE	CAPRICORNE	BELIER	TAUREAU	VIERGE	CANCER	14 TAUREAU
28 AOUT	VIERGE	CANCER	SAGITTAIRE	CAPRICORNE	BELIER	TAUREAU	VIERGE	CANCER	28 TAUREAU
29 AOUT	VIERGE	CANCER	SAGITTAIRE	CAPRICORNE	BELIER	TAUREAU	VIERGE	CANCER	12 GEMEAUX
30 AOUT	VIERGE	CANCER	SAGITTAIRE	CAPRICORNE	BELIER	TAUREAU	VIERGE	CANCER	26 GEMEAUX
31 AOUT	VIERGE	LION	SAGITTAIRE	CAPRICORNE	BELIER	TAUREAU	VIERGE	CANCER	10 CANCER
1 SEPTEMBRE	VIERGE	LION	SAGITTAIRE	CAPRICORNE	BELIER	TAUREAU	VIERGE	CANCER	24 CANCER
2 SEPTEMBRE	VIERGE	LION	SAGITTAIRE	CAPRICORNE	BELIER	TAUREAU	VIERGE	CANCER	8 LION
3 SEPTEMBRE	VIERGE	LION	SAGITTAIRE	CAPRICORNE	BELIER	TAUREAU	VIERGE	CANCER	22 LION
4 SEPTEMBRE	VIERGE	LION	SAGITTAIRE	CAPRICORNE	BELIER	TAUREAU	VIERGE	CANCER	6 VIERGE
5 SEPTEMBRE	VIERGE	LION	SAGITTAIRE	CAPRICORNE	BELIER	TAUREAU	VIERGE	CANCER	19 VIERGE
6 SEPTEMBRE	VIERGE	LION	SAGITTAIRE	CAPRICORNE	BELIER	TAUREAU	VIERGE	CANCER	2 BALANCE
7 SEPTEMBRE	VIERGE	LION	SAGITTAIRE	CAPRICORNE	BELIER	TAUREAU	VIERGE	CANCER	15 BALANCE
8 SEPTEMBRE	VIERGE	LION	SAGITTAIRE	CAPRICORNE	BELIER	TAUREAU	VIERGE	CANCER	27 BALANCE
9 SEPTEMBRE	VIERGE	LION	SAGITTAIRE	CAPRICORNE	BELIER	TAUREAU	VIERGE	CANCER	9 SCORPION
10 SEPTEMBRE	VIERGE	LION	SAGITTAIRE	CAPRICORNE	BELIER	TAUREAU	VIERGE	CANCER	21 SCORPION
11 SEPTEMBRE	VIERGE	LION	SAGITTAIRE	CAPRICORNE	BELIER	TAUREAU	VIERGE	CANCER	3 SAGITTAIRE
12 SEPTEMBRE	VIERGE	LION	SAGITTAIRE	CAPRICORNE	BELIER	TAUREAU	VIERGE	CANCER	15 SAGITTAIRE
13 SEPTEMBRE	VIERGE	LION	SAGITTAIRE	CAPRICORNE	BELIER	TAUREAU	VIERGE	CANCER	27 SAGITTAIRE
14 SEPTEMBRE	VIERGE	LION	SAGITTAIRE	CAPRICORNE	BELIER	TAUREAU	VIERGE	CANCER	9 CAPRICORNE
15 SEPTEMBRE	VIERGE	LION	SAGITTAIRE	CAPRICORNE	BELIER	TAUREAU	VIERGE	CANCER	21 CAPRICORNE
16 SEPTEMBRE	VIERGE	LION	SAGITTAIRE	CAPRICORNE	BELIER	TAUREAU	VIERGE	CANCER	3 VERSEAU
17 SEPTEMBRE	VIERGE	LION	SAGITTAIRE	CAPRICORNE	BELIER	TAUREAU	VIERGE	CANCER	16 VERSEAU
18 SEPTEMBRE	VIERGE	LION	SAGITTAIRE	CAPRICORNE	BELIER	TAUREAU	VIERGE	CANCER	29 VERSEAU
19 SEPTEMBRE	VIERGE	LION	SAGITTAIRE	CAPRICORNE	BELIER	TAUREAU	VIERGE	CANCER	13 POISSONS
20 SEPTEMBRE	VIERGE	LION	SAGITTAIRE	CAPRICORNE	BELIER	TAUREAU	VIERGE	CANCER	27 POISSONS
21 SEPTEMBRE	VIERGE	LION	SAGITTAIRE	CAPRICORNE	BELIER	TAUREAU	VIERGE	CANCER	11 BELIER
22 SEPTEMBRE	VIERGE	LION	SAGITTAIRE	CAPRICORNE	BELIER	TAUREAU	VIERGE	CANCER	26 BELIER
23 SEPTEMBRE	VIERGE	LION	SAGITTAIRE	CAPRICORNE	BELIER	TAUREAU	VIERGE	CANCER	10 TAUREAU

LE SOLEIL ENTRE DANS LE SIGNE DE LA VIERGE LE 23 AOUT 1937 A 13 h 45
LE SOLEIL QUITTE LE SIGNE DE LA VIERGE LE 23 SEPTEMBRE 1937 A 11 h 00

* LES CHIFFRES INDIQUENT LES DEGRES

DECOUVREZ DANS QUEL SIGNE SE TROUVAIENT LES PLANETES A VOTRE NAISSANCE

1938	MERCURE	VENUS	MARS	JUPITER	SATURNE	URANUS	NEPTUNE	PLUTON	LUNE *
23 AOUT	VIERGE	BALANCE	LION	VERSEAU	BELIER	TAUREAU	VIERGE	CANCER	2 LION
24 AOUT	VIERGE	BALANCE	LION	VERSEAU	BELIER	TAUREAU	VIERGE	CANCER	17 LION
25 AOUT	VIERGE	BALANCE	LION	VERSEAU	BELIER	TAUREAU	VIERGE	CANCER	2 VIERGE
26 AOUT	VIERGE	BALANCE	LION	VERSEAU	BELIER	TAUREAU	VIERGE	CANCER	16 VIERGE
27 AOUT	VIERGE	BALANCE	LION	VERSEAU	BELIER	TAUREAU	VIERGE	CANCER	1 BALANCE
28 AOUT	VIERGE	BALANCE	LION	VERSEAU	BELIER	TAUREAU	VIERGE	CANCER	14 BALANCE
29 AOUT	VIERGE	BALANCE	LION	VERSEAU	BELIER	TAUREAU	VIERGE	CANCER	28 BALANCE
30 AOUT	VIERGE	BALANCE	LION	VERSEAU	BELIER	TAUREAU	VIERGE	CANCER	11 SCORPION
31 AOUT	VIERGE	BALANCE	LION	VERSEAU	BELIER	TAUREAU	VIERGE	CANCER	23 SCORPION
1 SEPTEMBRE	VIERGE	BALANCE	LION	VERSEAU	BELIER	TAUREAU	VIERGE	CANCER	5 SAGITTAIRE
2 SEPTEMBRE	VIERGE	BALANCE	LION	VERSEAU	BELIER	TAUREAU	VIERGE	CANCER	18 SAGITTAIRE
3 SEPTEMBRE	LION	BALANCE	LION	VERSEAU	BELIER	TAUREAU	VIERGE	CANCER	29 SAGITTAIRE
4 SEPTEMBRE	LION	BALANCE	LION	VERSEAU	BELIER	TAUREAU	VIERGE	CANCER	11 CAPRICORNE
5 SEPTEMBRE	LION	BALANCE	LION	VERSEAU	BELIER	TAUREAU	VIERGE	CANCER	23 CAPRICORNE
6 SEPTEMBRE	LION	BALANCE	LION	VERSEAU	BELIER	TAUREAU	VIERGE	CANCER	5 VERSEAU
7 SEPTEMBRE	LION	SCORPION	LION	VERSEAU	BELIER	TAUREAU	VIERGE	CANCER	17 VERSEAU
8 SEPTEMBRE	LION	SCORPION	VIERGE	VERSEAU	BELIER	TAUREAU	VIERGE	CANCER	29 VERSEAU
9 SEPTEMBRE	LION	SCORPION	VIERGE	VERSEAU	BELIER	TAUREAU	VIERGE	LION	12 POISSONS
10 SEPTEMBRE	LION	SCORPION	VIERGE	VERSEAU	BELIER	TAUREAU	VIERGE	LION	25 POISSONS
11 SEPTEMBRE	VIERGE	SCORPION	VIERGE	VERSEAU	BELIER	TAUREAU	VIERGE	LION	7 BELIER
12 SEPTEMBRE	VIERGE	SCORPION	VIERGE	VERSEAU	BELIER	TAUREAU	VIERGE	LION	20 BELIER
13 SEPTEMBRE	VIERGE	SCORPION	VIERGE	VERSEAU	BELIER	TAUREAU	VIERGE	LION	4 TAUREAU
14 SEPTEMBRE	VIERGE	SCORPION	VIERGE	VERSEAU	BELIER	TAUREAU	VIERGE	LION	17 TAUREAU
15 SEPTEMBRE	VIERGE	SCORPION	VIERGE	VERSEAU	BELIER	TAUREAU	VIERGE	LION	1 GEMEAUX
16 SEPTEMBRE	VIERGE	SCORPION	VIERGE	VERSEAU	BELIER	TAUREAU	VIERGE	LION	14 GEMEAUX
17 SEPTEMBRE	VIERGE	SCORPION	VIERGE	VERSEAU	BELIER	TAUREAU	VIERGE	LION	28 GEMEAUX
18 SEPTEMBRE	VIERGE	SCORPION	VIERGE	VERSEAU	BELIER	TAUREAU	VIERGE	LION	13 CANCER
19 SEPTEMBRE	VIERGE	SCORPION	VIERGE	VERSEAU	BELIER	TAUREAU	VIERGE	LION	27 CANCER
20 SEPTEMBRE	VIERGE	SCORPION	VIERGE	VERSEAU	BELIER	TAUREAU	VIERGE	LION	11 LION
21 SEPTEMBRE	VIERGE	SCORPION	VIERGE	VERSEAU	BELIER	TAUREAU	VIERGE	LION	26 LION
22 SEPTEMBRE	VIERGE	SCORPION	VIERGE	VERSEAU	BELIER	TAUREAU	VIERGE	LION	10 VIERGE
23 SEPTEMBRE	VIERGE	SCORPION	VIERGE	VERSEAU	BELIER	TAUREAU	VIERGE	LION	25 VIERGE

	ENTRE DANS LE SIGNE DE LA		LE 23 AOUT	A 19 h 30	
LE SOLEIL		VIERGE	1938		* LES CHIFFRES INDIQUENT LES DEGRES
	QUITTE LE SIGNE DE LA		LE 23 SEPTEMBRE	A 16 h 45	

1939	MERCURE	VENUS	MARS	JUPITER	SATURNE	URANUS	NEPTUNE	PLUTON	LUNE *
24 AOUT	LION	LION	CAPRICORNE	BELIER	TAUREAU	TAUREAU	VIERGE	LION	0 CAPRICORNE
25 AOUT	LION	LION	CAPRICORNE	BELIER	TAUREAU	TAUREAU	VIERGE	LION	13 CAPRICORNE
26 AOUT	LION	LION	CAPRICORNE	BELIER	TAUREAU	TAUREAU	VIERGE	LION	25 CAPRICORNE
27 AOUT	LION	VIERGE	CAPRICORNE	BELIER	TAUREAU	TAUREAU	VIERGE	LION	7 VERSEAU
28 AOUT	LION	VIERGE	CAPRICORNE	BELIER	TAUREAU	TAUREAU	VIERGE	LION	18 VERSEAU
29 AOUT	LION	VIERGE	CAPRICORNE	BELIER	TAUREAU	TAUREAU	VIERGE	LION	0 POISSONS
30 AOUT	LION	VIERGE	CAPRICORNE	BELIER	TAUREAU	TAUREAU	VIERGE	LION	12 POISSONS
31 AOUT	LION	VIERGE	CAPRICORNE	BELIER	TAUREAU	TAUREAU	VIERGE	LION	24 POISSONS
1 SEPTEMBRE	LION	VIERGE	CAPRICORNE	BELIER	TAUREAU	TAUREAU	VIERGE	LION	6 BELIER
2 SEPTEMBRE	LION	VIERGE	CAPRICORNE	BELIER	TAUREAU	TAUREAU	VIERGE	LION	18 BELIER
3 SEPTEMBRE	LION	VIERGE	CAPRICORNE	BELIER	TAUREAU	TAUREAU	VIERGE	LION	0 TAUREAU
4 SEPTEMBRE	LION	VIERGE	CAPRICORNE	BELIER	TAUREAU	TAUREAU	VIERGE	LION	13 TAUREAU
5 SEPTEMBRE	LION	VIERGE	CAPRICORNE	BELIER	TAUREAU	TAUREAU	VIERGE	LION	25 TAUREAU
6 SEPTEMBRE	LION	VIERGE	CAPRICORNE	BELIER	TAUREAU	TAUREAU	VIERGE	LION	8 GEMEAUX
7 SEPTEMBRE	VIERGE	VIERGE	CAPRICORNE	BELIER	TAUREAU	TAUREAU	VIERGE	LION	22 GEMEAUX
8 SEPTEMBRE	VIERGE	VIERGE	CAPRICORNE	BELIER	TAUREAU	TAUREAU	VIERGE	LION	6 CANCER
9 SEPTEMBRE	VIERGE	VIERGE	CAPRICORNE	BELIER	TAUREAU	TAUREAU	VIERGE	LION	20 CANCER
10 SEPTEMBRE	VIERGE	VIERGE	CAPRICORNE	BELIER	TAUREAU	TAUREAU	VIERGE	LION	4 LION
11 SEPTEMBRE	VIERGE	VIERGE	CAPRICORNE	BELIER	TAUREAU	TAUREAU	VIERGE	LION	19 LION
12 SEPTEMBRE	VIERGE	VIERGE	CAPRICORNE	BELIER	TAUREAU	TAUREAU	VIERGE	LION	5 VIERGE
13 SEPTEMBRE	VIERGE	VIERGE	CAPRICORNE	BELIER	TAUREAU	TAUREAU	VIERGE	LION	20 VIERGE
14 SEPTEMBRE	VIERGE	VIERGE	CAPRICORNE	BELIER	TAUREAU	TAUREAU	VIERGE	LION	5 BALANCE
15 SEPTEMBRE	VIERGE	VIERGE	CAPRICORNE	BELIER	TAUREAU	TAUREAU	VIERGE	LION	20 BALANCE
16 SEPTEMBRE	VIERGE	VIERGE	CAPRICORNE	BELIER	TAUREAU	TAUREAU	VIERGE	LION	5 SCORPION
17 SEPTEMBRE	VIERGE	VIERGE	CAPRICORNE	BELIER	TAUREAU	TAUREAU	VIERGE	LION	18 SCORPION
18 SEPTEMBRE	VIERGE	VIERGE	CAPRICORNE	BELIER	TAUREAU	TAUREAU	VIERGE	LION	1 SAGITTAIRE
19 SEPTEMBRE	VIERGE	VIERGE	CAPRICORNE	BELIER	TAUREAU	TAUREAU	VIERGE	LION	14 SAGITTAIRE
20 SEPTEMBRE	VIERGE	BALANCE	CAPRICORNE	BELIER	TAUREAU	TAUREAU	VIERGE	LION	27 SAGITTAIRE
21 SEPTEMBRE	VIERGE	BALANCE	CAPRICORNE	BELIER	TAUREAU	TAUREAU	VIERGE	LION	9 CAPRICORNE
22 SEPTEMBRE	VIERGE	BALANCE	CAPRICORNE	BELIER	BELIER	TAUREAU	VIERGE	LION	21 CAPRICORNE
23 SEPTEMBRE	BALANCE	BALANCE	CAPRICORNE	BELIER	BELIER	TAUREAU	VIERGE	LION	3 VERSEAU

	ENTRE DANS LE SIGNE DE LA		LE 24 AOUT	A 1 h 15	
LE SOLEIL		VIERGE	1939		* LES CHIFFRES INDIQUENT LES DEGRES
	QUITTE LE SIGNE DE LA		LE 23 SEPTEMBRE	A 22 h 30	

DECOUVREZ DANS QUEL SIGNE SE TROUVAIENT LES PLANETES A VOTRE NAISSANCE

1940	MERCURE	VENUS	MARS	JUPITER	SATURNE	URANUS	NEPTUNE	PLUTON	LUNE *
23 AOUT	LION	CANCER	VIERGE	TAUREAU	TAUREAU	TAUREAU	VIERGE	LION	0 TAUREAU
24 AOUT	LION	CANCER	VIERGE	TAUREAU	TAUREAU	TAUREAU	VIERGE	LION	12 TAUREAU
25 AOUT	LION	CANCER	VIERGE	TAUREAU	TAUREAU	TAUREAU	VIERGE	LION	24 TAUREAU
26 AOUT	LION	CANCER	VIERGE	TAUREAU	TAUREAU	TAUREAU	VIERGE	LION	7 GEMEAUX
27 AOUT	LION	CANCER	VIERGE	TAUREAU	TAUREAU	TAUREAU	VIERGE	LION	19 GEMEAUX
28 AOUT	LION	CANCER	VIERGE	TAUREAU	TAUREAU	TAUREAU	VIERGE	LION	2 CANCER
29 AOUT	VIERGE	CANCER	VIERGE	TAUREAU	TAUREAU	TAUREAU	VIERGE	LION	16 CANCER
30 AOUT	VIERGE	CANCER	VIERGE	TAUREAU	TAUREAU	TAUREAU	VIERGE	LION	0 LION
31 AOUT	VIERGE	CANCER	VIERGE	TAUREAU	TAUREAU	TAUREAU	VIERGE	LION	14 LION
1 SEPTEMBRE	VIERGE	CANCER	VIERGE	TAUREAU	TAUREAU	TAUREAU	VIERGE	LION	29 LION
2 SEPTEMBRE	VIERGE	CANCER	VIERGE	TAUREAU	TAUREAU	TAUREAU	VIERGE	LION	14 VIERGE
3 SEPTEMBRE	VIERGE	CANCER	VIERGE	TAUREAU	TAUREAU	TAUREAU	VIERGE	LION	29 VIERGE
4 SEPTEMBRE	VIERGE	CANCER	VIERGE	TAUREAU	TAUREAU	TAUREAU	VIERGE	LION	14 BALANCE
5 SEPTEMBRE	VIERGE	CANCER	VIERGE	TAUREAU	TAUREAU	TAUREAU	VIERGE	LION	29 BALANCE
6 SEPTEMBRE	VIERGE	CANCER	VIERGE	TAUREAU	TAUREAU	TAUREAU	VIERGE	LION	13 SCORPION
7 SEPTEMBRE	VIERGE	CANCER	VIERGE	TAUREAU	TAUREAU	TAUREAU	VIERGE	LION	28 SCORPION
8 SEPTEMBRE	VIERGE	CANCER	VIERGE	TAUREAU	TAUREAU	TAUREAU	VIERGE	LION	11 SAGITTAIRE
9 SEPTEMBRE	VIERGE	LION	VIERGE	TAUREAU	TAUREAU	TAUREAU	VIERGE	LION	25 SAGITTAIRE
10 SEPTEMBRE	VIERGE	LION	VIERGE	TAUREAU	TAUREAU	TAUREAU	VIERGE	LION	8 CAPRICORNE
11 SEPTEMBRE	VIERGE	LION	VIERGE	TAUREAU	TAUREAU	TAUREAU	VIERGE	LION	21 CAPRICORNE
12 SEPTEMBRE	VIERGE	LION	VIERGE	TAUREAU	TAUREAU	TAUREAU	VIERGE	LION	3 VERSEAU
13 SEPTEMBRE	VIERGE	LION	VIERGE	TAUREAU	TAUREAU	TAUREAU	VIERGE	LION	16 VERSEAU
14 SEPTEMBRE	BALANCE	LION	VIERGE	TAUREAU	TAUREAU	TAUREAU	VIERGE	LION	28 VERSEAU
15 SEPTEMBRE	BALANCE	LION	VIERGE	TAUREAU	TAUREAU	TAUREAU	VIERGE	LION	10 POISSONS
16 SEPTEMBRE	BALANCE	LION	VIERGE	TAUREAU	TAUREAU	TAUREAU	VIERGE	LION	22 POISSONS
17 SEPTEMBRE	BALANCE	LION	VIERGE	TAUREAU	TAUREAU	TAUREAU	VIERGE	LION	4 BELIER
18 SEPTEMBRE	BALANCE	LION	VIERGE	TAUREAU	TAUREAU	TAUREAU	VIERGE	LION	16 BELIER
19 SEPTEMBRE	BALANCE	LION	VIERGE	TAUREAU	TAUREAU	TAUREAU	VIERGE	LION	27 BELIER
20 SEPTEMBRE	BALANCE	LION	VIERGE	TAUREAU	TAUREAU	TAUREAU	VIERGE	LION	9 TAUREAU
21 SEPTEMBRE	BALANCE	LION	VIERGE	TAUREAU	TAUREAU	TAUREAU	VIERGE	LION	21 TAUREAU
22 SEPTEMBRE	BALANCE	LION	VIERGE	TAUREAU	TAUREAU	TAUREAU	VIERGE	LION	3 GEMEAUX
23 SEPTEMBRE	BALANCE	LION	VIERGE	TAUREAU	TAUREAU	TAUREAU	VIERGE	LION	15 GEMEAUX

LE SOLEIL ENTRE DANS LE SIGNE DE LA VIERGE LE 23 AOUT 1940 A 7 h 15
LE SOLEIL QUITTE LE SIGNE DE LA VIERGE LE 23 SEPTEMBRE 1940 A 4 h 30

* LES CHIFFRES INDIQUENT LES DEGRES

1941	MERCURE	VENUS	MARS	JUPITER	SATURNE	URANUS	NEPTUNE	PLUTON	LUNE *
23 AOUT	VIERGE	BALANCE	BELIER	GEMEAUX	TAUREAU	GEMEAUX	VIERGE	LION	9 VIERGE
24 AOUT	VIERGE	BALANCE	BELIER	GEMEAUX	TAUREAU	GEMEAUX	VIERGE	LION	23 VIERGE
25 AOUT	VIERGE	BALANCE	BELIER	GEMEAUX	TAUREAU	GEMEAUX	VIERGE	LION	7 BALANCE
26 AOUT	VIERGE	BALANCE	BELIER	GEMEAUX	TAUREAU	GEMEAUX	VIERGE	LION	21 BALANCE
27 AOUT	VIERGE	BALANCE	BELIER	GEMEAUX	TAUREAU	GEMEAUX	VIERGE	LION	6 SCORPION
28 AOUT	VIERGE	BALANCE	BELIER	GEMEAUX	TAUREAU	GEMEAUX	VIERGE	LION	20 SCORPION
29 AOUT	VIERGE	BALANCE	BELIER	GEMEAUX	TAUREAU	GEMEAUX	VIERGE	LION	4 SAGITTAIRE
30 AOUT	VIERGE	BALANCE	BELIER	GEMEAUX	TAUREAU	GEMEAUX	VIERGE	LION	18 SAGITTAIRE
31 AOUT	VIERGE	BALANCE	BELIER	GEMEAUX	TAUREAU	GEMEAUX	VIERGE	LION	2 CAPRICORNE
1 SEPTEMBRE	VIERGE	BALANCE	BELIER	GEMEAUX	TAUREAU	GEMEAUX	VIERGE	LION	16 CAPRICORNE
2 SEPTEMBRE	VIERGE	BALANCE	BELIER	GEMEAUX	TAUREAU	GEMEAUX	VIERGE	LION	0 VERSEAU
3 SEPTEMBRE	VIERGE	BALANCE	BELIER	GEMEAUX	TAUREAU	GEMEAUX	VIERGE	LION	13 VERSEAU
4 SEPTEMBRE	VIERGE	BALANCE	BELIER	GEMEAUX	TAUREAU	GEMEAUX	VIERGE	LION	26 VERSEAU
5 SEPTEMBRE	VIERGE	BALANCE	BELIER	GEMEAUX	TAUREAU	GEMEAUX	VIERGE	LION	9 POISSONS
6 SEPTEMBRE	VIERGE	BALANCE	BELIER	GEMEAUX	TAUREAU	GEMEAUX	VIERGE	LION	22 POISSONS
7 SEPTEMBRE	BALANCE	BALANCE	BELIER	GEMEAUX	TAUREAU	GEMEAUX	VIERGE	LION	5 BELIER
8 SEPTEMBRE	BALANCE	BALANCE	BELIER	GEMEAUX	TAUREAU	GEMEAUX	VIERGE	LION	17 BELIER
9 SEPTEMBRE	BALANCE	BALANCE	BELIER	GEMEAUX	TAUREAU	GEMEAUX	VIERGE	LION	29 BELIER
10 SEPTEMBRE	BALANCE	BALANCE	BELIER	GEMEAUX	TAUREAU	GEMEAUX	VIERGE	LION	11 TAUREAU
11 SEPTEMBRE	BALANCE	BALANCE	BELIER	GEMEAUX	TAUREAU	GEMEAUX	VIERGE	LION	23 TAUREAU
12 SEPTEMBRE	BALANCE	BALANCE	BELIER	GEMEAUX	TAUREAU	GEMEAUX	VIERGE	LION	5 GEMEAUX
13 SEPTEMBRE	BALANCE	BALANCE	BELIER	GEMEAUX	TAUREAU	GEMEAUX	VIERGE	LION	16 GEMEAUX
14 SEPTEMBRE	BALANCE	BALANCE	BELIER	GEMEAUX	TAUREAU	GEMEAUX	VIERGE	LION	29 GEMEAUX
15 SEPTEMBRE	BALANCE	SCORPION	BELIER	GEMEAUX	TAUREAU	GEMEAUX	VIERGE	LION	11 CANCER
16 SEPTEMBRE	BALANCE	SCORPION	BELIER	GEMEAUX	TAUREAU	GEMEAUX	VIERGE	LION	23 CANCER
17 SEPTEMBRE	BALANCE	SCORPION	BELIER	GEMEAUX	TAUREAU	GEMEAUX	VIERGE	LION	6 LION
18 SEPTEMBRE	BALANCE	SCORPION	BELIER	GEMEAUX	TAUREAU	GEMEAUX	VIERGE	LION	20 LION
19 SEPTEMBRE	BALANCE	SCORPION	BELIER	GEMEAUX	TAUREAU	GEMEAUX	VIERGE	LION	3 VIERGE
20 SEPTEMBRE	BALANCE	SCORPION	BELIER	GEMEAUX	TAUREAU	GEMEAUX	VIERGE	LION	17 VIERGE
21 SEPTEMBRE	BALANCE	SCORPION	BELIER	GEMEAUX	TAUREAU	GEMEAUX	VIERGE	LION	2 BALANCE
22 SEPTEMBRE	BALANCE	SCORPION	BELIER	GEMEAUX	TAUREAU	GEMEAUX	VIERGE	LION	17 BALANCE
23 SEPTEMBRE	BALANCE	SCORPION	BELIER	GEMEAUX	TAUREAU	GEMEAUX	VIERGE	LION	1 SCORPION

LE SOLEIL ENTRE DANS LE SIGNE DE LA VIERGE LE 23 AOUT 1941 A 13 h 15
LE SOLEIL QUITTE LE SIGNE DE LA VIERGE LE 23 SEPTEMBRE 1941 A 10 h 15

* LES CHIFFRES INDIQUENT LES DEGRES

DECOUVREZ DANS QUEL SIGNE SE TROUVAIENT LES PLANETES A VOTRE NAISSANCE

1942	MERCURE	VENUS	MARS	JUPITER	SATURNE	URANUS	NEPTUNE	PLUTON	LUNE ✱
23 AOUT	VIERGE	LION	VIERGE	CANCER	GEMEAUX	GEMEAUX	VIERGE	LION	23 CAPRICORNE
24 AOUT	VIERGE	LION	VIERGE	CANCER	GEMEAUX	GEMEAUX	VIERGE	LION	8 VERSEAU
25 AOUT	VIERGE	LION	VIERGE	CANCER	GEMEAUX	GEMEAUX	VIERGE	LION	23 VERSEAU
26 AOUT	VIERGE	LION	VIERGE	CANCER	GEMEAUX	GEMEAUX	VIERGE	LION	7 POISSONS
27 AOUT	VIERGE	LION	VIERGE	CANCER	GEMEAUX	GEMEAUX	VIERGE	LION	21 POISSONS
28 AOUT	VIERGE	LION	VIERGE	CANCER	GEMEAUX	GEMEAUX	VIERGE	LION	4 BELIER
29 AOUT	VIERGE	LION	VIERGE	CANCER	GEMEAUX	GEMEAUX	VIERGE	LION	18 BELIER
30 AOUT	VIERGE	LION	VIERGE	CANCER	GEMEAUX	GEMEAUX	VIERGE	LION	0 TAUREAU
31 AOUT	BALANCE	LION	VIERGE	CANCER	GEMEAUX	GEMEAUX	VIERGE	LION	13 TAUREAU
1 SEPTEMBRE	BALANCE	LION	VIERGE	CANCER	GEMEAUX	GEMEAUX	VIERGE	LION	25 TAUREAU
2 SEPTEMBRE	BALANCE	LION	VIERGE	CANCER	GEMEAUX	GEMEAUX	VIERGE	LION	7 GEMEAUX
3 SEPTEMBRE	BALANCE	LION	VIERGE	CANCER	GEMEAUX	GEMEAUX	VIERGE	LION	19 GEMEAUX
4 SEPTEMBRE	BALANCE	LION	VIERGE	CANCER	GEMEAUX	GEMEAUX	VIERGE	LION	1 CANCER
5 SEPTEMBRE	BALANCE	LION	VIERGE	CANCER	GEMEAUX	GEMEAUX	VIERGE	LION	13 CANCER
6 SEPTEMBRE	BALANCE	LION	VIERGE	CANCER	GEMEAUX	GEMEAUX	VIERGE	LION	25 CANCER
7 SEPTEMBRE	BALANCE	LION	VIERGE	CANCER	GEMEAUX	GEMEAUX	VIERGE	LION	7 LION
8 SEPTEMBRE	BALANCE	LION	VIERGE	CANCER	GEMEAUX	GEMEAUX	VIERGE	LION	19 LION
9 SEPTEMBRE	BALANCE	LION	VIERGE	CANCER	GEMEAUX	GEMEAUX	VIERGE	LION	2 VIERGE
10 SEPTEMBRE	BALANCE	LION	VIERGE	CANCER	GEMEAUX	GEMEAUX	VIERGE	LION	15 VIERGE
11 SEPTEMBRE	BALANCE	VIERGE	VIERGE	CANCER	GEMEAUX	GEMEAUX	VIERGE	LION	28 VIERGE
12 SEPTEMBRE	BALANCE	VIERGE	VIERGE	CANCER	GEMEAUX	GEMEAUX	VIERGE	LION	11 BALANCE
13 SEPTEMBRE	BALANCE	VIERGE	VIERGE	CANCER	GEMEAUX	GEMEAUX	VIERGE	LION	25 BALANCE
14 SEPTEMBRE	BALANCE	VIERGE	VIERGE	CANCER	GEMEAUX	GEMEAUX	VIERGE	LION	9 SCORPION
15 SEPTEMBRE	BALANCE	VIERGE	VIERGE	CANCER	GEMEAUX	GEMEAUX	VIERGE	LION	23 SCORPION
16 SEPTEMBRE	BALANCE	VIERGE	VIERGE	CANCER	GEMEAUX	GEMEAUX	VIERGE	LION	7 SAGITTAIRE
17 SEPTEMBRE	BALANCE	VIERGE	BALANCE	CANCER	GEMEAUX	GEMEAUX	VIERGE	LION	21 SAGITTAIRE
18 SEPTEMBRE	BALANCE	VIERGE	BALANCE	CANCER	GEMEAUX	GEMEAUX	VIERGE	LION	5 CAPRICORNE
19 SEPTEMBRE	BALANCE	VIERGE	BALANCE	CANCER	GEMEAUX	GEMEAUX	VIERGE	LION	19 CAPRICORNE
20 SEPTEMBRE	BALANCE	VIERGE	BALANCE	CANCER	GEMEAUX	GEMEAUX	VIERGE	LION	4 VERSEAU
21 SEPTEMBRE	BALANCE	VIERGE	BALANCE	CANCER	GEMEAUX	GEMEAUX	VIERGE	LION	18 VERSEAU
22 SEPTEMBRE	BALANCE	VIERGE	BALANCE	CANCER	GEMEAUX	GEMEAUX	VIERGE	LION	2 POISSONS
23 SEPTEMBRE	BALANCE	VIERGE	BALANCE	CANCER	GEMEAUX	GEMEAUX	VIERGE	LION	15 POISSONS

LE SOLEIL ENTRE DANS LE SIGNE DE LA VIERGE LE 23 AOUT 1942 A 18 h 30
LE SOLEIL QUITTE LE SIGNE DE LA VIERGE LE 23 SEPTEMBRE 1942 A 16 h 00

✱ LES CHIFFRES INDIQUENT LES DEGRES

1943	MERCURE	VENUS	MARS	JUPITER	SATURNE	URANUS	NEPTUNE	PLUTON	LUNE ✱
24 AOUT	VIERGE	VIERGE	GEMEAUX	LION	GEMEAUX	GEMEAUX	BALANCE	LION	21 GEMEAUX
25 AOUT	VIERGE	VIERGE	GEMEAUX	LION	GEMEAUX	GEMEAUX	BALANCE	LION	3 CANCER
26 AOUT	VIERGE	VIERGE	GEMEAUX	LION	GEMEAUX	GEMEAUX	BALANCE	LION	15 CANCER
27 AOUT	BALANCE	VIERGE	GEMEAUX	LION	GEMEAUX	GEMEAUX	BALANCE	LION	27 CANCER
28 AOUT	BALANCE	VIERGE	GEMEAUX	LION	GEMEAUX	GEMEAUX	BALANCE	LION	9 LION
29 AOUT	BALANCE	VIERGE	GEMEAUX	LION	GEMEAUX	GEMEAUX	BALANCE	LION	20 LION
30 AOUT	BALANCE	VIERGE	GEMEAUX	LION	GEMEAUX	GEMEAUX	BALANCE	LION	2 VIERGE
31 AOUT	BALANCE	VIERGE	GEMEAUX	LION	GEMEAUX	GEMEAUX	BALANCE	LION	14 VIERGE
1 SEPTEMBRE	BALANCE	VIERGE	GEMEAUX	LION	GEMEAUX	GEMEAUX	BALANCE	LION	26 VIERGE
2 SEPTEMBRE	BALANCE	VIERGE	GEMEAUX	LION	GEMEAUX	GEMEAUX	BALANCE	LION	9 BALANCE
3 SEPTEMBRE	BALANCE	VIERGE	GEMEAUX	LION	GEMEAUX	GEMEAUX	BALANCE	LION	21 BALANCE
4 SEPTEMBRE	BALANCE	VIERGE	GEMEAUX	LION	GEMEAUX	GEMEAUX	BALANCE	LION	4 SCORPION
5 SEPTEMBRE	BALANCE	VIERGE	GEMEAUX	LION	GEMEAUX	GEMEAUX	BALANCE	LION	17 SCORPION
6 SEPTEMBRE	BALANCE	VIERGE	GEMEAUX	LION	GEMEAUX	GEMEAUX	BALANCE	LION	0 SAGITTAIRE
7 SEPTEMBRE	BALANCE	VIERGE	GEMEAUX	LION	GEMEAUX	GEMEAUX	BALANCE	LION	13 SAGITTAIRE
8 SEPTEMBRE	BALANCE	VIERGE	GEMEAUX	LION	GEMEAUX	GEMEAUX	BALANCE	LION	27 SAGITTAIRE
9 SEPTEMBRE	BALANCE	VIERGE	GEMEAUX	LION	GEMEAUX	GEMEAUX	BALANCE	LION	11 CAPRICORNE
10 SEPTEMBRE	BALANCE	VIERGE	GEMEAUX	LION	GEMEAUX	GEMEAUX	BALANCE	LION	26 CAPRICORNE
11 SEPTEMBRE	BALANCE	VIERGE	GEMEAUX	LION	GEMEAUX	GEMEAUX	BALANCE	LION	11 VERSEAU
12 SEPTEMBRE	BALANCE	VIERGE	GEMEAUX	LION	GEMEAUX	GEMEAUX	BALANCE	LION	25 VERSEAU
13 SEPTEMBRE	BALANCE	VIERGE	GEMEAUX	LION	GEMEAUX	GEMEAUX	BALANCE	LION	10 POISSON
14 SEPTEMBRE	BALANCE	VIERGE	GEMEAUX	LION	GEMEAUX	GEMEAUX	BALANCE	LION	25 POISSONS
15 SEPTEMBRE	BALANCE	VIERGE	GEMEAUX	LION	GEMEAUX	GEMEAUX	BALANCE	LION	10 BELIER
16 SEPTEMBRE	BALANCE	VIERGE	GEMEAUX	LION	GEMEAUX	GEMEAUX	BALANCE	LION	24 BELIER
17 SEPTEMBRE	BALANCE	VIERGE	GEMEAUX	LION	GEMEAUX	GEMEAUX	BALANCE	LION	8 TAUREAU
18 SEPTEMBRE	BALANCE	VIERGE	GEMEAUX	LION	GEMEAUX	GEMEAUX	BALANCE	LION	22 TAUREAU
19 SEPTEMBRE	BALANCE	VIERGE	GEMEAUX	LION	GEMEAUX	GEMEAUX	BALANCE	LION	5 GEMEAUX
20 SEPTEMBRE	BALANCE	VIERGE	GEMEAUX	LION	GEMEAUX	GEMEAUX	BALANCE	LION	17 GEMEAUX
21 SEPTEMBRE	BALANCE	VIERGE	GEMEAUX	LION	GEMEAUX	GEMEAUX	BALANCE	LION	0 CANCER
22 SEPTEMBRE	BALANCE	VIERGE	GEMEAUX	LION	GEMEAUX	GEMEAUX	BALANCE	LION	12 CANCER
23 SEPTEMBRE	BALANCE	VIERGE	GEMEAUX	LION	GEMEAUX	GEMEAUX	BALANCE	LION	23 CANCER

LE SOLEIL ENTRE DANS LE SIGNE DE LA VIERGE LE 24 AOUT 1943 A 0 h 45
LE SOLEIL QUITTE LE SIGNE DE LA VIERGE LE 23 SEPTEMBRE 1943 A 22 h 00

✱ LES CHIFFRES INDIQUENT LES DEGRES

DECOUVREZ DANS QUEL SIGNE SE TROUVAIENT LES PLANETES A VOTRE NAISSANCE

1944	MERCURE	VENUS	MARS	JUPITER	SATURNE	URANUS	NEPTUNE	PLUTON	LUNE *
23 AOUT	VIERGE	VIERGE	VIERGE	VIERGE	CANCER	GEMEAUX	BALANCE	LION	21 BALANCE
24 AOUT	VIERGE	VIERGE	VIERGE	VIERGE	CANCER	GEMEAUX	BALANCE	LION	3 SCORPION
25 AOUT	VIERGE	VIERGE	VIERGE	VIERGE	CANCER	GEMEAUX	BALANCE	LION	15 SCORPION
26 AOUT	VIERGE	VIERGE	VIERGE	VIERGE	CANCER	GEMEAUX	BALANCE	LION	27 SCORPION
27 AOUT	VIERGE	VIERGE	VIERGE	VIERGE	CANCER	GEMEAUX	BALANCE	LION	10 SAGITTAIRE
28 AOUT	VIERGE	VIERGE	VIERGE	VIERGE	CANCER	GEMEAUX	BALANCE	LION	23 SAGITTAIRE
29 AOUT	VIERGE	VIERGE	BALANCE	VIERGE	CANCER	GEMEAUX	BALANCE	LION	6 CAPRICORNE
30 AOUT	VIERGE	VIERGE	BALANCE	VIERGE	CANCER	GEMEAUX	BALANCE	LION	20 CAPRICORNE
31 AOUT	VIERGE	VIERGE	BALANCE	VIERGE	CANCER	GEMEAUX	BALANCE	LION	5 VERSEAU
1 SEPTEMBRE	VIERGE	VIERGE	BALANCE	VIERGE	CANCER	GEMEAUX	BALANCE	LION	19 VERSEAU
2 SEPTEMBRE	VIERGE	VIERGE	BALANCE	VIERGE	CANCER	GEMEAUX	BALANCE	LION	5 POISSONS
3 SEPTEMBRE	VIERGE	VIERGE	BALANCE	VIERGE	CANCER	GEMEAUX	BALANCE	LION	20 POISSONS
4 SEPTEMBRE	VIERGE	BALANCE	BALANCE	VIERGE	CANCER	GEMEAUX	BALANCE	LION	5 BELIER
5 SEPTEMBRE	VIERGE	BALANCE	BALANCE	VIERGE	CANCER	GEMEAUX	BALANCE	LION	20 BELIER
6 SEPTEMBRE	VIERGE	BALANCE	BALANCE	VIERGE	CANCER	GEMEAUX	BALANCE	LION	5 TAUREAU
7 SEPTEMBRE	VIERGE	BALANCE	BALANCE	VIERGE	CANCER	GEMEAUX	BALANCE	LION	19 TAUREAU
8 SEPTEMBRE	VIERGE	BALANCE	BALANCE	VIERGE	CANCER	GEMEAUX	BALANCE	LION	3 GEMEAUX
9 SEPTEMBRE	VIERGE	BALANCE	BALANCE	VIERGE	CANCER	GEMEAUX	BALANCE	LION	16 GEMEAUX
10 SEPTEMBRE	VIERGE	BALANCE	BALANCE	VIERGE	CANCER	GEMEAUX	BALANCE	LION	29 GEMEAUX
11 SEPTEMBRE	VIERGE	BALANCE	BALANCE	VIERGE	CANCER	GEMEAUX	BALANCE	LION	12 CANCER
12 SEPTEMBRE	VIERGE	BALANCE	BALANCE	VIERGE	CANCER	GEMEAUX	BALANCE	LION	24 CANCER
13 SEPTEMBRE	VIERGE	BALANCE	BALANCE	VIERGE	CANCER	GEMEAUX	BALANCE	LION	6 LION
14 SEPTEMBRE	VIERGE	BALANCE	BALANCE	VIERGE	CANCER	GEMEAUX	BALANCE	LION	18 LION
15 SEPTEMBRE	VIERGE	BALANCE	BALANCE	VIERGE	CANCER	GEMEAUX	BALANCE	LION	0 VIERGE
16 SEPTEMBRE	VIERGE	BALANCE	BALANCE	VIERGE	CANCER	GEMEAUX	BALANCE	LION	12 VIERGE
17 SEPTEMBRE	VIERGE	BALANCE	BALANCE	VIERGE	CANCER	GEMEAUX	BALANCE	LION	24 VIERGE
18 SEPTEMBRE	VIERGE	BALANCE	BALANCE	VIERGE	CANCER	GEMEAUX	BALANCE	LION	6 BALANCE
19 SEPTEMBRE	VIERGE	BALANCE	BALANCE	VIERGE	CANCER	GEMEAUX	BALANCE	LION	18 BALANCE
20 SEPTEMBRE	VIERGE	BALANCE	BALANCE	VIERGE	CANCER	GEMEAUX	BALANCE	LION	0 SCORPION
21 SEPTEMBRE	VIERGE	BALANCE	BALANCE	VIERGE	CANCER	GEMEAUX	BALANCE	LION	12 SCORPION
22 SEPTEMBRE	VIERGE	BALANCE	BALANCE	VIERGE	CANCER	GEMEAUX	BALANCE	LION	24 SCORPION
23 SEPTEMBRE	VIERGE	BALANCE	BALANCE	VIERGE	CANCER	GEMEAUX	BALANCE	LION	6 SAGITTAIRE

ENTRE DANS LE SIGNE DE LA VIERGE LE 23 AOUT 1944 A 6 h 30
LE SOLEIL
QUITTE LE SIGNE DE LA VIERGE LE 23 SEPTEMBRE 1944 A 3 h 45

* LES CHIFFRES INDIQUENT LES DEGRES

1945	MERCURE	VENUS	MARS	JUPITER	SATURNE	URANUS	NEPTUNE	PLUTON	LUNE *
23 AOUT	LION	CANCER	GEMEAUX	VIERGE	CANCER	GEMEAUX	BALANCE	LION	0 POISSONS
24 AOUT	LION	CANCER	GEMEAUX	VIERGE	CANCER	GEMEAUX	BALANCE	LION	14 POISSONS
25 AOUT	LION	CANCER	GEMEAUX	BALANCE	CANCER	GEMEAUX	BALANCE	LION	29 POISSONS
26 AOUT	LION	CANCER	GEMEAUX	BALANCE	CANCER	GEMEAUX	BALANCE	LION	13 BELIER
27 AOUT	LION	CANCER	GEMEAUX	BALANCE	CANCER	GEMEAUX	BALANCE	LION	28 BELIER
28 AOUT	LION	CANCER	GEMEAUX	BALANCE	CANCER	GEMEAUX	BALANCE	LION	13 TAUREAU
29 AOUT	LION	CANCER	GEMEAUX	BALANCE	CANCER	GEMEAUX	BALANCE	LION	27 TAUREAU
30 AOUT	LION	CANCER	GEMEAUX	BALANCE	CANCER	GEMEAUX	BALANCE	LION	11 GEMEAUX
31 AOUT	LION	LION	GEMEAUX	BALANCE	CANCER	GEMEAUX	BALANCE	LION	25 GEMEAUX
1 SEPTEMBRE	LION	LION	GEMEAUX	BALANCE	CANCER	GEMEAUX	BALANCE	LION	8 CANCER
2 SEPTEMBRE	LION	LION	GEMEAUX	BALANCE	CANCER	GEMEAUX	BALANCE	LION	21 CANCER
3 SEPTEMBRE	LION	LION	GEMEAUX	BALANCE	CANCER	GEMEAUX	BALANCE	LION	4 LION
4 SEPTEMBRE	LION	LION	GEMEAUX	BALANCE	CANCER	GEMEAUX	BALANCE	LION	17 LION
5 SEPTEMBRE	LION	LION	GEMEAUX	BALANCE	CANCER	GEMEAUX	BALANCE	LION	0 VIERGE
6 SEPTEMBRE	LION	LION	GEMEAUX	BALANCE	CANCER	GEMEAUX	BALANCE	LION	12 VIERGE
7 SEPTEMBRE	LION	LION	GEMEAUX	BALANCE	CANCER	GEMEAUX	BALANCE	LION	25 VIERGE
8 SEPTEMBRE	LION	LION	CANCER	BALANCE	CANCER	GEMEAUX	BALANCE	LION	7 BALANCE
9 SEPTEMBRE	LION	LION	CANCER	BALANCE	CANCER	GEMEAUX	BALANCE	LION	19 BALANCE
10 SEPTEMBRE	VIERGE	LION	CANCER	BALANCE	CANCER	GEMEAUX	BALANCE	LION	1 SCORPION
11 SEPTEMBRE	VIERGE	LION	CANCER	BALANCE	CANCER	GEMEAUX	BALANCE	LION	13 SCORPION
12 SEPTEMBRE	VIERGE	LION	CANCER	BALANCE	CANCER	GEMEAUX	BALANCE	LION	24 SCORPION
13 SEPTEMBRE	VIERGE	LION	CANCER	BALANCE	CANCER	GEMEAUX	BALANCE	LION	6 SAGITTAIRE
14 SEPTEMBRE	VIERGE	LION	CANCER	BALANCE	CANCER	GEMEAUX	BALANCE	LION	18 SAGITTAIRE
15 SEPTEMBRE	VIERGE	LION	CANCER	BALANCE	CANCER	GEMEAUX	BALANCE	LION	1 CAPRICORNE
16 SEPTEMBRE	VIERGE	LION	CANCER	BALANCE	CANCER	GEMEAUX	BALANCE	LION	13 CAPRICORNE
17 SEPTEMBRE	VIERGE	LION	CANCER	BALANCE	CANCER	GEMEAUX	BALANCE	LION	26 CAPRICORNE
18 SEPTEMBRE	VIERGE	LION	CANCER	BALANCE	CANCER	GEMEAUX	BALANCE	LION	10 VERSEAU
19 SEPTEMBRE	VIERGE	LION	CANCER	BALANCE	CANCER	GEMEAUX	BALANCE	LION	24 VERSEAU
20 SEPTEMBRE	VIERGE	LION	CANCER	BALANCE	CANCER	GEMEAUX	BALANCE	LION	8 POISSONS
21 SEPTEMBRE	VIERGE	LION	CANCER	BALANCE	CANCER	GEMEAUX	BALANCE	LION	23 POISSONS
22 SEPTEMBRE	VIERGE	LION	CANCER	BALANCE	CANCER	GEMEAUX	BALANCE	LION	8 BELIER
23 SEPTEMBRE	VIERGE	LION	CANCER	BALANCE	CANCER	GEMEAUX	BALANCE	LION	23 BELIER

ENTRE DANS LE SIGNE DE LA VIERGE LE 23 AOUT 1945 A 12 h 15
LE SOLEIL
QUITTE LE SIGNE DE LA VIERGE LE 23 SEPTEMBRE 1945 A 9 h 30

* LES CHIFFRES INDIQUENT LES DEGRES

DECOUVREZ DANS QUEL SIGNE SE TROUVAIENT LES PLANETES A VOTRE NAISSANCE

1946	MERCURE	VENUS	MARS	JUPITER	SATURNE	URANUS	NEPTUNE	PLUTON	LUNE *
23 AOUT	LION	BALANCE	BALANCE	BALANCE	LION	GEMEAUX	BALANCE	LION	15 CANCER
24 AOUT	LION	BALANCE	BALANCE	BALANCE	LION	GEMEAUX	BALANCE	LION	29 CANCER
25 AOUT	LION	BALANCE	BALANCE	BALANCE	LION	GEMEAUX	BALANCE	LION	13 LION
26 AOUT	LION	BALANCE	BALANCE	BALANCE	LION	GEMEAUX	BALANCE	LION	27 LION
27 AOUT	LION	BALANCE	BALANCE	BALANCE	LION	GEMEAUX	BALANCE	LION	11 VIERGE
28 AOUT	LION	BALANCE	BALANCE	BALANCE	LION	GEMEAUX	BALANCE	LION	25 VIERGE
29 AOUT	LION	BALANCE	BALANCE	BALANCE	LION	GEMEAUX	BALANCE	LION	8 BALANCE
30 AOUT	LION	BALANCE	BALANCE	BALANCE	LION	GEMEAUX	BALANCE	LION	20 BALANCE
31 AOUT	LION	BALANCE	BALANCE	BALANCE	LION	GEMEAUX	BALANCE	LION	3 SCORPION
1 SEPTEMBRE	LION	BALANCE	BALANCE	BALANCE	LION	GEMEAUX	BALANCE	LION	15 SCORPION
2 SEPTEMBRE	LION	BALANCE	BALANCE	BALANCE	LION	GEMEAUX	BALANCE	LION	27 SCORPION
3 SEPTEMBRE	LION	BALANCE	BALANCE	BALANCE	LION	GEMEAUX	BALANCE	LION	9 SAGITTAIRE
4 SEPTEMBRE	VIERGE	BALANCE	BALANCE	BALANCE	LION	GEMEAUX	BALANCE	LION	21 SAGITTAIRE
5 SEPTEMBRE	VIERGE	BALANCE	BALANCE	BALANCE	LION	GEMEAUX	BALANCE	LION	2 CAPRICORNE
6 SEPTEMBRE	VIERGE	BALANCE	BALANCE	BALANCE	LION	GEMEAUX	BALANCE	LION	14 CAPRICORNE
7 SEPTEMBRE	VIERGE	SCORPION	BALANCE	BALANCE	LION	GEMEAUX	BALANCE	LION	27 CAPRICORNE
8 SEPTEMBRE	VIERGE	SCORPION	BALANCE	BALANCE	LION	GEMEAUX	BALANCE	LION	9 VERSEAU
9 SEPTEMBRE	VIERGE	SCORPION	BALANCE	BALANCE	LION	GEMEAUX	BALANCE	LION	22 VERSEAU
10 SEPTEMBRE	VIERGE	SCORPION	BALANCE	BALANCE	LION	GEMEAUX	BALANCE	LION	5 POISSONS
11 SEPTEMBRE	VIERGE	SCORPION	BALANCE	BALANCE	LION	GEMEAUX	BALANCE	LION	19 POISSONS
12 SEPTEMBRE	VIERGE	SCORPION	BALANCE	BALANCE	LION	GEMEAUX	BALANCE	LION	3 BELIER
13 SEPTEMBRE	VIERGE	SCORPION	BALANCE	BALANCE	LION	GEMEAUX	BALANCE	LION	17 BELIER
14 SEPTEMBRE	VIERGE	SCORPION	BALANCE	BALANCE	LION	GEMEAUX	BALANCE	LION	1 TAUREAU
15 SEPTEMBRE	VIERGE	SCORPION	BALANCE	BALANCE	LION	GEMEAUX	BALANCE	LION	15 TAUREAU
16 SEPTEMBRE	VIERGE	SCORPION	BALANCE	BALANCE	LION	GEMEAUX	BALANCE	LION	29 TAUREAU
17 SEPTEMBRE	VIERGE	SCORPION	BALANCE	BALANCE	LION	GEMEAUX	BALANCE	LION	13 GEMEAUX
18 SEPTEMBRE	VIERGE	SCORPION	BALANCE	BALANCE	LION	GEMEAUX	BALANCE	LION	27 GEMEAUX
19 SEPTEMBRE	VIERGE	SCORPION	BALANCE	BALANCE	LION	GEMEAUX	BALANCE	LION	12 CANCER
20 SEPTEMBRE	BALANCE	SCORPION	BALANCE	BALANCE	LION	GEMEAUX	BALANCE	LION	25 CANCER
21 SEPTEMBRE	BALANCE	SCORPION	BALANCE	BALANCE	LION	GEMEAUX	BALANCE	LION	9 LION
22 SEPTEMBRE	BALANCE	SCORPION	BALANCE	BALANCE	LION	GEMEAUX	BALANCE	LION	23 LION
23 SEPTEMBRE	BALANCE	SCORPION	BALANCE	BALANCE	LION	GEMEAUX	BALANCE	LION	7 VIERGE

ENTRE DANS LE SIGNE DE LA — LE 23 AOUT — A 18 h 15
LE SOLEIL — VIERGE — 1946 — * LES CHIFFRES INDIQUENT LES DEGRES
QUITTE LE SIGNE DE LA — LE 23 SEPTEMBRE — A 15 h 30

1947	MERCURE	VENUS	MARS	JUPITER	SATURNE	URANUS	NEPTUNE	PLUTON	LUNE *
24 AOUT	LION	LION	CANCER	SCORPION	LION	GEMEAUX	BALANCE	LION	11 SAGITTAIRE
25 AOUT	LION	LION	CANCER	SCORPION	LION	GEMEAUX	BALANCE	LION	23 SAGITTAIRE
26 AOUT	LION	VIERGE	CANCER	SCORPION	LION	GEMEAUX	BALANCE	LION	5 CAPRICORNE
27 AOUT	VIERGE	VIERGE	CANCER	SCORPION	LION	GEMEAUX	BALANCE	LION	17 CAPRICORNE
28 AOUT	VIERGE	VIERGE	CANCER	SCORPION	LION	GEMEAUX	BALANCE	LION	29 CAPRICORNE
29 AOUT	VIERGE	VIERGE	CANCER	SCORPION	LION	GEMEAUX	BALANCE	LION	10 VERSEAU
30 AOUT	VIERGE	VIERGE	CANCER	SCORPION	LION	GEMEAUX	BALANCE	LION	23 VERSEAU
31 AOUT	VIERGE	VIERGE	CANCER	SCORPION	LION	GEMEAUX	BALANCE	LION	5 POISSONS
1 SEPTEMBRE	VIERGE	VIERGE	CANCER	SCORPION	LION	GEMEAUX	BALANCE	LION	17 POISSONS
2 SEPTEMBRE	VIERGE	VIERGE	CANCER	SCORPION	LION	GEMEAUX	BALANCE	LION	0 BELIER
3 SEPTEMBRE	VIERGE	VIERGE	CANCER	SCORPION	LION	GEMEAUX	BALANCE	LION	12 BELIER
4 SEPTEMBRE	VIERGE	VIERGE	CANCER	SCORPION	LION	GEMEAUX	BALANCE	LION	25 BELIER
5 SEPTEMBRE	VIERGE	VIERGE	CANCER	SCORPION	LION	GEMEAUX	BALANCE	LION	8 TAUREAU
6 SEPTEMBRE	VIERGE	VIERGE	CANCER	SCORPION	LION	GEMEAUX	BALANCE	LION	22 TAUREAU
7 SEPTEMBRE	VIERGE	VIERGE	CANCER	SCORPION	LION	GEMEAUX	BALANCE	LION	5 GEMEAUX
8 SEPTEMBRE	VIERGE	VIERGE	CANCER	SCORPION	LION	GEMEAUX	BALANCE	LION	19 GEMEAUX
9 SEPTEMBRE	VIERGE	VIERGE	CANCER	SCORPION	LION	GEMEAUX	BALANCE	LION	3 CANCER
10 SEPTEMBRE	VIERGE	VIERGE	CANCER	SCORPION	LION	GEMEAUX	BALANCE	LION	17 CANCER
11 SEPTEMBRE	VIERGE	VIERGE	CANCER	SCORPION	LION	GEMEAUX	BALANCE	LION	2 LION
12 SEPTEMBRE	BALANCE	VIERGE	CANCER	SCORPION	LION	GEMEAUX	BALANCE	LION	17 LION
13 SEPTEMBRE	BALANCE	VIERGE	CANCER	SCORPION	LION	GEMEAUX	BALANCE	LION	2 VIERGE
14 SEPTEMBRE	BALANCE	VIERGE	CANCER	SCORPION	LION	GEMEAUX	BALANCE	LION	16 VIERGE
15 SEPTEMBRE	BALANCE	VIERGE	CANCER	SCORPION	LION	GEMEAUX	BALANCE	LION	1 BALANCE
16 SEPTEMBRE	BALANCE	VIERGE	CANCER	SCORPION	LION	GEMEAUX	BALANCE	LION	15 BALANCE
17 SEPTEMBRE	BALANCE	VIERGE	CANCER	SCORPION	LION	GEMEAUX	BALANCE	LION	28 BALANCE
18 SEPTEMBRE	BALANCE	VIERGE	CANCER	SCORPION	LION	GEMEAUX	BALANCE	LION	12 SCORPION
19 SEPTEMBRE	BALANCE	BALANCE	CANCER	SCORPION	LION	GEMEAUX	BALANCE	LION	25 SCORPION
20 SEPTEMBRE	BALANCE	BALANCE	CANCER	SCORPION	LION	GEMEAUX	BALANCE	LION	7 SAGITTAIRE
21 SEPTEMBRE	BALANCE	BALANCE	CANCER	SCORPION	LION	GEMEAUX	BALANCE	LION	19 SAGITTAIRE
22 SEPTEMBRE	BALANCE	BALANCE	CANCER	SCORPION	LION	GEMEAUX	BALANCE	LION	1 CAPRICORNE
23 SEPTEMBRE	BALANCE	BALANCE	CANCER	SCORPION	LION	GEMEAUX	BALANCE	LION	13 CAPRICORNE

ENTRE DANS LE SIGNE DE LA — LE 24 AOUT — A 0 h 00
LE SOLEIL — VIERGE — 1947 — * LES CHIFFRES INDIQUENT LES DEGRES
QUITTE LE SIGNE DE LA — LE 23 SEPTEMBRE — A 21 h 15

DECOUVREZ DANS QUEL SIGNE SE TROUVAIENT LES PLANETES A VOTRE NAISSANCE

1948	MERCURE	VENUS	MARS	JUPITER	SATURNE	URANUS	NEPTUNE	PLUTON	LUNE ✱
23 AOUT	VIERGE	CANCER	BALANCE	SAGITTAIRE	LION	GEMEAUX	BALANCE	LION	11 BELIER
24 AOUT	VIERGE	CANCER	BALANCE	SAGITTAIRE	LION	GEMEAUX	BALANCE	LION	23 BELIER
25 AOUT	VIERGE	CANCER	BALANCE	SAGITTAIRE	LION	GEMEAUX	BALANCE	LION	5 TAUREAU
26 AOUT	VIERGE	CANCER	BALANCE	SAGITTAIRE	LION	GEMEAUX	BALANCE	LION	18 TAUREAU
27 AOUT	VIERGE	CANCER	BALANCE	SAGITTAIRE	LION	GEMEAUX	BALANCE	LION	0 GEMEAUX
28 AOUT	VIERGE	CANCER	BALANCE	SAGITTAIRE	LION	GEMEAUX	BALANCE	LION	13 GEMEAUX
29 AOUT	VIERGE	CANCER	BALANCE	SAGITTAIRE	LION	GEMEAUX	BALANCE	LION	27 GEMEAUX
30 AOUT	VIERGE	CANCER	BALANCE	SAGITTAIRE	LION	CANCER	BALANCE	LION	11 CANCER
31 AOUT	VIERGE	CANCER	BALANCE	SAGITTAIRE	LION	CANCER	BALANCE	LION	26 CANCER
1 SEPTEMBRE	VIERGE	CANCER	BALANCE	SAGITTAIRE	LION	CANCER	BALANCE	LION	10 LION
2 SEPTEMBRE	VIERGE	CANCER	BALANCE	SAGITTAIRE	LION	CANCER	BALANCE	LION	26 LION
3 SEPTEMBRE	VIERGE	CANCER	BALANCE	SAGITTAIRE	LION	CANCER	BALANCE	LION	11 VIERGE
4 SEPTEMBRE	BALANCE	CANCER	SCORPION	SAGITTAIRE	LION	CANCER	BALANCE	LION	26 VIERGE
5 SEPTEMBRE	BALANCE	CANCER	SCORPION	SAGITTAIRE	LION	CANCER	BALANCE	LION	11 BALANCE
6 SEPTEMBRE	BALANCE	CANCER	SCORPION	SAGITTAIRE	LION	CANCER	BALANCE	LION	26 BALANCE
7 SEPTEMBRE	BALANCE	CANCER	SCORPION	SAGITTAIRE	LION	CANCER	BALANCE	LION	10 SCORPION
8 SEPTEMBRE	BALANCE	CANCER	SCORPION	SAGITTAIRE	LION	CANCER	BALANCE	LION	24 SCORPION
9 SEPTEMBRE	BALANCE	LION	SCORPION	SAGITTAIRE	LION	CANCER	BALANCE	LION	7 SAGITTAIRE
10 SEPTEMBRE	BALANCE	LION	SCORPION	SAGITTAIRE	LION	CANCER	BALANCE	LION	20 SAGITTAIRE
11 SEPTEMBRE	BALANCE	LION	SCORPION	SAGITTAIRE	LION	CANCER	BALANCE	LION	2 CAPRICORNE
12 SEPTEMBRE	BALANCE	LION	SCORPION	SAGITTAIRE	LION	CANCER	BALANCE	LION	15 CAPRICORNE
13 SEPTEMBRE	BALANCE	LION	SCORPION	SAGITTAIRE	LION	CANCER	BALANCE	LION	27 CAPRICORNE
14 SEPTEMBRE	BALANCE	LION	SCORPION	SAGITTAIRE	LION	CANCER	BALANCE	LION	9 VERSEAU
15 SEPTEMBRE	BALANCE	LION	SCORPION	SAGITTAIRE	LION	CANCER	BALANCE	LION	21 VERSEAU
16 SEPTEMBRE	BALANCE	LION	SCORPION	SAGITTAIRE	LION	CANCER	BALANCE	LION	2 POISSONS
17 SEPTEMBRE	BALANCE	LION	SCORPION	SAGITTAIRE	LION	CANCER	BALANCE	LION	14 POISSONS
18 SEPTEMBRE	BALANCE	LION	SCORPION	SAGITTAIRE	LION	CANCER	BALANCE	LION	26 POISSONS
19 SEPTEMBRE	BALANCE	LION	SCORPION	SAGITTAIRE	VIERGE	CANCER	BALANCE	LION	8 BELIER
20 SEPTEMBRE	BALANCE	LION	SCORPION	SAGITTAIRE	VIERGE	CANCER	BALANCE	LION	20 BELIER
21 SEPTEMBRE	BALANCE	LION	SCORPION	SAGITTAIRE	VIERGE	CANCER	BALANCE	LION	2 TAUREAU
22 SEPTEMBRE	BALANCE	LION	SCORPION	SAGITTAIRE	VIERGE	CANCER	BALANCE	LION	15 TAUREAU
23 SEPTEMBRE	BALANCE	LION	SCORPION	SAGITTAIRE	VIERGE	CANCER	BALANCE	LION	27 TAUREAU

ENTRE DANS LE SIGNE DE LA — LE 23 AOUT — A 5 h 45
LE SOLEIL — VIERGE — 1948 — ✱ LES CHIFFRES INDIQUENT LES DEGRES
QUITTE LE SIGNE DE LA — LE 23 SEPTEMBRE — A 3 h 15

1949	MERCURE	VENUS	MARS	JUPITER	SATURNE	URANUS	NEPTUNE	PLUTON	LUNE ✱
23 AOUT	VIERGE	BALANCE	CANCER	CAPRICORNE	VIERGE	CANCER	BALANCE	LION	21 LION
24 AOUT	VIERGE	BALANCE	CANCER	CAPRICORNE	VIERGE	CANCER	BALANCE	LION	5 VIERGE
25 AOUT	VIERGE	BALANCE	CANCER	CAPRICORNE	VIERGE	CANCER	BALANCE	LION	20 VIERGE
26 AOUT	VIERGE	BALANCE	CANCER	CAPRICORNE	VIERGE	CANCER	BALANCE	LION	5 BALANCE
27 AOUT	VIERGE	BALANCE	CANCER	CAPRICORNE	VIERGE	CANCER	BALANCE	LION	20 BALANCE
28 AOUT	VIERGE	BALANCE	CANCER	CAPRICORNE	VIERGE	CANCER	BALANCE	LION	4 SCORPION
29 AOUT	BALANCE	BALANCE	CANCER	CAPRICORNE	VIERGE	CANCER	BALANCE	LION	19 SCORPION
30 AOUT	BALANCE	BALANCE	CANCER	CAPRICORNE	VIERGE	CANCER	BALANCE	LION	3 SAGITTAIRE
31 AOUT	BALANCE	BALANCE	CANCER	CAPRICORNE	VIERGE	CANCER	BALANCE	LION	16 SAGITTAIRE
1 SEPTEMBRE	BALANCE	BALANCE	CANCER	CAPRICORNE	VIERGE	CANCER	BALANCE	LION	0 CAPRICORNE
2 SEPTEMBRE	BALANCE	BALANCE	CANCER	CAPRICORNE	VIERGE	CANCER	BALANCE	LION	13 CAPRICORNE
3 SEPTEMBRE	BALANCE	BALANCE	CANCER	CAPRICORNE	VIERGE	CANCER	BALANCE	LION	26 CAPRICORNE
4 SEPTEMBRE	BALANCE	BALANCE	CANCER	CAPRICORNE	VIERGE	CANCER	BALANCE	LION	8 VERSEAU
5 SEPTEMBRE	BALANCE	BALANCE	CANCER	CAPRICORNE	VIERGE	CANCER	BALANCE	LION	21 VERSEAU
6 SEPTEMBRE	BALANCE	BALANCE	CANCER	CAPRICORNE	VIERGE	CANCER	BALANCE	LION	3 POISSONS
7 SEPTEMBRE	BALANCE	BALANCE	LION	CAPRICORNE	VIERGE	CANCER	BALANCE	LION	15 POISSONS
8 SEPTEMBRE	BALANCE	BALANCE	LION	CAPRICORNE	VIERGE	CANCER	BALANCE	LION	27 POISSONS
9 SEPTEMBRE	BALANCE	BALANCE	LION	CAPRICORNE	VIERGE	CANCER	BALANCE	LION	9 BELIER
10 SEPTEMBRE	BALANCE	BALANCE	LION	CAPRICORNE	VIERGE	CANCER	BALANCE	LION	21 BELIER
11 SEPTEMBRE	BALANCE	BALANCE	LION	CAPRICORNE	VIERGE	CANCER	BALANCE	LION	2 TAUREAU
12 SEPTEMBRE	BALANCE	BALANCE	LION	CAPRICORNE	VIERGE	CANCER	BALANCE	LION	14 TAUREAU
13 SEPTEMBRE	BALANCE	BALANCE	LION	CAPRICORNE	VIERGE	CANCER	BALANCE	LION	26 TAUREAU
14 SEPTEMBRE	BALANCE	BALANCE	LION	CAPRICORNE	VIERGE	CANCER	BALANCE	LION	8 GEMEAUX
15 SEPTEMBRE	BALANCE	SCORPION	LION	CAPRICORNE	VIERGE	CANCER	BALANCE	LION	21 GEMEAUX
16 SEPTEMBRE	BALANCE	SCORPION	LION	CAPRICORNE	VIERGE	CANCER	BALANCE	LION	3 CANCER
17 SEPTEMBRE	BALANCE	SCORPION	LION	CAPRICORNE	VIERGE	CANCER	BALANCE	LION	17 CANCER
18 SEPTEMBRE	BALANCE	SCORPION	LION	CAPRICORNE	VIERGE	CANCER	BALANCE	LION	0 LION
19 SEPTEMBRE	BALANCE	SCORPION	LION	CAPRICORNE	VIERGE	CANCER	BALANCE	LION	14 LION
20 SEPTEMBRE	BALANCE	SCORPION	LION	CAPRICORNE	VIERGE	CANCER	BALANCE	LION	29 LION
21 SEPTEMBRE	BALANCE	SCORPION	LION	CAPRICORNE	VIERGE	CANCER	BALANCE	LION	14 VIERGE
22 SEPTEMBRE	BALANCE	SCORPION	LION	CAPRICORNE	VIERGE	CANCER	BALANCE	LION	29 VIERGE
23 SEPTEMBRE	BALANCE	SCORPION	LION	CAPRICORNE	VIERGE	CANCER	BALANCE	LION	14 BALANCE

ENTRE DANS LE SIGNE DE LA — LE 23 AOUT — A 11 h 30
LE SOLEIL — VIERGE — 1949 — ✱ LES CHIFFRES INDIQUENT LES DEGRES
QUITTE LE SIGNE DE LA — LE 23 SEPTEMBRE — A 9 h 00

DECOUVREZ DANS QUEL SIGNE SE TROUVAIENT LES PLANETES A VOTRE NAISSANCE

1950	MERCURE	VENUS	MARS	JUPITER	SATURNE	URANUS	NEPTUNE	PLUTON	LUNE *
23 AOUT	VIERGE	LION	SCORPION	POISSONS	VIERGE	CANCER	BALANCE	LION	7 CAPRICORNE
24 AOUT	VIERGE	LION	SCORPION	POISSONS	VIERGE	CANCER	BALANCE	LION	21 CAPRICORNE
25 AOUT	VIERGE	LION	SCORPION	POISSONS	VIERGE	CANCER	BALANCE	LION	5 VERSEAU
26 AOUT	VIERGE	LION	SCORPION	POISSONS	VIERGE	CANCER	BALANCE	LION	19 VERSEAU
27 AOUT	VIERGE	LION	SCORPION	POISSONS	VIERGE	CANCER	BALANCE	LION	2 POISSONS
28 AOUT	BALANCE	LION	SCORPION	POISSONS	VIERGE	CANCER	BALANCE	LION	15 POISSONS
29 AOUT	BALANCE	LION	SCORPION	POISSONS	VIERGE	CANCER	BALANCE	LION	28 POISSONS
30 AOUT	BALANCE	LION	SCORPION	POISSONS	VIERGE	CANCER	BALANCE	LION	10 BELIER
31 AOUT	BALANCE	LION	SCORPION	POISSONS	VIERGE	CANCER	BALANCE	LION	22 BELIER
1 SEPTEMBRE	BALANCE	LION	SCORPION	POISSONS	VIERGE	CANCER	BALANCE	LION	4 TAUREAU
2 SEPTEMBRE	BALANCE	LION	SCORPION	POISSONS	VIERGE	CANCER	BALANCE	LION	16 TAUREAU
3 SEPTEMBRE	BALANCE	LION	SCORPION	POISSONS	VIERGE	CANCER	BALANCE	LION	28 TAUREAU
4 SEPTEMBRE	BALANCE	LION	SCORPION	POISSONS	VIERGE	CANCER	BALANCE	LION	10 GEMEAUX
5 SEPTEMBRE	BALANCE	LION	SCORPION	POISSONS	VIERGE	CANCER	BALANCE	LION	22 GEMEAUX
6 SEPTEMBRE	BALANCE	LION	SCORPION	POISSONS	VIERGE	CANCER	BALANCE	LION	4 CANCER
7 SEPTEMBRE	BALANCE	LION	SCORPION	POISSONS	VIERGE	CANCER	BALANCE	LION	17 CANCER
8 SEPTEMBRE	BALANCE	LION	SCORPION	POISSONS	VIERGE	CANCER	BALANCE	LION	29 CANCER
9 SEPTEMBRE	BALANCE	LION	SCORPION	POISSONS	VIERGE	CANCER	BALANCE	LION	12 LION
10 SEPTEMBRE	BALANCE	VIERGE	SCORPION	POISSONS	VIERGE	CANCER	BALANCE	LION	26 LION
11 SEPTEMBRE	VIERGE	VIERGE	SCORPION	POISSONS	VIERGE	CANCER	BALANCE	LION	9 VIERGE
12 SEPTEMBRE	VIERGE	VIERGE	SCORPION	POISSONS	VIERGE	CANCER	BALANCE	LION	23 VIERGE
13 SEPTEMBRE	VIERGE	VIERGE	SCORPION	POISSONS	VIERGE	CANCER	BALANCE	LION	8 BALANCE
14 SEPTEMBRE	VIERGE	VIERGE	SCORPION	POISSONS	VIERGE	CANCER	BALANCE	LION	22 BALANCE
15 SEPTEMBRE	VIERGE	VIERGE	SCORPION	VERSEAU	VIERGE	CANCER	BALANCE	LION	7 SCORPION
16 SEPTEMBRE	VIERGE	VIERGE	SCORPION	VERSEAU	VIERGE	CANCER	BALANCE	LION	21 SCORPION
17 SEPTEMBRE	VIERGE	VIERGE	SCORPION	VERSEAU	VIERGE	CANCER	BALANCE	LION	6 SAGITTAIRE
18 SEPTEMBRE	VIERGE	VIERGE	SCORPION	VERSEAU	VIERGE	CANCER	BALANCE	LION	20 SAGITTAIRE
19 SEPTEMBRE	VIERGE	VIERGE	SCORPION	VERSEAU	VIERGE	CANCER	BALANCE	LION	4 CAPRICORNE
20 SEPTEMBRE	VIERGE	VIERGE	SCORPION	VERSEAU	VIERGE	CANCER	BALANCE	LION	18 CAPRICORNE
21 SEPTEMBRE	VIERGE	VIERGE	SCORPION	VERSEAU	VIERGE	CANCER	BALANCE	LION	1 VERSEAU
22 SEPTEMBRE	VIERGE	VIERGE	SCORPION	VERSEAU	VIERGE	CANCER	BALANCE	LION	15 VERSEAU
23 SEPTEMBRE	VIERGE	VIERGE	SCORPION	VERSEAU	VIERGE	CANCER	BALANCE	LION	28 VERSEAU

LE SOLEIL ENTRE DANS LE SIGNE DE LA VIERGE LE 23 AOUT 1950 A 17 h 15
LE SOLEIL QUITTE LE SIGNE DE LA VIERGE LE 23 SEPTEMBRE 1950 A 14 h 30

* LES CHIFFRES INDIQUENT LES DEGRES

1951	MERCURE	VENUS	MARS	JUPITER	SATURNE	URANUS	NEPTUNE	PLUTON	LUNE *
23 AOUT	VIERGE	VIERGE	LION	BELIER	BALANCE	CANCER	BALANCE	LION	19 TAUREAU
24 AOUT	VIERGE	VIERGE	LION	BELIER	BALANCE	CANCER	BALANCE	LION	1 GEMEAUX
25 AOUT	VIERGE	VIERGE	LION	BELIER	BALANCE	CANCER	BALANCE	LION	13 GEMEAUX
26 AOUT	VIERGE	VIERGE	LION	BELIER	BALANCE	CANCER	BALANCE	LION	25 GEMEAUX
27 AOUT	VIERGE	VIERGE	LION	BELIER	BALANCE	CANCER	BALANCE	LION	7 CANCER
28 AOUT	VIERGE	VIERGE	LION	BELIER	BALANCE	CANCER	BALANCE	LION	19 CANCER
29 AOUT	VIERGE	VIERGE	LION	BELIER	BALANCE	CANCER	BALANCE	LION	1 LION
30 AOUT	VIERGE	VIERGE	LION	BELIER	BALANCE	CANCER	BALANCE	LION	13 LION
31 AOUT	VIERGE	VIERGE	LION	BELIER	BALANCE	CANCER	BALANCE	LION	25 LION
1 SEPTEMBRE	VIERGE	VIERGE	LION	BELIER	BALANCE	CANCER	BALANCE	LION	8 VIERGE
2 SEPTEMBRE	VIERGE	VIERGE	LION	BELIER	BALANCE	CANCER	BALANCE	LION	20 VIERGE
3 SEPTEMBRE	VIERGE	VIERGE	LION	BELIER	BALANCE	CANCER	BALANCE	LION	3 BALANCE
4 SEPTEMBRE	VIERGE	VIERGE	LION	BELIER	BALANCE	CANCER	BALANCE	LION	16 BALANCE
5 SEPTEMBRE	VIERGE	VIERGE	LION	BELIER	BALANCE	CANCER	BALANCE	LION	0 SCORPION
6 SEPTEMBRE	VIERGE	VIERGE	LION	BELIER	BALANCE	CANCER	BALANCE	LION	13 SCORPION
7 SEPTEMBRE	VIERGE	VIERGE	LION	BELIER	BALANCE	CANCER	BALANCE	LION	27 SCORPION
8 SEPTEMBRE	VIERGE	VIERGE	LION	BELIER	BALANCE	CANCER	BALANCE	LION	11 SAGITTAIRE
9 SEPTEMBRE	VIERGE	VIERGE	LION	BELIER	BALANCE	CANCER	BALANCE	LION	25 SAGITTAIRE
10 SEPTEMBRE	VIERGE	VIERGE	LION	BELIER	BALANCE	CANCER	BALANCE	LION	10 CAPRICORNE
11 SEPTEMBRE	VIERGE	VIERGE	LION	BELIER	BALANCE	CANCER	BALANCE	LION	24 CAPRICORNE
12 SEPTEMBRE	VIERGE	VIERGE	LION	BELIER	BALANCE	CANCER	BALANCE	LION	9 VERSEAU
13 SEPTEMBRE	VIERGE	VIERGE	LION	BELIER	BALANCE	CANCER	BALANCE	LION	23 VERSEAU
14 SEPTEMBRE	VIERGE	VIERGE	LION	BELIER	BALANCE	CANCER	BALANCE	LION	7 POISSONS
15 SEPTEMBRE	VIERGE	VIERGE	LION	BELIER	BALANCE	CANCER	BALANCE	LION	21 POISSONS
16 SEPTEMBRE	VIERGE	VIERGE	LION	BELIER	BALANCE	CANCER	BALANCE	LION	5 BELIER
17 SEPTEMBRE	VIERGE	VIERGE	LION	BELIER	BALANCE	CANCER	BALANCE	LION	18 BELIER
18 SEPTEMBRE	VIERGE	VIERGE	LION	BELIER	BALANCE	CANCER	BALANCE	LION	1 TAUREAU
19 SEPTEMBRE	VIERGE	VIERGE	LION	BELIER	BALANCE	CANCER	BALANCE	LION	14 TAUREAU
20 SEPTEMBRE	VIERGE	VIERGE	LION	BELIER	BALANCE	CANCER	BALANCE	LION	27 TAUREAU
21 SEPTEMBRE	VIERGE	VIERGE	LION	BELIER	BALANCE	CANCER	BALANCE	LION	9 GEMEAUX
22 SEPTEMBRE	VIERGE	VIERGE	LION	BELIER	BALANCE	CANCER	BALANCE	LION	21 GEMEAUX
23 SEPTEMBRE	VIERGE	VIERGE	LION	BELIER	BALANCE	CANCER	BALANCE	LION	3 CANCER

LE SOLEIL ENTRE DANS LE SIGNE DE LA VIERGE LE 23 AOUT 1951 A 23 h 15
LE SOLEIL QUITTE LE SIGNE DE LA VIERGE LE 23 SEPTEMBRE 1951 A 23 h 30

* LES CHIFFRES INDIQUENT LES DEGRES

DECOUVREZ DANS QUEL SIGNE SE TROUVAIENT LES PLANETES A VOTRE NAISSANCE

1952	MERCURE	VENUS	MARS	JUPITER	SATURNE	URANUS	NEPTUNE	PLUTON	LUNE *
23 AOUT	LION	VIERGE	SCORPION	TAUREAU	BALANCE	CANCER	BALANCE	LION	1 BALANCE
24 AOUT	LION	VIERGE	SCORPION	TAUREAU	BALANCE	CANCER	BALANCE	LION	14 BALANCE
25 AOUT	LION	VIERGE	SCORPION	TAUREAU	BALANCE	CANCER	BALANCE	LION	26 BALANCE
26 AOUT	LION	VIERGE	SCORPION	TAUREAU	BALANCE	CANCER	BALANCE	LION	9 SCORPION
27 AOUT	LION	VIERGE	SCORPION	TAUREAU	BALANCE	CANCER	BALANCE	LION	21 SCORPION
28 AOUT	LION	VIERGE	SAGITTAIRE	TAUREAU	BALANCE	CANCER	BALANCE	LION	5 SAGITTAIRE
29 AOUT	LION	VIERGE	SAGITTAIRE	TAUREAU	BALANCE	CANCER	BALANCE	LION	18 SAGITTAIRE
30 AOUT	LION	VIERGE	SAGITTAIRE	TAUREAU	BALANCE	CANCER	BALANCE	LION	2 CAPRICORNE
31 AOUT	LION	VIERGE	SAGITTAIRE	TAUREAU	BALANCE	CANCER	BALANCE	LION	17 CAPRICORNE
1 SEPTEMBRE	LION	VIERGE	SAGITTAIRE	TAUREAU	BALANCE	CANCER	BALANCE	LION	1 VERSEAU
2 SEPTEMBRE	LION	VIERGE	SAGITTAIRE	TAUREAU	BALANCE	CANCER	BALANCE	LION	16 VERSEAU
3 SEPTEMBRE	LION	BALANCE	SAGITTAIRE	TAUREAU	BALANCE	CANCER	BALANCE	LION	2 POISSONS
4 SEPTEMBRE	LION	BALANCE	SAGITTAIRE	TAUREAU	BALANCE	CANCER	BALANCE	LION	17 POISSONS
5 SEPTEMBRE	LION	BALANCE	SAGITTAIRE	TAUREAU	BALANCE	CANCER	BALANCE	LION	2 BELIER
6 SEPTEMBRE	LION	BALANCE	SAGITTAIRE	TAUREAU	BALANCE	CANCER	BALANCE	LION	16 BELIER
7 SEPTEMBRE	VIERGE	BALANCE	SAGITTAIRE	TAUREAU	BALANCE	CANCER	BALANCE	LION	0 TAUREAU
8 SEPTEMBRE	VIERGE	BALANCE	SAGITTAIRE	TAUREAU	BALANCE	CANCER	BALANCE	LION	14 TAUREAU
9 SEPTEMBRE	VIERGE	BALANCE	SAGITTAIRE	TAUREAU	BALANCE	CANCER	BALANCE	LION	27 TAUREAU
10 SEPTEMBRE	VIERGE	BALANCE	SAGITTAIRE	TAUREAU	BALANCE	CANCER	BALANCE	LION	10 GEMEAUX
11 SEPTEMBRE	VIERGE	BALANCE	SAGITTAIRE	TAUREAU	BALANCE	CANCER	BALANCE	LION	23 GEMEAUX
12 SEPTEMBRE	VIERGE	BALANCE	SAGITTAIRE	TAUREAU	BALANCE	CANCER	BALANCE	LION	5 CANCER
13 SEPTEMBRE	VIERGE	BALANCE	SAGITTAIRE	TAUREAU	BALANCE	CANCER	BALANCE	LION	17 CANCER
14 SEPTEMBRE	VIERGE	BALANCE	SAGITTAIRE	TAUREAU	BALANCE	CANCER	BALANCE	LION	29 CANCER
15 SEPTEMBRE	VIERGE	BALANCE	SAGITTAIRE	TAUREAU	BALANCE	CANCER	BALANCE	LION	11 LION
16 SEPTEMBRE	VIERGE	BALANCE	SAGITTAIRE	TAUREAU	BALANCE	CANCER	BALANCE	LION	22 LION
17 SEPTEMBRE	VIERGE	BALANCE	SAGITTAIRE	TAUREAU	BALANCE	CANCER	BALANCE	LION	4 VIERGE
18 SEPTEMBRE	VIERGE	BALANCE	SAGITTAIRE	TAUREAU	BALANCE	CANCER	BALANCE	LION	16 VIERGE
19 SEPTEMBRE	VIERGE	BALANCE	SAGITTAIRE	TAUREAU	BALANCE	CANCER	BALANCE	LION	28 VIERGE
20 SEPTEMBRE	VIERGE	BALANCE	SAGITTAIRE	TAUREAU	BALANCE	CANCER	BALANCE	LION	11 BALANCE
21 SEPTEMBRE	VIERGE	BALANCE	SAGITTAIRE	TAUREAU	BALANCE	CANCER	BALANCE	LION	23 BALANCE
22 SEPTEMBRE	VIERGE	BALANCE	SAGITTAIRE	TAUREAU	BALANCE	CANCER	BALANCE	LION	6 SCORPION
23 SEPTEMBRE	VIERGE	BALANCE	SAGITTAIRE	TAUREAU	BALANCE	CANCER	BALANCE	LION	18 SCORPION

LE SOLEIL ENTRE DANS LE SIGNE DE LA VIERGE LE 23 AOUT 1952 A 5 h 00
LE SOLEIL QUITTE LE SIGNE DE LA VIERGE LE 23 SEPTEMBRE 1952 A 2 h 15

* LES CHIFFRES INDIQUENT LES DEGRES

1953	MERCURE	VENUS	MARS	JUPITER	SATURNE	URANUS	NEPTUNE	PLUTON	LUNE *
23 AOUT	LION	CANCER	LION	GEMEAUX	BALANCE	CANCER	BALANCE	LION	11 VERSEAU
24 AOUT	LION	CANCER	LION	GEMEAUX	BALANCE	CANCER	BALANCE	LION	26 VERSEAU
25 AOUT	LION	CANCER	LION	GEMEAUX	BALANCE	CANCER	BALANCE	LION	11 POISSONS
26 AOUT	LION	CANCER	LION	GEMEAUX	BALANCE	CANCER	BALANCE	LION	26 POISSONS
27 AOUT	LION	CANCER	LION	GEMEAUX	BALANCE	CANCER	BALANCE	LION	11 BELIER
28 AOUT	LION	CANCER	LION	GEMEAUX	BALANCE	CANCER	BALANCE	LION	26 BELIER
29 AOUT	LION	CANCER	LION	GEMEAUX	BALANCE	CANCER	BALANCE	LION	10 TAUREAU
30 AOUT	LION	LION	LION	GEMEAUX	BALANCE	CANCER	BALANCE	LION	14 TAUREAU
31 AOUT	VIERGE	LION	LION	GEMEAUX	BALANCE	CANCER	BALANCE	LION	8 GEMEAUX
1 SEPTEMBRE	VIERGE	LION	LION	GEMEAUX	BALANCE	CANCER	BALANCE	LION	21 GEMEAUX
2 SEPTEMBRE	VIERGE	LION	LION	GEMEAUX	BALANCE	CANCER	BALANCE	LION	4 CANCER
3 SEPTEMBRE	VIERGE	LION	LION	GEMEAUX	BALANCE	CANCER	BALANCE	LION	17 CANCER
4 SEPTEMBRE	VIERGE	LION	LION	GEMEAUX	BALANCE	CANCER	BALANCE	LION	29 CANCER
5 SEPTEMBRE	VIERGE	LION	LION	GEMEAUX	BALANCE	CANCER	BALANCE	LION	11 LION
6 SEPTEMBRE	VIERGE	LION	LION	GEMEAUX	BALANCE	CANCER	BALANCE	LION	23 LION
7 SEPTEMBRE	VIERGE	LION	LION	GEMEAUX	BALANCE	CANCER	BALANCE	LION	5 VIERGE
8 SEPTEMBRE	VIERGE	LION	LION	GEMEAUX	BALANCE	CANCER	BALANCE	LION	17 VIERGE
9 SEPTEMBRE	VIERGE	LION	LION	GEMEAUX	BALANCE	CANCER	BALANCE	LION	29 VIERGE
10 SEPTEMBRE	VIERGE	LION	LION	GEMEAUX	BALANCE	CANCER	BALANCE	LION	11 BALANCE
11 SEPTEMBRE	VIERGE	LION	LION	GEMEAUX	BALANCE	CANCER	BALANCE	LION	23 BALANCE
12 SEPTEMBRE	VIERGE	LION	LION	GEMEAUX	BALANCE	CANCER	BALANCE	LION	5 SCORPION
13 SEPTEMBRE	VIERGE	LION	LION	GEMEAUX	BALANCE	CANCER	BALANCE	LION	17 SCORPION
14 SEPTEMBRE	VIERGE	LION	LION	GEMEAUX	BALANCE	CANCER	BALANCE	LION	29 SCORPION
15 SEPTEMBRE	VIERGE	LION	VIERGE	GEMEAUX	BALANCE	CANCER	BALANCE	LION	11 SAGITTAIRE
16 SEPTEMBRE	BALANCE	LION	VIERGE	GEMEAUX	BALANCE	CANCER	BALANCE	LION	24 SAGITTAIRE
17 SEPTEMBRE	BALANCE	LION	VIERGE	GEMEAUX	BALANCE	CANCER	BALANCE	LION	7 CAPRICORNE
18 SEPTEMBRE	BALANCE	LION	VIERGE	GEMEAUX	BALANCE	CANCER	BALANCE	LION	21 CAPRICORNE
19 SEPTEMBRE	BALANCE	LION	VIERGE	GEMEAUX	BALANCE	CANCER	BALANCE	LION	5 VERSEAU
20 SEPTEMBRE	BALANCE	LION	VIERGE	GEMEAUX	BALANCE	CANCER	BALANCE	LION	19 VERSEAU
21 SEPTEMBRE	BALANCE	LION	VIERGE	GEMEAUX	BALANCE	CANCER	BALANCE	LION	4 POISSONS
22 SEPTEMBRE	BALANCE	LION	VIERGE	GEMEAUX	BALANCE	CANCER	BALANCE	LION	19 POISSONS
23 SEPTEMBRE	BALANCE	LION	VIERGE	GEMEAUX	BALANCE	CANCER	BALANCE	LION	4 BELIER

LE SOLEIL ENTRE DANS LE SIGNE DE LA VIERGE LE 23 AOUT 1953 A 10 h 30
LE SOLEIL QUITTE LE SIGNE DE LA VIERGE LE 23 SEPTEMBRE 1953 A 8 h 00

* LES CHIFFRES INDIQUENT LES DEGRES

DECOUVREZ DANS QUEL SIGNE SE TROUVAIENT LES PLANETES A VOTRE NAISSANCE

1954	MERCURE	VENUS	MARS	JUPITER	SATURNE	URANUS	NEPTUNE	PLUTON	LUNE *
23 AOUT	VIERGE	BALANCE	SAGITTAIRE	CANCER	SCORPION	CANCER	BALANCE	LION	29 GEMEAUX
24 AOUT	VIERGE	BALANCE	SAGITTAIRE	CANCER	SCORPION	CANCER	BALANCE	LION	13 CANCER
25 AOUT	VIERGE	BALANCE	CAPRICORNE	CANCER	SCORPION	CANCER	BALANCE	LION	26 CANCER
26 AOUT	VIERGE	BALANCE	CAPRICORNE	CANCER	SCORPION	CANCER	BALANCE	LION	9 LION
27 AOUT	VIERGE	BALANCE	CAPRICORNE	CANCER	SCORPION	CANCER	BALANCE	LION	22 LION
28 AOUT	VIERGE	BALANCE	CAPRICORNE	CANCER	SCORPION	CANCER	BALANCE	LION	5 VIERGE
29 AOUT	VIERGE	BALANCE	CAPRICORNE	CANCER	SCORPION	CANCER	BALANCE	LION	18 VIERGE
30 AOUT	VIERGE	BALANCE	CAPRICORNE	CANCER	SCORPION	CANCER	BALANCE	LION	0 BALANCE
31 AOUT	VIERGE	BALANCE	CAPRICORNE	CANCER	SCORPION	CANCER	BALANCE	LION	12 BALANCE
1 SEPTEMBRE	VIERGE	BALANCE	CAPRICORNE	CANCER	SCORPION	CANCER	BALANCE	LION	24 BALANCE
2 SEPTEMBRE	VIERGE	BALANCE	CAPRICORNE	CANCER	SCORPION	CANCER	BALANCE	LION	6 SCORPION
3 SEPTEMBRE	VIERGE	BALANCE	CAPRICORNE	CANCER	SCORPION	CANCER	BALANCE	LION	18 SCORPION
4 SEPTEMBRE	VIERGE	BALANCE	CAPRICORNE	CANCER	SCORPION	CANCER	BALANCE	LION	0 SAGITTAIRE
5 SEPTEMBRE	VIERGE	BALANCE	CAPRICORNE	CANCER	SCORPION	CANCER	BALANCE	LION	12 SAGITTAIRE
6 SEPTEMBRE	VIERGE	BALANCE	CAPRICORNE	CANCER	SCORPION	CANCER	BALANCE	LION	24 SAGITTAIRE
7 SEPTEMBRE	VIERGE	SCORPION	CAPRICORNE	CANCER	SCORPION	CANCER	BALANCE	LION	6 CAPRICORNE
8 SEPTEMBRE	BALANCE	SCORPION	CAPRICORNE	CANCER	SCORPION	CANCER	BALANCE	LION	19 CAPRICORNE
9 SEPTEMBRE	BALANCE	SCORPION	CAPRICORNE	CANCER	SCORPION	CANCER	BALANCE	LION	2 VERSEAU
10 SEPTEMBRE	BALANCE	SCORPION	CAPRICORNE	CANCER	SCORPION	CANCER	BALANCE	LION	16 VERSEAU
11 SEPTEMBRE	BALANCE	SCORPION	CAPRICORNE	CANCER	SCORPION	CANCER	BALANCE	LION	0 POISSONS
12 SEPTEMBRE	BALANCE	SCORPION	CAPRICORNE	CANCER	SCORPION	CANCER	BALANCE	LION	14 POISSONS
13 SEPTEMBRE	BALANCE	SCORPION	CAPRICORNE	CANCER	SCORPION	CANCER	BALANCE	LION	29 POISSONS
14 SEPTEMBRE	BALANCE	SCORPION	CAPRICORNE	CANCER	SCORPION	CANCER	BALANCE	LION	14 BELIER
15 SEPTEMBRE	BALANCE	SCORPION	CAPRICORNE	CANCER	SCORPION	CANCER	BALANCE	LION	29 BELIER
16 SEPTEMBRE	BALANCE	SCORPION	CAPRICORNE	CANCER	SCORPION	CANCER	BALANCE	LION	13 TAUREAU
17 SEPTEMBRE	BALANCE	SCORPION	CAPRICORNE	CANCER	SCORPION	CANCER	BALANCE	LION	28 TAUREAU
18 SEPTEMBRE	BALANCE	SCORPION	CAPRICORNE	CANCER	SCORPION	CANCER	BALANCE	LION	12 GEMEAUX
19 SEPTEMBRE	BALANCE	SCORPION	CAPRICORNE	CANCER	SCORPION	CANCER	BALANCE	LION	26 GEMEAUX
20 SEPTEMBRE	BALANCE	SCORPION	CAPRICORNE	CANCER	SCORPION	CANCER	BALANCE	LION	10 CANCER
21 SEPTEMBRE	BALANCE	SCORPION	CAPRICORNE	CANCER	SCORPION	CANCER	BALANCE	LION	23 CANCER
22 SEPTEMBRE	BALANCE	SCORPION	CAPRICORNE	CANCER	SCORPION	CANCER	BALANCE	LION	6 LION
23 SEPTEMBRE	BALANCE	SCORPION	CAPRICORNE	CANCER	SCORPION	CANCER	BALANCE	LION	19 LION

LE SOLEIL ENTRE DANS LE SIGNE DE LA VIERGE LE 23 AOUT 1954 A 16 h 30
LE SOLEIL QUITTE LE SIGNE DE LA VIERGE LE 23 SEPTEMBRE 1954 A 13 h 45

* LES CHIFFRES INDIQUENT LES DEGRES

1955	MERCURE	VENUS	MARS	JUPITER	SATURNE	URANUS	NEPTUNE	PLUTON	LUNE *
23 AOUT	VIERGE	LION	LION	LION	SCORPION	CANCER	BALANCE	LION	9 SCORPION
24 AOUT	VIERGE	LION	LION	LION	SCORPION	CANCER	BALANCE	LION	21 SCORPION
25 AOUT	VIERGE	LION	LION	LION	SCORPION	LION	BALANCE	LION	3 SAGITTAIRE
26 AOUT	VIERGE	VIERGE	LION	LION	SCORPION	LION	BALANCE	LION	14 SAGITTAIRE
27 AOUT	VIERGE	VIERGE	VIERGE	LION	SCORPION	LION	BALANCE	LION	26 SAGITTAIRE
28 AOUT	VIERGE	VIERGE	VIERGE	LION	SCORPION	LION	BALANCE	LION	8 CAPRICORNE
29 AOUT	VIERGE	VIERGE	VIERGE	LION	SCORPION	LION	BALANCE	LION	20 CAPRICORNE
30 AOUT	VIERGE	VIERGE	VIERGE	LION	SCORPION	LION	BALANCE	LION	2 VERSEAU
31 AOUT	VIERGE	VIERGE	VIERGE	LION	SCORPION	LION	BALANCE	LION	15 VERSEAU
1 SEPTEMBRE	BALANCE	VIERGE	VIERGE	LION	SCORPION	LION	BALANCE	LION	28 VERSEAU
2 SEPTEMBRE	BALANCE	VIERGE	VIERGE	LION	SCORPION	LION	BALANCE	LION	11 POISSONS
3 SEPTEMBRE	BALANCE	VIERGE	VIERGE	LION	SCORPION	LION	BALANCE	LION	24 POISSONS
4 SEPTEMBRE	BALANCE	VIERGE	VIERGE	LION	SCORPION	LION	BALANCE	LION	8 BELIER
5 SEPTEMBRE	BALANCE	VIERGE	VIERGE	LION	SCORPION	LION	BALANCE	LION	22 BELIER
6 SEPTEMBRE	BALANCE	VIERGE	VIERGE	LION	SCORPION	LION	BALANCE	LION	6 TAUREAU
7 SEPTEMBRE	BALANCE	VIERGE	VIERGE	LION	SCORPION	LION	BALANCE	LION	20 TAUREAU
8 SEPTEMBRE	BALANCE	VIERGE	VIERGE	LION	SCORPION	LION	BALANCE	LION	4 GEMEAUX
9 SEPTEMBRE	BALANCE	VIERGE	VIERGE	LION	SCORPION	LION	BALANCE	LION	18 GEMEAUX
10 SEPTEMBRE	BALANCE	VIERGE	VIERGE	LION	SCORPION	LION	BALANCE	LION	2 CANCER
11 SEPTEMBRE	BALANCE	VIERGE	VIERGE	LION	SCORPION	LION	BALANCE	LION	16 CANCER
12 SEPTEMBRE	BALANCE	VIERGE	VIERGE	LION	SCORPION	LION	BALANCE	LION	0 LION
13 SEPTEMBRE	BALANCE	VIERGE	VIERGE	LION	SCORPION	LION	BALANCE	LION	14 LION
14 SEPTEMBRE	BALANCE	VIERGE	VIERGE	LION	SCORPION	LION	BALANCE	LION	28 LION
15 SEPTEMBRE	BALANCE	VIERGE	VIERGE	LION	SCORPION	LION	BALANCE	LION	12 VIERGE
16 SEPTEMBRE	BALANCE	VIERGE	VIERGE	LION	SCORPION	LION	BALANCE	LION	25 VIERGE
17 SEPTEMBRE	BALANCE	VIERGE	VIERGE	LION	SCORPION	LION	BALANCE	LION	9 BALNCE
18 SEPTEMBRE	BALANCE	VIERGE	VIERGE	LION	SCORPION	LION	BALANCE	LION	22 BALANCE
19 SEPTEMBRE	BALANCE	BALANCE	VIERGE	LION	SCORPION	LION	BALANCE	LION	4 SCORPION
20 SEPTEMBRE	BALANCE	BALANCE	VIERGE	LION	SCORPION	LION	BALANCE	LION	17 SCORPION
21 SEPTEMBRE	BALANCE	BALANCE	VIERGE	LION	SCORPION	LION	BALANCE	LION	29 SCORPION
22 SEPTEMBRE	BALANCE	BALANCE	VIERGE	LION	SCORPION	LION	BALANCE	LION	10 SAGITTAIRE
23 SEPTEMBRE	BALANCE	BALANCE	VIERGE	LION	SCORPION	LION	BALANCE	LION	22 SAGITTAIRE

LE SOLEIL ENTRE DANS LE SIGNE DE LA VIERGE LE 23 AOUT 1955 A 22 h 15
LE SOLEIL QUITTE LE SIGNE DE LA VIERGE LE 23 SEPTEMBRE 1955 A 19 h 30

* LES CHIFFRES INDIQUENT LES DEGRES

DECOUVREZ DANS QUEL SIGNE SE TROUVAIENT LES PLANETES A VOTRE NAISSANCE

1956	MERCURE	VENUS	MARS	JUPITER	SATURNE	URANUS	NEPTUNE	PLUTON	LUNE ✱
23 AOUT	VIERGE	CANCER	POISSONS	VIERGE	SCORPION	LION	BALANCE	LION	22 POISSONS
24 AOUT	VIERGE	CANCER	POISSONS	VIERGE	SCORPION	LION	BALANCE	LION	5 BELIER
25 AOUT	VIERGE	CANCER	POISSONS	VIERGE	SCORPION	LION	BALANCE	LION	17 BELIER
26 AOUT	VIERGE	CANCER	POISSONS	VIERGE	SCORPION	LION	BALANCE	LION	0 TAUREAU
27 AOUT	BALANCE	CANCER	POISSONS	VIERGE	SCORPION	LION	BALANCE	LION	13 TAUREAU
28 AOUT	BALANCE	CANCER	POISSONS	VIERGE	SCORPION	LION	BALANCE	LION	26 TAUREAU
29 AOUT	BALANCE	CANCER	POISSONS	VIERGE	SCORPION	LION	BALANCE	LION	10 GEMEAUX
30 AOUT	BALANCE	CANCER	POISSONS	VIERGE	SCORPION	LION	BALANCE	LION	24 GEMEAUX
31 AOUT	BALANCE	CANCER	POISSONS	VIERGE	SCORPION	LION	BALANCE	LION	8 CANCER
1 SEPTEMBRE	BALANCE	CANCER	POISSONS	VIERGE	SCORPION	LION	BALANCE	LION	23 CANCER
2 SEPTEMBRE	BALANCE	CANCER	POISSONS	VIERGE	SCORPION	LION	BALANCE	LION	8 LION
3 SEPTEMBRE	BALANCE	CANCER	POISSONS	VIERGE	SCORPION	LION	BALANCE	LION	23 LION
4 SEPTEMBRE	BALANCE	CANCER	POISSONS	VIERGE	SCORPION	LION	BALANCE	LION	8 VIERGE
5 SEPTEMBRE	BALANCE	CANCER	POISSONS	VIERGE	SCORPION	LION	BALANCE	LION	22 VIERGE
6 SEPTEMBRE	BALANCE	CANCER	POISSONS	VIERGE	SCORPION	LION	BALANCE	LION	7 BALANCE
7 SEPTEMBRE	BALANCE	CANCER	POISSONS	VIERGE	SCORPION	LION	BALANCE	LION	21 BALANCE
8 SEPTEMBRE	BALANCE	LION	POISSONS	VIERGE	SCORPION	LION	BALANCE	LION	4 SCORPION
9 SEPTEMBRE	BALANCE	LION	POISSONS	VIERGE	SCORPION	LION	BALANCE	LION	18 SCORPION
10 SEPTEMBRE	BALANCE	LION	POISSONS	VIERGE	SCORPION	LION	BALANCE	LION	0 SAGITTAIRE
11 SEPTEMBRE	BALANCE	LION	POISSONS	VIERGE	SCORPION	LION	BALANCE	LION	13 SAGITTAIRE
12 SEPTEMBRE	BALANCE	LION	POISSONS	VIERGE	SCORPION	LION	BALANCE	LION	25 SAGITTAIRE
13 SEPTEMBRE	BALANCE	LION	POISSONS	VIERGE	SCORPION	LION	BALANCE	LION	7 CAPRICORNE
14 SEPTEMBRE	BALANCE	LION	POISSONS	VIERGE	SCORPION	LION	BALANCE	LION	19 CAPRICORNE
15 SEPTEMBRE	BALANCE	LION	POISSONS	VIERGE	SCORPION	LION	BALANCE	LION	0 VERSEAU
16 SEPTEMBRE	BALANCE	LION	POISSONS	VIERGE	SCORPION	LION	BALANCE	LION	12 VERSEAU
17 SEPTEMBRE	BALANCE	LION	POISSONS	VIERGE	SCORPION	LION	BALANCE	LION	24 VERSEAU
18 SEPTEMBRE	BALANCE	LION	POISSONS	VIERGE	SCORPION	LION	BALANCE	LION	6 POISSONS
19 SEPTEMBRE	BALANCE	LION	POISSONS	VIERGE	SCORPION	LION	BALANCE	LION	19 POISSONS
20 SEPTEMBRE	BALANCE	LION	POISSONS	VIERGE	SCORPION	LION	BALANCE	LION	1 BELIER
21 SEPTEMBRE	BALANCE	LION	POISSONS	VIERGE	SCORPION	LION	BALANCE	LION	14 BELIER
22 SEPTEMBRE	BALANCE	LION	POISSONS	VIERGE	SCORPION	LION	BALANCE	LION	27 BELIER
23 SEPTEMBRE	BALANCE	LION	POISSONS	VIERGE	SCORPION	LION	BALANCE	LION	10 TAUREAU

LE SOLEIL ENTRE DANS LE SIGNE DE LA VIERGE LE 23 AOUT 1956 A 4 h 00
LE SOLEIL QUITTE LE SIGNE DE LA VIERGE LE 23 SEPTEMBRE 1956 1 h 30

✱ LES CHIFFRES INDIQUENT LES DEGRES

1957	MERCURE	VENUS	MARS	JUPITER	SATURNE	URANUS	NEPTUNE	PLUTON	LUNE ✱
23 AOUT	VIERGE	BALANCE	VIERGE	BALANCE	SAGITTAIRE	LION	SCORPION	VIERGE	2 LION
24 AOUT	VIERGE	BALANCE	VIERGE	BALANCE	SAGITTAIRE	LION	SCORPION	VIERGE	17 LION
25 AOUT	VIERGE	BALANCE	VIERGE	BALANCE	SAGITTAIRE	LION	SCORPION	VIERGE	2 VIERGE
26 AOUT	VIERGE	BALANCE	VIERGE	BALANCE	SAGITTAIRE	LION	SCORPION	VIERGE	17 VIERGE
27 AOUT	VIERGE	BALANCE	VIERGE	BALANCE	SAGITTAIRE	LION	SCORPION	VIERGE	2 BALANCE
28 AOUT	VIERGE	BALANCE	VIERGE	BALANCE	SAGITTAIRE	LION	SCORPION	VIERGE	17 BALANCE
29 AOUT	VIERGE	BALANCE	VIERGE	BALANCE	SAGITTAIRE	LION	SCORPION	VIERGE	2 SCORPION
30 AOUT	VIERGE	BALANCE	VIERGE	BALANCE	SAGITTAIRE	LION	SCORPION	VIERGE	16 SCORPION
31 AOUT	VIERGE	BALANCE	VIERGE	BALANCE	SAGITTAIRE	LION	SCORPION	VIERGE	29 SCORPION
1 SEPTEMBRE	VIERGE	BALANCE	VIERGE	BALANCE	SAGITTAIRE	LION	SCORPION	VIERGE	12 SAGITTAIRE
2 SEPTEMBRE	VIERGE	BALANCE	VIERGE	BALANCE	SAGITTAIRE	LION	SCORPION	VIERGE	25 SAGITTAIRE
3 SEPTEMBRE	VIERGE	BALANCE	VIERGE	BALANCE	SAGITTAIRE	LION	SCORPION	VIERGE	7 CAPRICORNE
4 SEPTEMBRE	VIERGE	BALANCE	VIERGE	BALANCE	SAGITTAIRE	LION	SCORPION	VIERGE	20 CAPRICORNE
5 SEPTEMBRE	VIERGE	BALANCE	VIERGE	BALANCE	SAGITTAIRE	LION	SCORPION	VIERGE	2 VERSEAU
6 SEPTEMBRE	VIERGE	BALANCE	VIERGE	BALANCE	SAGITTAIRE	LION	SCORPION	VIERGE	14 VERSEAU
7 SEPTEMBRE	VIERGE	BALANCE	VIERGE	BALANCE	SAGITTAIRE	LION	SCORPION	VIERGE	26 VERSEAU
8 SEPTEMBRE	VIERGE	BALANCE	VIERGE	BALANCE	SAGITTAIRE	LION	SCORPION	VIERGE	8 POISSONS
9 SEPTEMBRE	VIERGE	BALANCE	VIERGE	BALANCE	SAGITTAIRE	LION	SCORPION	VIERGE	19 POISSONS
10 SEPTEMBRE	VIERGE	BALANCE	VIERGE	BALANCE	SAGITTAIRE	LION	SCORPION	VIERGE	1 BELIER
11 SEPTEMBRE	VIERGE	BALANCE	VIERGE	BALANCE	SAGITTAIRE	LION	SCORPION	VIERGE	13 BELIER
12 SEPTEMBRE	VIERGE	BALANCE	VIERGE	BALANCE	SAGITTAIRE	LION	SCORPION	VIERGE	25 BELIER
13 SEPTEMBRE	VIERGE	BALANCE	VIERGE	BALANCE	SAGITTAIRE	LION	SCORPION	VIERGE	7 TAUREAU
14 SEPTEMBRE	VIERGE	SCORPION	VIERGE	BALANCE	SAGITTAIRE	LION	SCORPION	VIERGE	20 TAUREAU
15 SEPTEMBRE	VIERGE	SCORPION	VIERGE	BALANCE	SAGITTAIRE	LION	SCORPION	VIERGE	2 GEMEAUX
16 SEPTEMBRE	VIERGE	SCORPION	VIERGE	BALANCE	SAGITTAIRE	LION	SCORPION	VIERGE	15 GEMEAUX
17 SEPTEMBRE	VIERGE	SCORPION	VIERGE	BALANCE	SAGITTAIRE	LION	SCORPION	VIERGE	28 GEMEAUX
18 SEPTEMBRE	VIERGE	SCORPION	VIERGE	BALANCE	SAGITTAIRE	LION	SCORPION	VIERGE	12 CANCER
19 SEPTEMBRE	VIERGE	SCORPION	VIERGE	BALANCE	SAGITTAIRE	LION	SCORPION	VIERGE	26 CANCER
20 SEPTEMBRE	VIERGE	SCORPION	VIERGE	BALANCE	SAGITTAIRE	LION	SCORPION	VIERGE	10 LION
21 SEPTEMBRE	VIERGE	SCORPION	VIERGE	BALANCE	SAGITTAIRE	LION	SCORPION	VIERGE	25 LION
22 SEPTEMBRE	VIERGE	SCORPION	VIERGE	BALANCE	SAGITTAIRE	LION	SCORPION	VIERGE	10 VIERGE
23 SEPTEMBRE	VIERGE	SCORPION	VIERGE	BALANCE	SAGITTAIRE	LION	SCORPION	VIERGE	26 VIERGE

LE SOLEIL ENTRE DANS LE SIGNE DE LA VIERGE LE 23 AOUT 1957 A 10 h 00
LE SOLEIL QUITTE LE SIGNE DE LA VIERGE LE 23 SEPTEMBRE 1957 A 7 h 15

✱ LES CHIFFRES INDIQUENT LES DEGRES

DECOUVREZ DANS QUEL SIGNE SE TROUVAIENT LES PLANETES A VOTRE NAISSANCE

1958	MERCURE	VENUS	MARS	JUPITER	SATURNE	URANUS	NEPTUNE	PLUTON	LUNE ✱
23 AOUT	VIERGE	LION	TAUREAU	BALANCE	SAGITTAIRE	LION	SCORPION	VIERGE	21 SAGITTAIRE
24 AOUT	LION	LION	TAUREAU	BALANCE	SAGITTAIRE	LION	SCORPION	VIERGE	4 CAPRICORNE
25 AOUT	LION	LION	TAUREAU	BALANCE	SAGITTAIRE	LION	SCORPION	VIERGE	18 CAPRICORNE
26 AOUT	LION	LION	TAUREAU	BALANCE	SAGITTAIRE	LION	SCORPION	VIERGE	0 VERSEAU
27 AOUT	LION	LION	TAUREAU	BALANCE	SAGITTAIRE	LION	SCORPION	VIERGE	13 VERSEAU
28 AOUT	LION	LION	TAUREAU	BALANCE	SAGITTAIRE	LION	SCORPION	VIERGE	26 VERSEAU
29 AOUT	LION	LION	TAUREAU	BALANCE	SAGITTAIRE	LION	SCORPION	VIERGE	8 POISSONS
30 AOUT	LION	LION	TAUREAU	BALANCE	SAGITTAIRE	LION	SCORPION	VIERGE	20 POISSONS
31 AOUT	LION	LION	TAUREAU	BALANCE	SAGITTAIRE	LION	SCORPION	VIERGE	2 BELIER
1 SEPTEMBRE	LION	LION	TAUREAU	BALANCE	SAGITTAIRE	LION	SCORPION	VIERGE	14 BELIER
2 SEPTEMBRE	LION	LION	TAUREAU	BALANCE	SAGITTAIRE	LION	SCORPION	VIERGE	26 BELIER
3 SEPTEMBRE	LION	LION	TAUREAU	BALANCE	SAGITTAIRE	LION	SCORPION	VIERGE	8 TAUREAU
4 SEPTEMBRE	LION	LION	TAUREAU	BALANCE	SAGITTAIRE	LION	SCORPION	VIERGE	20 TAUREAU
5 SEPTEMBRE	LION	LION	TAUREAU	BALANCE	SAGITTAIRE	LION	SCORPION	VIERGE	2 GEMEAUX
6 SEPTEMBRE	LION	LION	TAUREAU	BALANCE	SAGITTAIRE	LION	SCORPION	VIERGE	14 GEMEAUX
7 SEPTEMBRE	LION	LION	TAUREAU	SCORPION	SAGITTAIRE	LION	SCORPION	VIERGE	26 GEMEAUX
8 SEPTEMBRE	LION	LION	TAUREAU	SCORPION	SAGITTAIRE	LION	SCORPION	VIERGE	9 CANCER
9 SEPTEMBRE	LION	LION	TAUREAU	SCORPION	SAGITTAIRE	LION	SCORPION	VIERGE	22 CANCER
10 SEPTEMBRE	LION	VIERGE	TAUREAU	SCORPION	SAGITTAIRE	LION	SCORPION	VIERGE	6 LION
11 SEPTEMBRE	VIERGE	VIERGE	TAUREAU	SCORPION	SAGITTAIRE	LION	SCORPION	VIERGE	20 LION
12 SEPTEMBRE	VIERGE	VIERGE	TAUREAU	SCORPION	SAGITTAIRE	LION	SCORPION	VIERGE	5 VIERGE
13 SEPTEMBRE	VIERGE	VIERGE	TAUREAU	SCORPION	SAGITTAIRE	LION	SCORPION	VIERGE	20 VIERGE
14 SEPTEMBRE	VIERGE	VIERGE	TAUREAU	SCORPION	SAGITTAIRE	LION	SCORPION	VIERGE	5 BALANCE
15 SEPTEMBRE	VIERGE	VIERGE	TAUREAU	SCORPION	SAGITTAIRE	LION	SCORPION	VIERGE	20 BALANCE
16 SEPTEMBRE	VIERGE	VIERGE	TAUREAU	SCORPION	SAGITTAIRE	LION	SCORPION	VIERGE	5 SCORPION
17 SEPTEMBRE	VIERGE	VIERGE	TAUREAU	SCORPION	SAGITTAIRE	LION	SCORPION	VIERGE	19 SCORPION
18 SEPTEMBRE	VIERGE	VIERGE	TAUREAU	SCORPION	SAGITTAIRE	LION	SCORPION	VIERGE	4 SAGITTAIRE
19 SEPTEMBRE	VIERGE	VIERGE	TAUREAU	SCORPION	SAGITTAIRE	LION	SCORPION	VIERGE	18 SAGITTAIRE
20 SEPTEMBRE	VIERGE	VIERGE	TAUREAU	SCORPION	SAGITTAIRE	LION	SCORPION	VIERGE	1 CAPRICORNE
21 SEPTEMBRE	VIERGE	VIERGE	GEMEAUX	SCORPION	SAGITTAIRE	LION	SCORPION	VIERGE	15 CAPRICORNE
22 SEPTEMBRE	VIERGE	VIERGE	GEMEAUX	SCORPION	SAGITTAIRE	LION	SCORPION	VIERGE	27 CAPRICORNE
23 SEPTEMBRE	VIERGE	VIERGE	GEMEAUX	SCORPION	SAGITTAIRE	LION	SCORPION	VIERGE	10 VERSEAU

LE SOLEIL ENTRE DANS LE SIGNE DE LA VIERGE LE 23 AOUT 1958 A 15 h 30
QUITTE LE SIGNE DE LA VIERGE LE 23 SEPTEMBRE 1958 A 13 h 00

✱ LES CHIFFRES INDIQUENT LES DEGRES

1959	MERCURE	VENUS	MARS	JUPITER	SATURNE	URANUS	NEPTUNE	PLUTON	LUNE ✱
23 AOUT	LION	VIERGE	VIERGE	SCORPION	CAPRICORNE	LION	SCORPION	VIERGE	28 BELIER
24 AOUT	LION	VIERGE	VIERGE	SCORPION	CAPRICORNE	LION	SCORPION	VIERGE	10 TAUREAU
25 AOUT	LION	VIERGE	VIERGE	SCORPION	CAPRICORNE	LION	SCORPION	VIERGE	22 TAUREAU
26 AOUT	LION	VIERGE	VIERGE	SCORPION	CAPRICORNE	LION	SCORPION	VIERGE	4 GEMEAUX
27 AOUT	LION	VIERGE	VIERGE	SCORPION	CAPRICORNE	LION	SCORPION	VIERGE	16 GEMEAUX
28 AOUT	LION	VIERGE	VIERGE	SCORPION	CAPRICORNE	LION	SCORPION	VIERGE	28 GEMEAUX
29 AOUT	LION	VIERGE	VIERGE	SCORPION	CAPRICORNE	LION	SCORPION	VIERGE	10 CANCER
30 AOUT	LION	VIERGE	VIERGE	SCORPION	CAPRICORNE	LION	SCORPION	VIERGE	23 CANCER
31 AOUT	LION	VIERGE	VIERGE	SCORPION	CAPRICORNE	LION	SCORPION	VIERGE	5 LION
1 SEPTEMBRE	LION	VIERGE	VIERGE	SCORPION	CAPRICORNE	LION	SCORPION	VIERGE	18 LION
2 SEPTEMBRE	LION	VIERGE	VIERGE	SCORPION	CAPRICORNE	LION	SCORPION	VIERGE	2 VIERGE
3 SEPTEMBRE	LION	VIERGE	VIERGE	SCORPION	CAPRICORNE	LION	SCORPION	VIERGE	15 VIERGE
4 SEPTEMBRE	LION	VIERGE	VIERGE	SCORPION	CAPRICORNE	LION	SCORPION	VIERGE	29 VIERGE
5 SEPTEMBRE	VIERGE	VIERGE	VIERGE	SCORPION	CAPRICORNE	LION	SCORPION	VIERGE	13 BALANCE
6 SEPTEMBRE	VIERGE	VIERGE	BALANCE	SCORPION	CAPRICORNE	LION	SCORPION	VIERGE	27 BALANCE
7 SEPTEMBRE	VIERGE	VIERGE	BALANCE	SCORPION	CAPRICORNE	LION	SCORPION	VIERGE	12 SCORPION
8 SEPTEMBRE	VIERGE	VIERGE	BALANCE	SCORPION	CAPRICORNE	LION	SCORPION	VIERGE	26 SCORPION
9 SEPTEMBRE	VIERGE	VIERGE	BALANCE	SCORPION	CAPRICORNE	LION	SCORPION	VIERGE	10 SAGITTAIRE
10 SEPTEMBRE	VIERGE	VIERGE	BALANCE	SCORPION	CAPRICORNE	LION	SCORPION	VIERGE	24 SAGITTAIRE
11 SEPTEMBRE	VIERGE	VIERGE	BALANCE	SCORPION	CAPRICORNE	LION	SCORPION	VIERGE	8 CAPRICORNE
12 SEPTEMBRE	VIERGE	VIERGE	BALANCE	SCORPION	CAPRICORNE	LION	SCORPION	VIERGE	22 CAPRICORNE
13 SEPTEMBRE	VIERGE	VIERGE	BALANCE	SCORPION	CAPRICORNE	LION	SCORPION	VIERGE	6 VERSEAU
14 SEPTEMBRE	VIERGE	VIERGE	BALANCE	SCORPION	CAPRICORNE	LION	SCORPION	VIERGE	20 VERSEAU
15 SEPTEMBRE	VIERGE	VIERGE	BALANCE	SCORPION	CAPRICORNE	LION	SCORPION	VIERGE	3 POISSONS
16 SEPTEMBRE	VIERGE	VIERGE	BALANCE	SCORPION	CAPRICORNE	LION	SCORPION	VIERGE	16 POISSONS
17 SEPTEMBRE	VIERGE	VIERGE	BALANCE	SCORPION	CAPRICORNE	LION	SCORPION	VIERGE	29 POISSONS
18 SEPTEMBRE	VIERGE	VIERGE	BALANCE	SCORPION	CAPRICORNE	LION	SCORPION	VIERGE	12 BELIER
19 SEPTEMBRE	VIERGE	VIERGE	BALANCE	SCORPION	CAPRICORNE	LION	SCORPION	VIERGE	24 BELIER
20 SEPTEMBRE	VIERGE	LION	BALANCE	SCORPION	CAPRICORNE	LION	SCORPION	VIERGE	6 TAUREAU
21 SEPTEMBRE	BALANCE	LION	BALANCE	SCORPION	CAPRICORNE	LION	SCORPION	VIERGE	18 TAUREAU
22 SEPTEMBRE	BALANCE	LION	BALANCE	SCORPION	CAPRICORNE	LION	SCORPION	VIERGE	0 GEMEAUX
23 SEPTEMBRE	BALANCE	LION	BALANCE	SCORPION	CAPRICORNE	LION	SCORPION	VIERGE	12 GEMEAUX

LE SOLEIL ENTRE DANS LE SIGNE DE LA VIERGE LE 23 AOUT 1959 A 21 h 30
QUITTE LE SIGNE DE LA VIERGE LE 23 SEPTEMBRE 1959 A 19 h 00

✱ LES CHIFFRES INDIQUENT LES DEGRES

DECOUVREZ DANS QUEL SIGNE SE TROUVAIENT LES PLANETES A VOTRE NAISSANCE

1960	MERCURE	VENUS	MARS	JUPITER	SATURNE	URANUS	NEPTUNE	PLUTON	LUNE ✱
23 AOUT	LION	VIERGE	GEMEAUX	SAGITTAIRE	CAPRICORNE	LION	SCORPION	VIERGE	13 VIERGE
24 AOUT	LION	VIERGE	GEMEAUX	SAGITTAIRE	CAPRICORNE	LION	SCORPION	VIERGE	25 VIERGE
25 AOUT	LION	VIERGE	GEMEAUX	SAGITTAIRE	CAPRICORNE	LION	SCORPION	VIERGE	8 BALANCE
26 AOUT	LION	VIERGE	GEMEAUX	SAGITTAIRE	CAPRICORNE	LION	SCORPION	VIERGE	21 BALANCE
27 AOUT	VIERGE	VIERGE	GEMEAUX	SAGITTAIRE	CAPRICORNE	LION	SCORPION	VIERGE	4 SCORPION
28 AOUT	VIERGE	VIERGE	GEMEAUX	SAGITTAIRE	CAPRICORNE	LION	SCORPION	VIERGE	18 SCORPION
29 AOUT	VIERGE	VIERGE	GEMEAUX	SAGITTAIRE	CAPRICORNE	LION	SCORPION	VIERGE	2 SAGITTAIRE
30 AOUT	VIERGE	VIERGE	GEMEAUX	SAGITTAIRE	CAPRICORNE	LION	SCORPION	VIERGE	16 SAGITTAIRE
31 AOUT	VIERGE	VIERGE	GEMEAUX	SAGITTAIRE	CAPRICORNE	LION	SCORPION	VIERGE	0 CAPRICORNE
1 SEPTEMBRE	VIERGE	VIERGE	GEMEAUX	SAGITTAIRE	CAPRICORNE	LION	SCORPION	VIERGE	15 CAPRICORNE
2 SEPTEMBRE	VIERGE	VIERGE	GEMEAUX	SAGITTAIRE	CAPRICORNE	LION	SCORPION	VIERGE	29 CAPRICORNE
3 SEPTEMBRE	VIERGE	BALANCE	GEMEAUX	SAGITTAIRE	CAPRICORNE	LION	SCORPION	VIERGE	14 VERSSEAU
4 SEPTEMBRE	VIERGE	BALANCE	GEMEAUX	SAGITTAIRE	CAPRICORNE	LION	SCORPION	VIERGE	29 VERSEAU
5 SEPTEMBRE	VIERGE	BALANCE	GEMEAUX	SAGITTAIRE	CAPRICORNE	LION	SCORPION	VIERGE	13 POISSONS
6 SEPTEMBRE	VIERGE	BALANCE	GEMEAUX	SAGITTAIRE	CAPRICORNE	LION	SCORPION	VIERGE	27 POISSONS
7 SEPTEMBRE	VIERGE	BALANCE	GEMEAUX	SAGITTAIRE	CAPRICORNE	LION	SCORPION	VIERGE	11 BELIER
8 SEPTEMBRE	VIERGE	BALANCE	GEMEAUX	SAGITTAIRE	CAPRICORNE	LION	SCORPION	VIERGE	24 BELIER
9 SEPTEMBRE	VIERGE	BALANCE	GEMEAUX	SAGITTAIRE	CAPRICORNE	LION	SCORPION	VIERGE	7 TAUREAU
10 SEPTEMBRE	VIERGE	BALANCE	GEMEAUX	SAGITTAIRE	CAPRICORNE	LION	SCORPION	VIERGE	20 TAUREAU
11 SEPTEMBRE	VIERGE	BALANCE	GEMEAUX	SAGITTAIRE	CAPRICORNE	LION	SCORPION	VIERGE	2 GEMEAUX
12 SEPTEMBRE	BALANCE	BALANCE	GEMEAUX	SAGITTAIRE	CAPRICORNE	LION	SCORPION	VIERGE	15 GEMEAUX
13 SEPTEMBRE	BALANCE	BALANCE	GEMEAUX	SAGITTAIRE	CAPRICORNE	LION	SCORPION	VIERGE	27 GEMEAUX
14 SEPTEMBRE	BALANCE	BALANCE	GEMEAUX	SAGITTAIRE	CAPRICORNE	LION	SCORPION	VIERGE	8 CANCER
15 SEPTEMBRE	BALANCE	BALANCE	GEMEAUX	SAGITTAIRE	CAPRICORNE	LION	SCORPION	VIERGE	20 CANCER
16 SEPTEMBRE	BALANCE	BALANCE	GEMEAUX	SAGITTAIRE	CAPRICORNE	LION	SCORPION	VIERGE	2 LION
17 SEPTEMBRE	BALANCE	BALANCE	GEMEAUX	SAGITTAIRE	CAPRICORNE	LION	SCORPION	VIERGE	14 LION
18 SEPTEMBRE	BALANCE	BALANCE	GEMEAUX	SAGITTAIRE	CAPRICORNE	LION	SCORPION	VIERGE	27 LION
19 SEPTEMBRE	BALANCE	BALANCE	GEMEAUX	SAGITTAIRE	CAPRICORNE	LION	SCORPION	VIERGE	9 VIERGE
20 SEPTEMBRE	BALANCE	BALANCE	GEMEAUX	SAGITTAIRE	CAPRICORNE	LION	SCORPION	VIERGE	22 VIERGE
21 SEPTEMBRE	BALANCE	BALANCE	CANCER	SAGITTAIRE	CAPRICORNE	LION	SCORPION	VIERGE	5 BALANCE
22 SEPTEMBRE	BALANCE	BALANCE	CANCER	SAGITTAIRE	CAPRICORNE	LION	SCORPION	VIERGE	18 BALANCE
23 SEPTEMBRE	BALANCE	BALANCE	CANCER	SAGITTAIRE	CAPRICORNE	LION	SCORPION	VIERGE	1 SCORPION

ENTRE DANS LE SIGNE DE LA — LE 23 AOUT — A 3 h 15
LE SOLEIL — VIERGE — 1960 — ✱ LES CHIFFRES INDIQUENT LES DEGRES
QUITTE LE SIGNE DE LA — LE 23 SEPTEMBRE — A 0 h 45

1961	MERCURE	VENUS	MARS	JUPITER	SATURNE	URANUS	NEPTUNE	PLUTON	LUNE ✱
23 AOUT	VIERGE	CANCER	BALANCE	CAPRICORNE	CAPRICORNE	LION	SCORPION	VIERGE	23 CAPRICORNE
24 AOUT	VIERGE	CANCER	BALANCE	CAPRICORNE	CAPRICORNE	LION	SCORPION	VIERGE	8 VERSEAU
25 AOUT	VIERGE	CANCER	BALANCE	CAPRICORNE	CAPRICORNE	LION	SCORPION	VIERGE	23 VERSEAU
26 AOUT	VIERGE	CANCER	BALANCE	CAPRICORNE	CAPRICORNE	LION	SCORPION	VIERGE	8 POISSONS
27 AOUT	VIERGE	CANCER	BALANCE	CAPRICORNE	CAPRICORNE	LION	SCORPION	VIERGE	23 POISSONS
28 AOUT	VIERGE	CANCER	BALANCE	CAPRICORNE	CAPRICORNE	LION	SCORPION	VIERGE	8 BELIER
29 AOUT	VIERGE	CANCER	BALANCE	CAPRICORNE	CAPRICORNE	LION	SCORPION	VIERGE	23 BELIER
30 AOUT	VIERGE	LION	BALANCE	CAPRICORNE	CAPRICORNE	LION	SCORPION	VIERGE	6 TAUREAU
31 AOUT	VIERGE	LION	BALANCE	CAPRICORNE	CAPRICORNE	LION	SCORPION	VIERGE	20 TAUREAU
1 SEPTEMBRE	VIERGE	LION	BALANCE	CAPRICORNE	CAPRICORNE	LION	SCORPION	VIERGE	3 GEMEAUX
2 SEPTEMBRE	VIERGE	LION	BALANCE	CAPRICORNE	CAPRICORNE	LION	SCORPION	VIERGE	16 GEMEAUX
3 SEPTEMBRE	VIERGE	LION	BALANCE	CAPRICORNE	CAPRICORNE	LION	SCORPION	VIERGE	28 GEMEAUX
4 SEPTEMBRE	VIERGE	LION	BALANCE	CAPRICORNE	CAPRICORNE	LION	SCORPION	VIERGE	10 CANCER
5 SEPTEMBRE	BALANCE	LION	BALANCE	CAPRICORNE	CAPRICORNE	LION	SCORPION	VIERGE	22 CANCER
6 SEPTEMBRE	BALANCE	LION	BALANCE	CAPRICORNE	CAPRICORNE	LION	SCORPION	VIERGE	4 LION
7 SEPTEMBRE	BALANCE	LION	BALANCE	CAPRICORNE	CAPRICORNE	LION	SCORPION	VIERGE	16 LION
8 SEPTEMBRE	BALANCE	LION	BALANCE	CAPRICORNE	CAPRICORNE	LION	SCORPION	VIERGE	28 LION
9 SEPTEMBRE	BALANCE	LION	BALANCE	CAPRICORNE	CAPRICORNE	LION	SCORPION	VIERGE	9 VIERGE
10 SEPTEMBRE	BALANCE	LION	BALANCE	CAPRICORNE	CAPRICORNE	LION	SCORPION	VIERGE	21 VIERGE
11 SEPTEMBRE	BALANCE	LION	BALANCE	CAPRICORNE	CAPRICORNE	LION	SCORPION	VIERGE	3 BALANCE
12 SEPTEMBRE	BALANCE	LION	BALANCE	CAPRICORNE	CAPRICORNE	LION	SCORPION	VIERGE	16 BALANCE
13 SEPTEMBRE	BALANCE	LION	BALANCE	CAPRICORNE	CAPRICORNE	LION	SCORPION	VIERGE	28 BALANCE
14 SEPTEMBRE	BALANCE	LION	BALANCE	CAPRICORNE	CAPRICORNE	LION	SCORPION	VIERGE	10 SCORPION
15 SEPTEMBRE	BALANCE	LION	BALANCE	CAPRICORNE	CAPRICORNE	LION	SCORPION	VIERGE	23 SCORPION
16 SEPTEMBRE	BALANCE	LION	BALANCE	CAPRICORNE	CAPRICORNE	LION	SCORPION	VIERGE	6 SAGITTAIRE
17 SEPTEMBRE	BALANCE	LION	BALANCE	CAPRICORNE	CAPRICORNE	LION	SCORPION	VIERGE	20 SAGITTAIRE
18 SEPTEMBRE	BALANCE	LION	BALANCE	CAPRICORNE	CAPRICORNE	LION	SCORPION	VIERGE	3 CAPRICORNE
19 SEPTEMBRE	BALANCE	LION	BALANCE	CAPRICORNE	CAPRICORNE	LION	SCORPION	VIERGE	17 CAPRICORNE
20 SEPTEMBRE	BALANCE	LION	BALANCE	CAPRICORNE	CAPRICORNE	LION	SCORPION	VIERGE	2 VERSEAU
21 SEPTEMBRE	BALANCE	LION	BALANCE	CAPRICORNE	CAPRICORNE	LION	SCORPION	VIERGE	16 VERSEAU
22 SEPTEMBRE	BALANCE	LION	BALANCE	CAPRICORNE	CAPRICORNE	LION	SCORPION	VIERGE	1 POISSONS
23 SEPTEMBRE	BALANCE	LION	BALANCE	CAPRICORNE	CAPRICORNE	LION	SCORPION	VIERGE	16 POISSONS

ENTRE DANS LE SIGNE DE LA — LE 23 AOUT — A 8 h 30
LE SOLEIL — VIERGE — 1961 — ✱ LES CHIFFRES INDIQUENT LES DEGRES
QUITTE LE SIGNE DE LA — LE 23 SEPTEMBRE — A 6 h 15

DECOUVREZ DANS QUEL SIGNE SE TROUVAIENT LES PLANETES A VOTRE NAISSANCE

1962	MERCURE	VENUS	MARS	JUPITER	SATURNE	URANUS	NEPTUNE	PLUTON	LUNE *
23 AOUT	VIERGE	BALANCE	CANCER	POISSONS	VERSEAU	VIERGE	SCORPION	VIERGE	13 GEMEAUX
24 AOUT	VIERGE	BALANCE	CANCER	POISSONS	VERSEAU	VIERGE	SCORPION	VIERGE	26 GEMEAUX
25 AOUT	VIERGE	BALANCE	CANCER	POISSONS	VERSEAU	VIERGE	SCORPION	VIERGE	9 CANCER
26 AOUT	VIERGE	BALANCE	CANCER	POISSONS	VERSEAU	VIERGE	SCORPION	VIERGE	22 CANCER
27 AOUT	VIERGE	BALANCE	CANCER	POISSONS	VERSEAU	VIERGE	SCORPION	VIERGE	4 LION
28 AOUT	VIERGE	BALANCE	CANCER	POISSONS	VERSEAU	VIERGE	SCORPION	VIERGE	16 LION
29 AOUT	VIERGE	BALANCE	CANCER	POISSONS	VERSEAU	VIERGE	SCORPION	VIERGE	28 LION
30 AOUT	BALANCE	BALANCE	CANCER	POISSONS	VERSEAU	VIERGE	SCORPION	VIERGE	10 VIERGE
31 AOUT	BALANCE	BALANCE	CANCER	POISSONS	VERSEAU	VIERGE	SCORPION	VIERGE	22 VIERGE
1 SEPTEMBRE	BALANCE	BALANCE	CANCER	POISSONS	VERSEAU	VIERGE	SCORPION	VIERGE	4 BALANCE
2 SEPTEMBRE	BALANCE	BALANCE	CANCER	POISSONS	VERSEAU	VIERGE	SCORPION	VIERGE	16 BALANCE
3 SEPTEMBRE	BALANCE	BALANCE	CANCER	POISSONS	VERSEAU	VIERGE	SCORPION	VIERGE	28 BALANCE
4 SEPTEMBRE	BALANCE	BALANCE	CANCER	POISSONS	VERSEAU	VIERGE	SCORPION	VIERGE	10 SCORPION
5 SEPTEMBRE	BALANCE	BALANCE	CANCER	POISSONS	VERSEAU	VIERGE	SCORPION	VIERGE	22 SCORPION
6 SEPTEMBRE	BALANCE	BALANCE	CANCER	POISSONS	VERSEAU	VIERGE	SCORPION	VIERGE	4 SAGITTAIRE
7 SEPTEMBRE	BALANCE	SCORPION	CANCER	POISSONS	VERSEAU	VIERGE	SCORPION	VIERGE	17 SAGITTAIRE
8 SEPTEMBRE	BALANCE	SCORPION	CANCER	POISSONS	VERSEAU	VIERGE	SCORPION	VIERGE	29 SAGITTAIRE
9 SEPTEMBRE	BALANCE	SCORPION	CANCER	POISSONS	VERSEAU	VIERGE	SCORPION	VIERGE	13 CAPRICORNE
10 SEPTEMBRE	BALANCE	SCORPION	CANCER	POISSONS	VERSEAU	VIERGE	SCORPION	VIERGE	26 CAPRICORNE
11 SEPTEMBRE	BALANCE	SCORPION	CANCER	POISSONS	VERSEAU	VIERGE	SCORPION	VIERGE	11 VERSEAU
12 SEPTEMBRE	BALANCE	SCORPION	CANCER	POISSONS	VERSEAU	VIERGE	SCORPION	VIERGE	25 VERSEAU
13 SEPTEMBRE	BALANCE	SCORPION	CANCER	POISSONS	VERSEAU	VIERGE	SCORPION	VIERGE	10 POISSONS
14 SEPTEMBRE	BALANCE	SCORPION	CANCER	POISSONS	VERSEAU	VIERGE	SCORPION	VIERGE	25 POISSONS
15 SEPTEMBRE	BALANCE	SCORPION	CANCER	POISSONS	VERSEAU	VIERGE	SCORPION	VIERGE	11 BELIER
16 SEPTEMBRE	BALANCE	SCORPION	CANCER	POISSONS	VERSEAU	VIERGE	SCORPION	VIERGE	26 BELIER
17 SEPTEMBRE	BALANCE	SCORPION	CANCER	POISSONS	VERSEAU	VIERGE	SCORPION	VIERGE	11 TAUREAU
18 SEPTEMBRE	BALANCE	SCORPION	CANCER	POISSONS	VERSEAU	VIERGE	SCORPION	VIERGE	25 TAUREAU
19 SEPTEMBRE	BALANCE	SCORPION	CANCER	POISSONS	VERSEAU	VIERGE	SCORPION	VIERGE	9 GEMEAUX
20 SEPTEMBRE	BALANCE	SCORPION	CANCER	POISSONS	VERSEAU	VIERGE	SCORPION	VIERGE	23 GEMEAUX
21 SEPTEMBRE	BALANCE	SCORPION	CANCER	POISSONS	VERSEAU	VIERGE	SCORPION	VIERGE	6 CANCER
22 SEPTEMBRE	BALANCE	SCORPION	CANCER	POISSONS	VERSEAU	VIERGE	SCORPION	VIERGE	19 CANCER
23 SEPTEMBRE	BALANCE	SCORPION	CANCER	POISSONS	VERSEAU	VIERGE	SCORPION	VIERGE	1 LION

LE SOLEIL ENTRE DANS LE SIGNE DE LA VIERGE LE 23 AOUT 1962 A 15 h 00
LE SOLEIL QUITTE LE SIGNE DE LA VIERGE LE 23 SEPTEMBRE 1962 A 12 h 15

* LES CHIFFRES INDIQUENT LES DEGRES

1963	MERCURE	VENUS	MARS	JUPITER	SATURNE	URANUS	NEPTUNE	PLUTON	LUNE *
23 AOUT	VIERGE	LION	BALANCE	BELIER	VERSEAU	VIERGE	SCORPION	VIERGE	18 BALANCE
24 AOUT	VIERGE	LION	BALANCE	BELIER	VERSEAU	VIERGE	SCORPION	VIERGE	0 SCORPION
25 AOUT	VIERGE	VIERGE	BALANCE	BELIER	VERSEAU	VIERGE	SCORPION	VIERGE	12 SCORPION
26 AOUT	VIERGE	VIERGE	BALANCE	BELIER	VERSEAU	VIERGE	SCORPION	VIERGE	24 SCORPION
27 AOUT	BALANCE	VIERGE	BALANCE	BELIER	VERSEAU	VIERGE	SCORPION	VIERGE	5 SAGITTAIRE
28 AOUT	BALANCE	VIERGE	BALANCE	BELIER	VERSEAU	VIERGE	SCORPION	VIERGE	17 SAGITTAIRE
29 AOUT	BALANCE	VIERGE	BALANCE	BELIER	VERSEAU	VIERGE	SCORPION	VIERGE	0 CAPRICORNE
30 AOUT	BALANCE	VIERGE	BALANCE	BELIER	VERSEAU	VIERGE	SCORPION	VIERGE	12 CAPRICORNE
31 AOUT	BALANCE	VIERGE	BALANCE	BELIER	VERSEAU	VIERGE	SCORPION	VIERGE	25 CAPRICORNE
1 SEPTEMBRE	BALANCE	VIERGE	BALANCE	BELIER	VERSEAU	VIERGE	SCORPION	VIERGE	8 VERSEAU
2 SEPTEMBRE	BALANCE	VIERGE	BALANCE	BELIER	VERSEAU	VIERGE	SCORPION	VIERGE	22 VERSEAU
3 SEPTEMBRE	BALANCE	VIERGE	BALANCE	BELIER	VERSEAU	VIERGE	SCORPION	VIERGE	6 POISSONS
4 SEPTEMBRE	BALANCE	VIERGE	BALANCE	BELIER	VERSEAU	VIERGE	SCORPION	VIERGE	20 POISSONS
5 SEPTEMBRE	BALANCE	VIERGE	BALANCE	BELIER	VERSEAU	VIERGE	SCORPION	VIERGE	5 BELIER
6 SEPTEMBRE	BALANCE	VIERGE	BALANCE	BELIER	VERSEAU	VIERGE	SCORPION	VIERGE	19 BELIER
7 SEPTEMBRE	BALANCE	VIERGE	BALANCE	BELIER	VERSEAU	VIERGE	SCORPION	VIERGE	4 TAUREAU
8 SEPTEMBRE	BALANCE	VIERGE	BALANCE	BELIER	VERSEAU	VIERGE	SCORPION	VIERGE	18 TAUREAU
9 SEPTEMBRE	BALANCE	VIERGE	BALANCE	BELIER	VERSEAU	VIERGE	SCORPION	VIERGE	3 GEMEAUX
10 SEPTEMBRE	BALANCE	VIERGE	BALANCE	BELIER	VERSEAU	VIERGE	SCORPION	VIERGE	17 GEMEAUX
11 SEPTEMBRE	BALANCE	VIERGE	BALANCE	BELIER	VERSEAU	VIERGE	SCORPION	VIERGE	1 CANCER
12 SEPTEMBRE	BALANCE	VIERGE	SCORPION	BELIER	VERSEAU	VIERGE	SCORPION	VIERGE	14 CANCER
13 SEPTEMBRE	BALANCE	VIERGE	SCORPION	BELIER	VERSEAU	VIERGE	SCORPION	VIERGE	28 CANCER
14 SEPTEMBRE	BALANCE	VIERGE	SCORPION	BELIER	VERSEAU	VIERGE	SCORPION	VIERGE	11 LION
15 SEPTEMBRE	BALANCE	VIERGE	SCORPION	BELIER	VERSEAU	VIERGE	SCORPION	VIERGE	24 LION
16 SEPTEMBRE	BALANCE	VIERGE	SCORPION	BELIER	VERSEAU	VIERGE	SCORPION	VIERGE	7 VIERGE
17 SEPTEMBRE	VIERGE	VIERGE	SCORPION	BELIER	VERSEAU	VIERGE	SCORPION	VIERGE	19 VIERGE
18 SEPTEMBRE	VIERGE	BALANCE	SCORPION	BELIER	VERSEAU	VIERGE	SCORPION	VIERGE	2 BALANCE
19 SEPTEMBRE	VIERGE	BALANCE	SCORPION	BELIER	VERSEAU	VIERGE	SCORPION	VIERGE	14 BALANCE
20 SEPTEMBRE	VIERGE	BALANCE	SCORPION	BELIER	VERSEAU	VIERGE	SCORPION	VIERGE	26 BALANCE
21 SEPTEMBRE	VIERGE	BALANCE	SCORPION	BELIER	VERSEAU	VIERGE	SCORPION	VIERGE	8 SCORPION
22 SEPTEMBRE	VIERGE	BALANCE	SCORPION	BELIER	VERSEAU	VIERGE	SCORPION	VIERGE	20 SCORPION
23 SEPTEMBRE	VIERGE	BALANCE	SCORPION	BELIER	VERSEAU	VIERGE	SCORPION	VIERGE	2 SAGITTAIRE

LE SOLEIL ENTRE DANS LE SIGNE DE LA VIERGE LE 23 AOUT 1963 A 20 h 45
LE SOLEIL QUITTE LE SIGNE DE LA VIERGE LE 23 SEPTEMBRE 1963 A 18 h 15

* LES CHIFFRES INDIQUENT LES DEGRES

DECOUVREZ DANS QUEL SIGNE SE TROUVAIENT LES PLANETES A VOTRE NAISSANCE

1964	MERCURE	VENUS	MARS	JUPITER	SATURNE	URANUS	NEPTUNE	PLUTON	LUNE *
23 AOUT	VIERGE	CANCER	CANCER	TAUREAU	POISSONS	VIERGE	SCORPION	VIERGE	3 POISSONS
24 AOUT	VIERGE	CANCER	CANCER	TAUREAU	POISSONS	VIERGE	SCORPION	VIERGE	16 POISSONS
25 AOUT	VIERGE	CANCER	CANCER	TAUREAU	POISSONS	VIERGE	SCORPION	VIERGE	0 BELIER
26 AOUT	VIERGE	CANCER	CANCER	TAUREAU	POISSONS	VIERGE	SCORPION	VIERGE	13 BELIER
27 AOUT	VIERGE	CANCER	CANCER	TAUREAU	POISSONS	VIERGE	SCORPION	VIERGE	27 BELIER
28 AOUT	VIERGE	CANCER	CANCER	TAUREAU	POISSONS	VIERGE	SCORPION	VIERGE	10 TAUREAU
29 AOUT	VIERGE	CANCER	CANCER	TAUREAU	POISSONS	VIERGE	SCORPION	VIERGE	24 TAUREAU
30 AOUT	VIERGE	CANCER	CANCER	TAUREAU	POISSONS	VIERGE	SCORPION	VIERGE	8 GEMEAUX
31 AOUT	VIERGE	CANCER	CANCER	TAUREAU	POISSONS	VIERGE	SCORPION	VIERGE	22 GEMEAUX
1 SEPTEMBRE	VIERGE	CANCER	CANCER	TAUREAU	POISSONS	VIERGE	SCORPION	VIERGE	7 CANCER
2 SEPTEMBRE	VIERGE	CANCER	CANCER	TAUREAU	POISSONS	VIERGE	SCORPION	VIERGE	21 CANCER
3 SEPTEMBRE	VIERGE	CANCER	CANCER	TAUREAU	POISSONS	VIERGE	SCORPION	VIERGE	5 LION
4 SEPTEMBRE	VIERGE	CANCER	CANCER	TAUREAU	POISSONS	VIERGE	SCORPION	VIERGE	20 LION
5 SEPTEMBRE	VIERGE	CANCER	CANCER	TAUREAU	POISSONS	VIERGE	SCORPION	VIERGE	4 VIERGE
6 SEPTEMBRE	VIERGE	CANCER	CANCER	TAUREAU	POISSONS	VIERGE	SCORPION	VIERGE	18 VIERGE
7 SEPTEMBRE	VIERGE	CANCER	CANCER	TAUREAU	POISSONS	VIERGE	SCORPION	VIERGE	1 BALANCE
8 SEPTEMBRE	VIERGE	LION	CANCER	TAUREAU	POISSONS	VIERGE	SCORPION	VIERGE	14 BALANCE
9 SEPTEMBRE	VIERGE	LION	CANCER	TAUREAU	POISSONS	VIERGE	SCORPION	VIERGE	27 BALANCE
10 SEPTEMBRE	VIERGE	LION	CANCER	TAUREAU	POISSONS	VIERGE	SCORPION	VIERGE	10 SCORPION
11 SEPTEMBRE	VIERGE	LION	CANCER	TAUREAU	POISSONS	VIERGE	SCORPION	VIERGE	22 SCORPION
12 SEPTEMBRE	VIERGE	LION	CANCER	TAUREAU	POISSONS	VIERGE	SCORPION	VIERGE	4 SAGITTAIRE
13 SEPTEMBRE	VIERGE	LION	CANCER	TAUREAU	POISSONS	VIERGE	SCORPION	VIERGE	16 SAGITTAIRE
14 SEPTEMBRE	VIERGE	LION	CANCER	TAUREAU	POISSONS	VIERGE	SCORPION	VIERGE	28 SAGITTAIRE
15 SEPTEMBRE	VIERGE	LION	LION	TAUREAU	POISSONS	VIERGE	SCORPION	VIERGE	10 CAPRICORNE
16 SEPTEMBRE	VIERGE	LION	LION	TAUREAU	POISSONS	VIERGE	SCORPION	VIERGE	22 CAPRICORNE
17 SEPTEMBRE	VIERGE	LION	LION	TAUREAU	VERSEAU	VIERGE	SCORPION	VIERGE	4 VERSEAU
18 SEPTEMBRE	VIERGE	LION	LION	TAUREAU	VERSEAU	VIERGE	SCORPION	VIERGE	16 VERSEAU
19 SEPTEMBRE	VIERGE	LION	LION	TAUREAU	VERSEAU	VIERGE	SCORPION	VIERGE	29 VERSEAU
20 SEPTEMBRE	VIERGE	LION	LION	TAUREAU	VERSEAU	VIERGE	SCORPION	VIERGE	12 POISSONS
21 SEPTEMBRE	VIERGE	LION	LION	TAUREAU	VERSEAU	VIERGE	SCORPION	VIERGE	25 POISSONS
22 SEPTEMBRE	VIERGE	LION	LION	TAUREAU	VERSEAU	VIERGE	SCORPION	VIERGE	9 BELIER
23 SEPTEMBRE	VIERGE	LION	LION	TAUREAU	VERSEAU	VIERGE	SCORPION	VIERGE	23 BELIER

LE SOLEIL ENTRE DANS LE SIGNE DE LA VIERGE LE 23 AOUT 1964 A 3 h 15
LE SOLEIL QUITTE LE SIGNE DE LA VIERGE LE 23 SEPTEMBRE 1964 A 0 h 45

* LES CHIFFRES INDIQUENT LES DEGRES

1965	MERCURE	VENUS	MARS	JUPITER	SATURNE	URANUS	NEPTUNE	PLUTON	LUNE *
23 AOUT	LION	BALANCE	SCORPION	GEMEAUX	POISSONS	VIERGE	SCORPION	VIERGE	14 CANCER
24 AOUT	LION	BALANCE	SCORPION	GEMEAUX	POISSONS	VIERGE	SCORPION	VIERGE	28 CANCER
25 AOUT	LION	BALANCE	SCORPION	GEMEAUX	POISSONS	VIERGE	SCORPION	VIERGE	13 LION
26 AOUT	LION	BALANCE	SCORPION	GEMEAUX	POISSONS	VIERGE	SCORPION	VIERGE	29 LION
27 AOUT	LION	BALANCE	SCORPION	GEMEAUX	POISSONS	VIERGE	SCORPION	VIERGE	14 VIERGE
28 AOUT	LION	BALANCE	SCORPION	GEMEAUX	POISSONS	VIERGE	SCORPION	VIERGE	29 VIERGE
29 AOUT	LION	BALANCE	SCORPION	GEMEAUX	POISSONS	VIERGE	SCORPION	VIERGE	13 BALANCE
30 AOUT	LION	BALANCE	SCORPION	GEMEAUX	POISSONS	VIERGE	SCORPION	VIERGE	27 BALANCE
31 AOUT	LION	BALANCE	SCORPION	GEMEAUX	POISSONS	VIERGE	SCORPION	VIERGE	10 SCORPION
1 SEPTEMBRE	LION	BALANCE	SCORPION	GEMEAUX	POISSONS	VIERGE	SCORPION	VIERGE	23 SCORPION
2 SEPTEMBRE	LION	BALANCE	SCORPION	GEMEAUX	POISSONS	VIERGE	SCORPION	VIERGE	6 SAGITTAIRE
3 SEPTEMBRE	LION	BALANCE	SCORPION	GEMEAUX	POISSONS	VIERGE	SCORPION	VIERGE	18 SAGITTAIRE
4 SEPTEMBRE	LION	BALANCE	SCORPION	GEMEAUX	POISSONS	VIERGE	SCORPION	VIERGE	0 CAPRICORNE
5 SEPTEMBRE	LION	BALANCE	SCORPION	GEMEAUX	POISSONS	VIERGE	SCORPION	VIERGE	12 CAPRICORNE
6 SEPTEMBRE	LION	BALANCE	SCORPION	GEMEAUX	POISSONS	VIERGE	SCORPION	VIERGE	24 CAPRICORNE
7 SEPTEMBRE	LION	BALANCE	SCORPION	GEMEAUX	POISSONS	VIERGE	SCORPION	VIERGE	6 VERSEAU
8 SEPTEMBRE	LION	BALANCE	SCORPION	GEMEAUX	POISSONS	VIERGE	SCORPION	VIERGE	18 VERSEAU
9 SEPTEMBRE	VIERGE	BALANCE	SCORPION	GEMEAUX	POISSONS	VIERGE	SCORPION	VIERGE	0 POISSONS
10 SEPTEMBRE	VIERGE	BALANCE	SCORPION	GEMEAUX	POISSONS	VIERGE	SCORPION	VIERGE	12 POISSONS
11 SEPTEMBRE	VIERGE	BALANCE	SCORPION	GEMEAUX	POISSONS	VIERGE	SCORPION	VIERGE	24 POISSONS
12 SEPTEMBRE	VIERGE	BALANCE	SCORPION	GEMEAUX	POISSONS	VIERGE	SCORPION	VIERGE	6 BELIER
13 SEPTEMBRE	VIERGE	BALANCE	SCORPION	GEMEAUX	POISSONS	VIERGE	SCORPION	VIERGE	19 BELIER
14 SEPTEMBRE	VIERGE	SCORPION	SCORPION	GEMEAUX	POISSONS	VIERGE	SCORPION	VIERGE	2 TAUREAU
15 SEPTEMBRE	VIERGE	SCORPION	SCORPION	GEMEAUX	POISSONS	VIERGE	SCORPION	VIERGE	15 TAUREAU
16 SEPTEMBRE	VIERGE	SCORPION	SCORPION	GEMEAUX	POISSONS	VIERGE	SCORPION	VIERGE	28 TAUREAU
17 SEPTEMBRE	VIERGE	SCORPION	SCORPION	GEMEAUX	POISSONS	VIERGE	SCORPION	VIERGE	11 GEMEAUX
18 SEPTEMBRE	VIERGE	SCORPION	SCORPION	GEMEAUX	POISSONS	VIERGE	SCORPION	VIERGE	25 GEMEAUX
19 SEPTEMBRE	VIERGE	SCORPION	SCORPION	GEMEAUX	POISSONS	VIERGE	SCORPION	VIERGE	9 CANCER
20 SEPTEMBRE	VIERGE	SCORPION	SCORPION	GEMEAUX	POISSONS	VIERGE	SCORPION	VIERGE	23 CANCER
21 SEPTEMBRE	VIERGE	SCORPION	SCORPION	CANCER	POISSONS	VIERGE	SCORPION	VIERGE	8 LION
22 SEPTEMBRE	VIERGE	SCORPION	SCORPION	CANCER	POISSONS	VIERGE	SCORPION	VIERGE	23 LION
23 SEPTEMBRE	VIERGE	SCORPION	SCORPION	CANCER	POISSONS	VIERGE	SCORPION	VIERGE	7 VIERGE

LE SOLEIL ENTRE DANS LE SIGNE DE LA VIERGE LE 23 AOUT 1965 A 8 h 30
LE SOLEIL QUITTE LE SIGNE DE LA VIERGE LE 23 SEPTEMBRE 1965 A 6 h 00

* LES CHIFFRES INDIQUENT LES DEGRES

DECOUVREZ DANS QUEL SIGNE SE TROUVAIENT LES PLANETES A VOTRE NAISSANCE

1966	MERCURE	VENUS	MARS	JUPITER	SATURNE	URANUS	NEPTUNE	PLUTON	LUNE *
23 AOUT	LION	LION	CANCER	CANCER	POISSONS	VIERGE	SCORPION	VIERGE	4 SAGITTAIRE
24 AOUT	LION	LION	CANCER	CANCER	POISSONS	VIERGE	SCORPION	VIERGE	17 SAGITTAIRE
25 AOUT	LION	LION	CANCER	CANCER	POISSONS	VIERGE	SCORPION	VIERGE	0 CAPRICORNE
26 AOUT	LION	LION	LION	CANCER	POISSONS	VIERGE	SCORPION	VIERGE	12 CAPRICORNE
27 AOUT	LION	LION	LION	CANCER	POISSONS	VIERGE	SCORPION	VIERGE	25 CAPRICORNE
28 AOUT	LION	LION	LION	CANCER	POISSONS	VIERGE	SCORPION	VIERGE	7 VERSEAU
29 AOUT	LION	LION	LION	CANCER	POISSONS	VIERGE	SCORPION	VIERGE	19 VERSEAU
30 AOUT	LION	LION	LION	CANCER	POISSONS	VIERGE	SCORPION	VIERGE	1 POISSONS
31 AOUT	LION	LION	LION	CANCER	POISSONS	VIERGE	SCORPION	VIERGE	13 POISSONS
1 SEPTEMBRE	VIERGE	LION	LION	CANCER	POISSONS	VIERGE	SCORPION	VIERGE	24 POISSONS
2 SEPTEMBRE	VIERGE	LION	LION	CANCER	POISSONS	VIERGE	SCORPION	VIERGE	6 BELIER
3 SEPTEMBRE	VIERGE	LION	LION	CANCER	POISSONS	VIERGE	SCORPION	VIERGE	18 BELIER
4 SEPTEMBRE	VIERGE	LION	LION	CANCER	POISSONS	VIERGE	SCORPION	VIERGE	0 TAUREAU
5 SEPTEMBRE	VIERGE	LION	LION	CANCER	POISSONS	VIERGE	SCORPION	VIERGE	12 TAUREAU
6 SEPTEMBRE	VIERGE	LION	LION	CANCER	POISSONS	VIERGE	SCORPION	VIERGE	25 TAUREAU
7 SEPTEMBRE	VIERGE	LION	LION	CANCER	POISSONS	VIERGE	SCORPION	VIERGE	7 GEMEAUX
8 SEPTEMBRE	VIERGE	LION	LION	CANCER	POISSONS	VIERGE	SCORPION	VIERGE	20 GEMEAUX
9 SEPTEMBRE	VIERGE	VIERGE	LION	CANCER	POISSONS	VIERGE	SCORPION	VIERGE	3 CANCER
10 SEPTEMBRE	VIERGE	VIERGE	LION	CANCER	POISSONS	VIERGE	SCORPION	VIERGE	17 CANCER
11 SEPTEMBRE	VIERGE	VIERGE	LION	CANCER	POISSONS	VIERGE	SCORPION	VIERGE	1 LION
12 SEPTEMBRE	VIERGE	VIERGE	LION	CANCER	POISSONS	VIERGE	SCORPION	VIERGE	16 LION
13 SEPTEMBRE	VIERGE	VIERGE	LION	CANCER	POISSONS	VIERGE	SCORPION	VIERGE	1 VIERGE
14 SEPTEMBRE	VIERGE	VIERGE	LION	CANCER	POISSONS	VIERGE	SCORPION	VIERGE	17 VIERGE
15 SEPTEMBRE	VIERGE	VIERGE	LION	CANCER	POISSONS	VIERGE	SCORPION	VIERGE	2 BALANCE
16 SEPTEMBRE	VIERGE	VIERGE	LION	CANCER	POISSONS	VIERGE	SCORPION	VIERGE	17 BALANCE
17 SEPTEMBRE	BALANCE	VIERGE	LION	CANCER	POISSONS	VIERGE	SCORPION	VIERGE	2 SCORPION
18 SEPTEMBRE	BALANCE	VIERGE	LION	CANCER	POISSONS	VIERGE	SCORPION	VIERGE	16 SCORPION
19 SEPTEMBRE	BALANCE	VIERGE	LION	CANCER	POISSONS	VIERGE	SCORPION	VIERGE	0 SAGITTAIRE
20 SEPTEMBRE	BALANCE	VIERGE	LION	CANCER	POISSONS	VIERGE	SCORPION	VIERGE	13 SAGITTAIRE
21 SEPTEMBRE	BALANCE	VIERGE	LION	CANCER	POISSONS	VIERGE	SCORPION	VIERGE	27 SAGITTAIRE
22 SEPTEMBRE	BALANCE	VIERGE	LION	CANCER	POISSONS	VIERGE	SCORPION	VIERGE	9 CAPRICORNE
23 SEPTEMBRE	BALANCE	VIERGE	LION	CANCER	POISSONS	VIERGE	SCORPION	VIERGE	22 CAPRICORNE

LE SOLEIL ENTRE DANS LE SIGNE DE LA VIERGE LE 23 AOUT 1966 A 14 h 00
LE SOLEIL QUITTE LE SIGNE DE LA VIERGE LE 23 SEPTEMBRE 1966 A 11 h 30

* LES CHIFFRES INDIQUENT LES DEGRES

1967	MERCURE	VENUS	MARS	JUPITER	SATURNE	URANUS	NEPTUNE	PLUTON	LUNE *
23 AOUT	VIERGE	VIERGE	SCORPION	LION	BELIER	VIERGE	SCORPION	VIERGE	8 BELIER
24 AOUT	VIERGE	VIERGE	SCORPION	LION	BELIER	VIERGE	SCORPION	VIERGE	20 BELIER
25 AOUT	VIERGE	VIERGE	SCORPION	LION	BELIER	VIERGE	SCORPION	VIERGE	1 TAUREAU
26 AOUT	VIERGE	VIERGE	SCORPION	LION	BELIER	VIERGE	SCORPION	VIERGE	13 TAUREAU
27 AOUT	VIERGE	VIERGE	SCORPION	LION	BELIER	VIERGE	SCORPION	VIERGE	25 TAUREAU
28 AOUT	VIERGE	VIERGE	SCORPION	LION	BELIER	VIERGE	SCORPION	VIERGE	7 GEMEAUX
29 AOUT	VIERGE	VIERGE	SCORPION	LION	BELIER	VIERGE	SCORPION	VIERGE	19 GEMEAUX
30 AOUT	VIERGE	VIERGE	SCORPION	LION	BELIER	VIERGE	SCORPION	VIERGE	2 CANCER
31 AOUT	VIERGE	VIERGE	SCORPION	LION	BELIER	VIERGE	SCORPION	VIERGE	15 CANCER
1 SEPTEMBRE	VIERGE	VIERGE	SCORPION	LION	BELIER	VIERGE	SCORPION	VIERGE	28 CANCER
2 SEPTEMBRE	VIERGE	VIERGE	SCORPION	LION	BELIER	VIERGE	SCORPION	VIERGE	12 LION
3 SEPTEMBRE	VIERGE	VIERGE	SCORPION	LION	BELIER	VIERGE	SCORPION	VIERGE	27 LION
4 SEPTEMBRE	VIERGE	VIERGE	SCORPION	LION	BELIER	VIERGE	SCORPION	VIERGE	11 VIERGE
5 SEPTEMBRE	VIERGE	VIERGE	SCORPION	LION	BELIER	VIERGE	SCORPION	VIERGE	26 VIERGE
6 SEPTEMBRE	VIERGE	VIERGE	SCORPION	LION	BELIER	VIERGE	SCORPION	VIERGE	11 SAGITTAIRE
7 SEPTEMBRE	VIERGE	VIERGE	SCORPION	LION	BELIER	VIERGE	SCORPION	VIERGE	26 SAGITTAIRE
8 SEPTEMBRE	VIERGE	VIERGE	SCORPION	LION	BELIER	VIERGE	SCORPION	VIERGE	10 SCORPION
9 SEPTEMBRE	VIERGE	LION	SCORPION	LION	BELIER	VIERGE	SCORPION	VIERGE	25 SCORPION
10 SEPTEMBRE	BALANCE	LION	SAGITTAIRE	LION	BELIER	VIERGE	SCORPION	VIERGE	9 SAGITTAIRE
11 SEPTEMBRE	BALANCE	LION	SAGITTAIRE	LION	BELIER	VIERGE	SCORPION	VIERGE	22 SAGITTAIRE
12 SEPTEMBRE	BALANCE	LION	SAGITTAIRE	LION	BELIER	VIERGE	SCORPION	VIERGE	6 CAPRICORNE
13 SEPTEMBRE	BALANCE	LION	SAGITTAIRE	LION	BELIER	VIERGE	SCORPION	VIERGE	19 CAPRICORNE
14 SEPTEMBRE	BALANCE	LION	SAGITTAIRE	LION	BELIER	VIERGE	SCORPION	VIERGE	2 VERSEAU
15 SEPTEMBRE	BALANCE	LION	SAGITTAIRE	LION	BELIER	VIERGE	SCORPION	VIERGE	15 VERSEAU
16 SEPTEMBRE	BALANCE	LION	SAGITTAIRE	LION	BELIER	VIERGE	SCORPION	VIERGE	28 VERSEAU
17 SEPTEMBRE	BALANCE	LION	SAGITTAIRE	LION	BELIER	VIERGE	SCORPION	VIERGE	10 POISSONS
18 SEPTEMBRE	BALANCE	LION	SAGITTAIRE	LION	BELIER	VIERGE	SCORPION	VIERGE	22 POISSONS
19 SEPTEMBRE	BALANCE	LION	SAGITTAIRE	LION	BELIER	VIERGE	SCORPION	VIERGE	4 BELIER
20 SEPTEMBRE	BALANCE	LION	SAGITTAIRE	LION	BELIER	VIERGE	SCORPION	VIERGE	16 BELIER
21 SEPTEMBRE	BALANCE	LION	SAGITTAIRE	LION	BELIER	VIERGE	SCORPION	VIERGE	28 BELIER
22 SEPTEMBRE	BALANCE	LION	SAGITTAIRE	LION	BELIER	VIERGE	SCORPION	VIERGE	10 TAUREAU
23 SEPTEMBRE	BALANCE	LION	SAGITTAIRE	LION	BELIER	VIERGE	SCORPION	VIERGE	22 TAUREAU

LE SOLEIL ENTRE DANS LE SIGNE DE LA VIERGE LE 23 AOUT 1967 A 20 h 00
LE SOLEIL QUITTE LE SIGNE DE LA VIERGE LE 23 SEPTEMBRE 1967 A 17 h 30

* LES CHIFFRES INDIQUENT LES DEGRES

DECOUVREZ DANS QUEL SIGNE SE TROUVAIENT LES PLANETES A VOTRE NAISSANCE

1968	MERCURE	VENUS	MARS	JUPITER	SATURNE	URANUS	NEPTUNE	PLUTON	LUNE *
23 AOUT	VIERGE	VIERGE	LION	VIERGE	BELIER	VIERGE	SCORPION	VIERGE	24 LION
24 AOUT	VIERGE	VIERGE	LION	VIERGE	BELIER	VIERGE	SCORPION	VIERGE	7 VIERGE
25 AOUT	VIERGE	VIERGE	LION	VIERGE	BELIER	VIERGE	SCORPION	VIERGE	21 VIERGE
26 AOUT	VIERGE	VIERGE	LION	VIERGE	BELIER	VIERGE	SCORPION	VIERGE	4 BALANCE
27 AOUT	VIERGE	VIERGE	LION	VIERGE	BELIER	VIERGE	SCORPION	VIERGE	18 BALANCE
28 AOUT	VIERGE	VIERGE	LION	VIERGE	BELIER	VIERGE	SCORPION	VIERGE	2 SCORPION
29 AOUT	VIERGE	VIERGE	LION	VIERGE	BELIER	VIERGE	SCORPION	VIERGE	16 SCORPION
30 AOUT	VIERGE	VIERGE	LION	VIERGE	BELIER	VIERGE	SCORPION	VIERGE	0 SAGITTAIRE
31 AOUT	VIERGE	VIERGE	LION	VIERGE	BELIER	VIERGE	SCORPION	VIERGE	15 SAGITTAIRE
1 SEPTEMBRE	VIERGE	VIERGE	LION	VIERGE	BELIER	VIERGE	SCORPION	VIERGE	29 SAGITTAIRE
2 SEPTEMBRE	BALANCE	BALANCE	LION	VIERGE	BELIER	VIERGE	SCORPION	VIERGE	13 CAPRICORNE
3 SEPTEMBRE	BALANCE	BALANCE	LION	VIERGE	BELIER	VIERGE	SCORPION	VIERGE	27 CAPRICORNE
4 SEPTEMBRE	BALANCE	BALANCE	LION	VIERGE	BELIER	VIERGE	SCORPION	VIERGE	11 VERSEAU
5 SEPTEMBRE	BALANCE	BALANCE	LION	VIERGE	BELIER	VIERGE	SCORPION	VIERGE	25 VERSEAU
6 SEPTEMBRE	BALANCE	BALANCE	LION	VIERGE	BELIER	VIERGE	SCORPION	VIERGE	8 POISSONS
7 SEPTEMBRE	BALANCE	BALANCE	LION	VIERGE	BELIER	VIERGE	SCORPION	VIERGE	22 POISSONS
8 SEPTEMBRE	BALANCE	BALANCE	LION	VIERGE	BELIER	VIERGE	SCORPION	VIERGE	5 BELIER
9 SEPTEMBRE	BALANCE	BALANCE	LION	VIERGE	BELIER	VIERGE	SCORPION	VIERGE	17 BELIER
10 SEPTEMBRE	BALANCE	BALANCE	LION	VIERGE	BELIER	VIERGE	SCORPION	VIERGE	0 TAUREAU
11 SEPTEMBRE	BALANCE	BALANCE	LION	VIERGE	BELIER	VIERGE	SCORPION	VIERGE	12 TAUREAU
12 SEPTEMBRE	BALANCE	BALANCE	LION	VIERGE	BELIER	VIERGE	SCORPION	VIERGE	27 TAUREAU
13 SEPTEMBRE	BALANCE	BALANCE	LION	VIERGE	BELIER	VIERGE	SCORPION	VIERGE	6 GEMEAUX
14 SEPTEMBRE	BALANCE	BALANCE	LION	VIERGE	BELIER	VIERGE	SCORPION	VIERGE	18 GEMEAUX
15 SEPTEMBRE	BALANCE	BALANCE	LION	VIERGE	BELIER	VIERGE	SCORPION	VIERGE	29 GEMEAUX
16 SEPTEMBRE	BALANCE	BALANCE	LION	VIERGE	BELIER	VIERGE	SCORPION	VIERGE	11 CANCER
17 SEPTEMBRE	BALANCE	BALANCE	LION	VIERGE	BELIER	VIERGE	SCORPION	VIERGE	24 CANCER
18 SEPTEMBRE	BALANCE	BALANCE	LION	VIERGE	BELIER	VIERGE	SCORPION	VIERGE	6 LION
19 SEPTEMBRE	BALANCE	BALANCE	LION	VIERGE	BELIER	VIERGE	SCORPION	VIERGE	19 LION
20 SEPTEMBRE	BALANCE	BALANCE	LION	VIERGE	BELIER	VIERGE	SCORPION	VIERGE	2 VIERGE
21 SEPTEMBRE	BALANCE	BALANCE	LION	VIERGE	BELIER	VIERGE	SCORPION	VIERGE	16 VIERGE
22 SEPTEMBRE	BALANCE	BALANCE	VIERGE	VIERGE	BELIER	VIERGE	SCORPION	VIERGE	0 BALANCE

LE SOLEIL ENTRE DANS LE SIGNE DE LA VIERGE LE 23 AOUT 1968 A 1 h 45
LE SOLEIL QUITTE LE SIGNE DE LA VIERGE LE 22 SEPTEMBRE 1968 A 23 h 15

* LES CHIFFRES INDIQUENT LES DEGRES

1969	MERCURE	VENUS	MARS	JUPITER	SATURNE	URANUS	NEPTUNE	PLUTON	LUNE *
23 AOUT	VIERGE	CANCER	SAGITTAIRE	BALANCE	TAUREAU	BALANCE	SCORPION	VIERGE	5 CAPRICORNE
24 AOUT	VIERGE	CANCER	SAGITTAIRE	BALANCE	TAUREAU	BALANCE	SCORPION	VIERGE	20 CAPRICORNE
25 AOUT	VIERGE	CANCER	SAGITTAIRE	BALANCE	TAUREAU	BALANCE	SCORPION	VIERGE	5 VERSEAU
26 AOUT	VIERGE	CANCER	SAGITTAIRE	BALANCE	TAUREAU	BALANCE	SCORPION	VIERGE	20 VERSEAU
27 AOUT	BALANCE	CANCER	SAGITTAIRE	BALANCE	TAUREAU	BALANCE	SCORPION	VIERGE	5 POISSONS
28 AOUT	BALANCE	CANCER	SAGITTAIRE	BALANCE	TAUREAU	BALANCE	SCORPION	VIERGE	19 POISSONS
29 AOUT	BALANCE	LION	SAGITTAIRE	BALANCE	TAUREAU	BALANCE	SCORPION	VIERGE	3 BELIER
30 AOUT	BALANCE	LION	SAGITTAIRE	BALANCE	TAUREAU	BALANCE	SCORPION	VIERGE	17 BELIER
31 AOUT	BALANCE	LION	SAGITTAIRE	BALANCE	TAUREAU	BALANCE	SCORPION	VIERGE	0 TAUREAU
1 SEPTEMBRE	BALANCE	LION	SAGITTAIRE	BALANCE	TAUREAU	BALANCE	SCORPION	VIERGE	13 TAUREAU
2 SEPTEMBRE	BALANCE	LION	SAGITTAIRE	BALANCE	TAUREAU	BALANCE	SCORPION	VIERGE	26 TAUREAU
3 SEPTEMBRE	BALANCE	LION	SAGITTAIRE	BALANCE	TAUREAU	BALANCE	SCORPION	VIERGE	8 GEMEAUX
4 SEPTEMBRE	BALANCE	LION	SAGITTAIRE	BALANCE	TAUREAU	BALANCE	SCORPION	VIERGE	20 GEMEAUX
5 SEPTEMBRE	BALANCE	LION	SAGITTAIRE	BALANCE	TAUREAU	BALANCE	SCORPION	VIERGE	2 CANCER
6 SEPTEMBRE	BALANCE	LION	SAGITTAIRE	BALANCE	TAUREAU	BALANCE	SCORPION	VIERGE	14 CANCER
7 SEPTEMBRE	BALANCE	LION	SAGITTAIRE	BALANCE	TAUREAU	BALANCE	SCORPION	VIERGE	26 CANCER
8 SEPTEMBRE	BALANCE	LION	SAGITTAIRE	BALANCE	TAUREAU	BALANCE	SCORPION	VIERGE	8 LION
9 SEPTEMBRE	BALANCE	LION	SAGITTAIRE	BALANCE	TAUREAU	BALANCE	SCORPION	VIERGE	20 LION
10 SEPTEMBRE	BALANCE	LION	SAGITTAIRE	BALANCE	TAUREAU	BALANCE	SCORPION	VIERGE	2 VIERGE
11 SEPTEMBRE	BALANCE	LION	SAGITTAIRE	BALANCE	TAUREAU	BALANCE	SCORPION	VIERGE	14 VIERGE
12 SEPTEMBRE	BALANCE	LION	SAGITTAIRE	BALANCE	TAUREAU	BALANCE	SCORPION	VIERGE	27 VIERGE
13 SEPTEMBRE	BALANCE	LION	SAGITTAIRE	BALANCE	TAUREAU	BALANCE	SCORPION	VIERGE	10 BALANCE
14 SEPTEMBRE	BALANCE	LION	SAGITTAIRE	BALANCE	TAUREAU	BALANCE	SCORPION	VIERGE	23 BALANCE
15 SEPTEMBRE	BALANCE	LION	SAGITTAIRE	BALANCE	TAUREAU	BALANCE	SCORPION	VIERGE	6 SCORPION
16 SEPTEMBRE	BALANCE	LION	SAGITTAIRE	BALANCE	TAUREAU	BALANCE	SCORPION	VIERGE	20 SCORPION
17 SEPTEMBRE	BALANCE	LION	SAGITTAIRE	BALANCE	TAUREAU	BALANCE	SCORPION	VIERGE	3 SAGITTAIRE
18 SEPTEMBRE	BALANCE	LION	SAGITTAIRE	BALANCE	TAUREAU	BALANCE	SCORPION	VIERGE	17 SAGITTAIRE
19 SEPTEMBRE	BALANCE	LION	SAGITTAIRE	BALANCE	TAUREAU	BALANCE	SCORPION	VIERGE	1 CAPRICORNE
20 SEPTEMBRE	BALANCE	LION	SAGITTAIRE	BALANCE	TAUREAU	BALANCE	SCORPION	VIERGE	16 CAPRICORNE
21 SEPTEMBRE	BALANCE	LION	CAPRICORNE	BALANCE	TAUREAU	BALANCE	SCORPION	VIERGE	0 VERSEAU
22 SEPTEMBRE	BALANCE	LION	CAPRICORNE	BALANCE	TAUREAU	BALANCE	SCORPION	VIERGE	14 VERSEAU
23 SEPTEMBRE	BALANCE	VIERGE	CAPRICORNE	BALANCE	TAUREAU	BALANCE	SCORPION	VIERGE	29 VERSEAU

LE SOLEIL ENTRE DANS LE SIGNE DE LA VIERGE LE 23 AOUT 1969 A 7 h 30
LE SOLEIL QUITTE LE SIGNE DE LA VIERGE LE 23 SEPTEMBRE 1969 A 5 h 00

* LES CHIFFRES INDIQUENT LES DEGRES

DECOUVREZ DANS QUEL SIGNE SE TROUVAIENT LES PLANETES A VOTRE NAISSANCE

1970	MERCURE	VENUS	MARS	JUPITER	SATURNE	URANUS	NEPTUNE	PLUTON	LUNE *
23 AOUT	VIERGE	BALANCE	LION	SCORPION	TAUREAU	BALANCE	SCORPION	VIERGE	25 TAUREAU
24 AOUT	VIERGE	BALANCE	LION	SCORPION	TAUREAU	BALANCE	SCORPION	VIERGE	8 GEMEAUX
25 AOUT	VIERGE	BALANCE	LION	SCORPION	TAUREAU	BALANCE	SCORPION	VIERGE	21 GEMEAUX
26 AOUT	VIERGE	BALANCE	LION	SCORPION	TAUREAU	BALANCE	SCORPION	VIERGE	3 CANCER
27 AOUT	VIERGE	BALANCE	LION	SCORPION	TAUREAU	BALANCE	SCORPION	VIERGE	15 CANCER
28 AOUT	VIERGE	BALANCE	LION	SCORPION	TAUREAU	BALANCE	SCORPION	VIERGE	27 CANCER
29 AOUT	VIERGE	BALANCE	LION	SCORPION	TAUREAU	BALANCE	SCORPION	VIERGE	9 LION
30 AOUT	VIERGE	BALANCE	LION	SCORPION	TAUREAU	BALANCE	SCORPION	VIERGE	21 LION
31 AOUT	VIERGE	BALANCE	LION	SCORPION	TAUREAU	BALANCE	SCORPION	VIERGE	3 VIERGE
1 SEPTEMBRE	VIERGE	BALANCE	LION	SCORPION	TAUREAU	BALANCE	SCORPION	VIERGE	15 VIERGE
2 SEPTEMBRE	VIERGE	BALANCE	LION	SCORPION	TAUREAU	BALANCE	SCORPION	VIERGE	26 VIERGE
3 SEPTEMBRE	VIERGE	BALANCE	VIERGE	SCORPION	TAUREAU	BALANCE	SCORPION	VIERGE	8 BALANCE
4 SEPTEMBRE	VIERGE	BALANCE	VIERGE	SCORPION	TAUREAU	BALANCE	SCORPION	VIERGE	21 BALANCE
5 SEPTEMBRE	VIERGE	BALANCE	VIERGE	SCORPION	TAUREAU	BALANCE	SCORPION	VIERGE	3 SCORPION
6 SEPTEMBRE	VIERGE	BALANCE	VIERGE	SCORPION	TAUREAU	BALANCE	SCORPION	VIERGE	15 SCORPION
7 SEPTEMBRE	VIERGE	SCORPION	VIERGE	SCORPION	TAUREAU	BALANCE	SCORPION	VIERGE	28 SCORPION
8 SEPTEMBRE	VIERGE	SCORPION	VIERGE	SCORPION	TAUREAU	BALANCE	SCORPION	VIERGE	11 SAGITTAIRE
9 SEPTEMBRE	VIERGE	SCORPION	VIERGE	SCORPION	TAUREAU	BALANCE	SCORPION	VIERGE	25 SAGITTAIRE
10 SEPTEMBRE	VIERGE	SCORPION	VIERGE	SCORPION	TAUREAU	BALANCE	SCORPION	VIERGE	8 CAPRICORNE
11 SEPTEMBRE	VIERGE	SCORPION	VIERGE	SCORPION	TAUREAU	BALANCE	SCORPION	VIERGE	23 CAPRICORNE
12 SEPTEMBRE	VIERGE	SCORPION	VIERGE	SCORPION	TAUREAU	BALANCE	SCORPION	VIERGE	7 VERSEAU
13 SEPTEMBRE	VIERGE	SCORPION	VIERGE	SCORPION	TAUREAU	BALANCE	SCORPION	VIERGE	22 VERSEAU
14 SEPTEMBRE	VIERGE	SCORPION	VIERGE	SCORPION	TAUREAU	BALANCE	SCORPION	VIERGE	7 POISSONS
15 SEPTEMBRE	VIERGE	SCORPION	VIERGE	SCORPION	TAUREAU	BALANCE	SCORPION	VIERGE	22 POISSONS
16 SEPTEMBRE	VIERGE	SCORPION	VIERGE	SCORPION	TAUREAU	BALANCE	SCORPION	VIERGE	7 BELIER
17 SEPTEMBRE	VIERGE	SCORPION	VIERGE	SCORPION	TAUREAU	BALANCE	SCORPION	VIERGE	22 BELIER
18 SEPTEMBRE	VIERGE	SCORPION	VIERGE	SCORPION	TAUREAU	BALANCE	SCORPION	VIERGE	7 TAUREAU
19 SEPTEMBRE	VIERGE	SCORPION	VIERGE	SCORPION	TAUREAU	BALANCE	SCORPION	VIERGE	21 TAUREAU
20 SEPTEMBRE	VIERGE	SCORPION	VIERGE	SCORPION	TAUREAU	BALANCE	SCORPION	VIERGE	4 GEMEAUX
21 SEPTEMBRE	VIERGE	SCORPION	VIERGE	SCORPION	TAUREAU	BALANCE	SCORPION	VIERGE	17 GEMEAUX
22 SEPTEMBRE	VIERGE	SCORPION	VIERGE	SCORPION	TAUREAU	BALANCE	SCORPION	VIERGE	0 CANCER
23 SEPTEMBRE	VIERGE	SCORPION	VIERGE	SCORPION	TAUREAU	BALANCE	SCORPION	VIERGE	12 CANCER

ENTRE DANS LE SIGNE DE LA LE 23 AOUT A 13 h 30
LE SOLEIL VIERGE 1970 * LES CHIFFRES INDIQUENT LES DEGRES
QUITTE LE SIGNE DE LA LE 23 SEPTEMBRE A 10 h 45

1971	MERCURE	VENUS	MARS	JUPITER	SATURNE	URANUS	NEPTUNE	PLUTON	LUNE *
23 AOUT	VIERGE	LION	VERSEAU	SCORPION	GEMEAUX	BALANCE	SAGITTAIRE	VIERGE	27 VIERGE
24 AOUT	VIERGE	LION	VERSEAU	SCORPION	GEMEAUX	BALANCE	SAGITTAIRE	VIERGE	9 BALANCE
25 AOUT	VIERGE	VIERGE	VERSEAU	SCORPION	GEMEAUX	BALANCE	SAGITTAIRE	VIERGE	21 BALANCE
26 AOUT	VIERGE	VIERGE	VERSEAU	SCORPION	GEMEAUX	BALANCE	SAGITTAIRE	VIERGE	3 SCORPION
27 AOUT	VIERGE	VIERGE	VERSEAU	SCORPION	GEMEAUX	BALANCE	SAGITTAIRE	VIERGE	15 SCORPION
28 AOUT	VIERGE	VIERGE	VERSEAU	SCORPION	GEMEAUX	BALANCE	SAGITTAIRE	VIERGE	27 SCORPION
29 AOUT	VIERGE	VIERGE	VERSEAU	SCORPION	GEMEAUX	BALANCE	SAGITTAIRE	VIERGE	9 SAGITTAIRE
30 AOUT	LION	VIERGE	VERSEAU	SCORPION	GEMEAUX	BALANCE	SAGITTAIRE	VIERGE	22 SAGITTAIRE
31 AOUT	LION	VIERGE	VERSEAU	SCORPION	GEMEAUX	BALANCE	SAGITTAIRE	VIERGE	5 CAPRICORNE
1 SEPTEMBRE	LION	VIERGE	VERSEAU	SCORPION	GEMEAUX	BALANCE	SAGITTAIRE	VIERGE	19 CAPRICORNE
2 SEPTEMBRE	LION	VIERGE	VERSEAU	SCORPION	GEMEAUX	BALANCE	SAGITTAIRE	VIERGE	3 VIERGE
3 SEPTEMBRE	LION	VIERGE	VERSEAU	SCORPION	GEMEAUX	BALANCE	SAGITTAIRE	VIERGE	17 VIERGE
4 SEPTEMBRE	LION	VIERGE	VERSEAU	SCORPION	GEMEAUX	BALANCE	SAGITTAIRE	VIERGE	2 POISSONS
5 SEPTEMBRE	LION	VIERGE	VERSEAU	SCORPION	GEMEAUX	BALANCE	SAGITTAIRE	VIERGE	17 POISSONS
6 SEPTEMBRE	LION	VIERGE	VERSEAU	SCORPION	GEMEAUX	BALANCE	SAGITTAIRE	VIERGE	2 BELIER
7 SEPTEMBRE	LION	VIERGE	VERSEAU	SCORPION	GEMEAUX	BALANCE	SAGITTAIRE	VIERGE	17 BELIER
8 SEPTEMBRE	LION	VIERGE	VERSEAU	SCORPION	GEMEAUX	BALANCE	SAGITTAIRE	VIERGE	2 TAUREAU
9 SEPTEMBRE	LION	VIERGE	VERSEAU	SCORPION	GEMEAUX	BALANCE	SAGITTAIRE	VIERGE	16 TAUREAU
10 SEPTEMBRE	LION	VIERGE	VERSEAU	SCORPION	GEMEAUX	BALANCE	SAGITTAIRE	VIERGE	1 GEMEAUX
11 SEPTEMBRE	VIERGE	VIERGE	VERSEAU	SCORPION	GEMEAUX	BALANCE	SAGITTAIRE	VIERGE	14 GEMEAUX
12 SEPTEMBRE	VIERGE	VIERGE	VERSEAU	SAGITTAIRE	GEMEAUX	BALANCE	SAGITTAIRE	VIERGE	28 GEMEAUX
13 SEPTEMBRE	VIERGE	VIERGE	VERSEAU	SAGITTAIRE	GEMEAUX	BALANCE	SAGITTAIRE	VIERGE	11 CANCER
14 SEPTEMBRE	VIERGE	VIERGE	VERSEAU	SAGITTAIRE	GEMEAUX	BALANCE	SAGITTAIRE	VIERGE	24 CANCER
15 SEPTEMBRE	VIERGE	VIERGE	VERSEAU	SAGITTAIRE	GEMEAUX	BALANCE	SAGITTAIRE	VIERGE	6 LION
16 SEPTEMBRE	VIERGE	VIERGE	VERSEAU	SAGITTAIRE	GEMEAUX	BALANCE	SAGITTAIRE	VIERGE	18 LION
17 SEPTEMBRE	VIERGE	VIERGE	VERSEAU	SAGITTAIRE	GEMEAUX	BALANCE	SAGITTAIRE	VIERGE	0 VIERGE
18 SEPTEMBRE	VIERGE	BALANCE	VERSEAU	SAGITTAIRE	GEMEAUX	BALANCE	SAGITTAIRE	VIERGE	12 VIERGE
19 SEPTEMBRE	VIERGE	BALANCE	VERSEAU	SAGITTAIRE	GEMEAUX	BALANCE	SAGITTAIRE	VIERGE	24 VIERGE
20 SEPTEMBRE	VIERGE	BALANCE	VERSEAU	SAGITTAIRE	GEMEAUX	BALANCE	SAGITTAIRE	VIERGE	6 BALANCE
21 SEPTEMBRE	VIERGE	BALANCE	VERSEAU	SAGITTAIRE	GEMEAUX	BALANCE	SAGITTAIRE	VIERGE	12 BALANCE
22 SEPTEMBRE	VIERGE	BALANCE	VERSEAU	SAGITTAIRE	GEMEAUX	BALANCE	SAGITTAIRE	VIERGE	0 SCORPION
23 SEPTEMBRE	VIERGE	BALANCE	VERSEAU	SAGITTAIRE	GEMEAUX	BALANCE	SAGITTAIRE	VIERGE	12 SCORPION

ENTRE DANS LE SIGNE DE LA LE 23 AOUT A 19 h 00
LE SOLEIL VIERGE 1971 * LES CHIFFRES INDIQUENT LES DEGRES
QUITTE LE SIGNE DE LA LE 23 SEPTEMBRE A 16 h 30

DECOUVREZ DANS QUEL SIGNE SE TROUVAIENT LES PLANETES A VOTRE NAISSANCE

1972	MERCURE	VENUS	MARS	JUPITER	SATURNE	URANUS	NEPTUNE	PLUTON	LUNE *
23 AOUT	LION	CANCER	VIERGE	SAGITTAIRE	GEMEAUX	BALANCE	SAGITTAIRE	BALANCE	14 VERSEAU
24 AOUT	LION	CANCER	VIERGE	SAGITTAIRE	GEMEAUX	BALANCE	SAGITTAIRE	BALANCE	28 VERSEAU
25 AOUT	LION	CANCER	VIERGE	SAGITTAIRE	GEMEAUX	BALANCE	SAGITTAIRE	BALANCE	12 POISSONS
26 AOUT	LION	CANCER	VIERGE	SAGITTAIRE	GEMEAUX	BALANCE	SAGITTAIRE	BALANCE	26 POISSONS
27 AOUT	LION	CANCER	VIERGE	SAGITTAIRE	GEMEAUX	BALANCE	SAGITTAIRE	BALANCE	10 BELIER
28 AOUT	LION	CANCER	VIERGE	SAGITTAIRE	GEMEAUX	BALANCE	SAGITTAIRE	BALANCE	24 BELIER
29 AOUT	LION	CANCER	VIERGE	SAGITTAIRE	GEMEAUX	BALANCE	SAGITTAIRE	BALANCE	9 TAUREAU
30 AOUT	LION	CANCER	VIERGE	SAGITTAIRE	GEMEAUX	BALANCE	SAGITTAIRE	BALANCE	23 TAUREAU
31 AOUT	LION	CANCER	VIERGE	SAGITTAIRE	GEMEAUX	BALANCE	SAGITTAIRE	BALANCE	7 GEMEAUX
1 SEPTEMBRE	LION	CANCER	VIERGE	SAGITTAIRE	GEMEAUX	BALANCE	SAGITTAIRE	BALANCE	21 GEMEAUX
2 SEPTEMBRE	LION	CANCER	VIERGE	SAGITTAIRE	GEMEAUX	BALANCE	SAGITTAIRE	BALANCE	5 CANCER
3 SEPTEMBRE	LION	CANCER	VIERGE	SAGITTAIRE	GEMEAUX	BALANCE	SAGITTAIRE	BALANCE	19 CANCER
4 SEPTEMBRE	LION	CANCER	VIERGE	SAGITTAIRE	GEMEAUX	BALANCE	SAGITTAIRE	BALANCE	3 LION
5 SEPTEMBRE	VIERGE	CANCER	VIERGE	SAGITTAIRE	GEMEAUX	BALANCE	SAGITTAIRE	BALANCE	16 LION
6 SEPTEMBRE	VIERGE	CANCER	VIERGE	SAGITTAIRE	GEMEAUX	BALANCE	SAGITTAIRE	BALANCE	29 LION
7 SEPTEMBRE	VIERGE	CANCER	VIERGE	SAGITTAIRE	GEMEAUX	BALANCE	SAGITTAIRE	BALANCE	12 VIERGE
8 SEPTEMBRE	VIERGE	LION	VIERGE	SAGITTAIRE	GEMEAUX	BALANCE	SAGITTAIRE	BALANCE	25 VIERGE
9 SEPTEMBRE	VIERGE	LION	VIERGE	SAGITTAIRE	GEMEAUX	BALANCE	SAGITTAIRE	BALANCE	7 BALANCE
10 SEPTEMBRE	VIERGE	LION	VIERGE	SAGITTAIRE	GEMEAUX	BALANCE	SAGITTAIRE	BALANCE	19 BALANCE
11 SEPTEMBRE	VIERGE	LION	VIERGE	SAGITTAIRE	GEMEAUX	BALANCE	SAGITTAIRE	BALANCE	2 SCORPION
12 SEPTEMBRE	VIERGE	LION	VIERGE	SAGITTAIRE	GEMEAUX	BALANCE	SAGITTAIRE	BALANCE	14 SCORPION
13 SEPTEMBRE	VIERGE	LION	VIERGE	SAGITTAIRE	GEMEAUX	BALANCE	SAGITTAIRE	BALANCE	25 SCORPION
14 SEPTEMBRE	VIERGE	LION	VIERGE	SAGITTAIRE	GEMEAUX	BALANCE	SAGITTAIRE	BALANCE	7 SAGITTAIRE
15 SEPTEMBRE	VIERGE	LION	VIERGE	SAGITTAIRE	GEMEAUX	BALANCE	SAGITTAIRE	BALANCE	19 SAGITTAIRE
16 SEPTEMBRE	VIERGE	LION	VIERGE	SAGITTAIRE	GEMEAUX	BALANCE	SAGITTAIRE	BALANCE	1 CAPRICORNE
17 SEPTEMBRE	VIERGE	LION	VIERGE	SAGITTAIRE	GEMEAUX	BALANCE	SAGITTAIRE	BALANCE	13 CAPRICORNE
18 SEPTEMBRE	VIERGE	LION	VIERGE	SAGITTAIRE	GEMEAUX	BALANCE	SAGITTAIRE	BALANCE	26 CAPRICORNE
19 SEPTEMBRE	VIERGE	LION	VIERGE	SAGITTAIRE	GEMEAUX	BALANCE	SAGITTAIRE	BALANCE	9 VERSEAU
20 SEPTEMBRE	VIERGE	LION	VIERGE	SAGITTAIRE	GEMEAUX	BALANCE	SAGITTAIRE	BALANCE	22 VERSEAU
21 SEPTEMBRE	VIERGE	LION	VIERGE	SAGITTAIRE	GEMEAUX	BALANCE	SAGITTAIRE	BALANCE	6 POISSONS
22 SEPTEMBRE	BALANCE	LION	VIERGE	SAGITTAIRE	GEMEAUX	BALANCE	SAGITTAIRE	BALANCE	20 POISSONS

LE SOLEIL ENTRE DANS LE SIGNE DE LA VIERGE LE 23 AOUT 1972 A 0 h 45
LE SOLEIL QUITTE LE SIGNE DE LA VIERGE LE 22 SEPTEMBRE 1972 A 22 h 15

* LES CHIFFRES INDIQUENT LES DEGRES

1973	MERCURE	VENUS	MARS	JUPITER	SATURNE	URANUS	NEPTUNE	PLUTON	LUNE *
23 AOUT	LION	BALANCE	TAUREAU	VERSEAU	CANCER	BALANCE	SAGITTAIRE	BALANCE	27 GEMEAUX
24 AOUT	LION	BALANCE	TAUREAU	VERSEAU	CANCER	BALANCE	SAGITTAIRE	BALANCE	12 CANCER
25 AOUT	LION	BALANCE	TAUREAU	VERSEAU	CANCER	BALANCE	SAGITTAIRE	BALANCE	26 CANCER
26 AOUT	LION	BALANCE	TAUREAU	VERSEAU	CANCER	BALANCE	SAGITTAIRE	BALANCE	11 LION
27 AOUT	LION	BALANCE	TAUREAU	VERSEAU	CANCER	BALANCE	SAGITTAIRE	BALANCE	25 LION
28 AOUT	LION	BALANCE	TAUREAU	VERSEAU	CANCER	BALANCE	SAGITTAIRE	BALANCE	9 VIERGE
29 AOUT	VIERGE	BALANCE	TAUREAU	VERSEAU	CANCER	BALANCE	SAGITTAIRE	BALANCE	23 VIERGE
30 AOUT	VIERGE	BALANCE	TAUREAU	VERSEAU	CANCER	BALANCE	SAGITTAIRE	BALANCE	7 BALANCE
31 AOUT	VIERGE	BALANCE	TAUREAU	VERSEAU	CANCER	BALANCE	SAGITTAIRE	BALANCE	20 BALANCE
1 SEPTEMBRE	VIERGE	BALANCE	TAUREAU	VERSEAU	CANCER	BALANCE	SAGITTAIRE	BALANCE	3 SCORPION
2 SEPTEMBRE	VIERGE	BALANCE	TAUREAU	VERSEAU	CANCER	BALANCE	SAGITTAIRE	BALANCE	16 SCORPION
3 SEPTEMBRE	VIERGE	BALANCE	TAUREAU	VERSEAU	CANCER	BALANCE	SAGITTAIRE	BALANCE	28 SCORPION
4 SEPTEMBRE	VIERGE	BALANCE	TAUREAU	VERSEAU	CANCER	BALANCE	SAGITTAIRE	BALANCE	10 SAGITTAIRE
5 SEPTEMBRE	VIERGE	BALANCE	TAUREAU	VERSEAU	CANCER	BALANCE	SAGITTAIRE	BALANCE	22 SAGITTAIRE
6 SEPTEMBRE	VIERGE	BALANCE	TAUREAU	VERSEAU	CANCER	BALANCE	SAGITTAIRE	BALANCE	4 CAPRICORNE
7 SEPTEMBRE	VIERGE	BALANCE	TAUREAU	VERSEAU	CANCER	BALANCE	SAGITTAIRE	BALANCE	15 CAPRICORNE
8 SEPTEMBRE	VIERGE	BALANCE	TAUREAU	VERSEAU	CANCER	BALANCE	SAGITTAIRE	BALANCE	27 CAPRICORNE
9 SEPTEMBRE	VIERGE	BALANCE	TAUREAU	VERSEAU	CANCER	BALANCE	SAGITTAIRE	BALANCE	10 VERSEAU
10 SEPTEMBRE	VIERGE	BALANCE	TAUREAU	VERSEAU	CANCER	BALANCE	SAGITTAIRE	BALANCE	22 VERSEAU
11 SEPTEMBRE	VIERGE	BALANCE	TAUREAU	VERSEAU	CANCER	BALANCE	SAGITTAIRE	BALANCE	5 POISSONS
12 SEPTEMBRE	VIERGE	BALANCE	TAUREAU	VERSEAU	CANCER	BALANCE	SAGITTAIRE	BALANCE	18 POISSONS
13 SEPTEMBRE	VIERGE	SCORPION	TAUREAU	VERSEAU	CANCER	BALANCE	SAGITTAIRE	BALANCE	1 BELIER
14 SEPTEMBRE	BALANCE	SCORPION	TAUREAU	VERSEAU	CANCER	BALANCE	SAGITTAIRE	BALANCE	14 BELIER
15 SEPTEMBRE	BALANCE	SCORPION	TAUREAU	VERSEAU	CANCER	BALANCE	SAGITTAIRE	BALANCE	28 BELIER
16 SEPTEMBRE	BALANCE	SCORPION	TAUREAU	VERSEAU	CANCER	BALANCE	SAGITTAIRE	BALANCE	12 TAUREAU
17 SEPTEMBRE	BALANCE	SCORPION	TAUREAU	VERSEAU	CANCER	BALANCE	SAGITTAIRE	BALANCE	26 TAUREAU
18 SEPTEMBRE	BALANCE	SCORPION	TAUREAU	VERSEAU	CANCER	BALANCE	SAGITTAIRE	BALANCE	10 GEMEAUX
19 SEPTEMBRE	BALANCE	SCORPION	TAUREAU	VERSEAU	CANCER	BALANCE	SAGITTAIRE	BALANCE	24 GEMEAUX
20 SEPTEMBRE	BALANCE	SCORPION	TAUREAU	VERSEAU	CANCER	BALANCE	SAGITTAIRE	BALANCE	8 CANCER
21 SEPTEMBRE	BALANCE	SCORPION	TAUREAU	VERSEAU	CANCER	BALANCE	SAGITTAIRE	BALANCE	22 CANCER
22 SEPTEMBRE	BALANCE	SCORPION	TAUREAU	VERSEAU	CANCER	BALANCE	SAGITTAIRE	BALANCE	6 LION
23 SEPTEMBRE	BALANCE	SCORPION	TAUREAU	VERSEAU	CANCER	BALANCE	SAGITTAIRE	BALANCE	20 LION

LE SOLEIL ENTRE DANS LE SIGNE DE LA VIERGE LE 23 AOUT 1973 A 6 h 45
LE SOLEIL QUITTE LE SIGNE DE LA VIERGE LE 23 SEPTEMBRE 1973 A 4 h 15

* LES CHIFFRES INDIQUENT LES DEGRES

DECOUVREZ DANS QUEL SIGNE SE TROUVAIENT LES PLANETES A VOTRE NAISSANCE

1974	MERCURE	VENUS	MARS	JUPITER	SATURNE	URANUS	NEPTUNE	PLUTON	LUNE *
23 AOUT	VIERGE	LION	VIERGE	POISSONS	CANCER	BALANCE	SAGITTAIRE	BALANCE	16 SCORPION
24 AOUT	VIERGE	LION	VIERGE	POISSONS	CANCER	BALANCE	SAGITTAIRE	BALANCE	29 SCORPION
25 AOUT	VIERGE	LION	VIERGE	POISSONS	CANCER	BALANCE	SAGITTAIRE	BALANCE	11 SAGITTAIRE
26 AOUT	VIERGE	LION	VIERGE	POISSONS	CANCER	BALANCE	SAGITTAIRE	BALANCE	24 SAGITTAIRE
27 AOUT	VIERGE	LION	VIERGE	POISSONS	CANCER	BALANCE	SAGITTAIRE	BALANCE	6 CAPRICORNE
28 AOUT	VIERGE	LION	VIERGE	POISSONS	CANCER	BALANCE	SAGITTAIRE	BALANCE	17 CAPRICORNE
29 AOUT	VIERGE	LION	VIERGE	POISSONS	CANCER	BALANCE	SAGITTAIRE	BALANCE	29 CAPRICORNE
30 AOUT	VIERGE	LION	VIERGE	POISSONS	CANCER	BALANCE	SAGITTAIRE	BALANCE	11 VERSEAU
31 AOUT	VIERGE	LION	VIERGE	POISSONS	CANCER	BALANCE	SAGITTAIRE	BALANCE	23 VERSEAU
1 SEPTEMBRE	VIERGE	LION	VIERGE	POISSONS	CANCER	BALANCE	SAGITTAIRE	BALANCE	5 POISSONS
2 SEPTEMBRE	VIERGE	LION	VIERGE	POISSONS	CANCER	BALANCE	SAGITTAIRE	BALANCE	17 POISSONS
3 SEPTEMBRE	VIERGE	LION	VIERGE	POISSONS	CANCER	BALANCE	SAGITTAIRE	BALANCE	29 POISSONS
4 SEPTEMBRE	VIERGE	LION	VIERGE	POISSONS	CANCER	BALANCE	SAGITTAIRE	BALANCE	11 BELIER
5 SEPTEMBRE	VIERGE	LION	VIERGE	POISSONS	CANCER	BALANCE	SAGITTAIRE	BALANCE	24 BELIER
6 SEPTEMBRE	BALANCE	LION	VIERGE	POISSONS	CANCER	BALANCE	SAGITTAIRE	BALANCE	7 TAUREAU
7 SEPTEMBRE	BALANCE	LION	VIERGE	POISSONS	CANCER	BALANCE	SAGITTAIRE	BALANCE	20 TAUREAU
8 SEPTEMBRE	BALANCE	VIERGE	VIERGE	POISSONS	CANCER	BALANCE	SAGITTAIRE	BALANCE	3 GEMEAUX
9 SEPTEMBRE	BALANCE	VIERGE	VIERGE	POISSONS	CANCER	BALANCE	SAGITTAIRE	BALANCE	16 GEMEAUX
10 SEPTEMBRE	BALANCE	VIERGE	VIERGE	POISSONS	CANCER	BALANCE	SAGITTAIRE	BALANCE	0 CANCER
11 SEPTEMBRE	BALANCE	VIERGE	VIERGE	POISSONS	CANCER	BALANCE	SAGITTAIRE	BALANCE	14 CANCER
12 SEPTEMBRE	BALANCE	VIERGE	VIERGE	POISSONS	CANCER	BALANCE	SAGITTAIRE	BALANCE	28 CANCER
13 SEPTEMBRE	BALANCE	VIERGE	BALANCE	POISSONS	CANCER	BALANCE	SAGITTAIRE	BALANCE	13 LION
14 SEPTEMBRE	BALANCE	VIERGE	BALANCE	POISSONS	CANCER	BALANCE	SAGITTAIRE	BALANCE	28 LION
15 SEPTEMBRE	BALANCE	VIERGE	BALANCE	POISSONS	CANCER	BALANCE	SAGITTAIRE	BALANCE	13 VIERGE
16 SEPTEMBRE	BALANCE	VIERGE	BALANCE	POISSONS	CANCER	BALANCE	SAGITTAIRE	BALANCE	28 VIERGE
17 SEPTEMBRE	BALANCE	VIERGE	BALANCE	POISSONS	CANCER	BALANCE	SAGITTAIRE	BALANCE	13 BALANCE
18 SEPTEMBRE	BALANCE	VIERGE	BALANCE	POISSONS	CANCER	BALANCE	SAGITTAIRE	BALANCE	27 BALANCE
19 SEPTEMBRE	BALANCE	VIERGE	BALANCE	POISSONS	CANCER	BALANCE	SAGITTAIRE	BALANCE	11 SCORPION
20 SEPTEMBRE	BALANCE	VIERGE	BALANCE	POISSONS	CANCER	BALANCE	SAGITTAIRE	BALANCE	24 SCORPION
21 SEPTEMBRE	BALANCE	VIERGE	BALANCE	POISSONS	CANCER	BALANCE	SAGITTAIRE	BALANCE	7 SAGITTAIRE
22 SEPTEMBRE	BALANCE	VIERGE	BALANCE	POISSONS	CANCER	BALANCE	SAGITTAIRE	BALANCE	20 SAGITTAIRE
23 SEPTEMBRE	BALANCE	VIERGE	BALANCE	POISSONS	CANCER	BALANCE	SAGITTAIRE	BALANCE	2 CAPRICORNE

LE SOLEIL ENTRE DANS LE SIGNE DE LA VIERGE LE 23 AOUT 1974 A 12 h 15
QUITTE LE SIGNE DE LA VIERGE LE 23 SEPTEMBRE 1974 A 9h 45

* LES CHIFFRES INDIQUENT LES DEGRES

1975	MERCURE	VENUS	MARS	JUPITER	SATURNE	URANUS	NEPTUNE	PLUTON	LUNE *
23 AOUT	VIERGE	VIERGE	GEMEAUX	BELIER	CANCER	BALANCE	SAGITTAIRE	BALANCE	18 POISSONS
24 AOUT	VIERGE	VIERGE	GEMEAUX	BELIER	CANCER	BALANCE	SAGITTAIRE	BALANCE	0 BELIER
25 AOUT	VIERGE	VIERGE	GEMEAUX	BELIER	CANCER	BALANCE	SAGITTAIRE	BALANCE	11 BELIER
26 AOUT	VIERGE	VIERGE	GEMEAUX	BELIER	CANCER	BALANCE	SAGITTAIRE	BALANCE	23 BELIER
27 AOUT	VIERGE	VIERGE	GEMEAUX	BELIER	CANCER	BALANCE	SAGITTAIRE	BALANCE	5 TAUREAU
28 AOUT	VIERGE	VIERGE	GEMEAUX	BELIER	CANCER	BALANCE	SAGITTAIRE	BALANCE	17 TAUREAU
29 AOUT	VIERGE	VIERGE	GEMEAUX	BELIER	CANCER	BALANCE	SAGITTAIRE	BALANCE	0 GEMEAUX
30 AOUT	VIERGE	VIERGE	GEMEAUX	BELIER	CANCER	BALANCE	SAGITTAIRE	BALANCE	12 GEMEAUX
31 AOUT	BALANCE	VIERGE	GEMEAUX	BELIER	CANCER	BALANCE	SAGITTAIRE	BALANCE	25 GEMEAUX
1 SEPTEMBRE	BALANCE	VIERGE	GEMEAUX	BELIER	CANCER	BALANCE	SAGITTAIRE	BALANCE	9 CANCER
2 SEPTEMBRE	BALANCE	VIERGE	GEMEAUX	BELIER	CANCER	BALANCE	SAGITTAIRE	BALANCE	23 CANCER
3 SEPTEMBRE	BALANCE	LION	GEMEAUX	BELIER	CANCER	BALANCE	SAGITTAIRE	BALANCE	7 LION
4 SEPTEMBRE	BALANCE	LION	GEMEAUX	BELIER	CANCER	BALANCE	SAGITTAIRE	BALANCE	22 LION
5 SEPTEMBRE	BALANCE	LION	GEMEAUX	BELIER	CANCER	BALANCE	SAGITTAIRE	BALANCE	8 VIERGE
6 SEPTEMBRE	BALANCE	LION	GEMEAUX	BELIER	CANCER	BALANCE	SAGITTAIRE	BALANCE	23 VIERGE
7 SEPTEMBRE	BALANCE	LION	GEMEAUX	BELIER	CANCER	BALANCE	SAGITTAIRE	BALANCE	8 BALANCE
8 SEPTEMBRE	BALANCE	LION	GEMEAUX	BELIER	CANCER	SCORPION	SAGITTAIRE	BALANCE	23 BALANCE
9 SEPTEMBRE	BALANCE	LION	GEMEAUX	BELIER	CANCER	SCORPION	SAGITTAIRE	BALANCE	8 SCORPION
10 SEPTEMBRE	BALANCE	LION	GEMEAUX	BELIER	CANCER	SCORPION	SAGITTAIRE	BALANCE	22 SCORPION
11 SEPTEMBRE	BALANCE	LION	GEMEAUX	BELIER	CANCER	SCORPION	SAGITTAIRE	BALANCE	5 SAGITTAIRE
12 SEPTEMBRE	BALANCE	LION	GEMEAUX	BELIER	CANCER	SCORPION	SAGITTAIRE	BALANCE	19 SAGITTAIRE
13 SEPTEMBRE	BALANCE	LION	GEMEAUX	BELIER	CANCER	SCORPION	SAGITTAIRE	BALANCE	2 CAPRICORNE
14 SEPTEMBRE	BALANCE	LION	GEMEAUX	BELIER	CANCER	SCORPION	SAGITTAIRE	BALANCE	14 CAPRICORNE
15 SEPTEMBRE	BALANCE	LION	GEMEAUX	BELIER	CANCER	SCORPION	SAGITTAIRE	BALANCE	27 CAPRICORNE
16 SEPTEMBRE	BALANCE	LION	GEMEAUX	BELIER	CANCER	SCORPION	SAGITTAIRE	BALANCE	9 VERSEAU
17 SEPTEMBRE	BALANCE	LION	GEMEAUX	BELIER	LION	SCORPION	SAGITTAIRE	BALANCE	21 VERSEAU
18 SEPTEMBRE	BALANCE	LION	GEMEAUX	BELIER	LION	SCORPION	SAGITTAIRE	BALANCE	3 POISSONS
19 SEPTEMBRE	BALANCE	LION	GEMEAUX	BELIER	LION	SCORPION	SAGITTAIRE	BALANCE	15 POISSONS
20 SEPTEMBRE	BALANCE	LION	GEMEAUX	BELIER	LION	SCORPION	SAGITTAIRE	BALANCE	27 POISSONS
21 SEPTEMBRE	BALANCE	LION	GEMEAUX	BELIER	LION	SCORPION	SAGITTAIRE	BALANCE	8 BELIER
22 SEPTEMBRE	BALANCE	LION	GEMEAUX	BELIER	LION	SCORPION	SAGITTAIRE	BALANCE	20 BELIER
23 SEPTEMBRE	BALANCE	LION	GEMEAUX	BELIER	LION	SCORPION	SAGITTAIRE	BALANCE	2 TAUREAU

LE SOLEIL ENTRE DANS LE SIGNE DE LA VIERGE LE 23 AOUT 1975 A 18 h 15
QUITTE LE SIGNE DE LA VIERGE LE 23 SEPTEMBRE 1975 A 15 h 45

* LES CHIFFRES INDIQUENT LES DEGRES

DECOUVREZ DANS QUEL SIGNE SE TROUVAIENT LES PLANETES A VOTRE NAISSANCE

1976	MERCURE	VENUS	MARS	JUPITER	SATURNE	URANUS	NEPTUNE	PLUTON	LUNE *
23 AOUT	VIERGE	VIERGE	VIERGE	GEMEAUX	LION	SCORPION	SAGITTAIRE	BALANCE	4 LION
24 AOUT	VIERGE	VIERGE	BALANCE	GEMEAUX	LION	SCORPION	SAGITTAIRE	BALANCE	18 LION
25 AOUT	VIERGE	VIERGE	BALANCE	GEMEAUX	LION	SCORPION	SAGITTAIRE	BALANCE	3 VIERGE
26 AOUT	BALANCE	VIERGE	BALANCE	GEMEAUX	LION	SCORPION	SAGITTAIRE	BALANCE	17 VIERGE
27 AOUT	BALANCE	VIERGE	BALANCE	GEMEAUX	LION	SCORPION	SAGITTAIRE	BALANCE	2 BALANCE
28 AOUT	BALANCE	VIERGE	BALANCE	GEMEAUX	LION	SCORPION	SAGITTAIRE	BALANCE	16 BALANCE
29 AOUT	BALANCE	VIERGE	BALANCE	GEMEAUX	LION	SCORPION	SAGITTAIRE	BALANCE	1 SCORPION
30 AOUT	BALANCE	VIERGE	BALANCE	GEMEAUX	LION	SCORPION	SAGITTAIRE	BALANCE	15 SCORPION
31 AOUT	BALANCE	VIERGE	BALANCE	GEMEAUX	LION	SCORPION	SAGITTAIRE	BALANCE	29 SCORPION
1 SEPTEMBRE	BALANCE	VIERGE	BALANCE	GEMEAUX	LION	SCORPION	SAGITTAIRE	BALANCE	13 SAGITTAIRE
2 SEPTEMBRE	BALANCE	BALANCE	BALANCE	GEMEAUX	LION	SCORPION	SAGITTAIRE	BALANCE	27 SAGITTAIRE
3 SEPTEMBRE	BALANCE	BALANCE	BALANCE	GEMEAUX	LION	SCORPION	SAGITTAIRE	BALANCE	11 CAPRICORNE
4 SEPTEMBRE	BALANCE	BALANCE	BALANCE	GEMEAUX	LION	SCORPION	SAGITTAIRE	BALANCE	24 CAPRICORNE
5 SEPTEMBRE	BALANCE	BALANCE	BALANCE	GEMEAUX	LION	SCORPION	SAGITTAIRE	BALANCE	7 VERSEAU
6 SEPTEMBRE	BALANCE	BALANCE	BALANCE	GEMEAUX	LION	SCORPION	SAGITTAIRE	BALANCE	20 VERSEAU
7 SEPTEMBRE	BALANCE	BALANCE	BALANCE	GEMEAUX	LION	SCORPION	SAGITTAIRE	BALANCE	3 POISSONS
8 SEPTEMBRE	BALANCE	BALANCE	BALANCE	GEMEAUX	LION	SCORPION	SAGITTAIRE	BALANCE	15 POISSONS
9 SEPTEMBRE	BALANCE	BALANCE	BALANCE	GEMEAUX	LION	SCORPION	SAGITTAIRE	BALANCE	27 POISSONS
10 SEPTEMBRE	BALANCE	BALANCE	BALANCE	GEMEAUX	LION	SCORPION	SAGITTAIRE	BALANCE	10 BELIER
11 SEPTEMBRE	BALANCE	BALANCE	BALANCE	GEMEAUX	LION	SCORPION	SAGITTAIRE	BALANCE	22 BELIER
12 SEPTEMBRE	BALANCE	BALANCE	BALANCE	GEMEAUX	LION	SCORPION	SAGITTAIRE	BALANCE	3 TAUREAU
13 SEPTEMBRE	BALANCE	BALANCE	BALANCE	GEMEAUX	LION	SCORPION	SAGITTAIRE	BALANCE	15 TAUREAU
14 SEPTEMBRE	BALANCE	BALANCE	BALANCE	GEMEAUX	LION	SCORPION	SAGITTAIRE	BALANCE	27 TAUREAU
15 SEPTEMBRE	BALANCE	BALANCE	BALANCE	GEMEAUX	LION	SCORPION	SAGITTAIRE	BALANCE	9 GEMEAUX
16 SEPTEMBRE	BALANCE	BALANCE	BALANCE	GEMEAUX	LION	SCORPION	SAGITTAIRE	BALANCE	21 GEMEAUX
17 SEPTEMBRE	BALANCE	BALANCE	BALANCE	GEMEAUX	LION	SCORPION	SAGITTAIRE	BALANCE	3 CANCER
18 SEPTEMBRE	BALANCE	BALANCE	BALANCE	GEMEAUX	LION	SCORPION	SAGITTAIRE	BALANCE	16 CANCER
19 SEPTEMBRE	BALANCE	BALANCE	BALANCE	GEMEAUX	LION	SCORPION	SAGITTAIRE	BALANCE	29 CANCER
20 SEPTEMBRE	BALANCE	BALANCE	BALANCE	GEMEAUX	LION	SCORPION	SAGITTAIRE	BALANCE	13 LION
21 SEPTEMBRE	VIERGE	BALANCE	BALANCE	GEMEAUX	LION	SCORPION	SAGITTAIRE	BALANCE	27 LION
22 SEPTEMBRE	VIERGE	BALANCE	BALANCE	GEMEAUX	LION	SCORPION	SAGITTAIRE	BALANCE	11 VIERGE

LE SOLEIL ENTRE DANS LE SIGNE DE LA VIERGE LE 23 AOUT 1976 A 0 h 00
LE SOLEIL QUITTE LE SIGNE DE LA VIERGE LE 22 SEPTEMBRE 1976 A 21 h 30

* LES CHIFFRES INDIQUENT LES DEGRES

1977	MERCURE	VENUS	MARS	JUPITER	SATURNE	URANUS	NEPTUNE	PLUTON	LUNE *
23 AOUT	VIERGE	CANCER	GEMEAUX	CANCER	LION	SCORPION	SAGITTAIRE	BALANCE	19 SAGITTAIRE
24 AOUT	VIERGE	CANCER	GEMEAUX	CANCER	LION	SCORPION	SAGITTAIRE	BALANCE	4 CAPRICORNE
25 AOUT	VIERGE	CANCER	GEMEAUX	CANCER	LION	SCORPION	SAGITTAIRE	BALANCE	18 CAPRICORNE
26 AOUT	VIERGE	CANCER	GEMEAUX	CANCER	LION	SCORPION	SAGITTAIRE	BALANCE	2 VERSEAU
27 AOUT	VIERGE	CANCER	GEMEAUX	CANCER	LION	SCORPION	SAGITTAIRE	BALANCE	16 VERSEAU
28 AOUT	VIERGE	CANCER	GEMEAUX	CANCER	LION	SCORPION	SAGITTAIRE	BALANCE	0 POISSONS
29 AOUT	VIERGE	LION	GEMEAUX	CANCER	LION	SCORPION	SAGITTAIRE	BALANCE	14 POISSONS
30 AOUT	VIERGE	LION	GEMEAUX	CANCER	LION	SCORPION	SAGITTAIRE	BALANCE	27 POISSONS
31 AOUT	VIERGE	LION	GEMEAUX	CANCER	LION	SCORPION	SAGITTAIRE	BALANCE	10 BELIER
1 SEPTEMBRE	VIERGE	LION	CANCER	CANCER	LION	SCORPION	SAGITTAIRE	BALANCE	23 BELIER
2 SEPTEMBRE	VIERGE	LION	CANCER	CANCER	LION	SCORPION	SAGITTAIRE	BALANCE	5 TAUREAU
3 SEPTEMBRE	VIERGE	LION	CANCER	CANCER	LION	SCORPION	SAGITTAIRE	BALANCE	17 TAUREAU
4 SEPTEMBRE	VIERGE	LION	CANCER	CANCER	LION	SCORPION	SAGITTAIRE	BALANCE	29 TAUREAU
5 SEPTEMBRE	VIERGE	LION	CANCER	CANCER	LION	SCORPION	SAGITTAIRE	BALANCE	11 GEMEAUX
6 SEPTEMBRE	VIERGE	LION	CANCER	CANCER	LION	SCORPION	SAGITTAIRE	BALANCE	23 GEMEAUX
7 SEPTEMBRE	VIERGE	LION	CANCER	CANCER	LION	SCORPION	SAGITTAIRE	BALANCE	5 CANCER
8 SEPTEMBRE	VIERGE	LION	CANCER	CANCER	LION	SCORPION	SAGITTAIRE	BALANCE	17 CANCER
9 SEPTEMBRE	VIERGE	LION	CANCER	CANCER	LION	SCORPION	SAGITTAIRE	BALANCE	0 LION
10 SEPTEMBRE	VIERGE	LION	CANCER	CANCER	LION	SCORPION	SAGITTAIRE	BALANCE	12 LION
11 SEPTEMBRE	VIERGE	LION	CANCER	CANCER	LION	SCORPION	SAGITTAIRE	BALANCE	25 LION
12 SEPTEMBRE	VIERGE	LION	CANCER	CANCER	LION	SCORPION	SAGITTAIRE	BALANCE	8 VIERGE
13 SEPTEMBRE	VIERGE	LION	CANCER	CANCER	LION	SCORPION	SAGITTAIRE	BALANCE	22 VIERGE
14 SEPTEMBRE	VIERGE	LION	CANCER	CANCER	LION	SCORPION	SAGITTAIRE	BALANCE	5 BALANCE
15 SEPTEMBRE	VIERGE	LION	CANCER	CANCER	LION	SCORPION	SAGITTAIRE	BALANCE	19 BALANCE
16 SEPTEMBRE	VIERGE	LION	CANCER	CANCER	LION	SCORPION	SAGITTAIRE	BALANCE	3 SCORPION
17 SEPTEMBRE	VIERGE	LION	CANCER	CANCER	LION	SCORPION	SAGITTAIRE	BALANCE	18 SCORPION
18 SEPTEMBRE	VIERGE	LION	CANCER	CANCER	LION	SCORPION	SAGITTAIRE	BALANCE	2 SAGITTAIRE
19 SEPTEMBRE	VIERGE	LION	CANCER	CANCER	LION	SCORPION	SAGITTAIRE	BALANCE	16 SAGITTAIRE
20 SEPTEMBRE	VIERGE	LION	CANCER	CANCER	LION	SCORPION	SAGITTAIRE	BALANCE	0 CAPRICORNE
21 SEPTEMBRE	VIERGE	LION	CANCER	CANCER	LION	SCORPION	SAGITTAIRE	BALANCE	14 CAPRICORNE
22 SEPTEMBRE	VIERGE	LION	CANCER	CANCER	LION	SCORPION	SAGITTAIRE	BALANCE	28 CAPRICORNE
23 SEPTEMBRE	VIERGE	VIERGE	CANCER	CANCER	LION	SCORPION	SAGITTAIRE	BALANCE	12 VERSEAU

LE SOLEIL ENTRE DANS LE SIGNE DE LA VIERGE LE 23 AOUT 1977 A 5 h 45
LE SOLEIL QUITTE LE SIGNE DE LA VIERGE LE 23 SEPTEMBRE 1977 A 3 h 00

* LES CHIFFRES INDIQUENT LES DEGRES

DECOUVREZ DANS QUEL SIGNE SE TROUVAIENT LES PLANETES A VOTRE NAISSANCE

1978	MERCURE	VENUS	MARS	JUPITER	SATURNE	URANUS	NEPTUNE	PLUTON	LUNE *
23 AOUT	LION	BALANCE	BALANCE	CANCER	VIERGE	SCORPION	SAGITTAIRE	BALANCE	6 TAUREAU
24 AOUT	LION	BALANCE	BALANCE	CANCER	VIERGE	SCORPION	SAGITTAIRE	BALANCE	19 TAUREAU
25 AOUT	LION	BALANCE	BALANCE	CANCER	VIERGE	SCORPION	SAGITTAIRE	BALANCE	1 GEMEAUX
26 AOUT	LION	BALANCE	BALANCE	CANCER	VIERGE	SCORPION	SAGITTAIRE	BALANCE	14 GEMEAUX
27 AOUT	LION	BALANCE	BALANCE	CANCER	VIERGE	SCORPION	SAGITTAIRE	BALANCE	26 GEMEAUX
28 AOUT	LION	BALANCE	BALANCE	CANCER	VIERGE	SCORPION	SAGITTAIRE	BALANCE	8 CANCER
29 AOUT	LION	BALANCE	BALANCE	CANCER	VIERGE	SCORPION	SAGITTAIRE	BALANCE	19 CANCER
30 AOUT	LION	BALANCE	BALANCE	CANCER	VIERGE	SCORPION	SAGITTAIRE	BALANCE	1 LION
31 AOUT	LION	BALANCE	BALANCE	CANCER	VIERGE	SCORPION	SAGITTAIRE	BALANCE	13 LION
1 SEPTEMBRE	LION	BALANCE	BALANCE	CANCER	VIERGE	SCORPION	SAGITTAIRE	BALANCE	25 LION
2 SEPTEMBRE	LION	BALANCE	BALANCE	CANCER	VIERGE	SCORPION	SAGITTAIRE	BALANCE	7 VIERGE
3 SEPTEMBRE	LION	BALANCE	BALANCE	CANCER	VIERGE	SCORPION	SAGITTAIRE	BALANCE	20 VIERGE
4 SEPTEMBRE	LION	BALANCE	BALANCE	CANCER	VIERGE	SCORPION	SAGITTAIRE	BALANCE	2 BALANCE
5 SEPTEMBRE	LION	BALANCE	BALANCE	LION	VIERGE	SCORPION	SAGITTAIRE	BALANCE	15 BALANCE
6 SEPTEMBRE	LION	BALANCE	BALANCE	LION	VIERGE	SCORPION	SAGITTAIRE	BALANCE	28 BALANCE
7 SEPTEMBRE	LION	SCORPION	BALANCE	LION	VIERGE	SCORPION	SAGITTAIRE	BALANCE	11 SCORPION
8 SEPTEMBRE	LION	SCORPION	BALANCE	LION	VIERGE	SCORPION	SAGITTAIRE	BALANCE	24 SCORPION
9 SEPTEMBRE	LION	SCORPION	BALANCE	LION	VIERGE	SCORPION	SAGITTAIRE	BALANCE	8 SAGITTAIRE
10 SEPTEMBRE	VIERGE	SCORPION	BALANCE	LION	VIERGE	SCORPION	SAGITTAIRE	BALANCE	22 SAGITTAIRE
11 SEPTEMBRE	VIERGE	SCORPION	BALANCE	LION	VIERGE	SCORPION	SAGITTAIRE	BALANCE	6 CAPRICORNE
12 SEPTEMBRE	VIERGE	SCORPION	BALANCE	LION	VIERGE	SCORPION	SAGITTAIRE	BALANCE	20 CAPRICORNE
13 SEPTEMBRE	VIERGE	SCORPION	BALANCE	LION	VIERGE	SCORPION	SAGITTAIRE	BALANCE	5 VERSEAU
14 SEPTEMBRE	VIERGE	SCORPION	BALANCE	LION	VIERGE	SCORPION	SAGITTAIRE	BALANCE	20 VERSEAU
15 SEPTEMBRE	VIERGE	SCORPION	BALANCE	LION	VIERGE	SCORPION	SAGITTAIRE	BALANCE	4 POISSONS
16 SEPTEMBRE	VIERGE	SCORPION	BALANCE	LION	VIERGE	SCORPION	SAGITTAIRE	BALANCE	19 POISSONS
17 SEPTEMBRE	VIERGE	SCORPION	BALANCE	LION	VIERGE	SCORPION	SAGITTAIRE	BALANCE	3 BELIER
18 SEPTEMBRE	VIERGE	SCORPION	BALANCE	LION	VIERGE	SCORPION	SAGITTAIRE	BALANCE	17 BELIER
19 SEPTEMBRE	VIERGE	SCORPION	BALANCE	LION	VIERGE	SCORPION	SAGITTAIRE	BALANCE	1 TAUREAU
20 SEPTEMBRE	VIERGE	SCORPION	SCORPION	LION	VIERGE	SCORPION	SAGITTAIRE	BALANCE	14 TAUREAU
21 SEPTEMBRE	VIERGE	SCORPION	SCORPION	LION	VIERGE	SCORPION	SAGITTAIRE	BALANCE	27 TAUREAU
22 SEPTEMBRE	VIERGE	SCORPION	SCORPION	LION	VIERGE	SCORPION	SAGITTAIRE	BALANCE	10 GEMEAUX
23 SEPTEMBRE	VIERGE	SCORPION	SCORPION	LION	VIERGE	SCORPION	SAGITTAIRE	BALANCE	22 GEMEAUX

LE SOLEIL ENTRE DANS LE SIGNE DE LA VIERGE LE 23 AOUT 1978 A 11 h 45
LE SOLEIL QUITTE LE SIGNE DE LA VIERGE LE 23 SEPTEMBRE 1978 A 9 h 00

* LES CHIFFRES INDIQUENT LES DEGRES

1979	MERCURE	VENUS	MARS	JUPITER	SATURNE	URANUS	NEPTUNE	PLUTON	LUNE *
23 AOUT	LION	LION	CANCER	LION	VIERGE	SCORPION	SAGITTAIRE	BALANCE	8 VIERGE
24 AOUT	LION	VIERGE	CANCER	LION	VIERGE	SCORPION	SAGITTAIRE	BALANCE	20 VIERGE
25 AOUT	LION	VIERGE	CANCER	LION	VIERGE	SCORPION	SAGITTAIRE	BALANCE	2 BALANCE
26 AOUT	LION	VIERGE	CANCER	LION	VIERGE	SCORPION	SAGITTAIRE	BALANCE	13 BALANCE
27 AOUT	LION	VIERGE	CANCER	LION	VIERGE	SCORPION	SAGITTAIRE	BALANCE	25 BALANCE
28 AOUT	LION	VIERGE	CANCER	LION	VIERGE	SCORPION	SAGITTAIRE	BALANCE	8 SCORPION
29 AOUT	LION	VIERGE	CANCER	LION	VIERGE	SCORPION	SAGITTAIRE	BALANCE	20 SCORPION
30 AOUT	LION	VIERGE	CANCER	LION	VIERGE	SCORPION	SAGITTAIRE	BALANCE	3 SAGITTAIRE
31 AOUT	LION	VIERGE	CANCER	LION	VIERGE	SCORPION	SAGITTAIRE	BALANCE	16 SAGITTAIRE
1 SEPTEMBRE	LION	VIERGE	CANCER	LION	VIERGE	SCORPION	SAGITTAIRE	BALANCE	0 CAPRICORNE
2 SEPTEMBRE	LION	VIERGE	CANCER	LION	VIERGE	SCORPION	SAGITTAIRE	BALANCE	14 CAPRICORNE
3 SEPTEMBRE	VIERGE	VIERGE	CANCER	LION	VIERGE	SCORPION	SAGITTAIRE	BALANCE	28 CAPRICORNE
4 SEPTEMBRE	VIERGE	VIERGE	CANCER	LION	VIERGE	SCORPION	SAGITTAIRE	BALANCE	13 VERSEAU
5 SEPTEMBRE	VIERGE	VIERGE	CANCER	LION	VIERGE	SCORPION	SAGITTAIRE	BALANCE	28 VERSEAU
6 SEPTEMBRE	VIERGE	VIERGE	CANCER	LION	VIERGE	SCORPION	SAGITTAIRE	BALANCE	14 POISSONS
7 SEPTEMBRE	VIERGE	VIERGE	CANCER	LION	VIERGE	SCORPION	SAGITTAIRE	BALANCE	29 POISSONS
8 SEPTEMBRE	VIERGE	VIERGE	CANCER	LION	VIERGE	SCORPION	SAGITTAIRE	BALANCE	14 BELIER
9 SEPTEMBRE	VIERGE	VIERGE	CANCER	LION	VIERGE	SCORPION	SAGITTAIRE	BALANCE	28 BELIER
10 SEPTEMBRE	VIERGE	VIERGE	CANCER	LION	VIERGE	SCORPION	SAGITTAIRE	BALANCE	13 TAUREAU
11 SEPTEMBRE	VIERGE	VIERGE	CANCER	LION	VIERGE	SCORPION	SAGITTAIRE	BALANCE	26 TAUREAU
12 SEPTEMBRE	VIERGE	VIERGE	CANCER	LION	VIERGE	SCORPION	SAGITTAIRE	BALANCE	10 GEMEAUX
13 SEPTEMBRE	VIERGE	VIERGE	CANCER	LION	VIERGE	SCORPION	SAGITTAIRE	BALANCE	23 GEMEAUX
14 SEPTEMBRE	VIERGE	VIERGE	CANCER	LION	VIERGE	SCORPION	SAGITTAIRE	BALANCE	5 CANCER
15 SEPTEMBRE	VIERGE	VIERGE	CANCER	LION	VIERGE	SCORPION	SAGITTAIRE	BALANCE	17 CANCER
16 SEPTEMBRE	VIERGE	VIERGE	CANCER	LION	VIERGE	SCORPION	SAGITTAIRE	BALANCE	29 CANCER
17 SEPTEMBRE	VIERGE	BALANCE	CANCER	LION	VIERGE	SCORPION	SAGITTAIRE	BALANCE	11 LION
18 SEPTEMBRE	VIERGE	BALANCE	CANCER	LION	VIERGE	SCORPION	SAGITTAIRE	BALANCE	23 LION
19 SEPTEMBRE	BALANCE	BALANCE	CANCER	LION	VIERGE	SCORPION	SAGITTAIRE	BALANCE	5 VIERGE
20 SEPTEMBRE	BALANCE	BALANCE	CANCER	LION	VIERGE	SCORPION	SAGITTAIRE	BALANCE	17 VIERGE
21 SEPTEMBRE	BALANCE	BALANCE	CANCER	LION	VIERGE	SCORPION	SAGITTAIRE	BALANCE	29 VIERGE
22 SEPTEMBRE	BALANCE	BALANCE	CANCER	LION	VIERGE	SCORPION	SAGITTAIRE	BALANCE	11 BALANCE
23 SEPTEMBRE	BALANCE	BALANCE	CANCER	LION	VIERGE	SCORPION	SAGITTAIRE	BALANCE	23 BALANCE

LE SOLEIL ENTRE DANS LE SIGNE DE LA VIERGE LE 23 AOUT 1979 A 17 h 30
LE SOLEIL QUITTE LE SIGNE DE LA VIERGE LE 23 SEPTEMBRE 1979 A 14 h 45

* LES CHIFFRES INDIQUENT LES DEGRES

DECOUVREZ DANS QUEL SIGNE SE TROUVAIENT LES PLANETES A VOTRE NAISSANCE

1980	MERCURE	VENUS	MARS	JUPITER	SATURNE	URANUS	NEPTUNE	PLUTON	LUNE *
22 AOUT	LION	CANCER	BALANCE	VIERGE	VIERGE	SCORPION	SAGITTAIRE	BALANCE	11 CAPRICORNE
23 AOUT	LION	CANCER	BALANCE	VIERGE	VIERGE	SCORPION	SAGITTAIRE	BALANCE	25 CAPRICORNE
24 AOUT	LION	CANCER	BALANCE	VIERGE	VIERGE	SCORPION	SAGITTAIRE	BALANCE	9 VERSEAU
25 AOUT	VIERGE	CANCER	BALANCE	VIERGE	VIERGE	SCORPION	SAGITTAIRE	BALANCE	23 VERSEAU
26 AOUT	VIERGE	CANCER	BALANCE	VIERGE	VIERGE	SCORPION	SAGITTAIRE	BALANCE	8 POISSONS
27 AOUT	VIERGE	CANCER	BALANCE	VIERGE	VIERGE	SCORPION	SAGITTAIRE	BALANCE	23 POISSONS
28 AOUT	VIERGE	CANCER	BALANCE	VIERGE	VIERGE	SCORPION	SAGITTAIRE	BALANCE	8 BELIER
29 AOUT	VIERGE	CANCER	SCORPION	VIERGE	VIERGE	SCORPION	SAGITTAIRE	BALANCE	22 BELIER
30 AOUT	VIERGE	CANCER	SCORPION	VIERGE	VIERGE	SCORPION	SAGITTAIRE	BALANCE	7 TAUREAU
31 AOUT	VIERGE	CANCER	SCORPION	VIERGE	VIERGE	SCORPION	SAGITTAIRE	BALANCE	22 TAUREAU
1 SEPTEMBRE	VIERGE	CANCER	SCORPION	VIERGE	VIERGE	SCORPION	SAGITTAIRE	BALANCE	6 GEMEAUX
2 SEPTEMBRE	VIERGE	CANCER	SCORPION	VIERGE	VIERGE	SCORPION	SAGITTAIRE	BALANCE	19 GEMEAUX
3 SEPTEMBRE	VIERGE	CANCER	SCORPION	VIERGE	VIERGE	SCORPION	SAGITTAIRE	BALANCE	3 CANCER
4 SEPTEMBRE	VIERGE	CANCER	SCORPION	VIERGE	VIERGE	SCORPION	SAGITTAIRE	BALANCE	16 CANCER
5 SEPTEMBRE	VIERGE	CANCER	SCORPION	VIERGE	VIERGE	SCORPION	SAGITTAIRE	BALANCE	28 CANCER
6 SEPTEMBRE	VIERGE	CANCER	SCORPION	VIERGE	VIERGE	SCORPION	SAGITTAIRE	BALANCE	11 LION
7 SEPTEMBRE	VIERGE	CANCER	SCORPION	VIERGE	VIERGE	SCORPION	SAGITTAIRE	BALANCE	23 LION
8 SEPTEMBRE	VIERGE	LION	SCORPION	VIERGE	VIERGE	SCORPION	SAGITTAIRE	BALANCE	5 VIERGE
9 SEPTEMBRE	VIERGE	LION	SCORPION	VIERGE	VIERGE	SCORPION	SAGITTAIRE	BALANCE	18 VIERGE
10 SEPTEMBRE	BALANCE	LION	SCORPION	VIERGE	VIERGE	SCORPION	SAGITTAIRE	BALANCE	29 VIERGE
11 SEPTEMBRE	BALANCE	LION	SCORPION	VIERGE	VIERGE	SCORPION	SAGITTAIRE	BALANCE	11 BALANCE
12 SEPTEMBRE	BALANCE	LION	SCORPION	VIERGE	VIERGE	SCORPION	SAGITTAIRE	BALANCE	23 BALANCE
13 SEPTEMBRE	BALANCE	LION	SCORPION	VIERGE	VIERGE	SCORPION	SAGITTAIRE	BALANCE	5 SCORPION
14 SEPTEMBRE	BALANCE	LION	SCORPION	VIERGE	VIERGE	SCORPION	SAGITTAIRE	BALANCE	17 SCORPION
15 SEPTEMBRE	BALANCE	LION	SCORPION	VIERGE	VIERGE	SCORPION	SAGITTAIRE	BALANCE	29 SCORPION
16 SEPTEMBRE	BALANCE	LION	SCORPION	VIERGE	VIERGE	SCORPION	SAGITTAIRE	BALANCE	11 SAGITTAIRE
17 SEPTEMBRE	BALANCE	LION	SCORPION	VIERGE	VIERGE	SCORPION	SAGITTAIRE	BALANCE	23 SAGITTAIRE
18 SEPTEMBRE	BALANCE	LION	SCORPION	VIERGE	VIERGE	SCORPION	SAGITTAIRE	BALANCE	6 CAPRICORNE
19 SEPTEMBRE	BALANCE	LION	SCORPION	VIERGE	VIERGE	SCORPION	SAGITTAIRE	BALANCE	19 CAPRICORNE
20 SEPTEMBRE	BALANCE	LION	SCORPION	VIERGE	VIERGE	SCORPION	SAGITTAIRE	BALANCE	3 VERSEAU
21 SEPTEMBRE	BALANCE	LION	SCORPION	VIERGE	BALANCE	SCORPION	SAGITTAIRE	BALANCE	17 VERSEAU
22 SEPTEMBRE	BALANCE	LION	SCORPION	VIERGE	BALANCE	SCORPION	SAGITTAIRE	BALANCE	1 POISSONS

LE SOLEIL ENTRE DANS LE SIGNE DE LA VIERGE LE 22 AOUT 1980 A 23 h 30
LE SOLEIL QUITTE LE SIGNE DE LA VIERGE LE 22 SEPTEMBRE 1980 A 20 h 45

* LES CHIFFRES INDIQUENT LES DEGRES

1981	MERCURE	VENUS	MARS	JUPITER	SATURNE	URANUS	NEPTUNE	PLUTON	LUNE *
23 AOUT	VIERGE	BALANCE	CANCER	BALANCE	BALANCE	SCORPION	SAGITTAIRE	BALANCE	12 GEMEAUX
24 AOUT	VIERGE	BALANCE	CANCER	BALANCE	BALANCE	SCORPION	SAGITTAIRE	BALANCE	26 GEMEAUX
25 AOUT	VIERGE	BALANCE	CANCER	BALANCE	BALANCE	SCORPION	SAGITTAIRE	BALANCE	10 CANCER
26 AOUT	VIERGE	BALANCE	CANCER	BALANCE	BALANCE	SCORPION	SAGITTAIRE	BALANCE	24 CANCER
27 AOUT	VIERGE	BALANCE	CANCER	BALANCE	BALANCE	SCORPION	SAGITTAIRE	BALANCE	8 LION
28 AOUT	VIERGE	BALANCE	CANCER	BALANCE	BALANCE	SCORPION	SAGITTAIRE	BALANCE	21 LION
29 AOUT	VIERGE	BALANCE	CANCER	BALANCE	BALANCE	SCORPION	SAGITTAIRE	BALANCE	4 VIERGE
30 AOUT	VIERGE	BALANCE	CANCER	BALANCE	BALANCE	SCORPION	SAGITTAIRE	BALANCE	17 VIERGE
31 AOUT	VIERGE	BALANCE	CANCER	BALANCE	BALANCE	SCORPION	SAGITTAIRE	BALANCE	0 BALANCE
1 SEPTEMBRE	VIERGE	BALANCE	CANCER	BALANCE	BALANCE	SCORPION	SAGITTAIRE	BALANCE	13 BALANCE
2 SEPTEMBRE	VIERGE	BALANCE	LION	BALANCE	BALANCE	SCORPION	SAGITTAIRE	BALANCE	25 BALANCE
3 SEPTEMBRE	BALANCE	BALANCE	LION	BALANCE	BALANCE	SCORPION	SAGITTAIRE	BALANCE	7 SCORPION
4 SEPTEMBRE	BALANCE	BALANCE	LION	BALANCE	BALANCE	SCORPION	SAGITTAIRE	BALANCE	19 SCORPION
5 SEPTEMBRE	BALANCE	BALANCE	LION	BALANCE	BALANCE	SCORPION	SAGITTAIRE	BALANCE	1 SAGITTAIRE
6 SEPTEMBRE	BALANCE	BALANCE	LION	BALANCE	BALANCE	SCORPION	SAGITTAIRE	BALANCE	13 SAGITTAIRE
7 SEPTEMBRE	BALANCE	BALANCE	LION	BALANCE	BALANCE	SCORPION	SAGITTAIRE	BALANCE	25 SAGITTAIRE
8 SEPTEMBRE	BALANCE	BALANCE	LION	BALANCE	BALANCE	SCORPION	SAGITTAIRE	BALANCE	7 CAPRICORNE
9 SEPTEMBRE	BALANCE	BALANCE	LION	BALANCE	BALANCE	SCORPION	SAGITTAIRE	BALANCE	19 CAPRICORNE
10 SEPTEMBRE	BALANCE	BALANCE	LION	BALANCE	BALANCE	SCORPION	SAGITTAIRE	BALANCE	2 VERSEAU
11 SEPTEMBRE	BALANCE	BALANCE	LION	BALANCE	BALANCE	SCORPION	SAGITTAIRE	BALANCE	15 VERSEAU
12 SEPTEMBRE	BALANCE	BALANCE	LION	BALANCE	BALANCE	SCORPION	SAGITTAIRE	BALANCE	28 VERSEAU
13 SEPTEMBRE	BALANCE	SCORPION	LION	BALANCE	BALANCE	SCORPION	SAGITTAIRE	BALANCE	12 POISSONS
14 SEPTEMBRE	BALANCE	SCORPION	LION	BALANCE	BALANCE	SCORPION	SAGITTAIRE	BALANCE	26 POISSONS
15 SEPTEMBRE	BALANCE	SCORPION	LION	BALANCE	BALANCE	SCORPION	SAGITTAIRE	BALANCE	11 BELIER
16 SEPTEMBRE	BALANCE	SCORPION	LION	BALANCE	BALANCE	SCORPION	SAGITTAIRE	BALANCE	25 BELIER
17 SEPTEMBRE	BALANCE	SCORPION	LION	BALANCE	BALANCE	SCORPION	SAGITTAIRE	BALANCE	10 TAUREAU
18 SEPTEMBRE	BALANCE	SCORPION	LION	BALANCE	BALANCE	SCORPION	SAGITTAIRE	BALANCE	24 TAUREAU
19 SEPTEMBRE	BALANCE	SCORPION	LION	BALANCE	BALANCE	SCORPION	SAGITTAIRE	BALANCE	9 GEMEAUX
20 SEPTEMBRE	BALANCE	SCORPION	LION	BALANCE	BALANCE	SCORPION	SAGITTAIRE	BALANCE	23 GEMEAUX
21 SEPTEMBRE	BALANCE	SCORPION	LION	BALANCE	BALANCE	SCORPION	SAGITTAIRE	BALANCE	7 CANCER
22 SEPTEMBRE	BALANCE	SCORPION	LION	BALANCE	BALANCE	SCORPION	SAGITTAIRE	BALANCE	21 CANCER
23 SEPTEMBRE	BALANCE	SCORPION	LION	BALANCE	BALANCE	SCORPION	SAGITTAIRE	BALANCE	4 LION

LE SOLEIL ENTRE DANS LE SIGNE DE LA VIERGE LE 23 AOUT 1981 A 3 h 15
LE SOLEIL QUITTE LE SIGNE DE LA VIERGE LE 23 SEPTEMBRE 1981 A 2 h 45

* LES CHIFFRES INDIQUENT LES DEGRES

DECOUVREZ DANS QUEL SIGNE SE TROUVAIENT LES PLANETES A VOTRE NAISSANCE

1982	MERCURE	VENUS	MARS	JUPITER	SATURNE	URANUS	NEPTUNE	PLUTON	LUNE *
23 AOUT	VIERGE	LION	SCORPION	SCORPION	BALANCE	SAGITTAIRE	SAGITTAIRE	BALANCE	26 BALANCE
24 AOUT	VIERGE	LION	SCORPION	SCORPION	BALANCE	SAGITTAIRE	SAGITTAIRE	BALANCE	9 SCORPION
25 AOUT	VIERGE	LION	SCORPION	SCORPION	BALANCE	SAGITTAIRE	SAGITTAIRE	BALANCE	21 SCORPION
26 AOUT	VIERGE	LION	SCORPION	SCORPION	BALANCE	SAGITTAIRE	SAGITTAIRE	BALANCE	4 SAGITTAIRE
27 AOUT	VIERGE	LION	SCORPION	SCORPION	BALANCE	SAGITTAIRE	SAGITTAIRE	BALANCE	16 SAGITTAIRE
28 AOUT	BALANCE	LION	SCORPION	SCORPION	BALANCE	SAGITTAIRE	SAGITTAIRE	BALANCE	27 SAGITTAIRE
29 AOUT	BALANCE	LION	SCORPION	SCORPION	BALANCE	SAGITTAIRE	SAGITTAIRE	BALANCE	9 CAPRICORNE
30 AOUT	BALANCE	LION	SCORPION	SCORPION	BALANCE	SAGITTAIRE	SAGITTAIRE	BALANCE	21 CAPRICORNE
31 AOUT	BALANCE	LION	SCORPION	SCORPION	BALANCE	SAGITTAIRE	SAGITTAIRE	BALANCE	3 VERSEAU
1 SEPTEMBRE	BALANCE	LION	SCORPION	SCORPION	BALANCE	SAGITTAIRE	SAGITTAIRE	BALANCE	15 VERSEAU
2 SEPTEMBRE	BALANCE	LION	SCORPION	SCORPION	BALANCE	SAGITTAIRE	SAGITTAIRE	BALANCE	27 VERSEAU
3 SEPTEMBRE	BALANCE	LION	SCORPION	SCORPION	BALANCE	SAGITTAIRE	SAGITTAIRE	BALANCE	10 POISSONS
4 SEPTEMBRE	BALANCE	LION	SCORPION	SCORPION	BALANCE	SAGITTAIRE	SAGITTAIRE	BALANCE	23 POISSONS
5 SEPTEMBRE	BALANCE	LION	SCORPION	SCORPION	BALANCE	SAGITTAIRE	SAGITTAIRE	BALANCE	6 BELIER
6 SEPTEMBRE	BALANCE	LION	SCORPION	SCORPION	BALANCE	SAGITTAIRE	SAGITTAIRE	BALANCE	19 BELIER
7 SEPTEMBRE	BALANCE	LION	SCORPION	SCORPION	BALANCE	SAGITTAIRE	SAGITTAIRE	BALANCE	3 TAUREAU
8 SEPTEMBRE	BALANCE	VIERGE	SCORPION	SCORPION	BALANCE	SAGITTAIRE	SAGITTAIRE	BALANCE	16 TAUREAU
9 SEPTEMBRE	BALANCE	VIERGE	SCORPION	SCORPION	BALANCE	SAGITTAIRE	SAGITTAIRE	BALANCE	0 GEMEAUX
10 SEPTEMBRE	BALANCE	VIERGE	SCORPION	SCORPION	BALANCE	SAGITTAIRE	SAGITTAIRE	BALANCE	14 GEMEAUX
11 SEPTEMBRE	BALANCE	VIERGE	SCORPION	SCORPION	BALANCE	SAGITTAIRE	SAGITTAIRE	BALANCE	28 GEMEAUX
12 SEPTEMBRE	BALANCE	VIERGE	SCORPION	SCORPION	BALANCE	SAGITTAIRE	SAGITTAIRE	BALANCE	13 CANCER
13 SEPTEMBRE	BALANCE	VIERGE	SCORPION	SCORPION	BALANCE	SAGITTAIRE	SAGITTAIRE	BALANCE	27 CANCER
14 SEPTEMBRE	BALANCE	VIERGE	SCORPION	SCORPION	BALANCE	SAGITTAIRE	SAGITTAIRE	BALANCE	11 LION
15 SEPTEMBRE	BALANCE	VIERGE	SCORPION	SCORPION	BALANCE	SAGITTAIRE	SAGITTAIRE	BALANCE	26 LION
16 SEPTEMBRE	BALANCE	VIERGE	SCORPION	SCORPION	BALANCE	SAGITTAIRE	SAGITTAIRE	BALANCE	10 VIERGE
17 SEPTEMBRE	BALANCE	VIERGE	SCORPION	SCORPION	BALANCE	SAGITTAIRE	SAGITTAIRE	BALANCE	24 VIERGE
18 SEPTEMBRE	BALANCE	VIERGE	SCORPION	SCORPION	BALANCE	SAGITTAIRE	SAGITTAIRE	BALANCE	8 BALANCE
19 SEPTEMBRE	BALANCE	VIERGE	SCORPION	SCORPION	BALANCE	SAGITTAIRE	SAGITTAIRE	BALANCE	21 BALANCE
20 SEPTEMBRE	BALANCE	VIERGE	SAGITTAIRE	SCORPION	BALANCE	SAGITTAIRE	SAGITTAIRE	BALANCE	4 SCORPION
21 SEPTEMBRE	BALANCE	VIERGE	SAGITTAIRE	SCORPION	BALANCE	SAGITTAIRE	SAGITTAIRE	BALANCE	17 SCORPION
22 SEPTEMBRE	BALANCE	VIERGE	SAGITTAIRE	SCORPION	BALANCE	SAGITTAIRE	SAGITTAIRE	BALANCE	29 SCORPION
23 SEPTEMBRE	BALANCE	VIERGE	SAGITTAIRE	SCORPION	BALANCE	SAGITTAIRE	SAGITTAIRE	BALANCE	12 SAGITTAIRE

LE SOLEIL ENTRE DANS LE SIGNE DE LA VIERGE LE 23 AOUT 1982 A 11 h 00
QUITTE LE SIGNE DE LA VIERGE LE 23 SEPTEMBRE 1982 A 8 h 00

* LES CHIFFRES INDIQUENT LES DEGRES

1983	MERCURE	VENUS	MARS	JUPITER	SATURNE	URANUS	NEPTUNE	PLUTON	LUNE *
23 AOUT	VIERGE	VIERGE	LION	SAGITTAIRE	BALANCE	SAGITTAIRE	SAGITTAIRE	BALANCE	28 VERSEAU
24 AOUT	VIERGE	VIERGE	LION	SAGITTAIRE	SCORPION	SAGITTAIRE	SAGITTAIRE	BALANCE	10 POISSONS
25 AOUT	VIERGE	VIERGE	LION	SAGITTAIRE	SCORPION	SAGITTAIRE	SAGITTAIRE	BALANCE	22 POISSONS
26 AOUT	VIERGE	VIERGE	LION	SAGITTAIRE	SCORPION	SAGITTAIRE	SAGITTAIRE	BALANCE	4 BELIER
27 AOUT	VIERGE	LION	LION	SAGITTAIRE	SCORPION	SAGITTAIRE	SAGITTAIRE	BALANCE	16 BELIER
28 AOUT	VIERGE	LION	LION	SAGITTAIRE	SCORPION	SAGITTAIRE	SAGITTAIRE	BALANCE	29 BELIER
29 AOUT	BALANCE	LION	LION	SAGITTAIRE	SCORPION	SAGITTAIRE	SAGITTAIRE	BALANCE	11 TAUREAU
30 AOUT	BALANCE	LION	LION	SAGITTAIRE	SCORPION	SAGITTAIRE	SAGITTAIRE	BALANCE	24 TAUREAU
31 AOUT	BALANCE	LION	LION	SAGITTAIRE	SCORPION	SAGITTAIRE	SAGITTAIRE	BALANCE	7 GEMEAUX
1 SEPTEMBRE	BALANCE	LION	LION	SAGITTAIRE	SCORPION	SAGITTAIRE	SAGITTAIRE	BALANCE	21 GEMEAUX
2 SEPTEMBRE	BALANCE	LION	LION	SAGITTAIRE	SCORPION	SAGITTAIRE	SAGITTAIRE	BALANCE	5 CANCER
3 SEPTEMBRE	BALANCE	LION	LION	SAGITTAIRE	SCORPION	SAGITTAIRE	SAGITTAIRE	BALANCE	19 CANCER
4 SEPTEMBRE	BALANCE	LION	LION	SAGITTAIRE	SCORPION	SAGITTAIRE	SAGITTAIRE	BALANCE	4 LION
5 SEPTEMBRE	BALANCE	LION	LION	SAGITTAIRE	SCORPION	SAGITTAIRE	SAGITTAIRE	BALANCE	19 LION
6 SEPTEMBRE	VIERGE	LION	LION	SAGITTAIRE	SCORPION	SAGITTAIRE	SAGITTAIRE	BALANCE	4 VIERGE
7 SEPTEMBRE	VIERGE	LION	LION	SAGITTAIRE	SCORPION	SAGITTAIRE	SAGITTAIRE	BALANCE	20 VIERGE
8 SEPTEMBRE	VIERGE	LION	LION	SAGITTAIRE	SCORPION	SAGITTAIRE	SAGITTAIRE	BALANCE	4 BALANCE
9 SEPTEMBRE	VIERGE	LION	LION	SAGITTAIRE	SCORPION	SAGITTAIRE	SAGITTAIRE	BALANCE	19 BALANCE
10 SEPTEMBRE	VIERGE	LION	LION	SAGITTAIRE	SCORPION	SAGITTAIRE	SAGITTAIRE	BALANCE	3 SCORPION
11 SEPTEMBRE	VIERGE	LION	LION	SAGITTAIRE	SCORPION	SAGITTAIRE	SAGITTAIRE	BALANCE	17 SCORPION
12 SEPTEMBRE	VIERGE	LION	LION	SAGITTAIRE	SCORPION	SAGITTAIRE	SAGITTAIRE	BALANCE	0 SAGITTAIRE
13 SEPTEMBRE	VIERGE	LION	LION	SAGITTAIRE	SCORPION	SAGITTAIRE	SAGITTAIRE	BALANCE	13 SAGITTAIRE
14 SEPTEMBRE	VIERGE	LION	LION	SAGITTAIRE	SCORPION	SAGITTAIRE	SAGITTAIRE	BALANCE	25 SAGITTAIRE
15 SEPTEMBRE	VIERGE	LION	LION	SAGITTAIRE	SCORPION	SAGITTAIRE	SAGITTAIRE	BALANCE	7 CAPRICORNE
16 SEPTEMBRE	VIERGE	LION	LION	SAGITTAIRE	SCORPION	SAGITTAIRE	SAGITTAIRE	BALANCE	19 CAPRICORNE
17 SEPTEMBRE	VIERGE	LION	LION	SAGITTAIRE	SCORPION	SAGITTAIRE	SAGITTAIRE	BALANCE	1 VERSEAU
18 SEPTEMBRE	VIERGE	LION	LION	SAGITTAIRE	SCORPION	SAGITTAIRE	SAGITTAIRE	BALANCE	13 VERSEAU
19 SEPTEMBRE	VIERGE	LION	LION	SAGITTAIRE	SCORPION	SAGITTAIRE	SAGITTAIRE	BALANCE	25 VERSEAU
20 SEPTEMBRE	VIERGE	LION	LION	SAGITTAIRE	SCORPION	SAGITTAIRE	SAGITTAIRE	BALANCE	7 POISSONS
21 SEPTEMBRE	VIERGE	LION	LION	SAGITTAIRE	SCORPION	SAGITTAIRE	SAGITTAIRE	BALANCE	19 POISSONS
22 SEPTEMBRE	VIERGE	LION	LION	SAGITTAIRE	SCORPION	SAGITTAIRE	SAGITTAIRE	BALANCE	1 BELIER
23 SEPTEMBRE	VIERGE	LION	LION	SAGITTAIRE	SCORPION	SAGITTAIRE	SAGITTAIRE	BALANCE	13 BELIER

LE SOLEIL ENTRE DANS LE SIGNE DE LA VIERGE LE 23 AOUT 1983 A 16 h 45
QUITTE LE SIGNE DE LA VIERGE LE 23 SEPTEMBRE 1983 A 14 h 15

* LES CHIFFRES INDIQUENT LES DEGRES

DECOUVREZ DANS QUEL SIGNE SE TROUVAIENT LES PLANETES A VOTRE NAISSANCE

1984	MERCURE	VENUS	MARS	JUPITER	SATURNE	URANUS	NEPTUNE	PLUTON	LUNE *
22 AOUT	VIERGE	VIERGE	SAGITTAIRE	CAPRICORNE	SCORPION	SAGITTAIRE	SAGITTAIRE	BALANCE	1 CANCER
23 AOUT	VIERGE	VIERGE	SAGITTAIRE	CAPRICORNE	SCORPION	SAGITTAIRE	SAGITTAIRE	BALANCE	15 CANCER
24 AOUT	VIERGE	VIERGE	SAGITTAIRE	CAPRICORNE	SCORPION	SAGITTAIRE	SAGITTAIRE	BALANCE	29 CANCER
25 AOUT	VIERGE	VIERGE	SAGITTAIRE	CAPRICORNE	SCORPION	SAGITTAIRE	SAGITTAIRE	BALANCE	14 LION
26 AOUT	VIERGE	VIERGE	SAGITTAIRE	CAPRICORNE	SCORPION	SAGITTAIRE	SAGITTAIRE	BALANCE	29 LION
27 AOUT	VIERGE	VIERGE	SAGITTAIRE	CAPRICORNE	SCORPION	SAGITTAIRE	SAGITTAIRE	BALANCE	14 VIERGE
28 AOUT	VIERGE	VIERGE	SAGITTAIRE	CAPRICORNE	SCORPION	SAGITTAIRE	SAGITTAIRE	SCORPION	29 VIERGE
29 AOUT	VIERGE	VIERGE	SAGITTAIRE	CAPRICORNE	SCORPION	SAGITTAIRE	SAGITTAIRE	SCORPION	14 BALANCE
30 AOUT	VIERGE	VIERGE	SAGITTAIRE	CAPRICORNE	SCORPION	SAGITTAIRE	SAGITTAIRE	SCORPION	29 BALANCE
31 AOUT	VIERGE	VIERGE	SAGITTAIRE	CAPRICORNE	SCORPION	SAGITTAIRE	SAGITTAIRE	SCORPION	13 SCORPION
1 SEPTEMBRE	VIERGE	BALANCE	SAGITTAIRE	CAPRICORNE	SCORPION	SAGITTAIRE	SAGITTAIRE	SCORPION	27 SCORPION
2 SEPTEMBRE	VIERGE	BALANCE	SAGITTAIRE	CAPRICORNE	SCORPION	SAGITTAIRE	SAGITTAIRE	SCORPION	11 SAGITTAIRE
3 SEPTEMBRE	VIERGE	BALANCE	SAGITTAIRE	CAPRICORNE	SCORPION	SAGITTAIRE	SAGITTAIRE	SCORPION	24 SAGITTAIRE
4 SEPTEMBRE	VIERGE	BALANCE	SAGITTAIRE	CAPRICORNE	SCORPION	SAGITTAIRE	SAGITTAIRE	SCORPION	7 CAPRICORNE
5 SEPTEMBRE	VIERGE	BALANCE	SAGITTAIRE	CAPRICORNE	SCORPION	SAGITTAIRE	SAGITTAIRE	SCORPION	19 CAPRICORNE
6 SEPTEMBRE	VIERGE	BALANCE	SAGITTAIRE	CAPRICORNE	SCORPION	SAGITTAIRE	SAGITTAIRE	SCORPION	2 VERSEAU
7 SEPTEMBRE	VIERGE	BALANCE	SAGITTAIRE	CAPRICORNE	SCORPION	SAGITTAIRE	SAGITTAIRE	SCORPION	14 VERSEAU
8 SEPTEMBRE	VIERGE	BALANCE	SAGITTAIRE	CAPRICORNE	SCORPION	SAGITTAIRE	SAGITTAIRE	SCORPION	26 VERSEAU
9 SEPTEMBRE	VIERGE	BALANCE	SAGITTAIRE	CAPRICORNE	SCORPION	SAGITTAIRE	SAGITTAIRE	SCORPION	8 POISSONS
10 SEPTEMBRE	VIERGE	BALANCE	SAGITTAIRE	CAPRICORNE	SCORPION	SAGITTAIRE	SAGITTAIRE	SCORPION	20 POISSONS
11 SEPTEMBRE	VIERGE	BALANCE	SAGITTAIRE	CAPRICORNE	SCORPION	SAGITTAIRE	SAGITTAIRE	SCORPION	2 BELIER
12 SEPTEMBRE	VIERGE	BALANCE	SAGITTAIRE	CAPRICORNE	SCORPION	SAGITTAIRE	SAGITTAIRE	SCORPION	14 BELIER
13 SEPTEMBRE	VIERGE	BALANCE	SAGITTAIRE	CAPRICORNE	SCORPION	SAGITTAIRE	SAGITTAIRE	SCORPION	25 BELIER
14 SEPTEMBRE	VIERGE	BALANCE	SAGITTAIRE	CAPRICORNE	SCORPION	SAGITTAIRE	SAGITTAIRE	SCORPION	7 TAUREAU
15 SEPTEMBRE	VIERGE	BALANCE	SAGITTAIRE	CAPRICORNE	SCORPION	SAGITTAIRE	SAGITTAIRE	SCORPION	19 TAUREAU
16 SEPTEMBRE	VIERGE	BALANCE	SAGITTAIRE	CAPRICORNE	SCORPION	SAGITTAIRE	SAGITTAIRE	SCORPION	1 GEMEAUX
17 SEPTEMBRE	VIERGE	BALANCE	SAGITTAIRE	CAPRICORNE	SCORPION	SAGITTAIRE	SAGITTAIRE	SCORPION	14 GEMEAUX
18 SEPTEMBRE	VIERGE	BALANCE	SAGITTAIRE	CAPRICORNE	SCORPION	SAGITTAIRE	SAGITTAIRE	SCORPION	27 GEMEAUX
19 SEPTEMBRE	VIERGE	BALANCE	SAGITTAIRE	CAPRICORNE	SCORPION	SAGITTAIRE	SAGITTAIRE	SCORPION	10 CANCER
20 SEPTEMBRE	VIERGE	BALANCE	SAGITTAIRE	CAPRICORNE	SCORPION	SAGITTAIRE	SAGITTAIRE	SCORPION	23 CANCER
21 SEPTEMBRE	VIERGE	BALANCE	SAGITTAIRE	CAPRICORNE	SCORPION	SAGITTAIRE	SAGITTAIRE	SCORPION	7 LION
22 SEPTEMBRE	VIERGE	BALANCE	SAGITTAIRE	CAPRICORNE	SCORPION	SAGITTAIRE	SAGITTAIRE	SCORPION	22 LION

LE SOLEIL ENTRE DANS LE SIGNE DE LA VIERGE LE 22 AOUT 1984 A 22 h 30
LE SOLEIL QUITTE LE SIGNE DE LA VIERGE LE 22 SEPTEMBRE 1984 A 20 h 15

* LES CHIFFRES INDIQUENT LES DEGRES

1985	MERCURE	VENUS	MARS	JUPITER	SATURNE	URANUS	NEPTUNE	PLUTON	LUNE *
23 AOUT	LION	CANCER	LION	VERSEAU	SCORPION	SAGITTAIRE	CAPRICORNE	SCORPION	4 SAGITTAIRE
24 AOUT	LION	CANCER	LION	VERSEAU	SCORPION	SAGITTAIRE	CAPRICORNE	SCORPION	18 SAGITTAIRE
25 AOUT	LION	CANCER	LION	VERSEAU	SCORPION	SAGITTAIRE	CAPRICORNE	SCORPION	2 CAPRICORNE
26 AOUT	LION	CANCER	LION	VERSEAU	SCORPION	SAGITTAIRE	CAPRICORNE	SCORPION	15 CAPRICORNE
27 AOUT	LION	CANCER	LION	VERSEAU	SCORPION	SAGITTAIRE	CAPRICORNE	SCORPION	29 CAPRICORNE
28 AOUT	LION	LION	LION	VERSEAU	SCORPION	SAGITTAIRE	CAPRICORNE	SCORPION	12 VERSEAU
29 AOUT	LION	LION	LION	VERSEAU	SCORPION	SAGITTAIRE	CAPRICORNE	SCORPION	25 VERSEAU
30 AOUT	LION	LION	LION	VERSEAU	SCORPION	SAGITTAIRE	CAPRICORNE	SCORPION	8 POISSONS
31 AOUT	LION	LION	LION	VERSEAU	SCORPION	SAGITTAIRE	CAPRICORNE	SCORPION	21 POISSONS
1 SEPTEMBRE	LION	LION	LION	VERSEAU	SCORPION	SAGITTAIRE	CAPRICORNE	SCORPION	3 BELIER
2 SEPTEMBRE	LION	LION	LION	VERSEAU	SCORPION	SAGITTAIRE	CAPRICORNE	SCORPION	15 BELIER
3 SEPTEMBRE	LION	LION	LION	VERSEAU	SCORPION	SAGITTAIRE	CAPRICORNE	SCORPION	27 BELIER
4 SEPTEMBRE	LION	LION	LION	VERSEAU	SCORPION	SAGITTAIRE	CAPRICORNE	SCORPION	9 TAUREAU
5 SEPTEMBRE	LION	LION	LION	VERSEAU	SCORPION	SAGITTAIRE	CAPRICORNE	SCORPION	21 TAUREAU
6 SEPTEMBRE	LION	LION	LION	VERSEAU	SCORPION	SAGITTAIRE	CAPRICORNE	SCORPION	2 GEMEAUX
7 SEPTEMBRE	VIERGE	LION	LION	VERSEAU	SCORPION	SAGITTAIRE	CAPRICORNE	SCORPION	14 GEMEAUX
8 SEPTEMBRE	VIERGE	LION	LION	VERSEAU	SCORPION	SAGITTAIRE	CAPRICORNE	SCORPION	26 GEMEAUX
9 SEPTEMBRE	VIERGE	LION	LION	VERSEAU	SCORPION	SAGITTAIRE	CAPRICORNE	SCORPION	9 CANCER
10 SEPTEMBRE	VIERGE	LION	VIERGE	VERSEAU	SCORPION	SAGITTAIRE	CAPRICORNE	SCORPION	22 CANCER
11 SEPTEMBRE	VIERGE	LION	VIERGE	VERSEAU	SCORPION	SAGITTAIRE	CAPRICORNE	SCORPION	5 LION
12 SEPTEMBRE	VIERGE	LION	VIERGE	VERSEAU	SCORPION	SAGITTAIRE	CAPRICORNE	SCORPION	19 LION
13 SEPTEMBRE	VIERGE	LION	VIERGE	VERSEAU	SCORPION	SAGITTAIRE	CAPRICORNE	SCORPION	3 VIERGE
14 SEPTEMBRE	VIERGE	LION	VIERGE	VERSEAU	SCORPION	SAGITTAIRE	CAPRICORNE	SCORPION	17 VIERGE
15 SEPTEMBRE	VIERGE	LION	VIERGE	VERSEAU	SCORPION	SAGITTAIRE	CAPRICORNE	SCORPION	2 BALANCE
16 SEPTEMBRE	VIERGE	LION	VIERGE	VERSEAU	SCORPION	SAGITTAIRE	CAPRICORNE	SCORPION	17 BALANCE
17 SEPTEMBRE	VIERGE	LION	VIERGE	VERSEAU	SCORPION	SAGITTAIRE	CAPRICORNE	SCORPION	1 SCORPION
18 SEPTEMBRE	VIERGE	LION	VIERGE	VERSEAU	SCORPION	SAGITTAIRE	CAPRICORNE	SCORPION	16 SCORPION
19 SEPTEMBRE	VIERGE	LION	VIERGE	VERSEAU	SCORPION	SAGITTAIRE	CAPRICORNE	SCORPION	0 SAGITTAIRE
20 SEPTEMBRE	VIERGE	LION	VIERGE	VERSEAU	SCORPION	SAGITTAIRE	CAPRICORNE	SCORPION	15 SAGITTAIRE
21 SEPTEMBRE	VIERGE	LION	VIERGE	VERSEAU	SCORPION	SAGITTAIRE	CAPRICORNE	SCORPION	29 SAGITTAIRE
22 SEPTEMBRE	VIERGE	VIERGE	VIERGE	VERSEAU	SCORPION	SAGITTAIRE	CAPRICORNE	SCORPION	12 CAPRICORNE
23 SEPTEMBRE	BALANCE	VIERGE	VIERGE	VERSEAU	SCORPION	SAGITTAIRE	CAPRICORNE	SCORPION	26 CAPRICORNE

LE SOLEIL ENTRE DANS LE SIGNE DE LA VIERGE LE 23 AOUT 1985 A 4 h 15
LE SOLEIL QUITTE LE SIGNE DE LA VIERGE LE 23 SEPTEMBRE 1985 A 1 h 45

* LES CHIFFRES INDIQUENT LES DEGRES

DECOUVREZ DANS QUEL SIGNE SE TROUVAIENT LES PLANETES A VOTRE NAISSANCE

1986	MERCURE	VENUS	MARS	JUPITER	SATURNE	URANUS	NEPTUNE	PLUTON	LUNE *
23 AOUT	LION	BALANCE	CAPRICORNE	POISSONS	SAGITTAIRE	SAGITTAIRE	CAPRICORNE	SCORPION	16 BELIER
24 AOUT	LION	BALANCE	CAPRICORNE	POISSONS	SAGITTAIRE	SAGITTAIRE	CAPRICORNE	SCORPION	29 BELIER
25 AOUT	LION	BALANCE	CAPRICORNE	POISSONS	SAGITTAIRE	SAGITTAIRE	CAPRICORNE	SCORPION	11 TAUREAU
26 AOUT	LION	BALANCE	CAPRICORNE	POISSONS	SAGITTAIRE	SAGITTAIRE	CAPRICORNE	SCORPION	23 TAUREAU
27 AOUT	LION	BALANCE	CAPRICORNE	POISSONS	SAGITTAIRE	SAGITTAIRE	CAPRICORNE	SCORPION	5 GEMEAUX
28 AOUT	LION	BALANCE	CAPRICORNE	POISSONS	SAGITTAIRE	SAGITTAIRE	CAPRICORNE	SCORPION	17 GEMEAUX
29 AOUT	LION	BALANCE	CAPRICORNE	POISSONS	SAGITTAIRE	SAGITTAIRE	CAPRICORNE	SCORPION	29 GEMEAUX
30 AOUT	VIERGE	BALANCE	CAPRICORNE	POISSONS	SAGITTAIRE	SAGITTAIRE	CAPRICORNE	SCORPION	11 CANCER
31 AOUT	VIERGE	BALANCE	CAPRICORNE	POISSONS	SAGITTAIRE	SAGITTAIRE	CAPRICORNE	SCORPION	23 CANCER
1 SEPTEMBRE	VIERGE	BALANCE	CAPRICORNE	POISSONS	SAGITTAIRE	SAGITTAIRE	CAPRICORNE	SCORPION	5 LION
2 SEPTEMBRE	VIERGE	BALANCE	CAPRICORNE	POISSONS	SAGITTAIRE	SAGITTAIRE	CAPRICORNE	SCORPION	18 LION
3 SEPTEMBRE	VIERGE	BALANCE	CAPRICORNE	POISSONS	SAGITTAIRE	SAGITTAIRE	CAPRICORNE	SCORPION	1 VIERGE
4 SEPTEMBRE	VIERGE	BALANCE	CAPRICORNE	POISSONS	SAGITTAIRE	SAGITTAIRE	CAPRICORNE	SCORPION	14 VIERGE
5 SEPTEMBRE	VIERGE	BALANCE	CAPRICORNE	POISSONS	SAGITTAIRE	SAGITTAIRE	CAPRICORNE	SCORPION	27 VIERGE
6 SEPTEMBRE	VIERGE	BALANCE	CAPRICORNE	POISSONS	SAGITTAIRE	SAGITTAIRE	CAPRICORNE	SCORPION	11 BALANCE
7 SEPTEMBRE	VIERGE	SCORPION	CAPRICORNE	POISSONS	SAGITTAIRE	SAGITTAIRE	CAPRICORNE	SCORPION	24 BALANCE
8 SEPTEMBRE	VIERGE	SCORPION	CAPRICORNE	POISSONS	SAGITTAIRE	SAGITTAIRE	CAPRICORNE	SCORPION	8 SCORPION
9 SEPTEMBRE	VIERGE	SCORPION	CAPRICORNE	POISSONS	SAGITTAIRE	SAGITTAIRE	CAPRICORNE	SCORPION	22 SCORPION
10 SEPTEMBRE	VIERGE	SCORPION	CAPRICORNE	POISSONS	SAGITTAIRE	SAGITTAIRE	CAPRICORNE	SCORPION	6 SAGITTAIRE
11 SEPTEMBRE	VIERGE	SCORPION	CAPRICORNE	POISSONS	SAGITTAIRE	SAGITTAIRE	CAPRICORNE	SCORPION	20 SAGITTAIRE
12 SEPTEMBRE	VIERGE	SCORPION	CAPRICORNE	POISSONS	SAGITTAIRE	SAGITTAIRE	CAPRICORNE	SCORPION	5 CAPRICORNE
13 SEPTEMBRE	VIERGE	SCORPION	CAPRICORNE	POISSONS	SAGITTAIRE	SAGITTAIRE	CAPRICORNE	SCORPION	19 CAPRICORNE
14 SEPTEMBRE	VIERGE	SCORPION	CAPRICORNE	POISSONS	SAGITTAIRE	SAGITTAIRE	CAPRICORNE	SCORPION	3 VERSEAU
15 SEPTEMBRE	BALANCE	SCORPION	CAPRICORNE	POISSONS	SAGITTAIRE	SAGITTAIRE	CAPRICORNE	SCORPION	17 VERSEAU
16 SEPTEMBRE	BALANCE	SCORPION	CAPRICORNE	POISSONS	SAGITTAIRE	SAGITTAIRE	CAPRICORNE	SCORPION	1 POISSONS
17 SEPTEMBRE	BALANCE	SCORPION	CAPRICORNE	POISSONS	SAGITTAIRE	SAGITTAIRE	CAPRICORNE	SCORPION	15 POISSONS
18 SEPTEMBRE	BALANCE	SCORPION	CAPRICORNE	POISSONS	SAGITTAIRE	SAGITTAIRE	CAPRICORNE	SCORPION	28 POISSONS
19 SEPTEMBRE	BALANCE	SCORPION	CAPRICORNE	POISSONS	SAGITTAIRE	SAGITTAIRE	CAPRICORNE	SCORPION	11 BELIER
20 SEPTEMBRE	BALANCE	SCORPION	CAPRICORNE	POISSONS	SAGITTAIRE	SAGITTAIRE	CAPRICORNE	SCORPION	24 BELIER
21 SEPTEMBRE	BALANCE	SCORPION	CAPRICORNE	POISSONS	SAGITTAIRE	SAGITTAIRE	CAPRICORNE	SCORPION	7 TAUREAU
22 SEPTEMBRE	BALANCE	SCORPION	CAPRICORNE	POISSONS	SAGITTAIRE	SAGITTAIRE	CAPRICORNE	SCORPION	19 TAUREAU
23 SEPTEMBRE	BALANCE	SCORPION	CAPRICORNE	POISSONS	SAGITTAIRE	SAGITTAIRE	CAPRICORNE	SCORPION	1 GEMEAUX

LE SOLEIL — ENTRE DANS LE SIGNE DE LA VIERGE LE 23 AOUT 1986 A 10 h 00 — QUITTE LE SIGNE DE LA VIERGE LE 23 SEPTEMBRE 1986 A 7 h 30

* LES CHIFFRES INDIQUENT LES DEGRES

1987	MERCURE	VENUS	MARS	JUPITER	SATURNE	URANUS	NEPTUNE	PLUTON	LUNE *
23 AOUT	VIERGE	LION	VIERGE	BELIER	SAGITTAIRE	SAGITTAIRE	CAPRICORNE	SCORPION	18 LION
24 AOUT	VIERGE	VIERGE	VIERGE	BELIER	SAGITTAIRE	SAGITTAIRE	CAPRICORNE	SCORPION	0 VIERGE
25 AOUT	VIERGE	VIERGE	VIERGE	BELIER	SAGITTAIRE	SAGITTAIRE	CAPRICORNE	SCORPION	13 VIERGE
26 AOUT	VIERGE	VIERGE	VIERGE	BELIER	SAGITTAIRE	SAGITTAIRE	CAPRICORNE	SCORPION	25 VIERGE
27 AOUT	VIERGE	VIERGE	VIERGE	BELIER	SAGITTAIRE	SAGITTAIRE	CAPRICORNE	SCORPION	7 BALANCE
28 AOUT	VIERGE	VIERGE	VIERGE	BELIER	SAGITTAIRE	SAGITTAIRE	CAPRICORNE	SCORPION	20 BALANCE
29 AOUT	VIERGE	VIERGE	VIERGE	BELIER	SAGITTAIRE	SAGITTAIRE	CAPRICORNE	SCORPION	2 SCORPION
30 AOUT	VIERGE	VIERGE	VIERGE	BELIER	SAGITTAIRE	SAGITTAIRE	CAPRICORNE	SCORPION	15 SCORPION
31 AOUT	VIERGE	VIERGE	VIERGE	BELIER	SAGITTAIRE	SAGITTAIRE	CAPRICORNE	SCORPION	29 SCORPION
1 SEPTEMBRE	VIERGE	VIERGE	VIERGE	BELIER	SAGITTAIRE	SAGITTAIRE	CAPRICORNE	SCORPION	13 SAGITTAIRE
2 SEPTEMBRE	VIERGE	VIERGE	VIERGE	BELIER	SAGITTAIRE	SAGITTAIRE	CAPRICORNE	SCORPION	27 SAGITTAIRE
3 SEPTEMBRE	VIERGE	VIERGE	VIERGE	BELIER	SAGITTAIRE	SAGITTAIRE	CAPRICORNE	SCORPION	11 CAPRICORNE
4 SEPTEMBRE	VIERGE	VIERGE	VIERGE	BELIER	SAGITTAIRE	SAGITTAIRE	CAPRICORNE	SCORPION	26 CAPRICORNE
5 SEPTEMBRE	VIERGE	VIERGE	VIERGE	BELIER	SAGITTAIRE	SAGITTAIRE	CAPRICORNE	SCORPION	11 VERSEAU
6 SEPTEMBRE	VIERGE	VIERGE	VIERGE	BELIER	SAGITTAIRE	SAGITTAIRE	CAPRICORNE	SCORPION	26 VERSEAU
7 SEPTEMBRE	VIERGE	VIERGE	VIERGE	BELIER	SAGITTAIRE	SAGITTAIRE	CAPRICORNE	SCORPION	10 POISSONS
8 SEPTEMBRE	BALANCE	VIERGE	VIERGE	BELIER	SAGITTAIRE	SAGITTAIRE	CAPRICORNE	SCORPION	25 POISSONS
9 SEPTEMBRE	BALANCE	VIERGE	VIERGE	BELIER	SAGITTAIRE	SAGITTAIRE	CAPRICORNE	SCORPION	9 BELIER
10 SEPTEMBRE	BALANCE	VIERGE	VIERGE	BELIER	SAGITTAIRE	SAGITTAIRE	CAPRICORNE	SCORPION	23 BELIER
11 SEPTEMBRE	BALANCE	VIERGE	VIERGE	BELIER	SAGITTAIRE	SAGITTAIRE	CAPRICORNE	SCORPION	7 TAUREAU
12 SEPTEMBRE	BALANCE	VIERGE	VIERGE	BELIER	SAGITTAIRE	SAGITTAIRE	CAPRICORNE	SCORPION	20 TAUREAU
13 SEPTEMBRE	BALANCE	VIERGE	VIERGE	BELIER	SAGITTAIRE	SAGITTAIRE	CAPRICORNE	SCORPION	3 GEMEAUX
14 SEPTEMBRE	BALANCE	VIERGE	VIERGE	BELIER	SAGITTAIRE	SAGITTAIRE	CAPRICORNE	SCORPION	15 GEMEAUX
15 SEPTEMBRE	BALANCE	VIERGE	VIERGE	BELIER	SAGITTAIRE	SAGITTAIRE	CAPRICORNE	SCORPION	27 GEMEAUX
16 SEPTEMBRE	BALANCE	VIERGE	VIERGE	BELIER	SAGITTAIRE	SAGITTAIRE	CAPRICORNE	SCORPION	9 CANCER
17 SEPTEMBRE	BALANCE	BALANCE	VIERGE	BELIER	SAGITTAIRE	SAGITTAIRE	CAPRICORNE	SCORPION	21 CANCER
18 SEPTEMBRE	BALANCE	BALANCE	VIERGE	BELIER	SAGITTAIRE	SAGITTAIRE	CAPRICORNE	SCORPION	3 LION
19 SEPTEMBRE	BALANCE	BALANCE	VIERGE	BELIER	SAGITTAIRE	SAGITTAIRE	CAPRICORNE	SCORPION	15 LION
20 SEPTEMBRE	BALANCE	BALANCE	VIERGE	BELIER	SAGITTAIRE	SAGITTAIRE	CAPRICORNE	SCORPION	27 LION
21 SEPTEMBRE	BALANCE	BALANCE	VIERGE	BELIER	SAGITTAIRE	SAGITTAIRE	CAPRICORNE	SCORPION	9 VIERGE
22 SEPTEMBRE	BALANCE	BALANCE	VIERGE	BELIER	SAGITTAIRE	SAGITTAIRE	CAPRICORNE	SCORPION	21 VIERGE
23 SEPTEMBRE	BALANCE	BALANCE	VIERGE	BELIER	SAGITTAIRE	SAGITTAIRE	CAPRICORNE	SCORPION	4 BALANCE

LE SOLEIL — ENTRE DANS LE SIGNE DE LA VIERGE LE 23 AOUT 1987 A 15 h 45 — QUITTE LE SIGNE DE LA VIERGE LE 23 SEPTEMBRE 1987 A 13 h 15

* LES CHIFFRES INDIQUENT LES DEGRES

DECOUVREZ DANS QUEL SIGNE SE TROUVAIENT LES PLANETES A VOTRE NAISSANCE

1988	MERCURE	VENUS	MARS	JUPITER	SATURNE	URANUS	NEPTUNE	PLUTON	LUNE *
22 AOUT	VIERGE	CANCER	BELIER	GEMEAUX	SAGITTAIRE	SAGITTAIRE	CAPRICORNE	SCORPION	22 SAGITTAIRE
23 AOUT	VIERGE	CANCER	BELIER	GEMEAUX	SAGITTAIRE	SAGITTAIRE	CAPRICORNE	SCORPION	6 CAPRICORNE
24 AOUT	VIERGE	CANCER	BELIER	GEMEAUX	SAGITTAIRE	SAGITTAIRE	CAPRICORNE	SCORPION	20 CAPRICORNE
25 AOUT	VIERGE	CANCER	BELIER	GEMEAUX	SAGITTAIRE	SAGITTAIRE	CAPRICORNE	SCORPION	5 VERSEAU
26 AOUT	VIERGE	CANCER	BELIER	GEMEAUX	SAGITTAIRE	SAGITTAIRE	CAPRICORNE	SCORPION	20 VERSEAU
27 AOUT	VIERGE	CANCER	BELIER	GEMEAUX	SAGITTAIRE	SAGITTAIRE	CAPRICORNE	SCORPION	5 POISSONS
28 AOUT	VIERGE	CANCER	BELIER	GEMEAUX	SAGITTAIRE	SAGITTAIRE	CAPRICORNE	SCORPION	20 POISSONS
29 AOUT	VIERGE	CANCER	BELIER	GEMEAUX	SAGITTAIRE	SAGITTAIRE	CAPRICORNE	SCORPION	5 BELIER
30 AOUT	VIERGE	CANCER	BELIER	GEMEAUX	SAGITTAIRE	SAGITTAIRE	CAPRICORNE	SCORPION	20 BELIER
31 AOUT	BALANCE	CANCER	BELIER	GEMEAUX	SAGITTAIRE	SAGITTAIRE	CAPRICORNE	SCORPION	4 TAUREAU
1 SEPTEMBRE	BALANCE	CANCER	BELIER	GEMEAUX	SAGITTAIRE	SAGITTAIRE	CAPRICORNE	SCORPION	18 TAUREAU
2 SEPTEMBRE	BALANCE	CANCER	BELIER	GEMEAUX	SAGITTAIRE	SAGITTAIRE	CAPRICORNE	SCORPION	2 GEMEAUX
3 SEPTEMBRE	BALANCE	CANCER	BELIER	GEMEAUX	SAGITTAIRE	SAGITTAIRE	CAPRICORNE	SCORPION	15 GEMEAUX
4 SEPTEMBRE	BALANCE	CANCER	BELIER	GEMEAUX	SAGITTAIRE	SAGITTAIRE	CAPRICORNE	SCORPION	28 GEMEAUX
5 SEPTEMBRE	BALANCE	CANCER	BELIER	GEMEAUX	SAGITTAIRE	SAGITTAIRE	CAPRICORNE	SCORPION	10 CANCER
6 SEPTEMBRE	BALANCE	CANCER	BELIER	GEMEAUX	SAGITTAIRE	SAGITTAIRE	CAPRICORNE	SCORPION	22 CANCER
7 SEPTEMBRE	BALANCE	LION	BELIER	GEMEAUX	SAGITTAIRE	SAGITTAIRE	CAPRICORNE	SCORPION	5 LION
8 SEPTEMBRE	BALANCE	LION	BELIER	GEMEAUX	SAGITTAIRE	SAGITTAIRE	CAPRICORNE	SCORPION	16 LION
9 SEPTEMBRE	BALANCE	LION	BELIER	GEMEAUX	SAGITTAIRE	SAGITTAIRE	CAPRICORNE	SCORPION	28 LION
10 SEPTEMBRE	BALANCE	LION	BELIER	GEMEAUX	SAGITTAIRE	SAGITTAIRE	CAPRICORNE	SCORPION	10 VIERGE
11 SEPTEMBRE	BALANCE	LION	BELIER	GEMEAUX	SAGITTAIRE	SAGITTAIRE	CAPRICORNE	SCORPION	22 VIERGE
12 SEPTEMBRE	BALANCE	LION	BELIER	GEMEAUX	SAGITTAIRE	SAGITTAIRE	CAPRICORNE	SCORPION	4 BALANCE
13 SEPTEMBRE	BALANCE	LION	BELIER	GEMEAUX	SAGITTAIRE	SAGITTAIRE	CAPRICORNE	SCORPION	16 BALANCE
14 SEPTEMBRE	BALANCE	LION	BELIER	GEMEAUX	SAGITTAIRE	SAGITTAIRE	CAPRICORNE	SCORPION	28 BALANCE
15 SEPTEMBRE	BALANCE	LION	BELIER	GEMEAUX	SAGITTAIRE	SAGITTAIRE	CAPRICORNE	SCORPION	10 SCORPION
16 SEPTEMBRE	BALANCE	LION	BELIER	GEMEAUX	SAGITTAIRE	SAGITTAIRE	CAPRICORNE	SCORPION	22 SCORPION
17 SEPTEMBRE	BALANCE	LION	BELIER	GEMEAUX	SAGITTAIRE	SAGITTAIRE	CAPRICORNE	SCORPION	5 SAGITTAIRE
18 SEPTEMBRE	BALANCE	LION	BELIER	GEMEAUX	SAGITTAIRE	SAGITTAIRE	CAPRICORNE	SCORPION	18 SAGITTAIRE
19 SEPTEMBRE	BALANCE	LION	BELIER	GEMEAUX	SAGITTAIRE	SAGITTAIRE	CAPRICORNE	SCORPION	1 CAPRICORNE
20 SEPTEMBRE	BALANCE	LION	BELIER	GEMEAUX	SAGITTAIRE	SAGITTAIRE	CAPRICORNE	SCORPION	15 CAPRICORNE
21 SEPTEMBRE	BALANCE	LION	BELIER	GEMEAUX	SAGITTAIRE	SAGITTAIRE	CAPRICORNE	SCORPION	29 CAPRICORNE
22 SEPTEMBRE	BALANCE	LION	BELIER	GEMEAUX	SAGITTAIRE	SAGITTAIRE	CAPRICORNE	SCORPION	13 VERSEAU

LE SOLEIL ENTRE DANS LE SIGNE DE LA VIERGE LE 22 AOUT 1988 A 21 h 30
LE SOLEIL QUITTE LE SIGNE DE LA VIERGE LE 22 SEPTEMBRE 1988 A 19 h 00

* LES CHIFFRES INDIQUENT LES DEGRES

1989	MERCURE	VENUS	MARS	JUPITER	SATURNE	URANUS	NEPTUNE	PLUTON	LUNE *
23 AOUT	VIERGE	BALANCE	VIERGE	CANCER	CAPRICORNE	CAPRICORNE	CAPRICORNE	SCORPION	26 TAUREAU
24 AOUT	VIERGE	BALANCE	VIERGE	CANCER	CAPRICORNE	CAPRICORNE	CAPRICORNE	SCORPION	10 GEMEAUX
25 AOUT	VIERGE	BALANCE	VIERGE	CANCER	CAPRICORNE	CAPRICORNE	CAPRICORNE	SCORPION	24 GEMEAUX
26 AOUT	BALANCE	BALANCE	VIERGE	CANCER	CAPRICORNE	CAPRICORNE	CAPRICORNE	SCORPION	7 CANCER
27 AOUT	BALANCE	BALANCE	VIERGE	CANCER	CAPRICORNE	CAPRICORNE	CAPRICORNE	SCORPION	20 CANCER
28 AOUT	BALANCE	BALANCE	VIERGE	CANCER	CAPRICORNE	CAPRICORNE	CAPRICORNE	SCORPION	3 LION
29 AOUT	BALANCE	BALANCE	VIERGE	CANCER	CAPRICORNE	CAPRICORNE	CAPRICORNE	SCORPION	16 LION
30 AOUT	BALANCE	BALANCE	VIERGE	CANCER	CAPRICORNE	CAPRICORNE	CAPRICORNE	SCORPION	28 LION
31 AOUT	BALANCE	BALANCE	VIERGE	CANCER	CAPRICORNE	CAPRICORNE	CAPRICORNE	SCORPION	11 VIERGE
1 SEPTEMBRE	BALANCE	BALANCE	VIERGE	CANCER	CAPRICORNE	CAPRICORNE	CAPRICORNE	SCORPION	23 VIERGE
2 SEPTEMBRE	BALANCE	BALANCE	VIERGE	CANCER	CAPRICORNE	CAPRICORNE	CAPRICORNE	SCORPION	5 BALANCE
3 SEPTEMBRE	BALANCE	BALANCE	VIERGE	CANCER	CAPRICORNE	CAPRICORNE	CAPRICORNE	SCORPION	17 BALANCE
4 SEPTEMBRE	BALANCE	BALANCE	VIERGE	CANCER	CAPRICORNE	CAPRICORNE	CAPRICORNE	SCORPION	28 BALANCE
5 SEPTEMBRE	BALANCE	BALANCE	VIERGE	CANCER	CAPRICORNE	CAPRICORNE	CAPRICORNE	SCORPION	10 SCORPION
6 SEPTEMBRE	BALANCE	BALANCE	VIERGE	CANCER	CAPRICORNE	CAPRICORNE	CAPRICORNE	SCORPION	22 SCORPION
7 SEPTEMBRE	BALANCE	BALANCE	VIERGE	CANCER	CAPRICORNE	CAPRICORNE	CAPRICORNE	SCORPION	4 SAGITTAIRE
8 SEPTEMBRE	BALANCE	BALANCE	VIERGE	CANCER	CAPRICORNE	CAPRICORNE	CAPRICORNE	SCORPION	17 SAGITTAIRE
9 SEPTEMBRE	BALANCE	BALANCE	VIERGE	CANCER	CAPRICORNE	CAPRICORNE	CAPRICORNE	SCORPION	29 SAGITTAIRE
10 SEPTEMBRE	BALANCE	BALANCE	VIERGE	CANCER	CAPRICORNE	CAPRICORNE	CAPRICORNE	SCORPION	12 CAPRICORNE
11 SEPTEMBRE	BALANCE	BALANCE	VIERGE	CANCER	CAPRICORNE	CAPRICORNE	CAPRICORNE	SCORPION	25 CAPRICORNE
12 SEPTEMBRE	BALANCE	BALANCE	VIERGE	CANCER	CAPRICORNE	CAPRICORNE	CAPRICORNE	SCORPION	9 VERSEAU
13 SEPTEMBRE	BALANCE	SCORPION	VIERGE	CANCER	CAPRICORNE	CAPRICORNE	CAPRICORNE	SCORPION	23 VERSEAU
14 SEPTEMBRE	BALANCE	SCORPION	VIERGE	CANCER	CAPRICORNE	CAPRICORNE	CAPRICORNE	SCORPION	8 POISSONS
15 SEPTEMBRE	BALANCE	SCORPION	VIERGE	CANCER	CAPRICORNE	CAPRICORNE	CAPRICORNE	SCORPION	22 POISSONS
16 SEPTEMBRE	BALANCE	SCORPION	VIERGE	CANCER	CAPRICORNE	CAPRICORNE	CAPRICORNE	SCORPION	7 BELIER
17 SEPTEMBRE	BALANCE	SCORPION	VIERGE	CANCER	CAPRICORNE	CAPRICORNE	CAPRICORNE	SCORPION	23 BELIER
18 SEPTEMBRE	BALANCE	SCORPION	VIERGE	CANCER	CAPRICORNE	CAPRICORNE	CAPRICORNE	SCORPION	8 TAUREAU
19 SEPTEMBRE	BALANCE	SCORPION	VIERGE	CANCER	CAPRICORNE	CAPRICORNE	CAPRICORNE	SCORPION	22 TAUREAU
20 SEPTEMBRE	BALANCE	SCORPION	BALANCE	CANCER	CAPRICORNE	CAPRICORNE	CAPRICORNE	SCORPION	7 GEMEAUX
21 SEPTEMBRE	BALANCE	SCORPION	BALANCE	CANCER	CAPRICORNE	CAPRICORNE	CAPRICORNE	SCORPION	21 GEMEAUX
22 SEPTEMBRE	BALANCE	SCORPION	BALANCE	CANCER	CAPRICORNE	CAPRICORNE	CAPRICORNE	SCORPION	4 CANCER
23 SEPTEMBRE	BALANCE	SCORPION	BALANCE	CANCER	CAPRICORNE	CAPRICORNE	CAPRICORNE	SCORPION	17 CANCER

LE SOLEIL ENTRE DANS LE SIGNE DE LA VIERGE LE 23 AOUT 1989 A 3 h 30
LE SOLEIL QUITTE LE SIGNE DE LA VIERGE LE 23 SEPTEMBRE 1989 A 1 h 00

* LES CHIFFRES INDIQUENT LES DEGRES

DÉCOUVREZ DANS QUEL SIGNE SE TROUVAIENT LES PLANÈTES A VOTRE NAISSANCE

1990	MERCURE	VENUS	MARS	JUPITER	SATURNE	URANUS	NEPTUNE	PLUTON	LUNE*
23 AOUT	VIERGE	LION	TAUREAU	LION	CAPRICORNE	CAPRICORNE	CAPRICORNE	SCORPION	6 BALANCE
24 AOUT	VIERGE	LION	TAUREAU	LION	CAPRICORNE	CAPRICORNE	CAPRICORNE	SCORPION	18 BALANCE
25 AOUT	VIERGE	LION	TAUREAU	LION	CAPRICORNE	CAPRICORNE	CAPRICORNE	SCORPION	1 SCORPION
26 AOUT	VIERGE	LION	TAUREAU	LION	CAPRICORNE	CAPRICORNE	CAPRICORNE	SCORPION	13 SCORPION
27 AOUT	VIERGE	LION	TAUREAU	LION	CAPRICORNE	CAPRICORNE	CAPRICORNE	SCORPION	25 SCORPION
28 AOUT	VIERGE	LION	TAUREAU	LION	CAPRICORNE	CAPRICORNE	CAPRICORNE	SCORPION	6 SAGITTAIRE
29 AOUT	VIERGE	LION	TAUREAU	LION	CAPRICORNE	CAPRICORNE	CAPRICORNE	SCORPION	18 SAGITTAIRE
30 AOUT	VIERGE	LION	TAUREAU	LION	CAPRICORNE	CAPRICORNE	CAPRICORNE	SCORPION	0 CAPRICORNE
31 AOUT	VIERGE	LION	GEMEAUX	LION	CAPRICORNE	CAPRICORNE	CAPRICORNE	SCORPION	13 CAPRICORNE
1 SEPTEMBRE	VIERGE	LION	GEMEAUX	LION	CAPRICORNE	CAPRICORNE	CAPRICORNE	SCORPION	25 CAPRICORNE
2 SEPTEMBRE	VIERGE	LION	GEMEAUX	LION	CAPRICORNE	CAPRICORNE	CAPRICORNE	SCORPION	8 VERSEAU
3 SEPTEMBRE	VIERGE	LION	GEMEAUX	LION	CAPRICORNE	CAPRICORNE	CAPRICORNE	SCORPION	21 VERSEAU
4 SEPTEMBRE	VIERGE	LION	GEMEAUX	LION	CAPRICORNE	CAPRICORNE	CAPRICORNE	SCORPION	4 POISSONS
5 SEPTEMBRE	VIERGE	LION	GEMEAUX	LION	CAPRICORNE	CAPRICORNE	CAPRICORNE	SCORPION	18 POISSONS
6 SEPTEMBRE	VIERGE	LION	GEMEAUX	LION	CAPRICORNE	CAPRICORNE	CAPRICORNE	SCORPION	2 BELIER
7 SEPTEMBRE	VIERGE	VIERGE	GEMEAUX	LION	CAPRICORNE	CAPRICORNE	CAPRICORNE	SCORPION	16 BELIER
8 SEPTEMBRE	VIERGE	VIERGE	GEMEAUX	LION	CAPRICORNE	CAPRICORNE	CAPRICORNE	SCORPION	0 TAUREAU
9 SEPTEMBRE	VIERGE	VIERGE	GEMEAUX	LION	CAPRICORNE	CAPRICORNE	CAPRICORNE	SCORPION	15 TAUREAU
10 SEPTEMBRE	VIERGE	VIERGE	GEMEAUX	LION	CAPRICORNE	CAPRICORNE	CAPRICORNE	SCORPION	29 TAUREAU
11 SEPTEMBRE	VIERGE	VIERGE	GEMEAUX	LION	CAPRICORNE	CAPRICORNE	CAPRICORNE	SCORPION	13 GEMEAUX
12 SEPTEMBRE	VIERGE	VIERGE	GEMEAUX	LION	CAPRICORNE	CAPRICORNE	CAPRICORNE	SCORPION	27 GEMEAUX
13 SEPTEMBRE	VIERGE	VIERGE	GEMEAUX	LION	CAPRICORNE	CAPRICORNE	CAPRICORNE	SCORPION	11 CANCER
14 SEPTEMBRE	VIERGE	VIERGE	GEMEAUX	LION	CAPRICORNE	CAPRICORNE	CAPRICORNE	SCORPION	25 CANCER
15 SEPTEMBRE	VIERGE	VIERGE	GEMEAUX	LION	CAPRICORNE	CAPRICORNE	CAPRICORNE	SCORPION	9 LION
16 SEPTEMBRE	VIERGE	VIERGE	GEMEAUX	LION	CAPRICORNE	CAPRICORNE	CAPRICORNE	SCORPION	22 LION
17 SEPTEMBRE	VIERGE	VIERGE	GEMEAUX	LION	CAPRICORNE	CAPRICORNE	CAPRICORNE	SCORPION	6 VIERGE
18 SEPTEMBRE	VIERGE	VIERGE	GEMEAUX	LION	CAPRICORNE	CAPRICORNE	CAPRICORNE	SCORPION	19 VIERGE
19 SEPTEMBRE	VIERGE	VIERGE	GEMEAUX	LION	CAPRICORNE	CAPRICORNE	CAPRICORNE	SCORPION	1 BALANCE
20 SEPTEMBRE	VIERGE	VIERGE	GEMEAUX	LION	CAPRICORNE	CAPRICORNE	CAPRICORNE	SCORPION	14 BALANCE
21 SEPTEMBRE	VIERGE	VIERGE	GEMEAUX	LION	CAPRICORNE	CAPRICORNE	CAPRICORNE	SCORPION	27 BALANCE
22 SEPTEMBRE	VIERGE	VIERGE	GEMEAUX	LION	CAPRICORNE	CAPRICORNE	CAPRICORNE	SCORPION	9 SCORPION
23 SEPTEMBRE	VIERGE	VIERGE	GEMEAUX	LION	CAPRICORNE	CAPRICORNE	CAPRICORNE	SCORPION	21 SCORPION

LE SOLEIL ENTRE DANS LE SIGNE DE LA VIERGE LE 23 AOUT 1990 A 9 h 15
QUITTE LE SIGNE DE LA VIERGE LE 23 SEPTEMBRE 1990 A 6 h 50

* LES CHIFFRES INDIQUENT LES DEGRÉS

1991	MERCURE	VENUS	MARS	JUPITER	SATURNE	URANUS	NEPTUNE	PLUTON	LUNE*
23 AOUT	LION	LION	VIERGE	LION	VERSEAU	CAPRICORNE	CAPRICORNE	SCORPION	8 VERSEAU
24 AOUT	LION	LION	VIERGE	LION	VERSEAU	CAPRICORNE	CAPRICORNE	SCORPION	21 VERSEAU
25 AOUT	LION	LION	VIERGE	LION	VERSEAU	CAPRICORNE	CAPRICORNE	SCORPION	3 POISSONS
26 AOUT	LION	LION	VIERGE	LION	VERSEAU	CAPRICORNE	CAPRICORNE	SCORPION	15 POISSONS
27 AOUT	LION	LION	VIERGE	LION	VERSEAU	CAPRICORNE	CAPRICORNE	SCORPION	28 POISSONS
28 AOUT	LION	LION	VIERGE	LION	VERSEAU	CAPRICORNE	CAPRICORNE	SCORPION	11 BELIER
29 AOUT	LION	LION	VIERGE	LION	VERSEAU	CAPRICORNE	CAPRICORNE	SCORPION	24 BELIER
30 AOUT	LION	LION	VIERGE	LION	VERSEAU	CAPRICORNE	CAPRICORNE	SCORPION	7 TAUREAU
31 AOUT	LION	LION	VIERGE	LION	VERSEAU	CAPRICORNE	CAPRICORNE	SCORPION	21 TAUREAU
1 SEPTEMBRE	LION	LION	BALANCE	LION	VERSEAU	CAPRICORNE	CAPRICORNE	SCORPION	5 GEMEAUX
2 SEPTEMBRE	LION	LION	BALANCE	LION	VERSEAU	CAPRICORNE	CAPRICORNE	SCORPION	19 GEMEAUX
3 SEPTEMBRE	LION	LION	BALANCE	LION	VERSEAU	CAPRICORNE	CAPRICORNE	SCORPION	3 CANCER
4 SEPTEMBRE	LION	LION	BALANCE	LION	VERSEAU	CAPRICORNE	CAPRICORNE	SCORPION	17 CANCER
5 SEPTEMBRE	LION	LION	BALANCE	LION	VERSEAU	CAPRICORNE	CAPRICORNE	SCORPION	2 LION
6 SEPTEMBRE	LION	LION	BALANCE	LION	VERSEAU	CAPRICORNE	CAPRICORNE	SCORPION	17 LION
7 SEPTEMBRE	LION	LION	BALANCE	LION	VERSEAU	CAPRICORNE	CAPRICORNE	SCORPION	1 VIERGE
8 SEPTEMBRE	LION	LION	BALANCE	LION	VERSEAU	CAPRICORNE	CAPRICORNE	SCORPION	16 VIERGE
9 SEPTEMBRE	LION	LION	BALANCE	LION	VERSEAU	CAPRICORNE	CAPRICORNE	SCORPION	0 BALANCE
10 SEPTEMBRE	LION	LION	BALANCE	LION	VERSEAU	CAPRICORNE	CAPRICORNE	SCORPION	14 BALANCE
11 SEPTEMBRE	VIERGE	LION	BALANCE	LION	VERSEAU	CAPRICORNE	CAPRICORNE	SCORPION	27 BALANCE
12 SEPTEMBRE	VIERGE	LION	BALANCE	VIERGE	VERSEAU	CAPRICORNE	CAPRICORNE	SCORPION	10 SCORPION
13 SEPTEMBRE	VIERGE	LION	BALANCE	VIERGE	VERSEAU	CAPRICORNE	CAPRICORNE	SCORPION	23 SCORPION
14 SEPTEMBRE	VIERGE	LION	BALANCE	VIERGE	VERSEAU	CAPRICORNE	CAPRICORNE	SCORPION	5 SAGITTAIRE
15 SEPTEMBRE	VIERGE	LION	BALANCE	VIERGE	VERSEAU	CAPRICORNE	CAPRICORNE	SCORPION	17 SAGITTAIRE
16 SEPTEMBRE	VIERGE	LION	BALANCE	VIERGE	VERSEAU	CAPRICORNE	CAPRICORNE	SCORPION	29 SAGITTAIRE
17 SEPTEMBRE	VIERGE	LION	BALANCE	VIERGE	VERSEAU	CAPRICORNE	CAPRICORNE	SCORPION	11 CAPRICORNE
18 SEPTEMBRE	VIERGE	LION	BALANCE	VIERGE	VERSEAU	CAPRICORNE	CAPRICORNE	SCORPION	23 CAPRICORNE
19 SEPTEMBRE	VIERGE	LION	BALANCE	VIERGE	VERSEAU	CAPRICORNE	CAPRICORNE	SCORPION	5 VERSEAU
20 SEPTEMBRE	VIERGE	LION	BALANCE	VIERGE	VERSEAU	CAPRICORNE	CAPRICORNE	SCORPION	17 VERSEAU
21 SEPTEMBRE	VIERGE	LION	BALANCE	VIERGE	VERSEAU	CAPRICORNE	CAPRICORNE	SCORPION	29 VERSEAU
22 SEPTEMBRE	VIERGE	LION	BALANCE	VIERGE	VERSEAU	CAPRICORNE	CAPRICORNE	SCORPION	11 POISSONS
23 SEPTEMBRE	VIERGE	LION	BALANCE	VIERGE	VERSEAU	CAPRICORNE	CAPRICORNE	SCORPION	24 POISSONS

LE SOLEIL ENTRE DANS LE SIGNE DE LA VIERGE LE 23 AOUT 1991 A 15 h 05
QUITTE LE SIGNE DE LA VIERGE LE 23 SEPTEMBRE 1991 A 12 h 40

* LES CHIFFRES INDIQUENT LES DEGRÉS

DÉCOUVREZ DANS QUEL SIGNE SE TROUVAIENT LES PLANÈTES A VOTRE NAISSANCE

1992	MERCURE	VENUS	MARS	JUPITER	SATURNE	URANUS	NEPTUNE	PLUTON	LUNE*
22 AOUT	LION	VIERGE	GEMEAUX	VIERGE	VERSEAU	CAPRICORNE	CAPRICORNE	SCORPION	13 GEMEAUX
23 AOUT	LION	VIERGE	GEMEAUX	VIERGE	VERSEAU	CAPRICORNE	CAPRICORNE	SCORPION	26 GEMEAUX
24 AOUT	LION	VIERGE	GEMEAUX	VIERGE	VERSEAU	CAPRICORNE	CAPRICORNE	SCORPION	11 CANCER
25 AOUT	LION	VIERGE	GEMEAUX	VIERGE	VERSEAU	CAPRICORNE	CAPRICORNE	SCORPION	25 CANCER
26 AOUT	LION	VIERGE	GEMEAUX	VIERGE	VERSEAU	CAPRICORNE	CAPRICORNE	SCORPION	10 LION
27 AOUT	LION	VIERGE	GEMEAUX	VIERGE	VERSEAU	CAPRICORNE	CAPRICORNE	SCORPION	25 LION
28 AOUT	LION	VIERGE	GEMEAUX	VIERGE	VERSEAU	CAPRICORNE	CAPRICORNE	SCORPION	11 VIERGE
29 AOUT	LION	VIERGE	GEMEAUX	VIERGE	VERSEAU	CAPRICORNE	CAPRICORNE	SCORPION	26 VIERGE
30 AOUT	LION	VIERGE	GEMEAUX	VIERGE	VERSEAU	CAPRICORNE	CAPRICORNE	SCORPION	11 BALANCE
31 AOUT	LION	VIERGE	GEMEAUX	VIERGE	VERSEAU	CAPRICORNE	CAPRICORNE	SCORPION	25 BALANCE
1 SEPTEMBRE	LION	BALANCE	GEMEAUX	VIERGE	VERSEAU	CAPRICORNE	CAPRICORNE	SCORPION	9 SCORPION
2 SEPTEMBRE	LION	BALANCE	GEMEAUX	VIERGE	VERSEAU	CAPRICORNE	CAPRICORNE	SCORPION	23 SCORPION
3 SEPTEMBRE	VIERGE	BALANCE	GEMEAUX	VIERGE	VERSEAU	CAPRICORNE	CAPRICORNE	SCORPION	6 SAGITTAIRE
4 SEPTEMBRE	VIERGE	BALANCE	GEMEAUX	VIERGE	VERSEAU	CAPRICORNE	CAPRICORNE	SCORPION	18 SAGITTAIRE
5 SEPTEMBRE	VIERGE	BALANCE	GEMEAUX	VIERGE	VERSEAU	CAPRICORNE	CAPRICORNE	SCORPION	1 CAPRICORNE
6 SEPTEMBRE	VIERGE	BALANCE	GEMEAUX	VIERGE	VERSEAU	CAPRICORNE	CAPRICORNE	SCORPION	13 CAPRICORNE
7 SEPTEMBRE	VIERGE	BALANCE	GEMEAUX	VIERGE	VERSEAU	CAPRICORNE	CAPRICORNE	SCORPION	25 CAPRICORNE
8 SEPTEMBRE	VIERGE	BALANCE	GEMEAUX	VIERGE	VERSEAU	CAPRICORNE	CAPRICORNE	SCORPION	6 VERSEAU
9 SEPTEMBRE	VIERGE	BALANCE	GEMEAUX	VIERGE	VERSEAU	CAPRICORNE	CAPRICORNE	SCORPION	18 VERSEAU
10 SEPTEMBRE	VIERGE	BALANCE	GEMEAUX	VIERGE	VERSEAU	CAPRICORNE	CAPRICORNE	SCORPION	0 POISSONS
11 SEPTEMBRE	VIERGE	BALANCE	GEMEAUX	VIERGE	VERSEAU	CAPRICORNE	CAPRICORNE	SCORPION	12 POISSONS
12 SEPTEMBRE	VIERGE	BALANCE	CANCER	VIERGE	VERSEAU	CAPRICORNE	CAPRICORNE	SCORPION	24 POISSONS
13 SEPTEMBRE	VIERGE	BALANCE	CANCER	VIERGE	VERSEAU	CAPRICORNE	CAPRICORNE	SCORPION	6 BELIER
14 SEPTEMBRE	VIERGE	BALANCE	CANCER	VIERGE	VERSEAU	CAPRICORNE	CAPRICORNE	SCORPION	18 BELIER
15 SEPTEMBRE	VIERGE	BALANCE	CANCER	VIERGE	VERSEAU	CAPRICORNE	CAPRICORNE	SCORPION	1 TAUREAU
16 SEPTEMBRE	VIERGE	BALANCE	CANCER	VIERGE	VERSEAU	CAPRICORNE	CAPRICORNE	SCORPION	13 TAUREAU
17 SEPTEMBRE	VIERGE	BALANCE	CANCER	VIERGE	VERSEAU	CAPRICORNE	CAPRICORNE	SCORPION	26 TAUREAU
18 SEPTEMBRE	VIERGE	BALANCE	CANCER	VIERGE	VERSEAU	CAPRICORNE	CAPRICORNE	SCORPION	9 GEMEAUX
19 SEPTEMBRE	BALANCE	BALANCE	CANCER	VIERGE	VERSEAU	CAPRICORNE	CAPRICORNE	SCORPION	22 GEMEAUX
20 SEPTEMBRE	BALANCE	BALANCE	CANCER	VIERGE	VERSEAU	CAPRICORNE	CAPRICORNE	SCORPION	6 CANCER
21 SEPTEMBRE	BALANCE	BALANCE	CANCER	VIERGE	VERSEAU	CAPRICORNE	CAPRICORNE	SCORPION	20 CANCER
22 SEPTEMBRE	BALANCE	BALANCE	CANCER	VIERGE	VERSEAU	CAPRICORNE	CAPRICORNE	SCORPION	4 LION

LE SOLEIL ENTRE DANS LE SIGNE DE LA VIERGE LE 22 AOUT 1992 A 21 h 00
QUITTE LE SIGNE DE LA VIERGE LE 22 SEPTEMBRE 1992 A 18 h 35

* LES CHIFFRES INDIQUENT LES DEGRÉS

1993	MERCURE	VENUS	MARS	JUPITER	SATURNE	URANUS	NEPTUNE	PLUTON	LUNE*
23 AOUT	LION	CANCER	BALANCE	BALANCE	VERSEAU	CAPRICORNE	CAPRICORNE	SCORPION	18 SCORPION
24 AOUT	LION	CANCER	BALANCE	BALANCE	VERSEAU	CAPRICORNE	CAPRICORNE	SCORPION	2 SAGITTAIRE
25 AOUT	LION	CANCER	BALANCE	BALANCE	VERSEAU	CAPRICORNE	CAPRICORNE	SCORPION	15 SAGITTAIRE
26 AOUT	VIERGE	CANCER	BALANCE	BALANCE	VERSEAU	CAPRICORNE	CAPRICORNE	SCORPION	29 SAGITTAIRE
27 AOUT	VIERGE	CANCER	BALANCE	BALANCE	VERSEAU	CAPRICORNE	CAPRICORNE	SCORPION	11 CAPRICORNE
28 AOUT	VIERGE	LION	BALANCE	BALANCE	VERSEAU	CAPRICORNE	CAPRICORNE	SCORPION	24 CAPRICORNE
29 AOUT	VIERGE	LION	BALANCE	BALANCE	VERSEAU	CAPRICORNE	CAPRICORNE	SCORPION	6 VERSEAU
30 AOUT	VIERGE	LION	BALANCE	BALANCE	VERSEAU	CAPRICORNE	CAPRICORNE	SCORPION	19 VERSEAU
31 AOUT	VIERGE	LION	BALANCE	BALANCE	VERSEAU	CAPRICORNE	CAPRICORNE	SCORPION	1 POISSONS
1 SEPTEMBRE	VIERGE	LION	BALANCE	BALANCE	VERSEAU	CAPRICORNE	CAPRICORNE	SCORPION	13 POISSONS
2 SEPTEMBRE	VIERGE	LION	BALANCE	BALANCE	VERSEAU	CAPRICORNE	CAPRICORNE	SCORPION	25 POISSONS
3 SEPTEMBRE	VIERGE	LION	BALANCE	BALANCE	VERSEAU	CAPRICORNE	CAPRICORNE	SCORPION	7 BELIER
4 SEPTEMBRE	VIERGE	LION	BALANCE	BALANCE	VERSEAU	CAPRICORNE	CAPRICORNE	SCORPION	19 BELIER
5 SEPTEMBRE	VIERGE	LION	BALANCE	BALANCE	VERSEAU	CAPRICORNE	CAPRICORNE	SCORPION	1 TAUREAU
6 SEPTEMBRE	VIERGE	LION	BALANCE	BALANCE	VERSEAU	CAPRICORNE	CAPRICORNE	SCORPION	12 TAUREAU
7 SEPTEMBRE	VIERGE	LION	BALANCE	BALANCE	VERSEAU	CAPRICORNE	CAPRICORNE	SCORPION	24 TAUREAU
8 SEPTEMBRE	VIERGE	LION	BALANCE	BALANCE	VERSEAU	CAPRICORNE	CAPRICORNE	SCORPION	7 GEMEAUX
9 SEPTEMBRE	VIERGE	LION	BALANCE	BALANCE	VERSEAU	CAPRICORNE	CAPRICORNE	SCORPION	19 GEMEAUX
10 SEPTEMBRE	VIERGE	LION	BALANCE	BALANCE	VERSEAU	CAPRICORNE	CAPRICORNE	SCORPION	2 CANCER
11 SEPTEMBRE	BALANCE	LION	BALANCE	BALANCE	VERSEAU	CAPRICORNE	CAPRICORNE	SCORPION	15 CANCER
12 SEPTEMBRE	BALANCE	LION	BALANCE	BALANCE	VERSEAU	CAPRICORNE	CAPRICORNE	SCORPION	29 CANCER
13 SEPTEMBRE	BALANCE	LION	BALANCE	BALANCE	VERSEAU	CAPRICORNE	CAPRICORNE	SCORPION	13 LION
14 SEPTEMBRE	BALANCE	LION	BALANCE	BALANCE	VERSEAU	CAPRICORNE	CAPRICORNE	SCORPION	28 LION
15 SEPTEMBRE	BALANCE	LION	BALANCE	BALANCE	VERSEAU	CAPRICORNE	CAPRICORNE	SCORPION	13 VIERGE
16 SEPTEMBRE	BALANCE	LION	BALANCE	BALANCE	VERSEAU	CAPRICORNE	CAPRICORNE	SCORPION	29 VIERGE
17 SEPTEMBRE	BALANCE	LION	BALANCE	BALANCE	VERSEAU	CAPRICORNE	CAPRICORNE	SCORPION	14 BALANCE
18 SEPTEMBRE	BALANCE	LION	BALANCE	BALANCE	VERSEAU	CAPRICORNE	CAPRICORNE	SCORPION	29 BALANCE
19 SEPTEMBRE	BALANCE	LION	BALANCE	BALANCE	VERSEAU	CAPRICORNE	CAPRICORNE	SCORPION	14 SCORPION
20 SEPTEMBRE	BALANCE	LION	BALANCE	BALANCE	VERSEAU	CAPRICORNE	CAPRICORNE	SCORPION	28 SCORPION
21 SEPTEMBRE	BALANCE	LION	BALANCE	BALANCE	VERSEAU	CAPRICORNE	CAPRICORNE	SCORPION	12 SAGITTAIRE
22 SEPTEMBRE	BALANCE	VIERGE	BALANCE	BALANCE	VERSEAU	CAPRICORNE	CAPRICORNE	SCORPION	25 SAGITTAIRE
23 SEPTEMBRE	BALANCE	VIERGE	BALANCE	BALANCE	VERSEAU	CAPRICORNE	CAPRICORNE	SCORPION	8 CAPRICORNE

LE SOLEIL ENTRE DANS LE SIGNE DE LA VIERGE LE 23 AOUT 1993 A 2 h 45
QUITTE LE SIGNE DE LA VIERGE LE 23 SEPTEMBRE 1993 A 0 h 15

* LES CHIFFRES INDIQUENT LES DEGRÉS

DÉCOUVREZ DANS QUEL SIGNE SE TROUVAIENT LES PLANÈTES A VOTRE NAISSANCE

1994	MERCURE	VENUS	MARS	JUPITER	SATURNE	URANUS	NEPTUNE	PLUTON	LUNE*
23 AOUT	VIERGE	BALANCE	CANCER	SCORPION	POISSONS	CAPRICORNE	CAPRICORNE	SCORPION	26 POISSONS
24 AOUT	VIERGE	BALANCE	CANCER	SCORPION	POISSONS	CAPRICORNE	CAPRICORNE	SCORPION	8 BELIER
25 AOUT	VIERGE	BALANCE	CANCER	SCORPION	POISSONS	CAPRICORNE	CAPRICORNE	SCORPION	21 BELIER
26 AOUT	VIERGE	BALANCE	CANCER	SCORPION	POISSONS	CAPRICORNE	CAPRICORNE	SCORPION	3 TAUREAU
27 AOUT	VIERGE	BALANCE	CANCER	SCORPION	POISSONS	CAPRICORNE	CAPRICORNE	SCORPION	14 TAUREAU
28 AOUT	VIERGE	BALANCE	CANCER	SCORPION	POISSONS	CAPRICORNE	CAPRICORNE	SCORPION	26 TAUREAU
29 AOUT	VIERGE	BALANCE	CANCER	SCORPION	POISSONS	CAPRICORNE	CAPRICORNE	SCORPION	8 GEMEAUX
30 AOUT	VIERGE	BALANCE	CANCER	SCORPION	POISSONS	CAPRICORNE	CAPRICORNE	SCORPION	20 GEMEAUX
31 AOUT	VIERGE	BALANCE	CANCER	SCORPION	POISSONS	CAPRICORNE	CAPRICORNE	SCORPION	2 CANCER
1 SEPTEMBRE	VIERGE	BALANCE	CANCER	SCORPION	POISSONS	CAPRICORNE	CAPRICORNE	SCORPION	15 CANCER
2 SEPTEMBRE	VIERGE	BALANCE	CANCER	SCORPION	POISSONS	CAPRICORNE	CAPRICORNE	SCORPION	28 CANCER
3 SEPTEMBRE	VIERGE	BALANCE	CANCER	SCORPION	POISSONS	CAPRICORNE	CAPRICORNE	SCORPION	11 LION
4 SEPTEMBRE	BALANCE	BALANCE	CANCER	SCORPION	POISSONS	CAPRICORNE	CAPRICORNE	SCORPION	25 LION
5 SEPTEMBRE	BALANCE	BALANCE	CANCER	SCORPION	POISSONS	CAPRICORNE	CAPRICORNE	SCORPION	9 VIERGE
6 SEPTEMBRE	BALANCE	BALANCE	CANCER	SCORPION	POISSONS	CAPRICORNE	CAPRICORNE	SCORPION	23 VIERGE
7 SEPTEMBRE	BALANCE	BALANCE	CANCER	SCORPION	POISSONS	CAPRICORNE	CAPRICORNE	SCORPION	8 BALANCE
8 SEPTEMBRE	BALANCE	SCORPION	CANCER	SCORPION	POISSONS	CAPRICORNE	CAPRICORNE	SCORPION	22 BALANCE
9 SEPTEMBRE	BALANCE	SCORPION	CANCER	SCORPION	POISSONS	CAPRICORNE	CAPRICORNE	SCORPION	7 SCORPION
10 SEPTEMBRE	BALANCE	SCORPION	CANCER	SCORPION	POISSONS	CAPRICORNE	CAPRICORNE	SCORPION	21 SCORPION
11 SEPTEMBRE	BALANCE	SCORPION	CANCER	SCORPION	POISSONS	CAPRICORNE	CAPRICORNE	SCORPION	5 SAGITTAIRE
12 SEPTEMBRE	BALANCE	SCORPION	CANCER	SCORPION	POISSONS	CAPRICORNE	CAPRICORNE	SCORPION	19 SAGITTAIRE
13 SEPTEMBRE	BALANCE	SCORPION	CANCER	SCORPION	POISSONS	CAPRICORNE	CAPRICORNE	SCORPION	3 CAPRICORNE
14 SEPTEMBRE	BALANCE	SCORPION	CANCER	SCORPION	POISSONS	CAPRICORNE	CAPRICORNE	SCORPION	17 CAPRICORNE
15 SEPTEMBRE	BALANCE	SCORPION	CANCER	SCORPION	POISSONS	CAPRICORNE	CAPRICORNE	SCORPION	0 VERSEAU
16 SEPTEMBRE	BALANCE	SCORPION	CANCER	SCORPION	POISSONS	CAPRICORNE	CAPRICORNE	SCORPION	14 VERSEAU
17 SEPTEMBRE	BALANCE	SCORPION	CANCER	SCORPION	POISSONS	CAPRICORNE	CAPRICORNE	SCORPION	27 VERSEAU
18 SEPTEMBRE	BALANCE	SCORPION	CANCER	SCORPION	POISSONS	CAPRICORNE	CAPRICORNE	SCORPION	10 POISSONS
19 SEPTEMBRE	BALANCE	SCORPION	CANCER	SCORPION	POISSONS	CAPRICORNE	CAPRICORNE	SCORPION	22 POISSONS
20 SEPTEMBRE	BALANCE	SCORPION	CANCER	SCORPION	POISSONS	CAPRICORNE	CAPRICORNE	SCORPION	5 BELIER
21 SEPTEMBRE	BALANCE	SCORPION	CANCER	SCORPION	POISSONS	CAPRICORNE	CAPRICORNE	SCORPION	17 BELIER
22 SEPTEMBRE	BALANCE	SCORPION	CANCER	SCORPION	POISSONS	CAPRICORNE	CAPRICORNE	SCORPION	29 BELIER
23 SEPTEMBRE	BALANCE	SCORPION	CANCER	SCORPION	POISSONS	CAPRICORNE	CAPRICORNE	SCORPION	11 TAUREAU

LE SOLEIL ENTRE DANS LE SIGNE DE LA VIERGE LE 23 AOUT 1994 A 8 h 35
QUITTE LE SIGNE DE LA VIERGE LE 23 SEPTEMBRE 1994 A 6 h 10

* LES CHIFFRES INDIQUENT LES DEGRÉS

1995	MERCURE	VENUS	MARS	JUPITER	SATURNE	URANUS	NEPTUNE	PLUTON	LUNE*
23 AOUT	VIERGE	VIERGE	BALANCE	SAGITTAIRE	POISSONS	CAPRICORNE	CAPRICORNE	SCORPION	29 CANCER
24 AOUT	VIERGE	VIERGE	BALANCE	SAGITTAIRE	POISSONS	CAPRICORNE	CAPRICORNE	SCORPION	11 LION
25 AOUT	VIERGE	VIERGE	BALANCE	SAGITTAIRE	POISSONS	CAPRICORNE	CAPRICORNE	SCORPION	23 LION
26 AOUT	VIERGE	VIERGE	BALANCE	SAGITTAIRE	POISSONS	CAPRICORNE	CAPRICORNE	SCORPION	6 VIERGE
27 AOUT	VIERGE	VIERGE	BALANCE	SAGITTAIRE	POISSONS	CAPRICORNE	CAPRICORNE	SCORPION	19 VIERGE
28 AOUT	VIERGE	VIERGE	BALANCE	SAGITTAIRE	POISSONS	CAPRICORNE	CAPRICORNE	SCORPION	2 BALANCE
29 AOUT	BALANCE	VIERGE	BALANCE	SAGITTAIRE	POISSONS	CAPRICORNE	CAPRICORNE	SCORPION	16 BALANCE
30 AOUT	BALANCE	VIERGE	BALANCE	SAGITTAIRE	POISSONS	CAPRICORNE	CAPRICORNE	SCORPION	29 BALANCE
31 AOUT	BALANCE	VIERGE	BALANCE	SAGITTAIRE	POISSONS	CAPRICORNE	CAPRICORNE	SCORPION	13 SCORPION
1 SEPTEMBRE	BALANCE	VIERGE	BALANCE	SAGITTAIRE	POISSONS	CAPRICORNE	CAPRICORNE	SCORPION	27 SCORPION
2 SEPTEMBRE	BALANCE	VIERGE	BALANCE	SAGITTAIRE	POISSONS	CAPRICORNE	CAPRICORNE	SCORPION	11 SAGITTAIRE
3 SEPTEMBRE	BALANCE	VIERGE	BALANCE	SAGITTAIRE	POISSONS	CAPRICORNE	CAPRICORNE	SCORPION	25 SAGITTAIRE
4 SEPTEMBRE	BALANCE	VIERGE	BALANCE	SAGITTAIRE	POISSONS	CAPRICORNE	CAPRICORNE	SCORPION	9 CAPRICORNE
5 SEPTEMBRE	BALANCE	VIERGE	BALANCE	SAGITTAIRE	POISSONS	CAPRICORNE	CAPRICORNE	SCORPION	24 CAPRICORNE
6 SEPTEMBRE	BALANCE	VIERGE	BALANCE	SAGITTAIRE	POISSONS	CAPRICORNE	CAPRICORNE	SCORPION	8 VERSEAU
7 SEPTEMBRE	BALANCE	VIERGE	SCORPION	SAGITTAIRE	POISSONS	CAPRICORNE	CAPRICORNE	SCORPION	22 VERSEAU
8 SEPTEMBRE	BALANCE	VIERGE	SCORPION	SAGITTAIRE	POISSONS	CAPRICORNE	CAPRICORNE	SCORPION	7 POISSONS
9 SEPTEMBRE	BALANCE	VIERGE	SCORPION	SAGITTAIRE	POISSONS	CAPRICORNE	CAPRICORNE	SCORPION	20 POISSONS
10 SEPTEMBRE	BALANCE	VIERGE	SCORPION	SAGITTAIRE	POISSONS	CAPRICORNE	CAPRICORNE	SCORPION	4 BELIER
11 SEPTEMBRE	BALANCE	VIERGE	SCORPION	SAGITTAIRE	POISSONS	CAPRICORNE	CAPRICORNE	SCORPION	17 BELIER
12 SEPTEMBRE	BALANCE	VIERGE	SCORPION	SAGITTAIRE	POISSONS	CAPRICORNE	CAPRICORNE	SCORPION	0 TAUREAU
13 SEPTEMBRE	BALANCE	VIERGE	SCORPION	SAGITTAIRE	POISSONS	CAPRICORNE	CAPRICORNE	SCORPION	12 TAUREAU
14 SEPTEMBRE	BALANCE	VIERGE	SCORPION	SAGITTAIRE	POISSONS	CAPRICORNE	CAPRICORNE	SCORPION	25 TAUREAU
15 SEPTEMBRE	BALANCE	VIERGE	SCORPION	SAGITTAIRE	POISSONS	CAPRICORNE	CAPRICORNE	SCORPION	7 GEMEAUX
16 SEPTEMBRE	BALANCE	BALANCE	SCORPION	SAGITTAIRE	POISSONS	CAPRICORNE	CAPRICORNE	SCORPION	19 GEMEAUX
17 SEPTEMBRE	BALANCE	BALANCE	SCORPION	SAGITTAIRE	POISSONS	CAPRICORNE	CAPRICORNE	SCORPION	1 CANCER
18 SEPTEMBRE	BALANCE	BALANCE	SCORPION	SAGITTAIRE	POISSONS	CAPRICORNE	CAPRICORNE	SCORPION	12 CANCER
19 SEPTEMBRE	BALANCE	BALANCE	SCORPION	SAGITTAIRE	POISSONS	CAPRICORNE	CAPRICORNE	SCORPION	24 CANCER
20 SEPTEMBRE	BALANCE	BALANCE	SCORPION	SAGITTAIRE	POISSONS	CAPRICORNE	CAPRICORNE	SCORPION	7 LION
21 SEPTEMBRE	BALANCE	BALANCE	SCORPION	SAGITTAIRE	POISSONS	CAPRICORNE	CAPRICORNE	SCORPION	19 LION
22 SEPTEMBRE	BALANCE	BALANCE	SCORPION	SAGITTAIRE	POISSONS	CAPRICORNE	CAPRICORNE	SCORPION	2 VIERGE
23 SEPTEMBRE	BALANCE	BALANCE	SCORPION	SAGITTAIRE	POISSONS	CAPRICORNE	CAPRICORNE	SCORPION	15 VIERGE

LE SOLEIL ENTRE DANS LE SIGNE DE LA VIERGE LE 23 AOUT 1995 A 14 h 30
QUITTE LE SIGNE DE LA VIERGE LE 23 SEPTEMBRE 1995 A 12 h 05

* LES CHIFFRES INDIQUENT LES DEGRÉS

DÉCOUVREZ DANS QUEL SIGNE SE TROUVAIENT LES PLANÈTES A VOTRE NAISSANCE

1996	MERCURE	VENUS	MARS	JUPITER	SATURNE	URANUS	NEPTUNE	PLUTON	LUNE *
22 AOUT	VIERGE	CANCER	CANCER	CAPRICORNE	BELIER	VERSEAU	CAPRICORNE	SAGITTAIRE	4 SAGITTAIRE
23 AOUT	VIERGE	CANCER	CANCER	CAPRICORNE	BELIER	VERSEAU	CAPRICORNE	SAGITTAIRE	18 SAGITTAIRE
24 AOUT	VIERGE	CANCER	CANCER	CAPRICORNE	BELIER	VERSEAU	CAPRICORNE	SAGITTAIRE	2 CAPRICORNE
25 AOUT	VIERGE	CANCER	CANCER	CAPRICORNE	BELIER	VERSEAU	CAPRICORNE	SAGITTAIRE	16 CAPRICORNE
26 AOUT	BALANCE	CANCER	CANCER	CAPRICORNE	BELIER	VERSEAU	CAPRICORNE	SAGITTAIRE	1 VERSEAU
27 AOUT	BALANCE	CANCER	CANCER	CAPRICORNE	BELIER	VERSEAU	CAPRICORNE	SAGITTAIRE	17 VERSEAU
28 AOUT	BALANCE	CANCER	CANCER	CAPRICORNE	BELIER	VERSEAU	CAPRICORNE	SAGITTAIRE	2 POISSONS
29 AOUT	BALANCE	CANCER	CANCER	CAPRICORNE	BELIER	VERSEAU	CAPRICORNE	SAGITTAIRE	17 POISSONS
30 AOUT	BALANCE	CANCER	CANCER	CAPRICORNE	BELIER	VERSEAU	CAPRICORNE	SAGITTAIRE	1 BELIER
31 AOUT	BALANCE	CANCER	CANCER	CAPRICORNE	BELIER	VERSEAU	CAPRICORNE	SAGITTAIRE	16 BELIER
1 SEPTEMBRE	BALANCE	CANCER	CANCER	CAPRICORNE	BELIER	VERSEAU	CAPRICORNE	SAGITTAIRE	29 BELIER
2 SEPTEMBRE	BALANCE	CANCER	CANCER	CAPRICORNE	BELIER	VERSEAU	CAPRICORNE	SAGITTAIRE	13 TAUREAU
3 SEPTEMBRE	BALANCE	CANCER	CANCER	CAPRICORNE	BELIER	VERSEAU	CAPRICORNE	SAGITTAIRE	26 TAUREAU
4 SEPTEMBRE	BALANCE	CANCER	CANCER	CAPRICORNE	BELIER	VERSEAU	CAPRICORNE	SAGITTAIRE	8 GEMEAUX
5 SEPTEMBRE	BALANCE	CANCER	CANCER	CAPRICORNE	BELIER	VERSEAU	CAPRICORNE	SAGITTAIRE	21 GEMEAUX
6 SEPTEMBRE	BALANCE	CANCER	CANCER	CAPRICORNE	BELIER	VERSEAU	CAPRICORNE	SAGITTAIRE	3 CANCER
7 SEPTEMBRE	BALANCE	LION	CANCER	CAPRICORNE	BELIER	VERSEAU	CAPRICORNE	SAGITTAIRE	15 CANCER
8 SEPTEMBRE	BALANCE	LION	CANCER	CAPRICORNE	BELIER	VERSEAU	CAPRICORNE	SAGITTAIRE	27 CANCER
9 SEPTEMBRE	BALANCE	LION	CANCER	CAPRICORNE	BELIER	VERSEAU	CAPRICORNE	SAGITTAIRE	9 LION
10 SEPTEMBRE	BALANCE	LION	LION	CAPRICORNE	BELIER	VERSEAU	CAPRICORNE	SAGITTAIRE	20 LION
11 SEPTEMBRE	BALANCE	LION	LION	CAPRICORNE	BELIER	VERSEAU	CAPRICORNE	SAGITTAIRE	2 VIERGE
12 SEPTEMBRE	VIERGE	LION	LION	CAPRICORNE	BELIER	VERSEAU	CAPRICORNE	SAGITTAIRE	14 VIERGE
13 SEPTEMBRE	VIERGE	LION	LION	CAPRICORNE	BELIER	VERSEAU	CAPRICORNE	SAGITTAIRE	27 VIERGE
14 SEPTEMBRE	VIERGE	LION	LION	CAPRICORNE	BELIER	VERSEAU	CAPRICORNE	SAGITTAIRE	9 BALANCE
15 SEPTEMBRE	VIERGE	LION	LION	CAPRICORNE	BELIER	VERSEAU	CAPRICORNE	SAGITTAIRE	22 BALANCE
16 SEPTEMBRE	VIERGE	LION	LION	CAPRICORNE	BELIER	VERSEAU	CAPRICORNE	SAGITTAIRE	4 SCORPION
17 SEPTEMBRE	VIERGE	LION	LION	CAPRICORNE	BELIER	VERSEAU	CAPRICORNE	SAGITTAIRE	17 SCORPION
18 SEPTEMBRE	VIERGE	LION	LION	CAPRICORNE	BELIER	VERSEAU	CAPRICORNE	SAGITTAIRE	0 SAGITTAIRE
19 SEPTEMBRE	VIERGE	LION	LION	CAPRICORNE	BELIER	VERSEAU	CAPRICORNE	SAGITTAIRE	14 SAGITTAIRE
20 SEPTEMBRE	VIERGE	LION	LION	CAPRICORNE	BELIER	VERSEAU	CAPRICORNE	SAGITTAIRE	28 SAGITTAIRE
21 SEPTEMBRE	VIERGE	LION	LION	CAPRICORNE	BELIER	VERSEAU	CAPRICORNE	SAGITTAIRE	12 CAPRICORNE
22 SEPTEMBRE	VIERGE	LION	LION	CAPRICORNE	BELIER	VERSEAU	CAPRICORNE	SAGITTAIRE	26 CAPRICORNE

LE SOLEIL ENTRE DANS LE SIGNE DE LA VIERGE LE 22 AOUT 1996 A 20 h 15
QUITTE LE SIGNE DE LA VIERGE LE 22 SEPTEMBRE 1996 A 17 h 50

* LES CHIFFRES INDIQUENT LES DEGRÉS

1997	MERCURE	VENUS	MARS	JUPITER	SATURNE	URANUS	NEPTUNE	PLUTON	LUNE *
23 AOUT	VIERGE	BALANCE	SCORPION	VERSEAU	BELIER	VERSEAU	CAPRICORNE	SAGITTAIRE	10 TAUREAU
24 AOUT	VIERGE	BALANCE	SCORPION	VERSEAU	BELIER	VERSEAU	CAPRICORNE	SAGITTAIRE	23 TAUREAU
25 AOUT	VIERGE	BALANCE	SCORPION	VERSEAU	BELIER	VERSEAU	CAPRICORNE	SAGITTAIRE	7 GEMEAUX
26 AOUT	VIERGE	BALANCE	SCORPION	VERSEAU	BELIER	VERSEAU	CAPRICORNE	SAGITTAIRE	20 GEMEAUX
27 AOUT	VIERGE	BALANCE	SCORPION	VERSEAU	BELIER	VERSEAU	CAPRICORNE	SAGITTAIRE	3 CANCER
28 AOUT	VIERGE	BALANCE	SCORPION	VERSEAU	BELIER	VERSEAU	CAPRICORNE	SAGITTAIRE	15 CANCER
29 AOUT	VIERGE	BALANCE	SCORPION	VERSEAU	BELIER	VERSEAU	CAPRICORNE	SAGITTAIRE	27 CANCER
30 AOUT	VIERGE	BALANCE	SCORPION	VERSEAU	BELIER	VERSEAU	CAPRICORNE	SAGITTAIRE	10 LION
31 AOUT	VIERGE	BALANCE	SCORPION	VERSEAU	BELIER	VERSEAU	CAPRICORNE	SAGITTAIRE	22 LION
1 SEPTEMBRE	VIERGE	BALANCE	SCORPION	VERSEAU	BELIER	VERSEAU	CAPRICORNE	SAGITTAIRE	3 VIERGE
2 SEPTEMBRE	VIERGE	BALANCE	SCORPION	VERSEAU	BELIER	VERSEAU	CAPRICORNE	SAGITTAIRE	15 VIERGE
3 SEPTEMBRE	VIERGE	BALANCE	SCORPION	VERSEAU	BELIER	VERSEAU	CAPRICORNE	SAGITTAIRE	27 VIERGE
4 SEPTEMBRE	VIERGE	BALANCE	SCORPION	VERSEAU	BELIER	VERSEAU	CAPRICORNE	SAGITTAIRE	9 BALANCE
5 SEPTEMBRE	VIERGE	BALANCE	SCORPION	VERSEAU	BELIER	VERSEAU	CAPRICORNE	SAGITTAIRE	21 BALANCE
6 SEPTEMBRE	VIERGE	BALANCE	SCORPION	VERSEAU	BELIER	VERSEAU	CAPRICORNE	SAGITTAIRE	3 SCORPION
7 SEPTEMBRE	VIERGE	BALANCE	SCORPION	VERSEAU	BELIER	VERSEAU	CAPRICORNE	SAGITTAIRE	15 SCORPION
8 SEPTEMBRE	VIERGE	BALANCE	SCORPION	VERSEAU	BELIER	VERSEAU	CAPRICORNE	SAGITTAIRE	27 SCORPION
9 SEPTEMBRE	VIERGE	BALANCE	SCORPION	VERSEAU	BELIER	VERSEAU	CAPRICORNE	SAGITTAIRE	10 SAGITTAIRE
10 SEPTEMBRE	VIERGE	BALANCE	SCORPION	VERSEAU	BELIER	VERSEAU	CAPRICORNE	SAGITTAIRE	23 SAGITTAIRE
11 SEPTEMBRE	VIERGE	BALANCE	SCORPION	VERSEAU	BELIER	VERSEAU	CAPRICORNE	SAGITTAIRE	6 CAPRICORNE
12 SEPTEMBRE	VIERGE	SCORPION	SCORPION	VERSEAU	BELIER	VERSEAU	CAPRICORNE	SAGITTAIRE	20 CAPRICORNE
13 SEPTEMBRE	VIERGE	SCORPION	SCORPION	VERSEAU	BELIER	VERSEAU	CAPRICORNE	SAGITTAIRE	4 VERSEAU
14 SEPTEMBRE	VIERGE	SCORPION	SCORPION	VERSEAU	BELIER	VERSEAU	CAPRICORNE	SAGITTAIRE	19 VERSEAU
15 SEPTEMBRE	VIERGE	SCORPION	SCORPION	VERSEAU	BELIER	VERSEAU	CAPRICORNE	SAGITTAIRE	4 POISSONS
16 SEPTEMBRE	VIERGE	SCORPION	SCORPION	VERSEAU	BELIER	VERSEAU	CAPRICORNE	SAGITTAIRE	19 POISSONS
17 SEPTEMBRE	VIERGE	SCORPION	SCORPION	VERSEAU	BELIER	VERSEAU	CAPRICORNE	SAGITTAIRE	4 BELIER
18 SEPTEMBRE	VIERGE	SCORPION	SCORPION	VERSEAU	BELIER	VERSEAU	CAPRICORNE	SAGITTAIRE	20 BELIER
19 SEPTEMBRE	VIERGE	SCORPION	SCORPION	VERSEAU	BELIER	VERSEAU	CAPRICORNE	SAGITTAIRE	4 TAUREAU
20 SEPTEMBRE	VIERGE	SCORPION	SCORPION	VERSEAU	BELIER	VERSEAU	CAPRICORNE	SAGITTAIRE	19 TAUREAU
21 SEPTEMBRE	VIERGE	SCORPION	SCORPION	VERSEAU	BELIER	VERSEAU	CAPRICORNE	SAGITTAIRE	3 GEMEAUX
22 SEPTEMBRE	VIERGE	SCORPION	SCORPION	VERSEAU	BELIER	VERSEAU	CAPRICORNE	SAGITTAIRE	16 GEMEAUX

LE SOLEIL ENTRE DANS LE SIGNE DE LA VIERGE LE 23 AOUT 1997 A 2 h 10
QUITTE LE SIGNE DE LA VIERGE LE 22 SEPTEMBRE 1997 A 23 h 50

* LES CHIFFRES INDIQUENT LES DEGRÉS

DÉCOUVREZ DANS QUEL SIGNE SE TROUVAIENT LES PLANÈTES A VOTRE NAISSANCE

1998	MERCURE	VENUS	MARS	JUPITER	SATURNE	URANUS	NEPTUNE	PLUTON	LUNE*
22 AOUT	LION	LION	LION	POISSONS	TAUREAU	VERSEAU	CAPRICORNE	SAGITTAIRE	4 VIERGE
23 AOUT	LION	LION	LION	POISSONS	TAUREAU	VERSEAU	CAPRICORNE	SAGITTAIRE	16 VIERGE
24 AOUT	LION	LION	LION	POISSONS	TAUREAU	VERSEAU	CAPRICORNE	SAGITTAIRE	28 VIERGE
25 AOUT	LION	LION	LION	POISSONS	TAUREAU	VERSEAU	CAPRICORNE	SAGITTAIRE	10 BALANCE
26 AOUT	LION	LION	LION	POISSONS	TAUREAU	VERSEAU	CAPRICORNE	SAGITTAIRE	22 BALANCE
27 AOUT	LION	LION	LION	POISSONS	TAUREAU	VERSEAU	CAPRICORNE	SAGITTAIRE	4 SCORPION
28 AOUT	LION	LION	LION	POISSONS	TAUREAU	VERSEAU	CAPRICORNE	SAGITTAIRE	16 SCORPION
29 AOUT	LION	LION	LION	POISSONS	TAUREAU	VERSEAU	CAPRICORNE	SAGITTAIRE	28 SCORPION
30 AOUT	LION	LION	LION	POISSONS	TAUREAU	VERSEAU	CAPRICORNE	SAGITTAIRE	10 SAGITTAIRE
31 AOUT	LION	LION	LION	POISSONS	TAUREAU	VERSEAU	CAPRICORNE	SAGITTAIRE	22 SAGITTAIRE
1 SEPTEMBRE	LION	LION	LION	POISSONS	TAUREAU	VERSEAU	CAPRICORNE	SAGITTAIRE	5 CAPRICORNE
2 SEPTEMBRE	LION	LION	LION	POISSONS	TAUREAU	VERSEAU	CAPRICORNE	SAGITTAIRE	18 CAPRICORNE
3 SEPTEMBRE	LION	LION	LION	POISSONS	TAUREAU	VERSEAU	CAPRICORNE	SAGITTAIRE	1 VERSEAU
4 SEPTEMBRE	LION	LION	LION	POISSONS	TAUREAU	VERSEAU	CAPRICORNE	SAGITTAIRE	15 VERSEAU
5 SEPTEMBRE	LION	LION	LION	POISSONS	TAUREAU	VERSEAU	CAPRICORNE	SAGITTAIRE	29 VERSEAU
6 SEPTEMBRE	LION	LION	LION	POISSONS	TAUREAU	VERSEAU	CAPRICORNE	SAGITTAIRE	14 POISSONS
7 SEPTEMBRE	LION	VIERGE	LION	POISSONS	TAUREAU	VERSEAU	CAPRICORNE	SAGITTAIRE	28 POISSONS
8 SEPTEMBRE	VIERGE	VIERGE	LION	POISSONS	TAUREAU	VERSEAU	CAPRICORNE	SAGITTAIRE	13 BELIER
9 SEPTEMBRE	VIERGE	VIERGE	LION	POISSONS	TAUREAU	VERSEAU	CAPRICORNE	SAGITTAIRE	28 BELIER
10 SEPTEMBRE	VIERGE	VIERGE	LION	POISSONS	TAUREAU	VERSEAU	CAPRICORNE	SAGITTAIRE	13 TAUREAU
11 SEPTEMBRE	VIERGE	VIERGE	LION	POISSONS	TAUREAU	VERSEAU	CAPRICORNE	SAGITTAIRE	27 TAUREAU
12 SEPTEMBRE	VIERGE	VIERGE	LION	POISSONS	TAUREAU	VERSEAU	CAPRICORNE	SAGITTAIRE	12 GEMEAUX
13 SEPTEMBRE	VIERGE	VIERGE	LION	POISSONS	TAUREAU	VERSEAU	CAPRICORNE	SAGITTAIRE	25 GEMEAUX
14 SEPTEMBRE	VIERGE	VIERGE	LION	POISSONS	TAUREAU	VERSEAU	CAPRICORNE	SAGITTAIRE	9 CANCER
15 SEPTEMBRE	VIERGE	VIERGE	LION	POISSONS	TAUREAU	VERSEAU	CAPRICORNE	SAGITTAIRE	22 CANCER
16 SEPTEMBRE	VIERGE	VIERGE	LION	POISSONS	TAUREAU	VERSEAU	CAPRICORNE	SAGITTAIRE	5 LION
17 SEPTEMBRE	VIERGE	VIERGE	LION	POISSONS	TAUREAU	VERSEAU	CAPRICORNE	SAGITTAIRE	18 LION
18 SEPTEMBRE	VIERGE	VIERGE	LION	POISSONS	TAUREAU	VERSEAU	CAPRICORNE	SAGITTAIRE	0 VIERGE
19 SEPTEMBRE	VIERGE	VIERGE	LION	POISSONS	TAUREAU	VERSEAU	CAPRICORNE	SAGITTAIRE	13 VIERGE
20 SEPTEMBRE	VIERGE	VIERGE	LION	POISSONS	TAUREAU	VERSEAU	CAPRICORNE	SAGITTAIRE	25 VIERGE
21 SEPTEMBRE	VIERGE	VIERGE	LION	POISSONS	TAUREAU	VERSEAU	CAPRICORNE	SAGITTAIRE	7 BALANCE
22 SEPTEMBRE	VIERGE	VIERGE	LION	POISSONS	TAUREAU	VERSEAU	CAPRICORNE	SAGITTAIRE	19 BALANCE
23 SEPTEMBRE	VIERGE	VIERGE	LION	POISSONS	TAUREAU	VERSEAU	CAPRICORNE	SAGITTAIRE	0 SCORPION

LE SOLEIL	ENTRE DANS LE SIGNE DE LA	VIERGE	LE 22 AOUT	1998	A 7 h 50	* LES CHIFFRES INDIQUENT LES DEGRÉS
	QUITTE LE SIGNE DE LA		LE 23 SEPTEMBRE		A 5 h 30	

1999	MERCURE	VENUS	MARS	JUPITER	SATURNE	URANUS	NEPTUNE	PLUTON	LUNE*
23 AOUT	LION	LION	SCORPION	TAUREAU	TAUREAU	VERSEAU	VERSEAU	SAGITTAIRE	18 CAPRICORNE
24 AOUT	LION	LION	SCORPION	TAUREAU	TAUREAU	VERSEAU	VERSEAU	SAGITTAIRE	1 VERSEAU
25 AOUT	LION	LION	SCORPION	TAUREAU	TAUREAU	VERSEAU	VERSEAU	SAGITTAIRE	13 VERSEAU
26 AOUT	LION	LION	SCORPION	TAUREAU	TAUREAU	VERSEAU	VERSEAU	SAGITTAIRE	26 VERSEAU
27 AOUT	LION	LION	SCORPION	TAUREAU	TAUREAU	VERSEAU	VERSEAU	SAGITTAIRE	10 POISSONS
28 AOUT	LION	LION	SCORPION	TAUREAU	TAUREAU	VERSEAU	VERSEAU	SAGITTAIRE	23 POISSONS
29 AOUT	LION	LION	SCORPION	TAUREAU	TAUREAU	VERSEAU	VERSEAU	SAGITTAIRE	7 BELIER
30 AOUT	LION	LION	SCORPION	TAUREAU	TAUREAU	VERSEAU	VERSEAU	SAGITTAIRE	21 BELIER
31 AOUT	LION	LION	SCORPION	TAUREAU	TAUREAU	VERSEAU	VERSEAU	SAGITTAIRE	5 TAUREAU
1 SEPTEMBRE	VIERGE	LION	SCORPION	TAUREAU	TAUREAU	VERSEAU	VERSEAU	SAGITTAIRE	19 TAUREAU
2 SEPTEMBRE	VIERGE	LION	SCORPION	TAUREAU	TAUREAU	VERSEAU	VERSEAU	SAGITTAIRE	4 GEMEAUX
3 SEPTEMBRE	VIERGE	LION	SAGITTAIRE	TAUREAU	TAUREAU	VERSEAU	VERSEAU	SAGITTAIRE	18 GEMEAUX
4 SEPTEMBRE	VIERGE	LION	SAGITTAIRE	TAUREAU	TAUREAU	VERSEAU	VERSEAU	SAGITTAIRE	2 CANCER
5 SEPTEMBRE	VIERGE	LION	SAGITTAIRE	TAUREAU	TAUREAU	VERSEAU	VERSEAU	SAGITTAIRE	16 CANCER
6 SEPTEMBRE	VIERGE	LION	SAGITTAIRE	TAUREAU	TAUREAU	VERSEAU	VERSEAU	SAGITTAIRE	0 LION
7 SEPTEMBRE	VIERGE	LION	SAGITTAIRE	TAUREAU	TAUREAU	VERSEAU	VERSEAU	SAGITTAIRE	14 LION
8 SEPTEMBRE	VIERGE	LION	SAGITTAIRE	TAUREAU	TAUREAU	VERSEAU	VERSEAU	SAGITTAIRE	27 LION
9 SEPTEMBRE	VIERGE	LION	SAGITTAIRE	TAUREAU	TAUREAU	VERSEAU	VERSEAU	SAGITTAIRE	11 VIERGE
10 SEPTEMBRE	VIERGE	LION	SAGITTAIRE	TAUREAU	TAUREAU	VERSEAU	VERSEAU	SAGITTAIRE	24 VIERGE
11 SEPTEMBRE	VIERGE	LION	SAGITTAIRE	TAUREAU	TAUREAU	VERSEAU	VERSEAU	SAGITTAIRE	7 BALANCE
12 SEPTEMBRE	VIERGE	LION	SAGITTAIRE	TAUREAU	TAUREAU	VERSEAU	VERSEAU	SAGITTAIRE	20 BALANCE
13 SEPTEMBRE	VIERGE	LION	SAGITTAIRE	TAUREAU	TAUREAU	VERSEAU	VERSEAU	SAGITTAIRE	2 SCORPION
14 SEPTEMBRE	VIERGE	LION	SAGITTAIRE	TAUREAU	TAUREAU	VERSEAU	VERSEAU	SAGITTAIRE	14 SCORPION
15 SEPTEMBRE	VIERGE	LION	SAGITTAIRE	TAUREAU	TAUREAU	VERSEAU	VERSEAU	SAGITTAIRE	26 SCORPION
16 SEPTEMBRE	VIERGE	LION	SAGITTAIRE	TAUREAU	TAUREAU	VERSEAU	VERSEAU	SAGITTAIRE	8 SAGITTAIRE
17 SEPTEMBRE	BALANCE	LION	SAGITTAIRE	TAUREAU	TAUREAU	VERSEAU	VERSEAU	SAGITTAIRE	20 SAGITTAIRE
18 SEPTEMBRE	BALANCE	LION	SAGITTAIRE	TAUREAU	TAUREAU	VERSEAU	VERSEAU	SAGITTAIRE	2 CAPRICORNE
19 SEPTEMBRE	BALANCE	LION	SAGITTAIRE	TAUREAU	TAUREAU	VERSEAU	VERSEAU	SAGITTAIRE	14 CAPRICORNE
20 SEPTEMBRE	BALANCE	LION	SAGITTAIRE	TAUREAU	TAUREAU	VERSEAU	VERSEAU	SAGITTAIRE	26 CAPRICORNE
21 SEPTEMBRE	BALANCE	LION	SAGITTAIRE	TAUREAU	TAUREAU	VERSEAU	VERSEAU	SAGITTAIRE	9 VERSEAU
22 SEPTEMBRE	BALANCE	LION	SAGITTAIRE	TAUREAU	TAUREAU	VERSEAU	VERSEAU	SAGITTAIRE	22 VERSEAU
23 SEPTEMBRE	BALANCE	LION	SAGITTAIRE	TAUREAU	TAUREAU	VERSEAU	VERSEAU	SAGITTAIRE	5 POISSONS

LE SOLEIL	ENTRE DANS LE SIGNE DE LA	VIERGE	LE 23 AOUT	1999	A 13 h 45	* LES CHIFFRES INDIQUENT LES DEGRÉS
	QUITTE LE SIGNE DE LA		LE 22 SEPTEMBRE		A 11 h 25	

DÉCOUVREZ DANS QUEL SIGNE SE TROUVAIENT LES PLANÈTES A VOTRE NAISSANCE

2000	MERCURE	VENUS	MARS	JUPITER	SATURNE	URANUS	NEPTUNE	PLUTON	LUNE*
22 AOUT	LION	VIERGE	LION	GEMEAUX	GEMEAUX	VERSEAU	VERSEAU	SAGITTAIRE	26 TAUREAU
23 AOUT	VIERGE	VIERGE	LION	GEMEAUX	GEMEAUX	VERSEAU	VERSEAU	SAGITTAIRE	10 GEMEAUX
24 AOUT	VIERGE	VIERGE	LION	GEMEAUX	GEMEAUX	VERSEAU	VERSEAU	SAGITTAIRE	24 GEMEAUX
25 AOUT	VIERGE	VIERGE	LION	GEMEAUX	GEMEAUX	VERSEAU	VERSEAU	SAGITTAIRE	8 CANCER
26 AOUT	VIERGE	VIERGE	LION	GEMEAUX	GEMEAUX	VERSEAU	VERSEAU	SAGITTAIRE	23 CANCER
27 AOUT	VIERGE	VIERGE	LION	GEMEAUX	GEMEAUX	VERSEAU	VERSEAU	SAGITTAIRE	8 LION
28 AOUT	VIERGE	VIERGE	LION	GEMEAUX	GEMEAUX	VERSEAU	VERSEAU	SAGITTAIRE	23 LION
29 AOUT	VIERGE	VIERGE	LION	GEMEAUX	GEMEAUX	VERSEAU	VERSEAU	SAGITTAIRE	7 VIERGE
30 AOUT	VIERGE	VIERGE	LION	GEMEAUX	GEMEAUX	VERSEAU	VERSEAU	SAGITTAIRE	22 VIERGE
31 AOUT	VIERGE	BALANCE	LION	GEMEAUX	GEMEAUX	VERSEAU	VERSEAU	SAGITTAIRE	6 BALANCE
1 SEPTEMBRE	VIERGE	BALANCE	LION	GEMEAUX	GEMEAUX	VERSEAU	VERSEAU	SAGITTAIRE	20 BALANCE
2 SEPTEMBRE	VIERGE	BALANCE	LION	GEMEAUX	GEMEAUX	VERSEAU	VERSEAU	SAGITTAIRE	3 SCORPION
3 SEPTEMBRE	VIERGE	BALANCE	LION	GEMEAUX	GEMEAUX	VERSEAU	VERSEAU	SAGITTAIRE	16 SCORPION
4 SEPTEMBRE	VIERGE	BALANCE	LION	GEMEAUX	GEMEAUX	VERSEAU	VERSEAU	SAGITTAIRE	29 SCORPION
5 SEPTEMBRE	VIERGE	BALANCE	LION	GEMEAUX	GEMEAUX	VERSEAU	VERSEAU	SAGITTAIRE	11 SAGITTAIRE
6 SEPTEMBRE	VIERGE	BALANCE	LION	GEMEAUX	GEMEAUX	VERSEAU	VERSEAU	SAGITTAIRE	23 SAGITTAIRE
7 SEPTEMBRE	VIERGE	BALANCE	LION	GEMEAUX	GEMEAUX	VERSEAU	VERSEAU	SAGITTAIRE	5 CAPRICORNE
8 SEPTEMBRE	BALANCE	BALANCE	LION	GEMEAUX	GEMEAUX	VERSEAU	VERSEAU	SAGITTAIRE	17 CAPRICORNE
9 SEPTEMBRE	BALANCE	BALANCE	LION	GEMEAUX	GEMEAUX	VERSEAU	VERSEAU	SAGITTAIRE	28 CAPRICORNE
10 SEPTEMBRE	BALANCE	BALANCE	LION	GEMEAUX	GEMEAUX	VERSEAU	VERSEAU	SAGITTAIRE	10 VERSEAU
11 SEPTEMBRE	BALANCE	BALANCE	LION	GEMEAUX	GEMEAUX	VERSEAU	VERSEAU	SAGITTAIRE	22 VERSEAU
12 SEPTEMBRE	BALANCE	BALANCE	LION	GEMEAUX	GEMEAUX	VERSEAU	VERSEAU	SAGITTAIRE	5 POISSONS
13 SEPTEMBRE	BALANCE	BALANCE	LION	GEMEAUX	GEMEAUX	VERSEAU	VERSEAU	SAGITTAIRE	17 POISSONS
14 SEPTEMBRE	BALANCE	BALANCE	LION	GEMEAUX	GEMEAUX	VERSEAU	VERSEAU	SAGITTAIRE	0 BELIER
15 SEPTEMBRE	BALANCE	BALANCE	LION	GEMEAUX	GEMEAUX	VERSEAU	VERSEAU	SAGITTAIRE	13 BELIER
16 SEPTEMBRE	BALANCE	BALANCE	LION	GEMEAUX	GEMEAUX	VERSEAU	VERSEAU	SAGITTAIRE	26 BELIER
17 SEPTEMBRE	BALANCE	BALANCE	VIERGE	GEMEAUX	GEMEAUX	VERSEAU	VERSEAU	SAGITTAIRE	9 TAUREAU
18 SEPTEMBRE	BALANCE	BALANCE	VIERGE	GEMEAUX	GEMEAUX	VERSEAU	VERSEAU	SAGITTAIRE	23 TAUREAU
19 SEPTEMBRE	BALANCE	BALANCE	VIERGE	GEMEAUX	GEMEAUX	VERSEAU	VERSEAU	SAGITTAIRE	7 GEMEAUX
20 SEPTEMBRE	BALANCE	BALANCE	VIERGE	GEMEAUX	GEMEAUX	VERSEAU	VERSEAU	SAGITTAIRE	20 GEMEAUX
21 SEPTEMBRE	BALANCE	BALANCE	VIERGE	GEMEAUX	GEMEAUX	VERSEAU	VERSEAU	SAGITTAIRE	4 CANCER
22 SEPTEMBRE	BALANCE	BALANCE	VIERGE	GEMEAUX	GEMEAUX	VERSEAU	VERSEAU	SAGITTAIRE	18 CANCER

LE SOLEIL	ENTRE DANS LE SIGNE DE LA	VIERGE	LE 22 AOUT	2000	A 19 h 40	* LES CHIFFRES INDIQUENT LES DEGRÉS
	QUITTE LE SIGNE DE LA		LE 22 SEPTEMBRE		A 17 h 20	

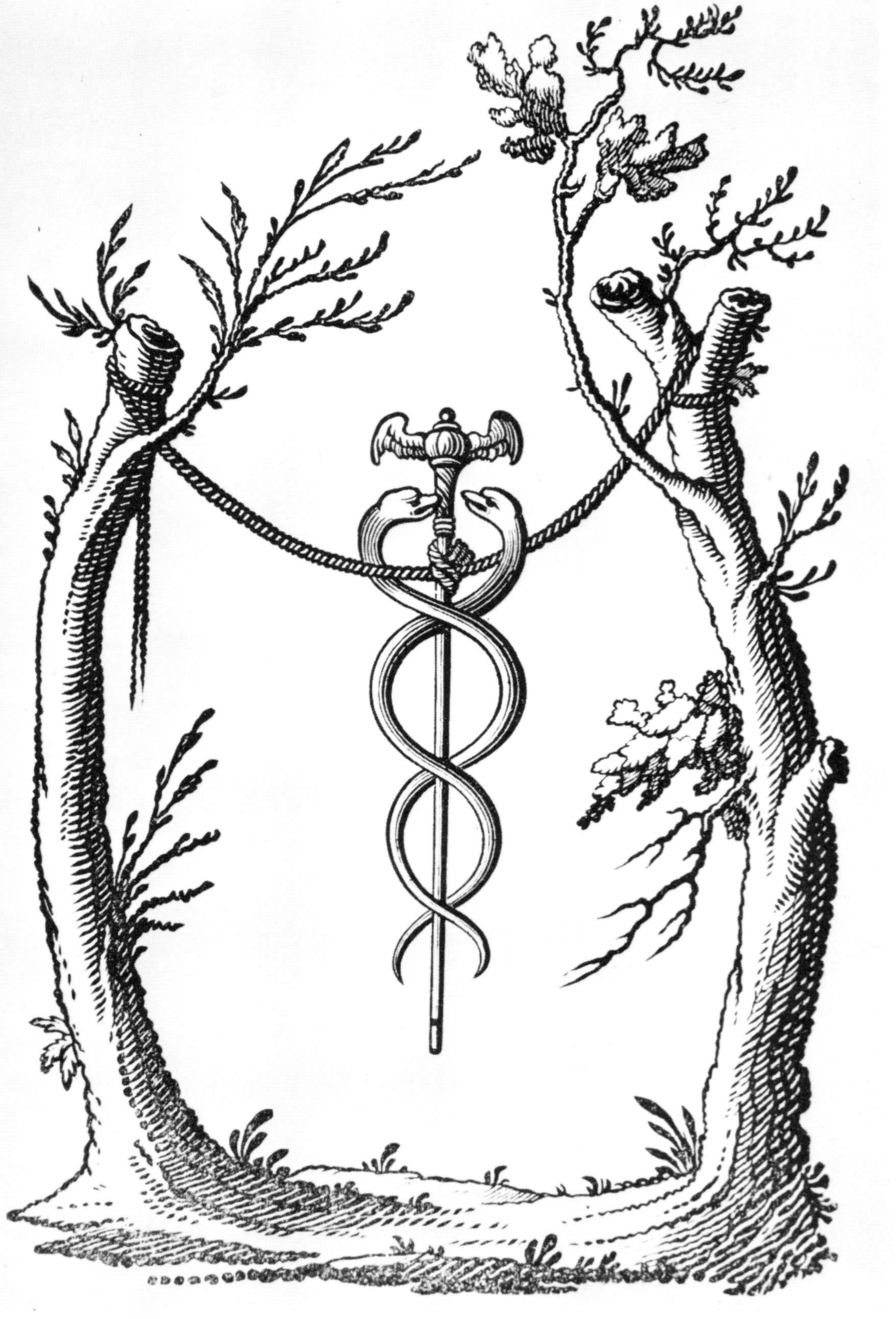

Le serpent du caducée présente un double aspect symbolique, l'un bénéfique (vivificateur et inspirateur), l'autre maléfique (démesure des forces naturelles).

Comment interpréter Mercure dans les Signes

Mercure en Vierge

Nous accordons une place à part à Mercure. Maître planétaire de la Vierge, en Domicile diurne dans ce signe, il y exerce une influence privilégiée. Il convient d'abord de préciser la signification de la planète avant d'étudier ses relations avec le signe.

La définition proposée par Claire Santagostini nous semble à la fois la plus complète et la plus proche d'une synthèse heureuse des différents courants astrologiques : « Force de liaison entre les poussées de l'intérieur (richesse instinctuelle) et les "pressions de l'extérieur" par établissement de rapports entre les uns et les autres. »

Il revient donc à Mercure de permettre les liaisons entre l'homme et le monde, les échanges avec le milieu. Pour comprendre ce qu'il reçoit du monde, l'individu doit établir des rapports entre cet acquis et lui-même. D'où une distanciation, une répression de la vie sensible au profit d'une cérébralisation, d'une perception intellectuelle à travers la connaissance lucide. Cela suppose l'aptitude à analyser et à évaluer les divers éléments en jeu.

A la base du principe de Mercure, purement intellectuel, sont la création et la manipulation de la pensée. Par extension, son utilisation pratique et objective. Valeur dégagée de toute pulsion émotionnelle. Par conséquent, Mercure renseigne sur la forme de pensée d'un individu, sa forme d'intelligence, tout autant que sur son aptitude à extérioriser ses pensées en parole ou par écrit, et à se faire — ou non — comprendre d'autrui. Le langage incluant également les gestes, mimiques ou danses.

Mercure donne une insatiable curiosité, vierge de tout a-priori, libre de toute entrave. Le monde est un passionnant champ d'investigation pour le Mercurien, qui engage un dialogue permanent avec son entourage. C'est un libre penseur, toujours prêt à jeter un regard neuf sur les êtres et les choses, d'autant qu'il a l'art de changer les angles de vues.

Mercure exerce une influence bien différente dans son Domicile nocturne (Gémeaux) et dans son Domicile diurne (Vierge). Ici, point de joutes verbales, de jeux d'esprit « pour le plaisir ». Le sujet répugne autant à l'acte (intellectuel) gratuit qu'aux concepts purement abstraits. Dans un cas comme dans l'autre, il éprouverait un pénible sentiment de frustration. Il utilise son intelligence comme un outil forgé pour l'aider à résoudre des problèmes concrets. Aussi est-il plus préoccupé de capter et d'analyser les multiples détails de la vie quotidienne que d'échafauder de séduisantes théories, dont la seule faille est d'être quasiment irréalisables en pratique.

Mercure en Vierge souligne les qualités de mémoire et d'observation. Le sujet excelle dans les domaines où il faut fidèlement retranscrire une réalité plutôt que l'interpréter ou l'intellectualiser.

Mais l'on devine aisément les dangers d'un esprit aussi enraciné dans le réel. Si le reste du thème ne présente pas de solides valeurs d'imagination (valorisation des signes d'Eau—Cancer, Scorpion, Poissons—dominante lunaire) ou de créativité (planètes de transcendance—Neptune, Pluton), le sujet risque de s'enliser dans le prosaïsme. La pensée manque alors par trop d'élévation. Le souci d'ordre, de précision, d'exactitude est poussé à l'excès, donnant un caractère tatillon, mesquin, étroit d'esprit. On peut craindre une propension à se perdre dans les détails, à buter sur des points secondaires, à se complaire dans les complications et, finalement, à perdre de vue l'aspect général d'un problème. C'est le tribut que doit payer une intelligence excessivement analytique.

L'autre danger, c'est de s'enfermer dans une logique trop personnelle et de soigner ses particularismes, sous une apparence de rigueur et de respect de la réalité. Le sujet est alors enclin à servir des vérités trop étriquées, à bâtir de grandes démonstrations sur de minces arguments, gâchant ainsi son riche potentiel intellectuel.

Quoi qu'il en soit, Mercure en Vierge stimule considérablement l'activité mentale. Il confère un amour du langage et des mots, qui peut conduire le sujet à s'orienter vers une carrière littéraire ou, du moins, à utiliser sous une forme ou sous une autre ce don.

Chez les écrivains dont le thème présente cette configuration, le style est net, concis, rigoureux. On ne se permet aucune facilité. La quête du « mot juste » se révèle parfois fastidieuse ou frustrante, mais elle est toujours ressentie comme une nécessité absolue. La phrase coule, limpide, claire, bien structurée. Naturellement, l'effort fourni pour obtenir cette forme élégante et sobre ne doit, à aucun moment, transparaître. Le manque de fantaisie de ce style peut être considéré, par certains, comme un défaut (Alain Peyrefitte, Michel Rocard, Régis Debray, Félicien Marceau).

Mercure en Balance

La pensée est juste et le jugement sûr. C'est une pensée qui pèse volontiers le pour et le contre car elle s'efforce d'être impartiale. Elle est tout en nuances et se veut conciliante.

Loin de jeter de l'huile sur le feu, le sujet cherche à apaiser les esprits et à réconcilier les points de vue. Il est doué pour jouer les intermédiaires ou les arbitres.

Mercure et la Balance se rapportent à tout ce qui est lié à la communication, y compris les moyens de communication. Voilà pourquoi le sujet, toujours dans la Maison V, se lie volontiers à des artistes, que ce soient des gens du spectacle, des écrivains, des peintres ou des musiciens.

Mercure en Scorpion

L'intuition est non seulement très fine dans ses relations avec autrui, mais encore elle porte le natif jusqu'à des vues cosmiques, des visions prophétiques ou mystiques. Doué pour la divination, perspicace, incisif, ne craignant ni Dieu ni Diable dans sa quête de la connaissance, le Mercurien du Scorpion s'aventure aux frontières des enfers. Son intelligence est attirée par les interdits à violer : elle veut tout savoir, tout connaître, quoi qu'il en coûte. C'est Eve devant l'arbre défendu qui lui ouvrait la connaissance du bien et du mal. Mercure en Scorpion est plus puissant encore lorsqu'il est en aspect harmonique avec Pluton. Il donne au sujet une grande discrétion, un grand discernement, une prudence qui lui évitent de tomber dans bien des pièges.

Mercure en Sagittaire

Celui qui craint d'être dépassé par les événements prend la peine de tout prévoir, de fixer dans les moindres détails le calendrier et l'ordre du jour. Le Sagittaire, lui, n'a pas besoin de se reposer sur un Mercure très actif et minutieux. Il se fie à ses dons d'improvisateur qui fait flèche de tout bois. Il compte sur sa chance pour achever ce qu'il n'a qu'esquissé. Il se méfie des plans dressés sur la comète et des pronostics toujours bafoués par la réalité.

Mercure en Capricorne

Extraordinaire position pour cet astre. L'intelligence est profonde, pénétrante, sûre. Le sens du détail, de l'analyse, est assorti d'un esprit de synthèse fulgurant. Excellente mémoire. Discernement, jugement presque infaillible, sens du temps. L'être est mesuré, peu expansif, mais son ambition se révèle imperturbablement tenace.

Mercure en Verseau

Mercure en Verseau signe une intelligence intuitive mais rigoureuse, à condition que le sujet soit motivé. Sinon, il se laisse plutôt envahir passivement par les informations qu'il emmagasine et qui resteront latentes, en attendant de ressortir un jour sous forme créative.

Au Verseau, Mercure est souvent distrait. Il n'établit le contact avec autrui que si l'ambiance est mobilisatrice, l'interlocuteur plaisant, ou si la discussion porte sur ses convictions.

Mercure en Poissons

Cette planète est en exil dans les Poissons. Dans ce signe d'eau, elle donne un fort potentiel de sensibilité intuitive. Elle représente, en effet, le filtre intellectuel à travers lequel vous vous exprimez en tant que Poissons. Ce n'est pas seulement votre forme d'intelligence mais aussi la direction qu'elle va prendre. C'est votre faculté d'adaptation qu'elle définit, et vos relations avec l'entourage. Cette direction sera, dans le sens de Neptune, infinie. La perception des choses sera beaucoup plus intuitive, immédiate que déductive. C'est une perception sans détail. Rien de précis, mais une vision « globale » instantanée. La compréhension est « affective ».

Mercure en Bélier

La planète Mercure représentant le mental, celui-ci se trouve ici sous la domination de Mars ou Pluton : fougue, intuition foudroyante, certitude d'avoir raison. Les choses sont vécues dans l'instant, avec l'ivresse de la découverte. Cette position laisse peu de place au doute, à l'hésitation. L'intellect est très actif, avec une tendance à la polémique (Mars) et au sarcasme (Pluton).

La franchise est brutale, tranchante comme un scalpel. La diplomatie et la douceur ne sont pas le fort de Mercure en Bélier ! C'est la position des polémistes, des « fonceurs ». Le passage de la pensée à l'acte est immédiat : c'est un peu la conjonction Mercure-Mars, avec son don de persuasion, sa rapidité redoutable.

Mercure en Taureau

L'effet du Taureau sur Mercure limite la disponibilité intellectuelle et sociale. Il n'y a pas d'affinité évidente entre l'astre de l'ouverture, des réponses réflexes aux sollicitations ambiantes, et le signe du contrôle, de la première réaction de défense contre les incitations extérieures. L'astro-psychologie insiste donc sur la spécialisation des facultés mentales plutôt que sur la diversité d'aptitudes.

Les dons d'observation, l'application travailleuse, la continuité des idées, pallient les lenteurs de l'intelligence et ses réticences (non insurmontables) devant les abstractions. Cependant, l'esprit progresse fort loin si la matière se prête à une saisie logique, méthodique, et à une démarche analytique raisonnée du concret à l'abstrait.

La curiosité serait plus vive et l'intelligence plus habile dans la détection des sources de plaisirs, profits et possessions.

Mercure en Gémeaux

La souplesse d'esprit, le besoin de connaître, celui de transmettre le message dont on est porteur s'allient à une exceptionnelle facilité d'assimilation de toutes les données que l'esprit doit intégrer. A cela s'ajoute l'association des idées, tout aussi rapide, qui permet d'élaborer très vite des ensembles d'où sortira la résolution des problèmes posés. Par contre, si la compréhension ne s'effectue pas dans l'instant même, il est fréquent que l'on doive s'y atteler à nouveau au prix d'efforts inhabituels et fastidieux. Il va sans dire qu'un tel Mercure est un atout important dans les thèmes des avocats, des hommes politiques, des représentants. Parfois s'y joint le sens de l'humour, de l'ironie, de la répartie. Le sujet est apprécié pour ses dons de causeur. Il lui est assez difficile de se spécialiser, car il veut tout savoir, tout apprendre, mais se contente trop souvent d'un survol rapide. Il sait s'insérer dans les conversations pour les orienter selon son gré.

Mercure en Cancer

La planète de l'intelligence se teinte ici de finesse analytique, de sensitivité, d'irrationnel. L'intuition s'affine, se laisse diriger par une perception subjective des problèmes, et les résout grâce au « flair », au doigté, à l'instinct beaucoup plus que par raisonnement. Mercure en Cancer fait des êtres qui écoutent plus qu'ils ne parlent, qui enregistrent et mémorisent les moindres faits et gestes pour s'en servir plus tard dans des circonstances appropriées. L'esprit, à la démarche lente et sûre, donne du poids aux synthèses. C'est un esprit qui allie les qualités inventives aux déductions logiques.

Mercure en Lion

Vous pouvez par exemple connaître la sensation grisante de pouvoir venir à bout de toutes les énigmes, d'affronter, comme en vous en jouant, les problèmes filandreux où s'entortillent les esprits moins alertes. Pour vous, les discours choc, les idées fortes et les images frappantes, pour peu qu'on les répande suffisamment, recèlent une efficacité redoutable, un pouvoir libérateur hors pair. Nulle muraille ne s'avise de résister à un trompettiste assez constant et malicieux, tous les rescapés de Jéricho vous le diront.

Comment utiliser vos heure et lieu de naissance pour déterminer le signe zodiacal de la Lune

Votre heure solaire de naissance (déjà calculée pour votre Ascendant) .... H
Rectification de cette heure d'après la carte de géographie mondiale et en fonction de votre lieu de naissance (p. 8-9) .... H *

Par exemple, si vous êtes né(e) en Egypte, vous vous reportez à ce pays sur la carte des pages 8 et 9 ; vous suivez le trait vertical vers le haut et vous lisez ***Retranchez 2 h.*** *Vous inscrivez donc - 2 h, ci-contre.*

Soit l'heure de Greenwich correspondant à votre heure solaire de naissance : (HG) .... H **

* Si cette valeur est supérieure à votre heure solaire de naissance et que vous devez la retrancher, il vous suffit d'ajouter d'abord 24 heures à votre heure solaire de naissance :
4 h 30 - 6 h soit 4 h 30 + 24 h = 28 h 30 - 6 h = **22 h 30**
** Si ce total est supérieur à 24 heures, vous retranchez simplement 24 heures :
19 h + 7 h = 26 h - 24 h = **2 h**

Par simple lecture du tableau ci-dessous vous trouvez alors le nombre de degrés zodiacaux à ajouter ou à retrancher du nombre indiqué par la Table pour obtenir le signe zodiacal final de la Lune à votre naissance.

Si l'heure de Greenwich (HG) est comprise entre ▼	et ▼	Voici l'opération que vous effectuez ▼	
0 h	1 h 30	Vous retranchez	6 degrés
1 h 31	3 h 30	Vous retranchez	5 degrés
3 h 31	5 h 30	Vous retranchez	4 degrés
5 h 31	7 h 30	Vous retranchez	3 degrés
7 h 31	9 h 30	Vous retranchez	2 degrés
9 h 31	11 h 30	Vous retranchez	1 degré
11 h 31	12 h 30	Aucun changement	
12 h 31	14 h 30	Vous ajoutez	1 degré
14 h 31	16 h 30	Vous ajoutez	2 degrés
16 h 31	18 h 30	Vous ajoutez	3 degrés
18 h 31	20 h 30	Vous ajoutez	4 degrés
20 h 31	22 h 30	Vous ajoutez	5 degrés
22 h 31	0 h 00	Vous ajoutez	6 degrés

Exemple : Lune à 27° du Capricorne pour une naissance à Mexico à 15 heures solaires. L'heure Greenwich correspondante est égale à 15 h + 6 h 30 = 21 h 30 qui se situent entre 20 h 31 et 22 h 30, et l'on doit ajouter 5 degrés zodiacaux soit 27° Capricorne + 5 = 32 et 32 = 30 + 2, soit Lune à 2 degrés du Verseau = Lune en Verseau.

Cette magnifique gravure du XIXe *siècle montre le rayonnement du Soleil par rapport aux autres planètes.*

Généralités sur les aspects planétaires

Dans leur mouvement autour du Soleil, les planètes occupent des positions différentes les unes par rapport aux autres.

Les aspects planétaires correspondent à certaines de ces positions vues de la Terre c'est-à-dire en fonction du signe zodiacal occupé par chaque planète.

Certains écarts entre deux planètes constituent des aspects harmoniques.

Dans ce cas, les énergies des deux planètes se combinent aisément et s'enrichissent mutuellement ; il existe une heureuse possibilté de développement des facultés physiques et psychologiques correspondant à ces deux planètes.

D'autres écarts entre planètes constituent des aspects dissonants.

Dans ce cas, les énergies des deux planètes entrent en conflit et ne parviennent pas à s'associer positivement ; il se produit un excès ou une carence des facultés planétaires correspondantes.

Vous trouverez dans les tableaux d'aspects ci-après la nature harmonique (H) ou dissonante (D) des aspects que formaient, à votre naissance, les différentes planètes entre elles.

Dans certains cas, les planètes ne forment aucun aspect, ce qui correspond aux zones vides des tableaux.

Si, par exemple, vous désirez connaître la nature de l'aspect éventuel que formait Jupiter en Cancer avec Mars en Poissons, vous utilisez le tableau « Si vous avez une planète dans le Cancer ».

Vous cherchez la ligne Mars dans ce tableau et à la colonne Poissons vous lisez H, ce qui signifie que Jupiter et Mars ont entre eux un aspect harmonique.

Au cas où les deux planètes sont dans la même ligne, vous utilisez le tableau spécial dont l'emploi se passe de commentaire.

La recherche de la signification des aspects constitue une exploration nouvelle et enrichissante de votre personnalité.

Vous pouvez en retirer une connaissance très utile des forces qui en vous se complètent ou s'opposent, ce qui vous donne la possibilité de les exprimer encore mieux.

QUALITÉ DES ASPECTS LORSQUE DEUX PLANÈTES SE TROUVENT DANS LE MÊME SIGNE ZODIACAL

	PLANÈTE DANS LE SIGNE ZODIACAL									
AUTRES PLANÈTES DANS LE MÊME SIGNE	SOLEIL	LUNE	MERCURE	VÉNUS	MARS	JUPITER	SATURNE	URANUS	NEPTUNE	PLUTON
SOLEIL		H	H	H	D	H	D	D	H	D
LUNE	H		H	H	D	H	D	D	H	D
MERCURE	H	H		H	D	H	D	D	H	D
VÉNUS	H	H	H		D	H	D	D	H	D
MARS	D	D	D	D		D	D	D	D	D
JUPITER	H	H	H	H	D		D	D	H	D
SATURNE	D	D	D	D	D	D		D	D	D
URANUS	D	D	D	D	D	D	D		D	D
NEPTUNE	H	H	H	H	D	H	D	D		D
PLUTON	D	D	D	D	D	D	D	D	D	

SI VOUS AVEZ UNE PLANÈTE DANS LE BÉLIER

Elle a les aspects suivants avec les autres Planètes dans les autres signes	BÉLIER	TAUREAU	GÉMEAUX	CANCER	LION	VIERGE	BALANCE	SCORPION	SAGITTAIRE	CAPRICORNE	VERSEAU	POISSONS
SOLEIL			H	D	H		D		H	D	H	
LUNE	VOIR TABLEAU SPÉCIAL		H	D	H		D		H	D	H	
MERCURE			H	D	H		D		H	D	H	
VÉNUS			H	D	H		D		H	D	H	
MARS			H	D	H		D		H	D	H	
JUPITER			H	D	H		D		H	D	H	
SATURNE			H	D	H		D		H	D	H	
URANUS			H	D	H		D		H	D	H	
NEPTUNE			H	D	H		D		H	D	H	
PLUTON			H	D	H		D		H	D	H	

SI VOUS AVEZ UNE PLANETE DANS LE TAUREAU

Elle a les aspects suivants avec les autres Planètes dans les autres signes	BÉLIER	TAUREAU	GÉMEAUX	CANCER	LION	VIERGE	BALANCE	SCORPION	SAGITTAIRE	CAPRICORNE	VERSEAU	POISSONS
SOLEIL				H	D	H		D		H	D	H
LUNE		VOIR TABLEAU SPÉCIAL		H	D	H		D		H	D	H
MERCURE				H	D	H		D		H	D	H
VÉNUS				H	D	H		D		H	D	H
MARS				H	D	H		D		H	D	H
JUPITER				H	D	H		D		H	D	H
SATURNE				H	D	H		D		H	D	H
URANUS				H	D	H		D		H	D	H
NEPTUNE				H	D	H		D		H	D	H
PLUTON				H	D	H		D		H	D	H

SI VOUS AVEZ UNE PLANÈTE DANS LES GÉMEAUX

Elle a les aspects suivants avec les autres Planètes dans les autres signes	BÉLIER	TAUREAU	GÉMEAUX	CANCER	LION	VIERGE	BALANCE	SCORPION	SAGITTAIRE	CAPRICORNE	VERSEAU	POISSONS
SOLEIL	H				H	D	H		D		H	D
LUNE	H		VOIR TABLEAU SPÉCIAL		H	D	H		D		H	D
MERCURE	H				H	D	H		D		H	D
VÉNUS	H				H	D	H		D		H	D
MARS	H				H	D	H		D		H	D
JUPITER	H				H	D	H		D		H	D
SATURNE	H				H	D	H		D		H	D
URANUS	H				H	D	H		D		H	D
NEPTUNE	H				H	D	H		D		H	D
PLUTON	H				H	D	H		D		H	D

SI VOUS AVEZ UNE PLANÈTE DANS LE CANCER

Elle a les aspects suivants avec les autres Planètes dans les autres signes	BÉLIER	TAUREAU	GÉMEAUX	CANCER	LION	VIERGE	BALANCE	SCORPION	SAGITTAIRE	CAPRICORNE	VERSEAU	POISSONS
SOLEIL	D	H		VOIR TABLEAU SPÉCIAL		H	D	H		D		H
LUNE	D	H				H	D	H		D		H
MERCURE	D	H				H	D	H		D		H
VÉNUS	D	H				H	D	H		D		H
MARS	D	H				H	D	H		D		H
JUPITER	D	H				H	D	H		D		H
SATURNE	D	H				H	D	H		D		H
URANUS	D	H				H	D	H		D		H
NEPTUNE	D	H				H	D	H		D		H
PLUTON	D	H				H	D	H		D		H

SI VOUS AVEZ UNE PLANÈTE DANS LE LION

Elle a les aspects suivants avec les autres Planètes dans les autres signes	BÉLIER	TAUREAU	GÉMEAUX	CANCER	LION	VIERGE	BALANCE	SCORPION	SAGITTAIRE	CAPRICORNE	VERSEAU	POISSONS
SOLEIL	H	D	H		VOIR TABLEAU SPÉCIAL		H	D	H		D	
LUNE	H	D	H				H	D	H		D	
MERCURE	H	D	H				H	D	H		D	
VÉNUS	H	D	H				H	D	H		D	
MARS	H	D	H				H	D	H		D	
JUPITER	H	D	H				H	D	H		D	
SATURNE	H	D	H				H	D	H		D	
URANUS	H	D	H				H	D	H		D	
NEPTUNE	H	D	H				H	D	H		D	
PLUTON	H	D	H				H	D	H		D	

SI VOUS AVEZ UNE PLANÈTE DANS LA VIERGE

Elle a les aspects suivants avec les autres Planètes dans les autres signes	BÉLIER	TAUREAU	GÉMEAUX	CANCER	LION	VIERGE	BALANCE	SCORPION	SAGITTAIRE	CAPRICORNE	VERSEAU	POISSONS
SOLEIL		H	D	H		VOIR TABLEAU SPÉCIAL		H	D	H		D
LUNE		H	D	H				H	D	H		D
MERCURE		H	D	H				H	D	H		D
VÉNUS		H	D	H				H	D	H		D
MARS		H	D	H				H	D	H		D
JUPITER		H	D	H				H	D	H		D
SATURNE		H	D	H				H	D	H		D
URANUS		H	D	H				H	D	H		D
NEPTUNE		H	D	H				H	D	H		D
PLUTON		H	D	H				H	D	H		D

SI VOUS AVEZ UNE PLANÈTE DANS LA BALANCE

Elle a les aspects suivants avec les autres Planètes dans les autres signes	BÉLIER	TAUREAU	GÉMEAUX	CANCER	LION	VIERGE	BALANCE	SCORPION	SAGITTAIRE	CAPRICORNE	VERSEAU	POISSONS
SOLEIL	D		H	D	H		VOIR TABLEAU SPÉCIAL		H	D	H	
LUNE	D		H	D	H				H	D	H	
MERCURE	D		H	D	H				H	D	H	
VÉNUS	D		H	D	H				H	D	H	
MARS	D		H	D	H				H	D	H	
JUPITER	D		H	D	H				H	D	H	
SATURNE	D		H	D	H				H	D	H	
URANUS	D		H	D	H				H	D	H	
NEPTUNE	D		H	D	H				H	D	H	
PLUTON	D		H	D	H				H	D	H	

SI VOUS AVEZ UNE PLANÈTE DANS LE SCORPION

Elle a les aspects suivants avec les autres Planètes dans les autres signes	BÉLIER	TAUREAU	GÉMEAUX	CANCER	LION	VIERGE	BALANCE	SCORPION	SAGITTAIRE	CAPRICORNE	VERSEAU	POISSONS
SOLEIL		D		H	D	H		VOIR TABLEAU SPÉCIAL		H	D	H
LUNE		D		H	D	H				H	D	H
MERCURE		D		H	D	H				H	D	H
VÉNUS		D		H	D	H				H	D	H
MARS		D		H	D	H				H	D	H
JUPITER		D		H	D	H				H	D	H
SATURNE		D		H	D	H				H	D	H
URANUS		D		H	D	H				H	D	H
NEPTUNE		D		H	D	H				H	D	H
PLUTON		D		H	D	H				H	D	H

SI VOUS AVEZ UNE PLANÈTE DANS LE SAGITTAIRE

Elle a les aspects suivants avec les autres Planètes dans les autres signes	BÉLIER	TAUREAU	GÉMEAUX	CANCER	LION	VIERGE	BALANCE	SCORPION	SAGITTAIRE	CAPRICORNE	VERSEAU	POISSONS
SOLEIL	H		D		H	D	H		VOIR TABLEAU SPÉCIAL		H	D
LUNE	H		D		H	D	H				H	D
MERCURE	H		D		H	D	H				H	D
VÉNUS	H		D		H	D	H				H	D
MARS	H		D		H	D	H				H	D
JUPITER	H		D		H	D	H				H	D
SATURNE	H		D		H	D	H				H	D
URANUS	H		D		H	D	H				H	D
NEPTUNE	H		D		H	D	H				H	D
PLUTON	H		D		H	D	H				H	D

SI VOUS AVEZ UNE PLANÈTE DANS LE CAPRICORNE

Elle a les aspects suivants avec les autres Planètes dans les autres signes	BÉLIER	TAUREAU	GÉMEAUX	CANCER	LION	VIERGE	BALANCE	SCORPION	SAGITTAIRE	CAPRICORNE	VERSEAU	POISSONS
SOLEIL	D	H		D		H	D	H				H
LUNE	D	H		D		H	D	H		VOIR TABLEAU SPÉCIAL		H
MERCURE	D	H		D		H	D	H				H
VÉNUS	D	H		D		H	D	H				H
MARS	D	H		D		H	D	H				H
JUPITER	D	H		D		H	D	H				H
SATURNE	D	H		D		H	D	H				H
URANUS	D	H		D		H	D	H				H
NEPTUNE	D	H		D		H	D	H				H
PLUTON	D	H		D		H	D	H				H

SI VOUS AVEZ UNE PLANÈTE DANS LE VERSEAU

Elle a les aspects suivants avec les autres Planètes dans les autres signes	BÉLIER	TAUREAU	GÉMEAUX	CANCER	LION	VIERGE	BALANCE	SCORPION	SAGITTAIRE	CAPRICORNE	VERSEAU	POISSONS
SOLEIL	H	D	H		D		H	D	H			
LUNE	H	D	H		D		H	D	H		VOIR TABLEAU SPÉCIAL	
MERCURE	H	D	H		D		H	D	H			
VÉNUS	H	D	H		D		H	D	H			
MARS	H	D	H		D		H	D	H			
JUPITER	H	D	H		D		H	D	H			
SATURNE	H	D	H		D		H	D	H			
URANUS	H	D	H		D		H	D	H			
NEPTUNE	H	D	H		D		H	D	H			
PLUTON	H	D	H		D		H	D	H			

SI VOUS AVEZ UNE PLANÈTE DANS LES POISSONS

Elle a les aspects suivants avec les autres Planètes dans les autres signes	BÉLIER	TAUREAU	GÉMEAUX	CANCER	LION	VIERGE	BALANCE	SCORPION	SAGITTAIRE	CAPRICORNE	VERSEAU	POISSONS
SOLEIL		H	D	H		D		H	D	H		
LUNE		H	D	H		D		H	D	H		VOIR TABLEAU SPÉCIAL
MERCURE		H	D	H		D		H	D	H		
VÉNUS		H	D	H		D		H	D	H		
MARS		H	D	H		D		H	D	H		
JUPITER		H	D	H		D		H	D	H		
SATURNE		H	D	H		D		H	D	H		
URANUS		H	D	H		D		H	D	H		
NEPTUNE		H	D	H		D		H	D	H		
PLUTON		H	D	H		D		H	D	H		

Mercure dans sa fonction essentielle de messager (celui qui délivre l'information) : sur cette carte de Tarot, il apporte une lettre.

Comment interpréter les aspects de Mercure avec les autres Planètes

Comme nous le préciserons pour la disposition des planètes dans les signes, l'analyse des aspects ne doit pas être prise « au pied de la lettre », mais replacée dans le contexte global du thème. Sans quoi elle pourrait donner lieu à des interprétations erronées.

Le terme « aspect » indique un écart angulaire entre deux planètes.

On distingue :

les aspects majeurs harmoniques :

- le trigone (écart de 120° jusqu'à 8° en plus ou en moins),
- le sextile (écart de 60° jusqu'à 5° en plus ou en moins sauf pour les planètes lentes) ;

les aspects majeurs dissonants :

- l'opposition (écart de 180° jusqu'à 13° en plus ou en moins),
- le carré (écart de 90° jusqu'à 7° en plus ou en moins).

Quant à la conjonction (deux ou plusieurs planètes situées au même degré du même signe du Zodiaque, avec 13° d'écart en plus ou en moins), elle peut être harmonique ou dissonante. Elle est harmonique si les planètes en cause sont de nature compatible (Vénus et Jupiter, par exemple). Elle est dissonante si les planètes en cause sont de nature incompatible (Vénus et Saturne).

Mais il serait beaucoup trop simple, et souvent faux, de penser que les aspects harmoniques sont forcément « bons » et les aspects dissonants forcément « mauvais ». En fait, la notion d'harmonique indique que les forces signifiées par les planètes reliées l'une à l'autre sont en accord. La dissonance indique un conflit (carré) ou une opposition (aspect d'opposition) entre les forces signifiées par les planètes.

Si les aspects dissonants représentent, dans certains cas, des problèmes plus ou moins difficiles à résoudre, ils peuvent également avoir un effet positif, en tout cas stimulant, dans la mesure où ils empêchent le sujet de s'endormir dans une béatitude improductive. C'est ce qui explique que les thèmes de personnalités célèbres soient souvent très dissonés. Il est bien connu que les luttes et les conflits forgent une personnalité et parfois même lui permettent de se révéler. Là encore, chaque cas est unique et l'interprétation des aspects harmoniques et dissonants se fait en fonction de l'ensemble du thème.

Mercure-Soleil

Dans le cas d'un aspect entre le Soleil et Mercure, seule la conjonction existe, la distance entre ces deux planètes n'étant jamais supérieure à 28^0. Cet aspect se retrouve fréquemment dans un thème. Il n'exerce pas une influence déterminante sur la formation de la personnalité.

Si elle ne reçoit pas d'aspect majeur dissonant, la conjonction est considérée comme harmonique. Vu sous l'angle de l'Astrologie conditionnelle, le Soleil n'est pas uniquement la conscience de soi, mais également l'image représentative de soi, le masque social, l'autoreprésentation, le besoin de jouer un rôle, Mercure est facteur de multiplicité, de complexité.

Le sujet marqué par Soleil-Mercure ne peut donc se contenter d'un rôle unique, plus ou moins imposé de l'extérieur, et dont il aurait vite fait le tour. Il lui faut multiplier les personnages, dans un besoin vital d'exprimer la multiplicité de son être profond.

Cette nécessité se traduit aussi dans l'expression de la pensée, qui prend diverses formes. Le sujet peut jouer sur différents claviers et adopter plusieurs styles. Il a l'art des rapprochements inattendus, et sa liberté de langage contraste parfois avec sa soumission aux modèles sociaux.

Lorsque la conjonction Soleil-Mercure reçoit des aspects dissonants, elle est elle-même considérée comme dissonante. Instabilité, nervosité, irritabilité résultant de l'incompatibilité entre une forme d'esprit fluide, perpétuellement en mouvement, et la rigidité des modèles de comportement imposés de l'extérieur.

Si les valeurs mercuriennes l'emportent sur les valeurs solaires dans le thème, le sujet a de fortes chances de se dégager des contraintes sociales et de prendre ses distances par rapport aux convenances. Il fait preuve d'une grande ouverture d'esprit et use du pouvoir libérateur de l'humour.

Mercure-Lune

Aspect harmonique (conjonction — trigone — sextile) : C'est l'indice d'une liaison harmonieuse entre le plan du mental et le plan de l'instinct, d'une aptitude à concilier, sans trop de difficulté, objectivité et subjectivité. La personne marquée par cet aspect peut aussi, plus facilement qu'une autre, exprimer par des mots les messages transmis par son inconscient.

Le champ clos de l'univers intérieur est matière à exploration, à investigation. L'intelligence puise directement dans le grand réservoir de formes, de symboles, qu'est l'inconscient.

L'apport de la Lune au niveau de l'intellect (mémoire, imagination, symboles) est fortement mis en valeur.

Du fait de la « primarité » des deux planètes en cause, l'aspect Mercure-Lune donne également une intelligence mobile, vive, souple. L'extrême adaptabilité permet au sujet de varier ses comportements et d'aimer « se frotter » à des mentalités différant totalement de la sienne. Lui-même dénigre farouchement l'esprit de caste et se veut dégagé de toute appartenance à un groupe, un clan, ou toute autre forme de monde clos sur lui-même.

Aspect dissonant (opposition — carré) : La dissonance accentue la mobilité et la disponibilité d'esprit, d'où un risque d'instabilité et une nette tendance à la dispersion. Le sujet a du mal à se concentrer. Dans une conversation, il passe facilement « du coq à l'âne », fait des digressions, revient à son point de départ pour sauter sur une nouvelle idée qui lui est brusquement venue à l'esprit. Il est difficile de suivre les méandres de cette pensée bondissante qui refuse de se laisser enfermer dans des cadres ou des structures étroites. Le refus de s'intégrer à un groupe est naturellement accentué en cas de dissonance.

Mercure-Vénus

Il existe de nombreux points, communs entre ces deux planètes qui ne peuvent, en outre, être reliées l'une à l'autre que par des aspects harmoniques (conjonction — sextile). Toutes deux représentent le niveau des mots, des images, des formes. Mais si Mercure tend vers l'abstraction, Vénus donne aux signes « l'apparence sensible du réel[1] ».

Avec Mercure-Vénus, les idées ne sont pas abstraites ou désincarnées. Le sujet est capable de leur donner épaisseur et consistance quasi charnelle, il sait exprimer les concepts les plus ardus sous forme plaisante, aisément compréhensible par tous.

L'art du verbe, qu'il possède au plus haut degré, est l'un de ses principaux atouts de séduction. Il manie les mots pour plaire et charmer (pouvoir dont il usera à bon escient si Mercure est en Vierge, et dont il abusera facilement si Mercure est en Gémeaux). Cet aspect est un élément de cérébralisation de la sensualité, dans la mesure où le désir physique naît de l'excitation, de la stimulation intellectuelles, (à moins que Vénus ne soit aspectée à des planètes d'instinct, comme Mars ou Pluton, auquel cas la composante cérébrale serait atténuée).

D'une façon générale, le sujet trouve, par le biais de la communication, un terrain d'entente avec son entourage.

Mais si l'une des deux planètes en cause est par ailleurs mal aspectée, il risque d'y avoir une distorsion entre le plan formel (Vénus) et le plan abstrait (Mercure).

Mercure-Mars

Aspect harmonique (conjonction bien aspectée — trigone — sextile) : Mars représente le monde des faits, ainsi que la volonté d'affirmation de l'être par confrontation avec la réalité concrète.

Avec Mercure-Mars, l'intelligence est donc branchée directement sur le réel. Le langage se concrétise, la pensée se transforme aussitôt en acte. La forme d'expression reflète ce besoin et ce désir d'efficacité, au détriment, le plus souvent, du sens des nuances. Cet aspect ne prédispose pas à « tourner autour du pot ». Le sujet appelle les choses par leur nom. Il exprime son opinion avec une franchise sans détour, parfois même avec brusquerie. Il a la répartie vive, la riposte acérée, se défendant âprement quand on l'attaque. Ses assauts sont tout aussi cinglants.

La promptitude de la réaction cérébrale à une stimulation, et la parfaite coordination entre « le muscle et la pensée » donnent une grande rapidité d'action.

Le sujet se met en valeur dans toutes les situations où une prise de décision immédiate s'impose.

Aspect dissonant (conjonction mal aspectée — carré — opposition) : Avec la dissonance, le manque de compatibilité entre le réel (Mars) et le mental (Mercure) est fortement accentué.

Si le sujet a du mal à résoudre les contradictions qui en découlent, son comportement s'en ressent : il est nerveux, tendu, agacé que les projets qu'il a conçus si prestement ne puissent être exécutés aussi vite. Son impatience, sa fébrilité peuvent le conduire à prendre des décisions imprudentes, irréfléchies.

Il se montre souvent emporté, ses paroles dépassant généralement sa pensée. Son esprit mordant lui attire plus d'inimitiés que d'amitiés, d'autant qu'il a le goût de la lutte et qu'il est souvent le premier à provoquer les querelles.

Mais si le reste du thème permet de maîtriser les tensions engendrées par la dissonance, cette personne se distinguera dans les situations où il faut être constamment « sous pression » et prêt à agir très vite.

1. J.-P. Nicola.

Mercure-Jupiter

Aspect harmonique (conjonction — trigone — sextile) : Mercure-Jupiter signe une intelligence pratique, axée sur le court terme, sur l'intérêt immédiat. Le souci de représentativité inspiré par Jupiter est admirablement servi par le liant, la souplesse propres au Mercurien.

L'individu marqué par cet aspect a le sens de l'opportunité, et une intelligence aiguë des rapports. Ainsi pourvu, il est capable de tirer le meilleur parti des occasions qui se présentent. Le cas échéant, d'ailleurs, il sait « créer l'occasion », pour l'exploiter ensuite à fond. Mais il ne se nourrit pas d'ambitions impossibles. Ses objectifs demeurent très concrets.

L'adaptation sociale est également favorisée par la facilité d'expression, le goût des contacts. Le sujet n'est pas confronté au problème de l'incommunicabilité. Il a au contraire l'art d'établir facilement le dialogue avec son entourage. Extraverti, expansif, il réussit à créer une ambiance chaleureuse, bon enfant. Voilà quelqu'un qui sait cultiver les relations utiles pour servir ses intérêts.

Aspect dissonant (carré — opposition) : La dissonance met l'accent sur le manque de rigueur et de profondeur de la pensée. Le sens de l'opportunité devient facilement opportunisme. Pour parvenir à ses fins, le sujet n'est pas très exigeant quant au choix des moyens employés. Il n'a pas grand mal à faire taire ses scrupules.

Sa sphère d'activité se limite à notre bas monde et, plutôt que de poursuivre un idéal supérieur, il préfère de loin utiliser ses qualités d'astuce, d'ingéniosité, de sens pratique pour être reconnu socialement et jouir du confort que procure l'aisance matérielle.

Le sujet est enclin à se vanter de ses mérites et de ses exploits avec une prolixité qui n'a rien à envier à celle de Tartarin de Tarascon.

Cependant, si le thème comporte une dominante saturnienne ou plutonienne (facteurs d'intransigeance, de refus des compromissions), ou si les planètes de représentativité autres que Jupiter (Soleil-Uranus) sont elles-mêmes très dissonées, cet aspect pourra au contraire constituer un obstacle au développement aisé de la vie sociale.

Dans ce cas, le sujet ne saura pas saisir les opportunités, encore moins les exploiter. Il manquera de diplomatie, et aura du mal à s'adapter à un quelconque groupe social.

Mercure-Saturne

Aspect harmonique (conjonction bien aspectée — trigone — sextile) : Mercure-Saturne est exactement l'opposé de Mercure-Jupiter. Si Jupiter est un facteur d'expansion, de pléthore, Saturne est un facteur de réduction, de rétraction.

L'alliance entre Mercure et Saturne confère rigueur de pensée, puissance de réflexion, objectivité.

Le sujet rejette l'intuition au profit d'un raisonnement logique, fondé sur l'expérimentation. Il veut trouver une explication rationnelle à chaque phénomène et exige des preuves, qu'il dissèque et analyse dûment avant d'en tirer des conclusions.

Mais, s'il part de l'expérience concrète et d'une analyse rigoureuse des faits, il ne s'arrête pas là et cherche à savoir ce que les faits cachent de plus important derrière les apparences premières. Avec l'apport de Saturne, la curiosité mercurienne gagne en profondeur ce qu'elle perd en souplesse. Le sujet n'adhère pas volontiers aux idées nouvelles, surtout si elles ne sont que le reflet d'une mode. Pas plus qu'il ne s'ouvre facilement aux opinions d'autrui, ce qui rend les contacts, les échanges, assez laborieux.

Aspect dissonant (conjonction mal aspectée — carré — opposition) : Cette tendance est très nettement renforcée dans le cas de la dissonance. L'élocution est souvent difficile, le sujet réfléchissant longuement avant de parler, tant il veut que ses paroles correspondent à sa pensée (celle-ci devant elle-même s'appuyer sur la réalité des faits). Il en résulte une réelle difficulté de communication, qui peut engendrer un sérieux complexe d'infériorité.

Si Mercure est particulièrement dissonant ou si une composante marsienne apporte un facteur d'impulsivité, le sujet peut au contraire se perdre en bavardages spécieux ou en spéculations intellectuelles coupées du réel. Ses raisonnements risquent alors d'être de mauvaise foi, et il peut se bloquer dans l'intransigeance, l'intolérance.

En revanche, en fonction des capacités du sujet, et des autres configurations de son thème, le handicap que constitue la dissonance peut donner lieu à une surcompensation, la personne acquérant une maîtrise remarquable dans sa spécialité.

Mercure-Uranus

Aspect harmonique (conjonction — trigone — sextile) : Tout l'impact de cette forme d'esprit réside dans sa capacité à réduire les idées à l'essentiel, d'où une efficacité et une force de conviction accrues. Les schémas de pensée se caractérisent par un souci de clarté. La démarche intellectuelle est rigoureuse, fondée sur un travail astreignant d'unification, le but étant de tout ramener à une idée fondamentale. Il en découle une forme de synthèse qui n'exclut cependant pas la schématisation et la simplification

Pourtant, le sujet est convaincu que ses idées ont valeur de vérités universelles. Il n'a pas son pareil pour démontrer à coup d'arguments percutants que ce qu'il avance est exact. Il ne se fonde pas sur l'expérience concrète (comme avec Mercure-Saturne), mais sur des suppositions diverses, qu'il mûrit et affine longuement. Au moment opportun, comme mû par un déclic interne, il en ressort la quintessence, et son jugement tombe alors comme un couperet.

Mercure-Uranus dénote une extrême indépendance d'esprit et le besoin farouche de se démarquer, d'affirmer son individualité, son originalité. Ce qui conduit le sujet à éviter très soigneusement les sentiers battus.

Aspect dissonant (opposition — carré) : La dissonance n'empêche nullement la possibilité de s'imposer par des créations originales, voire d'atteindre une certaine notoriété.

Mais le besoin de se démarquer tourne facilement à la provocation. L'esprit de contradiction est poussé à l'excès. Le sujet, qui s'estime libéré de tout préjugé et ouvert d'esprit, finit par faire preuve d'intolérance et d'intransigeance. Il ne se rend pas toujours compte, en effet, que ses propres principes peuvent être aussi restrictifs et limitatifs que les règles et les conventions sociales qu'il dénonce violemment. Seulement, son système de valeurs lui est personnel et il ne doit rien (ou le moins possible) aux courants de pensée du moment. C'est l'essentiel à ses yeux.

Le piège à éviter c'est de nuire à la liberté de pensée des autres à force de vouloir faire respecter la sienne.

Mercure-Neptune

Aspect harmonique (conjonction bien aspectée — trigone— sextile) : Mercure-Saturne bridait l'imagination, Mercure-Neptune la libère. A l'intelligence entendue comme la compréhension objective de la réalité, cette combinaison répond par l'intelligence du cœur.

Le réel n'a guère de prise sur le sujet, qui se meut très à l'aise dans le monde du rêve et de l'imaginaire et ne comprend que le langage de la subjectivité. On entrevoit déjà toutes les formidables potentialités et tous les dangers d'une telle forme d'esprit. La personne influencée par cet aspect ne raisonne pas, elle ressent. Persuadée que son intuition ne la trompe jamais, elle se livre à des interprétations très personnelles qui n'ont parfois qu'un lointain rapport avec la vérité. Néanmoins, son approche purement intuitive des êtres et des situations donne de temps en temps des résultats époustouflants, car elle est effectivement capable d'avoir des intuitions géniales.

Aspect dissonant (conjonction mal aspectée — carré — opposition) : En dissonance, les tendances mercuriennes à l'abstraction et à l'objectivité sont « court-circuitées » par les tendances neptuniennes qui portent à tout « subjectiver ».

Ainsi écartelée, la pensée ne va pas au bout de sa course, ou bien elle s'égare dans des digressions n'ayant aucun rapport avec le sujet. Les idées sont vagues, les raisonnements confus. La personne influencée par cet aspect n'a jamais de jugement tranché. Elle oscille entre plusieurs points de vue si bien qu'elle donne l'impression de ne pas avoir d'avis personnel. Ce « flou » perpétuel l'entoure d'une aura de mystère.

Incapable de s'en tenir à une observation impersonnelle des faits, elle transforme la réalité et se voit souvent accusée de mensonge ou de duperie. Ces termes sont impropres dans la mesure où il ne s'agit pas de tromperie volontaire, délibérée. Il est vrai, cependant, que son attitude ambiguë a de quoi troubler.

Si, dans le thème, la composante mercurienne domine et que les facteurs d'extraversion sont valorisés, l'expression est surabondante, mais le contenu manque de profondeur réelle.

Au royaume de Mercure-Neptune dissonant, l'illusion est reine. Elle risque trop souvent de déboucher sur les désillusions.

Mercure-Pluton

Aspect harmonique (conjonction bien aspectée — trigone — sextile) : Avec Mercure-Pluton, la pensée est avant tout évolutive.

Par son aptitude à changer les données d'un problème et à l'étudier sous des angles insolites, inattendus, le sujet possède un riche potentiel créatif. Il est hostile aux idées toutes faites et aux a-priori. Il peut être amené à modifier ses points de vue sans pour autant se considérer comme traître à ses idées ou renégat, car il sait que rien ne demeure jamais fixe ou immuable, et que rien n'est plus relatif que la vérité.

Si Mercure-Uranus incline à la schématisation, à la simplification, l'aspect Mercure-Pluton est au contraire un facteur de complexité du mental. Cette faculté de complexifier des données simples renforce la richesse intellectuelle du sujet, celui-ci entrevoyant des possibilités jusque-là ignorées. Il recule aussi loin qu'il le peut les limites de son champ de conscience, expérimente les pouvoirs de ses facultés mentales, aidé en cela par une intelligence pénétrante, scrutatrice, investigatrice.

Il va bien au-delà des apparences, cherche à traquer les vérités cachées que chaque être porte en lui sans en avoir toujours conscience. Il ne cesse de tout analyser, de tout approfondir, de tout remettre en question. Il fouille les recoins les plus sombres des âmes et perce les mobiles secrets. Sa lucidité doublée de clairvoyance est redoutable et redoutée.

Aspect dissonant (conjonction mal aspectée — carré — opposition) : En dissonance, Mercure-Pluton pose le problème de la communication entre les êtres. Mais celui-ci trouve rarement de solution et aboutit bien souvent à l'incommunicabilité.

Le sujet est confronté au plus délicat problème qui soit : comment traduire l'intraduisible ? Le langage le trahit, il ne réussit ni à formuler clairement ses pensées, ni à exprimer ce qui lui semble une évidence mais que les autres ne saisissent pas. Il a tendance à compliquer ce qui est simple et à se mouvoir à l'aise dans la complexité. Il s'ensuit un véritable dialogue de sourds, avec risques de quiproquos et de malentendus. Le fossé se creuse autour de lui, l'enferme dans la solitude.

Cependant, en dissonance comme en aspect harmonique, Mercure-Pluton découple l'imagination inventive, fait fleurir l'insolite, l'inattendu, donne accès aux sources profondes, inconscientes de l'être. C'est aussi, par excellence, un aspect de désacralisation, de démystification.

La planète Mercure, vue depuis Mariner 10. Les cratères ont environ 100 kilomètres de diamètre.

Observation depuis Greenwich, gravure du XVIIe siècle : Mercure est à 59 millions de kilomètres du Soleil et son diamètre est de 4878 kilomètres.

Comment interpréter les Planètes dans les Signes

Si l'on comparait un thème natal à une pièce de théâtre, la scène serait le Zodiaque, le décor correspondrait aux Maisons, les acteurs aux planètes et le texte aux aspects. La précision de l'interprétation exige de tenir compte des interactions et interférences entre ces différents facteurs astrologiques, car il faut toujours considérer le thème dans sa globalité.

La même pièce, jouée sur la scène du Théâtre de l'Est parisien ou à la Comédie-Française, présente de notables différences. Il n'en va pas autrement en Astrologie. Tout en gardant ses propriétés spécifiques, une planète n'exerce pas la même influence quand elle est située en Gémeaux ou en Capricorne. Par un jeu d'interférences, la planète est tonalisée par les valeurs du signe, tandis que le signe prend la coloration de la planète. Selon la formule employée par Claire Santagostini[1], le signe est un mode d'être de l'individu et la planète est la force qui exprime (facilement ou difficilement) ce mode d'être.

Il existe entre signes et planètes des affinités que la Tradition a codifiées en plaçant chaque signe sous la tutelle de la planète qui semblait le mieux lui correspondre. Le Domicile, c'est le signe zodiacal où un corps céleste manifeste le plus clairement et le plus librement sa nature.

La maîtrise des planètes sur les signes obéit à un ordre général fixé à partir du Soleil et de la Lune. Les deux Luminaires ont un seul Domicile, dans les signes correspondant aux mois les plus chauds, l'un à gauche, l'autre à droite du solstice d'été. On a attribué aux autres planètes (au nombre de cinq dans l'Antiquité) deux Domiciles, l'un à droite de la Lune (Domicile nocturne), l'autre à gauche du Soleil (Domicile diurne), suivant l'ordre croissant de leur distance au Soleil.

Pour les planètes lentes, découvertes plus récemment, une répartition analogue se fait, mais dans le sens inverse, en revenant vers les signes des Luminaires, bien que l'unanimité ne soit pas faite à ce sujet.

La distinction entre Domicile diurne et Domicile nocturne est importante. Dans le Domicile nocturne, la planète exerce son action sur les zones les plus intimes de la personnalité et du comportement. Dans le Domicile diurne, elle manifeste ses tendances sur le plan pratique et cherche à leur trouver une application concrète. L'exemple de Mercure, qui gouverne la Vierge et les Gémeaux, est particulièrement frappant. Dans son Domicile nocturne, les Gémeaux, Mercure exprime l'intelligence à l'état pur, le génie gratuit. Le sujet jongle avec les idées par goût de la spéculation intellectuelle, sans chercher forcément à les concrétiser. Dans son Domicile diurne, la Vierge, Mercure (comme nous le verrons en détail plus loin) s'installe dans la réalité quotidienne. L'intelligence s'appuie sur le contrôle de l'observation, les idées sont traduites en pratique.

1. Claire Santagostini, *Initiation à l'astrologie globale.*

Dans le signe opposé à son Domicile, la planète est dite en exil. Son activité y est entravée, contrariée, ses tendances voilées, modifiées ou émoussées. Un deuxième axe de valeurs fait intervenir le signe dans lequel les tendances de la planète sont épanouies, magnifiées (exaltation), et son signe opposé, où la planète perd de la puissance, s'affaiblit (chute). Ici, la planète est située à l'intérieur d'un champ qui lui est étranger et ne lui convient pas. Ainsi la Lune, dans son Domicile en Cancer, est en exil en Capricorne, en exaltation en Taureau et en chute en Scorpion.

Chaque planète située en Vierge exerce donc une influence spécifique, selon qu'elle est en affinité ou en désaccord avec le signe. Encore une fois, les éléments fournis ici ne sont que des indications de tendances qu'il est indispensable de replacer dans le contexte global du thème natal, de façon à les « moduler » par rapport aux autres facteurs astrologiques. En outre, seule une vision d'ensemble du thème permet de déterminer sur quel plan d'existence se manifestent ces tendances, et de savoir si elles exercent une influence marquante dans la formation de la personnalité.

Ayant lu comment s'interprète la position de Saturne en Vierge, vous pourrez par exemple vous étonner de savoir que cette configuration se trouve dans le thème d'Henry Miller (natif du Capricorne de surcroît). La puissance d'inhibition, la répression des instincts ne sont pas, a priori, ce qui semble caractériser la destinée et l'œuvre de cet écrivain. Mais tout s'éclaire lorsqu'on sait qu'il est né avec une conjonction Lune-Mars-Uranus en Scorpion. Toutefois, l'apport de Saturne en Vierge est loin d'être négligeable. Il donne à l'écrivain sa puissance intellectuelle, sa constructivité.

Il paraît beaucoup moins surprenant de découvrir cette même configuration dans le thème de Michel Jobert. C'est uniquement parce qu'elle est renforcée par d'autres facteurs du thème : valorisation du signe de la Vierge occupé par une triple conjonction Soleil-Saturne-Jupiter, Ascendant Capricorne, et Saturne puissant par son trigone à l'Ascendant.

Les Planètes dans la Vierge

Soleil en Vierge

Dire que vous êtes natif de la Vierge signifie qu'à votre naissance le Soleil occupait ce signe. Dans ce cas, la planète ne fait donc que souligner les valeurs du signe, décrites en détail dans le chapitre consacré à la caractérologie. En Vierge, en effet, le Soleil est dit pérégrin, c'est-à-dire neutre, son Domicile étant en Lion et son lieu d'exaltation en Bélier.

Lune en Vierge

Les valeurs lunaires de sensibilité, d'émotivité, de réceptivité, sont brimées et ne trouvent guère de possibilité d'épanouissement. La Lune, symbole de l'inconscient (le Ça en terme psychanalytique), n'est certes pas à son aise dans un signe répressif, qui s'acharne à contrôler les pulsions instinctives. Il en résulte un risque de refoulement, surtout en cas de dissonance de la Lune (avec Saturne ou Uranus notamment).

La difficulté d'extériorisation entraîne un malaise, un sentiment diffus de culpabilité qui se traduit par une attitude déroutante, déconcertante, même pour les proches. Inquiet, souvent affligé d'un complexe d'infériorité, le sujet se livre à une introspection poussée qui ne fait qu'aggraver ses problèmes.

La sensibilité se durcit. Elle s'insère difficilement dans le flot des sensations changeantes (Lune) et se concentre plutôt sur d'infimes détails pratiques (Vierge). Le sujet s'impose une « discipline émotionnelle » et refuse toute sensiblerie.

Si, dans un thème natal, la dominante lunaire est renforcée par d'autres facteurs inclinant à la passivité ou au fatalisme (Neptune-Vénus), le « télescopage » qui se produit avec les valeurs virginiennes de conscience professionnelle et de goût pour le travail peut conduire à l'immobilisme ou à la paresse.

Objectivité ou subjectivité se livrent une guerre sans merci au sein de la personnalité, et provoquent un pénible conflit, quasiment insoluble.

En cas d'aspects harmoniques de la Lune, le risque de refoulement s'atténue au profit d'une exploitation de l'inconscient. Cette position du Luminaire est alors composante de bon sens, de soins attentifs au « quotidien », d'ordre et d'organisation. Le don d'analyse et l'esprit d'observation se substituent aux tendances, souvent obsessionnelles, à l'introspection.

La Lune représentant la femme, les tendances positives ou négatives indiquées ici sont accentuées dans le cas d'un thème féminin, et prennent une importance accrue (Jane Birkin, Danielle Darrieux, Serge Gainsbourg, Régis Debray).

Vénus en Vierge

Vénus est en chute, c'est-à-dire en affliction dans le signe de la Vierge. L'astre qui symbolise, au premier chef, l'amour, n'a aucune affinité avec ce signe tout de maîtrise et de réserve. Comment Vénus — la sensualité, le plaisir — pourrait-elle se plaire dans un signe obsédé par la pureté et, plus encore, par la purification ?

Vénus s'adresse au cœur. La Vierge (associée en mythologie à Athéna, déesse de l'intelligence) n'écoute que la raison.

Cette problématique peut se vivre de différentes façons. Il est certain, en tout cas, que la position de Vénus dans ce signe donne souvent au sujet un comportement amoureux comparable à celui du Virginien. On retrouve le même refus de perdre la tête, de se laisser aller. La passion est tenue en bride, dissimulée sous un masque d'ironie, de scepticisme, de froideur.

Les instincts amoureux ne sont pas nécessairement inhibés, mais leur expression est freinée, sans cesse contrôlée. Parfois, cependant, les sentiments sont tièdes, les effusions rares, les unions raisonnables.

La pudeur des sentiments est extrême. Le sujet ne laisse rien transparaître de ce qu'il ressent. Surtout, il ne consent pratiquement jamais à parler de sa vie privée. Il s'accuserait aussitôt d'exhibitionnisme. Il demeure sur son quant-à-soi, pour ne pas dire sur la défensive, lorsqu'on le questionne sur ses relations sentimentales. Voilà quelqu'un qui n'égaiera pas une soirée entre amis par le récit circonstancié de ses exploits amoureux. Mieux vaut ne pas le pousser dans ses derniers retranchements. Dans ce domaine, il ne comprend pas la plaisanterie.

En cas d'aspect de Vénus avec Mars, Jupiter ou Pluton, les instincts sont plus débridés (Brigitte Bardot, Soleil en Balance, Vénus en Vierge, conjointe à Neptune au sextile de Pluton). Si, en même temps, la Vierge ou le Capricorne sont très valorisés dans le thème, le sens du secret demeure puissant, mais le comportement du sujet change du tout au tout selon qu'il est en public ou dans l'intimité. Pudeur et impudeur forment un mélange qui ne manque pas d'attrait.

Vénus dans se signe accroît considérablement la sélectivité dans les choix affectifs (amour ou amitié). Au cours d'une interview, Catherine Deneuve (Soleil en Balance, Vénus en Vierge, dominantes Soleil, Saturne, Mars) expliquait en ces termes la raison de sa réputation de froideur : « ...Parce que, dans ce métier, tout le monde aime tout le monde. Les gens qui aiment tout le monde et qui m'aiment aussi, ça ne m'intéresse pas ! » (Ingrid Bergman, Félix Leclerc, François Mitterrand, Marcel Proust.)

Mars en Vierge

Pour qui se contente de voir en Mars la manifestation des instincts agressifs, la position de cette planète dans le signe de la Vierge présente plus d'inconvénients que d'avantages. La violence, l'agressivité étant rentrées, elles se retournent contre le sujet et aboutissent à une lente autodestruction. Ou bien ses forces s'extériorisent par poussées brutales.

Selon un mécanisme que nous vous avons expliqué précédemment, les pulsions instinctives triomphent et la tendance Vierge se transforme en tendance Scorpion. La force combative s'affirme soit de façon anarchique et désordonnée, soit de manière lucide, disciplinée, avec un sens stratégique aigu (Indira Gandhi, Soleil en Scorpion, Mars en Vierge). Une remarque faite récemment par un journaliste politique à propos de Jacques Chirac (conjonction Mars-Neptune-Jupiter en Vierge, Soleil en Sagittaire) illustre bien l'interaction entre le signe et la planète : « L'intelligence de Jacques Chirac lui dicte d'alterner les raids et les périodes de soumission. »

Mais, au regard de l'Astrologie conditionnelle[1], Mars représente la prise sur le réel, le monde des faits, l'aptitude à se faire une place au soleil en devenant compétitif. Mars pousse à la confrontation directe avec le concret et tend à faire de l'individu un réaliste.

Concret, réaliste... voilà des termes qui s'accordent bien avec les caractéristiques de la Vierge. Cette configuration (surtout si Mars est harmonieusement aspecté) donne une grande puissance de travail (Jean-Louis Barrault, conjonction Soleil-Mars en Vierge). Le sujet est un perfectionniste qui « fignole » sa tâche dans les moindres détails.

La planète « dynamise » le signe, le pousse à l'action, décuple son efficacité en coupant court à ses hésitations. Quant au signe, il modère l'impulsivité conférée par la planète, évite certaines erreurs (Alain Peyrefitte, Maurice Druon, Jean-Paul Belmondo).

Jupiter en Vierge

Les relations entre la planète et le signe sont assez complexes. Selon la Tradition, Jupiter est en exil en Vierge. La définition suivante permet de comprendre pourquoi : « Jupiter est une force de développement de l'être humain, par assimilation de ce qui lui vient du monde extérieur.[2] »

Au principe d'expansion, d'ampleur, de Jupiter, s'oppose le principe de rétraction de la Vierge. La planète s'ouvre et s'intègre au monde. Le signe s'entoure d'une écorce imperméable aux suggestions extérieures. Cette antinomie, loin de faciliter l'osmose, provoque des « tiraillements » intérieurs éprouvants.

Le problème est particulièrement épineux si les facteurs d'affirmation du Moi sont très puissants dans le thème, si Jupiter est valorisé (conjonction Soleil-Jupiter, par exemple), ou si la Vierge occupe la Maison I (personnalité profonde). Car c'est toute la puissance vitale du sujet qui est contrainte, étouffée dans les limites strictes imposées par le signe. L'extraversion jupitérienne se heurte à l'introversion virginienne. La tentative de résolution du conflit prend diverses formes, en fonction des autres éléments du thème. Alfred Jarry (Ascendant, Soleil, Mercure, Jupiter en Vierge, dominante Mars au Fond-du-Ciel) a, quant à lui, choisi l'humour « hénaurme », dévastateur, pour faire éclater le carcan et empêcher l'aliénation de son Moi.

Au contraire, si les valeurs d'autodiscipline, de maîtrise, de rétraction dominent, le sujet réussit à se « tenir en main ». Il fait en sorte que ses contradictions internes cohabitent sans s'affronter.

Les points d'accord entre Jupiter et la Vierge peuvent être alors être mis en valeur. En tant que personne intégrée à son environnement social, le Jupitérien se conforme, sans les remettre en question, aux valeurs établies par la société. Il pratique le respect de l'ordre. La

1. J.-P. Nicola, *la Condition solaire.*
2. Claire Santagostini, *Assimil Astrologique.*

Vierge n'engendre pas, elle non plus, les contestataires. Le signe est souvent conservateur, par souci d'ordre immuable et par peur du changement. Aussi, avec Jupiter en Vierge dans son thème, le sujet est apte à se plier sans mal aux règles que lui impose son groupe social. Il a le sens des convenances, une rigueur morale sans faille et le respect de l'autorité.

Si Jupiter est harmonieusement aspecté, les qualités d'organisation, la précision, la méthode sont les points forts du sujet (Jacques Chirac, Michel Jobert, André Cayatte).

Saturne en Vierge

Il y a convergence très nette entre la signification de la planète et celle du signe. Saturne, maître planétaire du Capricorne, signe de Terre, a de nombreuses affinités avec la Vierge, autre signe de Terre. Les valeurs de réalisme, de prudence, de circonspection, voire de méfiance, sont renforcées.

La tenacité de la planète s'appuie sur les qualités d'organisation du signe. Le sujet s'attache à résoudre avec efficacité les problèmes concrets. L'alliance raison-intelligence cherche ici des voies pratiques, réclame des faits et l'application stricte d'une méthode.

Saturne en Vierge donne, par excellence, l'« esprit scientifique ». Comme on élague les branches d'un arbre, le sujet élimine le secondaire insuffisant et conserve l'essentiel, recherchant le « principe constant », la « structure ». Improvisation et fantaisie sont systématiquement rejetées au profit d'une démarche rigoureuse (Descartes, Lavoisier, Condorcet, Bach).

Si elle accroît la puissance intellectuelle et favorise la résolution des questions pratiques, cette position de Saturne est plutôt critique dans le domaine de la vie affective. La planète et le signe se renforcent dans leur tendance à l'inhibition et à l'introversion, entraînant une répression impitoyable des instincts.

Sous le coup de frein de Saturne, les risques de refoulement sont accentués. Par son attitude constamment « en retrait », le sujet se coupe des autres. Il méprise les relations sociales, trop superficielles à son gré. Le goût de la solitude devient facilement de la misanthropie. Il n'y a aucune fantaisie dans cette vie réglée, ordonnée, programmée. Toutes les précautions sont prises contre un déferlement de l'imprévu dans l'existence.

En cas de dissonance (avec Uranus ou Pluton, notamment), l'intransigeance, l'inflexibilité peuvent conduire à un ascétisme qui confine au fanatisme (Georges Marchais, Arthur Conte, Simone Signoret, Charles de Gaulle).

Avec Uranus, Neptune et Pluton, nous arrivons aux planètes très lentes. A cause de la longueur de leur temps de révolution sidérale (temps mis par chaque planète pour faire le tour complet de son orbite), ces planètes restent plusieurs années dans un signe : Uranus, sept ans ; Neptune, quatorze ans ; Pluton, une vingtaine d'années. De ce fait, on les appelle des « planètes de génération », et leur action, surtout importante au niveau collectif, est faible sur un destin individuel. A moins, bien sûr, qu'elles ne soient angulaires (à l'Ascendant, au Milieu-du-Ciel, au Descendant ou au Fond-du-Ciel), ou qu'elles ne soient valorisées par des aspects au Soleil ou à la Lune, par exemple.

C'est dans ce cas, uniquement, que les relations entre la planète et le signe qu'elle occupe pourront avoir une incidence sur la personnalité. D'ailleurs, avec Uranus, Neptune et Pluton, il n'est possible de dégager qu'un rapprochement de tendances.

Uranus en Vierge

Comme Saturne, Uranus conduit le sujet à adopter une attitude de rigueur, de discipline, de dépouillement. La planète et le signe sont tous deux marqués par l'étroitesse du champ de conscience. L'Uranien tend à « l'unité de l'être ». Il se veut essentiellement lui-même, affranchi des idées en usage, des coutumes. La Vierge, de son côté, cherche à ne compter que sur soi. Aussi le sujet risque-t-il, d'une façon ou d'une autre, de « faire le vide » autour de lui. D'autant plus qu'il a besoin, sur le plan professionnel notamment, de liberté et d'indépendance.

Uranus en Vierge peut aussi donner la solitude du créateur, souvent révolutionnaire, et difficilement compris de son entourage. Cette configuration se retrouve dans les thèmes de Picasso, de Modigliani (Uranus puissant par sa conjonction à Mars, lui-même conjoint à l'Ascendant), de Coco Chanel (Uranus conjoint à Mercure opposé à la Lune, sextile à Jupiter).

Neptune en Vierge

Neptune, maître des Poissons, est en exil dans le signe opposé, la Vierge. Tout, en effet, oppose le signe et la planète. Neptune est caractérisé par l'extrême ampleur du champ de conscience. D'où une très forte intuition, une façon d'appréhender les choses et les situations sans passer par le canal de la logique, de la raison. Quel décalage avec la Vierge dont les mécanismes de pensée s'appuient précisément sur ces deux facultés !

De ce perpétuel affrontement entre rêve et réalité, entre plasticité psychique et rigidité mentale, entre désordre et ordre, naît une sorte d'inadaptation permanente.

Neptune en Vierge risque de perturber la vie quotidienne, mais le sujet conserve néanmoins une dimension imaginative, une « inspiration » très favorables sur le plan artistique. Cette position peut aussi accentuer l'idéalisme politique et le dévouement à une cause humanitaire. Prenons comme exemple « durable » Arlette Laguiller qui n'a cessé, depuis de très nombreuses années, de se battre pour améliorer le sort des ouvriers. Elle a Neptune conjoint à l'Ascendant en Vierge, opposé à la conjonction Soleil-Mercure en Poissons.

Toutefois, l'incompatibilité entre le signe et la planète rend plus critiques encore les transits neptuniens qui réveillent les dissonances d'un thème. On peut prendre l'exemple de la princesse Margaret d'Angleterre (Neptune en Vierge, valorisé par sa conjonction avec le Soleil à 28^0 Lion, lui-même conjoint au Descendant). Le couple Margaret-Tony Amstrong-Jones, signé par Neptune, a commencé à se détériorier dans les années 1967-1968, durant le transit de Neptune en Scorpion, au carré du Soleil natal de la princesse.

Pluton en Vierge

Pluton a été découvert en 1930 seulement par les astronomes. C'est pourquoi les indications astrologiques sur cette planète diffèrent encore sensiblement. Il est prématuré de donner des indications détaillées sur l'influence de Pluton en Vierge. En revanche, il est intéressant de connaître le « climat général » qui a prévalu durant son transit dans le signe, de novembre 1956 à septembre 1971. C'est, par exemple, pendant cette période que s'est produite la révolte de la jeunesse contre les modèles reçus et les principes inculqués par les parents et les éducateurs, révolte ayant abouti, en France, aux événements de mai 1968.

La maîtrise du Scorpion a été attribuée à Pluton. Sa position en Vierge donne donc, comme pour Mars, des tendances Scorpion au sujet.

Les Planètes dans la Balance

Soleil en Balance

Sens de l'harmonie. Adaptation spontanée de la personnalité à tous les milieux, tous les événements, tous les modes de vie. Goût profond pour les associations, les activités artistiques, les relations sociales. La beauté, sous toutes ses formes, préoccupe beaucoup le natif de la Balance. Sa séduction est extrême, sa douceur et sa tolérance en font un partenaire de choix. Sa réussite tient à son charme.

Lune en Balance

La lune, c'est avant tout le monde de l'âme. Elle représente donc la vie sensible, l'affectivité, l'imagination et toute une série de significations dérivées, telles que la femme, la mère, le foyer, la mémoire, etc. Il nous faut donc combiner toutes ces significations avec celles de la Balance que nous avons développées dans les pages précédentes.

Si la Balance ne donne pas nécessairement l'équilibre, elle en donne le goût, de sorte que le sujet ayant la Lune en Balance tend à réaliser l'équilibre et l'harmonie dans sa vie psychique. Toute injustice, qui n'est finalement rien d'autre qu'un déséquilibre, lui est insupportable et le blesse au plus profond de lui-même.

Vénus en Balance

Affectueux, affable, dévoué, le sujet prend un grand plaisir à la vie en société qui lui donne l'occasion de nouer de nombreuses relations. On apprécie son esprit de conciliation et son amour de la paix. Son sens de la justice, qui n'est pas fermé à l'indulgence, fait de lui l'arbitre idéal pour régler les différends qui pourraient surgir dans son entourage.

Il cherche à se créer des conditions de vie agréables, et son goût du confort fait qu'il s'entoure, partout où il passe, de musique, de fleurs, d'objets d'art qui donnent à son cadre de vie une note raffinée.

La Balance, 7e signe, est analogue à la Maison VII, secteur des contrats et du mariage en particulier. Si rien dans l'horoscope ne s'y oppose, le mariage peut apporter au sujet les dons de Vénus : l'amour, le bonheur et l'aisance.

Mars en Balance

Comme la justice est un des domaines de la Balance, le sujet est prêt à se battre pour que soit respecté le droit et que cessent les injustices. Il sera tenté de militer dans des organisations, politiques ou non, qui luttent en faveur des victimes de toutes les formes d'oppression. Parmi les carrières juridiques qui s'offrent à lui, c'est évidemment celle d'avocat qui lui permettra le mieux de mettre sa fougue au service de la justice. Il défendra ses clients avec autant d'énergie que d'habileté (la Balance sait aussi être diplomate). Dans sa vie privée comme dans sa vie publique, il est prêt à se battre pour la vérité, souvent inséparable de la justice, et à donner équitablement à chacun ce qui lui revient.

Jupiter en Balance

Le sujet rayonne la sympathie (Jupiter représente le principe de l'énergie centrifuge en expansion permanente). Il a donc des contacts faciles et heureux avec les autres, que ce soit dans son mariage, ses associations ou ses relations. Les qualités de la planète et du signe se renforcent mutuellement, et les conditions semblent réunies pour que le sujet trouve le bonheur, en particulier dans le mariage, car il a l'esprit large et il est tout prêt à faire des concessions au nom de l'harmonie. Non seulement il peut faire un mariage heureux, mais ce mariage peut être pour lui l'occasion de trouver le bonheur. Le bonheur et parfois l'élévation sociale et un accroissement de fortune.

Saturne en Balance

Saturne donne au sujet un sentiment à la fois profond et élevé de la justice, on pourrait presque dire un sens institutionnel de la justice.

Dans le domaine de l'art, l'influence de Saturne joue dans le sens d'un strict classicisme.

Dans le domaine du mariage, le sujet cherche un conjoint qui réponde au modèle qu'il porte plus ou moins consciemment en lui, celui d'un être sérieux et pondéré, mesuré et réfléchi, consciencieux et économe, chaste et réservé. Nous savons que la Balance donne à ses natifs davantage le sens et le goût de l'équilibre que l'équilibre lui-même. La présence dans la Balance de Saturne, qui est un facteur de stabilité, est de nature à conférer au sujet la pondération qui fait de lui un être équilibré.

Uranus en Balance

Dans tous les domaines propres à la Balance Uranus apporte ses bons et ses mauvais côtés : indépendance, originalité, progrès, invention, intuition, mais aussi impatience, irascibilité, violence et révolte.

Uranus, planète de l'intuition, dans le signe d'art qu'est la Balance, peut renforcer l'inspiration du sujet dans ce domaine. Soutenu par une vive imagination, il développe une expression originale artistique qui est bien souvent en avance sur les idées et les goûts de son temps.

La Balance est encore le signe des associations et du mariage. Dans ce dernier domaine, les idées modernes tendant à l'instauration de l'union libre s'accordent parfaitement avec le besoin d'indépendance et de liberté qui caractérise Uranus.

Neptune en Balance

Le sujet qui a Neptune dans la balance se fait de la justice une idée très élevée. Il est même près de croire à l'existence d'une justice immanente.

La sensibilité, la tendresse, la douceur neptuniennes transforment l'amour de la Balance en un sentiment idéal qui se porte naturellement sur le conjoint ou les partenaires, puisque la Balance est le signe des associations. Le mariage lui-même peut évoluer vers une union platonique qui trouvera sa finalité dans une recherche commune des valeurs spirituelles.

Son art, raffiné, est marqué par le flou et la légèreté neptuniens qui lui donnent quelque chose d'irréel. La musique, le cinéma, la poésie sont des supports particulièrement bien adaptés à cette inspiration.

Pluton en Balance

Il faut déplorer qu'aucune recherche systématique, portant sur des milliers de thèmes, n'ait été entreprise pour essayer de déterminer la nature bénéfique ou maléfique (ou neutre) de Pluton, ainsi que le signe qui pourrait être son domicile. Dans ces conditions, il nous paraît plus sage de renoncer à donner pour Pluton dans la Balance des significations qui seraient pour le moins incertaines.

Les Planètes dans le Scorpion

Soleil en Scorpion

Symboliquement, le Soleil règne sur le jour, le Scorpion sur la nuit. Dès lors, le Soleil dans le signe du Scorpion peut s'interpréter comme une grande lumière éclairant les ténèbres (du subconscient ou des enfers). Mise en valeur de la face cachée de toute chose. Goût du secret. Tendances à l'angoisse ; passions tourmentées, violentes, destructrices. Intelligence pénétrante. Cette personnalité se démarque toujours de la collectivité par des comportements inhabituels.

Lune en Scorpion

Mauvaise position pour cette planète, dont la tendresse ne peut pas s'exprimer. Sous cette configuration, les rapports humains sont difficiles pour le natif qui, tourmenté de conflits intérieurs, extériorise mal ses sentiments. Attitudes coupantes, propos caustiques, jalousies blessent l'entourage. Sa franchise trop brutale est mal comprise. Les procès sont fréquents, les échanges de paroles cinglantes amènent des inimitiés. Le natif est foncièrement maladroit dans ses rapports avec les autres : même sous de bons aspects, sa courtoisie est... à éclipses. En nativité masculine, longues rancunes, et risques de mort de l'épouse (Goebbels, par exemple, qui avait la Lune en Scorpion en Maison XII), de la mère ou de la sœur.

Vénus en Scorpion

Vénus en Scorpion signifie souvent, pour le natif, l'exil ou la perte de la personne aimée, et cette séparation est intensément douloureuse puisque le Scorpion aime profondément et passionnément (Marie-Antoinette). Sur le plan matrimonial : destruction de l'union assez fréquente, puis reconstruction d'un autre foyer suivant le symbolisme de Pluton, qui est « mort et résurrection ». Dans un thème féminin, Vénus en Scorpion signe quelquefois la prostitution avec un enchaînement de situations marginales et dramatiques dont la native ne réussit pas à sortir. De façon générale, c'est une position de la planète qui apporte des passions violentes et dramatiques : une saison en enfer. Vénus en Scorpion accorde au natif un magnétisme sexuel intense, un grand charme et une séduction irrésistible.

Mars en Scorpion

Excellente position pour la planète rouge : elle est ici en domicile. Mars : l'énergie, le Scorpion : le feu des enfers. L'énergie de Mars est beaucoup plus puissante en Scorpion, elle devient souterraine, implacablement efficace. Elle est capable de se contenir, de se maîtriser, de se canaliser en vue d'un objectif lointain et précis. Mars en Scorpion est extraordinairement opérationnel. Il réunit à la fois les qualités du Bélier et celles du Capricorne. Comme le premier, il peut être impulsif, rapide ; mobilisé en quelques secondes, capable d'une attaque foudroyante ou d'une contre-attaque qui met définitivement l'ennemi K.O...

Jupiter en Scorpion

Nature courageuse, puissante, très intuitive et inventive. Confiance en soi, aptitudes réalisatrices : Jupiter, pratique, organise les forces bouillonnantes du Scorpion. Dans la lutte pour la vie, le Jupitérien du Scorpion est bien armé. Il a de l'autorité, du bon sens, le sens stratégique aussi. Il ne lâche jamais son morceau. Parfois, ses entreprises semblent d'une audace insensée, marquées au coin d'un optimisme délirant. Eh bien, à la surprise générale, il ne se casse pas la figure, il réussit. Son fabuleux optimisme attire la chance. Tout seul, perdu au milieu des tempêtes de la vie, les yeux fixés sur sa bonne étoile, il ne voit qu'elle...

Saturne en Scorpion

Voici ce que donne Saturne en Scorpion :

— Persévérance et tenacité. Discipline des instincts.
— Sens stratégique ; sagacité, ruse, prévoyance.
— Dons d'invention, aptitudes scientifiques.

Saturne est un frein qui oblige le natif à canaliser son énergie. Le Saturnien du Scorpion est un ambitieux, jaloux de son pouvoir et de son indépendance (Giscard d'Estaing, Jean-Jacques Servan-Schreiber, Mazarin). Il sait parfaitement se défendre, et attaquer quand il faut, en visant bien. Ce n'est pas quelqu'un de passif, mais d'énergique et d'actif, dont l'existence, pleine de luttes, progresse régulièrement grâce à des efforts persistants. Il surmonte avec courage des conditions de vie difficiles (le Commandant Charcot), et la réussite peut venir assez tard (Adenauer et Mazarin avaient tous deux Saturne en Scorpion au Milieu-du-Ciel).

Neptune en Scorpion

Affinités entre cette planète de rêve et d'imagination, et notre Scorpion naturellement attiré par l'étrange, le fantastique, le mystère.

Les Neptuniens du Scorpion sont médiums, clairvoyants, ils ont des dons occultes, s'intéressent aux problèmes de l'Au-delà. Mystiques, artistes, sensibles, intelligents, ils devinent tout ce qu'on leur cache. Ils travaillent dans le secret, s'enfermant à double tour dans leur chambre ou leur bureau. Les forces invisibles se mettent au service de la création.

Uranus en Scorpion

Que d'écrivains, de penseurs, de novateurs, sous cette configuration ! Les yeux fixés sur leur étoile, ce sont des gens qui avancent avec détermination en suivant une idée novatrice. Ils ont le sentiment de devoir lutter pour le progrés. Dans ce but généreux, la révolution ne leur fait pas peur : Uranus détruit l'ordre ancien pour permettre à Pluton de reconstruire le nouveau.

L'Uranien du Scorpion est souvent amené, dans son existence, à se révolter contre la pesanteur des institutions de son temps, contre la dureté des contraintes sociales qui pèsent sur ses contemporains.

Pluton en Scorpion

La plus lointaine de nos grandes planètes a transité en Scorpion de 1984 à 1995. En principe, elle est bien placée dans le signe dont elle est la maîtresse.

En astrologie mondiale, cette position plutonienne donne naissance à une civilisation tout-à-fait nouvelle, totalement différente de celle que nous connaissons. Au prix de quels bouleversements ! Nous avons vu le triomphe de l'énergie atomique avec ses dérives prévisibles, la catastrophe de Tchernobyl en 1986, par exemple, (l'ère du plutonium, ce n'est pas un hasard si cet élément tire son nom du dieu des Enfers... !).

Les Planètes dans le Sagittaire

Soleil en Sagittaire

C'est la position qui, traditionnellement, fait que l'on se dit né sous le signe du Sagittaire. Exalte les tendances naturelles du signe : courage, esprit d'aventure, projets de grande envergure, intelligence, réussite professionnelle. Souvent, carrière brillante.

Le natif est porté à s'affirmer de manière éclatante dans le domaine qu'il a choisi, un peu à la lumière du Lion ; mais il le fait avec plus d'expansion chaleureuse et de motivations humaines.

Lune en Sagittaire

La Lune est épanouie dans ce signe. Elle confère de la spontanéité, une certaine bonhomie, bref une relation cordiale et détendue avec l'entourage. Avec le Sagittaire, on n'a pas de mal à briser la glace. Certes, il attend de l'autre un certain respect, mais il n'hésite pas à parler sur un pied d'égalité, d'homme à homme.

C'est un signe d'amitié plus que d'amour, et l'on aime retrouver les copains de naguère, rappeler les souvenirs, faire un petit flash-back qui permet de voir le chemin parcouru depuis.

Vénus en Sagittaire

La conception artistique du Sagittaire s'incarne à merveille dans le jazz. Cette musique à chaud qui se joue en équipe, où l'on est entraîné par un rythme endiablé, où la dépense nerveuse est intense, où l'on n'a pas à déchiffrer une partition ou à se souvenir de bien respecter telle ou telle règle, où l'on danse de tout son corps, est la meilleure détente du signe.

Le Sagittaire aime le mouvement, il se plaît entre deux destinations. Il ne sait guère passer des vacances calmes et casanières.

Mars en Sagittaire

Le Sagittaire n'aime guère le traval trop régulier et quotidien. Cette position planétaire, dans un thème, n'indique donc pas un employé modèle mais bien plutôt un représentant qui court sur les routes, quelqu'un qui doit prendre des intiatives, s'adapter à des situations imprévues, faire preuve d'esprit d'à-propos .

L'énergie est mobilisée dès lors que le jeu en vaut la chandelle, excitée par l'épreuve, par l'obstacle. A certains moments, on est prêt à se dépenser intensivement comme dans les charrettes des architectes. On peut aussi trouver là un stakhanoviste avide de records.

Jupiter en Sagittaire

C'est une position qui annonce une capacité certaine à organiser, à rassembler. Non pas tant à étudier une affaire dans tous ses détails qu'à faire se rencontrer des gens, à leur donner le sentiment d'un destin commun. C'est ainsi que se forment les sociétés humaines, autour de ces chefs qui, à partir d'une situation confuse et disparate, parviennent à instituer un ordre, à faire apparaître des horizons, à cimenter des réseaux encore fragiles.

Celui qui a cette indication dans son thème laissera souvent le souvenir de quelqu'un qui a modifié sensiblement le paysage social et humain, « là où son cheval est passé ».

Saturne en Sagittaire

Si les entreprises sagittairiennes font parfois long feu, elles ne durent qu'autant que leur instigateur brandit le flambeau. Dès que celui-ci disparaît, c'est la guerre entre les héritiers et l'on s'aperçoit bien vite que tout l'édifice ne reposait que sur le dynamisme d'un seul. Le Sagittaire va de l'avant et a du mal à choisir ses lieutenants et ses dauphins tant il agit par inspiration. C'est l'homme des grandes épopées que seule la mémoire d'un chroniqueur sauvera de l'oubli.

Uranus en Sagittaire

Le Sagittaire, signe de feu, n'est pas très favorable à Uranus qui s'épanouit dans les signes d'air. C'est pourquoi le signe peut décevoir en ce qui concerne sa capacité à faire passer des réformes en profondeur. En effet, à force de se soucier de réunir autour de soi les courants les plus divers, on peut dire que le Sagittaire « gouverne au centre », qu'il est prisonnier de sa propre stratégie et tiraillé entre plusieurs tendances, quelle que soit sa volonté personnelle de changer le monde.

Neptune en Sagittaire

Le Sagittaire a le sens de l'idéologie ! Il sait que pour entraîner le grand nombre, il convient de lancer un certain nombre de slogans, de proposer des modèles d'explication, à la façon dont on parle de la lutte des classes par exemple. Cette position de Neptune est donc favorable, elle révèle quelqu'un qui saisit les vagues de fond, qui prophétise les grands bouleversements mais qui ne sait pas toujours faire les choix qui s'imposent quand il est trop entraîné par le politique politicienne.

Pluton en Sagittaire

Ce n'est pas une très bonne position pour Pluton. On n'aime guère la contestation et la satire lorsqu'on est en train de développer de grands principes et que l'on se prend plutôt au sérieux. On sait ce qu'on entend par « raison d'Etat », c'est-à-dire une sorte d'oukaze sans réplique. Par ailleurs, l'homme politique doit souvent faire taire sa conscience et ses scrupules s'il désire rester à son poste. L'usure du pouvoir rend méfiant à l'égard des fervents de la vérité.

Les Planètes dans le Capricorne

Soleil en Capricorne

L'astre de l'expansion, du rayonnement de l'été brûlant, se trouve nécessairement refroidi par ce signe d'hiver, d'hibernation, de grand frimas. La personnalité est donc réservée, distante, froide et concentrée. N'oublions pas, en outre, que l'attente du printemps donne à ce signe un sens du temps particulièrement intense ; si tout se fige sous la glace, c'est pour mieux éclore dès que la tiédeur revient.

Signe d'ambition, de volonté, de réussite, lente et sûre. Maladresse dans l'expression de l'affectivité.

Lune en Capricorne

La planète des sentiments, de la vie intérieure, de la sensibilité et du climat affectif n'est pas non plus fort à son aise dans ce signe. Rend défiant à l'égard de toute manifestation amoureuse, peu expansif et aussi peu généreux. En revanche, donne une stabilité, une profondeur, une fidélité et une grande persévérance dans les attachements.

Vénus en Capricorne

Cette Vénus est possessive, obstinée, très rigoriste. Elle retire de la passion à la relation amoureuse — la raison, le scepticisme du signe interdisant les grands élans — et lui attribue en compensation de la solidité, de l'endurance, de la tenacité : cette Vénus se contente de peu (à la limite, elle vit d'amour platonique) ou alors, mais c'est plus rare, elle multiplie les expériences « utilitaires ».

Mars en Capricorne

Magnifique position de la planète dans un signe qui lui fait aller droit à l'essentiel, avec dépouillement, esprit de synthèse, profondeur et sens de l'analyse. Sur le plan de l'intelligence, c'est une des plus fortes et des plus belles configurations. Elle confère au sujet de la dureté, de l'ambition, de l'agressivité et beaucoup de calcul en même temps qu'un sens politique aigu... Mais absence totale de subjectivité et de sensibilité en ce qui concerne les affaires, les négociations, les rapports avec autrui en général.

Jupiter en Capricorne

Mêmes effets que le Soleil dans ce signe, légèrement atténués. Les valeurs protectrices, chaleureuses, bienfaitrices de Jupiter se sentent fort diminuées, amoindries par le signe concentré et réservé du Capricorne. La réussite professionnelle est pourtant certaine grâce à l'ambition tenace du signe.

Saturne en Capricorne

Refus de l'artifice, du jeu, du maquillage. Une sorte de Capricorne au carré. Il peut dissimuler ses frustrations infinies derrière un ricanement sceptique ou l'attitude souveraine de l'ermite replié dans sa tour d'ivoire. Cet orgueilleux est d'abord un grand blessé de l'âme qui ne s'est jamais consolé des rejets qu'il a subis. C'est le vrai misanthrope, lucide sur le monde et sur lui-même, qui s'interdit tout mensonge et sanctionne tout manquement à la vérité.

Uranus en Capricorne

Dur signe pour Uranus qui symbolise la force, la volonté, la résolution ici et maintenant : en Capricorne, la résolution devient cruellement efficace, l'organisation méthodique des objectifs s'élabore avec une perfection presque maniaque. Goût pour toutes les techniques avancées, pour la politique et les sciences.

Neptune en Capricorne

La planète de la sensibilité artistique, de la douceur, de la souplesse et de la mobilité psychique n'est pas spécialement confortée par le Capricorne qui lui interdit les vraies intuitions ou les soumet au crible d'une raison moralisatrice très refroidissante. La sensibilité et la rigueur de la pensée se trouvent en contradiction.

Pluton en Capricorne

Pluton qui symbolise les forces obscures de création, la lenteur et la puissance dans les grands bouleversements, est admirablement servi par le signe ambitieux, sévère et patient du Capricorne. Cette position renforce l'ambition et lui donne une portée mondiale.

Les Planètes dans le Verseau

Soleil en Verseau

Besoin intense d'extériorisation. Chaleur humaine irrépressible, élan vers autrui, compréhension spontanée des êtres. Volonté et capacité de renouvellement incessant. Ce Soleil en Verseau signe une nature passionnée, extrêmement concentrée sur ses intérêts du moment ; simplement, ses intérêts changent souvent, du tout au tout, au cours de sa vie.

Lune en Verseau

Si vous avez la Lune en Verseau, elle vous permettra de cultiver des valeurs personnelles, de canaliser vos pulsions au profit d'un idéal et de décrire vos états d'âme avec les mots qui conviennent.

La Lune en Verseau, c'est aussi réagir quand le vent se lève, profiter du zéphyr, naviguer en douceur. C'est parfois s'oublier pour aider à transformer le monde, ou se recréer soi-même quand on s'est perdu. C'est notre dépendance envers nos amis, notre besoin d'originalité ou notre soif de changement, c'est une mémoire qui oublie tout, sauf l'essentiel : ce qui est riche en potentialités nouvelles, ce qui est positif et utile, ce qui débloque les situations.

Vénus en Verseau

Le Verseau est spontanément doué pour le bonheur parce qu'il fait crédit à la nature humaine, mais qu'il est sans illusions sur ses imperfections. Il refuse donc toute complaisance envers le chagrin. Pour les sujets évolués, point de lyrisme romantique : on analyse le mal d'amour et, pour le dompter, on fait appel à la raison ou à l'oubli.

Que ce soit dans le choix d'un objet ou dans les rapports humains, si vous êtes Verseau bon teint, une grande indifférence vous habite jusqu'à ce que quelque chose ou quelqu'un mobilise votre attention : vous réagissez, alors, par une attirance extrême ou une répulsion spontanée, que vous essayez de modérer en compensant, par un compliment, la rigueur d'une attitude, et en éteignant, provisoirement, l'emballement d'un moment.

Mars en Verseau

Ici, les faits l'emportent sur les idées, mais, comme nous sommes encore en Verseau, où les choix sont réfléchis afin de ne choquer personne, idées et faits vont donc se mêler adroitement.

Le pouvoir réalisateur du Verseau est plus dans la réaction que dans l'action, et la réalité des faits bruts pousse le sujet à agir en rénovant.

Jupiter en Verseau

A condition que ces tendances soient convenablement mûries, vous pouvez vous faire apprécier par des sentiments humanitaires ou par de larges conceptions sociales. Il s'agit de « mettre la main à la pâte », de « relever vos manches » pour que le monde, le pays, votre groupe professionnel ou votre famille sortent de leur enlisement, de leurs difficultés ou de leur routine. Vous comptez bien que l'on vous en saura gré et vous vous y employez utilement.

Comme vous préférez donner qu'accumuler, l'état de vos finances risque de souffrir de générosités au-dessus de vos moyens ou de l'oubli des contingences matérielles.

Saturne en Verseau

Saturne en Verseau n'échappe pas à la règle : il fait le point sur soi-même et les autres, prend conscience de la nécessité d'évoluer et de dégager, des événements, leur inconnu libérateur. Il cherche à communiquer pour atténuer le doute que l'isolement amplifie.

Saturne en Verseau pondère votre réactivité ou votre enthousiasme, vous fait prendre conscience que l'on s'use parfois à défendre des causes perdues d'avance et qu'il faut se méfier de l'illusoire, au profit d'une connaissance plus approfondie des choses.

Uranus en Verseau

Avec les planètes précédentes, l'homme s'est intégré au monde extérieur et à la société de son temps ; les aptitudes à acquérir sont les mêmes pour tous. Avec Uranus, nous entrons dans l'analyse des valeurs qui sont propres à chaque individu. Indépendantes du milieu, elles font de lui un être unique.

Uranus en Verseau, s'il choisit la nouveauté en tout, sait la vulgariser, la transmettre avec le maximum d'efficacité et des mots simples, accessibles à tous ; mais il lui est parfois difficile de donner un exemple concret.

Neptune en Verseau

Si vous êtes neptunien, vous vous dégagez facilement des conditionnements sociaux pour tenter de vivre votre réalité intérieure. Vous êtes intuitif, généreux et crédule, parfois naïf. Vous projetez souvent vos impressions et présentez parfois des vérités que vous avez du mal à formuler. Si vous transformez la réalité, c'est qu'un fait brutal vous émeut et que vous désirez prendre des distances pour amortir le choc.

Pluton en Verseau

La planète des enfers, de l'inconscient, des forces souterraines, de la Vérité Pure sans déguisements doit se trouver en affinité plutôt dynamique avec le signe du Verseau qui prône l'idéal, la simplification de l'existence par la passion, l'enrichissement progressif, le renouvellement psychique constant.

Ceux chez qui Pluton domine recherchent une authenticité qu'ils ne trouvent qu'en eux-mêmes, car elle est rebelle à toute assimilation par le milieu et difficilement communicable. Ils auraient besoin de plusieurs vies, mais, comme ils n'en ont qu'une, ils accumulent les expériences et leurs contradictions sont source de fécondité.

Les Planètes dans les Poissons

Soleil en Poissons

Il va vous « identifier » totalement aux autres. Vous ne vous imposerez pas. Vous entrerez dans le jeu d'autrui : cette identification sera, selon votre évolution intérieure, bonne ou mauvaise. Dans ce signe « double », la gamme des « possibles » est infinie...

Vous adapter, est, en général, chose facile. Vous offrirez aussi aux autres quelque chose de rare à notre époque : votre compréhension... Vous vous attirerez de nombreuses sympathies. Mais vos relations avec les gens ne sont pas suivies. Elles seront « fluides ». Vous échapperez à leur compréhension. Ils auront l'impression que vous leur « glissez » entre les doigts...

Lune en Poissons

Si le Soleil est l'animus, partie volontaire, active, masculine qui est en chacun de nous, principe « yang », la Lune est le reflet de notre anima : partie réceptive, passive, féminine « yin », en chacun de nous. C'est la face inconsciente de notre personnalité. Elle est le rêve, l'imaginaire, la sensibilité.

En fait, elle donne une sorte d'irréalité à cet être « lunaire » des Poissons. Il a du mal à s'intégrer dans la vie réelle. En effet, les qualités comme les défauts d'expansion et d'inflation envahissantes, propres aux Poissons, sont exacerbés. Le potentiel imaginatif est fabuleux, donnant une véritable vision fantasmagorique des choses.

Vénus en Poissons

Avec Vénus aux Poissons, le partenaire est idéalisé ; l'amour est vécu comme un rêve. On peut reprendre ici l'expression de Gaston Bachelard dans *L'Eau et les rêves :* « Le fait imaginé est plus important que le fait réel. » Exaltée dans le signe des Poissons : l'amour y prend une ampleur lyrique. L'affectivité est débordante. Toutes les motivations sensorielles et affectives se manifestent, en effet, sur un mode Poissons ; c'est-à-dire sans mesure et sans caractère logique... Les amours sont sans frontières. Amours souvent impossibles, chimériques, utopiques dans lesquels on se jette à corps perdu. L'élu est mis sur un piédestal. Si le rêve s'effondre, le « château de sable » est emporté par la vague... Les chimères évanouies, il ne reste plus rien.

Mars en Poissons

Dans le signe des Poissons, l'action diffuse se perd dans l'immensité des désirs qui restent inassouvis. Si cette action est souvent incapable de viser droit au but immédiat, l'énergie n'en est pas moins mordante. Mais elle demeure souvent intermittente.

Il faut toutefois se méfier de « l'eau qui dort ». L'on songe à ces tempêtes qui se lèvent sous les tropiques, dans cet océan que d'aucuns avaient nommé Pacifique ! La fureur de la vague peut être mortelle. La tempête est soudaine, elle n'en est que plus violente. L'action de Mars en Poissons est souvent illogique. On agit par « à-coups ». Elle manque, en tout cas, d'organisation. On fonce au moment où il ne le faut pas. Et l'on se fatigue inutilement.

Jupiter en Poissons

Jupiter, planète féconde, planète d'expansion, indique dans un thème les qualités d'extraversion, d'extériorisation de la personne. L'expansion de ce signe des Poissons donne à Jupiter un grand amour de la vie et un magnétisme personnel qu'il utilise à bon escient. En effet, le Jupitérien des Poissons a une grande confiance dans son étoile. Sa chance peut d'ailleurs être insolente. Elle reste néanmoins fluctuante. Pourtant, au dernier moment, alors que tout paraît perdu, notre Jupitérien « refera surface ». Il s'en sort souvent « miraculeusement ». Un certain goût du faste, un côté un peu ostentatoire n'excluent nullement une générosité réelle.

Saturne en Poissons

Bien vécue, cette planète représente l'influence « contractive » dans le ciel : elle affecte la capacité de l'individu à rassembler les choses pour les concentrer. Elle indique une autodiscipline. Elle est la conscience « morale » dans ce qu'elle a parfois de rigide. L'être se construit un système de défense. Mal vécue, nous avons alors l'isolement. L'être s'enferme. Il perd ses qualités d'adaptation. Il ne sait plus se rendre aussi ouvert. Il ne cherche pas la sympathie. Il s'isole et se laisse gagner par le découragement. C'est le Saturnien « découragé », renfermé, qui refuse de s'adapter à la vie.

Uranus en Poissons

Avec Uranus, l'être va dans une seule direction. Cette planète s'accorde mal avec la sensibilité et l'émotivité vibrante du Poissons. Le refus des contraintes donne dans ce ciel une certaine incapacité à dominer les problèmes de la vie quotidienne. Le Poissons « uranien » s'individualise. Il s'affirme avec originalité. Il va dans une direction et s'y tient. Contradiction profonde de l'être entre ce côté *ultra* et les perspectives neptuniennes. Uranus évolue mal dans le monde de la subtilité et des nuances, dans le monde de l'évasif, de l'imprécis, de l'indécis.

Neptune en Poissons

Le Neptunien vit dans un monde sans frontières (le « citoyen du Monde » : Camille Flammarion). Antenne captatrice, Neptune ouvre aussi les portes à la perception de l'infini. Le monde inconscient, du mystère, prend le pas sur la logique cartésienne : c'est le monde de la clairvoyance et de la télépathie.

Avec Neptune s'ouvre tout un monde secret. Nous sommes aux portes de l'Invisible. Au niveau le plus simple, dans la vie de chaque jour, Neptune crée un « climat », une « atmosphère » : la vraie spiritualité, la sainteté, se cache souvent dans la vie la plus simple.

Pluton en Poissons

Le natif des Poissons est marqué par Pluton, planète d'angoisse qui peut empoisonner notre bonheur, qui dramatise notre vie, qui nous confronte à notre propre enfer, qui n'est ni malfaisant ni cruel, mais juste... Il va vivre cet aspect au niveau le plus morbide ou au contraire accéder, grâce à lui, aux plus belles sublimations. C'est elle qui marque le thème de Victor Hugo (conjonction Soleil-Vénus-Pluton en Poissons) de son empreinte. La puissance de son inspiration, la profondeur de sa sensibilité, la diversité des sujets qu'il traita, c'est, sans doute, à cette double valorisation neptunienne et plutonienne qu'il les doit.

Les Planètes dans le Bélier

Soleil en Bélier

Avoir le Soleil en Bélier, c'est « être du signe » du Bélier. C'est donc, rappelons-le, avoir une planète (la principale) sur dix dans le signe du Bélier. Quel que soit le nombre de planètes dans un ou plusieurs autres signes, le signe où se trouve le Soleil est toujours primordial. Le Soleil est en exaltation dans le Bélier, ce qui peut donner un excès : décision, enthousiasme, impulsion, entêtement, passion, esprit d'entreprise, violence, générosité.

Les passions sont brèves et passagères. Les entreprises risquent de n'être pas suivies avec persévérance. Goût pour la conquête.

Lune en Bélier

La Lune dans le signe de Mars est bien malmenée... Comme elle représente l'inconscient et la sensibilité, ceux-ci deviennent houleux et marqués par l'impulsivité. L'ardeur et la vivacité, une sensibilité brûlante tiennent lieu de tendresse. C'est souvent aussi une composante de révolte, de non-conformisme. Elément de réceptivité et de féminité, cette Lune, placée dans ce signe viril, n'est pas en bonne position dans le thème d'une femme. Tendance au scandale, exhibitionnisme, indépendance, témérité, tempérament enflammé.

La Lune représentant l'idéal féminin dans le thème d'un homme, ce sera alors la recherche de l'amazone, la composante féminine étant virile.

Vénus en Bélier

Les sentiments sont passionnés, l'esprit de conquête violent, l'impulsion sexuelle intarissable. L'amour est vécu comme un sentiment exclusif, intense, brûlant, mais souvent pas très durable. Grande générosité.

« Vénus tout entière à sa proie attachée. » L'affectivité est importante, chaleureuse, un peu brusque. Nombreuses et brèves passions.

Mars en Bélier

Fougue, énergie, volonté constructive, entreprenante, dynamisante. Goût pour les épreuves de force, où le courage le plus fou trouve son expression. Activités intarissables : sport, courses, dépense physique. Résistance à toute épreuve. Plus il y a d'obstacles à son désir, à son projet ou à sa volonté, plus le natif se sentira stimulé.

Jupiter en Bélier

Le dieu de la foudre dans le signe du feu primordial. Ce n'est pas un gage de modération, mais Jupiter canalise et rend efficace l'agressivité en dents de scie du Bélier. C'est donc un facteur de chance, de rayonnement, d'optimisme et de générosité. Le goût des plaisirs s'en trouve augmenté, ainsi que le contentement de soi. Cette combinaison comparable à Mars-Jupiter peut donner un tempérament quelque peu exhibitionniste, un excès de confiance en soi, une faconde envahissante et vaniteuse.

Mais le caractère est puissant et l'optimisme communicatif. La maturité coïncide avec l'affirmation de la personnalité, bien que la réussite soit souvent précoce. Exemples : Claudia Cardinale, Dali, Chopin, Goëring.

Saturne en Bélier

La planète et le signe sont en contradiction totale : c'est le froid intense au sein du brasier. La force de caractère est grande et risque, avec l'âge, de dégénérer en dureté et en aigreur. La solitude est inévitable avec une tendance à l'auto-analyse, aux aventures (Bélier) solitaires (Saturne). L'impression d'être incompris par les autres est particulièrement forte, et peut mener aux limites de la paranoïa. C'est une position difficile, douloureuse, qui aboutit en général à une solitude hautaine, à un durcissement.

Avec une telle position, les maux de tête, les névralgies, les accidents à la tête sont garantis. Les risques de congestion cérébrale sont accrus.

Exemples : Baudelaire, Goya, Staline, tous trois atteints gravement à la tête. Goya sourd et à demi-fou, Baudelaire et Staline morts de congestion cérébrale.

Uranus en Bélier

La foudre dans le signe de la foudre. L'impulsivité et la faculté de saisir la « bonne occasion » sont décuplées. Le dynamisme est trépidant, irrésistible, l'efficacité et la coordination des réflexes sont foudroyants à condition que les aspects soient bons. Ce sont la hardiesse, la témérité et la révolte prométhéenne qui dominent. Ils aboutiront, ou bien finiront dans la catastrophe, suivant le reste du thème. Uranus était en Bélier au moment de la montée du fascisme et du national-socialisme : l'ascension fut foudroyante mais la chute ne le fut pas moins...

Exemples : Tchaïkovski (le côté « électrisé » de sa musique), Nietzsche.

Neptune en Bélier

Dans le signe de Mars, Neptune amplifie l'agressivité ou le rêve. Là encore, tout dépend des aspects, en particulier des positions respectives de ces deux planètes. Ou bien c'est Mars qui domine (l'action) ou bien c'est Neptune (l'idéal, le rêve). Les deux sont le plus souvent en conflit mais il peut arriver qu'ils coïncident : on a alors une action révolutionnaire qui réalise le rêve (Lénine, conjonction Mars-Neptune). Mais le tzar qu'il renversa avait aussi Neptune en Bélier, non loin du Soleil ! C'est alors l'illusion, la chimère. Avec cette position, on peut aussi avoir une tendance au scandale ou au mysticisme (Cervantès).

Pluton en Bélier

Le Bélier est le domicile diurne de Pluton. C'est une position extraordinaire, que les astrologues oublient généralement (Pluton ayant le don de se rendre invisible, comme le Diable). Pluton en domicile chez son complice, Mars devient d'une agressivité démoniaque, trépidante, une sorte de piétinement sourd et implacable. Il apporte la subtilité et le sens de l'invincible à la force parfois brutale du Bélier, et la transforme en puissance irrésistible. C'est alors l'aspect vengeur, implacable, inhumain du Bélier, premier signe, qui apparaît.

Exemples : Baudelaire, Zola, Tchaïkovski, Anton Bruckner (chez ce dernier, la tornade ascensionnelle d'une musique marquée par Pluton en Bélier en Maison VIII est particulièrement impressionnante).

Les Planètes dans le Taureau

Soleil en Taureau

Ces natifs doivent beaucoup à leur minutie maniaque, à leur rigueur, et aux répétitions, rabâchages grâce auxquels ils parviennent, souvent après de durs labeurs, au nœud profond d'un problème, quitte parfois à en constater l'inexistence. Ils ont besoin de posséder leur sujet de A jusqu'à Z, et même de doubler l'alphabet, pour en parler sûrement. L'inhibition leur interdit la facilité. Elle les éloigne des voies précaires, les prévient contre les dangers des ascensions trop rapides et leur donne le goût d'une notoriété installée sur un pouvoir, une compétence réelle, un métier rodé. Une fois en haut du pavé, elle leur permet, enfin, de défendre et de conserver jalousement l'autorité acquise. Les plus doués paraissent increvables.

Lune en Taureau

Féminité, dans la mesure où la féminité est la mère de tous les sexes. Ces dispositions apportent à l'homme de précieuses satisfactions dans ses liens avec mère, sœur, fille, amies, épouses, sauf si les interlocutrices en question sont agressives, névrotiques, ratiocinant avec tous les défauts des mâles dans leurs revendications socio-sexuelles.

Homme ou femme, la Lune en Taureau non dissonante aime la tranquillité et tient en haute estime tout ce qui participe à l'harmonie de sa santé physique et psychique : un décor paisible, un environnement doux, serein, lumineux, des gens heureux, des saisons régulières, des digestions sans problème.

Vénus en Taureau

L'astro-psychologie applique à la vie amoureuse la constance du signe. Harmonique, cette position favorise donc les longs attachements, les liens dont on ne se défait que dans de tragiques douleurs. Elle donne, sans doute, la patience, la bonne proportion de soumission et de domination nécessaire à l'entretien d'une heureuse relation affective.

Comme Mercure, mais à un bien moindre degré, Vénus stimule la force de combinaison ou d'intégration du signe. Ce qui, dans le contexte sensuel-sensoriel, s'exprime volontiers par le plaisir de la possession amoureuse sans cesse renouvelé, ou par quelque propension analogue à embrasser, tenir, faire sienne, en son corps, la chose que l'on aime.

Mars en Taureau

Mars régit les duos — duels de l'existence, et le niveau d'excitabilité nécessaire aux compétitions vitales. L'astro-psychologie voit dans sa rencontre avec le Taureau un bon indice de vitalité, de robustesse physique, de courage moral. Configuration musclée, en somme.

Elle inspire des initiatives hardies et radicales, des entreprises aux audaces longuement mûries, engageant, lorsqu'elles s'affirment, toutes les forces dans un seul combat en se privant volontairement de toute échappatoire et possibilité de retraite.

Jupiter en Taureau

L'apport de Jupiter au Taureau ne peut être que chaud. L'astre et le signe se revigorent. Sur ce point, l'astro-psychologie souligne avec à-propos l'afflux des besoins sexuels et sensuels, l'entrain et la santé de la tendance dionysiaque festoyante. Les réactions auto-compensatrices défensives préviennent ce tempérament contre ses propres excès, mais rien ne peut être plus mutilant et contristant qu'un régime sans sel, sans rires, vignes, muses et flonflons.

Jupiter favorise l'extraversion du signe, les turbulences de l'excitation qui l'habite, et concentre l'excitabilité en passions dévorantes, avidités diverses, en amour, argent, ou domination, selon le plan d'intérêt.

Saturne en Taureau

Le Jupitérien a des dispositions pour faire de son vécu l'assise, le cheval d'arçon de ses prouesses. En revanche, le Saturnien en tire craintes et reculs qui, dans les meilleurs cas, déplacent sa pensée vers les coulisses de l'exploit, là où les héros redeviennent des hommes et les hommes des êtres.

La réduction saturnienne peut donc déterminer un type d'équilibre raisonné, moins bonhomme que celui de Jupiter, tout en flegme, en ajustements calculés et en qui-vive cachés.

Economie veut dire ici épargne avisée. L'être s'assure des voies qu'il peut pratiquer sans risque d'y rencontrer ce qu'il redoute : l'imprévu exigeant un débours de confiance.

Uranus en Taureau

D'une formule inverse à celle de Mercure, Uranus va du complexe au simple, du faible au fortement excitable. Avec l'apport du Taureau, cohérent, compact, massif, le schéma uranien prend tournure d'un tout ou rien. Les paliers, approches ou reculs par touches et retouches successives, ne sont pas de saison. Cet Uranien est complètement « in » ou « out », dedans ou dehors. Sa nature réductrice s'y prête, le Taureau lui fait litière.

Psychologiquement, n'attendez pas de lui beaucoup de diplomatie. Il n'est pas du genre perplexe, entre deux eaux, flottant. S'il est réfractaire, sa surdité et son opposition iront jusqu'aux extrêmes conséquences.

Neptune en Taureau

L'efficacité opère dans le plan irrationnel de la vie affective et spirituelle, plutôt que dans celui de la raison sociale.

Neptune en Taureau a des chances de vibrer aux chansons des bois et forêts, et autres présences universelles, sensibles et indicibles. La cohésion du signe sera dans le désir d'union sensuelle, ce qui peut rendre la mystique difficile, sauf si elle est panthéiste, païenne, en prise sur le folklore. Autre chose, enfin, que l'ascèse et le dogme.

En négatif, le pôle dionysiaque du Taureau prendra avec Neptune des voies de perdition, la quête d'extase mystique, le besoin de participation cosmique, dégénérant en sensualité chaotique.

Pluton en Taureau

L'apport de Pluton au Taureau risque d'être discret, de concerner uniquement le pôle d'inversion et d'inadaptation du signe.

Pluton peut apporter aux êtres réceptifs une intuition fondamentale dont ils feront le levier de leur existence laborieuse. Ils laisseront toute leur personnalité dans leur œuvre ou découverte.

Quant au caractère, Pluton en Taureau le rend ferme, énergique : colères féroces, vindictes souterraines impitoyables. C'est l'inertie d'inhibition qui parle, elle ne pardonne pas.

Les Planètes dans les Gémeaux

Soleil en Gémeaux

L'astre de l'affirmation personnelle est bien partagé, dans ce signe double. Les aspirations sociales de l'être se trouvent souvent en contradiction avec ses aspirations privées. Fait des vies tiraillées entre deux désirs, deux volontés, deux talents, deux amours. Affaiblit l'expression de la personnalité mais augmente l'intelligence, la perception ludique des événements, et le goût des mots.

Lune en Gémeaux

Le monde de l'inconscient est ici constamment agité par les fluctuations de l'environnement, le changement incessant des circonstances et des contacts, mais il ne s'agit là que d'une agitation de surface, celle de la brise qui fait naître des vaguelettes. Les racines de l'être ne semblent pas en être ébranlées. Extérieurement, l'humeur est vagabonde, elle varie selon les émotions du moment et ne peut être saisie. Elle s'est déjà transformée lorsque l'interlocuteur l'a saisie au vol. Pour mieux dire, c'est la Lune natale de Brigitte Bardot, astre cinématographique qui a suffisamment occupé la chronique pour que l'on sache de quoi il retourne. Un prompt emballement, vite tombé dans l'oubli, aussi vite remplacé par une passion non moins vive, et il ne s'agit pas seulement de l'affectivité, mais aussi de l'humeur, qui ne peut être que capricieuse et frissonnante. Sur le fond mercurien, en perpétuelle vibration, la Lune multiplie les variations de ses phases, même si sa face cachée reste obstinément ignorée.

Vénus en Gémeaux

Le goût du flirt, de la comédie amoureuse, est fréquent, celui du changement ne l'est pas moins. Ces deux tendances aboutissent à de nombreuses relations affectives, le flirt plus ou moins poussé surpassant la passion authentique. Au pire, ce serait l'image du papillon. Le choix est difficile, aussi ne le fait-on pas.

Pour ne pas se perdre dans tout cela, il faut éviter de provoquer des drames, conserver un certain sang-froid, une lucidité raisonnable, sous une apparence d'amitié courtoise où chacun croit discerner un amour partagé. La sensualité n'est pas un élément dominant, bien qu'elle ne soit pas exempte de raffinements. La vie sentimentale peut donc être assez compliquée, mais l'adresse permet d'éviter les crises trop périlleuses. Les déceptions en général ne durent pas, tant il est facile de trouver de nouveaux partenaires.

Mars en Gémeaux

C'est un important facteur d'activité, pas seulement mentale, qui peut entraîner un certain esprit sportif, la sincérité dans l'action. Mais l'amour-propre réagit par la susceptibilité : les caprices, les colères sont difficilement dominés. Tout cela est un peu remuant, turbulent, avec des vagues d'agressivité inattendues, au moindre prétexte. Il faut dire que les réflexes musculaires sont rapides, le passage à l'acte ne traîne pas, tout au moins le passage à la parole qui vaut un acte.

Avec Mars dans son signe, le Géminien est plus sûr de lui et moins hésitant. De bonne foi, il promet plus qu'il ne peut tenir. Il s'efforce de convaincre avec passion. Dans les cas extrêmes, il aboutit au sadisme mental, à une certaine agitation.

Jupiter en Gémeaux

Dans les Gémeaux, la bonhomie et l'équilibre accompagné d'auto-satisfaction de Jupiter se heurtent à la nervosité un peu fébrile de ce signe. Un peu dérouté, Jupiter n'utilise pas ses atouts habituels avec autant d'efficacité. Droiture et loyauté, avec la mise en valeur des qualités intellectuelles. Barbault dit, avec humour, que l'autorité et la puissance de l'astre sont affectées comme celles d'un pontife dans un milieu d'adolescents irrespectueux, mais que cette position est heureuse dans l'ordre de la diplomatie et de l'habileté manœuvrière.

Saturne en Gémeaux

On admettra qu'un astre aussi sec et peu enclin à une certaine joie de vivre comme à une animation turbulente ne se sentira guère à l'aise dans le signe jeune et perpétuellement en mouvement des Gémeaux. Cette fois-ci, c'est le vieux monsieur strict chez les joueurs de ping-pong. Sa logique excessive tue la fantaisie, et l'humour devient de l'humour noir.

Certes, il peut y avoir un acquis pour le signe, dans la mesure où Saturne apporte circonspection, sens des responsabilités, ce dernier parfois excessif.

Mais il peut aussi, par réserve ou inhibition, éteindre le côté brillant des Gémeaux, le sens de la répartie devient l'esprit de l'escalier, ou se fait trop lourd. C'est un Saturne qui veut se rajeunir, un Gémeaux qui veut être trop sage au risque d'étouffer sa spontanéité.

Uranus en Gémeaux

Uranus, qui gouvernait le chaos, est considéré comme l'astre de l'individualisme le plus poussé, qui veut à tout prix se démarquer du milieu ambiant. Hyper-rationnel, peu sentimental, maître du Verseau, il a quelques analogies avec Mercure, mais poussées à un niveau plus brutal ; il est systématique, intolérant, il tend à entraîner vers un avenir robotisé, froid, peu fait pour les faibles et les cœurs sensibles. Il crée l'imprévu, les destins en dents de scie, impose des techniques toujours nouvelles.

Il s'est trouvé dans les Gémeaux de 1942 à 1948, et l'on a pu constater l'accord entre le côté nerveux et remuant du signe, et l'effet électrisant de la planète, ainsi que le facteur commun que constitue le côté intellectuel et cérébral de leur nature. Uranus, très à son aise en Gémeaux, y agit comme s'il induisait un courant électrique susceptible de galvaniser les Gémeaux, de leur donner un sens plus aigu de leur Moi et d'atténuer leur tendance dispersive.

Neptune en Gémeaux

Il semble y avoir plus de théorie que de constatations effectives dans ce que l'on peut en dire. Selon André Barbault, l'émotivité géminienne serait intensifiée et la sensibilité de l'astre en serait accrue, dans un échange courtois de bons procédés. D'autres astrologues affirment que l'intuition devient plus lucide, que l'action neptunienne devient plus créatrice, se cantonnant surtout dans l'immédiat, le quotidien. On y voit aussi des dons de clairvoyance, surtout dans les affaires, et les femmes seraient peu fidèles. Certains décèlent des tendances hystériques, des états d'âmes chaotiques.

Pluton en Gémeaux

Selon Lisa Morpurgo[1], Pluton a influencé le comportement d'une génération intellectuellement éveillée. Et il est vrai que l'on ne s'était jamais posé autant de questions qu'à cette période (1883-1914), à la fois fin d'un siècle et commencement d'un autre, tant il est vrai que Pluton, comme Janus, est à double face. Cette génération était lucidement critique envers les idéologies et les éthiques des époques antérieures. Mais elle a aussi été attirée par le culte de la personnalité. André Barbault a exprimé une opinion à peu près semblable en disant que Pluton en Gémeaux se mue généralement en sadisme mental, ou apporte une inquiétude intérieure qui fertilise la recherche spirituelle.

1. Lisa Morpurgo : *Introduction à la nouvelle astrologie*, Hachette Littérature, 1976.

Les Planètes dans le Cancer

Soleil en Cancer

Donne des indications sur la personnalité extérieure du sujet : grande sensibilité, à l'écoute du non-dit, du non-visible. Beaucoup d'intuition : cette intuition se fait parfois devineresse, pressent des événements et des situations à venir. Les rêves prémonitoires sont fréquents chez le Cancer hyper-réceptif. « Idéalisation du passé, attachement à la tradition, qui sert de point d'appui contre l'insécurité du futur (...) Manque d'initiative, défaut d'agressivité et d'esprit compétitif (...) compensés par la souplesse intuitive de l'intelligence. L'équilibre ainsi créé permet d'atteindre avec autant d'efficacité l'objectif recherché. »

Lune en Cancer

Accentue toutes les tendances extérieures du signe en leur donnant quelquefois une exaltation excessive : douceur extrême, intense réceptivité qui peut aller jusqu'à la médiumnité. La voyance, la prémonition, les phénomènes extra-sensoriels sont tout à fait courants avec la Lune dans ce signe. Elle donne également des dons artistiques réels que la timidité du Cancer ne sait pas toujours faire valoir. Besoin immense de tendresse, de protection. Forte sensualité réceptive.

Vénus en Cancer

La planète de l'amour et de l'art se trouve en affinité avec le signe d'eau. Vénus en Cancer s'intériorise, gagne en pudeur et en réserve ce qu'elle perdait en extraversion ; elle devient plus artiste, plus profonde et plus douce. Sa recherche de l'amour sensuel se transforme en quête de tendresse, de protection, de sécurité affective. C'est une Vénus mouvante mais fidèle, capricieuse mais sage. Sensualité « sensorielle ».

Mars en Cancer

L'activité impatiente, brusque, agressive de Mars s'émousse en Cancer. L'action devient plus mesurée, plus flottante, plus fragile extérieurement. Mais elle se concentre grâce à la profondeur que lui donne le signe, elle acquiert une plus longue portée. Elle devient plus durable, plus obstinée, moins spectaculaire mais peut-être plus efficace, en s'exerçant sur des registres qui lui conviennent, soutenue par l'intuition que confère le signe : l'art, le commerce sont ses terrains d'élection. Le dynamisme, l'énergie vitale, n'apparaissent pas : il faut se rappeler que le Cancer n'est pas un signe de grande santé. En revanche, la sagesse, l'économie de moyens dans l'objectif à atteindre, l'instinct très puissant remplacent avantageusement une extériorisation chaleureuse de la personnalité.

Jupiter en Cancer

Jupiter, qui aime tant son confort, ses aises, le luxe en toute chose, exalte la sensualité du Cancer, la matérialise. La philosophie d'un Jupiter en Cancer est dans la jouissance pure et le confort personnel. La réussite professionnelle se fait dans le respect de la tradition et des lois hiérarchiques, dans le culte de la famille et des ancêtres. Que de bienveillance, que de concessions, que de souplesse dans cet alliage ! Rien ne doit freiner ou entraver le désir qu'a le natif de jouir de la vie par tous ses pores. S'il gagne facilement de l'argent, il le dépense encore plus facilement, pour le plaisir de dépenser. Il a besoin d'abondance et de richesse, de beaux objets, de bijoux, de fourrures, de luxueuses voitures. Cet être est, en général, extrêmement séduisant.

Saturne en Cancer

C'est la logique, le raisonnement, la rigueur froide et calculatrice de Saturne dans l'univers fantasque, imaginatif et sensuel du Cancer. Résultat : ou bien Saturne canalise la fantaisie du Cancer et lui donne du poids, de la mesure, de l'ambition et de la discipline, auquel cas le sujet perd beaucoup de caractéristiques lunaires (réactions imprévisibles, tempérament secret et changeant, parfois un peu versatile). Ou bien Saturne broie le Cancer : à ce moment-là, il crée toutes sortes de frustrations dans les domaines régis par la Lune : la créativité est freinée, l'élan vital s'amenuise, l'affectivité n'est jamais comblée, la sensibilité reste à vif sans parvenir à s'épanouir dans une activité inventive et riche.

Uranus en Cancer

Le goût d'Uranus pour les bouleversements, les changements radicaux, les décisions rapides et irrévocables se trouve singulièrement étouffé par le Cancer. En effet, le Cancer est le signe des petits changements, des petites modifications, mais pas des hautes tensions familières à Uranus. D'où affaiblissement des valeurs proprement uraniennes dans ce signe : individualisme moyen, esprit de décision plus flou, activité créatrice moins volontaire et ambitieuse. La vitalité uranienne devient un peu aquatique : c'est la foudre dans l'eau. En revanche, le Cancer accentue la réceptivité d'Uranus, d'où une réelle générosité à l'égard d'autrui, la volonté d'emporter une certaine adhésion de son entourage.

Neptune en Cancer

La planète double son inspiration intuitive dans le Cancer : elle devient très fortement sensible à toute vibration sensorielle. Elle capte les moindres ondes de son entourage et plonge dans les eaux sans fond de la sensation, du délire artistique (musical, visuel, auditif) avec un goût prononcé pour tout ce qui a trait à l'eau, à l'élément liquide.

Pluton en Cancer

Les forces souterraines et créatives de Pluton prennent de la sensibilité et de la fragilité cancériennes. Elles deviennent moins ambitieuses sans retirer d'invention, ni de profondeur. Mais le sujet risque de se sentir limité dans sa créativité par son respect des valeurs familiales, traditionnelles, parfois mêmes conservatrices.

Les Planètes dans le Lion

Soleil en Lion

En vérité, dans votre cas, la fonction solaire, qui sensibilise aux modèles culturels en usage, vous a fait percevoir avec une acuité particulière tout ce qui, dans ces modèles, participe des fonctions de base du Lion. Vous avez retenu en priorité les leçons et les principes qui mettaient l'accent sur l'autonomie personnelle, la volonté de surpassement, l'extension de la puissance. Vos premiers héros, vous les avez choisis spontanément parmi ceux qui incarnaient le mieux ces facultés. Notez bien que cela ne veut pas forcément dire que vous suiviez ces exemples-là en permanence : les premières et fortes impressions qui ont marqué votre esprit peuvent subir bien des avatars. On peut cependant affirmer que tous ces grands dadas léoniens demeureront vos points de référence essentiels. Sujets de vos discours, thèmes de vos œuvres, mobiles de vos actes, objets de vos recherches, motifs de vos craintes ou cibles de vos sarcasmes, ils seront ici les fermes pivots de votre conscience lucide.

Lune en Lion

Les interprétations classiques insistent sur l'effervescence des instincts, leur générosité, leur noblesse et leur panache. On vous accorde, en outre, une imagination tournée vers le grandiose, le prestigieux, le magnifique, et la faveur publique vous est paraît-il acquise si vous abordez la carrière artistique. Parmi les travers qui vous sont le plus souvent reprochés, on note une certaine fatuité, un côté snob épris de luxe, un penchant aux caprices voyants et à la paresse dorée.

Quelques « Lune en Lion » assez connus : Louis XIV, Churchill, Trotski, Mao, Rocard, Rosa Luxemburg, Willy Brandt... Parmi les poètes, citons Verlaine, Jules Laforgue, Charles Cros et Schiller.

Vénus en Lion

Vous savez jouer au maximum de l'efficacité des apparences, de l'impact affectif des paroles. Votre Moi en représentation s'affirme par le canal de l'émotion ainsi produite sur les autres. Vous vous efforcez de susciter la sympathie admirative par les moyens les plus extérieurs — d'aucuns diraient les plus superficiels —, tels que la beauté physique, le vêtement, la parure, le maintien, la qualité du langage et le respect de l'étiquette. Selon votre orientation générale extravertie ou introvertie, vous viserez par ces biais à donner une impression de force, d'aisance souveraine, de liberté superbe, ou bien de noblesse, de générosité, d'élégance morale.

Mars en Lion

La force d'excitation débloquante joue ici sur le mode d'une confrontation directe et immédiate avec le monde environnant. Elle n'a rien d'un fantasme, d'une simple spéculation théorique ou d'une évocation évanescente. Elle acquiert une présence telle qu'il est impossible à autrui de l'ignorer ou de n'en point constater les effets percutants. Dans le combat quotidien pour la survie personnelle, vous refusez absolument toute entrave à vos initiatives. Vous ne vous préoccupez guère des implications philosophiques de vos actes ou de ce que l'on va penser de vous : l'essentiel est de vaincre l'obstacle par les moyens les plus rapides et les plus indiscutablement efficaces. Vous n'êtes pas une personne à vous décourager facilement : non pas tellement par le fait d'une patience obstinée, mais surtout parce que vous savez surmonter vos fatigues, recharger à bloc vos batteries au moment où l'on vous croit épuisé.

Jupiter en Lion

Voilà encore une rencontre qui a eu de tout temps fort bonne réputation. Comment d'ailleurs pourrait-il en être autrement ? Aux yeux de la tradition, l'alliance du signe royal par excellence et de l'astre qualifié de Grand Bénéfique ne saurait enfanter qu'une avalanche de bienfaits : honneurs, célébrité, succès, triomphe et autorité indiscutée vous sont octroyés sans lésiner par les célestes cornes d'abondance.

Quant aux seuls inconvénients évoqués, ils découlent des risques de démesure et de surabondance. L'astro-psychologie descriptive, tout en étant moins catégorique sur les événements promis, ne dément pas la tonalité générale du tableau. L'astre et le signe se rejoignent par leur côté extraverti, optimiste, théâtral et ambitieux, le tout saupoudré de ce paternalisme pontifiant qui est, paraît-il, l'apanage enviable de la maturité bien assise.

Saturne en Lion

Là, ce n'est pas tellement la fête. De toute façon, dès que Saturne est en cause, les astrologues traditionnels éteignent leur beau sourire commercial et vous prennent des airs gravement constipés. Comme, par-dessus le marché, ils considèrent le Lion comme le lieu d'exil de la planète — c'est-à-dire le signe avec lequel elle présente le moins d'affinités —, vous voyez d'ici le tableau engageant. Dans le meilleur des cas, ils évoquent une autorité froide, une implacable ambition, des buts politiques à long terme, le sens de l'organisation. La plupart du temps, il est surtout question de despotisme, d'avidité insatiable, d'orgueil égocentrique et misanthrope, de dureté, de cruauté, de lâcheté...

Uranus en Lion

Le point commun fondamental entre Uranus et le Lion, c'est un processus de concentration, de réduction extrême à un pôle unique dans un but d'efficacité maximale. Imposer son point de vue aux autres, se sentir invulnérable, être sûr de son bon droit, ne pas concéder la moindre miette de son pouvoir et de son autorité. Uranus exacerbe ces tendances, les radicalise, les assortit d'un impact et d'un tranchant tels qu'elles ont bien peu de chances de passer inaperçues. Vous visez toujours les sommets, qu'il s'agisse de ceux du pouvoir, de l'intensité d'expression de votre personnalité, de l'acuité de votre conscience lucide ou de la rigueur concise de vos formulations. Vous dissipez le brouillard à coups d'éclairs soudains, vous localisez les lueurs éparses en faisceau aveuglant, vous rassemblez les forces les plus diluées en un seul invincible fer de lance. Vos irruptions sur le devant de la scène sont souvent plus provocantes que celles du Lion jupitérien. vous ne prenez pas comme lui votre élan à partir de données familières, de réalités que chacun peut voir et palper. Vous vous appuyez sur vos pulsions les plus intimes, vos tendances les plus inaliénables.

Neptune en Lion

Enigmatique et problématique alliage. Les affinités entre la planète et le signe sont nettement moins évidentes que dans le cas d'Uranus ou de Jupiter, et la coopération ne sera vraiment effective que si Neptune reçoit par ailleurs de forts aspects dynamisants. Dans le cas contraire, les fonctions dominantes du Lion sont passablement altérées. Les manuels traditionnels parlent d'exaltation lyrique, idéaliste, mystique ou romanesque, de sens esthétique noble et raffiné, avec forte propension aux illusions et déceptions sentimentales, dans l'hypothèse d'un Neptune très dissoné.

Pluton en Lion

A priori, la cohabitation avec le Lion s'annonce plutôt malaisée. Le désir de surclasser les autres et le goût de la parade tonitruante, notamment, en prennent un sacré coup. Un Lion plutonien bon teint, vu de l'extérieur, a fort peu de chance de cadrer avec le portrait-robot du signe. Avec Pluton, on aurait cependant bien tort de se fier aux apparences, l'essentiel se passant au niveau de votre inaliénable for intérieur. En fait, Pluton, tout comme le Lion, refuse les limites. Il les refuse même de la façon la plus radicale qui soit. Le temps et l'espace n'ont pas de bornes, l'éternel et l'infini sont ses domaines. Il n'a de compte à rendre à personne, il ne se soumet à aucune autorité humaine. Il engendre lui-même sa propre loi et sa propre vérité. C'est un réfractaire, un irréductible, un pur, un authentique. On pourrait croire que Pluton, éloigné de tout personnalisme, désintègre le narcissisme du Lion. En fait, il remplace un narcissisme superficiel par un narcissisme beaucoup plus profond : la contemplation inexprimable, intégrale et perpétuelle de vos rouages les plus secrets, de vos mobiles les plus intimes. Vous vous retrouvez seul avec vous-même pour assumer l'angoissante étendue des possibles qui vous habitent.

La moisson, allégorie à Cérès, déesse des travaux agricoles.

Le Soleil dans une Maison planétaire donne une signification particulière aux valeurs que représente cette Maison.

Comment interpréter les Planètes dans les Maisons

Comment explorer certains aspects de votre destinée

Votre signe solaire, votre Ascendant, les planètes dans les signes correspondent essentiellement aux dispositions de votre caractère, aux dons de votre personnalité.

En outre, à partir de votre Ascendant, vos douze maisons astrologiques orientent les signes zodiacaux et les planètes qui s'y trouvent vers des domaines différents de votre existence : gains, études, foyer, enfants, travail, associations, contrats, évolution psychique, voyages, étranger, ambition sociale, projets, amitié, activité cachée.

Pour l'astrologie, les mêmes énergies planétaires agissent d'une part à travers les signes zodiacaux pour se traduire en qualités personnelles et d'autre part dans vos maisons natales pour représenter un potentiel favorable ou restrictif dans tel domaine de votre vie.

Ainsi Jupiter dans le signe du Taureau correspond dans la personnalité à un fort désir de confort et de richesse allié à un bon jugement ; s'il se situe dans la deuxième maison astrologique qui est celle de l'orientation du sujet vers les gains et les dépenses, il en résultera un pronostic financier très favorable.

Caractère et destinée sont pour l'astrologue les deux faces d'une même réalité vitale.

C'est pourquoi il est si important de prendre conscience de vos points forts, de vos lacunes, des domaines préférentiels qui vous sont bien ouverts, de ceux qui vous sont difficiles, pour mieux réussir professionnellement et dans votre propre vie.

La figure ci-dessous vous montre comment les douze maisons astrologiques se succèdent à partir de l'Ascendant dans le sens inverse des aiguilles d'une montre.

Pour connaître le degré zodiacal de début de chacune de vos maisons natales, vous pouvez à partir d'un Minitel consulter le 36 15 Clea ou le 36 15 Futur, vous lirez directement sur l'écran la liste de ces maisons après avoir indiqué vos coordonnées de naissance.

Vous poursuivrez en demandant le degré zodiacal des dix planètes.

Nous vous conseillons alors de reporter sur un cercle zodiacal ces différentes informations pour découvrir dans quelle maison natale se trouvait chaque planète.

Vous pourrez ainsi chercher dans les pages suivantes les textes concernant votre destinée personnelle.

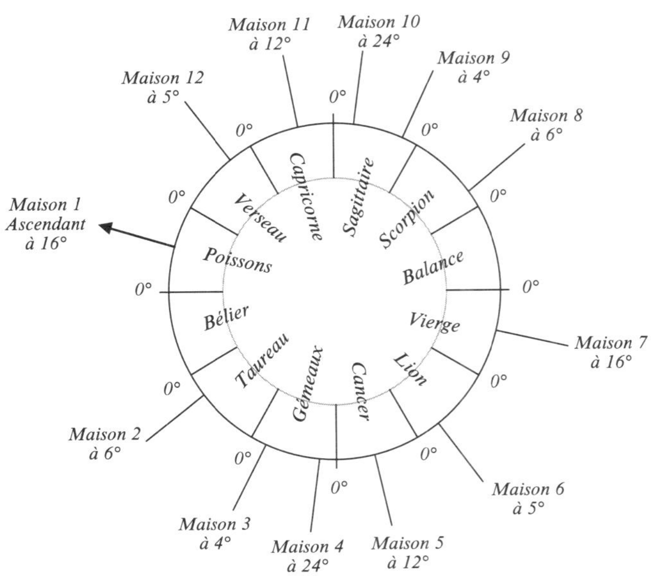

ACTION DU SOLEIL DANS LES DIFFÉRENTES MAISONS

MAISON 1	Puissance, vitalité, sens de sa propre valeur, loyauté, désir de briller, autorité, capacité de réussite.
MAISON 2	Grandes ambitions financières, vie large, faste, aptitudes à la gestion bancaire, situation lucrative.
MAISON 3	Bonne éducation, instruction solide, succès dans les études, réussite par les écrits et dans les voyages, bonne entente avec l'entourage.
MAISON 4	Bonne hérédité paternelle, parents aisés, vie familiale heureuse, gains immobiliers, réussite tardive.
MAISON 5	Succès sentimentaux, de qualité, dons pour l'enseignement, talent pour le théâtre, les divertissements publics.
MAISON 6	Poste de responsabilité dans le travail, protection contre la maladie, amour des animaux.
MAISON 7	Mariage fortuné, conjoint élevé, autoritaire, réussite par les contrats et associations, rivaux puissants mais loyaux.
MAISON 8	Conjoint fortuné, gains par contrats, héritage important, intérêt pour l'occulte, dons pour l'assurance, forces à ménager.
MAISON 9	Dons pour la philosophie, le droit, les études supérieures, attrait pour l'étranger, les grands voyages, l'import-export.
MAISON 10	Situation de premier plan, réussite sociale remarquable, toutes vos énergies sont centrées sur l'éclat de votre statut social.
MAISON 11	Nombreuses relations d'amitié, protections influentes, amis fidèles, sélectionnés, projets vastes, ambitieux.
MAISON 12	Esprit de dévouement, d'abnégation, goût de la vie retirée, dons pour soigner les malades, protection contre les épreuves.

ACTION DE LA LUNE DANS LES DIFFÉRENTES MAISONS

MAISON 1	Nature sensible, émotive, romanesque, attachement à la mère, à la famille, popularité mais fluctuations, indécision.
MAISON 2	Gains de sources diverses, travail en famille, gains par l'alimentation, dépenses pour le foyer, soutien pour les femmes.
MAISON 3	Changements fréquents de milieu et d'entourage, nombreux déplacements en groupe, journalisme.
MAISON 4	Fort attachement au foyer, forte influence de la mère, vie d'intérieur, changements de résidence, goût pour le passé.
MAISON 5	Plaisirs variés, goût des réunions joyeuses, désir de plaire, relations amoureuses éphémères, nombreux enfants.
MAISON 6	Santé délicate, mauvaise hérédité maternelle, troubles gastriques, chance dans service public, popularité au travail.
MAISON 7	Nombreux contacts sociaux, nombreuses occasions d'association, d'union, mais une certaine instabilité de part et d'autre.
MAISON 8	Rêves fréquents, impressionnabilité, occultisme déconseillé, dons et cadeaux, goût du mystère.
MAISON 9	Idéal de sociabilité, de solidarité, idées changeantes, voyages importants, popularité à l'étranger.
MAISON 10	Succès dans le contact avec la foule, surtout auprès des femmes, souplesse sociale, variété d'occupations.
MAISON 11	Nombreuses relations d'amitié, réunions, sorties un peu superficielles, projet trop changeants.
MAISON 12	Nostalgie, goût de la solitude, du calme, dons psychiques, les femmes sont peu favorables, surveillez l'estomac.

ACTION DE MERCURE DANS LES DIFFÉRENTES MAISONS

MAISON 1	Intelligence, vivacité, adresse, don pour la parole et l'écriture, goût de l'étude, mobilité, échanges.
MAISON 2	L'intelligence et l'habileté sont au service du désir de gains, talent d'intermédiaire, revenus variés.
MAISON 3	Réussite dans les études, assimilation rapide, talent de polémiste, don pour la publicité, déplacements fréquents.
MAISON 4	Hérédité intellectuelle, changements de domicile, achat et vente d'immeubles, lucidité mentale tardive.
MAISON 5	Attirance pour les personnes jeunes et intelligentes, amours cérébralisés, jeux éducatifs, cyclisme, enseignement.
MAISON 6	Activités de secrétariat, d'écritures, de classement, d'analyse, d'assistance ; bronches à surveiller.
MAISON 7	Intelligence appréciée par les autres, contrats pour des travaux littéraires, scientifiques, mariage avec partenaire plus jeune.
MAISON 8	Intérêt pour les problèmes psychiques, aptitude au contrôle, aux écrits relatifs aux assurances, successions, partages.
MAISON 9	Capacité de haute érudition, clarté d'esprit, don de conférencier, professorat, droit, relations avec l'étranger.
MAISON 10	Réussite sociale par occupations commerciales, littéraires ou scientifiques, travail en association, travaux multiples.
MAISON 11	Amitiés intellectuelles, correspondance amicale, projets ingénieux mais persévérance insuffisante.
MAISON 12	Dons pour les recherches de laboratoire, pour l'étude des choses cachées, discrétion, méfiance.

ACTION DE VÉNUS DANS LES DIFFÉRENTES MAISONS

MAISON 1	Charme, gentillesse, gaieté, sociabilité, désir de plaire, vie heureuse, protection contre la violence.
MAISON 2	Gains aisés par un travail agréable, commerce de luxe, mode, femmes favorables, dépenses pour le confort.
MAISON 3	Dons pour la poésie, la musique, l'art, excellentes relations avec l'entourage, lectures romantiques, voyages plaisants.
MAISON 4	Vie familiale heureuse, amour de la famille, intérieur confortable, amour au foyer, chance dans les placement immobiliers.
MAISON 5	Succès sentimentaux, goût des spectacles, succès dans l'enseignement d'un art, enfants affectueux, chance au jeu.
MAISON 6	Santé équilibrée, sensibilité de la gorge et des reins, éviter le surmenage, collaborateurs dévoués, travail facile.
MAISON 7	Mariage heureux, vie en société élégante et gaie, contrats fructueux sans conflits, pas d'ennemis.
MAISON 8	Dons, cadeaux artistiques, héritage profitable, conjoint fortuné, sommeil reposant.
MAISON 9	Culte de la paix, philosophie souriante, esthétisme, chance à l'étranger, voyages réussis, union à l'étranger.
MAISON 10	Succès social par sympathie, par les femmes, carrière artistique, ou commerce de luxe.
MAISON 11	Amitiés féminines, amis artistes, projets amoureux.
MAISON 12	Dévouement envers les malades, mélancolie, désir de recueillement et de sacrifice.

ACTION DE MARS DANS LES DIFFÉRENTES MAISONS

MAISON 1	Nature énergique, impulsive, forte capacité d'action, courage, robustesse, virilité, goût de la lutte.
MAISON 2	L'action, l'esprit d'entreprise sont au service du désir de gain, fortes rentrées, fortes dépenses, l'audace paie.
MAISON 3	Don pour mettre les idées en pratique, pensée rapide, talent oratoire, goût pour la vitesse, voyages hâtifs.
MAISON 4	Hérédité active, père homme d'action, vigueur maintenue longtemps, accroissement du patrimoine immobilier.
MAISON 5	Ardeur, passion en amour, désir sexuel précoce, goût des sports violents, besoin de conquête.
MAISON 6	Travail dans la mécanique, dans l'armée, la police, zèle au travail, tendance aux maladies aiguës mais récupération rapide.
MAISON 7	Mariage précoce, partenaire énergique, succès par l'activité des associés, conflits, rivalités, procès.
MAISON 8	Grande puissance sexuelle, puissance psychique, dispute en cas d'héritage, actions héroïques.
MAISON 9	Opinions catégoriques, passionnées, propagandisme, valorisation de la force, études d'ingénieur, safaris, succès à l'étranger.
MAISON 10	Carrière active, d'industriel, de militaire, de chirurgien, maniement d'outils de fer, goût de vaincre les obstacles, victoires.
MAISON 11	Plans audacieux mais impatience, amis sportifs.
MAISON 12	Activité secrète ou s'exerçant dans des lieux calmes, éventuellement dangereuse, ennemis secrets, danger par virus.

ACTION DE JUPITER DANS LES DIFFÉRENTES MAISONS

MAISON 1	Caractère jovial, bienveillant, bon sens, dynamisme, constitution imposante, confiance en soi, embonpoint.
MAISON 2	Avantages financiers importants, crédit large, goût du faste, sens financier, commerce de gros.
MAISON 3	Réussite d'études, largeur de vues, aptitudes de juriste, sens commercial, talent littéraire, bon voisinage.
MAISON 4	Origines aisées, parents notables, chance dans le développement du patrimoine foncier, fin de vie heureuse.
MAISON 5	Chance pure aux jeux de hasard, bons placements financiers, pédagogie, sport, distractions saines.
MAISON 6	Protection contre la maladie, travail lucratif, efficacité professionnelle, amour des chevaux.
MAISON 7	Mariage heureux, conjoint de niveau social supérieur, relations mondaines, contrats importants, accords amiables.
MAISON 8	Protection contre une mort violente, fortune par conjoint, gratifications, intéressements, sérénité.
MAISON 9	Principes religieux, tolérance, études supérieures, magistrature, chance à l'étranger, voyages fructueux.
MAISON 10	Brillante réussite sociale, profession libérale, banque, finance, bonne réputation, position solide.
MAISON 11	Excellentes relations amicales, appuis financiers et moraux aux projets de grande envergure.
MAISON 12	Générosité, philanthropie, mysticisme, goût pour la vie religieuse, protection contre les ennemis.

ACTION DE SATURNE DANS LES DIFFÉRENTES MAISONS

MAISON 1	Nature sérieuse, pondérée, ordre, méthode, lenteur, froideur, économie, sens des responsabilités.
MAISON 2	Gains réguliers mais limités, dépenses contrôlées, sens des questions immobilières et foncières.
MAISON 3	Sens de la précision, logique, besoin d'isolement pour étudier, voyages préparés, contacts sérieux.
MAISON 4	Père austère, éducation stricte, attachement aux traditions, dons pour l'agriculture, les mines.
MAISON 5	Goûts des délassements calmes, des jeux d'échecs, attirance vers des personnes plus âgées.
MAISON 6	Tendance aux refroidissements, aux rhumatismes, emplois subalternes, travaux précis et fatigants.
MAISON 7	Mariage tardif avec partenaire plus âgé, sérieux, stable, mais peu expansif, vie sociale réduite, sélective.
MAISON 8	Héritage immobilier, accroissement du capital par l'économie du conjoint.
MAISON 9	Opinions conservatrices, morales, austères, idéal rigoureux, intolérance, goût pour les mathématiques.
MAISON 10	Réussite lente par ambition persévérante, talent d'administrateur, sens politique, prestige sans popularité.
MAISON 11	Projets tenaces, systématiques, à long terme, amis âgés, sérieux, fidèles.
MAISON 12	Limitations volontaires ou non de votre liberté, travaux secrets, tâches fastidieuses, obscures.

ACTION D'URANUS DANS LES DIFFÉRENTES MAISONS

MAISON 1	Indépendance, originalité, goût du progrès, solidarité, comportement imprévisible, intuition, coopération.
MAISON 2	Gains par profession indépendante, par inventions, chances et tuiles brusques, irrégularité financière.
MAISON 3	Études sélectives, expériences personnelles, modernisme, risque d'accidents en déplacements.
MAISON 4	Milieu familial original, bohème, mobilier ultra-moderne, foyer très libre, risque de séparation.
MAISON 5	Liaisons soudaines, coups de foudre, excentricité, joueur, goût des performances mécaniques, du risque.
MAISON 6	Nervosité, difficulté à se détendre, travail autonome, de spécialiste, attitude peu disciplinée.
MAISON 7	Mariage brusque, union libre, partenaire indépendant, relations intellectuelles, instabilité des contrats.
MAISON 8	Aptitudes de psychologue, forte intuition pour pénétrer les secrets, gains par les associés.
MAISON 9	Idéal de progrès, de fraternité, idées révolutionnaires, talent pour les techniques avancées.
MAISON 10	Dons pour le lancement de nouveautés techniques, succès par réforme, carrière indépendante, changeante.
MAISON 11	Projets ingénieux, réalisables dans des conditions subites, amis francs, intelligents.
MAISON 12	Possibilité d'adhérer à une secte, dévouement à une communauté.

ACTION DE NEPTUNE DANS LES DIFFÉRENTES MAISONS

MAISON 1	Grande sensibilité, tendances spirituelles, idéalistes, moments d'inspiration, de génie, isolement.
MAISON 2	Gains importants par publicité, spéculations commerciales, combinaisons exceptionnelles.
MAISON 3	Assimilation extraordinaire, imagination vive, don pour la publicité, voyages imaginaires.
MAISON 4	Piété familiale, foyer recueilli, intime, sérénité, béatitude.
MAISON 5	Relations idéalistes, platoniques, exaltation sentimentale, désir d'évasion, talent spéculatif.
MAISON 6	Maladies psychiques, intoxication nerveuse, occupation désintéressée au service des souffrants.
MAISON 7	Partenaire exerçant une forte emprise psychique, relations compliquées, contrats illusoires.
MAISON 8	Héritages compliqués.
MAISON 9	Tendances mystiques, dévotion, dons pour l'étude des problèmes métaphysiques, génie mais utopie.
MAISON 10	Talent pour les vastes combinaisons liées aux trusts, succès par la mer, la psychologie, succès par les masses.
MAISON 11	Projets idéalistes mais utopiques, amis évolués, spiritualistes.
MAISON 12	Attrait pour le mystérieux, l'occulte, médiumnité, dévouement secret.

ACTION DE PLUTON DANS LES DIFFÉRENTES MAISONS

MAISON 1	Grande puissance passionnelle, force sexualité, attitude de justicier, capacité de pénétrer les secrets.
MAISON 2	Gains secrets, héritages favorisés.
MAISON 3	Intelligence des choses cachées, destructrice, déplacements entourés de secret.
MAISON 4	Danger de destruction du foyer. Capacité de reconstruire celui-ci.
MAISON 5	Relations sentimentales passionnées, liaison cachée, forte créativité, conflit avec les enfants.
MAISON 6	Maladie possible des organes génitaux. Talent de réorganisation dans le travail.
MAISON 7	Conjoint passionné, risque de rupture des associations, ennemis cachés.
MAISON 8	Magnétisme, forte sexualité.
MAISON 9	Bouleversements des opinions et des idéaux, espionnage à l'étranger.
MAISON 10	Sens des affaires, capacité de profiter des bouleversements pour réussir, aptitude à transformer.
MAISON 11	Projets en constante évolution, amis occultes.
MAISON 12	Ennemis cachés, épreuve concernant la sexualité.

Le dépouillement du champ de blé mûr avant la moisson rappelle la sobriété du Virginien devant les forces instinctives de son être.

Paysage des Landes : l'austérité solitaire de ces grèves en hiver convient au natif de la Vierge.

Comment interpréter les Signes dans les Maisons

Alors que les douze signes du Zodiaque représentent le « découpage » annuel, en douze mois, de la course apparente du Soleil, le découpage en Maisons astrologiques est réalisé à partir du mouvement diurne de la Terre — c'est-à-dire la rotation de la Terre autour d'elle-même en vingt-quatre heures.

Comme nous l'avons expliqué précédemment, le plan Horizon coupe le cercle de l'Ecliptique en deux points : l'un est l'Ascendant (ascension du Soleil), l'autre le Descendant (coucher du Soleil).

Le plan qui prolonge le méridien du lieu de naissance coupe également l'Ecliptique en deux points, le Milieu-du-Ciel (culmination du Soleil) et le Fond-du-Ciel (à l'opposé).

Ainsi, dans le thème d'une personne née à l'aube, le Soleil sera proche de l'Ascendant ; un sujet né vers midi aura le Soleil près du Milieu-du-Ciel ; vers 18 heures, près du Descendant, et vers minuit près du Fond-du-Ciel.

A partir de ces quatre points cruciaux, appelés « Angles » (AS — DS — MC — FC), on obtient donc le découpage du Ciel en quatre quadrants. Chacun de ces quadrants a été partagé en trois parties, ce qui donne les douze Maisons astrologiques (de 30 degrés chacune à l'équateur, elles deviennent d'inégale grandeur sous nos latitudes).

Les Maisons indiquent la façon dont les structures profondes, abstraites de l'être, s'incarnent dans l'existence concrète. Chacune représente en effet un secteur particulier de notre vie.

Cependant, il ne faut pas oublier que le cycle des Maisons s'établit en fonction de l'alternance jour-nuit. C'est pour cette raison qu'il y a des axes de Maisons qui se correspondent en s'opposant. Aussi convient-il de toujours étudier une Maison par rapport à celle qui lui est opposée, chaque axe formant un tout[1]. Voici les six axes de Maisons : Maison I — Maison VII ; Maison II — Maison VIII ; Maison III — Maison IX ; Maison IV — Maison X ; Maison V — Maison XI ; Maison VI — Maison XII.

Il est indispensable, naturellement, d'accorder une importance primordiale aux deux grands axes qui forment la structure de base d'un thème :

L'Ascendant marque le début de la Maison I : le Moi, la personnalité profonde du sujet, ses tendances, ses potentialités, mais aussi son aspect physique.

Le Descendant marque le début de la Maison VII : les autres, le sujet en contact avec les autres, les réactions des autres vis-à-vis de lui. La Maison VII concerne donc les mariages, les associations, les contrats, les ruptures, divorces, procès.

1. L'importance des Axes de Maisons a été particulièrement mise en évidence par l'astrologue Claire Santagostini.

Le Méridien ou Axe des réalisations du Moi.

Le Fond-du-Ciel marque le début de la Maison IV : la souche, le foyer familial, les rapports du sujet avec sa famille et ses parents ; par extension, la patrie.

Le Milieu-du-Ciel marque le début de la Maison X : les réalisations sociales, la lutte pour la réussite, l'ambition, les honneurs, la carrière.

Les autres axes se présentent ainsi :

Axe de la possession.

Maison II : Acquisition des biens matériels ; état de satisfaction ou de non-satisfaction du sujet vis-à-vis de ses possessions.

Maison VIII : Arrachement aux biens matériels (mort) ; perte des biens matériels ; sexualité (en tant que dépossession de soi par le don de son corps).

Axe de la pensée.

Maison III : Expression écrite et orale ; intelligence pratique ; contacts avec l'entourage ; petits déplacements. Il s'agit ici de la pensée tournée vers les réalisations pratiques et concrètes.

Maison IX : Etudes supérieures, philosophie, religion, idéal ; grands voyages ou voyages à l'étranger. C'est la pensée désintéressée, mise au service d'un idéal, ou qui conduit à une élévation morale.

Axe de la détente et des affections.

Maison XI : Les amis, les compagnons, les préférences, les projets.

Maison V : Les amours, les plaisirs, les distractions, les jeux, les créations, les enfants.

Axe de la formation du Moi.

Situées de part et d'autre de l'Ascendant et du Descendant, ces deux Maisons font équilibre aux Maisons I et VII.

Maison XII (au-dessus de l'Ascendant) : Les épreuves, les dangers à courir, les sacrifices à accepter, les maladies à supporter ; les choses cachées.

Maison VI (au-dessous du Descendant) : Préparation à la vie, le travail, les servitudes de la vie quotidienne, les ennuis domestiques, les petites maladies ou les maladies chroniques.

Il est à noter que la Maison VI correspond au signe de la Vierge, sixième signe du Zodiaque. Elle met l'accent sur le travail méticuleux, les tâches de routine, la vie domestique.

La Vierge dans les Maisons

Vierge en Maison I

La pointe de la Maison I étant délimitée par l'Ascendant, le sujet a donc l'Ascendant en Vierge, ce qui lui confère les principaux traits de caractère décrits au cours du chapitre consacré à la caractérologie. Il convient, bien sûr, de faire la synthèse entre les caractéristiques du signe Ascendant et celles du signe de naissance.

En outre, si l'Ascendant se trouve dans les derniers degrés d'un signe, la Maison I repose presque totalement sur le signe suivant. Dans ce cas, l'influence de ce signe prend une importance accrue, dont il faut tenir compte dans l'interprétation.

Vierge en Maison II

Cette position indique une attitude parcimonieuse vis-à-vis des biens matériels. Une certaine avarice est probable, mais limitée aux petites choses. Toutefois, le sujet n'ayant pas de besoins très importants, il doit réussir à s'accommoder d'une existence un peu chiche. La prudence naturelle du signe interdit les spéculations hasardeuses ou les risques excessifs. Le sujet gère son budget avec sagesse.

Vierge en Maison III

La timidité inhérente au signe freine quelque peu les contacts avec le milieu social. Le sujet demeure sur la défensive, et met un certain temps avant de se sentir détendu, en confiance, avec de nouvelles connaissances. S'il ne fait pas un usage immodéré du téléphone, il se livre plus facilement par lettre. Sa correspondance sera soigneuse, méthodique et, dans l'ensemble, assez fournie.

Le sujet est plutôt sédentaire, il renonce souvent aux possibilités de petits voyages.

En revanche, l'intelligence pratique est très développée. Les réalisations à court terme sont favorisées, les occasions sont exploitées habilement. Goût pour les études et grande curiosité intellectuelle.

Vierge en Maison IV

Le sujet se satisfait dans un cercle familial étroit. Peu attiré par les mondanités, il ne se sent bien qu'en petit comité. Sédentaire, il aime ses habitudes et peut se montrer excessivement tatillon, au risque d'incommoder les membres de sa famille.

Le foyer domestique est surtout considéré sous l'angle le plus utilitaire. Le sujet aimera vivre dans un décor simple, avec un mobilier solide et fonctionnel. Il fera passer au second plan les critères d'ordre esthétique.

Les rapports avec les parents ne sont pas très chaleureux, mais ils sont plutôt fondés sur le respect et la déférence. Cependant, du fait d'un grand attachement aux traditions, les vertus « travail — famille — patrie » sont exaltées.

Vierge en Maison V

Le besoin de sécurité affective est important. Toutefois, le sujet ne fait sans doute pas passer sa vie sentimentale au premier plan (à moins, bien sûr, que des planètes d'affectivité ou de sensualité n'occupent ce secteur).

La pudeur freine la sensualité. Le sujet n'apprécie pas les aventures sans lendemain. Il préfère une liaison stable, durable, mais pas trop envahissante. Il ne sait pas vraiment se détendre ou se distraire, encore moins perdre du temps. Quoi qu'il en soit, le sujet préfère les plaisirs calmes (lectures, jeux de cartes) aux loisirs de groupe ou aux sports exigeant une grande dépense physique.

L'amour pour les enfants ne se traduit pas par des démonstrations débordantes, mais plutôt par un soin très attentif porté à leur hygiène, à la propreté de leurs vêtements.

Vierge en Maison VI

Il existe de grandes affinités entre le secteur et le signe. Le sujet est très consciencieux, très méticuleux dans son travail. Il accomplit à la perfection les tâches de routine. Ses principales qualités : l'ordre, la méthode, le sens de l'organisation.

En revanche, il risque de manquer d'envergure et de se contenter de postes subalternes sans réel rapport avec ses capacités. Il a facilement une mentalité de « rond-de-cuir ». Les rapports avec les collaborateurs sont généralement satisfaisants. Le sujet sait se montrer serviable et dévoué.

Les tendances hypocondriaques du signe sont renforcées dans ce secteur qui concerne également la santé.

Les servitudes de la vie quotidienne sont bien acceptées, et les corvées domestiques accomplies avec diligence et efficacité.

Vierge en Maison VII

D'une façon générale, les rapports avec les autres sont fondés sur la sélectivité. Le sujet ne se lance pas à l'aveuglette dans le mariage ou dans toute autre forme d'association. Il n'apprécie pas à proprement parler la solitude, mais choisira cette solution plutôt que de consentir à une union mal assortie.

Une autre tendance du signe (qui devra être renforcée par d'autres configurations du thème) inclinera au contraire le sujet à faire un mariage de raison ou d'intérêt, surtout si, à force de tergiverser, il a raté les « bonnes occasions ».

Le sujet peut choisir l'union libre (à condition qu'il n'y ait pas d'enfant). Mais s'il décide d'être uni à son partenaire par les liens du mariage, il s'opposera alors farouchement à un éventuel divorce.

Les associations peuvent être assez fructueuses, encore que le sujet n'apprécie guère d'avoir des « comptes à rendre ». Pour éviter les risques de dissensions, il s'efforcera de choisir ses associés sur la base de ses affinités.

Vierge en Maison VIII

L'idée de la mort n'est pas une source d'angoisse insoutenable dans la mesure où le sujet accepte, au départ, son caractère inéluctable et implacable. Mais sa prévoyance et son réalisme l'incitent à prendre des dispositions d'ordre purement pratique et à s'assurer que sa famille ne manquera de rien après sa disparition.

Le sujet peut faire preuve d'exigences tatillonnes en ce qui concerne les problèmes d'héritage. S'il se sent (à tort ou à raison) floué, il peut révéler certaines tendances mesquines.

L'attitude vis-à-vis de la sexualité est assez ambiguë. Le sujet, dans son exigence de « pureté », s'accommode mal d'avoir des besoins sexuels importants. D'où des risques de complexes, d'inhibitions débouchant sur des frustrations.

Vierge en Maison IX

La prudence restrictive du signe freine l'incitation au voyage. Cependant, la curiosité intellectuelle du sujet peut avoir raison de ses hésitations. Mais cette personne a besoin d'organiser méthodiquement ses longs déplacements. Il ne laisse jamais rien au hasard. Ce n'est pas lui qui partira « le nez au vent », à l'aventure.

La prédominance de la fonction pensée chez la Vierge met toutefois l'accent sur le développement des connaissances. Le sujet est très soucieux d'élargir constamment son horizon intellectuel. Il a de grandes aptitudes pour les études, d'autant qu'il a un goût marqué pour les diplômes. L'acquisition des connaissances se fait « dans les règles ». Le sujet, très attentif et appliqué, aime s'entourer de professeurs susceptibles de le conseiller utilement. Quel que soit le domaine concerné, il aime prendre des leçons et se révèle un élève assidu.

Le sujet peut également, dans certains cas, se dévouer totalement à une cause qu'il estime juste, voire se sacrifier au nom d'un idéal.

Vierge en Maison X

La Maison X exprime les tendances à la lutte pour la réussite sociale, et le degré d'ambition. Or, le signe de la Vierge pêcherait plutôt par excès de modestie. Loin de rechercher les honneurs, il s'en méfie. A tout prendre, il préfère servir que commander, et choisit la coulisse, abandonnant volontiers le devant de la scène aux ambitieux.

Le sujet peut avoir tendance à se sous-estimer, et l'essor de sa carrière risque de s'en ressentir. Néanmoins, dans les limites qu'il s'impose, il tient à réussir, et sa conscience professionnelle, son sens de l'organisation sont ses plus précieux atouts.

La conquête d'une position sociale élevée peut, en revanche, devenir un objectif majeur en cas d'angularité (au Milieu-du-Ciel), notamment, d'une planète de représentativité : Soleil, Jupiter ou Uranus. Dans ce cas, le professionnalisme et la compétence, caractéristiques du signe, deviendront des facteurs déterminants de réussite, en particulier dans les carrières administratives et publiques.

Vierge en Maison XI

Le sujet choisit ses amis en fonction de ses affinités. Il en a très peu, mais ceux-là sont triés sur le volet. Il cherche surtout à s'entourer d'êtres intelligents ou très cultivés. Comme il fait rarement les premiers pas, ce sont les autres qui doivent venir à lui. Mais une fois qu'il a accordé son amitié, c'est généralement pour la vie. Cependant, il peut arriver qu'une amitié de plusieurs années soit rompue brusquement du fait de la sévérité morale excessive du sujet. Celui-ci ne supporte pas d'être déçu.

Cette personne fuit les mondanités, préférant les ambiances intimes, tranquilles. Par extension, elle se refuse à cultiver les « relations utiles » et choisit, délibérément, de ne pas exploiter certaines occasions.

Vierge en Maison XII

Les grandes épreuves de la vie sont généralement acceptées avec fatalisme. Elles peuvent également être l'occasion, pour le sujet, de révéler sa grandeur d'âme ou son abnégation.

Cependant les risques de renoncement a priori ne sont pas exclus, d'autant plus que la lucidité se double de pessimisme. C'est la déchéance physique ou intellectuelle que le sujet aura le plus de mal à assumer.

Il arrive que le détachement des objets matériels soit plus difficile à réaliser que le détachement moral de soi-même.

La Balance dans les Maisons

Balance en Maison I

L'Ascendant en Balance est l'un des plus chanceux du Zodiaque : douceur, diplomatie, charme, dons artistiques, volonté accorte et cependant tenace, mènent irrésistiblement le natif à la réussite de ce qu'il entreprend.

Balance en Maison II

Les dépenses ont un caractère vénusien. Ce sont celles qui sont liées, entre autres, aux réceptions que l'on donne, ou aux sorties faites avec des amis. D'autre part, la création d'un cadre de vie agréable et raffiné peut entraîner d'importantes dépenses susceptibles de déséquilibrer un budget.

L'équilibre est justement un mot-clé de la Balance, mais c'est un équilibre bien souvent instable, et la situation financière risque d'être fluctuante. Cependant, malgré les hauts et les bas, on peut penser qu'en raison de la protection de Vénus, la situation ne sera jamais vraiment désespérée.

Balance en Maison III

La Maison III concerne généralement l'intelligence concrète du sujet, ses dispositions et ses moyens d'expression, le langage et les écrits. Autrement dit, tout ce qui lui permet d'entrer en contact avec l'entourage.

Comme la Balance est un signe d'air, l'intelligence sera mobile, souple, prompte, fantaisiste, sensible à la beauté, mais trop soumise aux influences changeantes venues de l'extérieur. Le sujet cherche à plaire et à faire partager ses opinions à son entourage. Le badinage est un mode d'expression qui le séduit et dont il use facilement.

Balance en Maison IV

Si rien ne vient modifier profondément les dispositions naturelles de la Balance, le sujet grandira dans un foyer harmonieux. Il est possible qu'on y cultive un art de vivre raffiné, de sorte que l'enfant baignera dans un climat favorable à l'éclosion de dispositions artistiques.

Il est fort probable que le sujet crée son propre foyer à l'image de celui de ses parents. La Balance, qui est un signe de fête, peut lui donner le goût des réceptions, et sa maison sera largement ouverte aux amis.

Balance en Maison V

La nature de la Balance semble particulièrement bien accordée à celle de la Maison V, de sorte que le signe renforce les manifestations propres à ce secteur. Ce qui revient à dire que le sujet est naturellement porté vers les distractions et l'art. Une femme sera peut-être encore plus sensible qu'un homme aux effets de cette configuration. Elle se montrera enjouée et coquette, raffinée et élégante et sa distinction naturelle la gardera de toute vulgarité.

Les effets d'une Balance et d'une Maison V affligées mettent en jeu l'instabilité du signe.

Balance en Maison VI

Le travail ne devrait pas être trop pénible ; il peut s'exercer dans un cadre agréable et élégant, par exemple une parfumerie, un magasin de fleurs, une galerie de peinture. Parfois, des préoccupations artistiques ou juridiques sont liées au travail. Le sujet entretient de bons rapports avec ceux qui travaillent sous ses ordres. Il comprend leurs difficultés et s'efforce de faciliter leur tâche. En retour, il jouit de leur confiance et de leur attachement. C'est ainsi que se nouent parfois des idylles entre patrons et employés qui, dans certains cas, aboutissent au mariage.

Balance en Maison VII

Malgré la fougue que lui vaut un Ascendant Bélier, le sujet s'efforce d'avoir des relations harmonieuses avec autrui et il est ouvert à toutes les formes d'associations. La première, c'est évidemment le mariage. Il ne conçoit pas d'autre forme d'union, et dans sa vie, les relations conjugales tiennent une place importante. Il est même prêt à faire des concessions pour parvenir à l'équilibre intérieur qu'il attend du mariage.

Son besoin d'harmonie dans ses relations extérieures lui fait rechercher les associations et les collaborations. Il en retire le sentiment d'une insertion réussie dans la société dont il se veut un membre à part entière.

Balance en Maison VIII

La présence de la Balance en Maison VIII permet d'espérer que le caractère vénusien du signe favorisera une mort naturelle et douce.

La Balance faisant intervenir l'idée de mariage, on peut penser à un veuvage précoce et, éventuellement, à un héritage provenant du conjoint, du fait d'une donation entre époux. Mais des héritages venant des associés sont possibles.

Enfin, dans sa vie sexuelle, le sujet devrait faire preuve de mesure et de délicatesse, tout en s'efforçant de communier avec son partenaire car, pour lui, il n'est de vrai plaisir que partagé.

Balance en Maison IX

La présence de la Balance dans la Maison IX implique la possibilité d'un mariage dans un pays étranger où le sujet peut être amené à faire sa vie. Ou bien c'est le conjoint qui vient de l'étranger et qui a été connu à l'occasion d'un voyage lointain.

Ces voyages à l'étranger peuvent être de simples voyages d'agrément qui procurent de grandes satisfactions au sujet tout en enrichissant ses connaissances. A moins que ces voyages n'aient été entrepris pour signer des contrats à l'étranger (éventuellement avec des éditeurs).

Balance en Maison X

Les qualités vénusiennes que la Balance apporte dans la Maison X sont de nature à favoriser la carrière du sujet en aplanissant son chemin. La sensibilité qu'il manifeste dans l'exercice de sa profession, son charme qui agit sur les gens avec lesquels son travail le met en contact, les relations que sa nature sociable le pousse à nouer avec ses collègues et ses chefs, sont autant d'atouts qui facilitent son évolution sociale. D'autant plus qu'ils se combinent de façon très heureuse avec la chance dispensée par Vénus.

Le mariage ou une association peut influer sur la carrière ; ils sont parfois l'occasion pour le sujet d'élargir le champ de ses activités ou même de changer de profession.

Balance en Maison XI

La Balance est aussi favorable en Maison XI qu'elle l'est en Maison V. En effet, comment ce signe, qui est éminemment sociable, ne créerait-il pas les meilleures conditions pour permettre au sujet de se faire des amis ? D'autre part, l'on sait que les contrats sont du ressort de la Balance. Enfin, la gentillesse, la délicatesse et le charme de ce signe contribuent efficacement à resserrer les liens d'amitié existants.

La Balance donne également une indication sur l'origine des amis. Ils pourraient venir d'un milieu où l'on cultive les arts. A moins qu'ils ne soient eux-mêmes artistes.

Balance en Maison XII

La Maison XII n'est pas une Maison de joie (comme la Maison V). Les seules joies qu'elle dispense sont les joies spirituelles. Mais nous venons de voir qu'on ne peut les atteindre qu'après avoir parcouru son « chemin de croix ». Il ne faut donc pas attendre de cette Maison beaucoup de bienfaits dans la vie ordinaire. Cependant, la présence de la Balance dans ce secteur peut atténuer les chocs du destin. Même ici, Vénus, la déesse compatissante, ne renonce pas à étendre sur les humains son manteau protecteur. Aussi les ennemis cachés seront-ils moins virulents.

Le Scorpion dans les Maisons

Scorpion en Maison I

Le Scorpion en Maison I est à l'Ascendant. Même s'il est vide de planètes, il marque profondément le natif.

Le Scorpion en première Maison donne une bien plus grande énergie au natif ; il étoffe sa personnalité de cette âpreté, de cette persévérance, de cette volonté de puissance qu'ont les gens du signe. Le sujet lutte contre le groupe pour s'imposer. Actif, entreprenant, il tend à diriger les siens au point de devenir parfois tyrannique. Il profite des révolutions, des situations conflictuelles — qu'il sait, d'ailleurs, provoquer — pour en sortir vainqueur. Passionné mais très lucide, l'Ascendant Scorpion donne du réalisme, du courage... et le pardon difficile.

Scorpion en Maison II

Dans ce secteur concernant les biens du natif et son aptitude à acquérir (ou à perdre), le Scorpion n'est pas trop mal placé. Son réalisme et son activité persévérante lui assurent souvent un bon job, assez stable, parfois même assez brillant. Réussite dans les professions de Mars et d'Uranus (militaires, ingénieurs, hommes politiques, inventeurs, aviateurs, techniciens dans les secteurs de pointe).

Le Scorpion n'est pas avare : il dépense à la fois de façon impulsive et avec arrière-pensée. Il est souvent généreux.

Scorpion en Maison III

Cette maison renseigne l'astrologue sur l'intelligence du natif, sur ses capacités à établir des relations de cause à effet, sur son agilité d'esprit. Egalement, dans cette Maison, les relations avec tout ce qui est proche : entourage, frères et sœurs, petits voyages...

Le Scorpion, dévoré de curiosité et malin comme un singe, n'est pas mal situé dans cette Maison. Curiosité scientifique, vocation de chercheur (chimie, biologie, parapsychologie...), aptitudes à la littérature, au journalisme, à l'enseignement, on peut trouver tout cela dans un Scorpion en Maison III.

Scorpion en Maison IV

Ici, est logé tout ce qui concerne le foyer du natif : sa famille d'origine, son père, sa mère, les biens de sa famille ascendante ; la famille dans laquelle il vit, son patrimoine ; et, enfin, sa vieillesse.

Le Scorpion, dans cette Maison, donne une ambiance assez dure où le natif est contraint de refouler ses instincts. Ce n'est pas une position très favorable pour le foyer. A moins de très bons aspects, on peut craindre des divergences familiales très vives, toutes espèces de ruptures violentes, un divorce... Le foyer est malheureux ou négligé. Le natif peut être orphelin de père ou de mère, ou éprouver un deuil à son foyer. Les valeurs du Scorpion sont trop différentes de celles symbolisées par la Maison IV : notre animal n'est pas, en principe, très doué pour l'intimité bourgeoise. Le Scorpion en IV n'est pas favorable aux biens immobiliers et au patrimoine familial, qui souffre de l'ambiance tendue du foyer.

Scorpion en Maison V

Drôle de panier où la Tradition jette pêle-mêle les enfants, les amours (non légalisées), les spéculations boursières ou financières, les loisiris, les désirs, les réalisations, les publications, les jeux... Cela surprend notre logique rationaliste du XXe siècle, mais on constate tous les jours que la Tradition a ses raisons... Et que cela marche très bien !

Le Scorpion lui, ne marche pas très bien dans cette Maison, trop légère pour lui. Ses enfants, s'ils sont brillants, sont parfois difficiles de caractère ou de santé fragile. En thème féminin, les mauvais aspects prédisposent aux grossesses et accouchements pénibles. La sexualité du Scorpion est puissante : passions intenses et jamais « platoniques ». Les impulsions sexuelles, violentes et incontrôlables, amènent des ruptures brusques après lesquelles l'amour peut se changer en haine.

Scorpion en Maison VI

La Maison VI n'est pas un palais, c'est plutôt une usine ou un hôpital... Le Scorpion, là-dedans, travaille bravement, le pauvre, à des travaux assez durs ; mais il finit par s'en sortir, surtout dans ses domaines préférés : médecine, chirurgie, pharmacie, psychiatrie, police, recherche scientifique... Cette situation astrale donne des subordonnés difficiles à commander et, pour le sujet, une peine infinie à s'élever jusqu'aux tout premiers postes. La santé n'est pas très brillante.

Scorpion en Maison VII

Le Scorpion en VII décrit un conjoint difficile, pas forcément du signe solaire du Scorpion, mais marqué par Mars, Pluton et Uranus. Ni souple, ni accommodant, jaloux et agressif. Beaucoup de discussions et de bagarres en perspective. Cependant, le mariage tient grâce à un attrait physique réciproque. Les conjoints ont des relations physiques fréquentes. La partenaire indiqué par le Scorpion en VII est très attaché à ses enfants. Finalement, le mariage est plus solide qu'on ne le croit, et le conjoint, fidèle et dévoué. Il se dissout plutôt par la mort de l'un des partenaires que par un divorce.

Scorpion en Maison VIII

Sur la carte du Ciel, chaque Maison correspond à un signe : ainsi, la Maison I correspond au Bélier. C'est le lieu où le Soleil se lève, le commencement du jour, qui correspond par analogie avec le commencement de l'année sous le Bélier. La Maison II correspond au Taureau, la III au Gémeaux, etc. Ainsi de suite jusqu'à la VIII, qui correspond analogiquement au Scorpion.

Dans cette Maison, est localisé tout ce qui touche à la mort du natif et, aussi, tout ce qui se rattache à la mort des autres, lorsqu'elle le concerne : héritages par exemple. Par analogie avec le Scorpion, cette Maison renseigne aussi sur la sexualité du natif (selon certains auteurs).

Scorpion en Maison IX

Tout ce qui est lointain. La Maison IX se comprend mieux par référence au Sagittaire, cet homme de désir, ce chevalier errant, qui a toujours envie d'être ailleurs, plus haut, plus loin, plus brillant...

Le Scorpion n'est pas si mal hébergé dans cette Maison qui oriente son esprit vers les sciences de la vie et de la mort : biologie, physique, thanatologie, occultisme et, même, astrologie ! Le Scorpion en Maison IX aime la recherche scientifique et s'y applique souvent avec passion. Mais ce qu'il adore par-dessus tout, ce sont les théories farfelues sur la « vie après la mort ». Cela peut le rendre mystique, rêveur, philosophe... Les voyages, dans cette Maison et pour lui, sont à hauts risques mais il aime cela, justement.

Scorpion en Maison X

Le Milieu-du-Ciel est un « angle » important du thème, et toute planète, tout signe, qui s'y trouve, prend un relief particulier. On regarde le Milieu-du-Ciel en levant les yeux ; c'est le zénith, le point le plus haut où monte le Soleil dans sa course quotidienne : il indique les possibilités de réussite sociale et professionnelle du natif. En opposition à la Maison IV — celle du père —, le Milieu-du-Ciel est aussi, accessoirement, la Maison de la mère du natif.

Les gens célèbres, ceux qui ont brillamment réussi dans leur entreprise, ont presque toujours un Milieu-du-Ciel, soit habité par un amas de planète, soit occupé par une seule planète dignifiée et très aspectée ; ou encore, un signe, mis en valeur par le reste du thème, attire l'attention sur ce Milieu-du-Ciel.

Scorpion en Maison XI

Espace, liberté, égalité, fraternité... C'est le sens de la Maison XI, qui correspond analogiquement au signe du Verseau. Celui-ci est donc le signe de l'amitié, des mass-média, des idées généreuses, plus ou moins révolutionnaires. Amitiés, désirs, et projets, publicité, tout ce qui circule sur les ondes rentre dans cette Maison.

Le Scorpion apporte une coloration particulière à la Maison XI. Certains auteurs lui octroient peu de popularité mais cela dépend des planètes qui s'y trouvent hébergées, des aspects reçus, etc.

Scorpion en Maison XII

Le sujet est particulièrement vulnérable aux maladies du signe (voies génito-urinaires, maladies vénériennes), lesquelles entraînent ici, plus qu'en aucune autre Maison, des hospitalisations et des opérations (avec Mars mal aspecté). Risque de mort à l'hôpital, ou dans un endroit isolé et confiné. Les maladies chroniques sont, ici, particulièrement pesantes.

Pourtant, avec un bon thème et pas de mauvais aspect, cette position est très favorable à une brillante réussite professionnelle, dans le domaine médical (chirurgie, biologie) ou para-médical (psychiatrie, psychologie).

Le Sagittaire dans les Maisons

Sagittaire en Maison I

C'est la force d'expansion, de démonstration solaire, de magnanimité, qui s'épanouit dans toute sa spendeur. L'individu est chaleureux, extériorisé, combatif et entreprenant. Il aime, sauf si des aspects contraires dans le thème viennent contrarier sa nature, entreprendre, se battre et gagner. Beaucoup de luminosité, de réussite et d'atouts « chance » dans cette combinaison.

Sagittaire en Maison II

C'est au domaine des biens et de l'argent que touche le Sagittaire : il facilite les gains, les spéculations financières, il donne des aptitudes extrêmement appréciables dans le domaine de la gestion — de patrimoine ou d'entreprise. L'argent est aisé, aisément gagné ou bien il existait de toute éternité. Possibilité, également, d'héritages.

Sagittaire en Maison III

Il donne à la Maison de l'échange, de la communication, des petits voyages, des frères et sœurs, une richesse très particulière : le sujet est enclin à donner généreusement, tant du point de vue moral que du point de vue financier, à son entourage proche. Il cherche même souvent à devenir le Pygmalion des personnes qu'il aime, au risque de s'oublier lui-même. Configuration très bonne.

Sagittaire en Maison IV

Nous voici dans la Maison de la famille, du foyer, de l'ascendance et de la descendance du sujet. Peu d'affinités entre le signe et ce secteur. Tiraillements entre le désir sagittarien de voyager de par le monde, d'occuper de son ambition de grands espaces, et la nécessité cancérienne (la Maison IV symbolise le Cancer) de s'enfermer, de se protéger dans un espace clos.

Sagittaire en Maison V

Donne trop d'attirance pour les distractions, les fêtes, les changements, les jeux, la chasse. C'est un organisateur-né de festivités, de grands jeux, de réceptions. Toutes les manifestations qui rassemblent les êtres humains pour les divertir ont la faveur de ce sujet. Chance et réussite en ce qui concerne les activités de ce secteur.

Sagittaire en Maison VI

La Maison VI est celle des subordonnés, des petites tâches quotidiennes, des êtres et des choses qui dépendent du sujet dans ses activités journalières. Le Sagittaire ne s'y sent pas spécialement à son aise car c'est un signe d'espace, de grandeur, de mouvement, d'initiatives nouvelles et le quotidien l'ennuie. Voilà une position qui lui donne de l'impatience dans la vie de tous les jours bien qu'elle rende ses relations très faciles et chaleureuses avec ses employés ou ses subordonnés, ainsi qu'avec ses animaux domestiques.

Sagittaire en Maison VII

Le Sagittaire, signe légaliste et respectueux des lois établies dans une Maison liée aux contrats, aux associations, aux alliances et au mariage, donne au sujet le goût d'officialiser toute association, de la rendre légale et de la faire reconnaître. L'expansion, la chaleur, la générosité du signe se trouvent en harmonie très heureuse avec les signifiants de la Maison : époux (ou épouse), associés, collaborateurs, etc.

Sagittaire en Maison VIII

Ce qui touche à la mort, aux héritages, est mal ressenti par un signe qui met au premier plan la vitalité, l'activité et l'efficacité en tous domaines. Pour le Sagittaire, la mort n'existe pas, et si le sujet s'y trouve confronté (mort des parents ou du conjoint), il peut en être profondément perturbé.

Sagittaire en Maison IX

Ce secteur est en accord parfait avec le signe. Les voyages, spirituels aussi bien que réels, marquent très fort cette combinaison. Largeur de vues, courage, sagesse, aspirations morales, religieuses ou philosophiques très élevées. Déploiement d'énergie et de volonté dans l'amélioration de la personnalité.

Sagittaire en Maison X

Brillante position. Recherche des honneurs, de la popularité, de distinctions dans tous les domaines. Le désir de réussite sociale est très fort et peut dominer l'ensemble du caractère. Cette configuration fait souvent des personnalités remarquables et remarquées.

Sagittaire en Maison XI

Ce Sagittaire dans la Maison de l'amitié, de la sagesse, du recueillement, du sens politique à long terme donne beaucoup de sérénité chaleureuse, de bienveillance calme au sujet. Les amitiés sont fortes et durables, protégées et protectrices. Le temps joue un rôle important dans cet aspect, tant du point de vue social et professionnel que du point de vue privé.

Sagittaire en Maison XII

Rétraction du signe ouvert et expansif du Sagittaire dans une Maison d'isolement et de solitude. Peut faire faire beaucoup de voyages solitaires et provoquer de longues éclipses dans les amitiés. Comme c'est aussi la Maison de la transcendance, le signe permet de surmonter, par son énergie, la solitude, et la transforme en atout.

Le Capricorne dans les Maisons

Capricorne en Maison I

Durcit la personnalité dans ses rapports avec les autres, donne une ambition forte, des possibilités de travail et de concentration exceptionnelles, de l'entêtement et une force de caractère qui confine à l'ascétisme.

Capricorne en Maison II

L'attitude du sujet envers les biens matériels, l'argent et son « territoire » est à la fois accapareuse et méfiante. Il ferme ses clôtures. Ce qui est à lui ne peut, en aucun cas, être prêté. C'est un épargnant-né. Souvent, des difficultés se présentent à lui dès qu'il cherche à faire fructifier ses acquis.

Capricorne en Maison III

Les contacts faciles et superficiels sont totalement rejetés. Grande exigence sur la qualité des relations. Rigueur morale, sévérité de jugement, réserve et laconisme dans tout ce qui concerne les rapports avec l'entourage proche, les frères, les sœurs, les cousins.

Capricorne en Maison IV

Les rapports du sujet avec sa famille sont froids, distants, réservés. Le détachement d'avec le foyer se fait très jeune, parfois dans l'enfance. Le caractère économe, austère et répressif du Capricorne donne à sa Maison les mêmes caractéristiques : un peu monacales.

Capricorne en Maison V

Les plaisirs sont dirigés vers une recherche méticuleuse dans un domaine choisi : la concentration de l'énergie vers un but austère pousse le sujet à l'érudition, aux durs travaux intellectuels réalisés dans les temps de loisir ; peu de complaisance à l'égard des « distractions » : le sujet fait du labeur son vrai plaisir.

Capricorne en Maison VI

Rapports durs, utilitaristes avec les subordonnés, les collaborateurs, les employés. Pas la moindre tendresse pour les animaux, les plantes, tout ce qui dépend du sujet. Comportement très égal, discipliné, dans le travail quotidien. La répression saturnienne apparaît dès que s'immisce à l'intérieur de tâches régulières la moindre fantaisie.

Capricorne en Maison VII

Les associations, les contrats, le mariage sont suspects : traités avec froideur, rationalisme, distance, calcul. De ce fait, grande est la difficulté du natif à s'engager. S'il s'y décide, c'est tard dans la vie. A ce moment-là il reste fidèle à la parole donnée (et dûment signée) quoi qu'il lui en coûte.

Capricorne en Maison VIII

La mort et la sexualité qui s'y rattachent sont traitées sur un mode cynique et glacé, dans une observation méticuleuse, précise, des phénomènes physiques, chimiques et biologiques. Froideur, dureté, hygiène dans tout ce qui se rapporte à ces sujets.

Capricorne en Maison IX

Les voyages ont toujours un but pratique et servent généralement l'ambition sociale et professionnelle du sujet. Lorsqu'ils revêtent un caractère gratuit, par exemple de vacances, ils sont malgré tout accomplis sous le signe du *devoir* : il *faut* voir tel musée ou tel vestige, il *faut* entrer dans tel restaurant, etc.

Capricorne en Maison X

Très bonne combinaison : ambition tenace et réussite obtenue par persévérance, concentration, travail personnel de longue haleine. Le Capricorne donne une très belle carrière dans ce secteur, quoique tardive. Mais elle n'en a que plus de poids, de valeur et de pérennité.

Capricorne en Maison XI

La Maison de l'amitié est certes très gelée par le Capricorne qui n'a rien d'expansif ni de démonstratif dans ses attachements. Sait-on même s'ils existent ? En réalité, l'amitié est rare dans ce signe (rarement donnée, rarement reçue), mais lorsqu'elle a pris racine dans l'individu, elle a les qualités capricorniennes de stabilité profonde, de présence durable même si elle semble froide et plus que discrète. C'est quelqu'un sur qui l'on peut toujours compter.

Capricorne en Maison XII

Dans la Maison des épreuves et des grands obstacles, le Capricorne se trouve en pays connu : il les a, de toute éternité, prévus et « assumés ». Son détachement naturel, le frein systématique qu'il a mis à ses impulsions, lui donnent, face à l'adversité de l'existence, beaucoup de philosophie, de sang-froid et de maîtrise.

Le Verseau dans les Maisons

Verseau en Maison I

Dynamisme créateur, magnétisme, volonté d'innover, d'inventer, de précéder en toute chose. Intelligence exceptionnelle dans toutes les relations personnelles du sujet. Créations et destructions aussi rapides les unes que les autres. Immense faculté de recommencement.

Verseau en Maison II

Rapports très difficiles avec l'argent : ou bien on le dilapide ou l'on s'en passe complètement. Les biens matériels sont méprisés, parfois totalement rejetés. Ce n'est pas une très bonne position pour garder l'argent, le faire fructifier ou réussir des placements. Les spéculations financières sont soumises à de rudes « revers de fortune », à des hasards, chanceux ou pas, suivant la capacité du sujet à dominer les événements.

Verseau en Maison III

Changements touchant la famille proche, les sœurs et les frères ; rapports houleux, pleins de rebondissements heureux ou moins heureux, petits voyages imprévus ; changements intervenant aussi par l'écriture, la communication (orale ou écrite) et la littérature, d'une manière générale.

Verseau en Maison IV

Le père du sujet a pu marquer profondément, par son intelligence et ses remises en question permanentes, son caractère profond. Sa vie familiale est soumise au climat Verseau, renouvelée, changeante, novatrice et parfois aussi destructrice. Bouleversements liés à la famille et à ses significateurs, par analogie : la mère patrie, les confréries, les groupes politiques ou sociaux.

Verseau en Maison V

Très bons rapports du signe avec le secteur. La Maison de la création, des enfants, des distractions, des jeux, des inventions, est en affinité idéale avec le Verseau qui élargit les visées des domaines que concerne la Maison V, les rend dynamiques et agissants. Les plaisirs sont liés à la complicité et à l'amitié.

Verseau en Maison VI

Le Verseau est ici astreint à de petites tâches sans envergure et sans invention, ce qui le met très mal à l'aise. Il se crée quantité d'obligations inutiles pour ne pas avoir à faire face à celles qui existent. Il bâcle tout ce qui est quotidien et banal, l'expédie en un rien de temps, aux dépens, parfois, de la bonne administration de ses affaires.

Verseau en Maison VII

La fantaisie, l'originalité, l'invention règnent ici, dans le domaine de l'association, des contrats et des mariages. Donne, dans ce secteur, un grand sens de la « rénovation », pas seulement par changement de partenaires ou d'associés, mais aussi dans une même relation : le sujet sait apporter du nouveau, créer une communication dynamique, un langage neuf, de nouveaux désirs et amener de nouvelles réalisations.

Verseau en Maison VIII

Ce qui a trait à la mort, à l'arrêt de toute chose est parfaitement dépassé par ce signe. Le Verseau voit des siècles à l'avance et ne se préoccupe guère de la fin humaine et corporelle. Celle-ci ne le touche pas profondément. Il peut donc avoir, à son endroit, une attitude détachée, voire indifférente, mais c'est qu'il se préoccupe davantage de la mort de l'âme, de l'esprit, et de l'humanité en général que de celle d'un individu, même très aimé.

Verseau en Maison IX

Le besoin de renouvellement, de progression et d'invention se manifeste dans les voyages, spirituels ou géographiques. Le sujet s'enrichit par l'exploration, la découverte de nouveaux espaces, la quête de nouveaux objectifs. Il aime les destinations lointaines et difficiles qui lui permettent d'exercer son insatiable curiosité. Grande affinité entre le signe et le secteur.

Verseau en Maison X

La recherche de l'invention et du nouveau prend une motivation sociale et professionnelle. C'est de créer pour *faire carrière* que le sujet a besoin. Le goût du Verseau pour l'humanité le prédispose à agir dans ses activités professionnelles comme un mage, un messager, une sorte de prophète à vaste ambition, mais sans que l'intérêt financier ou matériel y soit mêlé. Souvent, cette position donne de la renommée sans aucun avantage matériel.

Verseau en Maison XI

L'accord est parfait entre le signe et la Maison qu'il occupe. Sagesse, sérénité, créativité paisible, stabilité dans l'innovation et le renouvellement psychique. Les qualités s'appliquent tout particulièrement aux amitiés : le sujet a d'ailleurs tendance à transformer tout sentiment en amitié, par horreur des excès passionnels. Grandes satisfactions dans les affections durables et fidèles.

Verseau en Maison XII

Le Verseau adaptable prend les épreuves, les revers et les secousses graves de la Maison XII dans le bon sens : sans affolement, sans passion, sans paroxysme. Sagesse, distance, souplesse psychique amènent le sujet à se conformer aux événements plutôt qu'à tenter de les orienter. Cette attitude le rend finalement peu vulnérable aux grandes difficultés qui se présentent.

Les Poissons dans les Maisons

Poissons en Maison I

L'Ascendant Poissons fait des êtres très séduisants, vaporeux, insaisissables, fluctuants et artistes. Le sujet reçoit et enregistre toutes les atmosphères, s'y adapte avec bonheur, se coule dans autrui comme dans une eau douce. Sa générosité risque d'être trop grande pour ses forces. Don de soi qui confine, parfois, à l'abnégation.

Poissons en Maison II

Le grenier sera plutôt spirituel. Il y aura une certaine indifférence aux problèmes matériels si le thème va dans ce sens. S'il y a besoin de possession, le désir d'avoir et d'acquérir sera vague. On voudra beaucoup, mais on ne saura pas comment s'organiser pour y parvenir. La vie matérielle sera généralement instable. Le hasard jouera un rôle important. Avec Neptune en Maison II, dans un thème Poissons, il y a un certain manque de bon sens. On peut faire « fortune » et tout perdre sur un simple « coup de dés ». Là aussi, on ne sait pas comment s'y prendre. On change souvent de route, et d'idées. Si Jupiter marque le thème ou s'il est en Poissons en secteur II, la réussite sera spectaculaire (Claude François) . Elle n'en restera pas moins extrêmement fragile.

Poissons en Maison III

Les rapports avec les proches sont intuitifs, confus ; vécus sur le mode Poissons, hypersensible et douloureux. La générosité du sujet à l'égard de ses frères, sœurs ou parents proches confine au dévouement un peu masochiste. Les voyages, les petits déplacements sont empreints de flou, d'événements inattendus et singuliers.

Poissons en Maison IV

Dans ce secteur de nos racines et de nos origines, des liens familiaux, les Poissons donnent un sens patriotique profond. Il y a là une sorte d'amour « romantique » pour la patrie. La cellule familiale est un refuge. On s'y sent protégé, à l'abri des difficultés du monde extérieur. C'est une bonne configuration, confortable et douce.

Poissons en Maison V

La sensualité est souvent trouble. Le signe fécond des Poissons donne des appétits intenses mais imprécis. La Maison des divertissements, des créations, des loisirs, est teintée de l'hyper-réceptivité neptunienne. Sens artistique très développé. Sensualité trouble. Aventures sans suite.

Poissons en Maison VI

Il y a là dans la vie un manque total de sens pratique. On manque de méthode dans son travail. D'où de nombreuses complications. Les problèmes domestiques limitent l'existence. On a tendance à se « noyer » pour un rien. En analogie avec le signe de la Vierge, cette Maison peut donner des problèmes intestinaux, des problèmes d'assimilation, des problèmes nerveux ou respiratoires.

Poissons en Maison VII

Elle nous met en relation avec les autres (affrontement ou complémentarité). La sociabilité sera très grande mais les échanges agréables n'aboutiront pas toujours à des résultats concrets. Les associations, les unions, se feront sur un mode « intuitif ». Les affinités seront très fortes : irraisonnées, illogiques. On se bercera parfois d'illusions sur les autres... D'où les confusions, les erreurs de jugement, les déboires, les déceptions venant des autres ou (de l'autre) : ce secteur étant, en effet, le secteur du conjoint. Il entraînera une vie, au niveau des associations comme des unions, assez « mouvante ». Il y aura, souvent, plusieurs unions.

Poissons en Maison VIII

Le changement résultera d'une situation douloureuse. A la suite d'une crise, « on s'évadera » ailleurs. Ce pourra être une fuite hors du milieu d'origine ou hors du pays natal.

Avec cet aspect, on s'intéressera aux problèmes occultes, au spiritisme, à l'au-delà.

Avec Neptune, les expériences psychiques seront intenses. On côtoiera les mondes occultes. On s'intéressera aux vies antérieures. La voyance n'est pas exclue (Edgar Cayce, le célèbre voyant).

Avec Jupiter, les héritages pourront changer la vie, ou permettre un redémarrage.

Poissons en Maison IX

Dans ce secteur, le signe des Poissons donnera l'amour des grands voyages. On ira souvent au-delà des mers. La vie spirituelle sera intense. Parfois, il y aura des dons de perception « extra-sensorielle ». Notamment avec Neptune. Les brumes neptuniennes pourront donner le goût des spéculations philosophiques un peu « nébuleuses ». L'idéalisme, néanmoins, ne sera jamais absent...

A noter : aussi bien pour l'une ou l'autre de ces Maisons, l'étude des religions, voire une vie religieuse intense, relèvent de cet axe III-IX Poissons. En Maison IX, l'attirance sera très grande pour des religions « exotiques » : orientalisme, par exemple. Mais aussi, hindouisme, bouddhisme, zen, etc.

Poissons en Maison X

C'est le secteur de l'affirmation sociale. C'est l'envol dans la vie active.

Il est vécu, chez les Poissons, sur un mode étrange. Les aspirations sont élevées mais embrouillées. Les occupations souvent mystérieuses. La vie manque généralement d'organisation...

Neptune en X peut vouer la vie à des changements mystérieux. La réussite peut être spectaculaire. Elle restera toujours hasardeuse. Elle sera rarement durable. On s'orientera vers une recherche spirituelle à un moment donné de son existence. Les vocations médicales, para-médicales sont fréquentes. Sens du mystère et sens du mysticisme très amplifiés, qui se concrétisent au niveau de l'existence.

Poissons en Maison XI

Les projets sont abondants. Mais les espérances confuses... Les aspirations élevées peuvent rester « vagues ». On est souvent insatisfait.

Les amis disparaissent et reparaissent sans crier gare. La susceptibilité du sujet y est pour quelque chose. Les objectifs ne sont pas poursuivis avec acharnement. Le sujet a des idées brillantes mais il a besoin de quelqu'un de proche et d'amical pour les réaliser.

Poissons en Maison XII

Les grandes épreuves de la vie sont surmontées avec courage. La vie peut être axée sur des investigations plus ou moins secrètes. Les rapports avec le monde occulte sont fréquents. Les dons de voyance également. On s'intéresse à la psychologie. Mais aussi à la parapsychologie. En général, on mènera une vie assez retirée.

La vie pourra être mêlée à des affaires mystérieuses. Avec les Poissons en Maison XII, ou Neptune en Maison XII, on a souvent des contacts avec les polices parallèles. Cette configuration semble signer une activité « secrète ». Des agents secrets ont cet aspect dans leur thème.

Le Bélier dans les Maisons

Bélier en Maison I

La personnalité est dynamique, elle a besoin de s'imposer en dehors de toute considération logique. Il peut y avoir un goût du tapage, un certain « rentre-dedans », un manque de diplomatie. Mais, au positif, les succès sont fulgurants, la vitalité excellente. Tempérament de meneur d'hommes, de chef, de sportif, intelligence pionnière.

Bélier en Maison II

C'est dans le domaine de l'argent que s'exercent la vitalité et la combativité. Suivant la position de Mars et ses aspects, cela peut donner un financier brillant, un tempérament âpre au gain, mais aussi quelqu'un qui « flambe » l'argent aussi rapidement qu'il l'a gagné. (C'est, de toute manière, une caractéristique du Bélier en général.)

Bélier en Maison III

L'impulsivité et le goût de la contradiction dominent dans les contacts avec les autres, ainsi que la chaleur et le renouvellement. Les lettres sont souvent écrites sur un coup de tête. Il peut y avoir un talent de polémiste. L'éloquence est enflammée, c'est une position qui peut donner un certain fanatisme et des rapports peu amènes avec l'entourage. Le don de persuasion est grand, l'optimisme un peu naïf et en « dents de scie ». Tendance à avoir des enthousiasmes aussi illusoires qu'éphémères. Ce n'est pas une position très harmonieuse pour le mental.

Bélier en Maison IV

L'ambiance familiale est mouvementée, les rapports avec la famille ne sont pas de tout repos. Ce n'est guère une très bonne position, la Maison IV étant en analogie avec le Cancer, signe « en carré » avec le Bélier. Le foyer sera troublé, il y aura de la casse, et la dictature peut y régner. C'est aussi un signe de fin de vie marquée par la contestation et la lutte, voire par la violence (la Maison IV signifiant aussi la fin de l'existence terrestre).

Bélier en Maison V

L'énergie est surabondante, mais le sujet qui possède cette disposition ne la ménage pas. La recherche des plaisirs risque d'être effrénée, à moins qu'elle ne soit sublimée en création artistique. Dans ce cas, celle-ci sera violente, désordonnée, brûlante comme de la lave. Les crises d'exaltation et d'abattement se succèdent ; la sensualité est débridée, l'amour des enfants est considérable mais peut mener à des épreuves et à des déceptions. Composante d'un tempérament de « viveur », avec des lendemains qui ne chantent pas.

Bélier en Maison VI

Ici, ce sont les rapports avec le quotidien qui sont placés sous le signe de la violence et de l'impulsivité. Ce peut être de la maladresse dans les rapports avec les objets, ou une relation agressive avec les servitudes de l'existence. Manque de patience dans les petites choses de la vie. Mauvaise position pour s'occuper de plantes, d'animaux, ou même de gens. La vie professionnelle est mouvementée, conflits avec les subordonnés. Les aspects ingrats de l'existence sont maléficiés par l'influence de Mars.

Bélier en Maison VII

Le mariage et les associations diverses sont vécus fougueusement, avec le risque de déception concomitant dans cette Maison plus jupitérienne que martienne. A la limite, cette configuration conviendrait plutôt à une alliance militaire, ou à une conspiration criminelle.

Sinon, elle est prometteuse de mariage sur un coup de tête, d'associations hâtives et peu réfléchies, et donc de procès, polémiques, campagnes de hargne, etc.

Bélier en Maison VIII

C'est une position dangereuse, mais très intéressante, analogue à Mars en VIII. Tout ce qui touche à la mort, à l'invisible, au mal, est placé sous le signe de la violence. Ce peut être un risque de mort violente, mais aussi un tempérament batailleur, duelliste, une forme quelconque de « flirt » avec la mort. Faculté de régénération après des épreuves très dures. Risque de perte d'argent sur un coup de tête ou d'héritage ; tendance à la dilapidation. Au pire, c'est un aspect criminel. Tout ce qui touche à l'argent et au sexe en général rend le sujet peu sympathique.

Bélier en Maison IX

C'est un peu le « complexe de Don Quichotte ». Les contacts avec le lointain sont placés sous le signe de l'impulsivité. La spiritualité est peu réfléchie ; ce n'est pas un bon aspect pour la méditation. Par contre, les grands voyages peuvent satisfaire le goût de l'aventure et être liés à des découvertes fabuleuses. Tempérament de pionnier, mais manque de patience. Les explorations risquent aussi d'être sources d'accidents. Très bonne position pour les arts martiaux (par analogie à Mars en IX).

Bélier en Maison X

Comme la Maison IV, cardinale elle aussi, la Maison X est en carré avec le Bélier. Liée à la réalisation sociale, elle est en analogie avec le Capricorne et Saturne, valeurs antagonistes de Mars : l'ascension sociale n'est-elle pas liée à la patience, à la maîtrise de soi, au discernement, qualités qui ne sont aucunement celles du Bélier.

Dans cette Maison, le Bélier donnera de brusques montées par à-coups, avec des chutes aussi rapides ; il faudra que Mars soit soutenu par de bons aspects pour que l'agressivité, la faculté de s'imposer, ne se transforment pas en « boomerang ». C'est l'aspect du « coup de force », du « putsch », plutôt que de l'accession à un poste stable.

Bélier en Maison XI

Les amitiés et les projets se déferont aussi vite que conclus. Amitiés houleuses et agressives, mais se renouvelant sans cesse. Amis dynamiques, réunions amusantes et imprévues. On pourra compter sur leur appui, tant qu'ils ne se transformeront pas en... ennemis. Les soirées amicales peuvent dégénérer en bagarres.

Les projets sont nombreux et enthousiasmants, mais peu d'entre eux aboutissent.

Bélier en Maison XII

C'est un des plus mauvais signes pour cette Maison, puisqu'il y a contradiction entre le dynamisme, la confiance en soi du Bélier, et le renoncement, l'ascétisme de la XII.

Ici, l'agressivité du sujet risque de se retourner contre lui-même : il est son propre ennemi. Il peut affronter avec une certaine inconscience, ou des sursauts de vaine violence, les grandes épreuves de l'existence. La sublimation sera difficile dans ce signe primaire, instinctif : c'est l'individu qui, face à la douleur, perd tous ses moyens, casse tout ou se fait hara-kiri — dans un contexte non-occidental.

Le Taureau dans les Maisons

Taureau en Maison I

Indice de constitution forte et de vitalité. Tempérament sensuel, d'humeur assez variable sous un flegme apparent. Poli, avenant de premier abord, s'irrite lorsqu'on touche à son confort. A le goût de la stabilité et apprécie les êtres qui participent à la construction méthodique de sa destinée en lui épargnant les vaines histoires. Ses atouts sont dans l'endurance, la résistance physique et morale, un certain courage face à une adversité qui s'acharne souvent après lui. Le caractère se forge d'ailleurs dans les luttes de fond, appelant une grande concentration des forces plutôt que des actions spectaculaires. Les démarrages sont lents, l'ascension laborieuse et les chances réelles ne s'affirment vraiment qu'au terme d'années de travail.

Taureau en Maison II

Position moyennement confortable pour les gains. Là encore, le travail rapporte mieux que les coups heureux du hasard. Il faut se donner un programme, le plus souvent d'épargne, pour disposer d'un fonds solide de sécurité. Selon la symbolique, des réserves substantielles sont nécessaires à l'équilibre psychique.

Le Taureau en II doit donc être attentif pour s'assurer des revenus réguliers. Le fonctionnariat est indiqué mais il y a aussi, pour les à-côtés, les placements dans la pierre, le terrain, les biens fonciers.

Taureau en Maison III

Puisque la Maison III gouverne les frères, sœurs, cousins, cousines, il faut qu'il y ait au moins un ou une Taureau dans ce petit monde, et ce ne doit pas être bien difficile. L'analogisme précise que le Taureau en III pourra ainsi nourrir des relations privilégiées avec un membre de son entourage privé. Le rapport sera encore plus intense s'il s'agit, en outre, d'un membre du sexe opposé.

En dehors de ces conditions, le Taureau en III n'est pas très fraternisant. Aîné, cadet... quel que soit l'ordre d'arrivée, les autres le dérangent. Il risque ainsi d'avoir des réactions d'un égoïsme surprenant à l'égard de ses proches. C'est que, dans son esprit, il ne comprend pas la nécessité d'accepter des inconnus qui lui tombent du ciel par la loterie de l'hérédité et les alliances de la fratrie.

Taureau en Maison IV

On mérite d'avoir des parents fermiers, ce qui en fouillant vers les aïeux n'est tout de même pas introuvable. Nous avons tous des racines en terre, des grands-parents dans les herbages ou les prés. Le Taureau en IV s'en flatte, et si par bonheur il est né à la campagne où s'il y a passé son enfance, sa santé physique et morale en restera à jamais imprégnée. Dans les moments difficiles de sa vie, il saura respirer l'air pur d'un souvenir revigorant, se remettre en mémoire tel vieux dicton de son pays ou telle parole ferme et sage de son père. Il faudrait naître avec le Taureau en IV pour ne pas perdre les pédales dans les périodes les plus sombres.

Taureau en Maison V

En Maison des amours, plaisirs, enfants de la chair ou de l'esprit, le Taureau est en bonne place. Dans son action bénéfique, s'il accorde une vive sensualité, il donne également l'antidote : une fidélité de cœur qui répugne au libertinage, assure la constance des liens en dépit des tentations.

Le Taureau en V est promis à des amours sereines. Sans doute, comme ce douzième d'humanité qu'il représente ici, aspirera-t-il à un bonheur idyllique d'un romantisme n'excluant pas les avantages pratiques. Le partenaire éventuel, postulant au mariage ou à l'union libre, doit présenter des garanties, ouvrir des perspectives réjouissantes : situation stable, santé florissante, des biens à l'ombre ou au soleil, et surtout pas d'interminables crédits, des pensions à payer pour les enfants de précédents mariages.

Taureau en Maison VI

Dans cette Maison en rapport avec la santé, le travail et les petits animaux, l'effet Taureau ne peut être que bénéfique. Il dispense une santé de fer, un physique robuste tout à fait adapté, bien entendu, aux emplois que favorise le signe dans la manutention, le débardage, et autres travaux exigeant du muscle, du coffre, de la stature. Certes, il existe aussi, dans la série des vocations tauriennes, des compétences administratives qui ne demandent qu'assez d'énergie pour tenir un porte-plume, mais alors la résistance et la vitalité s'amalgament en une combativité longue et souterraine décourageant la multitude des concurrents, traçant sinueusement sa route à travers les intrigues, les stages et les concours, pour devenir cadre, cadre supérieur, sous-directeur, directeur, puis Secrétaire d'Etat.

Taureau en Maison VII

A cette Maison consacrée au mariage, aux unions, contrats et associations, le Taureau apporte ses perspectives de stabilité. Il faut en déduire que le mariage d'amour est proscrit, la passion n'étant pas, ici-bas, ce qu'il y a de plus durable et encore moins de confortable.

Cependant, s'il est vrai que le cœur a ses raisons, le Taureau en VII écoutera à la fois son cœur et ses raisons. C'est dire qu'il ne choisira pas n'importe qui, n'importe quand, n'importe comment. Une fois son dévolu jeté, une stratégie de conduite au mariage, dont le partenaire ne sera pas forcément conscient, se déclenchera automatiquement. L'étau se resserrera insensiblement autour de la victime, en quelques mois ou quelques années.

Taureau en Maison VIII

Le Taureau bien disposé, ne recevant pas d'afflictions planétaires, se doit d'apporter ici des terres et biens fonciers par dons, legs ou héritages. Mais si réjouissantes que soient ces perspectives, mieux vaudra travailler, les lenteurs tauriennes ne réservant qu'au vieil âge les félicités matérielles.

Les divorces, les associations peuvent être sources de pensions ou de rapports substantiels. Et, compte tenu de l'affinité de la Maison avec les gains tombés du ciel, l'on gagne à risquer sa chance dans les tombolas de kermesse, fêtes foraines, où il y a des lopins de terre, des bestiaux, des voitures, des machines et gros appareils ménagers à gagner.

Taureau en Maison IX

La symbolique, ici, lève les bras au ciel ! Cette Maison du rêve, des voyages, de la haute spiritualité ne saurait s'harmoniser avec un signe réaliste, casanier, libertin. Cependant, l'application travailleuse peut s'exprimer au niveau supérieur des recherches et œuvres savantes exigeant une documentation massive, des aptitudes de compilateur et un cerveau champion en logico-mathématiques. Evidemment, l'ensemble du ciel doit se prêter à cette interprétation favorable. Sinon, en fait de savant, l'on aura plutôt un réfractaire, endurci dans le matérialisme, et la réduction des belles envolées de l'âme à des motivations élémentaires. Au mieux, un esthète glanant dans la philosophie des fruits que l'on rumine en attendant la mort.

Taureau en Maison X

Ce n'est pas une position facilitant une ascension sociale rapide et facile. Le choix du métier risque déjà de se faire dans les hésitations et embarras. Ou bien la carrière choisie est l'une de celles qui demandent de faire longtemps antichambre avant d'avoir droit au chapitre. D'autres parasitages sur l'ambition peuvent provenir de confrères, rivaux ou supérieurs obstruant l'horizon du succès par des actions spectaculaires qui éclipsent les aptitudes plus solides mais moins évidentes du Taureau. Pour sortir de l'ombre, il faut tôt ou tard frapper fort. Le Taureau bénéfique saura choisir son heure et l'on découvrira soudainement ses indispensables mérites après les avoir longuement exploités dans des rôles subalternes. Le Taureau maléficié tente sa sortie à contre-courant, au moment où sa maladresse va réconcilier sur son dos tous ceux qu'il pensait renverser.

Taureau en Maison XI

Le Taureau bénéfique en secteur XI dispense à ses amis et amies ses qualités d'indulgence, de serviabilité raisonnée, de bonhomie compréhensive. Puisque l'on est dans son clan, par un choix délibéré, il préfère se montrer sous un jour patient et réserver ses colères à ses ennemis. Une fois sa confiance accordée, il préfère endurer quelques bavures que revenir sur son sentiment. C'est par ce trait, d'ailleurs, que le Taureau dissonant en XI encourt divers abus de confiance, s'expose à de lourds mécomptes par l'aveuglement de ses choix. Dissonant, le Taureau en XI exerce sur ses relations amicales une emprise dominatrice qui appelle la trahison par légitime défense. Et, ce Taureau-là n'étant pas capable d'analyser objectivement ses responsabilités, les déceptions le renforcent dans une humeur de grogne et de tyran incompris.

Taureau en Maison XII

Les étoiles et le signe s'accordent pour accroître la rage des ennemis cachés. Si le Taureau agit favorablement, il ajoutera, en guise de consolation, la vitalité et le moral nécessaires à l'affrontement d'adversaires sournois, traîtres, ne reculant devant aucune basse manœuvre pour le succès de forfaitures qu'ils mettront au compte de leur élévation d'esprit.

Il faut préciser, avec les traditionalistes, que le Taureau en XII a de sérieuses dispositions pour exciter de puissantes inimitiés. Son manque de diplomatie, sa volonté réfractaire aux bluffs, rodomontades, esbroufes et verbiages, finissent souvent par l'opposer aux sots pontifiants qui ne supportent guère d'être démasqués. Et puis il irrite par son réalisme rebelle aux effets des phraseurs. Sa distance instinctive à l'égard des « mots pour les mots » menace de lui valoir très tôt l'antipathie des maîtres à parler. Dieu merci, il dispose d'une défense étalée dans le temps, paisiblement efficace.

Les Gémeaux dans les Maisons

Gémeaux en Maison I

Nature cérébrale et intellectuelle très réussie. Curiosité, désir de plaire par la parole. Tendances artistes avec un goût et un jugement esthétiques très sûrs, mais difficultés à réaliser des projets, des œuvres d'art, par manque de concentration et de persévérance.

Gémeaux en Maison II

La Maison des gains est occupée ici par l'insouciance désinvolte des Gémeaux : gains faciles, provenant de différentes activités, mais jamais très élevés. Souvent, le sujet a deux métiers, deux sources de revenus. La deuxième partie de la vie peut être plus fructueuse.

Gémeaux en Maison III

Les Gémeaux dans la Maison des écrits, de l'apprentissage, donnent de l'aisance et du brio dans les études, beaucoup de talent pour les langues étrangères, les traductions, tout ce qui concerne la communication par écrit. Ici, la réalisation des projets se fait plus intense.

Gémeaux en Maison IV

La famille, le foyer du sujet sont centrés autour d'intérêts mercuriens : jeux qui font intervenir la cérébralité, intellectualité très développée, lectures, mots croisés etc. Il est aussi tenté d'enseigner aux enfants, et fait souvent un pédagogue brillant ; surtout auprès de l'extrême jeunesse.

Gémeaux en Maison V

Les divertissements sont incessants, divers et touchent à tous les domaines. Le sujet ayant les Gémeaux (signe double) en Maison V (le secteur des distractions) est parfaitement ludique, réceptif à tous les jeux, disponible pour toutes les « parties » possibles... Difficile de l'amener à travailler autrement que dans ce qui touche au jeu.

Gémeaux en Maison VI

La désinvolture du signe facilite les obligations quotidiennes, qui sont prises avec légèreté, agilité, opportunisme. Les rapports avec les subalternes sont teintés de duplicité amusée, de complicité un peu défiante, d'intelligence sympathisante mais distante.

Gémeaux en Maison VII

La vie affective, les associations et les mariages, tout ce qui a trait à l'autre est « doublé » : possibilité d'avoir plusieurs partenaires, soit en amour, soit dans la carrière professionnelle ; les rapports entretenus avec les « alliés » sont imprégnés de la légèreté mercurienne, vive et dispersée.

Gémeaux en Maison VIII

L'intellectualité géminienne se branche sur la mort et ses dérivés : intérêt pour l'occultisme, le mystère de l'au-delà, ou bien le passé, l'archéologie. La curiosité sur ce qui se rapporte à la mort est très cérébrale et non mystique. Il peut y avoir plusieurs héritages dans la vie du sujet.

Gémeaux en Maison IX

Inspiration de caractère mystique, quête d'une certaine spiritualité, recherche d'objectifs supérieurs, avec préoccupations morales ou philosophiques. Grande envergure cérébrale. Les voyages jouent un rôle décisif dans la vie du sujet, mais ils peuvent être imaginaires.

Gémeaux en Maison X

La carrière est marquée, dans la première partie de la vie du sujet, par une certaine instabilité. Elle est soumise à des variations de directions dues à la versatilité du signe. Réussite pourtant certaine dans les occupations intellectuelles, l'enseignement, le journalisme, l'édition, ainsi que dans les professions qui exigent de petits voyages fréquents. Il y a souvent deux périodes très différentes dans la vie professionnelle du sujet (35/40 ans semblant être l'âge charnière).

Gémeaux en Maison XI

Beaucoup d'amis de type Gémeaux, c'est-à-dire intellectuels, avec un goût prononcé pour les jeux de l'esprit et du hasard ; recherche de relations amicales du type fraternel (jumeau) avec lesquelles le sujet entre en complicité peut-être un peu trop familière...

Gémeaux en Maison XII

Ennemis rusés, intelligents, pleins de duplicité et d'habileté. Mais le Gémeaux n'étant pas persévérant, les médisances resteront superficielles, les épreuves passagères et les difficultés toujours moins graves que ce que le sujet craignait.

Le Cancer dans les Maisons

Cancer en Maison I

« Cette Maison est un point de départ (...) mais aussi d'arrivée. Elle peut représenter un retour éternel de phénomènes fondamentaux à répétition » (Lisa Morpurgo). Elle indique traditionnellement le lieu où s'expriment les composantes de la personnalité — et non du caractère — avec leurs possibilités d'évolution.

En I, le Cancer donne une tendance à l'introspection, à la fragilité psychologique, avec inquiétudes, peur d'autrui, curiosité pour l'irrationnel, l'inconnu, l'occulte.

Cancer en Maison II

En II, le Cancer donne un comportement de refus total ou partiel à l'égard des biens matériels. La carapace du crabe le protège, ici, de la dépendance « économique », de la recherche du confort, du « standing », etc. En revanche, il peut donner de l'imagination dans ce domaine, si bien qu'on verra des intérieurs ou des objets marqués par la fantaisie lunaire.

Cancer en Maison III

En III, le Cancer n'établit pas facilement de relations avec son entourage proche : frères et sœurs, camarades d'école, de lycée ou de faculté, et plus tard, voisins de palier ! Provoque un blocage sur tout rapport facile et superficiel, sur les relations légères ou mondaines. Les informations par radio ou télévision sont honnies : on leur préfère la presse écrite.

Cancer en Maison IV

Le Cancer est ici dans ce qu'il est convenu d'appeler sa Maison. Celle de la famille, des enfants, du foyer, des bases à la fois parentales et filiales du sujet. C'est le lieu de sa personnalité intime, privée, et du lien très fort qui l'attache à ses origines. C'est une bonne Maison pour le signe, il s'y sent à l'aise, en sécurité, protégé du monde extérieur. Le sujet éprouve un goût profond pour la vie et les réunions de famille, sans étrangers.

Cancer en Maison V

La Maison V étant la Maison des plaisirs, des distractions, du trop-plein de vie, elle limite en Cancer — qui n'est pas, rappelons-le, un signe de santé ni même de grande résistance physique — à des joies simples : mots croisés après le travail, ou jeux de sociétés paisibles, ou petits travaux d'artisanat. La distraction sociale, les sorties du soir sont considérées la plupart du temps, en Cancer, comme superflues, voire ennuyeuses. En revanche, le sujet privilégiera la distraction personnelle, qui fait intervenir l'imagination.

Cancer en Maison VI

C'est la Maison du quotidien, des petits travaux journaliers, des choses et des êtres qui dépendent du natif : la maison (pour la ranger par exemple), le bureau, le lieu de travail (pour les affaires courantes, le classement, le fonctionnel et le routinier). On mesure, dans cette Maison, la capacité du natif à recommencer tous les jours les mêmes petites corvées, à s'occuper régulièrement des mêmes petites tâches. En Cancer, signe de fantaisie, de petits changements permanents (à l'inverse du Verseau qui bouleverse tout), cette Maison VI est mal servie. Aucune discipline dans la hiérarchie des problèmes à régler, aucune méthode.

Cancer en Maison VII

La Maison VII représentant tout ce qui concerne les alliances et les associations, elle acquiert, en Cancer, des caractéristiques lunaires : sous-estimation de sa valeur propre, surestimation de la valeur des autres. Besoin d'être protégé, choyé, conforté, un peu comme un enfant, dans le mariage. Apporte, dans une association, un élément de création très fort, d'imagination et de renouvellement, mais participe de loin, sans vraiment se sentir impliqué (même s'il prend toujours ses responsabilités). Fondamentalement solitaire, intériorisé.

Cancer en Maison VIII

La Maison VIII étant celle de la mort (physique ou psychologique) et de la résurrection, elle a des affinités avec le Cancer : d'abord parce que le Cancer représente la fécondité, l'enfantement, donc la vie après la mort, ensuite parce que c'est un signe fort du point de vue de l'imagination créatrice.

D'où possibilité, pour la Maison VIII en Cancer, de recréer ou de reconstituer ce qui est mort. Au premier degré : le sujet fait revivre en imagination un parent mort. Au deuxième degré : il utilise, il recompose sa souffrance en créant.

Donne au sujet la possibilité de surmonter tout ce qui peut l'anéantir.

Cancer en Maison IX

C'est la Maison de la quête : spirituelle, philosophique ou géographique. Les limites cancériennes éclatent, le signe se laisse attirer par les grands espaces que suggère la Maison, les interrogations métaphysiques, métapsychiques, archéologiques ou ethnologiques.

Mais la femme Cancer, inhibée, fragile, qui doit toujours transporter sa coquille avec elle, peut freiner, surtout à partir de quarante-cinq ans, les grands voyages que propose ce secteur, le neuf, le nouveau, l'inconnu. Alors, les explorations se font en imagination, et l'invention cancérienne remplace son défaut d'énergie.

Cancer en Maison X

Cette Maison, à laquelle est attribuée la vocation d'un individu, son expression professionnelle dans ce qu'elle peut avoir de rayonnant, de remarquable, de volontaire, cette Maison, disais-je, n'est pas particulièrement à son aise en Cancer. Il existe une contradiction fondamentale entre la réserve timide et maladroite du signe et l'assurance, la confiance dynamique, l'autorité qu'appelle le secteur X.

En réalité, la contradiction est neutralisée si le sujet se réalise dans une profession nettement cancérienne où la création, l'invention, l'inattendu, l'étrange, le nouveau ont la meilleure part. Il faut éviter les carrières administratives, et, d'une manière générale, toutes celles qui excluent l'interprétation subjective, les initiatives personnelles, les décisions individuelles et autonomes.

Cancer en Maison XI

Lisa Morpurgo attribue à cette Maison une force toute particulière : « Elle est, en un certain sens, la section d'or du thème zodiacal. Elle indique la possibilité de parvenir à un examen objectif de soi-même et des circonstances, de s'adapter à ces dernières et au caractère d'autrui, en jugeant avec objectivité, mais aussi indulgence, les besoins, les faiblesses, et les qualités des autres. (...) La Maison XI est celle de la tolérance, des idées larges, d'une volonté accommodante et compréhensive. »

En Cancer, les idées larges s'évadent dans l'imaginaire — souvent aux dépens du réel —, l'amitié acquiert malgré tout quelque chose de passionnel, d'exclusif, d'enveloppant, mais le sujet s'adapte particulièrement bien au milieu social dans lequel il a choisi d'évoluer après une dure sélection intérieure.

Cancer en Maison XII

On l'appelle la Maison du destin, de la fatalité. Je préfère dire que c'est la Maison des événements sur lesquels la volonté humaine ne peut agir : « les grandes épreuves de la vie », comme le dit encore Lisa Morpurgo. C'est le lieu où le natif s'isole, prend de la distance pour se préparer à la mort. Le Cancer, en ce secteur, donne la faculté de s'abstraire totalement du réel, l'imaginaire empiète alors complètement sur la vie et, si une planète lourde comme Saturne ne vient pas peser sur ce secteur, il donne une créativité inépuisable, un besoin de nier la fin des choses par une prolifération magique d'œuvres d'art, une production ininterrompue dans la solitude et l'isolement.

Le Lion dans les Maisons

Lion en Maison I

Cette Maison a trait au sujet dans ce qu'il y a de plus représentatif et de plus évident. Elle concerne votre extériorité physique et la conscience que vous acquérez peu à peu de vous-même. Une Maison I fortement chargée signale un natif préoccupé avant tout de sa personne et faisant de celle-ci son principal centre d'intérêt : on voit tout de suite ce que ça peut donner dans le cas du Lion. Je crois bon, par ailleurs, de vous rappeler que la pointe de la Maison I s'appelle l'Ascendant. Toute planète située à proximité de l'Ascendant a de fortes chances d'être l'une des dominantes de votre thème.

Lion en Maison II

Cette Maison est censée renseigner sur votre attitude face à l'argent, sur vos aléas financiers, sur la nature de vos gains. Pour juger sainement de la question, l'astrologue peut bien se contenter de considérer vos planètes dominantes, ainsi que les aspects lunaires, jupitériens et vénusiens. Si, conformément à la Tradition, l'argent occupe une place prépondérante dans votre existence, cherchez plutôt de ce côté-là et regardez aussi où se trouve votre Ascendant : il est peut-être dans le signe thésauriseur et engrangeur du Cancer. Une Maison II en Lion est souvent un indice de fortune et de réussite financière, quoique certains auteurs vous jugent suprêmement désintéressé et attiré par des métiers plus honorifiques que lucratifs. Pour ce qui est de la source des gains, on mentionne habituellement l'enseignement, le spectacle et les commerces de luxe.

Lion en Maison III

Les attributions classiques de cette Maison sont multiples : rapports avec frères et sœurs, cousins et voisins, petits déplacements, correspondance, publications littéraires, intelligence pratique, enseignement primaire. Les compilateurs classiques parlent de prix littéraires, de frères haut placés, de déplacements profitables, se cantonnant surtout aux réunions mondaines et aux spectacles. Si vous avez vraiment la bougeotte et si vous êtes pris d'une frénésie de communication et d'énergie, voyez plutôt la force de votre Mercure, de votre Mars et de votre Lune. Quant à votre Ascendant, il pourrait se situer dans les derniers degrés des Gémeaux et cela expliquerait aussi bien des choses.

Lion en Maison IV

En analogie avec sa position au Fond-du-Ciel, la Tradition associe à cette Maison tout ce qui constitue la souche, les bases, les racines profondes. Elle concerne donc l'atavisme, l'hérédité, le terroir, le domicile, la famille. Pour faire bonne mesure, on y rajoute aussi la fin des choses, les trésors cachés, la sépulture et l'héritage de propriétés. Du Lion en Maison IV, nos élucubrateurs à chapeau étoilé s'accordent à déduire une prestigieuse galerie d'ancêtres ou tout au moins des parents haut placés. Ce qui ne laisse pas de rendre perplexe si l'on songe que les frères et sœurs d'une même famille ont très rarement la Maison IV dans le même signe.

Lion en Maison V

Cette Maison concerne vos amours, votre progéniture, vos œuvres, vos amusements et vos spéculations. Dans la logique de l'Astrologie traditionnelle, avec l'appoint du Lion, vos amours ne sauraient être qu'ardents et dignes, votre progéniture remarquable, vos œuvres brillantes, vos amusements fastueux et vos spéculations fructueuses. Si ce n'est pas tout à fait le cas, plutôt que de vous adresser à un bureau des réclamations, qui d'ailleurs n'existe pas, cherchez l'explication du côté de vos planètes et signes dominants, tenez compte de la position et des aspects de la Lune, de Vénus, de Neptune et de Jupiter. A mon humble avis, vous auriez mieux fait de commencer par là, les déductions sont nettement plus sûres.

Lion en Maison VI

Cette Maison met l'accent sur vos problèmes de santé, sur votre travail dans son côté terre à terre et astreignant, sur vos relations avec les subordonnés, les petites gens, les oncles et les tantes, les animaux domestiques. Quant aux oncles, tantes et menues bestioles, le Lion se sent à leur égard un peu amoindri.

Lion en Maison VII

Logiquement, le Lion en Maison VII devrait donc vous conduire, plus que jamais, à percevoir le conjoint, le partenaire, l'adversaire ou l'associé d'après votre propre image. Selon votre dominante planétaire, vous êtes incité à modeler de force vos vis-à-vis à ladite image, ou bien vous vous contentez de vivre vos aspirations léoniennes par délégation, par le biais d'un complémentaire en qui vous avez décelé de prometteuses potentialités.

Lion en Maison VIII

Si l'on en croit la Tradition, avec une Maison VIII fortement occupée, votre existence, d'une façon ou d'une autre, sera marquée par la mort et par ses conséquences. Les deuils, les testaments, les héritages sont censés prendre une importance toute particulière. Ou alors, vous vous contentez de brasser des idées morbides et suicidaires et de mettre la mort au centre de toutes vos théories. Moins macabrement, cette Maison est également en rapport avec l'argent du conjoint et des associés. L'astro-psychologie, d'une façon plus générale, en fait la Maison des crises, des transformations, des régénérations et de la sexualité. On devine ce que peut donner, dans l'optique du traditionaliste, le Lion en Maison VIII : la mort par accident cardiaque, le grandiose héritage, les honneurs posthumes et autres joyeusetés.

Lion en Maison IX

Pour la Tradition, c'est la Maison des grands élans vers le lointain et vers le spirituel : elle concerne aussi bien les longs voyages et les rapports avec l'étranger que l'intelligence spéculative, la religion, la philosophie, l'enseignement supérieur. L'interférence avec le Lion est censée apporter générosité et noblesse de pensée, hautes fonctions universitaires, diplomatiques ou ecclésiastiques, attrait pour les longs périples honorifiques et représentatifs. Cela peut se vérifier surtout, à mon humble avis, en cas de dominance plutôt harmonique de Mars, Jupiter, Saturne et Neptune. Mars met l'accent sur le goût de l'action, de l'entreprise et de l'aventure. Jupiter insiste sur le côté officiel et pontifiant. Saturne favorise la réflexion, la méditation et le détachement, tandis que Neptune sensibilise à l'inconnu, au collectif, à l'universel et à toute autre transcendance qu'il vous plaît d'imaginer.

Lion en Maison X

Cette Maison importante, qui valorise les planètes s'y trouvant, concerne la façon dont vous vivez votre carrière, votre engagement socioprofessionnel dans ce qu'il y a de plus officiel et de plus formel. Pour les astrologues qui interprètent un thème en y cherchant des événements, elle renseigne sur les chances de succès, la célébrité éventuelle, les honneurs, le pouvoir que vous pouvez acquérir, et naturellement sur les éventualités contraires : les risques d'échec, de déshonneur, de chute. Comme on s'en doute, pour les manuels classiques, la présence du Lion dans ce secteur est éminemment prometteuse : autorité, vedettariat, brillante ascension, réussite magistrale dans les domaines de l'art, de l'éducation, de la politique, de la mode, de la joaillerie, du théâtre, et j'en oublie certainement.

Lion en Maison XI

Cette sympathique Maison a trait aux amitiés, aux espérances et aux projets. Selon l'interprétation la plus traditionnelle, le Lion dans ce secteur devrait vous valoir des amis brillants, fidèles, enthousiastes et quelque peu dominateurs, des relations puissantes et des protections en haut lieu. Vos projets, enfin, ne sauraient qu'être empreints de grandeur, de noblesse ou d'outrecuidance. En fait, pour que votre vie amicale soit euphorique, détendue et sans problème, il suffit bien d'une dominance harmonique des planètes Jupiter, Vénus, Mercure et Lune.

Lion en Maison XII

Comme le chanterait Brassens, dans les thèmes sans prétention, elle n'a pas bonne réputation, cette fichue Maison XII... On lui attribue en effet les épreuves majeures et les grands chagrins. Maladies chroniques, hospitalisations, exils, emprisonnements sont de son triste ressort. Elle passe pour prédisposer à une existence marquée par le secret, les choses cachées, la vie occulte. Les ennemis sournois et les complots y élisent également domicile, en bonne compagnie avec les vices et les tendances au suicide. Pauvre Lion, prisonnier à perpétuité des barreaux de ses inhibitions. A ce propos, remarquons tout de même que le Lion en Maison XII correspond presque immanquablement à un Ascendant Vierge, ce qui peut expliquer bien des choses. Examinez les grandes dissonances de votre thème, en particulier celles de Neptune, Saturne et Pluton.

Chapitre VI

D'autres influences à découvrir

Ce Soleil couchant sur les barques recrée le climat idéal recherché par le Virginien : les bateaux au port, la sérénité retrouvée dans l'ordre des choses.

Les Images Degrés

Nous savons finalement fort peu de choses à propos d'un hypothétique symbolisme se rattachant à chaque degré du Zodiaque.

Gouchon, dans son *Dictionnaire astrologique* mentionne les travaux de l'Anglais M.Wemyss à ce sujet : le fait que cet astrologue attribue un symbolisme identique à des mêmes degrés de signes opposés, n'incite guère, a priori, à accorder beaucoup de crédit à des recherches dont le résumé avait été publié vers les années 30 dans une revue spécialisée, et qui ne sont jamais parvenues autrement jusqu'à nous.

Les seuls ouvrages connus et facilement procurables qui fournissent une liste d'images symboliques caractérisant chaque degré de chaque signe sont, d'une part *l'Homme rouge des Tuileries* de P. Christian, d'autre part, le *Manuel complet d'Astrologie scientifique et traditionnelle* d'Hadés.

Hadés tient sa liste de l'astrologie hindoue qui diffère profondément de la nôtre et, en particulier, tient compte du déplacement des constellations auxquelles les signes du Zodiaque ont emprunté leur nom, de telle sorte que les signes hindous ne correspondent pas aux nôtres. Hadés a probablement effectué la transposition nécessaire, mais, curieusement, d'une liste à l'autre certaines images se rejoignent, alors que d'autres ont peu de rapports.

Voici les listes des images des degrés de la Vierge, telles qu'on peut les trouver respectivement dans *l'Homme rouge des Tuileries* (1) et dans Hadés (2), avec quelques exemples faciles à l'appui.

0 degré : 1 — « Une femme richement vêtue, à table, et portant une coupe à ses lèvres. Instincts sensuels, amour de la table. » 2 — « Une fête ou une occasion pour la réunion de villageois en costume de gala. Degré de festin. Promesse d'amitié et de bonheur par sa sociabilité. »
On y trouve le Mercure conjoint au Soleil, dont il est maître et opposé à la Lune, de Blaise Cendrars, poète, romancier, critique d'art, grand voyageur, reporter, etc. : la sociabilité fut sans doute développée chez lui, puisqu'il parcourut le monde et connut des hommes de toutes catégories, gens du peuple, assassins ou artistes. Il fut l'ami de Chagall, Apollinaire, Erik Satie, Stravinski, Honegger et bien d'autres, mais il apparaît au fond plus comme un solitaire que comme un animal social. Autres personnalités concernées : Robert Schumann par le Soleil, Malcolm Lowry par Vénus, Raymond Poincaré par Mars.
1er degré : 1 — « Deux femmes assises immobiles. Caractère paresseux. » 2 — « Un rocher solitaire dans un désert. Degré de pauvreté. Fixité, solidité, résistance et patience. Chance tardive et solitude. »
Nous y trouvons proche de l'Ascendant et conjoint à un Soleil de fin de Lion, le Mercure de Debussy dont la vie fut très malheureuse tant sur le plan matériel que sur le plan sentimental. Nous y trouvons également le Soleil de Léo Ferré : si nous ne retenons que la 2e image, ce malheureux degré correspondrait donc à la personnalité de solitaire révolté auquel le poète était prédisposé par un Saturne et un Pluton fortement valorisés dans son thème. Autre personnalités concernées : Pic de La Mirandole par la Lune, Alfred Jarry par Mercure.

2e degré : 1 — « Un homme semant du blé dans un champ. Acquisition de biens dans les entreprises agricoles. » 2 — « Un homme coiffé d'une calotte, s'intéressant à des instruments scientifiques. Degré de recherche. Aptitudes pour la chimie et la science. Investigation et contrôle. »
Nous y trouvons la Lune de saint François d'Assise, dont l'existence champêtre permet, à la rigueur, un rapprochement avec la première image. Nous y trouvons aussi le Mercure angulaire de Patrick Modiano, un de nos meilleurs écrivains, à qui l'on ne peut dénier les

exceptionnelles qualités d'investigation et de contrôle du langage qu'accorde souvent Mercure en Vierge. Agriculture et chimie n'ont pas jusqu'ici joué un rôle particulier dans sa vie.

3ᵉ degré : 1 — « Un homme conduisant la charrue. Acquisition de biens dans les entreprises agricoles. » 2 — « Un champ de blé haut et mûr. Degré de production. Puissance et succès. Fécondité de l'imagination. Œuvre abondante. »

Nous y trouvons la Vénus de Marcel Proust (Vénus étant dans son thème par le jeu des maîtrises en tête de toute la chaîne planétaire, à l'exception de Saturne). On peut, certes, parler d'abondance à propos de son œuvre, une abondance à laquelle le prédisposait par ailleurs une conjonction Lune-Neptune angulaire à l'Ascendant, la Lune étant en Taureau, et une conjonction Vénus-Jupiter en Cancer angulaire au Fond-du-Ciel. Autres personnalités concernées : Apollinaire par le Soleil, Luther par l'Ascendant, Pirandello et Hassan II par Mars.

4ᵉ degré : 1 — « Un aigle au repos. Fortune qui viendra d'elle-même. Chances favorables pour le négoce. » 2 — « Un soldat prêt pour la bataille. Degré d'efficacité. Facultés d'exécution et pouvoir de décision. »

Ici, pas de contradiction flagrante avec des personnalités aussi diverses que Stockhausen, un des chefs de file de la musique contemporaine, Simone Veil, ex-ministre de la Santé, Ingrid Bergman, actrice, et Georges Séguy, ex-secrétaire général de la C.G.T., qui ont toutes uneplanète rapide à ce degré du signe.

5ᵉ degré : 1 — « Une belle femme richement vêtue, debout, immobile. Paresse, amour du luxe et des plaisirs. » 2 — « Un homme et une femme jouant ensemble ; auprès d'eux, fruits, fleurs et vin sur une table. Degré d'amusement. Vitalité et allégresse, rôle social. »

Nous y trouvons le Soleil de Colbert, ministre des Finances de Louis XIV, qui mena une existence austère entièrement consacrée au travail, bien en accord avec sa dominante saturno-virginienne, et en contradiction certaine avec les images ci-dessus. La contradiction est moins flagrante en ce qui concerne Gustave Flaubert qui avait Mars à ce même degré. Il a également été un travailleur acharné : « J'aime mon travail d'un amour frénétique et perverti comme un ascète. »

6ᵉ degré : 1 — « Une femme pauvrement vêtue, debout, immobile. Paresse qui mènera à l'indigence. » 2 — « Un homme et une femme debout, se tournant le dos. Degré de modestie. Affections sincères mais qui éprouveront. Réserve et pudeur. »

La modestie, la réserve et la pudeur ne semblent pas être les vertus dominantes de Gérard Depardieu, Capricorne, qui a Saturne à ce degré, ou d'Elisabeth Taylor, Poissons, qui y a Neptune, mais peut-être cachent-ils leur jeu.

7ᵉ degré : 1 — « Un homme assis sous un arbre. Amour des champs. » 2 — « Une scène forestière avec, au fond, une tour sur une colline. Degré de contemplation. Réussite dans la vie, idéal, esprit contemplatif, vieillesse retirée. »

Nous y trouvons le Mercure tout-puissant de Julien Green (Mercure est en effet maître de l'Ascendant Gémeaux, conjoint au Soleil dont il dispose également, et angulaire au Fond-du-Ciel). Il écrivait : « Je me perds dans la contemplation du ciel nocturne comme d'autres se jettent d'un pont pour en finir, mais moi c'est pour retrouver ce que je cherche depuis mon enfance et quand je regarde les étoiles je ne puis être tout à fait malheureux. » Autres personnalités concernées : Georges Rapin par le Soleil, Charles X et Jean-Jacques Servan-Schreiber par la Lune, Françoise Sagan par l'Ascendant, Emmanuel Berl et Régis Debray par Mercure, Jacques Chirac par Mars.

8ᵉ degré : 1 — « Une femme à face empourprée richement vêtue, debout, immobile. Caractère paresseux et facilement irritable. » 2 — « Une mare stagnante, pleine de mauvaises herbes et d'une riche végétation. Degré de stagnation. Caractère indolent et gaspilleur, mariage mal influencé. »

Risquons-nous à dire que ce que nous connaissons des vies de Verlaine et de Serge Gainsbourg, qui ont tous deux la Lune au 8ᵉ degré de la Vierge, semble en partie concerné par ces deux images. D'autant plus que la propension avouée à la paresse et à certains paradis artificiels de ces deux poètes correspond parfaitement à un Neptune angulaire chez l'un et l'autre, au carré de Mars et de Vénus et à l'opposition de la Lune chez Verlaine, à la triple opposition de Mars, Vénus et Mercure et à la conjonction de la Lune chez Gainsbourg. Autre personnalité concernée : Greta Garbo par Mercure.

9e degré : 1 — « Un homme richement vêtu, debout, immobile et tenant une pomme à la main. Caractère indolent, amour du luxe et gourmandise. » 2 — « Un sac d'argent sur une table auprès de laquelle, debout, se tient une femme brune et masquée. Degré de réussite séduisante. Cupidité et passion, une femme jouera un rôle important dans le destin. »

Blaise Cendrars et Régis Debray ont leur Soleil au 9e degré Vierge. Autres personnalités concernées : Alfred Jarry par l'Ascendant, Mireille Mathieu par Vénus.

10e degré : 1 — « Un cheval blanc bridé, et lancé à toute vitesse. Activité intelligente. » 2 — « La main d'un homme dont l'index pointe vers le haut comme pour commander. Degré d'utilité. On sera le maître dans sa sphère de vie. Esprit pratique et inventif. »

Cela nous oblige à répéter qu'intelligence et sens de l'utile sont les qualités dominantes de la Vierge, lorsque ce signe est vécu positivement. La littérature satisfaisait l'intelligence, mais tourmentait le sens de l'utile chez Jacques Audiberti (Lune 10e degré Vierge), comme en témoignent ces lignes : « Le plombier Mezzatappa, la vieille dame à truelle, on ne leur donnera rien qui, de près ou de loin, ait l'air d'un prix Goncourt, mais toutes nos couronnes en petit comité d'esthètes et de bronzes d'art, je leur trouve un arrière-goût de crasse, de merdure d'oie et de poudre à éternuer quand je les compare à l'amer, à l'actif boulot constructif destructif humain dans un dur combat sans répit. » Autres personnalités concernées : Hassan II par la Lune, Barbey d'Aurevilly et Sarah Bernhardt par Mars.

11e degré : 1 — « Un homme à visage noir vêtu de rouge. Caractère malfaisant. » 2 — « Une femme, les yeux bandés, qu'un homme conduit. Degré de complication. Quel que soit le sexe, on sera conduit par une passion sans jugement. »

On trouve là le Mars tout-puissant, puisque angulaire à l'Ascendant et opposé à la Lune, de la chanteuse-compositrice Mireille : elle lui doit sans doute son dynamisme à toute épreuve, plus souvent au service des autres que d'elle-même. Derrière l'humour acidulé de cette minuscule grande dame, s'est toujours cachée une grande générosité, et la « passion » de sa vie pour Emmanuel Berl, cette passion qui l'anime encore maintenant, après la mort de cet homme extraordinaire, aura été menée, vécue, avec une intelligence peu commune. Autres personnalités concernées : l'astronome et astrologue Tycho Brahé et le cinéaste Luigi Comencini par la Lune, Oscar Wilde, Marlène Dietrich et Annie Girardot par l'Ascendant, saint François d'Assise par Vénus, Fellini par Saturne.

12e degré : 1 — « Deux femmes cueillant des roses. Caractère aimable, échange de sympathie. » 2 — « Une large étendue de champs ouverts où serpente une rivière sous les rayons de la Lune. Degré d'harmonie. Caractère paisible, attrait pour les arts. »

On y trouve les Soleils de Louis XIV et d'Antonin Artaud. Ces deux personnalités eurent bien le goût des arts. On sait que l'on doit le château de Versailles à Louis XIV, et que la cour de Versailles était devenue le centre de la vie artistique de son époque. Quant aux notions d'harmonie et de sympathie, on ne voit pas comment les leur rattacher. Louis XIV fut en effet écartelé entre ses appétits et son sens moral, il fut affligé de graves maux physiques, sans parler de son règne difficile. Quant au poète torturé dans son corps et dans son esprit que fut Antonin Artaud, Jean-Louis Barrault a pu écrire de lui qu'il eut un « destin de crucifié », correspondant davantage à un Soleil au triple carré de Mars, Pluton et Neptune, qu'aux images évoquées. Autres personnalités concernées : Eric von Stroheim par Mercure, Gaston Bachelard par Mars, Françoise Sagan par Neptune.

13e degré : 1 — « Un bœuf debout dans un pré. Vie laborieuse et sédentaire. » 2 — « Un homme forant un rocher avec une pioche. Degré de service. Vie sédentaire, engagée dans un dur labeur. Idéal poursuivi avec force. »

Service et sédentarité caractérisent de toute façon le signe étudié. On peut quand même rappeler que Louis XVI, dont l'Ascendant était à ce degré, était plus connu pour sa simplicité, et ses travaux de serrurerie ou de menuiserie, que pour ses idéaux ou sa force. Autres personnalités concernées : Julien Green par le Soleil, Stockhausen par Vénus, Alfred Jarry par Jupiter.

14e degré : 1 — « Deux femmes debout et se caressant. Amour des plaisirs, caractère efféminé. » 2 — « Une jolie femme serrant deux pigeons contre sa poitrine, un dans chaque main. Degré de dévouement. Tendresse et deux affections marquantes dans la vie. »

Jackie Onassis qui a Mars dans ce degré a eu en effet deux unions notoires dans sa vie. Elle y était peut-être prédisposée par le degré incriminé, ainsi que par une conjonction Lune-Uranus angulaire en 7, ou encore par Vénus en Gémeaux. Autres personnalités concernées : Marlène Dietrich par la Lune, Jean-Louis Barrault par le Soleil, Apollinaire et Catherine Deneuve par Vénus, Jean-Baptiste Charcot, Georges Duhamel, Maurice Druon et Charles Manson par Mars.

15e degré : 1 — « Deux chiens courant de front. Fortune précoce. » 2 — « Plusieurs hommes bavardant en habits de fête. Degré d'association. Succès en réunissant des personnes qui se seront mutuellement utiles. »

Alfred Jarry y avait son Soleil : ce poète précurseur du surréalisme, individualiste forcené, aussi passionnant par son œuvre que par ce que l'on connaît de son comportement, apparemment fantasque et profondément lucide, à l'humour déroutant, à la curiosité toujours en éveil, échappe une fois de plus aux étiquetages. On ne voit pas, en effet, comment ces images peuvent le concerner, non plus que celles correspondant aux 1er, 9e et 13e degrés de la Vierge, où il avait respectivement Mercure, l'Ascendant et Jupiter. Autres personnalités concernées : Modigliani et Johnny Hallyday par l'Ascendant, Olivier Cromwell, Louis XV et Régis Debray par la Lune, Maeterlinck par Mercure, Sarah Bernhardt et Yves Montant par Mars.

16e degré : 1 — « Une enceinte garnie de palissades. Avenir paisible à l'abri des traverses. » 2 — « Un veillard cueillant des raisins dans une vigne. Degré de prudence. Caractère laborieux et qui travaille en pensant à l'avenir. »

La prudence, la prévoyance, le labeur reviennent au signe de la Vierge et concernent par conséquent plus ou moins tous les natifs. Il n'y a donc rien d'étonnant à ce que le rétablissement de la monarchie absolue ait coûté à Richelieu une vie de travail. Quant à Claude Nougaro, dont le Soleil est au même degré, il n'est que de lire un de ses textes, dont chaque mot surprend par la précision, la sonorité, l'actualité, pour entrevoir la somme de travail derrière la finition parfaite. Autres personnalités concernées : César Pavese par le Soleil, Sarah Bernhardt par Vénus, Jacques Martin par Jupiter.

17e degré : 1 — « Un arbre touffu, étendant au loin ses branches. Amour de la campagne. » 2 — « Un vieillard aux cheveux blancs, entouré d'enfants heureux. Degré tutélaire. On aura des joies familiales de qualité et une vieillesse heureuse. »

Il est un peu tôt pour vérifier si Gilbert Bécaud, dont la Vénus dominante se trouve au degré cité, est concerné par cette image, quoi qu'avec quatre ou cinq enfants connus ou reconnus il soit bien parti pour ne pas échapper à cette heureuse prédestination. En revanche, la fin de vie de Guy de Maupassant (Ascendant 17e degré Vierge) fut particulièrement malheureuse : atteint de syphilis, il tenta de se suicider très jeune, et mourut finalement atteint de paralysie et de démence. Albert Camus, qui a l'Ascendant à ce degré, n'aura pas connu la vieillesse.

18e degré : 1 — « Un homme assis de côté sur un cheval. Dépendance, asservissement à autrui. » 2 — « Un cultivateur ou marchand de bestiaux tenant à la main un bâton muni d'un fouet. Degré de vigueur. Caractère rude et dominateur. »

Ici les deux images sont en totale contradiction. Si nous ne nous en tenons qu'à la seconde, nous pouvons à la rigueur y appliquer la personnalité de Daniel Filipacchi qui a la Lune à ce degré. Il lui aura certainement fallu un minimum de vigueur et d'autorité pour fonder et diriger son important groupe de presse où nous trouvons des revues telles que *Paris-Match,*

Lui, Play-Boy, Photo et bien d'autres. Autres personnalités concernées : Georges Bataille et Michel Jobert par le Soleil, Vlaminck et Eddy Mitchell par l'Ascendant, Sylvie Vartan par Mercure, Heinrich von Kleist et Jean-Louis Bory par Vénus, Mireille Mathieu par Mars.

19ᵉ degré : 1 — « Un oiseau poursuivant un rat. Inimitié, querelles avec des étrangers. » 2 — « Deux hommes s'escrimant avec des épées. Près d'eux, un homme en noir les regarde. Degré de lutte. Prédisposition à des disputes ou des querelles. Vie militante. »

L'existence d'Albert Dreyfus, officier juif soupçonné de trahison politique, déporté puis renvoyé devant un conseil de guerre qui le condamne à nouveau, pour finir par être reconnu innocent au bout de douze années, illustre bien ces deux images : il avait Mars au 19ᵉ degré de la Vierge. Autres personnalités concernées : Schopenhauer par la Lune, Guy de Maupassant et Clovis Trouille par Mars, Eric von Stroheim par Jupiter.

20ᵉ degré : 1 — « Un homme debout, tenant de l'or sur une de ses mains ouvertes, et de l'argent sur l'autre. Acquisition de biens. »

2 — « Un homme portant un sac d'argent dans chaque main. Degré de convoitise. Richesse, facilité, importantes spéculations. »

François Mitterrand y a Vénus angulaire à l'Ascendant dont elle est maîtresse, ainsi que de Mercure, la Lune et Jupiter. Il a eu la convoitise du pouvoir, de la puissance. Il a atteint des sommets, Le sommet ! Cette convoitise aura aussi joué sur le plan sentimental que symbolise Vénus. L'importance de cette planète dans le thème le confirme : on sait maintenant qu'il était un grand séducteur ; il a lui-même imposé au monde le fruit de ses « amours défendues », Mazarine. Autres personnalités concernées : Pierre-Jean Jouve par Vénus, Colbert par Mercure.

21ᵉ degré : 1 — « Une femme nue portant un bouc sur ses épaules. Inclinations débauchées. » 2 — « Une femme riche, de mauvais aspect, devant un miroir. Degré de sensualité. Caractère sensuel et volage, facilement trompé et trompeur. »

Il est piquant de constater que Guy de Maupassant, Yves Montand et Brigitte Bardot ont tous trois Vénus à ce degré. Nous avons évoqué plus haut l'infortune de Maupassant atteint de syphilis à 27 ans pour avoir fréquenté des prostituées. Ce n'est un secret pour personne que Montand était sensible aux jolies femmes. Et quel degré pourrait mieux convenir à Brigitte Bardot que le degré de sensualité ? Autres personnalités concernées : Louis XVI, Pierre Louÿs, Modigliani et Georges Brassens par Mars.

22ᵉ degré : 1 — « Un homme dans une barque. Acquisition de biens par la navigation. » 2 — « Un bateau à pleines voiles. Degré de vagabondage. Caractère capricieux, attiré par la mer ou les colonies. »

En le déplaçant légèrement, nous trouvons là l'Ascendant de notre navigateur national Eric Tabarly, également le Soleil de Charles de Foucauld qui vécut la seconde partie de sa vie en Afrique, également le Mars d'Adamo qui était, de tous nos chanteurs, celui qui voyageait le plus.

Autres personnalités concernées : Agatha Christie par le Soleil, sainte Thérèse d'Avila par la Lune, Robert Redford par Mercure, Claude Sautet par l'Ascendant, Régine Deforges par Vénus et Jacques Martin par Mars.

23ᵉ degré : 1 — « Une oie attachée par le cou à un pilier. Esprit à courte vue ; embarras dans ses entreprises ; chute dans des pièges grossièrement tendus. » 2 — « Un homme assis, nu, sur un rocher qu'entoure la mer, couvrant ses yeux de ses mains. Degré de solitude. Caractère misanthrope. Pourra être proscrit ou exilé. »

Pour ce degré, nous trouvons diverses personnalités qui ne semblent pas avoir été d'un abord spécialement facile, mais dont l'esprit n'était notoirement pas à courte vue : Richelieu, Aragon et Léo Ferré y ont leur Mercure (notons que le Soleil de Ferré se trouve également à un degré dit de solitude), Maupassant et Mauriac leur Jupiter.

24ᵉ degré : 1 — « Un homme lançant une pierre avec une fronde. Caractère agressif. » 2 — « Des épées croisées sur lesquelles on voit une couronne. Degré d'agression. Caractère militaire et agressif, prédestiné au combat et à la victoire. »

Arlette Laguiller y a un Neptune très puissant, puisqu'à la conjonction de l'Ascendant et maître de Soleil et Mercure. Reconnaissons que sa ténacité transparaît à tel point sur le petit écran qu'elle a fini par désarçonner nombre de téléspectateurs, même ceux peu favorables à ses idées. Fritz Haarman, le boucher de Hanovre, déchargeait son agressivité ou ses tensions en égorgeant les jeunes garçons qu'il avait réussi à entraîner dans son alcôve, pour ensuite les dépecer et en faire de la chair à pâté très appréciée par la clientèle de sa boutique : il avait Vénus, maîtresse d'Ascendant à ce degré. Autres personnalités concernées : Elisabeth 1er par le Soleil, Colbert, Charcot et Walt Disney par l'Ascendant, Louis XIV et la princesse Margaret par Mercure, Alain Fournier par Vénus, Bergson et Tabarly par Mars.

25e degré : 1 — « Deux hommes conversant ensemble. Esprit social, échange de sympathie. » 2 — « Deux femmes marchant ensemble, bras dessus, bras dessous, se parlant confidentiellement. Degré de concorde. Nature aimable, prédestinée à unir et rapprocher. Foyer heureux. »

La signification de ce degré semble encore convenir à Arlette Laguiller qui y possède son Ascendant : il est en effet fort probable que, derrière la combativité de cette militante se trouvent évidemment des blocages affectifs qui n'entrent pas dans notre propos (Lune conjointe Pluton, Vénus conjointe Uranus et Saturne), mais aussi et surtout une générosité, une compassion, un idéal social tout-à-fait authentique (par Neptune, les Poissons et le Cancer où se trouve la Lune). Il semble que Georges Rapin et Polanski, le premier guillotiné pour le meurtre d'une prostituée, le second contraint de s'exiler pour une affaire de mœurs qui a fait le bonheur de la presse à scandale du monde entier, ne soient guère concernés par les images attribuées au degré où se trouvent leurs Vénus. Autres personnalités concernées : Greta Garbo par le Soleil, Maurice Druon, Alain Resnais par la Lune, Copernic et Gaston Bachelard par l'Ascendant, Paul VI par Mercure.

26e degré : 1 — « Deux hommes debout, immobiles. Indolence. » 2 — « Un marteau ou maillet brisé sur le banc d'un charpentier. Degré de brusquerie. Hésitations et difficultés sur le plan professionnel. »

Si nous nous en tenons uniquement à la seconde image, elle ne nous semble pas incompatible avec les personnalités et les situations sociales de Valéry Giscard d'Estaing et de Michel Rocard, le premier ayant là son Ascendant, le second un Mercure très valorisé. Autres personnalités concernées : Goethe par Vénus et le réalisateur italien Bertolucci par un Neptune tout-puissant.

27e degré : 1 — « Des oiseaux posés à terre et d'autres qui voltigent. Acquisition de biens. » 2 — « Un arbre aux branches chargées de fruits. Degré de fécondité. Intelligence supérieure, plus de moyens mentaux qu'on en aura besoin. Succès. »

On peut assurément parler de fécondité et d'intelligence supérieure à propos de Camille Flammarion qui a la Lune à ce degré, avec une œuvre comportant plus d'une trentaine d'ouvrages traitant de sujets aussi variés que l'astronomie, la théologie, la métaphysique, le spiritisme, la parapsychologie, des romans de science-fiction, des mémoires et des poèmes. Ici, la fécondité est aussi le fait de l'angularité de la Lune et de l'importance du signe des Poissons où l'on compte trois planètes. Autres personnalités concernées : Paul Valéry par Vénus, Pierrot le Fou par Mars.

28e degré : 1 — « Pluie fine tombant sur l'herbe. Caractère froid, méditatif, inclination aux idées religieuses. » 2 — « Un homme vêtu comme un cardinal. Degré ecclésiastique. Prédispositions à la vie ecclésiastique ou gouvernementale. »

Les idées religieuses n'auront pas été étrangères à Jean Cocteau, qui avait la Lune à ce degré : après la mort de Radiguet, il tenta un retour au catholicisme, sous l'influence de Jacques Maritain. Citons deux belles pensées de Cocteau : « Dieu ne saurait être défié sans ridicule. Il aime être vécu. Les langues mortes sont mortes. Il faut le traduire dans toutes les langues vivantes et l'aider à se cacher pour faire le bien, comme le démon se cache pour faire le mal. » « Même si la prison est à perpétuité, mieux vaut pour un prisonnier comprendre qu'il est en prison. Cela engendre l'espoir et cet espoir n'est autre que la foi. »

La personnalité de Nietzsche, auquel Cocteau emprunta le titre de *l'Eternel Retour*, et qui avait Mars à ce même degré, son œuvre, sa vie, témoignent également de l'importance capitale de l'idée de Dieu et de la spiritualité. Autres personnalités concernées : Françoise Giroud par le Soleil, Christine de Suède pour l'Ascendant et Saturne, Antonin Artaud et Alain Delon par Vénus.

29ᵉ degré : 1 — « Un homme sans bouche, debout, immobile. Menace de maladie mentale. »
2 — « Un homme debout, sans tête ou dont la tête est couverte d'une étoffe noire. Degré d'obscurcissement. Dispositions mélancoliques ! »

La santé mentale de Jacques Dutronc semble avoir été protégée et même favorisée jusqu'ici, malgré quelques faiblesses, si l'on en juge par le choix et la qualité de ses chansons et de ses créations cinématographiques : il a Neptune, planète dominante de son thème, à ce degré de la Vierge.

Autres personnalités concernées : Eric von Stroheim par le Soleil, Eva Braun par la Lune, Cézanne par Mars, Henry Miller par Saturne.

On voit donc que les images des degrés tombent aussi souvent juste qu'à côté. Contentons-nous de les prendre pour ce qu'elles sont : de la vieille astrologie de salon, éventuellement susceptible de distraire, non d'entrer dans le cadre d'un travail sérieux.

En effet, avec l'Ascendant et le Milieu-du-Ciel, chaque thème comporte à peu près douze degrés importants : or, si l'on prend la peine de consulter la liste des images correspondantes, pour quelques thèmes pris au hasard, on s'aperçoit vite que tous se contredisent plus ou moins. Et comment pourrait-il en être autrement ? Il est par conséquent arbitraire de brandir une ou deux, ou même trois, de ces images si elles semblent correspondre à la personnalité étudiée, ou, à l'inverse, si elles n'ont aucun rapport avec elle, pour en prouver ou en réfuter la valeur.

Répétons que le thème est global, et que c'est cette globalité qu'il s'agit de parvenir à saisir. Les degrés ne peuvent qu'égarer sur des points de détail totalement gratuits la plupart du temps. En outre, leur symbolisme fait souvent des incursions dans le concret, domaine strictement interdit à l'astrologie, dont le langage exclusivement abstrait permet d'appréhender le psychisme d'un individu, c'est-à-dire sa façon d'être, son type d'affectivité, de dynamisme, d'intelligence, etc. ; et non d'évaluer le niveau d'évolution de ses facultés, ni d'affirmer des états de faits tels que réussite, échec, richesse, pauvreté, santé, maladie, qui ne dépendent pas forcément du sujet.

Bien sûr, « il nous arrive ce que nous sommes », et selon telle ou telle composante de notre tempérament, nous nous portons nous-mêmes, et à notre insu souvent, au-devant de certaines circonstances, de certaines personnes, susceptibles d'alimenter nos conflits ou de les résoudre. Bien sûr, un Bélier aura un comportement plus extraverti, plus actif, et par conséquent une destinée plus mouvementée, plus riche en événements spectaculaires qu'un Poissons introverti et passif. Nul pourtant ne peut présager les manifestations concrètes qu'auront des aspects planétaires particuliers, ou un thème en général. Celles-ci résultent non seulement des divers déterminismes dont tout être dépend (atavisme, beauté ou laideur, race, psychisme ou thème astral qui en est le reflet, conditionnements familial, éducatif, social et politique...), mais encore des parts concomitantes du libre-arbitre et de l'impondérable.

Il est une phrase de Goethe, citée par l'astrologue Wilkovsky, qui illustre merveilleusement les possibilités et les limites de l'astrologie : « Dans la vie, les jeux sont donnés, mais avec un jeu donné chacun peut faire une partie différente. » Le thème astral donne une idée du jeu, non de la partie.

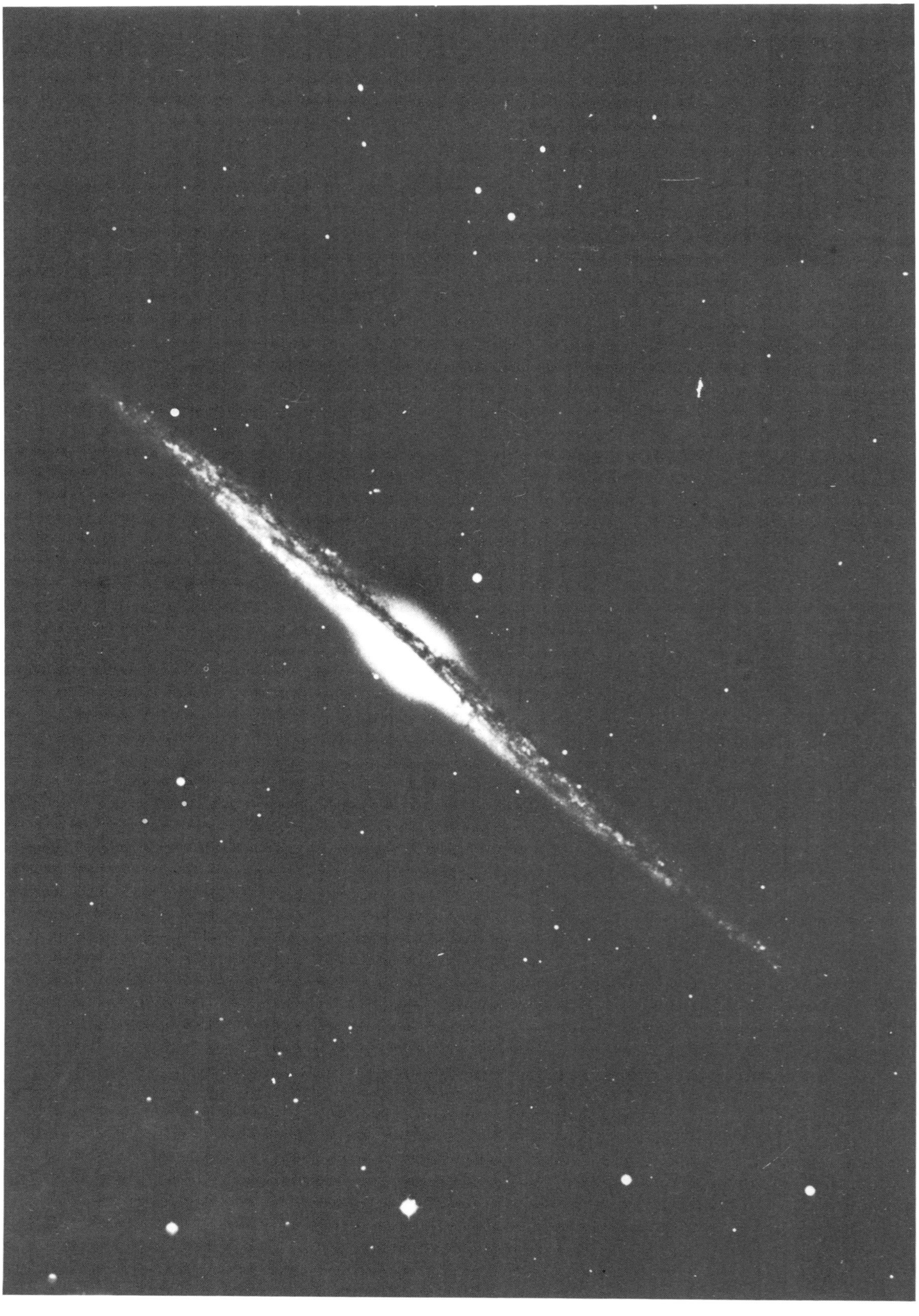

Bérénice et sa chevelure, vue de profil.

Les Etoiles Fixes

La Tradition a toujours plus ou moins tenu compte des Etoiles Fixes, corps célestes au mouvement tellement plus lent que les planètes qu'il est pratiquement imperceptible à l'échelle de la vie humaine, d'où leur appellation. La conjonction, à moins de deux degrés d'orbe, d'une Etoile Fixe aux planètes ou aux angles du thème, aurait un sens en rapport avec le symbolisme de ces derniers et sa nature propre, et prédisposerait à des événements de caractère exceptionnel, en bien ou en mal.

A notre connaissance, aucun travail approfondi n'a été fait sur les influences éventuelles des Etoiles Fixes, et c'est pourquoi l'astrologie moderne ne peut en tenir compte.

Il n'y a pas d'étoile de première grandeur dans le signe de la Vierge. Signalons la présence de trois étoiles de deuxième grandeur : Zosma à 10 degrés, Denebola à 20 degrès et Markeb à 28 degrés.

Zosma, d'après Ptolémée, serait de même nature que Saturne et Vénus, et causerait « bénéfice par disgrâce » conférant « égoïsme, immoralité, bassesse, mélancolie, impudeur », etc.

Denebola, également de même nature que Saturne-Vénus, donnerait « désespoir, regrets, disgrâce publique, infortune par les éléments de la nature, bonheur tourné en chagrin », et rendrait « noble, aimé, maître de soi et s'occupant des affaires des autres ».

Quant à Markeb, sa nature saturno-jupitérienne inclinerait « à la piété, au vaste savoir, aux travaux d'éducation et aux voyages ».

Comme pour les degrés symboliques, nous voici en pleine fantaisie, dans une astrologie qui n'en mérite pas le nom, et qui est aussi absurde que dangereuse, certaines Etoiles Fixes ayant en effet une sinistre réputation qui ne peut qu'effrayer les débutants.

Le domaine des événements, où la boule de cristal autorise parfois à pénétrer, reste strictement interdit à la bonne astrologie[1].

1. Ces renseignements sont tirés du chapitre de Paul Chacornac sur « les Etoiles Fixes d'après la Tradition », dans *les Etoiles Fixes*, Editions Traditionnelles.

On attribue à la Lune Noire, foyer vide de l'orbite lunaire, une valeur de sacrifice. Cet arbre qui va masquer la Lune pourrait illustrer symboliquement le rôle de cet astre.

La Lune Noire

Nous savons que la Lune décrit une ellipse autour de la Terre. Une ellipse, à la différence d'un cercle, a deux centres ou foyers. La Terre est évidemment l'un de ces foyers. Le point correspondant à l'autre foyer est vide : nul corps physique ne s'y trouve. C'est ce point qui a été baptisé Lune Noire par l'astrologue français Dom Néroman, aux alentours des années 30.

Certains astrologues tiennent compte de la situation de la Lune Noire dans les thèmes, du signe qu'elle occupe, et des aspects qu'elle forme avec les planètes. Mais, comme il semble tout de même assez hasardeux d'accorder à un point fictif une quelconque forme d'influence, beaucoup d'autres ne s'en soucient pas.

La Lune Noire correspondrait au personnage de Lilith, au sujet de laquelle légendes et mythes diffèrent, tout en se recoupant plus ou moins. Retenons-en que Lilith est l'anti-Eve, c'est-à-dire la femme autonome par rapport à la femme épouse et mère soumise que symbolise Eve. C'est pourquoi elle représente pour l'homme la castratrice, car, ne lui étant pas assujettie, elle dispose de ce fait d'un dangereux pouvoir sur lui : pouvoir de fascination, pouvoir de donner ou refuser la vie.

Elle représente également la soif d'absolu : l'autonomie passe par le refus de tout ce qui peut assujettir l'homme, autrement dit par la maîtrise du désir dont la satisfaction entraîne un nouveau désir qui exige une nouvelle satisfaction. L'autonomie passe par la prépondérance accordée aux valeurs d'« être », sur celles de « paraître » ou d'« avoir ». Ainsi, Lilith préfèrera « mourir de soif auprès de la fontaine », plutôt que boire une eau douteuse.

Il se devait, de par le mythe, que la Lune Noire soit mise à la mode par une femme, et ce, à l'époque où le mouvement de libération de la femme allait prendre l'ampleur qu'on connaît : signalons pourtant que Joëlle de Gravelaine, femme d'une intelligence remarquable et astrologue de premier plan, qui a été initiée à la Lune Noire par le légendaire Jean Carteret et en est devenue la grande spécialiste, a, dans son thème, une conjonction Lune-Pluton.

Il semble, en effet, que le symbolisme de la Lune Noire s'apparente de façon troublante à celui des relations Lune-Pluton et de Pluton tout court. D'après Joëlle de Gravelaine, il s'agirait « avec Lilith d'un plan inconscient, le plan obscur, inquiétant, l'être d'ombre qui coexiste avec l'être de lumière... » : voilà qui ressemble mot pour mot aux définitions traditionnelles du symbolisme de Pluton. De même, l'« absolu » qui, selon cette même astrologue, se rattache à la Lune Noire, est également symbolisé par Pluton, planète de l'au-delà des représentations et de l'expérience, planète de transcendance pure.

Joëlle de Gravelaine cite fréquemment l'exemple de Paul Valéry, dont toute la poésie illustrerait étonnamment la Lune Noire, qui occupe une position clef de son thème. Or, Paul Valéry a également la Lune conjointe à l'Ascendant et à Pluton, à l'opposition de

Mars. En outre, Mercure, maître d'Ascendant, et le Soleil sont conjoints dans le signe du Scorpion à l'opposition de Pluton.

On voit donc que, dans ce cas précis, les valeurs de refus, d'absolu, de lucidité, etc., peuvent être justifiables de Pluton, corps physique, sans recourir obligatoirement au point fictif qu'est la Lune Noire.

La position de la Lune Noire dans les signes donnerait des indications sur l'animus de la femme, ou l'anima de l'homme.

Dans un thème masculin, par exemple, la Lune Noire en Vierge indiquerait que le type de femme par lequel l'homme est inconsciemment hanté est un type fragile, pur, virginal... Pour notre part, nous avons constaté que le type de femme par lequel un homme est, consciemment ou non, attiré, est très souvent donné par le signe où se trouve la Lune (éventuellement Vénus) et par les planètes avec lesquelles elle est en aspect.

D'après Hadès, autre astrologue qui en tient compte, la Lune Noire représenterait une épreuve à vaincre, un « karma ». Elle symboliserait également la sexualité : une sexualité trouble et néfaste, contrairement à la sexualité plus créatrice de Pluton.

Ainsi, la Lune Noire en Vierge pourrait révéler un refoulement de la sexualité ou, au contraire, donner lieu à l'« expression froide, lucide et perverse de la sensualité ».

Notons toutefois la profonde parenté qui existe entre le mythe de Lilith, qui préfère la virginité à la compromission, et le signe de la Vierge, symbole de purification. La réunion du point fictif et du signe serait donc susceptible d'aller dans le sens de la solitude, de la stérilité physique, de l'austérité, de la discipline et de la sagesse.

Couverture : Laurence Verrier
Iconographie : Christine Aubertin et Betty Jais
Maquette : Christine Gintz

ORIGINE DES ILLUSTRATIONS

Angeli : 31, 32, 44, 47, 59, 132 (en haut à gauche et en bas), 143, 147, 152 (en bas), 153 (en bas à gauche), 158, 159, 160 (en haut et en bas) – Micha Bar Am/Magnum : 152 (haut gauche) – Michael Brenann/Interpress : 122 – Philippe Coqueux/Rapho : 151 – Marie-Laure de Decker/Gamma : 153 (haut) – Robert Doisneau/Rapho : 50 – François Ducasse/Rapho : 135 – Richard Frieman/Rapho : 80 – Georg Gerster/Rapho : 252 – Christine Gintz : 119 – William L. Hamilton/Rapho : 139 – Holmière/Fotogram : 260 – Interpress : 72, 76 – I.P.S. : 223 – Keystone : 152 (haut droite) – François Lochon/Gamma : 155 – Mali/Gamma : 153 (bas droite) – Jean Mounicq/Fotogram : 300 – Philippe Mousseau/Fotogram : 290 – Jeannine Niepce/Rapho : 259 – Parimage : 68 – Phelps/Rapho : 114 – Photothèque du Palais de la Découverte : 298 – Collection Sylviane Pommier : 49 – Gérard Schachmes/Parimage : 132 (haut droite) – Tazio Secchiaroli/Gamma :123 – Simon/Gamma : 118 – Archives Snark : 130.
Bulloz : 22, 28, 38 – Jean-Loup Charmet : 10, 16, 18, 19, 20, 204, 216, 251 – Giraudon : 54, 162 – Alinari-Giraudon : 24 – Lauros-Giraudon : 14 (© Spadem), 43 – Archives Snark : 211, 224.

ACHEVÉ D'IMPRIMER
EN JUILLET 1997
SUR LES PRESSES DE
L'IMPRIMERIE HÉRISSEY
À ÉVREUX (EURE)
POUR LE COMPTE DES
ÉDITIONS SAND
6, RUE DU MAIL
75002 PARIS

Imprimé en France
N° d'imprimeur : 77517
Dépôt légal : 3e trimestre 1997
ISBN 2-7107-0571-0